Frankfurt am main Fulda Garmisch-Partenkirchen Goslar Hamburg Hameln Hannover Heidelberg
Jena Karlsruhe Kassel Koblenz Leipzig Lindau im Bodensee Mainz Potsdam Regensburg Rostock
Schwerin Spreewald Stade Stralsund Stuttgart Trier Ulm Weimar Wernigerode Wiesbaden Wittenberg
Aachen Augsburg Baden-Baden Bayreuth Berlin Bonn Bremen Celle Darmstadt Dresden Peenemünde
Schwarzwald Eisenach Erfurt Essen Volkach Die Loreley Die Romantische Strasse Stephan Lochner
Rothenburg ob der Tauber Rothenburg an der Fulda Lochenstein Rottweil Rott am Inn Rottenbuch
Schloss Rosenau Rostock Lorsch
Burgruine Reussenstein Rendsburg
Rhens Lembeck Lemgo Remagen
Lehnin Kloster Runkel Ruhrgebiet
Wuppertal Ruhrpolding Rudolfstadt
Ludwigslust Ludwigsburg Martin
Luther Rudolf vom Ems
人人遊世界……18
德國
街道巡禮
夜晚的慶典
作個住在古堡裡的美夢
U0076737

人人遊世界……18 德國 Germany

CONTENTS

霍亨索倫城堡

街道漫遊攜帶版
隨身大地圖
慕尼黑（正面）
柏林（背面）

羅曼蒂克大道

慕尼黑＆阿爾卑斯大道

仙蹤大道＆黑森林

古堡大道

魯爾區&萊茵河、莫色耳河流域

童話大道

漢堡&德國北部

旅遊資訊

旅遊資訊 德國篇

參考資訊

一目瞭然景點地圖

特別推薦的單元

本書的使用方法

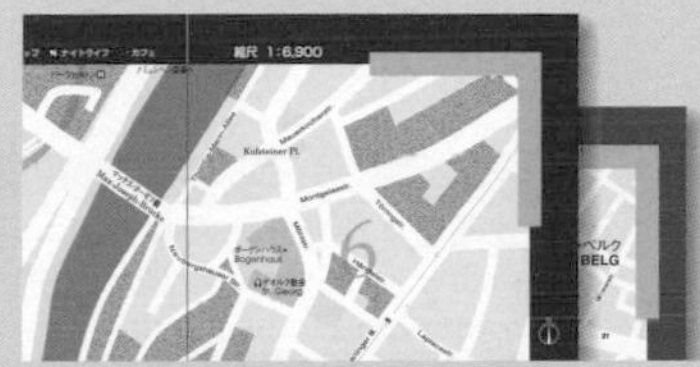

地圖記號與隨身地圖的閱讀方法

紅框（正面）的隨身地圖為慕尼黑、藍框（背面）的隨身地圖為柏林的放大地圖。地圖內的 H 飯店、R 餐廳、咖啡廳、S 商店、YH青年旅館、i 遊客服務中心。

●街上的魅力指標

以15種指標來表示街道的特徵，再用3個等級（★～★★★）來表示其重要的程度。

 街道非常漂亮
 有溫泉
 有知名的美術館、博物館
 是神話、寓言的舞臺
 有知名的古堡或宮殿
 自然美景
 有知名的某個人物
 是大學城
 有知名的教堂
 有知名的慶典或活動
 有知名的歌劇或音樂
 有完善的購物中心
 有知名的美食
 有知名的啤酒
 有知名的葡萄酒

●主要景點

例

布蘭登堡門 ★★★
Brandenburger Tor

←（★＝如果有時間就去看看、★★＝最好去看看、★★★＝一定要看）

●分類目錄

〔飯店〕

表示飯店的等級。
★經濟型
★★休閒型
★★★標準型
★★★★豪華型
（和住宿費用並沒有一定的關係）

〔餐廳〕

花在晚餐上的費用（包含一杯飲料）大約是以下的標準。
●～€15
●● €15～25
●●● €25～50
●●●● €50～

〔商店〕

〔咖啡廳〕

〔夜生活〕

●貨幣符號
€為歐元
€1≒33.8元
（2020年1月資料）

◆飯店的分類目錄包含了一間單人房（S-）和雙人房（W-）的住宿費用。基本上皆含稅、含早餐。上述費用會隨著季節或是否有舉行展覽會（Messe）而變動，請特別留意。
◆可以使用的信用卡記號分別標示如下：VISA ＝ VISA、萬事達卡＝ MC、美國運通卡＝ AMEX、大來卡＝ DC、JCB ＝ JCB。
◆ ACCESS 項目底下的火車票價記載的是次等車的基本費用。
◆本書的各項資訊是 2018 年 7 月的資訊。之後或許又有變動，敬請見諒。另外根據商店營業時間管制法的修訂，商店的營業時間很容易有變更的情況，請特別留意。

事先掌握正確的資訊

德國旅行的基本資料

德國國旗。1949年由相當於德意志聯邦共和國憲法的「基本法」所制定。由上而下分別是黑、紅、黃三種顏色的橫條。

首先必須正確地掌握德國是一個什麼樣的國家。大部分的人其實都不太了解德國，頂多只有一些主觀的印象。而這些主觀的印象可能會大幅降低您旅遊的玩興，所以建議您不妨拋開成見，用旅程來認識這個國家。以下先為大家作一個概略性的介紹，實際在旅行的時候請參照本書中的各地介紹。

氣候

相對之下比較溫暖而且四季分明，很像日本的北海道。雖然冬天或許給人十分寒冷的印象，但是其實北海側並不怎麼下雪。由於冬天是一年當中日照時間最短的季節，就算是白天，氣溫還是很低，所以請一定要作好保暖工作。夏天雖然出乎意料地炎熱，但是由於空氣很乾燥，所以不會讓人覺得不舒服。白天很長到傍晚都還很亮，一直要到晚上10點左右才會暗下來。

地形

平疇野闊，尤其是北部完全沒有高山。南部靠近瑞士國界附近則聳立著楚格峰（p.184），是德國的最高峰。

街道簡介

市中心通常會有定期舉辦市集的市集廣場，而在其周圍則是天主教堂和市政廳等等。如果是比較小型的城鎮，還可以看見過去圍繞著舊城區的城牆遺跡。不像國內的城市是以火車站為中心向外發展，這點必須特別注意。另外城堡多半都座落在郊外或山裡。

遊客服務中心

標示著❶記號的遊客服務中心是觀光勝地一定會有的機構，裡頭提供許多市內的觀光資料，除了有地圖之外，也可以幫忙訂旅館，十分方便，請務必好好利用。

樓層標示

和所謂的英國式一樣，國內所稱的1樓在德國稱為「Erdgeschoss」，在電梯裡的記號則以E表示。（順帶一提，地下室為Untergeschoss，表示為U）。國內所稱的2樓在德國稱為「1 Etage」、三樓為「2 Etage」，請特別留意。

地址標示

不光是德國，就連歐美各國的地址標示方式也都跟國內大同小異，都是以街道的名稱再加上門牌號碼來表示位置。而門牌號碼的表示方式也和國內差不多，是以奇數和偶數來區分街道的左邊和右邊。

基本常識

◇**正式國名**：德意志聯邦共和國　Federal Republic of Germany Bundesrepublik Deutschland

◇**首都**：柏林（人口約378萬人）Berlin

◇**面積**：35萬7120平方km（南北876Km、東西640Km）。

◇**人口**：8274萬人（2017年）。出生率為1.41人，人口增加率為+0.3%。平均壽命為男性77.9歲、女性82.9歲（2014年）。

◇**人口密度**：1平方Km約237人（2017年，德意志聯邦共和國統計廳）。在歐洲也算是人口密度較高的國家之一。

◇**政治**：由16個州所構成的聯邦共和體制（由兩院構成議院內閣制）。各州擁有一定的行政自主權。隸屬於ＥＵ（歐盟）與ＮＡＴＯ（北大西洋公約組織）。

◇**總理**：2005年起由安格拉・梅克爾擔任總理（基督教民主聯盟），為德國第一位女性總理。

◇**GDP**：３兆6850億歐元（2017年）

◇**貨幣**：單一貨幣歐元（１€≒NT$33.8／，2020年１月時）

◇**時差**：台灣時間減７小時則為當地時間（３月最後一個週日到10月最後一個週六因實施日光節約時間，因此是減６小時為當地時間）。

◇**宗教**：約2263萬人為基督教新教徒、約2394人為天主教徒（德意志聯邦共和國新聞情報廳）。約59％的國民信仰基督教，其中新教與天主教的比例大致相同。

◇**民族**：主要為日爾曼系的德國人，部分為斯拉夫系的索布民族等（外來人口約911萬人。其中約有163萬的土耳其人）

從國內飛往德國的時間

直飛法蘭克福約13小時，如果要到慕尼黑則必須在香港或曼谷等地轉機。

度量衡

使用公尺、公克、公升等單位。

電壓

電壓230伏特、頻率50赫茲。台灣電器需使用圓形的兩孔轉接插頭（C型或SE型）。

營業時間

與台灣最大的不同在於德國的商店規定星期日公休。根據季節營業時間也都會有所不同。另外，由於商店營業時間管制法在2006年修訂，柏林等州的部分商店可以在平日及週六24小時營業（週日也可以在限定的次數和時間下營業）。以下為標準的營業時間。

■商店…9：00～20：00，週六則視行業而定，超市、百貨公司～20:00，麵包店、藥局下午不營業。（週日、假日不營業）

■銀行…9：00～13：00、14：00～16：00（※也有銀行週二、四為延長營業1～2小時，週六、日、假日不營業）

■郵局…9：00～19：00，週六～14：00（有些地方中午會休息）

■餐廳…11：30～14：00、19：00～21：30

■劇場、音樂廳…20：00開演（也有些節目會從19：00開始，一般包括休息時間大約為3小時）

■美術館、博物館…10：00～18：00（通常在週一休館）

年齡制限

香煙、啤酒、葡萄酒只要年滿16歲就可抽、可飲。但是像威士忌之類的蒸餾酒則必須等到18歲以後。

節日、假日

節日通常都和基督教有關，但是有很多節日每年的日期都不一樣，請特別留意。另外，不同的州也有不同的假日，就連放暑假的期間也會因州而異。

1月1日　元旦
1月6日　主顯節（※只限某些州）
4月19日　('19)聖星期五
4月21日　('19)復活節
4月22日　('19)復活節後的星期一
5月1日　勞動節
5月30日　('19)耶穌升天節
6月9日　('19)聖靈降臨節
6月10日　('19)聖靈降臨節後的星期一
6月20日　('19)主顯節（※只限某些州）
8月15日　聖母瑪麗亞被升天節（※只限某些州）
10月3日　德國統一日
10月31日　宗教改革紀念日（※只限某些州）
11月1日　萬聖節
11月20日　懺悔與祈禱日（※只限某些州）
12月25日　耶誕節第一天
12月26日　耶誕節第二天
（※12月24日及12月31日，商店都只開到中午，公家機關則不營業。）
※每年的聖星期五和復活節、聖靈降臨節等日期都會變，這裡僅列出部分假日。

住宿費用

德國有很多住宿地點都有附早餐，但是愈來愈多大型飯店則出現早餐另外算的趨勢。在有展覽會的都市裡，住宿費用在展覽會舉行的期間也會飆漲。訂價除了會依房間的類型有所不同之外，有的飯店還會設定週末的費用，或者是根據當時的市場行情來決定費用的飯店也增加了（變動得十分劇烈）。通常在網路上訂房或者是長期入住會比較便宜。

服飾尺寸

<table>
<tr><td rowspan="2">淑女服</td><td>日本</td><td>7</td><td>9</td><td>11</td><td>13</td><td>15</td><td>17</td></tr>
<tr><td>德國</td><td>32</td><td>34</td><td>36</td><td>38</td><td>40</td><td>42</td></tr>
<tr><td rowspan="2">紳士服</td><td>日本</td><td colspan="2">S</td><td colspan="2">M</td><td colspan="2">L</td><td>LL</td></tr>
<tr><td>德國</td><td colspan="2">44-46</td><td colspan="2">48-50</td><td colspan="2">52-54</td><td>56-58</td></tr>
<tr><td rowspan="2">淑女鞋</td><td>日本</td><td>22.5</td><td>23</td><td>23.5</td><td>24</td><td>25</td></tr>
<tr><td>德國</td><td>35</td><td>35.5</td><td>36</td><td>37</td><td>38</td></tr>
<tr><td rowspan="2">紳士鞋</td><td>日本</td><td>24</td><td>25</td><td>25.5</td><td>26.5</td><td>27.5</td></tr>
<tr><td>德國</td><td>39</td><td>40</td><td>41</td><td>42</td><td>43</td></tr>
</table>

※以上僅供參考。

啤酒

各地都有當地的啤酒，光是啤酒釀造所就多達1350多間，種類更是號稱有7500種以上。而且全都是品質好、味道棒的啤酒。順帶一提，到處去品嘗各地啤酒的旅行稱之為「啤酒之旅」。（參照p.24～25）

葡萄酒

微甜的高級葡萄酒固然有名，不甜的白酒則可以滿足愛喝酒的人。雖然知道的人很少，但是卻擁有世界最高級的評價。（參照p.26～27）

食物

馬鈴薯、德國酸菜（用醋醃漬的捲心菜）都很有名，而且這裡的飲食文化是充分發揮當季食材的美味。最近因為追求健康的潮流，日本的壽司在各地造成流行。另外，在高級餐廳裡則常常會出現無國界的創意美食。（參照p.28～30）

羅騰堡的典型市集廣場。

地方特色

德國在中世紀曾經分裂成400多個小國家，所以每個地方都發展出獨特的文化。相較之下，統一是最近才發生的事，因此目前的行政區劃分未必和地方的特色一致。以下將為大家介紹具有實質影響力的地方特色。

①巴登
坐擁博登湖畔，是德國最具代表性的度假勝地，到處都有溫泉湧出。緊鄰在旁的阿爾薩斯地區過去原本隸屬於德國，因此擁有共同的飲食與建築等文化。這裡有德國少數的紅葡萄酒，十分有名。

②施瓦本
位於德國南部的中央。這裡的人說好聽一點是節儉而難聽一點就是小氣。施瓦本的食物可以說是最合乎東方人口味的德國美食之一，像是德式麵疙瘩等帶點義大利風味的德式義大利麵等等。

③巴伐利亞
慕尼黑的「慕尼黑啤酒節（p.163）」很有名。這裡的人多半性格開朗、親切和善、熱愛慶典。而這裡最有名的當地美食則是慕尼黑白香腸和加入肝丸子煮成的湯。東方人印象中的德國文化基本上都是來自於這個地方。德國阿爾卑斯附近的風土民情和奧地利的提羅州其實是共通的。

④法蘭根
位於巴伐利亞北部的丘陵地帶，是清爽不甜的法蘭根葡萄酒產地。通往圖林根森林一帶交織著森林、田園和牧場，擁有美麗田園風光是其特徵。

⑤圖林根
在哈次山脈的簇擁下，素有「德國的綠色心臟」之美譽。曾孕育出席勒、歌德、巴哈、路德等人，可以說是近代德國文化的起點。同名的圖林根香腸也很有名。

⑥薩克森
以德勒斯登為中心，巴洛克的宮廷文化在此開花結果，並創造出有名的邁森瓷器。薩克森小瑞士等自然景觀也十分豐沛。與捷克的波希米亞地方擁有相同的飲食和文化。

⑦普魯士
德國政治的中心。身為首都的特別州——柏林，除了是世上數一數二的超大都會區之外，附近還意外地有許多森林和湖泊、沼澤。居民以樸實剛強的氣質廣為人知。德式水煮豬腳（用鹽水煮帶骨的豬腿肉）是當地的特產，但味道十分普通。

⑧梅克倫堡
位於德國北部，面波羅的海一帶，是漢撒同盟的核心地帶。大量的湖泊分布在森林之中，呈現出一片北歐的風光。當然這裡的在地美食是以海鮮為中心。

⑨石勒蘇益格—荷爾斯泰因
位於日德蘭半島南端，長年接受丹麥的統治。地如其名（荷爾斯泰因原指乳牛的品種），是德國數一數二的酪農地帶，其乳製品的品質非常好。

⑩下薩克森
現在的標準德語原本是這附近的低地德語。以采勒為首，這裡有許多街道都還保留著美輪美奐的木造房屋。這裡的居民據說都非常地克勤克儉。杜塞道夫附近的魯爾工業區是德國重工業的心臟地帶。

⑪萊茵蘭
眾所周知，是德國最古老也是最大的葡萄酒產地。居民的性格簡單一句話就是開朗。特里爾和史派亞等地是聯合國教科文組織登記有案的世界遺產，隨處可見跨越了兩千年歲月的文化遺產。

⑫黑森
雖然法蘭克福給人很深刻的工商業地帶的印象，可大部分都還是平疇野闊的丘陵所構成的美麗田園風光。流傳著許多童話和傳說，童話大道就在這個區域的中央。

何謂德國七大街道？

包含家喻戶曉的「羅曼蒂克大道」在內，德國一共有七條非常有名的觀光街道。事實上，這些「大道」指的是由德國觀光局所一手主導、企劃的觀光路線，只是將街道與街道連接起來，呈現出一種印象上的氛圍，並不能直接在這些「大道上」散步觀光。除此之外，還有通往其他國家的「帝王大道」和「葡萄酒大道」等路線。由於這些街道多半是以開車移動為前提，所以在個人旅行的時候，還是不要對這些路線太執著比較好。舉例來說，如果對於觀賞歌劇特別有興趣的話，不妨規劃一條屬於自己的「歌劇大道」，這樣玩起來會更有趣。

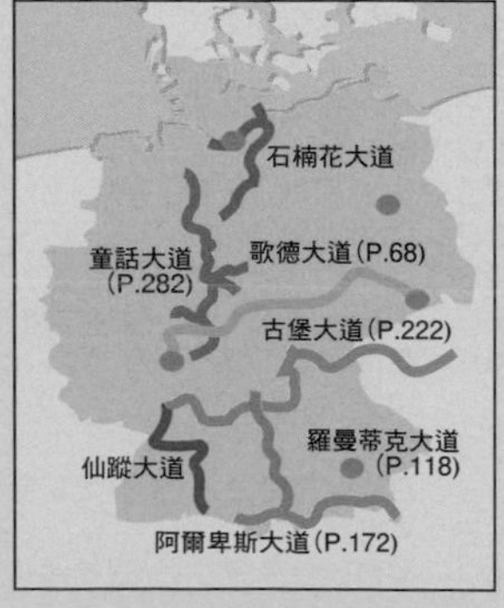

德國的世界遺產

德國有許多地方獲登錄於聯合國教科文組織世界遺產之中，登錄數量達43件（44處），緊接在義大利、中國、西班牙之後，世界排名第四。這些地點在登錄為世界遺產之前就是有名的觀光勝地。

最近則在2017年追加登錄了位於烏爾姆近郊的「施瓦本汝拉山洞穴內的冰河時期藝術品」。由於還有許多沒有被登錄但也很棒的景點，所以就把這些當成一種參考吧。

此外，在德國國家旅遊局的網站（簡體中文）首頁，點選「城市與文化」就能找到聯合國教科文組織世界遺產的介紹頁面。

⑤奧古斯都堡宮殿　Schloss Augustusburg
MAP p.247　●從科隆搭RB到Brühl站約15分
☎02232-44000
營9:00～12:00、13:30～16:00（最晚入場時間）
（週六、日、假日10:00～17:00最晚入場時間）
休12・1月及2～11月的週一　費€4

①	阿亨（p.263）……大教堂（1978）
②	史派亞（p.227）……大教堂（1981）
③	伍茲堡（p.120）……主教宮（1981）
④	普法分溫克爾（富森近郊）（p.142）……威斯教堂（1983）
⑤	布魯耳（p.9）……奧古斯都堡宮殿及其他（1984）
⑥	希德斯漢（p.331）……大教堂與聖米歇爾教堂（1985）
⑦	特里爾（p.276）……羅馬時期建築及其他（1986）
⑧	呂北克（p.321）……漢撒同盟都市（1987）
⑨	波茨坦（p.62）……宮殿群與公園群（1990）
⑩	柏林（p.32）……宮殿群與公園群（1990）、博物館島（1999）、現代主義住宅群（2008）
⑪	洛許……洛許修道院及其他（1991）
⑫	戈斯拉爾（p.296）…拉孟爾斯山礦及其他（1992、2010）
⑬	班堡（p.238）……舊城區（1993）
⑭	莫爾布龍……中世西妥會修道院（1993）
⑮	奎德林堡（p.300）……舊城區及其他（1994）
⑯	弗爾克林根……鐵工廠（1994）
⑰	麥塞爾……麥塞爾化石挖掘現場（1995）
⑱	科隆（p.254）……科隆大教堂（1996）
⑲	威瑪（p.84）……包浩斯運動（1996）、舊城區（1998）
⑳	德紹……包浩斯運動（1996）、庭園王國（2000）
㉑	艾斯雷本……路德紀念館建築群（1996）
㉒	威登堡（p.93）……路德紀念館建築群（1996）
㉓	愛森納赫（p.90）……瓦特城（1999）

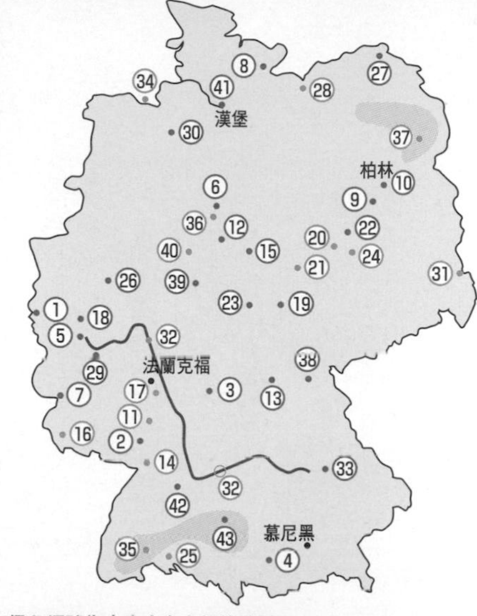

※橘色編號為本書中有介紹的地區

①阿亨大教堂內部。位於德國稍微偏遠的地區，馬賽克裝飾受到了華麗輝煌且美麗的拜占庭式建築之影響。裡頭為玻璃禮拜堂（資訊請見p.264）

㉔	沃利茨……庭園王國（2000）
㉕	賴謝瑙島……修道院（2000）
㉖	埃森（p.259）……礦業同盟工業區（2001）
㉗	史特拉爾松德（p.335）……漢撒同盟都市（2002）
㉘	威斯瑪……漢撒同盟都市（2002）
㉙	萊茵河上游中部地區（p.274及其他）…（2002）
㉚	不萊梅（p.292）……羅蘭特雕像（2004）
㉛	巴特穆斯考……穆斯考公園（2004）
㉜	上日爾曼－雷蒂安邊牆……羅馬帝國的邊界城牆遺跡（2005）
㉝	雷根斯堡（p.168）……舊城區（2006）
㉞	瓦登海……多樣生物與濕地（2009）
㉟	阿倫巴赫等地……史前時代的湖畔居住群（2011）
㊱	阿爾菲爾德……法格斯鞋工廠（2011）
㊲	朔夫海德・科林自然保護區等…德國古代山毛櫸林（2011）
㊳	拜羅伊特（p.242）……侯爵歌劇院（2012）
㊴	卡塞爾（p.286）……威海姆蘇赫山地公園（2013）
㊵	赫克斯特爾……柯維皇家修道院與加洛林時期西側塔樓（2014）
㊶	漢堡（p.306）……漢堡的倉庫城和康托爾豪斯區的智利辦公大樓（2015）
㊷	斯圖加特（p.196）……勒・柯比意建築作品──白院聚落（2016）
㊸	烏爾姆近郊……施瓦本汝拉山洞穴內的冰河時期藝術品（2017）

德意志聯邦共和國
Bundesrepublik Deutschland
0 100km
N
10
丹麥
DANMARK
博爾洪姆島
Bornhorm
波羅的海
Ostsee
北海
Nordsee
里貝
Ribe
Tønder
Sønderborg
羅蘭島
Lolland
Nykøbing F.
弗倫斯堡
Flensburg
Rødbyhavn
基爾灣
Kieler Bucht
Gedser
石勒蘇益格－荷爾斯泰因州
SCHLESWIG HOLSTEIN
Husum
普特哥登
Puttgarden
菲曼島
Fehmarn
基爾
Kiel
Tönning
Heide
倫茨堡
Rendsburg
奧登堡
Oldenburg
普隆
Plön
新明斯特
Neumünster
波羅的海運河
瓦爾內明德
Warnemünde
羅斯托克 p.333
Rostock
特拉沃孟
Travemünde
庫克斯港
Cuxhaven
呂北克 p.321
Lübeck
威斯瑪
Wismar
史塔德 p.336
Stade
拉策堡
Ratzeburg
梅倫 p.336
Mölln
施威林 p.332
Schwerin
威廉斯港
Wilhelmshaven
不萊梅港市
Bremerhaven
漢堡 p.306
Hamburg
呂內堡 p.325
Lüneburg
恩登
Emden
里瓦頓
Leeuwarden
葛羅寧根
Groningen
奧登堡
Oldenburg
不萊梅 p.292
Bremen
費爾登
Verden
於爾岑
Uelzen
薩爾茨韋德爾
Salzwedel
石楠花大道
荷蘭
NEDERLAND
埃門
Emmen
下薩克森州
NIEDERSACHSEN
寧堡
Nienburg
威瑟河
Weser
林根
Lingen
茲沃勒
Zwolle
阿姆斯特丹
Amsterdam
阿爾梅洛
Almero
采勒 p.327
Celle
漢諾威 p.329
Hannover
明登
Minden
阿培爾頓
Apeldroon
恩斯赫德
Enschede
奧斯納布魯克
Osnabrück
哈美爾 p.290
Hameln
柏倫瑞克
Braunschweig
亞能
Arnhem
明斯特 p.265
Münster
比勒費爾德
Bielefeld
波登偉德 p.302
Bodenwerder
戈斯拉爾 p.296
Goslar
童話大道
尼目
Nijmegen
博霍爾特
Bocholt
漢姆
Hamm
帕特伯恩
Paderborn
霍爾茲明登
Holzminden
恩多芬
Eindhoven
杜易斯堡
Duisburg
埃森
Essen
多特蒙德
Dortmund
蓋爾森基興
Gelsenkirchen
烏帕塔
Wuppertal
漢明登 p.302
Hann-Münden
伍斯勒
Uslar
哥根廷 p.289
Göttingen
卡塞爾 p.286
Kassel
北萊因－西發里亞州
NORDRHEIN-
杜塞道夫 p.248
Düsseldorf
巴德蘇登賀蘭杜夫
弗里茨拉
沃爾夫斯堡
Wolfsburg
韋爾尼格羅德 p.298
Wernigerode
奎德林堡 p.300
Quedlinburg
薩克森－安哈特州
SACHSEN-ANHALT
諾登豪森
Nordhausen
馬德堡
Magdeburg
福斯汽車城
Stendal
易北河
Elbe
威登堡
Wittenberge
新魯平
Neuruppin
布蘭登堡
Brandenburg
波茨坦 p.62
Potsdam
柏林 p.32
Berlin
德紹
Dessau
威登堡 p.93
Wittenberg
托皋
Torgau
哈雷
Halle
萊比錫 p.80
瑙姆堡
邁森 p.78
葛里茨
布蘭登堡州
BRANDENBURG
史普利森林地帶
Spreewald
科特布斯
Cottbus
法蘭克福
Frankfurt an der Oder
Oder
奧德拉河
埃伯斯瓦爾德
Eberswarde
Gorzów Wielkopolski
Zielona Góra
波蘭
POLSKA
什切青
Szczecin
什切青舊城
Stargard Szczecinski
新布蘭登堡
Neubrandenburg
梅克倫堡－前波莫瑞州
MECKLENBURG-VORPOMMERN
史特拉爾松德 p.335
Stralsund
格萊夫斯瓦德
Greifswald
呂根島
Rügen
薩斯尼茨
Sassnitz
希維諾烏依希切
Swinoujscie
Gryfice
Koszalin

比利時
BELGIQUE
盧森堡
LUXEMBOURG
法國
FRANCE
瑞士
SCHWEIZ
奧地利
ÖSTERREICH
捷克
ČESKÁ
馬斯垂克
Maastricht
阿亨 p.263
Aachen
列日
Liège
杜倫
Düren
科隆
Köln
波昂 p.260
Bonn
雷馬根
Remagen
諾威德
Neuwied
艾菲爾山地
Eifel
柯布林茲 p.274
Koblenz
萊茵蘭—普法爾茨州
RHEINLAND-PFALZ
伯恩卡斯特／庫斯 p.278
Bernkastel-Kues
特里爾 p.276
Trier
盧森堡
Luxembourg
莫色耳河
Mosel
薩爾州
SAARLAND
諾因基興
Neunkirchen
薩爾布呂肯 p.278
Saarbrücken
巴德威芬 p.230
Bad Wimpfen
梅茲
Metz
南錫
Nancy
薩伯格
Sarrebourg
史特拉斯堡
Strasbourg
耶比拿
Epinal
科瑪
Colmar
米路斯
Mulhouse
貝爾福
Belfort
巴塞爾
Basel
伯桑松
Besançon
龐塔赫利耶
Pontarlier
比爾
Biel
伯恩
Bern
Luzern
蘇黎世
Zürich
winterthur
聖加崙
St. Gallen
席根
Siegen
馬堡
Marburg
阿爾斯費爾 p.302
基森
Giessen
Alsfeld
威茲勒
Wetzlar
林堡
Limburg
黑森
HESSEN
勞特巴赫
Lauterbach
富爾達 p.93
Fulda
法蘭克福 p.96
Frankfurt am Main
巴特洪堡 p.114
Bad Homburg
許坦瑙 p.302
Steinau
布丁根 p.114
Büdingen
哈瑙 p.284
Hanau
呂德斯海姆 p.272
Rüdesheim
賓根
Bingen
麥茲 p.270
Mainz
奧芬巴赫 p.114
Offenbach
達姆施塔特 p.112
Darmstadt
威斯巴登 p.110
Wiesbaden
沃爾姆斯
Worms
凱撒斯勞騰
Kaiserslautern
陶伯畢修夫斯海姆
Tauberbischofsheim
埃伯巴赫
Eberbach
曼罕
Mannheim
海德堡 p.224
Heidelberg
海爾布隆 p.244
Heilbronn
許威比·哈爾 p.232
Schwäb. Hall
卡爾斯魯厄
Karlsruhe
普福爾茨海姆
Pforzheim
卡爾 p.195
Calw
巴登·巴登 p.190
Badenbaden
斯圖加特 p.195
Stuttgart
杜賓根 p.202
Tübingen
羅伊特林根
Reutlingen
黑群根
Hechingen
阿爾布城
Albstadt
巴登—符騰堡州
BADEN-WÜRTTENBERG
仙蹤大道
福特華根
Furtwangen
黑森林
Schwarzwald
弗萊堡 p.214
Freiburg
多瑙艾興根
Donaueschingen
巴特瓦爾德湖
Bad Waldsee
梅爾斯堡 p.206
Meersburg
康斯坦茨 p.208
Konstanz
博登湖
Bodensee
林道 p.196
Lindau
奧伯斯特道夫
Oberstdorf
坎普頓
Kempten
烏爾姆 p.211
Ulm
阿倫
Aalen
諾德林根 p.122
Nördlingen
丁克思比爾 p.129
Dinkelsbühl
安斯巴赫
Ansbach
羅騰堡 p.124
Rothenburg
魏克爾斯海姆
Weikersheim
克雷格林根
Creglingen
伍茲堡 p.120
Würzburg
施韋因富特
Schweinfurt
班堡 p.238
Bamberg
科堡 p.223
Coburg
愛森納赫 p.90
Eisenach
哥達
Gotha
哥德大道
愛爾福特 p.88
Erfurt
威瑪 p.84
Weimar
耶拿
Jena
圖林根
THÜRINGEN
克羅納赫
Kronach
庫姆巴赫 p.244
Kulmbach
拜羅伊特 p.242
Bayreuth
埃朗根
Erlangen
菲爾特
Fürth
紐倫堡 p.233
Nürnberg
緬因·多瑙運河
蘇爾茨巴赫·羅森貝格
Sulzbach-Rosenberg
馬克雷威
Marktredwitz
黑普
Cheb
Schirnding
羅曼蒂克大道
多瑙沃爾特
Donauwörth
因格斯達
Ingolstadt
多瑙河
Donau
巴伐利亞州
BAYERN
奧格斯堡 p.133
Augsburg
蘭斯貝爾格 p.142
Landsberg
歐博阿瑪高 p.179
Oberammergau
富森 p.137
Füssen
修瓦高 p.137
Schwangau
蘭德克
Landeck
加米許·帕騰基爾希 p.182
Garmisch-Partenkirchen
米騰瓦德 p.177
Mittenwald
因斯布魯克
Innsbruck
巴德特爾茨
Bad Tölz
慕尼黑 p.146
München
蘭斯胡特
Landshut
伊薩爾河
Isar
雷根斯堡 p.168
Regensburg
卡姆
Cham
林區富爾特
Furth i. W.
波西米亞森林
Böhmerwald
帕紹 p.171
Passau
慕朵夫
Mühldorf a. I.
普林 p.175
Prien a. ch.
基姆湖
Chiemsee
羅森海姆
Rosenheim
阿爾卑斯大道
沃哥
Wörgl
薩爾斯堡
Salzburg
貝希特斯加登 p.174
Berchtesgaden
國王湖
Königssee
巴德依夏
Bad Ischl
Badgastein
Friesach
利恩茨
Lienz
臨茲
Linz
Wels
Strakonice
Tábor
České Budějovice
皮爾森
Plzeň
古堡大道
卡羅維法利
Karlovy Vary
布拉格 p.244
Praha
普勞恩
Plauen
葛拉
Gera
Altenburg
克姆尼茨
Chemnitz
薩克森州
SACHSEN
p.75 賽芬鎮
Seiffen
德勒斯登 p.69
Dresden
Teplice
Děčín
Liberec
11

德國主要火車路線圖

主要都市間的所需時間

原則上僅標示各都市之間搭乘直達車所需的最短時間。
紅字——僅指搭乘ICE（德國高速鐵路）。黑字——則表示搭乘IC（國內城際特快列車）、EC（歐洲城際特快列車），或是部分搭乘ICE

	慕尼黑	紐倫堡	斯圖加特	海德堡	法蘭克福	麥茲	科隆	杜塞道夫	漢諾威	漢堡	萊比錫	德勒斯登
柏林	6:01	4:45	5:34	5:32（曼罕）	4:10	5:23（萊比錫）	4:22	4:19	1:41	1:38	1:10	2:06
德勒斯登	6:12（瑞姆堡(薩勒河)）	5:06（瑞姆堡(薩勒河)）	6:49（富爾達）	6:53（萊比錫、法蘭克福）	5:18（萊比錫）	5:56（萊比錫）	6:46（法蘭克福機場）	6:47（漢諾威）	4:04	4:03（柏林）	1:05	
萊比錫	4:50（紐倫堡）	3:31	5:24（法蘭克福）	5:01（法蘭克福）	3:26	4:04	4:54（法蘭克福機場）	5:20（法蘭克福機場）	2:43	2:54		
漢堡	5:38	4:23	5:11	4:48（法蘭克福）	3:36	4:51（法蘭克福）	4:00	3:39	1:14			
漢諾威	4:13	2:58	3:54	3:27（法蘭克福）	2:06	2:56（法蘭克福）	2:38	2:35				
杜塞道夫	4:44	3:38	2:41	2:17（曼罕）	1:27	1:52（法蘭克福機場）	0:22					
科隆	4:32	3:29（法蘭克福機場）	2:13	1:49（曼罕）	1:04	1:20（法蘭克福機場）						
麥茲	3:41（曼罕）	2:44	1:22（曼罕）	0:50	0:29							
法蘭克福	3:11	2:05	1:18	0:48								
海德堡	2:56	3:04（斯圖加特）	0:40									
斯圖加特	2:15	2:11										
紐倫堡	1:03											

※（站名）指的是必須要轉車，
或是轉車會比較快到的轉乘車站

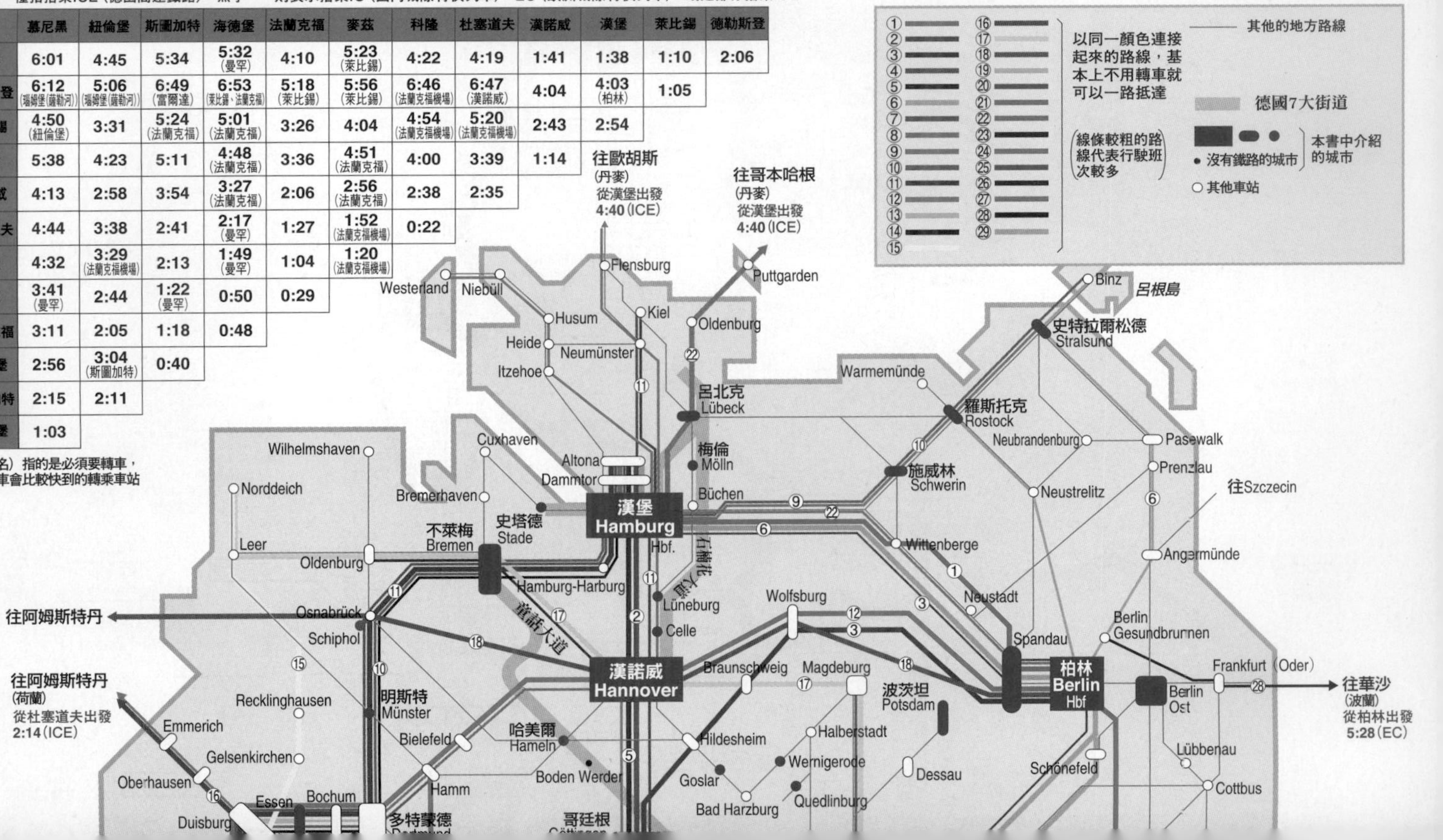

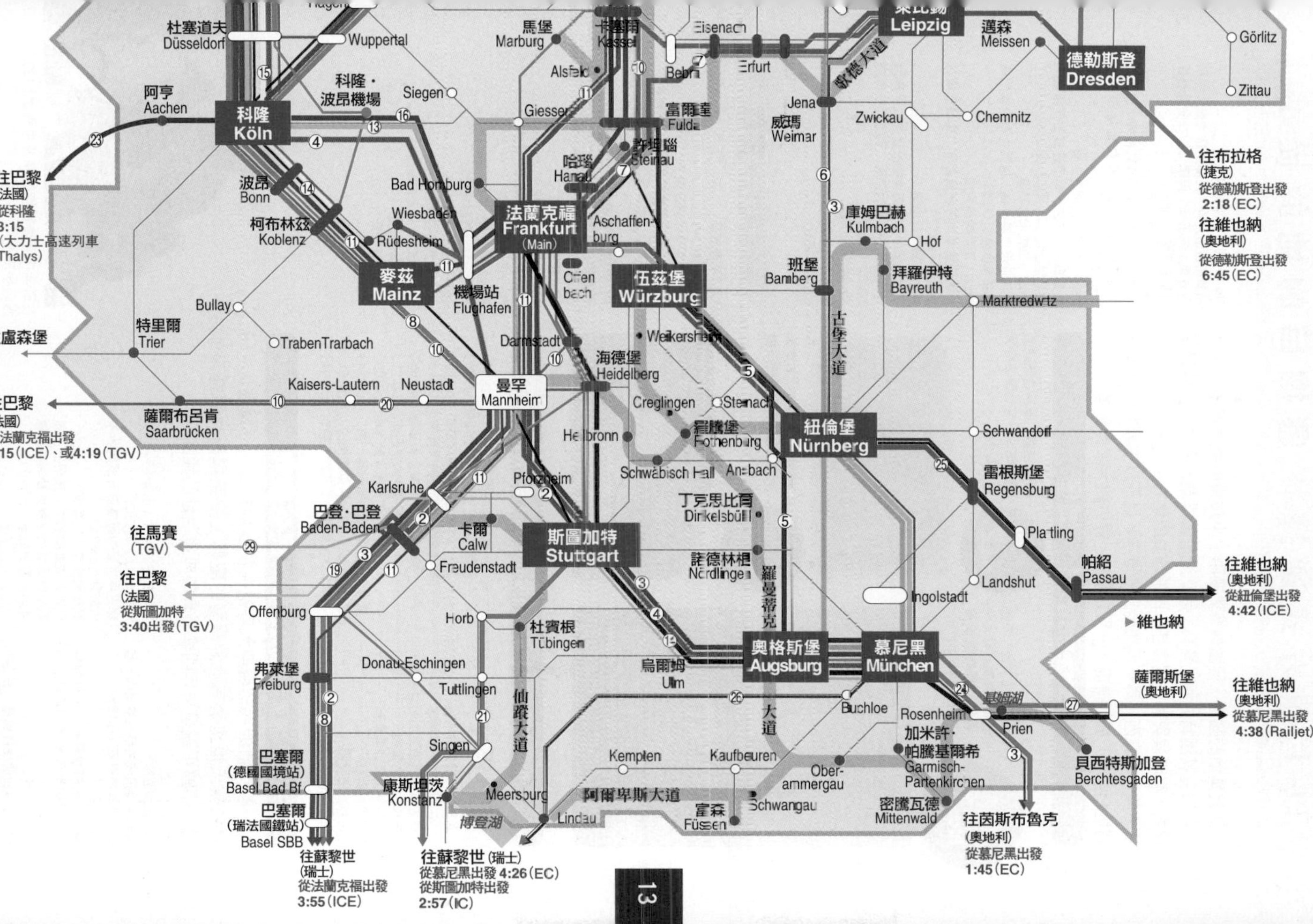

杜塞道夫 Düsseldorf
Wuppertal
科隆・波昂機場
阿亨 Aachen
科隆 Köln
Siegen
往巴黎 (法國) 從科隆 3:15 (大力士高速列車 Thalys)
波昂 Bonn
柯布林茲 Koblenz
Rüdesheim
Wiesbaden
Bad Homburg
麥茲 Mainz
機場站 Flughafen
Bullay
TrabenTrarbach
特里爾 Trier
往盧森堡
Kaisers-Lautern
Neustadt
曼罕 Mannheim
往巴黎 (法國) 從法蘭克福出發 5:15 (ICE)、或4:19 (TGV)
薩爾布呂肯 Saarbrücken
馬堡 Marburg
Alsfeld
Giessen
卡塞爾 Kassel
Eisenach
Bebra
Erfurt
富爾達 Fulda
許坦瑙 Steinau
哈瑙 Hanau
法蘭克福 Frankfurt (Main)
Aschaffen-burg
Offenbach
Darmstadt
海德堡 Heidelberg
伍茲堡 Würzburg
Weikersheim
Creglingen
Steinach
羅騰堡 Rothenburg
Heilbronn
Schwäbisch Hall
Ansbach
Karlsruhe
Pforzheim
巴登・巴登 Baden-Baden
卡爾 Calw
Freudenstadt
斯圖加特 Stuttgart
丁克思比爾 Dinkelsbühl
諾德林根 Nördlingen
羅曼蒂克大道
往馬賽 (TGV)
往巴黎 (法國) 從斯圖加特 3:40出發 (TGV)
Offenburg
Horb
杜賓根 Tübingen
Donau-Eschingen
Tuttlingen
仙蹤大道
弗萊堡 Freiburg
Singen
巴塞爾 (德國國境站) Basel Bad Bf
巴塞爾 (瑞法國鐵站) Basel SBB
往蘇黎世 (瑞士) 從法蘭克福出發 3:55 (ICE)
康斯坦茨 Konstanz
Meersburg
博登湖
往蘇黎世 (瑞士) 從慕尼黑出發 4:26 (EC) 從斯圖加特出發 2:57 (IC)
Lindau
阿爾卑斯大道
烏爾姆 Ulm
Kempten
Kaufbeuren
富森 Füssen
Schwangau
Ober-ammergau
Leipzig
遊森 Meissen
德勒斯登 Dresden
Görlitz
Zittau
Jena
歌德大道
威瑪 Weimar
Zwickau
Chemnitz
往布拉格 (捷克) 從德勒斯登出發 2:18 (EC)
往維也納 (奧地利) 從德勒斯登出發 6:45 (EC)
庫姆巴赫 Kulmbach
Hof
班堡 Bamberg
拜羅伊特 Bayreuth
Marktredwitz
古堡大道
紐倫堡 Nürnberg
Schwandorf
雷根斯堡 Regensburg
Plattling
帕紹 Passau
往維也納 (奧地利) 從紐倫堡出發 4:42 (ICE)
▶維也納
Landshut
Ingolstadt
奧格斯堡 Augsburg
慕尼黑 München
Buchloe
Rosenheim
基姆湖
Prien
薩爾斯堡 (奧地利)
往維也納 (奧地利) 從慕尼黑出發 4:38 (Railjet)
加米許・帕騰基爾希 Garmisch-Partenkirchen
貝西特斯加登 Berchtesgaden
密騰瓦德 Mittenwald
往茵斯布魯克 (奧地利) 從慕尼黑出發 1:45 (EC)

以主題方式選擇！選擇目的地的提示

比起其他的國家，德國擁有更多中、小規模的觀光都市，而且各自都有其獨特的觀光景點，因此光是選擇要去哪些地方就眼花繚亂。有時候與其先選擇都市再選想去的地方，還不如先選定想要參觀什麼東西，再來選擇要去的地方。以下以主題方式為大家精挑細選出一些值得前往一看的景點，提供給大家作參考！

推薦主題行程之 1　城堡

排行榜 No.1

新天鵝堡及其他　不妨沉醉在由路德維希二世所開創的獨特美學裡吧！（p.140、p.176、p.181）

排行榜 No.2

愛爾茲堡　號稱是德國最美的城保，文化價值極高（p.275）

排行榜 No.3

瓦特堡　裡頭有些房間後來成為新天鵝堡興建時模仿的對象（p.91）

No.4　霍亨索倫城堡
結實剛健的外表、內部的寶物館（特別是普魯士的王冠）與晴天的城堡視野都非常有看點（p.205）

No.5　海德堡古堡
包含內卡河等周圍的景觀在內，城堡內的博物館和餐廳等皆為當地的指標（p.226）

No.6　萊茵河沿岸的古堡
數量龐大，有些已經改建成古堡飯店，可以配合萊茵河的觀光（p.268）

No.7　瑪麗恩堡要塞
和海德堡古堡很像，裡頭也有完善的博物館等設施（p.122）

No.8　明斯特的水城
周圍在護城河的環繞之下，呈現出獨特的景緻（p.267）

No.9　施威林城堡
參考法國的香波爾城堡改建而成，無論是內部還是周圍的庭園，都美得筆墨難以形容（p.332）

No.10　薩巴堡
現為古堡飯店，傳說是睡美人所居住的地方（p.295）

強力推薦的十大宮殿！

No.1無憂城堡
包含庭園在內（p.62）

No.2主教宮（伍茲堡）
天花板上的濕壁畫撼動人心（p.122）

No.3皇宮區（慕尼黑）
內部的博物館等等（p.159）

No.4茲溫葛皇宮
繪畫館等等（p.71）

No.5紐芬堡皇宮
美人畫廊（p.162）

No.6威廉高地宮殿
周圍的景觀也很有看頭（p.287）

No.7夏洛坦堡宮殿
陶器室等等（p.56）

No.8斯絲里恩赫夫宮殿
波茨坦會談（p.64）

No.9海恩豪森皇家花園
沒有建築物，只有花園（p.330）

No.10樹茲拉宮
宴會大廳等等（p.135）

推薦主題行程之 2　博物館、美術館

①貝加蒙博物館……………………………展示品的規模十分驚人（p.54）
②繪畫館…………………………………館藏如今已是世界級的規模（p.55）
③舊皮納可提克美術館……………………中世紀的歐洲繪畫（p.160）
④綠拱頂歷史珍寶展館……………………有各種豪華絢爛的珠寶飾品（p.72）
⑤摩登皮納可提克美術館…………………現代繪畫，基本上很有趣（p.160）
⑥古代大師繪畫館…………………………有很多大型的作品（p.71）
⑦新皮納可提克美術館……………………梵谷等人的作品（p.160）
⑧漢堡美術館………………………數量龐大的館藏為德國數一數二（p.314）
⑨德意志博物館……………………規模非常驚人，適合喜歡機械的人（p.161）
⑩法蘭克福市立美術館……………………從林布蘭到畢卡索應有盡有（p.104）

推薦主題行程之 3　民俗慶典

一般傳統的民俗慶典大多是在初春到初夏，不過在9～10月的秋天也還是有活動類型的慶典，把聖誕節也算進來的話，德國可說是一年四季都有慶典與活動的國家。

慕尼黑啤酒節
在用帳篷搭成的巨大會場內一個勁兒地暢飲啤酒（p.163）

耶誕市集
德國各地都會舉行，尤以紐倫堡、德勒斯登等地的最為有名（p.75）

華爾普吉斯之夜
打扮成巫婆的模樣跳舞，充滿了嘉年華會的氣氛（p.301）

「勝負一飲」歷史劇
穿上中世紀的服裝遊行或跳牧羊人的舞（p.124）

兒童表演節（兒童節）
以遊行或戲劇的方式重現三十年戰爭時率城裡兒童感動瑞典軍隊救城的歷史故事（p.129）

在慶典中穿著民族服裝或中古世紀的服裝參加遊行。

範例行程大研究

預算的概算方法

①宿泊費 1晚約2000～3400元左右。鄉下民宿等大約要1700～2000元。青年旅館則大概是700元左右（多人房＝大房間）

②交通費 搭火車移動時，1天的車資很少會超過€40（約1350元）。如果會超過以上的金額，則建議使用火車周遊券。此外，購買長途車票（100Km以上）時，其有效時間為2天（有效時間會記載在車票上，請確認），因此在中途下車遊逛後，再繼續搭乘的話會非常划算。

③餐飲費 基本上餐廳的價格比台灣貴。1餐抓600～900元就差不多了。大多飯店都附有早餐。

※範例行程1的情況，不包含機票等費用，住宿費約23000元、餐飲費約7000～8500元、交通費及雜費約8500元，總計大概是38000元～40000元左右。

範例行程 1

羅曼蒂克大道＆慕尼黑之旅

8～10天

法蘭克福
⬇1～2泊
伍茲堡
⬇1泊
羅騰堡
⬇1泊
奧格斯堡
⬇1泊
富森
⬇2泊
慕尼黑
2～3泊

行程重點

在法蘭克福停留的日期會視是否參加萊茵河順流遊覽船而不同。如果跳過奧格斯堡的話，可1週內走完此行程。

範例行程 2

柏林＆歌德大道之旅

7～10天

法蘭克福
⬇1～2泊
愛森納赫
⬇1泊
萊比錫
⬇1泊
德勒斯登
⬇1～2泊
柏林
2～3泊

行程重點

由於威瑪是座小城，安排半天觀光即可。邁森是可從德勒斯登出發的小旅行景點，而波茨坦則是可從柏林出發的小旅行景點。

範例行程 3

北上萊茵河＆北德之旅

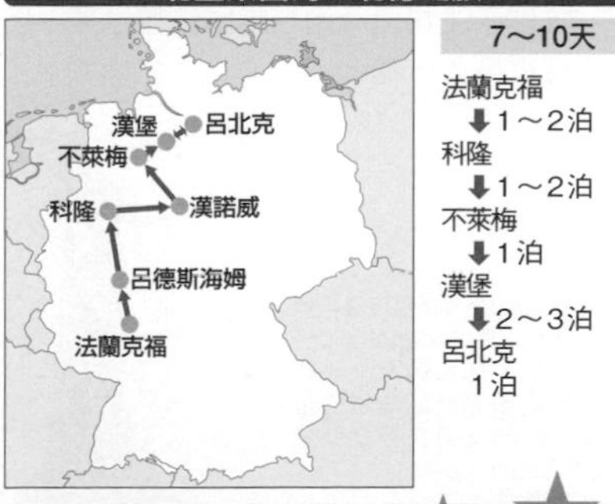

7～10天

法蘭克福
⬇1～2泊
科隆
⬇1～2泊
不萊梅
⬇1泊
漢堡
⬇2～3泊
呂北克
1泊

行程重點

漢諾威可安排半日觀光即可。以科隆為據點，則也會方便遊逛世界遺產。到德國北部觀光絕不能錯過呂北克。

範例行程 4

南德古都巡禮之旅

7～9天

慕尼黑
⬇1～2泊
雷根斯堡
⬇1泊
紐倫堡
⬇1泊
班堡
⬇1泊
伍茲堡
⬇1泊
法蘭克福
1～2泊

行程重點

也有以慕尼黑為據點遊逛週邊的方式。行程安排上，依地點來看也可以把伍茲堡換成海德堡。

⟶火車 ⟶巴士

依主題方式選擇之旅1

最新的旅遊趨勢

流行話題1

默默掀起風潮 開啟手工精釀啤酒的時代

日漸風靡全球的手工精釀啤酒。這股精釀啤酒熱潮在美國早已燒得火紅，在台灣也擁有不少支持者。而在啤酒的正宗產地——德國，其人氣與實力又是如何呢？

CAMBA的手工精釀啤酒。可在慕尼黑的Tap-House（請見下方內容）喝得到。

所謂的德國**手工精釀啤酒**是？

雖說在手工精釀啤酒的發源地——美國是將「小規模」、「獨立製作」、「傳統釀造」的啤酒稱為手工精釀啤酒，但我們無法直接將這樣的稱呼條件套用在德國。因為與美國不同，在德國本來就有許多小規模的傳統釀造廠。

那麼，在德國冠上手工精釀啤酒之名的啤酒，到底又是怎樣的啤酒呢？

在德國找到的手工精釀啤酒，雖然也是小規模且獨立製作，但釀造法並不限於傳統製法，有許多是釀造廠採用創新製法釀造出的啤酒。在認真追求風味與品質的同時，變化出創新風格的啤酒，這就是德國的手工精釀啤酒吧。

說到這個，在德國幾乎看不到PA（※1）及IPA（※2）啤酒。因為這兩種是在英國盛行的釀造法。在德國一定要喝的話，就喝手工精釀啤酒。

※1　PA＝Pale Ale

※2　IPA＝India Pale Ale

手工精釀啤酒的**人氣**與**風味**如何？

手工精釀啤酒的熱潮在柏林、漢堡等願意嘗試新事物的德國北部及東部的城市，持續展現其高漲的人氣。當然，風味也是不一樣的，因為這裡的釀造廠擁有扎實的傳統知識，例如，大多的PA都是苦味強烈、風味濃厚，但CAMBA釀造廠釀製的PA卻能喝到麥芽的甘甜，風味濃厚又香醇，算是口味香甜的啤酒，是啤酒愛好者一定要喝看看的美味。其他也有出身德勒斯登、史上最年輕的女啤酒侍酒師（須通過啤酒侍酒師認證考試）釀造的Kumlach啤酒雖然加了水果，但卻不會過於甜膩，整體風味清爽且香氣濃厚。

雖然手工精釀啤酒在德國仍較少見，但卻值得讓人一尋。

⬇慕尼黑的Tap-HouseTap-House（p.156）。擁有瓶裝啤酒等200種、生啤酒（Draft beer）則有40種左右，為專賣手工精釀啤酒的啤酒屋。推薦CAMBA的PA。雖然這個品牌也有釀造傳統啤酒，但此品牌每一款啤酒的風味都與眾不同

➡傳說中的Kumlach€2.99。宣傳標語為das Bier danach（～後的啤酒），包裝設計上也很女性，香氣濃厚且餘味爽口雅致，順口好喝。可在德勒斯登的Hopfen Kult（p.77）⬇店內可購得。

漢堡的Ratsherrn Schanzen Hoefe（p.318）商店裡，擁有來自各國、超過300種的手工精釀啤酒，手作感滿溢的酒標光看也十分享受

柏林的Vagabund Brauerei（p.48）。由出身美國的老闆，加入德國風味釀造出富含真心的手工精釀啤酒。柏林從2017年開始舉辦手工精釀啤酒節Brau fest Berlin

流行話題2

終於開放巴士路線限制！搭乘長途巴士一遊德國

2013年，受德鐵限制的長途巴士路線開放後，相繼出現許多新的路線。人氣路線班次多又便宜，服務品質也持續提升中！

FlixBus的車子。也開始以相同設計的車身提供鐵路服務

最吸引人的地方就是便宜

像是FlixBus，從柏林到漢堡竟然只要€9.90起。如果是搭ICE的2等車廂也要€83.50，而搭EC要€68。而且班次數量白天大概每30分會有1班車（只是所需時間為3小時15分，而火車最快是1小時50分左右）。

一般大家比較在意的舒適度，巴士公司也都有注意到，因為是專門跑長途的巴士，所以車內的座椅是可調節式的，意外地舒適呢。

今後根據路線考慮試著搭巴士移動也或許很不錯。此外，FlixTrain也從2018年開始營運（使用德國鐵路鐵軌，運行自家火車）。

使用方式&注意要點（搭乘FlixBus時）

- ■必須網路預約（除大城市之外無實際窗口）
- ■預約完畢後，會以電子郵件寄送車票——記載預約號碼的PDF檔案
- ■僅用智慧型手機向司機出示預約號碼的畫面（QR Code）也可乘車。無對號座。
- ■巴士站有時會離火車站稍遠，因此請事先確認搭乘地點。
- ■大型巴士站簡稱ZOB（火車的中央車站則是Hbf）。
- ■大型行李要放進巴士側邊的行李廂。帶入車上的行李則有限制（7kg以內），請多加留意。
- ■常有延遲的狀況發生，因此請將行程的時間排得寬鬆一些。

可調式座椅還蠻好用的，還算舒適的。就算是搭乘深夜發車、清早抵達的班次，也能在車裡睡上一覺

雖然有點小的廁所。當然是可以使用的，長途路線在中途也會暫停休息

HP有易懂的英語頁面。順帶一提，車內也有無線網路

DATA

◆FlixBus（2018起也開始營運火車）

HP global.flixbus.com HP flixtrain.com

※雖然火車的路線還很少，但從法蘭克福到柏林之間約5小時左右只要€64.90，與搭乘德鐵的ICE所需時間4小時多卻要€129，相較之下便宜許多。

足球觀賽指南

足球是德國最狂熱、盛行的運動，不但常出賽世界盃足球賽，也持有連續16次前進八強的優異紀錄。另外，長谷部選手所在的沃爾夫斯堡、香川選手所在的多特蒙德分別於2009年、2010～2011年榮獲聯賽冠軍等，相當活躍。以觀賽為目的前來旅行的遊客，以及購買足球週邊當伴手禮的人越來越多了。

德國的足球紀錄

德國是足球的大國。以職業足球聯賽的平均觀眾動員數來說，德國當屬歐洲第一，球迷的狂熱程度和經營球團的知識據說也是全球數一數二的。過去曾在世界盃上勇奪4次冠軍，特別是2014年的比賽，在準決賽大勝舉辦國巴西，決賽打敗阿根廷獲得優勝，讓人記憶猶新。順帶一提，到目前為止的成績為出賽18次、冠軍3次、4次亞軍，前次比賽勝利時，在FIFA排名堂堂獲得第一名。由於在2006年擔任世界盃的地主國，所以又新蓋或者是重建了好幾座運動場，例如慕尼黑的安聯競技場等等，觀戰環境非常良好。另外，近年來長谷部誠、香川真司、內田篤人等日籍選手在德國足球甲級聯賽中也都有活躍的表現。

❶球迷的狂熱表現令人大開眼界。
❷從大白天的就開始猛灌啤酒。
❸慕尼黑的官方fan shop，德國甲級足球聯賽的制服一應俱全。
❹內田篤人選手也在德國活躍中。
❺高舉2009年聯賽冠軍獎盃的的長谷部誠。

Data ◆Münzinger Fun United. 慕尼黑的足球加強版大型運動商品店，不僅是德國，還有全球其他球隊的商品。 MAP●隨身地圖-15、p.150-F
住Marienplatz 8 營10:00～20:00 休週日
☎089-290300
HP www.sport-muenzinger.de

到運動酒吧看比賽吧！

針對無法親自到現場的人，也可以在有提供超大螢幕的運動酒吧裡看比賽，別有一番樂趣。由於播放賽事是要付錢的，所以如果沒有跟Sky局簽約的話，就看不到了。不過在酒吧裡看比賽的當地人也很多，只要看到寫著「SKY」的黑底白字招牌就是了。

雖然最近已被「SKY」買下，但有些地方的招牌依舊掛著「Premiere Sportsbar」。

慕尼黑的安聯競技場（上）與柏林的奧林匹克體育場（下）。

Bundesliga

德國足球甲級聯賽

德國的職業足球為3組制（※1），各組皆由18支球隊所構成。賽季從每年8月到第二年的5月為止（從12月中旬到1月下旬會放寒假）。基本上只有週六、日會舉行比賽（有時候也會在週三、五比賽※2）。針對那些沒有特別支持的球隊或選手，只是想要在觀光旅行的過程中前來共襄盛舉的人，建議可以前往拜仁慕尼黑、柏林赫塔、雲達不萊梅、法蘭克福、漢堡等地看比賽，如果是對車子有興趣的人，則可以前往位於福斯汽車城博物館附近的沃爾夫斯堡、或靠近賓士博物館（p.336）的斯圖加特的主場欣賞比賽。以上這些地方全都是觀光勝地，也都是有其他景點的都市，不僅場地比較大，門票也比較容易入手（※3）。通常在開始比賽的大約2小時之前，就會有S Bahn或市電的臨時加開班車開往球場。另外，只要手上已經有比賽的門票，就可以免費搭乘市內交通工具前往會場。一般來說，市內或球場內都會有官方的球迷用品專賣店，陳列著各式各樣的鑰匙圈，吉祥物，T恤等周邊商品。會場的四周也會有路邊攤，複製的球衣和圍巾是一定會有的商品，尤其圍巾不需要擔心尺寸的問題，價錢又很便宜，最適合買來當伴手禮（※4）。球場入口處會檢查行李，請勿攜帶丟出去會造成危險的物品，保特瓶和化妝水都不能帶進球場，請特別留意。比賽的內容當然不用說，就連觀察德國觀眾那種興奮的表情也很有趣，那是平常不太有機會看得到的。那種整個會場都融為一體的狂熱氣氛總而言之就是撼動人心。

主要的運動場

柏林（p.32）…⑩Olympiastadion（Hertha BSC Berlin）1936年舉辦奧運的會場。2006年世界盃的決賽亦在此舉行（可容74220人）●S5、S75奧林匹克體育場站（距離中央車站約15分）步行約10分。

法蘭克福（p.96）…⑧Waldstadion（Eintracht Frankfurt）天花板在下雨天的時候會像撐傘一樣地張開，因此被戲稱為「世界上最大的敞篷車」（可容48132人）

●搭S7、8、9從Sportfeld站（距離中央車站約10分）步行約10分。

慕尼黑（p.146）…①Allianz Arena（Bayern München）覆蓋在外牆上的氣墊使用了日本所開發的特殊橡膠材質，素有「幽浮」之稱（可容59416人）

●搭U6從Fröttmaning站（距離中央車站約20分）步行約10分。

斯圖加特（p.196）…⑦Gottlieb-Daimler-Stadion（VfB Stuttgart）鄰近賓士總公司的工廠，賓士博物館內還展示著送給昭和天皇，深受天皇喜愛的賓士車。滾石合唱團也曾經在這裡開過演唱會（可容53200人）●S1 Gottlieb-Daimler-Stadion站（距離中央車站約10分）步行約10分。

Data

※1 從2008年的賽季開始改為3組制。 ※2 在當地可透過書報攤等地皆有在賣的一本名叫「kicker」的雜誌或報紙（週一、四發售）「Bild」來確認比賽日期。 ※3 但是不包括賽季後半的爭冠賽事或有名的比賽。 ※4 街上也有地主球隊的用品專賣店，可以在此預訂或購買比賽的門票。地點可向當地的遊客服務中心或在網路上確認。

HP www.bundesliga.de

德國足球甲級聯賽 2018～2019 的賽程表

1	FC Bayern München	HP http://www.fcbayern.telekom.de/
2	FC Schalke 04	HP http://www.schalke04.de/
3	1899 Hoffenheim	HP http://www.achtzehn99.de/
4	Borussia Dortmund	HP http://www.bvb.de/
5	Bayer 04 leverkusen	HP http://www.bayer04.de/
6	RB Leipzig	HP http://www.dierotenbellen.com
7	VfB Stuttgart	HP http://www.vfb.de/
8	Eintracht Frankfurt	HP http://www.eintracht.de/
9	Borussia Mönchengladbach	HP http://www.borussia.de/
10	Hertha BSC Berlin	HP http://www.herthabsc.de/
11	FC Werder Bremen	HP http://www.werder.de/
12	FC Augsburg	HP http://www.fcaugsburg.de/
13	Hannover 96	HP http://www.hannover96.de/
14	1.FSV Mainz 05	HP http://www.mainz05.de/
15	SC Freiburg	HP http://www.scfreiburg.com/
16	VfL Wolfsburg	HP https://www.vfl-wolfsburg.de/
17	Fortuna Düsseldorf	HP http://www.f95.de/
18	1.FC Nürunberg	HP http://www.fcn.de/

順位為2017～2018的聯賽排名

音樂&娛樂饗宴

光是參觀整個城市還覺得意猶未盡嗎？那麼享受音樂的旅行最適合了。

巴哈、貝多芬、華格納等等，從世界最頂級的古典音樂到音樂劇為止，以下為大家精選的資訊，任誰都可以玩得很開心。

古典音樂

德國的古典音樂之有名，根本就已經不需要再說明。以柏林愛樂管弦樂團為首，在這個古典音樂的發源地上，聚集了來自各地的一流交響樂團，演出季節（9月到翌年的6月）當然不用說，包含夏天的音樂節（※1）等在內，一年四季都可以欣賞到演奏會。更令人高興的是，比起到國外的公演，在德國當地的門票便宜到令人跌破眼鏡的地步。舉例來說，即使是在柏林音樂廳那麼高水準的地方，有些座位的票價卻是從€20左右起跳。如果有位子的話就進去聽聽看吧！不妨抱著這種輕鬆的心情去享受。還有像是教堂裡的管風琴或少年合唱團的演唱會等等，基本上都可以免費進場，而且基於建築物本身的構造，音響效果也都是一等一的，是內行人才知道的好康。

柏林大教堂的管風琴。大小雖然比帕紹的小一點，但是歷史卻遠比帕紹的還要悠久。

主要的教會音樂

◆聖湯瑪仕大教堂（p.82）少年合唱團（週五18:00、週六15:00 €2　※學校放假中、不在的時候除外）
◆雷根斯堡大教堂（p.169）（週日10:00　免費　※學校放假中、不在的時候除外）
◆德勒斯登聖母教堂（p.72）以週三、五、六為主／20:00～／€8～
◆柏林大教堂（p.53）管風琴演奏會等等（表演內容不固定）
◆聖史提芬大教堂（p.171）

※櫃檯在開演時間前有可能會關閉。

©Matthias Creutziger

❶德勒斯登的杉普歌劇院。完美的演奏當然沒話說，就連劇場本身也令人驚艷。
❷萊比錫的聖湯瑪仕大教堂內部。祭壇前地上的板子是巴哈的墓，但是請不要在這邊哭泣。
❸知名的雷根斯堡大教堂聖歌隊（雲雀合唱團）。會於週日禮拜時演出，請保持靜肅。

Data

※1　各地都有許多音樂節，例如莫札特音樂節（p.121）、巴哈音樂節（萊比錫）、德勒斯登音樂節等等。
◆德國觀光局的管弦樂團資訊
HP https://www.germany.travel/cn/index.html（簡中）
※依序點選「城市與文化」→「音樂和表演秀」。就能找到各地的管絃樂團資訊等。

Oper & Musical

歌劇&音樂劇

歌劇在德國文化上占有舉足輕重的地位，所以請務必好好打扮一下再前往觀劇。除了路德維希二世為之瘋狂的華格納之外，理查．史特勞斯和莫札特也都很受歡迎。演出季節和古典音樂一樣（基本上是冬天）。對於外行人來說或許有些難以親近，但是作為觀光的一環，還是有試著去看看的價值。場地以慕尼黑的巴伐利亞州立歌劇院、柏林國家歌劇院、漢堡國家歌劇院等地最為有名，近幾年斯圖加特州立歌劇院的評價也非常好（※1）。

如果想要嘗試更輕鬆的娛樂，音樂劇將是個不錯的選擇。地點在漢堡、柏林、斯圖加特、慕尼黑、科隆（※2）等地。富森郊外的佛根湖畔也有音樂劇場（※3），上演著琳瑯滿目的劇碼。

Data

※1　其他像是拜羅伊特音樂節也很有名，但是門票非常難買。

※2　同一家公司在好幾個地方都有營業處。
HP www.stage-entertainment.de

※3　可惜的是現在已經沒有在表演路德維希二世的劇碼了。　HP www.das-festspielhaus.de

◆禮節　欣賞歌劇請穿著正式的服裝，外套或行李請寄放在寄物櫃台。嚴格禁止竊竊私語或發出手機的鈴聲。中場的休息時間只有20~30分鐘，所以上廁所請早。

◆門票購買方式　HP https://www.classictic.com/zh/　HP infodich.com/archives/1151

某一部舞臺劇的舞臺。

看懂雜誌上的德文

Fernsehen …………… 電視
Radio ………………… 廣播
Kino ………………… 電影
Bühne………………………
…… 舞臺劇（包含歌劇）
Kunst ………………… 藝術
Musik………………… 音樂
Klassik　古典音樂（音樂）
Tanzen ……………… 舞蹈
Cabaret … 卡巴萊歌舞表演
Varieté …………… 舞臺劇
Reisen ……………… 旅行
Suche ……………… 徵求
ab …………………… 從~
Dies & Das ………… 其他

從得到消息到取得門票之間的流程

收集情報　在國內可向觀光局洽詢，或者是利用網路。到了當地則可以向❶遊客服務中心洽詢或者是購買雜誌（※1）。

⬇

確認事項　必須要確認日期、費用、地點。

⬇

訂票　打電話（※2）或傳真給相關連絡窗口。

⬇

取得門票　等票送過來（※3）或直接到窗口去買票。或者是透過售票中心等地購買（也可以參考p.42）。

※1基本上在❶遊客服務中心都會有介紹這個城鎮的音樂會日程的小冊子，都市還會發行雜誌。通常音樂會活動都是以日期為單位，按照英文字母的順序來記載劇場的地址等等。※2最近也增加了可以在網路上訂票的方式，像這種情況通常都是先以E-mail連絡，等待對方的回覆，而費用則是等到對方回覆之後再以匯款或線上刷卡的方式來支付。※3在當地有①❶在遊客服務中心購買、②向位於市內的Kartenbüro（售票中心）購買、③開演前（1~2小時前）直接在會場的售票窗口（box office）購買等各種購票方法。

◆小冊子上通常都會冠有各都市的名稱，例如Berlin Programm等等。其他坊間的雜誌則以Zitty、Tip等最為有名。

德國當地特產大集合

邁森的人偶有Blue onion等多種系列。

不可不知的德國名牌

■瓷器相關：Meissen、KPM、Rosenthal、Nymphenburg等。
■文具相關： Montblanc、Faber-Castell、Pelikan、Lamy等。
■皮包‧行李箱類：RIMOWA、BREE、Goldpfeil、Tauschen等。
■廚房用品：Henkel、Fissler、WMF、Koziol等。
■純天然化粧品：Dr.Hauschka、Logona、Speick、Lavera、Safea等。

名牌精品與實用小物

與服飾相關的JIL SANDER、HUGO BOSS、ESCADA等品牌廣為人知，歐洲最古老的高級瓷器名牌Meissen、以鋼筆聞名的Montblanc等高級品味的實用品名牌也很多。其中，又以非高級路線的實用小物為最受歡迎的紀念品選項。最有人氣的是廚房用品與化妝品之類的相關商品，尤其最近天然化粧品的詢問度極高。不佔體積的高湯粉也是德國特色的產品。另外由於近幾年的足球熱潮，足球的相關商品也很暢銷。

邁森的瓷器　被中國和日本的瓷器迷得神魂顛倒的歐洲人終於創造了邁森瓷器，目前已經是世界上最具有代表性的名器之一。

FEILER牌的毛巾　最近在日本也愈來愈受歡迎。採用傳統的繩絨織法，是很耐用的毛巾。鮮艷的外表算是德國比較少見的產品（？）也是其受歡迎的秘密。在德國當地購買，種類比國內還多，而且價格也只要一半。（參照p.108）。

輝柏（Faber-Castell）的文具　創業於1761年，全球統一採用六角形的鉛筆。上圖是軟性粉彩條。2005年在法蘭克福成立了德國的第一家直營店（MAP p.101-G Steinweg 12 ☎069-90025978）。

萬寶龍的鋼筆　最近在名牌的小東西上雖然也出現了許多文具以外的東西，但是萬寶龍的鋼筆還是首選。

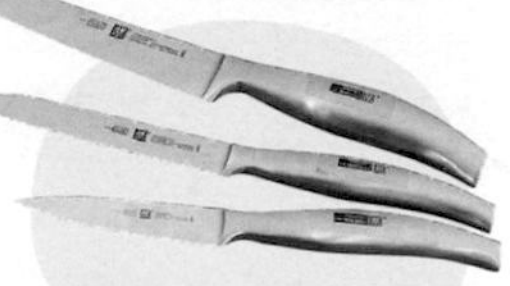

德國雙人牌的刀具　一提到索林根的刀具，就會連想到上頭有雙胞胎標誌的德國雙人牌。最近除了菜刀以外，整組的指甲剪等小道具也很受歡迎。

KOZIOL　多彩繽紛塑料素材與設計感十足的人氣廚房＆文具用品。最近很受歡迎的是非常可愛的貓咪濾茶器。使用方式就如照片一般，掛在杯緣上使用。也推薦烏龜造形的開瓶器。

火熱情報導覽

邁森的暢貨店

邁森近年來除了瓷器之外，還開設了珠寶和精品店，並且也結合所有商品類型推出了暢貨店。不過官方的邁森暢貨店僅有一家，就在邁森的大本營——工廠內（p.79）。在德勒斯登的商店（p.77）內也有設立暢貨商品區。

啤酒杯　如果可以的話，真想直接把當地的啤酒帶回家，但是如果要送禮的話，還是買個最夯的啤酒杯意思意思一下吧！如果打算要拿來用的話，必須確認蓋子能不能打開，如果打開的角度不夠大的話，很容易去頂到鼻子。

年輪蛋糕　德國的高級甜點，也是很受歡迎的結婚回禮。由於保存期限較長，很適合買回去送人。上圖是Kreuzkamm的年輪蛋糕，非常有名。其他還有Jaedicke等等。

愛爾茲堡的木雕人偶　由座落於前東德山岳地帶的愛爾茲堡所製造的木雕人偶。上圖為「抽煙」的木雕人偶，裡頭作成把香放進去就會從嘴巴噴煙出來的機關。在德國到處都買得到。

濃湯粉＆沙拉醬類
　左邊為有機超市的濃湯。經典口味有馬鈴薯Kartoffelsuppe、蘑菇Pilzsuppe及匈牙利湯Gulasch。右邊為粉狀沙拉醬，加3大匙的水跟沙拉油一起拌勻。

泰迪熊　德國是泰迪熊的大本營。除了金耳扣Steiff、Hyman公司的產品外，還有個人製作的藝術泰迪熊。照片中穿著夜警裝扮的泰迪熊是羅騰堡的限量商品（Teddys Love Rothenburg p.128），為Hyman公司的產品。

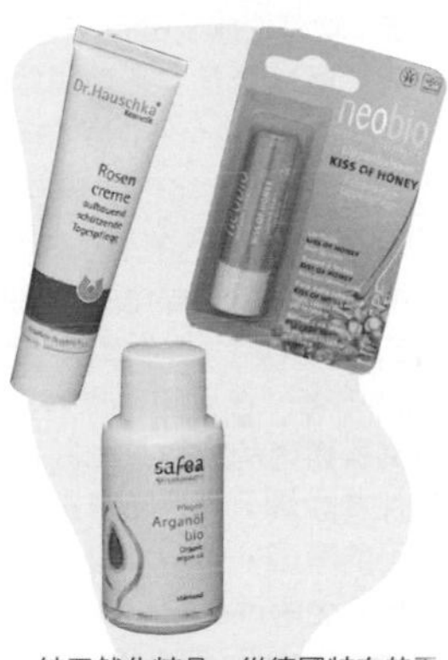

純天然化粧品　從德國特有的天然哲學孕育而生的美容化妝品。除了世界知名的Dr.Hauschka外，使用夢幻Argand'Or有機摩洛哥堅果油的Safea以及便宜的neobio護唇膏等都很推薦。

交通號誌上的小人設計　除了柏林以外，過去前東德所有紅綠燈上的設計都是採用這款交通號誌上的小人，如今是熱賣的紀念品。左圖為開瓶器，其他還有T恤、鑰匙圈等等，種類非常豐富。

入浴劑類　跟日本有溫泉入浴劑一樣，德國也有諸多能夠享受香氣及滑順感的入浴劑。照片上的是克奈圃Kneipp的商品。香氣較為濃烈，泡泡浮出後也會有保溫的效果，完全溶解需花上一點時間。

推薦的伴手禮店

◆Käthe Wohlfahrt（p.127）
除了販售聖誕節商品等的總店之外，還有販售高級精品──Rozen Pavilion等，在羅騰堡就有6間店，是十分有名的店家。在海德堡也有分店。

◆Ekuko's Wine & Gift Shop
在台灣還沒什麼人知道的店家，但推廣得十分積極，表示只要實際喝過就會覺得是好喝的葡萄酒。店裡的禮物商品類型十分豐富，是老闆以銳利眼光挑選出來的獨特精品。（資訊請見p.127）

◆Distel Bio Laden
（請見p.108）擁有豐富天然美妝用品的有機相關專賣店。移至市內中心區域。店內也有販售許多有機健康食品等商品。

◆Geschenkhaus Lauter
與Pension Post（p.273）為相同經營者。販售豐富的廚房用品、小物雜貨、FEILER等商品。
MAP p.272-A　住 Rheinstr.12/Ecke Drosselgasse　營 9:00～19:00　☎ 06722-941138

◆Organic Shop Lovely & Sweet Lovely（資訊請見p.127）介紹天然美妝用品起家的先驅店家。最近也有經營透過專門途徑購得的葡萄酒，以及發掘其他地方很難買到的銘品。其中最有趣的是名為「639」的葡萄酒，是由一位日本人士──淺野在德國租借葡萄田，獨自生產釀造出的逸品。甜中帶點酸味的高雅風味，也獲得德國一流甜點師的稱讚好評。

Hide's Wine 639 SP（特別版）。不僅十分珍貴，就連味道也有著日本人獨特的講究之處

依主題方式選擇之旅5

在啤酒天堂裡喝個痛快！

把10杯科隆啤酒放在長達1公尺的木板上送到客人的桌上。攝於Haxenhaus。

如果大阪是吃到飽的美食天堂，那德國肯定就是喝到飽的美酒天堂。舉例來說，由於德國全境的釀酒廠多如繁星，甚至還創造了啤酒之旅（Beer Reise）這個專有名詞，所以光是到各地暢飲其知名的啤酒，儼然已經是一趟非常愉快的旅行了。

❶Haxenhaus從13世紀營業至今，是最古老的飲酒店，以中世紀衣著為特色。跟店同名的Schweinshaxe為招牌。❷在Sünner im Walfisch（p.258）裡居然可以一次點上5公升的啤酒！裝在細細長長的容器裡。❸Malzmuhle的Mühlen Kölsch號稱是最棒的科隆啤酒，就連柯林頓總統也來造訪過。圖為一種手提式的托盤，最多可以運送17杯啤酒。

德國各地的啤酒

據說德國一共有1350多間啤酒釀造所（brewery），啤酒的品牌更是超過7500多種。這是因為啤酒是一種既難保存又難搬運的飲料，尤其在中世紀又沒有保冷設備，所以才會每個城市都生產自己的啤酒。時至今日，仍舊不太有大規模的全國性品牌。

Altbier 德國老啤酒

科隆到波昂近郊由於水質的關係，多半都是上層發酵的啤酒。其中又以杜塞道夫的德國老啤酒最為有名。不同於科隆啤酒，老啤酒的顏色比較深，啤酒花的苦澀也比較強烈。特別推薦大熱門店Zum Uerige。店內還有用釀酒用的古老大木桶作成的桌椅，十分有情調。

這裡一杯是250ml，顏色也比科隆啤酒還要深。

從酒桶內倒酒的架勢也非常老練。

Data
◆Zum Uerige
MAP p.250-D
住 Berger str.1
☎0211-866990
營 10:00～24:00（12/24·25～14:00）
休 嘉年華期間的玫瑰日
HP www.uerige.de

Kölsch 科隆啤酒

顧名思義，是只有科隆才有的啤酒，即使採取同樣的製造方法，也只有市內方圓50公里以內的釀酒廠生產的啤酒才可以取這個名字。有至今較為罕見的上層發酵（次頁）種類，特徵在於碳酸較少、口感清爽。

Data
◆Haxenhaus
MAP p.255　住 Frankenwerft 19
☎0221-9472400
營 11:30～凌晨1:00（週五、六～凌晨3:00）　休 無休
HP www.haxenhaus.de
◆Brauerei zur Malzmühle
MAP p.255　住 Heumarkt 6
☎92160313　營 11:30～24:00（週五、六～凌晨1:00，週日、假日～23:00）　休 無休
HP www.muehlenkoelsch.de

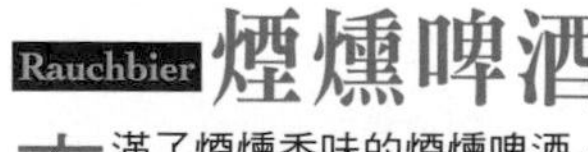

Rauchbier 煙燻啤酒

充滿了煙燻香味的煙燻啤酒，其中又以Schlenkerla（p.240）的啤酒最有名，但是在此為大家介紹的是當地居民拍胸脯保證「本地最好喝」的Spezial煙燻啤酒。和前者比起來雖然少了一點煙燻的香味，但是卻帶點麥芽的甜味，真的非常好喝。不妨和班堡的當地美食——德國香腸作成的湯、藍尖角德國香腸一起吃。

顏色也比Schlenkerla的要來得透明一些。

Data
◆ Brauerei Spezial
MAP p.239-B
住 Obere Königstr.10
☎0951-24304　營 09:00～23:00（週六～14：00）　休 無休
HP www.brauerei-spezial.de

❶不萊梅啤酒
Kräusen

世界級的啤酒廠商貝克啤酒，在其大本營不萊梅限定的產品。雖為皮爾森啤酒的一種，但是就像白啤酒一樣，並沒有過濾掉酵母。在當地的居酒屋都喝得到。

❹草莓老啤酒
Altbierbowle

在德國老啤酒裡加入草莓的調味啤酒。會按照不同的季節使用不同的水果，跟水果很合的這一點與皮爾森啤酒略有不同（p.267）。

❺史瓦茲黑啤酒
Schwarzbier

知名的黑啤酒Kostriber，尤其在前東德常常可以看到（p.87）。

❷萊比錫啤酒
Gose Bier

萊比錫限定。屬於上層發酵啤酒，但是加入了香菜、食鹽，所以帶了點酸味，也有加入糖漿一起喝的喝法（p.83）。

❸德勒斯登啤酒
Radeberger Zwickelbier

勒斯登限定。雖然屬於皮爾森啤酒，但是未過濾，所以有點混濁（p.76）。

❽柏林白啤酒
Berliner Weisse

柏林限定。加入糖漿的白啤酒，一共有紅色和綠色等3種，帶點酸酸甜甜的味道，主要在夏天推出，適合女性。

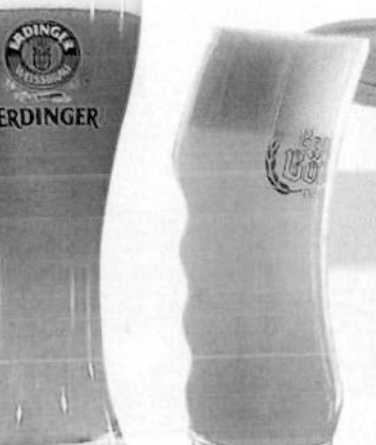

❻慕尼黑啤酒
Weizenbier

用小麥釀造的白啤酒，多半會加入酵母，呈現白色混濁，也有黑色的。這股風潮是由慕尼黑吹向全國。右圖為ERDINGER啤酒，基本上在全國各地都喝得到。

❼波昂啤酒
Bönnsch

只有在波昂才能夠喝到，和科隆啤酒一樣屬於上層發酵，但是有留下酵母，所以呈現白色混濁，是很特別的啤酒（p.262）。

其他啤酒●慕尼黑…Helles淡啤酒（麥芽味很重，口感較甘甜）。Bock烈啤酒（酒精濃度較高，口感濃郁，多半為季節限定）。●多特蒙德…外銷啤酒Export（可長期保存，適合外銷到國外）。

啤酒的種類

啤酒的種類大致上可以分為上層發酵跟下層發酵，如果還想要再細分的話，則以顏色的深淺為標準。目前在世界上占了壓倒性多數的為下層發酵。在德國則以皮爾森啤酒（Pilsner）這種淺色系的啤酒舉國皆知最受歡迎。皮爾森啤酒的命名由來是以發祥地皮爾森（現屬捷克，只不過據說當初發明釀造技術的是德國人），點餐時都統稱為「皮爾森」。上層發酵是自古以來就有的釀造法，但是最近要在限定的地區才喝得到。科隆的科隆啤酒、杜塞道夫的老啤酒都很有名。

上層發酵	淺色系	科隆啤酒、白啤酒
	中間色系	老啤酒（杜塞道夫的老啤酒很有名）
	深色系	黑啤酒（英國的健力士）
下層發酵	淺色系	皮爾森啤酒、外銷啤酒（多特蒙德）、淡啤酒
	中間色系	黑麥啤酒（一般的統稱）、烈啤酒、煙燻啤酒、慕尼黑啤酒
	深色系	史瓦茲黑啤酒（一般的統稱）、考斯特黑啤酒很有名。

啤酒純粹令

威廉四世於1516年為了抵制沒有良心的業者所制定的法律，內容據說是「啤酒只能用大麥和啤酒花和水來釀造」。德國至今仍遵守著這項法律，頂多再加入酵母。

點餐的時候…

如果是在觀光勝地的話，只要說「啤酒」一般就會通了。如要點淡啤酒的話，只要簡單地說聲「pils（皮爾森啤酒的簡稱）」或是「Helles（或者是Helle）」通常不會有問題。黑啤酒則是「Dunkel（或者是Schwartz）」。就算想要依品牌來點餐，除非是非常有名的餐廳，否則基本上都只供應當地釀造的啤酒。另外只要再知道「vom Fass」指的是桶裝啤酒（相當於日本的生啤酒），大杯是grosses、小杯是kleines就可以了。其次，杯子上都有刻度，要注滿到刻度的位置通常需要花上一點時間。除此之外，有的啤酒屋會在杯墊上作記號，可以檢查自己到底喝到第幾杯了。

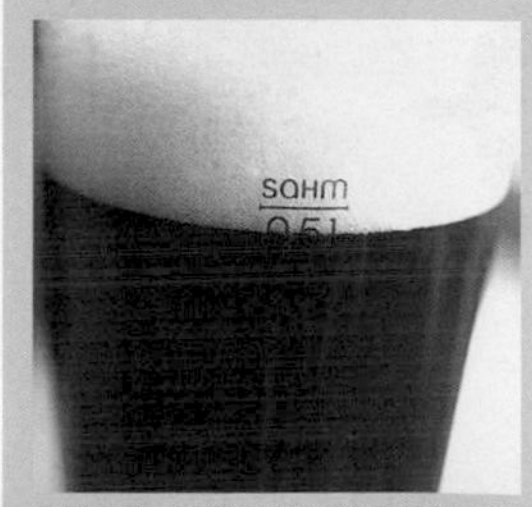

仔細一看，居然有個0.5公升的刻度！

依主題方式選擇之旅6

享用德國的葡萄酒

德國雖然以啤酒聞名全球，但其實葡萄酒也是特產之一，尤其是白葡萄酒，品質號稱世上最高級。由於是高級貴腐酒，所以或許會給人一種偏甜的印象，但是像麗絲玲白葡萄酒或布瓦那白葡萄酒，清爽的辛辣口感卻也受到真正懂酒、愛酒的老饕一致好評，而且價格也十分合理。

葡萄酒的種類

葡萄酒可大致分為以下6種，分別是紅酒和白酒、介於其中的粉紅酒、由粹取自紅葡萄和白葡萄的精華釀成的洛特靈玫瑰紅葡萄酒、加入碳酸的珍珠酒（微發泡）以及所有的氣泡酒。然後再以品質和甜度分等級。另外，為了展現葡萄酒的風味，也十分重視葡萄的品種。

由具有代表性的葡萄品種釀成的葡萄酒

❶ 麗絲玲的白葡萄酒 Riesling

❷布瓦那的白葡萄酒 Silvaner

❸ 灰皮諾的白葡萄酒 Grauburgunder

❶德國最具有代表性的品種，主要栽培於莫色耳河及萊茵高，充滿了水果的香氣與酸味（Georg Breuer）。❷帶著微微的泥土香，味道十分粗獷，在法蘭根等地多半搭配著魚類一起吃（Juliusspital）。❸又名Ruländer，法文名稱為Pinot Gris，濃醇中還帶著甜甜的香味，適合搭配肉類、起司（Uwe Spies：羅騰堡的Ekuko's葡萄酒專賣店）。

德國各地的葡萄酒

德國境內一共有13個葡萄酒產地，幾乎全都位在北緯50度一帶上。各自擁有不同的個性與特徵，尤其在酒瓶的顏色和形狀上都下足了工夫，讓人一目瞭然。

Mosel Saar Ruwer Wein

莫色耳葡萄酒

德國最具有代表性的白葡萄酒產地，尤其以麗絲玲白葡萄酒的產量為德國第一。如果想要結合觀光的話，不妨前往伯恩卡斯特／庫斯（p.278）一帶參觀。這裡有一片稱之為「醫生」的葡萄園，相傳是過去特里爾的選帝侯喝了這裡的葡萄酒之後就恢復健康了。這裡釀造的塔尼史Thanisch非常有名，如果想要每一種都喝喝看的話，可以前往Rieslinghaus。麻雀雖小，卻擁有「最頂級的德國葡萄酒」的美譽，還可以買到擁有世界最高評價的艾貢．米勒的Scharzhofberger葡萄酒。其他還有Joh. Jos. Prüm等等，種類多到會讓葡萄酒癡流連忘返。

Scharzhofberger是「有關係才買得到，周遭一定找不到」的酒種。

Data ◆Rieslinghaus
住Hebegasse11 54470 Bernkastel-Kues
☎06531-6258 營10:00～18:00（11～4月的平日14:00～；8、9月以外的週六、日11:00～）
休 無休（5～7、10月的12:00～14:00為午休時間） HP rieslinghaus.mythos-mosel.de

Rheingau Wein

萊茵高葡萄酒

一提到萊茵高葡萄酒就會想到呂德斯海姆。特別推薦Rüdesheimer Schloss，雖然同時經營釀酒廠，但是也有提供約翰尼斯堡等其他的品牌。近年除了辛辣的白葡萄酒獲得一定的評價之外，在這片土壤上所栽種的黑皮諾紅葡萄酒也得到很高的評價。

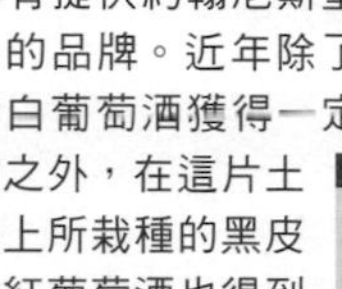

黑皮諾
紅葡萄酒
Spätburgunder

Data
◆Breuer's Rüdesheimer Schloss
（參照p.273）
黑皮諾品種的紅葡萄酒。產量雖少但評價很高。

Franken Wein

法蘭根葡萄酒

這個地方的代表是伍茲堡市，而最有名的就是Am Stein酒莊。和米其林指南裡的星級名廚Reiser合開的葡萄酒餐廳REISERS就在隔壁。

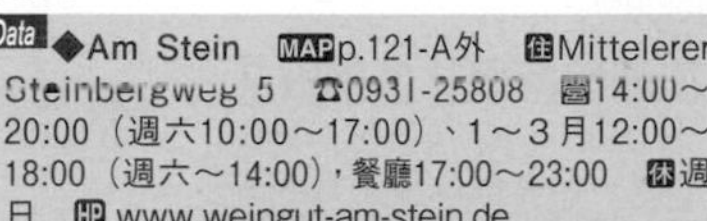

Data ◆Am Stein MAP p.121-A外 住 Mittelerer Steinbergweg 5 ☎0931-25808 營14:00～20:00（週六10:00～17:00）、1～3月12:00～18:00（週六～14:00），餐廳17:00～23:00 休 週日 HP www.weingut-am-stein.de

葡萄酒用語

- ●紅酒…Rotwein
- ●粉紅酒…Rose
- ●白酒…Weisswein
- ●不甜…Trocken
- ●微甜…Halbtrocken
- ●偏甜…Süss
- ●氣泡酒（香檳）…Sekt

●葡萄酒的等級

1. Tavelwein
平常就可以喝的便宜酒類，在德國比較少。
2. Q.b.A.
高級葡萄酒，還附有品質保證書，是最常見的酒類。
3. Q.m.P
經過背書的高級葡萄酒，依照甜度可以再細分為以下的6種。
①Kabinett（微甜）
②Spätlese（較晚採收，偏甜）
③Auslese（只選取已經熟透的果實）
④Beerenauslese（只選取已熟透且受貴腐菌侵襲的果實，是非常甜的甜點葡萄酒）
⑤Eiswein（待果實結冰之後再行採摘，極甜）
⑥Trockenbeerenauslese（只選取受過貴腐菌侵襲且乾燥的果實）

巴登葡萄酒

Baden Wein

德國素以生產一些罕見的紅葡萄酒著名。特別推薦的是在世界紅葡萄酒評鑑會上脫穎而出，甚至被譽為是「絕對堪稱是世界頂級的」Bernahard Huber。這是一家在最近20年左右評價急速上升的釀酒廠兼葡萄酒窖，位於一個叫作馬爾他丁根的小村落裡，距離弗萊堡約30分鐘左右的車程。

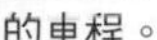

原本這裡的土壤和氣候就不輸給法國的高級葡萄酒產地，葡萄的品種據說也是以前就從法國移植過來的黑皮諾品種。雖然只是個小小的村落，但是欣賞分布在平疇野闊的丘陵地帶上的葡萄園也饒富趣味。

擺放在葡萄酒窖裡的巨大橡木桶。

Data ◆Weingut Bernhard Huber
MAP p.214 B外
住 Heimbacher-Weg19 Malterdingen
☎07644-929-7220 營14:00～18:00（週六10:00～12:00） 休 週日 HP www.weingut-huber.com

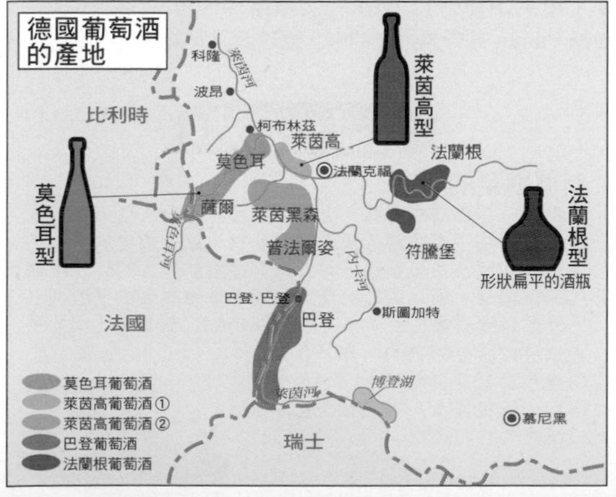

冬季限定葡萄酒

可以在耶誕節時期喝到的Gluehwein溫熱紅酒，是一種趁熱喝的甜紅酒，會加上砂糖和香辛料調味。

在德國收取杯子的押金是很普遍的一件事，也可以不要把錢拿回來，直接把杯子帶回家作紀念。

依主題方式選擇之旅7

德國真好吃！

德國酸菜是什麼東東？

Sauerkraut 通常譯為德國酸菜，但其酸味並不是把醋加在高麗菜裡，而是採用鹽巴和香料醃漬，使之發酵得來。

務必嚐嚐剛烤好的椒鹽捲餅！

如果您是因為嫌椒鹽捲餅硬而不喜歡吃，建議您一定要試試剛烤好的椒鹽捲餅。只要吃過熱騰騰的椒鹽捲餅，一定能改變您的想法。味道雖然很簡單，但是彈性和鹹度都恰到好處，真的非常好吃。

與德國香腸有關的單字

●德國香腸Wurst…指的是德國香腸的德文。

●烤香腸Bratwurst…Brat指的是燒烤的意思，泛指所有用烤的德國香腸。

●脆皮香腸Bockwurst…水煮德國香腸的總稱。

●肝腸Leberwurst…內餡是將肝臟搗成泥狀的德國香腸。

●法蘭克福香腸Frankfurter…細長型的德國香腸，通常會煮來吃。

●圖林根香腸Türinger…稍微大一點的普通烤香腸。

●紐倫堡香腸Nürnberger…比較小一點，香料味道很重的德國香腸。

●慕尼黑白香腸Weisswurst…只選用小牛肉做成，是慕尼黑的特產。

班堡地區的德國香腸湯，清爽不刺激的酸味非常好吃。

傳統美食？

一提到德國，大家通常都只會想到德國香腸、馬鈴薯、德國酸菜（Sauerkraut）這三寶，但那只是德國人為了度過漫長的冬天，所發明出來的備用糧食而已。就像我們也有臘肉是一樣的道理，所以最好不要以偏概全地認為所有的德國菜都是那樣的。另外，德國菜都比較鹹，可能是因為喝了大量啤酒的關係（啤酒會導致鈉含量不足）。最近因為養生的風潮，口味清淡多了。

薩克森地區（德勒斯登等地）的當地美食──軟乾酪（Quark）。

德國的四季美食

德國的飲食文化其實很重視當季的美味、以及新鮮的食材。不妨勇於嘗試一下在旅行途中所遇到的當季食材。

春（4 月中旬～ 6 月上旬）…Spargel：巨大的白蘆筍。幾乎都只有汆燙一下，淋上荷蘭醬等直接吃。

夏（6 月～ 7 月中旬）…Kirsch：櫻桃。以公斤為單位地陳列在市場上。／（7 月～ 8 月）…Beeren：木莓的一種。可以作成霜淇淋或放在蛋糕上增添美味。

秋（8 月下旬～ 10 月上旬）…Steinpilz：一種菇類。非常珍貴，通常都用油煎來吃。

冬（10 月下旬～）…Wild：泛指鹿 Hirsch、野兔 Hase、雉雞 Fasan 等野鳥野獸的肉。既珍貴又美味。

資訊補給站

新德國菜的潮流

在歐洲一提到高級餐廳，大家可能都會想到法國菜，但是最近新增加了不少將德國當地的食材，以法國菜的作法加以烹調的德法折衷餐廳。另外，有些廚藝很好的外國廚師也跑來搶錢，所以這裡的義大利菜水準也很高很受歡迎。另外也有很多像是土耳其式的速食Döner Kabap（用刀子把烤好的肉切成薄片，和沙拉一起用麵包夾起來的食物），也反映出移民人口的龐大。當然以上都會作成德國式的口味。

秋～冬的餐點會使用野鳥野獸的肉來入菜，而且還會作成法式風味。

如何看懂菜單和地方美食

在看菜單（Speisekarte）的時候，與其去鑽研菜名，還不如去了解食材和烹調方法比較有用。如果是高級的餐廳，可以請廚師按照自己的口味烹調當天的推薦食材。

Speisckarte（菜單）

Vorspeisen（前菜：冷盤）
- Gänseleberpastete …… 鵝肝醬的酥皮點心
- Hering Hausfrauenart …… 用醋醃漬的鯡魚佐奶油醬

Suppen（湯）
- Leberknödelsuppe …… 肝丸子湯
- Zwiebelsuppe …… 洋蔥湯
- Gulaschsuppe … 匈牙利風的燉牛肉湯

Fischgerichte（魚類）
- Fischragout …… 燉魚
- Scholle Gebraten …… 炸比目魚

Fleischgerichte（肉類）
- Schweinehaxe …… 烤帶骨豬腳
- Sauerbraten …… 葡萄酒燉牛肉
- Jägerschnitzel …… 炸小牛肉排（佐蘑菇醬汁）

Beilage（配菜）
- Kartoffelbrei …… 馬鈴薯泥
- Bratkartoffeln …… 煎馬鈴薯片
- Gemischter Salat …… 綜合沙拉

Dessert（甜點）
- Fruchtsalat …… 水果沙拉
- Eis …… 霜淇淋
（Vanille、Schokoladen 香草、巧克力）
- Apfelkuchen …… 蘋果派

Getränke（飲料）
- Bier …… 啤酒
（Pils、Dunkel …… 淡啤酒、黑啤酒）
- Orangensaft …… 柳橙汁
- Mineralwasser …… 礦泉水
- Sekt …… 氣泡酒（香檳）
- Kirsch …… 櫻桃白蘭地

常出現的食材
- Aal …… 鰻魚
- Bohne …… 菜豆
- Ente …… 鴨肉
- Fasan …… 雉雞
- Forelle … 鱒魚
- Früchte … 水果
- Geflügel …… 雞肉（家禽的肉）
- Gemüse … 蔬菜
- Hase …… 野兔
- Hähnchen 小雞
- Hering …… 鯡魚
- Hirsch …… 鹿肉
- Kalb …… 小牛肉
- Käse …… 起司
- Kohl …… 高麗菜
- Kräute …… 香草
- Lachs …… 鮭魚
- Lamm …… 羊肉
- Ochse …… 牛肉
- Pilz …… 蘑菇
- Rübe …… 蕪菁
- Schnecken …… 蝸牛
- Schinken 火腿
- Schwein … 豬肉
- Seezunge …… 比目魚
- Spinat …… 菠菜
- Wachtel … 鵪鶉

德國的麵包

- 小圓麵包Brötchen…又叫作「Semmel」，有點硬，是早餐不可或缺的圓麵包。
- 椒鹽捲餅Brezel…捲成八字形的鹹麵包，有點硬。
- 全麥麵包Vollkornbrot…用全麥麵粉做成的麵包。
- 黑麥麵包Pumpernickel…用黑麥做成的黑麵包。
- 雜糧麵包Mischbrot…用小麥和黑麥做成的標準德國麵包。

menu（套餐）的種類

德文中的menu指的是套餐的意思。Tagesmenü是每天更換的套餐。Tagesempfehlungen是指本日特餐。Mittagsmenü則是指商業午餐。

用語

mit…表示配菜的意思。例如，Steak mit Pommesfrites指的是牛排附上炸薯條。
auf…擺上~的意思。
Platte…盤子。拼盤的意思。
Hausgemacht…自製的。
~ische…如果語尾是這樣寫的話，就表示~風。

主要的烹調方法

gebraten…油炸
gegrillt…用網子烤
gebacken…用烤箱烘烤
gekocht…水煮
gedämpft…蒸
geräuchert…煙燻
müllerinart…用奶油煎
sautiert…炒
mariniert…醃漬
Steak…煎

主要的地方美食 ●Maultaschen德式水餃…用義大利麵的麵皮把絞肉等包起來，是一種義大利式餛飩（施瓦本）●Späzle雞蛋麵…用麵粉、雞蛋做成的一種義大利麵，主要是做配菜（施瓦本）●Eisbein水煮豬腳…用鹽水煮帶骨的豬腳（柏林）●Aalsuppe鰻魚湯…用鰻魚做成的湯（漢堡）●Lapkaus牛肉馬鈴薯泥…將馬鈴薯和牛肉搗成泥狀，再放上一顆荷包蛋（漢堡）●Schweinehaxe德國豬腳…烘烤帶骨的豬腳（巴伐利亞）●Leberkäse肝起司…肉餅的一種（巴伐利亞）●Saumagen燴豬肚…把馬鈴薯、絞肉塞進豬的胃袋裡做成的食物（萊茵蘭）●Kasslerlippchen水煮肋排…把用鹽醃漬的豬肉水煮而成的食物（黑森）●Knödel德國饅頭…通常是指將馬鈴薯和麵粉揉製而成的食物

Leberkäse肉餅是巴伐利亞地區的地方美食。

德國的經典美食

德國香腸和馬鈴薯的拼盤。

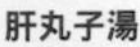

肝丸子湯
Leberknödelsuppe
如果不知道要喝什麼湯的話就點這道吧！只要是賣德國菜的餐廳基本上都會有這道菜，標準的清湯底，簡單又不失美味。顧名思義，裡頭還加了肝做成的肉丸子。

德式水餃
Maultaschen
類似義大利式餛飩的施瓦本美食。也有用烤的作法，但是作為主菜的話，分量可能稍嫌不足，所以建議以湯方式來佐餐，有點像是我們的水餃。

德國豬腳
Schweinehaxe
看起來很簡單，但是要煮到連裡面都熟透卻很不容易，而且也不是一點好菜馬上就可以上桌的食物，所以翻桌率較高的名店裡的會比較好吃。上圖為Haxnbauer（p.164）的餐點。

水煮豬腳
Eisbein
直接用鹽水煮的帶骨豬腳，分量十足，有時候一個人還吃不完呢！富含膠原蛋白，對女性有養顏美容的效果。搭配冰酒（Eiswein）是最正確的選擇。

水煮肋排
Rippchen
用鹽水煮的豬肉（肋骨部分），以法蘭克福的最為有名，Mutter Ernst（p.107）的鹹度剛剛好，吃起來像是把水煮豬腳去除骨頭和油花的感覺。

醋燜牛肉
Sauerbraten
將牛肉以紅酒、酒醋、香料等醃漬入味之後，先煎再用醬汁燉煮至軟爛。即使是同一種醋燜牛肉，在萊茵地區和在薩克森地區的味道也會有些許的不同。

煎豬排
Jägerschnitzel
最受歡迎的平民美食。上圖為淋上蘑菇醬的獵人（Jager）風味，也有什麼都不加的原味，使用小牛肉的稱之為Wiener（維也納風）。

平底鍋雜燴
Bergmannspfanne
下圖Bergmanns的意思指的是「礦工的」平底鍋，每個地方都有其不同的作法。如果最後再加上pfann的字尾，通常是指綜合的大鍋菜。

嫩煎魚排
Zander Filet
梭鱸（是德國很高級的淡水魚，屬於鱸魚的一種）是最值得推薦的魚類料理，也是很好吃的白肉魚。其他還有鱒魚（Forelle）、鮭魚（Lachs）等等。

展示在波茨坦廣場車站前（MAP 隨身地圖-36、p.36-I）的“柏林圍牆”遺跡。

柏林 & 波茨坦

柏林
波茨坦

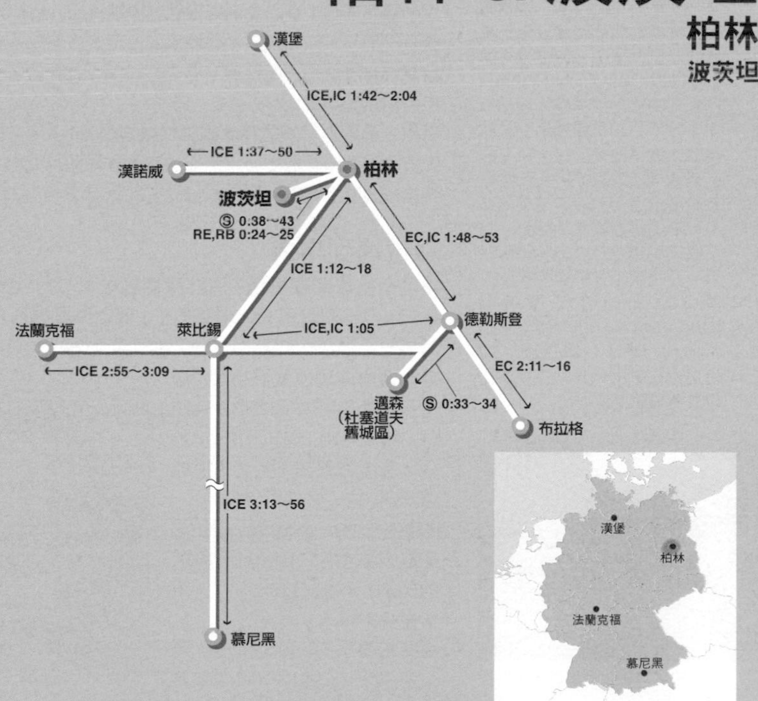

BERLIN

柏林

p.10-F　■人口＝352萬人　■都市規模＝步行、U、S、巴士等需４天

過去曾經是普魯士的首都，也經歷過第二次世界大戰後東西分裂的悲劇…。柏林圍牆倒塌後，重新變回德國的首都，一面摸索著迎向新時代，是全世界矚目的超大都會區。

★★ 貝加蒙博物館、繪畫館、達蘭美術館等等
★★★ 柏林音樂節、柏林國際影展等等
★★ 夏洛坦堡宮殿
★★★ 柏林國家歌劇院、柏林德意志歌劇院、柏林喜歌劇院
★★ 褲襠街附近的名牌精品店等等
★ 柏林白啤酒等等
★ 提爾花園、格林瓦、萬湖等等
★ 森鷗外、戲劇家布萊希特等人
★★ 洪堡大學

★★★ 冰酒、世界各國的美食餐廳等等

柏林的車站

自從2006年中央車站Hauptbahnhof（Hbf）在德國國會大廈的北側開業以來，柏林的交通轉運中心便從原來的動物園站Zoologischer Garten完全地轉移到這裡來。連結南北（地下）和東西（地上）的路線在這裡縱橫交錯，所有的長程火車都改由中央車站發車。基本上所有旅客需要的東西，車站裡面都有。另外，除了原來的東站Ostbahnhof之外，長程現地火車也會從位於南北線上的地下鐵車站Gesundbrunnen和南十字站Südkreuz發車，所以視個人的情況改在這兩個車站搭乘會比較方便也說不定。

柏林中央車站呈現出近未來的構造。

從亞歷山大廣場車站望見的景色，遠處是點上燈的電視塔

搭乘飛機的交通方式

有2個主要機場，分別是前西德側的**泰格爾國際機場**Tegel（機場代號：TXL）——從歐洲各國、德國其他城市來的班機大半降落在此；以及**舍內菲爾德國際機場**Schönefeld（機場代號：SXF）——從東歐、亞洲來的班機大多會降落在此。可惜台灣沒有直飛柏林的班機，必需從法蘭克福轉機，從桃園機場出發的飛行時間最快約14～15小時（含轉機時間）。從法蘭克福、慕尼黑、漢堡等地到柏林則均約需1小時。而要啟用將舍內菲爾德國際機場擴大而成的布蘭登堡國際機場，以及關閉泰格爾國際機場的計劃，則預計在2020年以後完成。

從機場到市內

●從泰格爾國際機場：搭計程車到市中心約20～25分，約€20。巴士則可搭TXL機場巴士，到中央車站約20分。或搭路線巴士（109、X9路及其他）到動物園站約30分，€2.80。

●從舍內菲爾德國際機場：搭搭計程車到市中心約35～40分，約€41。市區巴士約60分。搭接駁班車（免費）往機場火車站，再搭火車S9、S45約55分，也有RE7 BB14可搭。或是搭171路巴士到U7的Rudow站。U-Bahn、火車皆為€3.40。

※在車資上，不管是搭巴士及火車，如果旅途停留時間較長的話，購買柏林歡迎卡或1日票較為划算。

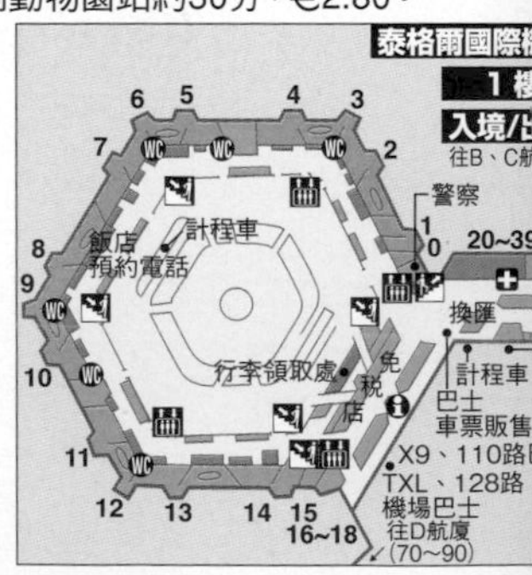

POINT **參觀『柏林圍牆』** 東區畫廊East Side Gallery是一座全長1.3公里的戶外畫廊，既沒有入口也不需要入場券。完整地保存著過去的柏林圍牆和圍牆上藝術家的塗鴉。從東站步行10分，位於史普利河沿岸的Mühlenstr.側。

搭乘火車的交通方式

連絡主要都市的ICE、IC等全都是由中央車站發車。法蘭克福→ICE（約4小時15分）→中央車站〔1小時2班／€129～。慕尼黑→ICE（約4小時40分）→中央車站及其他〔1小時1班／€150〕。漢堡→ICE（約1小時40分）→中央車站〔1小時1～2班／€81〕。德勒斯登→EC（約1小時15分）→中央車站〔2小時1班／€42〕。基本上長程火車都是在地下2樓發車。如果想要搭乘U-Bahn或S-Bahn在柏林市內移動的話，請到地上3樓搭乘。

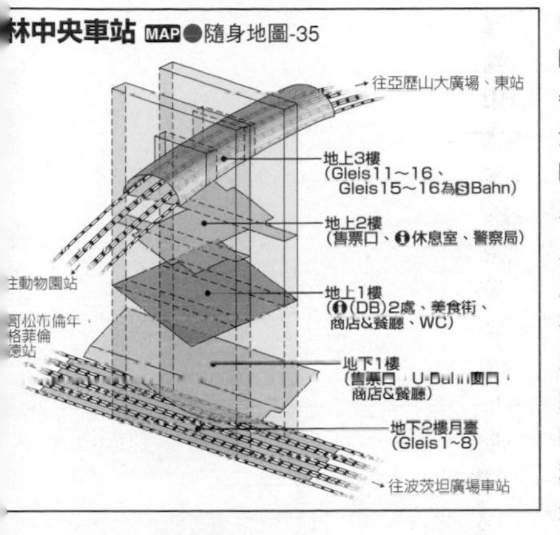

林中央車站 MAP●隨身地圖-35

往亞歷山大廣場、東站
地上3樓
(Gleis11～16、Gleis15～16為SBahn)
地上2樓
(售票口、休息室、警察局)
主動物園站
司松布倫年、格菲倫德站
地上1樓
(DB)2處、美食街、商店&餐廳、WC)
地下1樓
(售票口、U-Bahn窗口、商店&餐廳)
地下2樓月臺
(Gleis1~8)
往波茨坦廣場車站

柏林歡迎卡
Berlin Welcome Card

可無限次搭乘市內大眾運輸工具。內含約130處觀光景點的優惠券。AB或是包含波茨坦在內的ABC區域內，各有40小時票（AB：€19.90、ABC：€22.90）、72小時票（AB：€28.90、ABC：€30.90）、5日票（AB：€36.90、ABC：€41.50），以及也有可進入博物館島的72小時票（請見p.43）可在❶或S-Bahn的自動售票機等處購買。HP www.berlin-welcomecard.de

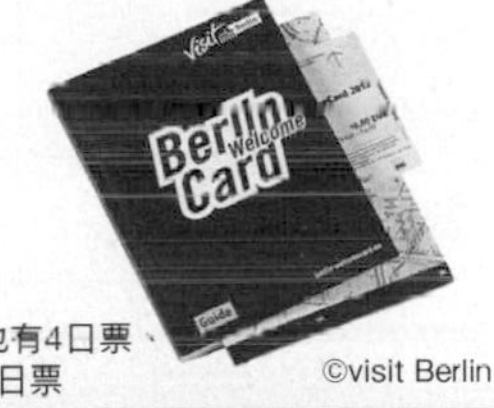

Berlin Welcome Card

也有4日票、6日票

©visit Berlin

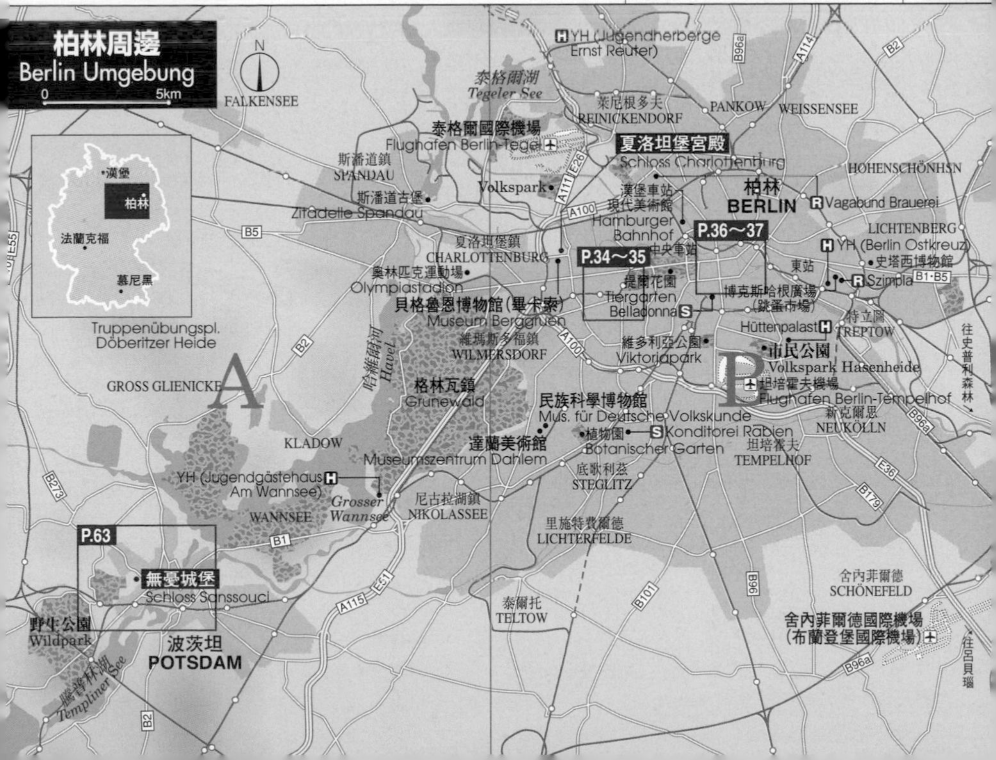

柏林周邊
Berlin Umgebung
0 5km
N
FALKENSEE
泰格爾湖
Tegeler See
YH (Jugendherberge Ernst Reuter)
萊尼根多夫
REINICKENDORF
PANKOW
WEISSENSEE
泰格爾國際機場
Flughafen Berlin-Tegel
夏洛坦堡宮殿
Schloss Charlottenburg
斯潘道鎮
SPANDAU
斯潘道古堡
Zitadelle Spandau
Volkspark
漢堡車站-現代美術館
Hamburger Bahnhof
柏林
BERLIN
Vagabund Brauerei
HOHENSCHÖNHSN
LICHTENBERG
YH (Berlin Ostkreuz)
史塔西博物館
夏洛坦堡鎮
CHARLOTTENBURG
中央車站
P.34～35
P.36～37
東站
奧林匹克運動場
Olympiastadion
提爾花園
Tiergarten
博克斯哈根廣場(跳蚤市場)
Szimpla
貝格魯恩博物館(畢卡索)
Museum Berggruen
Belladonna
Hüttenpalast
特立圖
TREPTOW
維爾斯多福鎮
WILMERSDORF
維多利亞公園
Viktoriapark
市民公園
Volkspark Hasenheide
坦培霍夫機場
Flughafen Berlin-Tempelhof
Truppenübungspl. Döberitzer Heide
GROSS GLIENICKE
哈維爾河
Havel
格林瓦鎮
Grunewald
民族科學博物館
Mus. für Deutsche Volkskunde
新克爾恩
NEUKÖLLN
植物園
Botanischer Garten
Konditorei Rabien
坦培霍夫
TEMPELHOF
KLADOW
達蘭美術館
Museumszentrum Dahlem
YH (Jugendgästehaus Am Wannsee)
底歌利茲
STEGLITZ
Grosser Wannsee
尼古拉湖鎮
NIKOLASSEE
WANNSEE
里施特費爾德
LICHTERFELDE
P.63
無憂城堡
Schloss Sanssouci
泰爾托
TELTOW
舍內菲爾德
SCHÖNEFELD
舍內菲爾德國際機場
(布蘭登堡國際機場)
野生公園
Wildpark
波茨坦
POTSDAM
滕普林湖
Templiner See
往史普利森林
往呂貝瑙
漢堡
柏林
法蘭克福
慕尼黑

柏林／動物園站周邊
Berlin / Zool. Garten
0 200m
往夏洛坦堡宮殿
論壇劇場
Tribunetheater
Otto-Suhr-Allee
柏林工業大學
Technische Universität
建築系
Architectu
恩斯特羅伊特廣場
Ernst-Reuter-Platz
Richard-Wagner-Pl.
Friendr.-Fröbel Haus
銀行
德國柏林歌劇院
Deutsche Oper Berlin
u2
德國柏林歌劇院
Deutsche Oper
俾斯麥大道
Bismarckstr.
警察局
席勒劇院
恩斯特羅伊特廣場車站
Ernst-Reuter-Pl.
郵局
海德堡街
席勒大道
Schillerstr.
文藝復興劇院
Renaissance-Theater
夏洛坦堡
CHARLOTTENBURG
Weimarer-Str.
Herderstr.
Gates
Goethestr.
歌德大道
卡爾·奧古斯特廣場
Karl-August-Platz
三位一體教堂
Trinitatiskirche
猶太教堂(禮拜堂)
Das Verborgene Museum
Grolmanstrasse
Jazzcafé Grolman
Buddha Republi
Pestalozzistr.
萊布尼茲大道
Krummestr.
Café Savigny
Knesebeckstr.
Carmerstrasse
A-Trane
Ashoka
維瑪斯多福站
Wilmersdorfer Str.
郵局
Aroma (財神飯店)
Zwiebelfisch
Dicke Wirt
Imbis 宇田川
Good Friends
Kuchi Kant
Saigon Green
撒維尼廣場
Savigny platz
康德大道
s3,s5,s7,s9
串乃屋
Jules Verne
Aki Tatsu Sushi
Gervinus-str.
撒維尼廣場車站
Savignyplatz
Bücherbogen
Niebuhrstrasse
電影院
Schlüterstrasse
Bleibtreustr.
Ali Baba
克尼塞伯克街
Grolmanstrasse
Leibnizstr.
加油站
Mommsenstrasse
Wielandstr.
ZWILLING J.A. Henckels
Hotel-Q!
FALKE Store
Giese-brechtstr.
Budapester Schuhe
Bogner
Bally
Giorgio Armani
Porsche Design
Mondial
Tumi
大選侯大道(褲檔街)
Hublot
AIGNER
ZARA
HERMES
Kurfürstendamm
Rosenthal
柏林故事館
Bottega Veneta
Cartier
Grosz
Hollywood Media Hotel Berlin
銀行
MCM
Bvlgari
CHANEL
邁森
大選侯劇院
Theater am Kufürstendamm
銀行
Prada
Elba
Burberry
Louis Vuitton
阿登瑙爾廣場站
Adenauer-pl.
Jil Sander
Bleibtreu
Rolex
歐利瓦爾廣場
Olivaerplatz
利登堡街
Lietzenburger Str.
Papeterie Heinrich (Montblanc)
郵局
Xantener Strasse
Konstanzer Str.
Uhlandstr.
烏蘭德大道
Stiftung für Wissenschaft u. Politik
Bregenzer Str.
Bayerische Str.
Württembergische Str.
Sächsische Strasse
Emser Strasse
Duisburger Str.
維瑪斯多福
WILMERSDORF
Brandenburgische Str.
Düsseldorfer Str.
St. Ludwig Kirche
u7

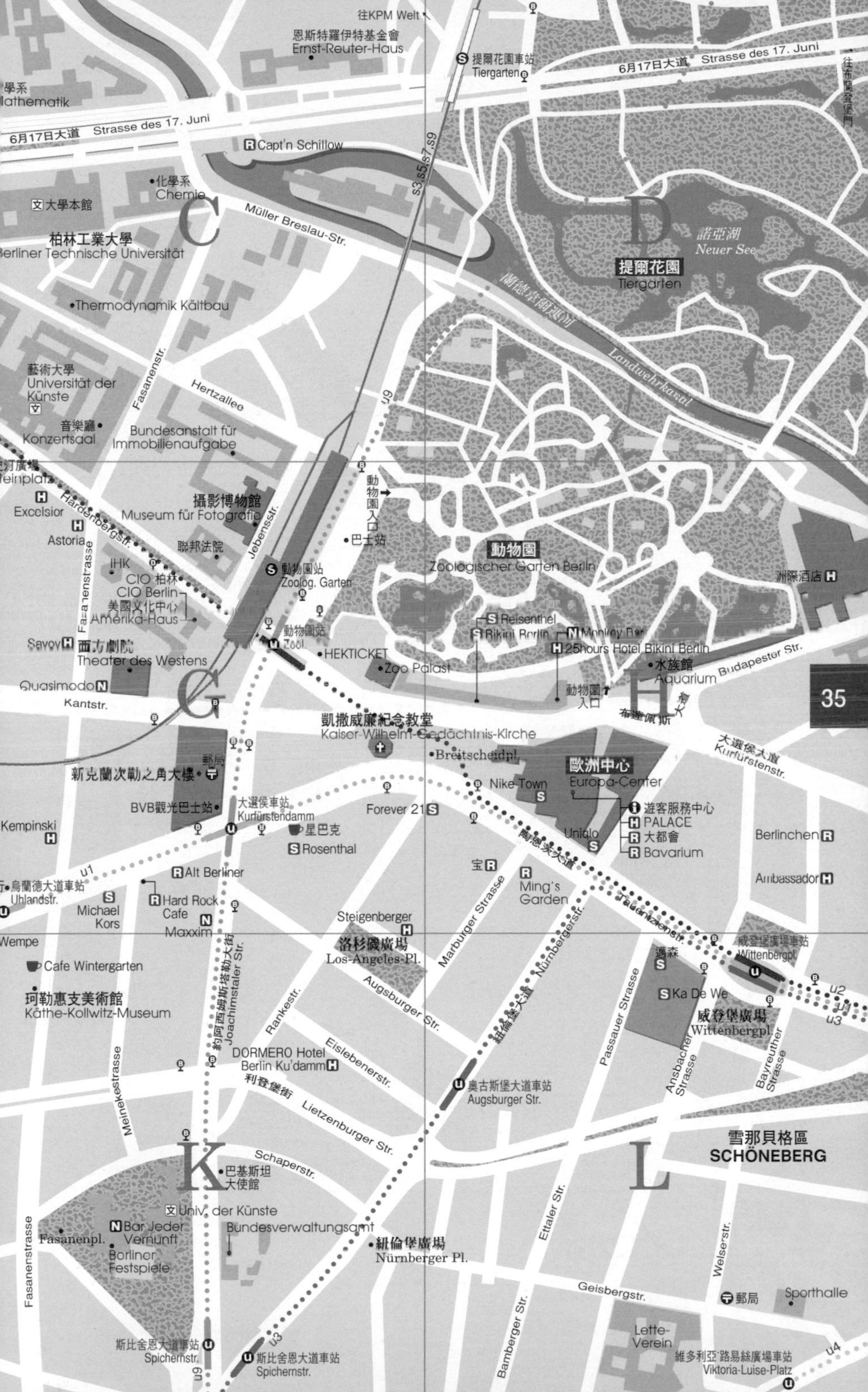

往KPM Welt
恩斯特羅伊特基金會
Ernst-Reuter-Haus
提爾花園車站
Tiergarten
6月17日大道 Strasse des 17. Juni
往布蘭登堡門
學系
Mathematik
Capt'n Schillow
s3,s5,s7,s9
化學系
Chemie
大學本館
柏林工業大學
Berliner Technische Universität
Müller Breslau-Str.
諾亞湖
Neuer See
提爾花園
Tiergarten
蘭德韋爾運河
Landwehrkanal
Thermodynamik Kältbau
Fasanenstr.
藝術大學
Universität der Künste
Hertzallee
音樂廳
Konzertsaal
Bundesanstalt für Immobilienaufgabe
Steinplatz
Excelsior
Hardenbergstr.
Astoria
攝影博物館
Museum für Fotografie
Jebensstr.
動物園入口
巴士站
聯邦法院
IHK
CIO 柏林
CIO Berlin
美國文化中心
Amerika-Haus
動物園站
Zoolog. Garten
動物園
Zoologischer Garten Berlin
洲際酒店
Reisenthel
Bikini Berlin
Monkey Bar
25hours Hotel Bikini Berlin
動物園站
Zool.
Savoy
西方劇院
Theater des Westens
HEKTICKET
Zoo Palast
水族館
Aquarium
Budapester Str.
Quasimodo
Kantstr.
動物園入口
布達佩斯大街
35
凱撒威廉紀念教堂
Kaiser-Wilhelm-Gedächtnis-Kirche
Breitscheidpl.
歐洲中心
Europa-Center
大選侯大道
Kurfürstenstr.
郵局
新克蘭次勒之角大樓
Nike Town
BVB觀光巴士站
大選侯車站
Kurfürstendamm
Forever 21
遊客服務中心
PALACE
大都會
Bavarium
Kempinski
星巴克
Rosenthal
Uniqlo
Berlinchen
陶恩天大道
Alt Berliner
宝
Ming's Garden
Ambassador
烏蘭德大道車站
Uhlandstr.
Michael Kors
Hard Rock Cafe
Maxxim
Marburger Strasse
Steigenberger
Tauentzienstr.
Wempe
洛杉磯廣場
Los-Angeles-Pl.
Nürnbergerstr.
邁森
威登堡廣場車站
Wittenbergpl.
Cafe Wintergarten
約阿西姆斯塔勒大街
Joachimstaler Str.
Augsburger Str.
紐倫堡大道
Ka De We
珂勒惠支美術館
Käthe-Kollwitz-Museum
Rankestr.
威登堡廣場
Wittenbergpl.
u1
u2
u3
Passauer Strasse
Ansbacher Strasse
Bayreuther Strasse
Meinekestrasse
DORMERO Hotel Berlin Ku'damm
Eislebenerstr.
利登堡街
Lietzenburger Str.
奧古斯堡大道車站
Augsburger Str.
雪那貝格區
SCHÖNEBERG
Schaperstr.
巴基斯坦大使館
Univ. der Künste
Bar Jeder Vernunft
Fasanenpl.
Berliner Festspiele
Bundesverwaltungsamt
紐倫堡廣場
Nürnberger Pl.
Ettaler Str.
Welserstr.
Fasanenstrasse
Geisbergstr.
郵局
Sporthalle
Bamberger Str.
Lette-Verein
斯比舍恩大道車站
Spichernstr.
斯比舍恩大道車站
Spichernstr.
維多利亞路易絲廣場車站
Viktoria-Luise-Platz
u4
u9

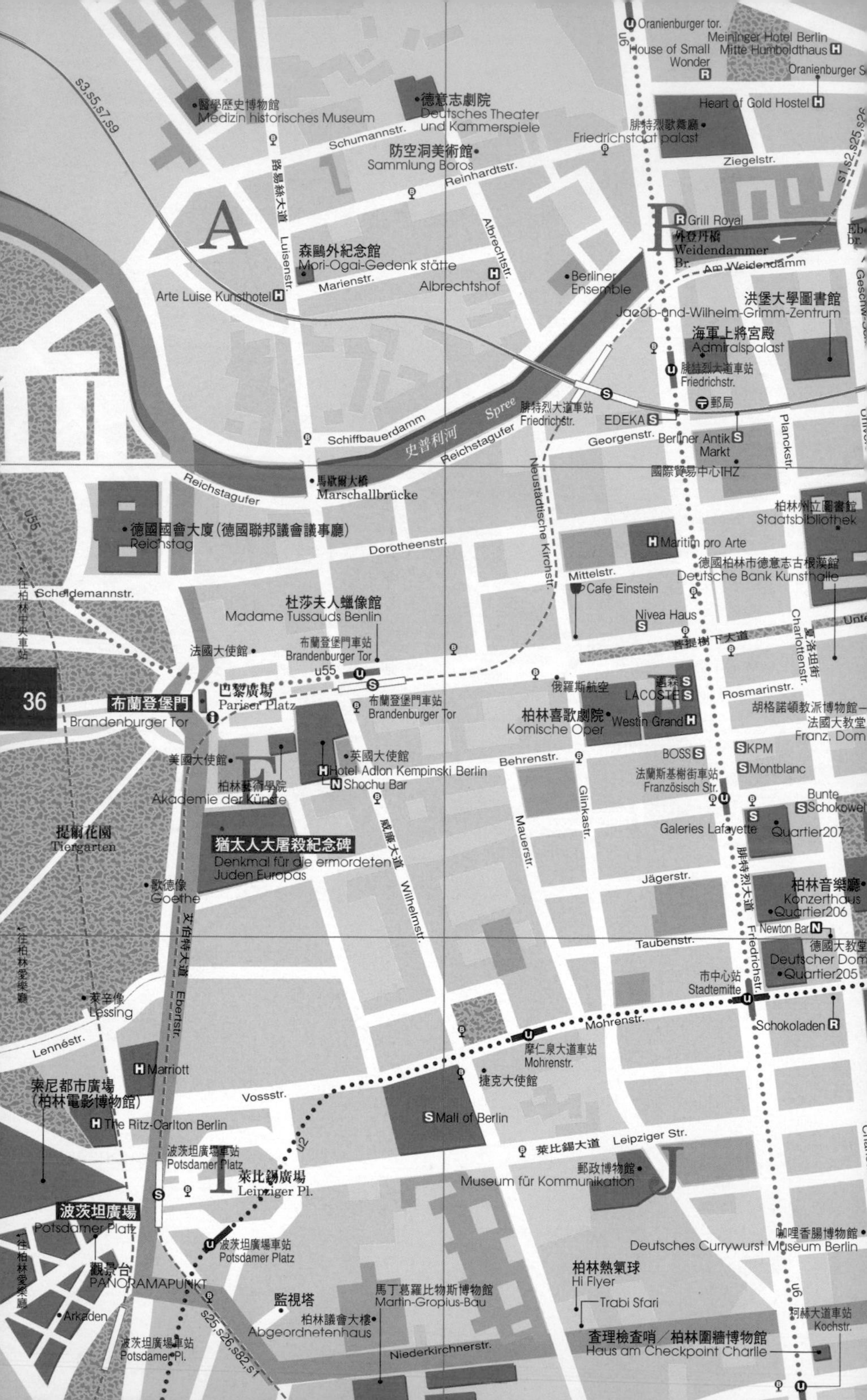

36
醫學歷史博物館
Medizin historisches Museum
德意志劇院
Deutsches Theater und Kammerspiele
防空洞美術館
Sammlung Boros
森鷗外紀念館
Mori-Ogai-Gedenk stätte
Arte Luise Kunsthotel
Albrechtshof
Berliner Ensemble
腓特烈歌舞廳
Friedrichstaat palast
Oranienburger tor.
House of Small Wonder
Meininger Hotel Berlin Mitte Humboldthaus
Oranienburger S
Heart of Gold Hostel
Grill Royal
外登丹橋
Weidendammer Br.
洪堡大學圖書館
Jacob-und-Wilhelm-Grimm-Zentrum
海軍上將宮殿
Admiralspalast
腓特烈大道車站
Friedrichstr.
郵局
EDEKA
Berliner Antik Markt
國際貿易中心IHZ
史普利河
Spree
馬歇爾大橋
Marschallbrücke
德國國會大廈(德國聯邦議會議事廳)
Reichstag
柏林州立圖書館
Staatsbibliothek
Maritim pro Arte
德國柏林市德意志古根漢館
Deutsche Bank Kunsthalle
Cafe Einstein
Nivea Haus
杜莎夫人蠟像館
Madame Tussauds Berlin
菩提樹下大道
法國大使館
布蘭登堡門車站
Brandenburger Tor
布蘭登堡門
Brandenburger Tor
巴黎廣場
Pariser Platz
俄羅斯航空
LACOSTE
柏林喜歌劇院
Komische Oper
Westin Grand
胡格諾頓教派博物館—法國大教堂
Franz. Dom
美國大使館
英國大使館
Hotel Adlon Kempinski Berlin
Shochu Bar
柏林藝術學院
Akademie der Künste
BOSS
KPM
Montblanc
法蘭斯基樹街車站
Französisch Str.
Bunte Schokowelt
提爾花園
Tiergarten
猶太人大屠殺紀念碑
Denkmal für die ermordeten Juden Europas
Galeries Lafayette
Quartier207
歌德像
Goethe
柏林音樂廳
Konzerthaus
Quartier206
Newton Bar
德國大教堂
Deutscher Dom
Quartier205
市中心站
Stadtmitte
萊辛像
Lessing
Schokoladen
摩仁泉大道車站
Mohrenstr.
Marriott
捷克大使館
索尼都市廣場(柏林電影博物館)
The Ritz-Carlton Berlin
Mall of Berlin
波茨坦廣場車站
Potsdamer Platz
萊比錫大道
萊比錫廣場
Leipziger Pl.
郵政博物館
Museum für Kommunikation
波茨坦廣場
Potsdamer Platz
觀景台
PANORAMAPUNKT
咖哩香腸博物館
Deutsches Currywurst Museum Berlin
柏林熱氣球
Hi Flyer
Trabi Sfari
監視塔
馬丁葛羅比物斯博物館
Martin-Gropius-Bau
柏林議會大樓
Abgeordnetenhaus
Arkaden
查理檢查哨/柏林圍牆博物館
Haus am Checkpoint Charlie
柯赫大道車站
Kochstr.
往柏林中央車站
往柏林愛樂廳
Schumannstr.
Reinhardtstr.
Luisenstr.
路易絲大道
Marienstr.
Albrechtstr.
Ziegelstr.
Am Weidendamm
Schiffbauerdamm
Reichstagufer
Georgenstr.
Planckstr.
Neustädtische Kirchstr.
Dorotheenstr.
Mittelstr.
Scheidemannstr.
Charlottenstr.
夏洛坦街
Rosmarinstr.
Behrenstr.
Glinkastr.
Mauerstr.
Wilhelmstr.
威廉大道
Jägerstr.
腓特烈大道
Friedrichstr.
Taubenstr.
Ebertstr.
艾伯特大道
Mohrenstr.
Lennéstr.
Vossstr.
Leipziger Str.
Niederkirchnerstr.
u55
u6
u2
s3,s5,s7,s9
s1,s2,s25,s26
s25,s26,s82,s1
A
B
E
I
J

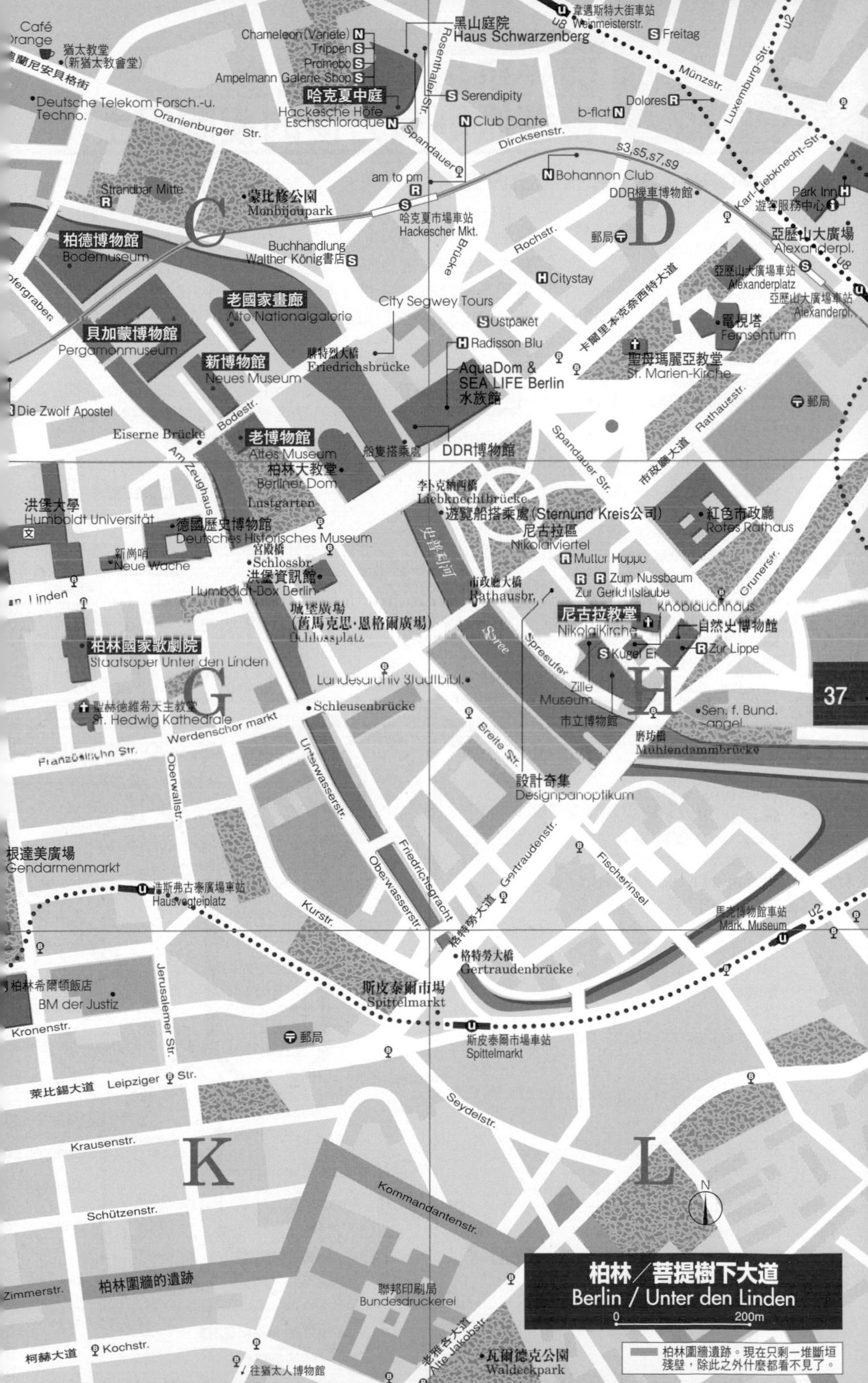
柏林／菩提樹下大道
Berlin / Unter den Linden
0
200m
柏林圍牆遺跡。現在只剩一堆斷垣殘壁，除此之外什麼都看不見了。
黑山庭院
Haus Schwarzenberg
哈克夏中庭
Hackesche Höfe
豪比修公園
Monbijoupark
柏德博物館
Bodemuseum
老國家畫廊
Alte Nationalgalerie
貝加蒙博物館
Pergamonmuseum
新博物館
Neues Museum
老博物館
Altes Museum
柏林大教堂
Berliner Dom
洪堡大學
Humboldt Universität
德國歷史博物館
Deutsches Historisches Museum
柏林國家歌劇院
Staatsoper Unter den Linden
聖赫德維希大主教堂
St. Hedwig Kathedrale
城堡廣場
(舊馬克思‧恩格爾廣場)
Schlossplatz
洪堡資訊館
Humboldt-Box Berlin
AquaDom &
SEA LIFE Berlin
水族館
DDR博物館
聖母瑪麗亞教堂
St. Marien-Kirche
電視塔
Fernsehturm
亞歷山大廣場
Alexanderpl.
紅色市政廳
Rotes Rathaus
尼古拉區
Nikolaiviertel
尼古拉教堂
NikolaiKirche
自然史博物館
設計奇集
Designpanoptikum
根達美廣場
Gendarmenmarkt
斯皮泰爾市場
Spittelmarkt
瓦爾德克公園
Waldeckpark
聯邦印刷局
Bundesdruckerei
柏林圍牆的遺跡
萊比錫大道
Leipziger Str.
柯赫大道
Kochstr.
往猶太人博物館
37

觀光可搭100路巴士，夜遊派則有方便的夜間巴士

INFORMATION

❶遊客服務中心

搭乘火車抵達中央車站之後，就先前往車站內的❶吧。

HP www.visitberlin.de/en/berlin-tourist-info-centres

(柏林中央車站內❶〈歐洲廣場側1F〉) MAP●隨身地圖-35 營8:00～22:00 休無休

(歐洲中心內❶)

MAP●隨身地圖-26、p.35-H 住Tauentzienstr.9 營10:00～20:00 休週日

(布蘭登堡門旁❶) MAP●隨身地圖-27、p.36-E 營9:30～19:00（11～3月為～18:00) 休無休 ※無法預約飯店

(亞歷山大廣場❶〈飯店Park Inn內〉) MAP●隨身地圖-37、p.37-D 營7:00～21:00（週日8:00～18:00) 休無休

●青年旅館

■Jugendherberge Berlin International MAP●隨身地圖-49 住Kluckstr.3 ☎747687910

■Jugendherberge Ernst Reuter MAPp.33-B 住Hermsdorfer Damm 48-50 ☎4041610

■Jugendgästehaus Am Wannsee MAPp.33-A 住Badeweg 1 ☎8032034

■Berlin Ostkreuz MAPp.33-B 住MarktStr. 9-12 ☎20050920

※要連結至以上青年旅館的HP，則請連結下方網址，並點選右下方德國全圖的柏林地區。

HP www.jugendherberge.de/en

●CVJM（YMCA）

●U2 Nollendorf pl.步行5分 MAP●隨身地圖-48 住Karl-Heinrich-Ulrichs-str. 10 ☎26491088 FAX26491099 費S-€45.50～、T-€32.50（1人） HP http://cvjm-jugendgaestehaus.de

市內交通

有U-Bahn、S-Bahn、市電、巴士（還有一部分的船）等等，有效期間內可以用同一張車票互相轉乘。費用的計算方式是把市內分成A、B、C等3個區域，分為橫跨AB的區間及橫跨BC的區間、ABC整個區間等3種系統。詳情請見BVG（柏林市交通聯盟：HP www.bvg.de/en）網站。

U／S 西十字站Westkreuz～東十字站Ostkreuz間

S5、7、75 等3大系統連結而成的主要幹線。主要是想要短時間內在東西方向上移動的時候搭乘。

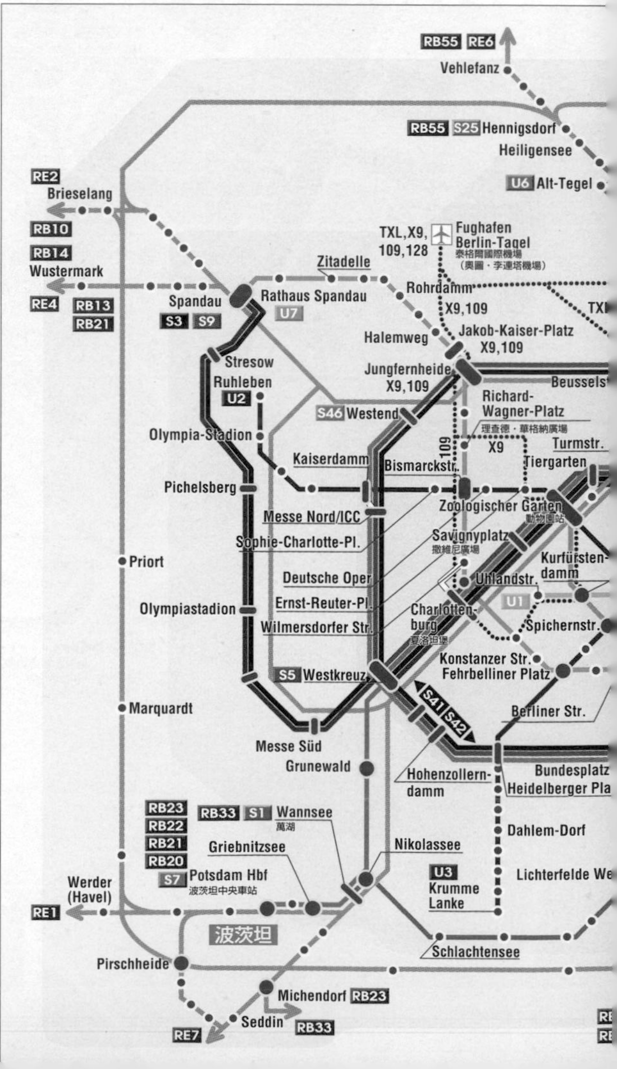

柏林的區域號碼☎030

POINT **咖啡廳的明信片** 一進到柏林的咖啡廳裡，會發現櫃台旁等處多半都放有明信片，那是可以免費索取的，主要是活動的通知或企業宣傳用，不僅設計五花八門，也有些兼具實用性，不妨拿回去當紀念。

市電／巴士 巴士可以當作散步時有用的輔助工具，是最方便的觀光方式。除了有名的100路巴士之外，也有從0：30開到凌晨4：30以後的夜間巴士（時刻表的路線編號前會附上N的記號）。市電只有在前東德地區比較普遍。

計程車 起跳價€3.90，叫車專線為☎0800-0261026（免費）。最初的7公里每公里€2，7公里以後每公里加計€1.50。也可以直接攔在街上跑的計程車。如果目的地很近的話（2km以內），只要在上車時告訴司機「Kurzstrechen（短程）」就一律算€5。

BVG乘車券的種類

- ■2小時有效1次券€2.80～
- ■1日乘車券€7～
- ■7日乘車券€30～

※車票可在車站的自動售票機或巴士站、巴士的車上等地購買。搭乘U、S別忘了要在月臺入口的刻印機打印；市電、巴士則要在上車後在車上的刻印機打印。

HP www.bvg.de

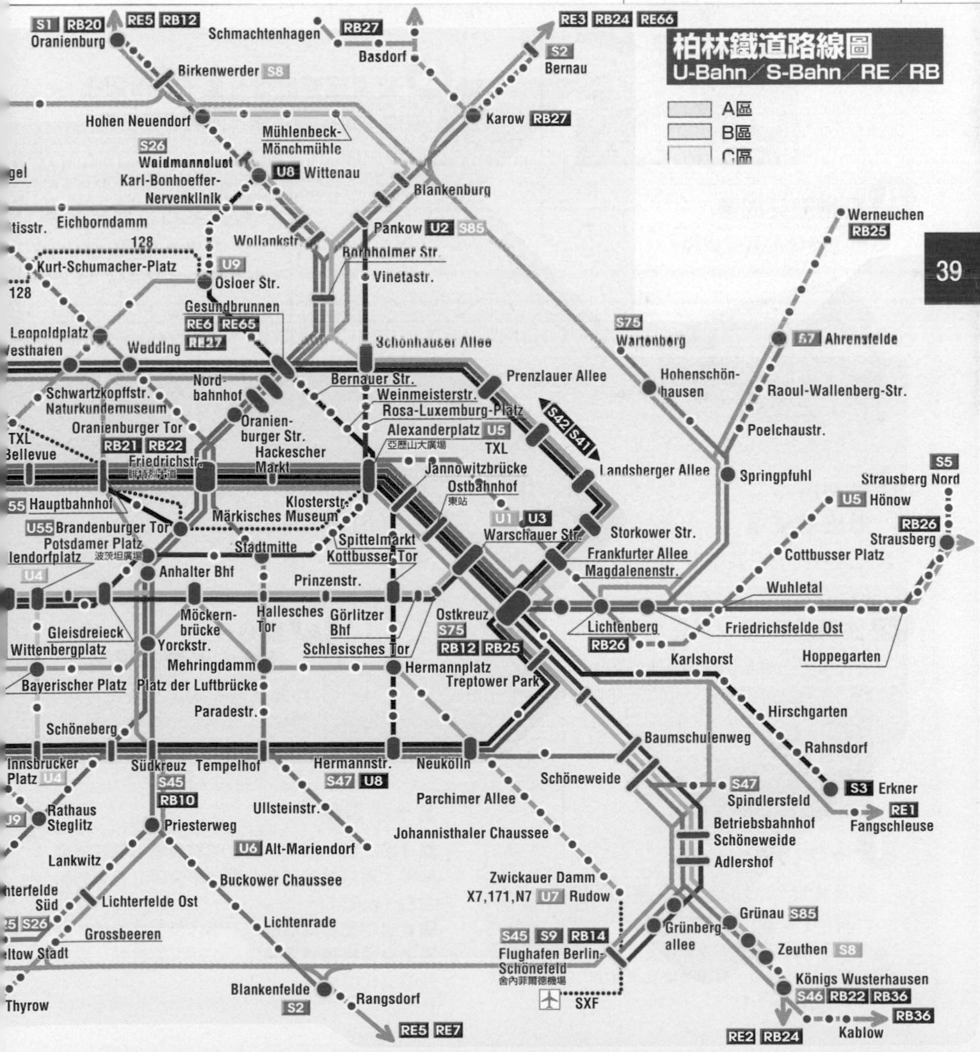

一目瞭然 柏林景點地圖

柏林是德國特有的大城市，尤其是歷經長年的東西德分離，景點分散、每一區域的特徵也比較明顯。決定好想要參觀的景點後，先找出是位於哪一區、掌握大概的地理位置。

柏林由12個行政區組成，但如果是以觀光目的按照特徵來區分，則像下方區分為9個區域的方式較容易理解。

D 菩提樹下大道～博物館島

統一後的主要街道

F 哈克夏中庭～奧蘭尼安貝格街周邊

年輕人文化發信地，到處可見時尚風格的咖啡館＆商店

G 普連茲勞貝格～栗子大街周邊

個性十足的咖啡館＆商店林立，為流行的最前端

A 動物園站周邊

舊西德時代的觀光據點

E 尼古拉教堂周邊

瀰漫古老氛圍的柏林，為面史普利河的濱水區

B 褲襠街～撒維尼廣場

舊西德時代的主要街道

C 波茨坦廣場～文化廣場

名義或實際上都是柏林統一後的文化中心

H 東站～十字山區東部周邊

夜晚的遊樂場，有大型夜店等設施

I 十字山區中心部

瀰漫著無國界的氛圍。多為住宅區，可一窺柏林的日常生活模樣

※十字山下方（南邊）是新克爾恩，為最近受學生和藝術家歡迎的區域，有很多便宜又特色的酒吧和餐飲店。

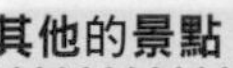

其他的景點

■提爾花園…原本是國王的狩獵場，現在是可稱得上為森林的寬敞公園。中央處立有勝利紀念柱（p.53）。

■夏洛坦堡宮殿周邊…不僅內部有博物館，周邊還有貝格魯恩博物館（p.56）等景點，為小型的文化區域。

9個地區的景點建議

認識德國的首都柏林

索尼中心的廣場，上方的燈會依時刻變換顏色。

A 動物園站周邊

景點	★★
遊樂	★
購物	★★★
美食	★★

舊西德時代的觀光據點，現在是100、200路巴士（p.44～45）的起點站。除了Europa-Center與其東側的Ka De We（p.59）等大規模的百貨公司以外，還有很多便宜旅館。

B 褲襠街～撒維尼廣場

景點	★
遊樂	★★
購物	★★★
美食	★★★

全長3.5km、舊西德時代的主要街道。雖然地位已不復在，但現在依舊有很多商店和餐飲店。尤其是撒維尼廣場，有多間走大人風路線的個性餐廳。另外，中級的住宿設施也很充實。

C 波茨坦廣場～文化廣場（文化論壇）

景點	★★★★
遊樂	★★★
購物	★★
美食	★★★

名義上與實際上都是柏林統一新生後的中心地。波茨坦廣場有索尼中心、Arkaden購物中心等，娛樂與購物合而為一，亦是電影節等各種活動的舞台。文化廣場則有博物館、愛樂廳、圖書館等文化設施聚集。

D 菩提樹下大道～博物館島

景點	★★★★★
遊樂	★★★
購物	★★★
美食	★★★★

統一後的主要街道。左右兩側高級商店、飯店、咖啡館林立，還保留著歷史建築物，也有歌劇院之類的娛樂設施。博物館島正如其名、聚集了貝加蒙等多家博物館進駐，同時也是世界遺產。另外與之交會的腓特烈大道上，有許多高級名牌店&大飯店。

博物館島的博德（Bode）博物館。

E 尼古拉教堂周邊

景點	★★
遊樂	★★
購物	★★★
美食	★★★★

還殘留柏林古老風情的珍貴地區。鄉土菜餐廳和特產店、紅色市政廳和海神噴泉、柏林電視塔等也都在附近。

F 哈克夏中庭～奧蘭尼安貝格街周邊

景點	★★
遊樂	★★★
購物	★★★★
美食	★★★★

有時尚咖啡館、商店、劇場等，為年輕人文化的中心地。哈克夏中庭（p.49）本身就是個景點。

Hackescher Markt站，東京的新橋車站就是仿造該車站的設計。

G 普連茲勞貝格～栗子大街周邊

景點	★
遊樂	★★★★
購物	★★★
美食	★★★

有很多超有個性的咖啡&商店，夜店也散佈其間，是流行的最前端。旁邊的科維茲廣場是小型的餐廳區。

有許許多多獨特品味的店家。

H 東站～十字山區東部周邊

景點	★★	購物	★
遊樂	★★★★★	美食	★★

河岸邊有許多夜店，尤其大規模夜店多位於這一帶，是知名的夜生活區。便宜旅館也陸續在增加中。East Side Gallery、Oberbaumbrücke都是參觀的景點。

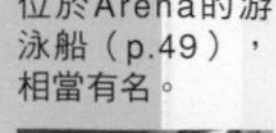
位於Arena的游泳船（p.49），相當有名。

I 十字山區中心部

景點	★	購物	★★
遊樂	★★★	美食	★★★

無國界氛圍的便宜餐館、商店很多，可見到許多土耳其裔外國人和學生。同時也是住宅區，在某種意義上就是最平常的柏林模樣，很推薦給喜歡自己找尋新發現的旅人。

超人氣的土耳其蛋糕店。客群主要是當地人，所以店家看起來很樸實。

目的地別的推薦區域

就算事先沒有決定想要參觀的景點，只要參考下述的內容即可馬上知道該去哪兒了！

想參觀博物館、美術館

➡C 繪畫館、新國家畫廊p.55等，D 貝加蒙博物館、柏德博物館p.54等

想沉醉在古典樂&歌劇中

➡C 柏林愛樂管弦樂團p.43等，A 貝加蒙博物館、柏德博物館p.43等

想一面享受咖啡館&餐廳一面漫遊城市

➡B Buddha Republic P.58、Grosz P.49，E Mutter Hoppe p.48、Zur Letzten Instanz p.58等，F Cocoro Ramen、Amrit p.48等，G Sasaya p.58

想逛逛個性十足的商店

➡F Ampelmann Galerie Shop、Schönehauser p.60，G Kwikshop、Froitag p.51等

想到夜店玩玩

➡G Nbi club、BASSY COWBOY CLUB p.52等，H Tresor club、Berghain / Panoramabar p.52等

街上有許多賣土耳其小吃——沙威瑪店。用刀切下烤好的肉，再和沙拉一起夾在麵包裡的食物。1個€2.5左右起

歌劇、演奏會、音樂劇、舞台劇……這個城市最大的魅力，簡單的說就在於「文化」。不妨買本雜誌，看看有沒有喜歡的表演節目。這個城市的大小為巴黎的9倍之廣，因此最好事先掌握地區特徵後再開始行動。

城市概要 短時間內遊逛市區的秘訣

2006年落成的中央車站，成了長途火車的停靠站及城中區的中心地。不過，中級旅館大多位在動物園站和褲檔街周邊，尋求安靜的人可以選擇到那邊住宿。而夜遊派的人則選擇城中區及東站較方便。由於這裡是大城市，在這裡至少要預留兩天。以下介紹的是要在短時間內參觀市區時的推薦行程（位置關係請見p.40）。

範例1 只有1天的時間

布蘭登堡門（及猶太人大屠殺紀念碑）→菩提樹下大道（購物or到咖啡廳等店家用餐）→大教堂→貝加蒙博物館→繪畫館→波茨坦廣場（索尼中心）

※上午或夜晚，可先前往無開館時間限制的布蘭登堡門。國會大廈這邊人潮壅擠，無需勉強遊逛。此外，要逛透博物館島也會花上很多時間，所以請別貪心地想要全部逛完。波茨坦廣場也是，如果沒有要參觀裡面的博物館，就在晚餐時間順道前往即可。要從貝加蒙博物館前往繪畫館可搭乘200路巴士移動（上述景點為必訪的基本行程）

範例2 有2天1夜的時間

第1天：凱撒威廉紀念教堂→勝利紀念柱→布蘭登堡門→菩提樹下大道（用餐等）→大教堂→貝加蒙博物館→柏德博物館→哈克夏中庭／第2天：波茨坦廣場→繪畫館→查理檢查哨→猶太人博物館→根達美廣場→普連茲勞貝格

※第1天最後一站到哈克夏中庭，以及第2天最後一站到普連茲勞貝格時都會是晚上了，因此可選擇是否前往。若有3天以上的時間，就可以有時間走遠一點到近郊或是參加戶外活動了。

推薦採徒步＆單車方式的觀光團

柏林的景點眾多，推薦參加徒步行走的觀光團。雖然幾乎都是德語或英語的團，有點可惜，但遊逛夜生活的觀光團（Pub Crawl），不太會有語言上的問題，能夠愉快遊玩。此外，最近騎單車遊覽的觀光團（Bike Tour※大多僅限夏季）十分受歡迎。不管是哪一種，都只要在指定時間抵達集合地點即可。可試著在ⓘ或飯店找找看宣傳單。

◆Insider Tour HP www.insidertour.com
◆Fat Tire Bike Tours HP www.fattiretours.com/berlin
◆Original Berlin Walks HP www.berlinwalks.de

INFORMATION

●熱線Hot Line
(Hotels・Tickets・Infos)
☎25002333
營9:00～18:00(週六10:00～)
休週一
HP www.visitberlin.de
e-mail：hollo@visitBerlin.de
※觀光局提供的資訊＆預約服務。除了介紹飯店及預約等服務外，還能代為預約各種演奏會、歌劇的門票等等。

●劇院等處的門票購買方式
①可電洽上述的熱線Hot Line，或是直接電洽劇院等處預約 ②直接到售票窗口Kasse購買（預售票為1個月前，當日票大多可在開演前1小時買到） ③在後述的Kartenbüro（聯合售票處）購買（可能會需額外支付10%的手續費） ④請飯店櫃檯的接待人員代買（必須支付20%的手續費） ⑤在劇院前拿著寫上「Suche Karte」（求票）的紙，尋找有多餘門票的人等，有各種方式。而要購買當日票的話，也可以到下方的HEKTICKET（2處）試試，或許可買到半價票。

◆HEKTICKET
☎2309930
HP www.hekticket.de
<亞歷山大廣場前>
MAP●隨身地圖-37
住Alexanderstr.1 營12:00～18:00 休週日、假日
<動物園站對面、德意志銀行內>
MAP●隨身地圖-26、p.35-G
住Hardenbergstr.29d 營10:00～20:00（冬季12:00～、週日、假日14:00～18:00） 休無休

玩樂重點 應有盡有、豐富的娛樂活動

這裡有於2018年夏天起由基里爾·佩特連科擔任首席指揮，將世界頂尖的交響樂團——**柏林愛樂管弦樂團**帶向頂峰，以及創立於1742年、歷史悠久的**柏林國家歌劇院管弦樂團**等多達8個交響樂團。著名的演奏會場，有客滿時回音可長達1.95秒、以優質音響聞名的柏林愛樂廳，以及擁有鞋型演奏廳（特徵為形狀狹長，天花板超高）的柏林音樂廳。歌劇院也有3間，其中評價較高的是德國3大歌劇院之一的**柏林國家歌劇院及柏林德意志歌劇院**。而**柏林喜歌劇院**也孕育出柯瓦斯基等人氣歌手。

柏林國家歌劇院內部。

音樂劇（HP www.stage-entertainment.de）方面，則有於1961年以『窈窕淑女』吸引100萬以上觀眾前來觀賞的**西方劇院**最為有名。2006年再次開幕的**海軍上將宮殿**（MAP●隨身地圖-27、p.36-B）是一個展現柏林古老年代的劇場。**波茨坦廣場劇院**（MAP●隨身地圖-42）則為每年2月舉辦的柏林電影節之主要會場。

舞台劇方面，**德意志劇院**（HP www.deutschestheater.de）。從評價甚高的莎士比亞劇到現代劇皆有演出。

還有，體育活動則是以9月舉辦的**柏林馬拉松**最受矚目。此外，各種活動資訊要到HP www.eventim.de，在搜尋處輸入劇院或都市的名稱，就能簡單地找到想要的資訊。

火熱情報導覽

博物館、美術館&門票資訊！

新博物館（p.55）重新開放，並將再度集結曾分散於東西德的收藏品。名為James Simon-Galerie的遊客中心於2019年新落成。

①1日有效區域票…博物館島（貝加蒙、柏德等5館）為€18、學生€9，各館通用（單館為€10～12，企劃展覽須另外付費）。文化論壇（繪畫館、新國家畫廊等）為€12、學生€6。

②免費入場…未滿18歲免費！

③3日票…3Tage-Karte（博物館通票）為€29、學生€14.50，可在3日內自由參觀SMB（下方）等約50個館。在❶也可購得。

④WelcomeCard Museumsinsel…柏林歡迎卡（p.33）再加上博物館島5館門票的套票，72小時票為€45。

⑤SMB的語音導覽包含在門票費用內。

⑥SMB入館時間週四到20 :00為止。

■SMB（柏林國家博物館）
HP www.smb.museum

●Kartenbüro（聯合售票處）
◆TheaterGemeinde Berlin
住Tauentzienstr. 3 ☎21296300

●演奏廳
◆柏林愛樂廳
Philharmonie
MAP●隨身地圖-42
● S1、2 Potsdamerpl.步行10分 住Herbert-von-Karajanstr.1 HP www.berlinerphilharmoniker.de

◆柏林音樂廳
Konzerthaus Berlin
MAP●隨身地圖-35、p.36-F
● U2 Hausvogteipl.步行5分 住Gendarmenmarkt（窗口：法國大教堂對面）

●歌劇院
◆柏林國家歌劇院
Staatsoper im Schiller Theater
MAP●隨身地圖-28、p.34-B
● 巴士100、200路等 Staatsoper步行1分 住Unter den Linden 7
HP www.staatsoper-berlin.de

◆柏林德意志歌劇院
Deutsche Oper Berlin
MAP●隨身地圖-39、p.34-A
● U2 Deutsche Oper下車即到 住Bismarckstr.35

◆柏林喜歌劇院
Komische Oper Berlin
MAP●隨身地圖-27、p.36-F
● U6 Französische Str.步行6分 住Behrenstr.55-57

●劇場
◆西方劇院
Theater des Westens
MAP●隨身地圖-26、p.35-G
住Kantstr.12 ☎01805-4444

◆德意志劇院 Deutsches Theater und Kammerspiele
MAP●隨身地圖-27、p.36-A
住Schumannstr.13a
☎28441225

●YellowLounge
這是一個能讓古典音樂貼近大眾的計畫，邀請一流音樂人到夜店等場所表演，讓年輕人也能接觸其魅力。目前在各國都有舉辦活動。現在每個月也都會在不同地點表演，需事先確認。
HP www.yellowlounge.com（前往Facebook確認活動資訊）

動物園站發車
100路巴士・200路巴士
巴士上實況報導

在柏林觀光巴士是不可或缺的交通工具之一。其中又以從動物園發車的100路巴士和200路巴士（市區巴士），最適合用來繞行市內的主要觀光景點。每天幾乎都是每隔5分鐘就有1班行駛，再加上並不是觀光巴士，所以可以自由地上下車，費用也很便宜（也可以使用柏林歡迎卡），而且還是雙層的巴士喔！

這就是傳說中的100路巴士。上頭寫著大大的「100」。總而言之，班次很多，十分方便。

搭200路巴士可直達。

布蘭登堡門，車輛無法穿越。

每週六、日舉行，有很多來自東歐，年代久遠的東西。

位於巴士站的正前方，內部不對外開放。

從這裡發車，建議坐在2樓前排的座位上。

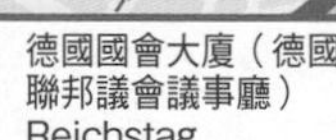

動物園。在Breitscheid Pl.下車。

教堂內部的藍色彩繪玻璃令人印象深刻。

包浩斯文獻館要在Lützowplatz下車。建築物本身就是氣派的作品。

德國國會大廈（德國聯邦議會議事廳）Reichstag

以近未來風格的玻璃帷幕圓頂建築聞名。參觀採事前申請制，請上網查詢。必須攜帶護照。

MAP●隨身地圖-27、p.36-E 住Platz der Republik 營8:00～24:00（入場時間到21:45為止） 休12/24等、不定休 費免費 HP visite.bundestag.de/BAPWeb/pages/createBookingRequest.jsf?lang=en

猶太人大屠殺紀念碑 Denkmal für die ermordeten Juden Europas

紀念所有在歐洲的猶太人罹難者，一共有2711座看起來像是墓碑的水泥紀念碑。地底下是資訊中心，在「姓名展示廳」內，得花上16年8個月的時間才能讀完所有罹難者的姓名及其生前記錄。

MAP●隨身地圖-34、p.36-E 住Cora-Berliner-Str.1 營10:00～20:00（10～3月為～19:00 ※入場時間到前45分為止） 休週一 ☎26394336 HP www.stiftung-denkmal.de/en/memorials

歷史博物館的右邊是週末的自由市集。

遊覽船　River Croise

橫貫市內的史普利河遊覽船很受歡迎，推薦可從大教堂前一帶搭乘1小時／€9左右的輕鬆行程。有多家船公司可選擇，大多都是前往到中央車站後再返回原地的行程。

◆Stern und Kreis ☎5363600 HP www.sternundkreis.de
◆Reederei Bruno Winkler ☎3499595 HP www.reedereiwinkler.de
◆Wasser Taxi ☎65880203 HP www.berliner-wassertaxi.de
◆Reederei Riedel ☎67961470 HP www.reederei-riedel.de

夏天很流行搭乘汽艇。

遊船後方是博德博物館 ©visitBerlin, Foto:Günter Steffen

廣場其實也很大，聚集著前來休閒的市民。

前方是廣場，為前東德的象徵之一。

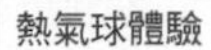

熱氣球體驗 Hi Flyer

搭乘熱氣球從150m的空中俯瞰柏林市中心，過程約15分。有鋼索與地面相連，請放心。

◆Berlin Hi Flyer
MAP●隨身地圖-43、p.36-J 住Wilhelmstr.與Zimmerstr.的角落 營9:00～20:00 休遇強風等狀況時 費€23、學生€18 ☎53215321 HP www.air-service-berlin.de

洪堡資訊館 Humboldt Box Berlin

為了宣傳同一主題的計畫、於柏林皇宮重建預定地上興建，到2019年重建之前為民俗博物館相關文物的展示館。設有展望餐廳。

MAP●隨身地圖-28、p.37-G 住Schlossplatz 5 營10:00～19:00（12～2月為～18:00、入場時間到前30分為止） 休無休 費免費 ☎290278248 HP www.humboldt-box.com

圓筒形魚缸 Aquadom

高25m、直徑11.5m，是世界最大規模的圓筒形水槽，位於Radison SAS Hotel的大廳。可從緊鄰的水族館搭乘水槽內部的電梯，如果只是從外面看的話免費。

◆Aquadom & SEA LIFE Berlin
MAP●隨身地圖-28、p.37-D 住Spandauer Str.3 營10:00～19:00（入場時間到前1小時為止） 休無休 費€17.95、兒童€14.50（網路預約有優惠等） ☎0180-666690101（需付費） HP www.visitsealife.com

波茨坦廣場的話題景點

波茨坦廣場上的科勒霍夫大樓Kollhoff-Tower，可搭乘僅20秒即直達103m高的歐洲最快速電梯，24、25樓是可360度俯瞰全景風光的觀景台，還附設咖啡館。

●PANORAMAPUNKT觀景台
MAP●隨身地圖-42、p.36-I 住PotsdamerPlatz 1 營10:00～20:00（冬季～18:00、入場時間到前30分為止） 休無休 費€7.50、學生€6 ☎25937080 HP www.panoramapunkt.de

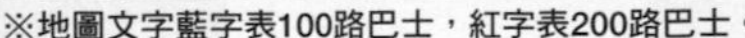

※地圖文字藍字表100路巴士，紅字表200路巴士。

心牆也消失殆盡的城市柏林

柏林集結了極端對立的矛盾魅力。在音樂方面，有與世界最頂級管弦樂團完全相反的鐵克諾音樂。在市容方面，有著舊東德復古感覺的街道，夾雜著近未來的現代建築等等。這座城市兼容著極端對立的文化，而這樣自由的風格型態消除了旅人內心的高牆。這，就是柏林。

心牆也消失殆盡的精選話題 1

Kahnfahrten im Spreewald 在史普利森林搭小船遊覽

在柏林郊區，有片綠意盎然的水鄉地帶，被稱作史普利森林，並獲聯合國教科文組織列為生態保護區。夏天時，搭乘名為Kahn的平底船在水上悠閒遊覽，是在柏林人之間十分受歡迎的活動。這次介紹的是留存著索布人（※1）文化的據點——呂貝瑙。

※1 斯拉夫民族

時間最短的為2小時的小型遊覽，1人€10左右。在綠意盎然的河流上，船夫悠閒地搖槳前進

◆呂貝瑙 Luebbenau
MAP p.33-B外、p.66-B
ℹ遊客服務中心：●中央車站搭RB等約1小時30分
住 Ehm-Welk-Strasse 15
營 9:30～18:00（週六為～16:00、週日10:00～16:00、有季節性變動） 休 4、10月的週六、11～3月的週六、日 ☎03542-887040
※從車站直走Post Street約十分鐘左右到底。在此T字路往右（東）走約5分鐘就可看到乘船處Grossen Hafen

有名到絕對不容錯過的名物——醬菜。在路邊小攤四處可見

菜色果然還是魚肉好吃。魚肉底下的白醬是辣根醬（西洋山葵），是此處的名產

重現此處古早生活型態的◆雷德露天博物館 Freilandmuseum Lehde ●車站步行約40分
營 10:00～18:00（10月～17:00） 休 無休

心牆也消失殆盡的精選話題 2

City Segway Tours 賽格威城市遊覽行程

站立式的電動兩輪車——賽格威。有英語的導覽解說，行經菩提樹下大道、布蘭登堡門等地，樂趣無窮。一開始會有練習時間，可確認安全後再參加。

◆賽格威城市遊覽行程 City Seg way Tours
MAP ●隨身地圖-28、p.37-C ●U2,5,8 S3,5,7 Alexander platz步行5分
住 Panorama Str.1a
營 10:15、14:30（僅3～11月）※3小時（迷你行程14:30、16:30※90分） 休 不定休（請至網頁確認）
費 €67（迷你€45）需預約 ☎24047991
HP citysegwaytours.com/berlin

心牆也消失殆盡的精選話題 3

Trabi Safari 駕古董車遊市區

Trabant（暱稱為Trabi）為舊東德時代的國民車。可以親身駕駛這款車在市內觀光，由導遊在前方領航、自己駕車跟在後面（需國際駕照），並會以無線廣播介紹景點。

◆駕古董車遊市區 Trabi Safari
MAP ●隨身地圖-43、p.36-J ● U6 Kochstr.步行10分
住 Zimmerstr.97 營 10:00～18:00 費 1人€49～（所需時間1小時15分 ※也有2小時的行程） ☎30201030（需預約） HP www.trabi-safari.de

心牆也消失殆盡的精選話題 4

Berliner Mauer
尋找柏林圍牆

自從將柏林分為東西兩邊的「柏林圍牆」倒塌至今，已經過了將近30個年頭，但是至今仍有很多人是為了看這座牆壁才來到這個城市的。過去沿著牆壁興建的大馬路，在2007年已經完全修築成全長約160公里（幾乎都是在郊外）的觀光步道。座落在道路旁的圍牆遺跡及寫著「Mauerweg」的板子是這裡的地標。例如波茨坦廣場的南邊還保留著監視塔（MAP●隨身地圖-43、p.36-I）之類的建築物。另外，從U2的埃伯斯瓦爾德街站（MAP●隨身地圖-30）沿著圍牆開往Bernauer Str.的市電M10也已經開通。不用再轉車就可以直達至今仍然保留著當時氣氛的「柏林圍牆文獻中心」。（by柏林居民Masato）

柏林圍牆博物館。實際上也展示著用來「逃亡」的工具。

◆查理檢查哨／柏林圍牆博物館（請見p.57）

與柏林圍牆有關的觀光景點

◆柏林圍牆文獻中心Dokumentations zentrum Berliner Mauer
可以親自用身體感受當時的狀況。附近還有和解教堂Kapelle der Versöhnung。MAP●隨身地圖-29 住Bernauer Strasse 111 營9:30～19:00（11～3月～18:00、展望～16:30） 休週一 費免費

◆DDR博物館 DDR Museum
重現當時東德的生活景象，並展示東德的物品。MAP●隨身地圖-20 p.37-D 住Karl-Liebknecht-Str. 1 營10:00～20:00（週六～22:00） 休無休 費€9.00，網上預約€5.50 HP www.ddr-museum.de

◆史塔西博物館 Stasi-Museum
秘密情報機關、國家保安的總部，展示當時監視用途的偷拍照相機、長官辦公室等。
MAP●隨身地圖-45外、p.33-B 住Ruschestr. 103 營10:00～18:00（週六、日11:00～） 休無休 費€6、學生€4.50 HP www.stasimuseum.de

◆東邊畫廊 East Side Gallery
史普利河旁殘留的圍牆遺跡。在圍牆崩塌後，藝術家們在圍牆上留下畫作，就這樣成了1.3Km世界最長的開放畫廊。MAP●隨身地圖-52 住Mühlenstr. HP www.eastsidegallery-berlin.de

從柏林圍牆文獻中心的屋頂上可以看到整個緩衝帶的牆壁。

恐怖地形圖博物館
展出豐富的照片，且建於實際地點，十分具有說服力

DDR博物館。重現往日家庭風貌的房間。

斜背包裡裝有紅外線相機。收藏於史塔西博物館

◆恐怖地形圖博物館
Topographie des Terrors
位於秘密警察（蓋世太保）及納粹親衛隊（SS）總部遺跡的戶外展示博物館。傳達當時政治體制的恐怖。MAP●隨身地圖-43 住Niederkirchnerstr.8 營10:00～20:00 費免費 HP www.topographie.de

心牆也消失殆盡的精選話題 5

Strandbar
沙灘酒吧進化中！

在沙灘酒吧，雖然沒有大海，卻鋪上真的沙子，讓人沉浸在海灘氛圍的夏日風情之中（德語為Strandbar）。最近單有沙灘已經無法滿足顧客了，所以又推出有舞池、或以夜店風格提高氣氛等進化版的沙灘酒吧。

◆Strandbar Mitte MAP●隨身地圖-28、p.37-C S3,4,5等 Hackescher Markt步行8分 住Monbijoustr.3 ◆Holzmarkt Strandbar Pampa MAP●隨身地圖-45 S3,5,9等 東站步行8分 住Holzmarktstr.25 HP www.holzmarkt.com ◆YAAM Beach MAP●隨身地圖-45 東站步行8分 住An der Schillingbrücke 3 HP www.yaam.de

日暮時分便成為國標舞的會場
Strandbar Mitte

柏林的區域號碼☎030

2012年開幕的Katz Orange。在這裡能夠品嘗到店家的招牌——使用有機食材製作的創作佳餚，也就是摩登菜餚。酒吧裡也有使用日本酒調製的雞尾酒。

◆Katz Orange
MAP●隨身地圖-36 住Bergstr. 22
營18:00～深夜 休無休 ☎983208430
HP www.katzorange.com/booking

這裡應該是市內最受歡迎的手工精釀啤酒酒吧。除了經典品項之外，幾乎每週都會以「特別啤酒」的方式提供少量生產的啤酒。感覺每次去都能夠品嘗到不同風味的啤酒。

◆HOPS & BARLEY
MAP●隨身地圖-45外
住Wüehlischstr. 22/23 營17:00～深夜（週六15:00～） 休無休
HP www.hopsandbarley.eu

心臟也消失殆盡的精選話題 6

Cafe & Bar & Restaurant 咖啡館&酒吧&餐廳

這座城市有很多風格獨特的餐廳和酒吧，無國籍、異國風美食也很有人氣，壽司也成為菜單上固定的菜色。最近傳統漢堡開始盛行，來自台灣的珍珠奶茶也逐漸打出名號來，從襲捲全德國的美食風潮到創作風的德國摩登都備受矚目。甚至還有一家由德國老闆親自烹調的拉麵店Cocoro Ramen，以及明明是英國人卻特地跑來德國製作精釀啤酒的Vagabund酒吧。另外，還有多家主題式的咖啡館，咖啡本身就代表著一種文化。尤其是精緻的早餐套餐，到傍晚前都有供應，這個傳統或許是因為此處原本為夜生活熱鬧之文化人的齊聚地所致吧。

正統漢堡的先驅。使用有機食材製作且分量滿點。

◆Kreuzburger
MAP●隨身地圖-30 住Pappelallee 19 營11:30～ 翌1:00 休無休
☎74695737 HP www.kreuzburger.de

古董店與咖啡廳的結合。如果有喜歡的復古商品，也可一併購買。

◆Sorgenfrei Antikes MAP●隨身地圖-48 住Goltzstrasse 18 營12:00～19:00（週六10:00～18:00、週日13:00～18:00）
休週一 ☎30104071 HP sorgenfrei-in-berlin.de

日本人開的拉麵店——誠。味噌口味很受歡迎。還有煎餃。

◆拉麵——誠 Makoto MAP●隨身地圖-37 住Alte Schönhauser Str.13
營12:00～17:00 休週日 ☎97893857

有書架，就像是某屋子裡的一個房間一樣，◆Mutter Hoppe（MAP●隨身地圖-28、p.37-H 住Rathausstrasse 21 ☎24720603）的老字號家庭菜餐廳。

特色餐廳指南

◆Cocoro Ramen
麵、湯皆由店家獨自研發。MAP●隨身地圖-36 住Gipsstrasse 3
營18:00～24:00 休週日 ☎98339073

◆Gugelhof（德國菜）據說比爾·柯林頓也曾來過的餐廳。晚餐需預約。
MAP●隨身地圖-30 住Knaackstr. 37
☎4429229 營16:00～23:00（週六、日10:00～） 休無休

◆Rausch Schokoladenhaus
歐洲僅此一家的巧克力菜餐廳。
MAP●隨身地圖-35 p.36-J U2 Stadtmitte步行5分 住Charlottenstr.60 營10:00～20:00 休無休

◆Szimpla（Craft beer bar）
這裡有匈牙利和波蘭產的手工精釀啤酒。MAP●隨身地圖-45外、p.33-B
住Gärtnerstr. 15 營9:00～深夜
休無休 HP www.szimpla.de/

◆Amrit,Mirchi
餐廳裝潢時尚且地點絕佳，賣的是風味溫潤的印度菜。MAP●隨身地圖-36 U6 OranienburgerTor站步行5～10分 住Oranienburgerstr. 45
營12:00～深夜 休無休
HP www.amrit.de

◆Prater Gaststätte & Biergarten
（德國菜＆啤酒花園）為柏林最早的啤酒花園。MAP●隨身地圖-30
住Kastanien allee7-9 ☎4485688
營18:00～深夜（週日12:00～）／啤酒花園12:00～深夜（4月到9月）
休無休

出身美國的老闆所釀造的愛爾啤酒很好喝。櫃檯裡的黑板上寫著推薦的生啤酒。

◆Vagabund Brauerei MAPp.33-B
住Antwerpener Str. 3 營17:00～深夜（週六、日13:00～） 休不定休
HP http://www.vagabundbrauerei.com/

特色餐廳指南

◆Mrs Robinson's 在此可品嘗到出身以色列的主廚所製作的亞洲創作美食。 MAP●隨身地圖-30 住Pappelalle 29 營18:00～23:00 休週二 ☎54622839 HP www.mrsrobinsons.de

◆Imbis宇田川 有豬排咖哩等餐點。 MAP●隨身地圖-25、p.34-E 巴士149等Kantstr./Leibnzstr.步行5分 住Kantstr.118 ☎3123014 營12:30～24:00 休無休

◆Baraka 摩洛哥菜、埃及菜。 MAP●隨身地圖-52 住Lausitzer Platz 6 營11:00～深夜 休無休 HP baraka-berlin.de

◆Capt'n Schillow 船餐廳。 MAP●隨身地圖-40、p.35-C 住Strasse des 17. Juni 113 營11:00～深夜（週六、日10:00～、有季節性變動） 休冬季的週一、二 HP www.capt-schillow.de

◆Cafe Wintergarten 中庭美麗的文學咖啡廳。 MAP●隨身地圖-33、p.35-K 住Fasanenstr.23 營9:00～24:00 休無休 ☎8825414

2012年造成話題的咖啡廳&酒吧。內部為華麗沉穩的裝飾風格，再現被稱為黃金20年的柏林氛圍。

◆Grosz MAP●隨身地圖-32、p.34-J 住Kurfürstendamm 193-194 營9:00～翌1:00（週六～翌3:00） 休無休 ☎652142199

◆Café Anna Blume MAP●隨身地圖-30 住Kollwitzstr. 83 營8:00～深夜 休無休 ☎44048749 HP www.cafe-anna-blume.de

超豪華！知名的三層早餐Anna Blume Special。

美味自製蛋糕與早餐很受歡迎，旁邊附設花店。

心體也消失殆盡的精選話題 7 Kulturellspot

文化景點

柏林有許多錯綜複雜的多元文化。在同一棟大樓裡就有咖啡廳、餐廳、劇場、商店、演奏會空間等等，可以在看完之後跟朋友在咖啡廳裡討論心得感想，度過充實的時光。尤其哈克夏中庭的構造十分不可思議，居然有多達8個的中庭（Hofe）HP www.hackesche-hoefe.com)，裡頭有許多時尚的商店和餐廳，非常受歡迎。

哈克夏中庭的中庭。有商店、咖啡廳，是最好逛的文化景點。

特別推薦的文化景點

◆文化釀造場 Kultur Brauerei 劇院、演奏空間、舞廳等。 MAP●隨身地圖-30 U2 Eberswalder Str.步行3分 住Knaackstr.97 HP kulturbrauerei.de

◆哈克夏中庭 Hackesche Höfe MAP●隨身地圖-28、p.37-C S5,7,9等 Hackescher Markt步行2分 住Rosenthaler Str.40-41

◆柏林娛樂中心 Arena 夏天是游泳池，冬天則變成三溫暖的游泳船及演奏廳、俱樂部、水上餐廳等，位於河岸旁的複合設施。 MAP●隨身地圖-52外 U1 Schlesisches Tor步行13分 住Eichenstr.4 HP www.arena-berlin.de

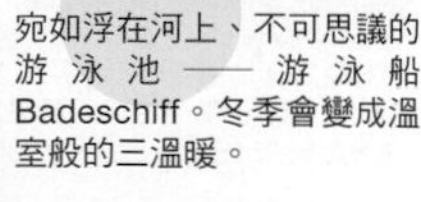

宛如浮在河上、不可思議的游泳池——游泳船Badeschiff。冬季會變成溫室般的三溫暖。

位於地下樓層的MonsterKabinett。8人／每隔20分入場。

展覽受到安妮的啟蒙，用色十分強烈。

◆黑山庭院 Haus Schwarzenberg 奧圖·懷特的盲人工坊（過去雇用猶太盲人工作的秘密房間。 營10:00～20:00 休無休 費免費 HP www.museum-blindenwerkstatt.de）、MonsterKabinett（用電腦控制的鐵製怪物秀 營週三、四18:30～21:30／週五、六16:30～ 費€8 HP www.monsterkabinett.de），以及展出有關安妮生涯的資料、照片等的安妮·法蘭克中心 Anne Frank Zentrum 營10:00～18:00 休週一 費€5（學生€3） ☎288865610，有前衛藝術商店等。MAP●隨身地圖-36、p.37-D S3,5,7,9等 Hackescher Markt步行5分 住Rosenthaler Str.39 HP www.haus-schwarzenberg.org

文化釀造場曾是舊啤酒工廠。保留磚造外觀，餐廳、俱樂部等直接入駐其中。

位於10F的Monkey Bar。從露臺望出的景觀也很受歡迎

氛圍宛如露營車展覽場

◆Hüttenpalast
在大會場擺置露營車當作客房，也有一般客房。 MAP p.33-B 住Hobrechtstr.66 ☎37305806 費S-€70～ HP www.huettenpalast.de

靠動物園側的叢林房間。有吊床，還掛著自行車（可租借），氣氛十分自由開放。雖是設計飯店，但隨興輕鬆的理念與柏林十分吻合。

◆25hours Hotel Bikini Berlin （資訊請見p.61）
※Monkey Bar 營12:00～深夜 休不定休

以音樂為主題的設計飯店。可租借吉他，還設有錄音室。面對史普利河，景觀也很棒

◆nhow Berlin Hotel
MAP●隨身地圖-52外 住Stralauer Allee 3 費T-€109～（浮動制） ☎2902990

EASTERN-COM-FORT HOSTEL。因為是船隻，所以是浮在河面上的

◆EASTERN-COM FORT HOSTEL
將停泊中的船隻化作飯店。 MAP●隨身地圖-52 住Mühlenstr.73 ☎66763806 費多人房-€16～ HP www.eastern-comfort.com

心臟也消失殆盡的精選話題 8

Hotel & Hostel 飯店&旅館

近年多了不少價格便宜的旅館，而適合長時間停留的公寓型飯店也很受歡迎。還有許多理念獨特或頗具設計感的飯店。（※住宿費用會要再加上5%的住宿稅，因此請多留意）

特色飯店&旅館

◆Louisa's Place
規模雖小卻是五星級的飯店。重現豪華宅邸的氛圍。僅有大套房，有長住優惠。 MAP●隨身地圖-46外 住Kurfürstendamm 160 ☎631030 費大套房€160～（浮動制） HP www.louisas-place.de

◆Bleibtreu
設計飯店的先驅。飯店內還有講究使用有機食材的餐廳等。MAP●隨身地圖-32、p.34-J 住Bleibtreu str.31 ☎884740 費S-€73～（浮動制） HP goldentulipbleibtreuberlin.com/

◆Arcotel Velvet 舒適宜人，評價甚高。MAP●隨身地圖-36 住Oranienburger Str. 52 ☎2787530 費S-€75～ HP www.arcotelhotels.com/de/velvet_hotel_berlin

◆EastSeven Hostel 這幾年待客評價No. 1的旅館。 MAP●隨身地圖-30 住Schwedter Str. 7 ☎93622240 費T-€56～、多人房-€22～（浮動制） HP www.eastseven.de

◆OSTEL 重現舊東德時期氛圍的設計飯店。 MAP●隨身地圖-45 住Wriezener Karree 5 ☎25768660 費S-€30～ HP www.ostel.eu

◆Singer109
規模大且便宜，設備完善。 MAP●隨身地圖-45 住Singerstr.109 費多人房-€12.90～ ☎74775028 HP singer109.com

◆The Circus Apartments
MAP●隨身地圖-37 住Choriner Str. 84 費T-€140～（3日以上） ☎20003939

◆Bunte Schokowelt Ritter巧克力的概念店。在此能製作自己喜歡的原創口味巧克力。MAP●隨身地圖-34、p.36-F 住Französische Str.24 營10:00～19:00（週四～六為～20:00、週日為～18:00） ☎20095080 HP ritter-sport.de

心臟也消失殆盡的精選話題 9

Geschäft & Geschenk 商店&伴手禮店

因為是大城市，所以什麼商品都有，選貨店及舊東德風格的商品都很有趣。此外，超市可能會是意外發現伴手禮的好地方，可以去找找看喔。

Ritter巧克力的所有口味這裡都有。還有休息區

妮維雅的複合式商店，這裡有提供30分左右的美容或按摩療程

◆Nivea Haus
MAP●隨身地圖-27、p.36-F 住Unter den Linden28 營10:00～20:00 休週日 ☎20456160

柏林的伴手禮購買地點

◆Freitag　將廢材重新回收製作出的包包等商品，十分受歡迎。
MAP●隨身地圖-37、p.37-D
住Max-Beer-Str. 3　營11:00～20:00（週六為～19:00）
休週日　☎24636961

Reisenthel的店員說：「後背包、環保袋（minimaxi shopper）很受歡迎」

實用、具機能性，而且設計又很流行繽紛，非常受到大眾喜愛的Reisenthel，在柏林首次推出全球第一家直營店

◆Reisenthel store
MAP●隨身地圖-26、p.35-H
住Budapester strasse 38-50 Bikini Berlin內（p.59）營10:00～20:00　休週日　☎26933969

租借盒子空間給新興製造商與新人藝術家，販售前衛原創商品的店家——Promobo。有多家店面，哈克夏中庭店比較大間

◆Promobo MAP●隨身地圖-28、p.37-C　住Hackesche Hoefe 營10:00～21:00　休週日　HP www.promobo.de

與其說它是商店，不如說它是像博物館的店家——VEB Orange。這裡有名人老闆馬利歐所收集的50年代後的經典雜貨與家具等品項豐富，主要為舊東德時代，也就是所謂的Ost商品。

◆VEB orange
販賣50年代後的經典雜貨與家具等。其中有8成是舊東德時代的東西。　MAP●隨身地圖-30
住Oderberger Str.29　營11:00～19:00　休週日
☎97886886　HP www.veborange.de

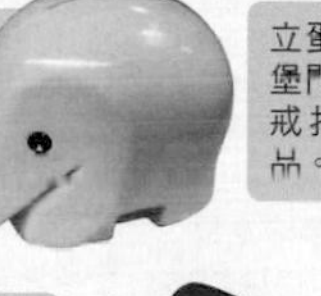

曾誤傳為路易吉·克拉尼設計的大象存錢筒（因為很可愛，就原諒它吧）。VEB Orange

立蛋架、仿造成布蘭登堡門的刷子，以及蛋糕戒指等獨特的原創商品。Promobo

原創手作工坊兼商店，專門製作、販售兒童服飾與適合兒童的角色娃娃。特別是以動物主題的牌子——Knuschels，推出的娃娃十分可愛。也有明信片和貼紙

老闆為兼職藝術家，商店也兼作工坊，販售手作商品。Lieblings Platz

◆Lieblings Platz　MAP●隨身地圖-30　住Kollwitzstr. 22
營11:00～18:00（週六10:00～15:00）　休週日　HP www.lieblingsplatz.berlin

Authentics公司的煮蛋器EIKO。掛在鍋緣，煮熟後就能直接端上桌（Schönhauser p.60等）

其他

◆Chameleon（Variete）MAP●隨身地圖-28、p.37-C（哈克夏中庭p.49內）HP www.chamaeleonberlin.de

◆洪堡大學圖書館 Jacob-und-Wilhelm-Grimm-Zentrum　有如用格子狀的木頭框架所組成的獨特建築，由Max Dudler設計。藏書多達200萬冊以上。MAP●隨身地圖-27、p.36-B　JGeschwister-Scholl-Str.3　營8:00～24:00（週六、日10:00～22:00）

◆博克斯哈根廣場Boxhagener Platz　MAP●隨身地圖-45外、p.33-B U5 Frankfurter Tor步行10分 跳蚤市場：週日9:00～傍晚

防空洞美術館過去曾是作為防空洞（抵禦炸彈攻擊的設施）使用的建築，本身就十分珍貴，有一看的價值。要入內參觀只能參加導覽行程才行

世界知名的俄國前攝影師Viad的瘋狂收集。外觀奇妙與實際功能的差距令人吃驚，有點不可思議的博物館

◆設計奇集 Design Panoptikum
MAP●隨身地圖-28、p.37-H　住Poststr.7　營11:00～18:00
休週日　費€9.9（每整點有導覽行程）　☎015774012991

波霍斯的私人防空洞美術館。與公營美術館不同，內有他個人講究的現代美術作品，每一件都十分獨特

◆防空洞美術館 Sammlung Boros　MAP●隨身地圖-27、p.36-A
住Reinhardtstr.20（防空洞內）　營※僅供導覽行程參觀，需網路預約（德語為整點、英語為每小時的30分開始）　營週一～三
費€15、學生€9　☎27594065　HP www.sammlung-boros.de

柏林的區域號碼☎030

以舉辦獨立活動策略等而人氣急速攀升的室內市場——九號市場。平日白天是創新特別的食堂及咖啡廳，週四17:00～22:00則是各國的異國小吃攤。

週二有小早市，週五、六則有大早市。會有鄰近的新鮮蔬菜、手作果醬與麵包等。還有Heidenpeters——人氣手工精釀啤酒店家。

◆九號市場Markthalle Neun MAP●隨身地圖-52 住Eisenbahn strasse 42-43 營10:00～18:00（活動每次不同） 休週日 HP www.markthalleneun.de

在柏林手工精釀啤酒界掀起一股新風潮的新興啤酒釀造廠——BRLO。使用中古貨櫃堆疊成啤酒花園，並會在此舉辦各種活動，菜單也研發健康的蔬菜佳餚，不僅是釀造而已，還擁有創造新飲酒文化的氣魄。

◆BRLO Brwhouse MAP●隨身地圖-49 住Schöneberger Str.16 營17:00～24:00（週六、日12:00～） 休週一 HP brlo-brwhouse.de

據說僅在柏林一年就售出7000萬條的名物——咖哩香腸（Currywurst）。在這裡能學到於戰後黑市誕生的歷史，以及秘傳醬汁食譜。當然也有能實際品嘗的區域。

◆咖哩香腸博物館 MAP●隨身地圖-43、p.36-J 住Schützen str.70 營10:00～18:00 休無休 費€11、學生€8.50 HP www.currywurstmuseum.com

2004年左右起於MauerPark（圍牆公園）旁舉辦的跳蚤市場。靠近以前的柏林圍牆，市場裡有讓人能感受到舊東德時代的陳舊物品，而前來遊逛的觀光客也不斷增加。雖然稍微有點遠，不過博克斯哈根廣場（p.51）的跳蚤市場也很有人氣。

◆圍牆公園MauerPark MAP●隨身地圖-29 U2 Eberswalder Str.步行10分 住Bernauer str.63-64 跳蚤市場：週日9:00～18:00

◆杜莎夫人蠟像館Madame Tussauds Berlin〔世界知名的蠟像館〕MAP●隨身地圖-27、p.36-E 住Unter den Linden 74 營10:00～18:00（週六、日為～19:00） 休無休 費€23.50、兒童€18.50（網路有折扣） HP www.madametussauds.com/berlin

◆KPM Welt〔位於KPM（p.60）總公司工坊的博物館〕也有商店及咖啡廳 MAP●隨身地圖-41 住Wegelystr. 1 營10:00～18:00（入場為17:15） 休週日 費免費（週六15:00的導覽行程€12） HP www.kpm-berlin.com/en/manufactory

主要的夜店、爵士樂酒吧等

柏林·夜店資訊

據說柏林當地有220家以上的酒吧、夜店，甚至有從鄰近法國等地的觀光客專程為了夜店而來。不只音樂類型豐富，依年代、風格等也有不一樣的玩樂方式，詳情請上Clubmatch（HP www.clubmatcher.de）查詢。有的小型夜店在餐點及空間舒適度上都下了不少工夫，就算是一般觀光客也能享受夜晚的氣氛。

◆A-Trane〔爵士樂〕MAP●隨身地圖-25、p.34-F 住Bleibtreustr.1 HP www.a-trane.de

◆b-flat〔爵士樂、Acoustic〕MAP●隨身地圖-37、p.37-D 住Dircksen str.40 HP www.b-flat-berlin.de

◆Quasimodo〔爵士樂老舖〕MAP●隨身地圖-26、p.35-G 住Kantstr.12a HP www.quasimodo.de

◆Kaffee Burger〔Balkan Beat Box等，可接觸東歐、俄羅斯文化〕MAP●隨身地圖-37 住Torstr. 60 HP www.kaffeeburger.de

◆NBI Bar〔實驗音樂、Electro〕MAP●隨身地圖-29 住Zionskirchstr.5 HP www.neueberlinerinitiative.de

◆Tresor Club〔柏林Techno音樂的代名詞，也是觀光名勝。位於發電廠遺址，所以也很推薦給喜歡廢墟感覺的人〕MAP●隨身地圖-44 住Köpenicker Str. 70 HP tresorberlin.com

◆weekEND〔Tech-house、Electro等。充滿時尚風格〕MAP●隨身地圖-37 住Alexanderstr. 7 HP www.houseofweekend.berlin

◆Sisyphos Nightclub〔較大規模，柏林風格的手作活動很受歡迎〕MAP●隨身地圖-49外 住Hauptstr.15 HP sisyphos-berlin.net

◆Watergate〔鐵克諾。位視野良好的河岸旁，因知名DJ造訪而大受歡迎〕MAP●隨身地圖-52 住Falckensteinstr.49 HP water-gate.de

◆BASSY COWBOY CLUB〔Rockabilly、以50's和60's為中心的原音搖滾〕MAP●隨身地圖-37 住Schönhauser Allee 176a HP www.bassy-club.de

◆Maxxim〔House音樂，店內充滿時尚、奢華的氛圍〕MAP●隨身地圖-26、p.35-G 住Joachimstaler Str.15 HP www.maxximberlin.de

◆Berghain/Panoramabar〔要感受柏林Techno音樂來這就對了，適合重度的夜店咖〕MAP●隨身地圖-45 住Am Wriezener Bahnhof HP www.berghain.de

◆Radialsystem V〔非夜店，而是以舞蹈和表演為中心的多功能大廳。也設有餐廳，眺望視野佳〕MAP●隨身地圖-45 住Holzmarktstr. 33 HP www.radialsystem.de

◆club der visionaere〔為露天形式。Minimal Music、Tech-house，有知名DJ駐場。有供餐，僅夏天營業〕MAP●隨身地圖-52外 住Am Flutgraben 1 HP clubdervisionaere.com

◆Yaam〔雷鬼、非洲-加勒比海等地區性音樂〕MAP●隨身地圖-45 住An der Schillingbruecke 3 HP www.yaam.de

※夜店資訊（當地的情報誌『030』『Zitty』等均有詳細介紹）
HP www.residentadvisor.net/clubs.aspx?ai=34 HP www.berlin030.de等

動物園站～提爾花園周邊

凱撒威廉紀念教堂 ★★
Kaiser-Wilhelm-Gedächtnis-Kirche

map ◯隨身地圖-26、p.35-G

● U2、9 S5、7、9等 Zoologischer Garten步行5分

為了紀念皇帝威廉一世統一了整個德國，建立於1895年。在第二次世界大戰中的1943年，大半都被空襲戰火所破壞，為了將戰爭的悲慘警示後人，特地原封不動地保存下來。緊鄰在旁的禮拜堂裡的藍色彩繪玻璃非常漂亮。

在當地有一個「蛀牙」的暱稱。

住Breitscheidpl.
營9:00～10:00（教堂）
休無休 費免費

動物園 ★★
Zoologischer Garten Berlin

map ◯隨身地圖-26、p.35-H

● U2、9 S5、7、9等 Zoologischer Garten步行5分

德國最古老的動物園（1844年），有1400種以上的動物，規模在全球也算是數一數二。還附設有水族館。2017年引進熊貓大受歡迎。

住Hardenbergpl.8 營9:00～18:00（最後入園17:00、有季節性變動） 休無休 費€15.50（學生€10.50）；與水族館的套票€21（學生€15.50） ☎254010

勝利紀念柱 ★★
Siegessäule

map ◯隨身地圖-41

● 巴士100等 Grosser Stern步行2分

1864年對丹麥開戰以後，普魯士為了紀念一統德國的戰爭中獲得勝利，於1873年建造。高67公尺，柱頂閃耀著金色光芒的維多利亞女神像很有名。離地約50公尺高的地方設有展望台，可以欣賞市內的風景。

住Am Grosser Stern 營9:30～18:30（週六、日為～19:00）、11～3月10:00～17:00（週六、日為～17:30） 休無休 費€3、學生€2.50

不是直接穿過大馬路，而是從地下道過去。

門上的馬車是古代的雙輪戰車（4個頭的雙輪馬車）。

布蘭登堡門 ★★★
Brandenburger Tor

map ◯隨身地圖-27、p.36-E

● S1、2 Unter Den Linden步行2分

參考古代希臘的阿克波里斯神殿的前門衛城山門所設計（1788～91年），定位成普魯士王國的凱旋門。過去在『柏林圍牆』的包圍下，是東西分裂的象徵，現在則是德國統一的象徵。裝飾在高達20公尺的大門上的，是坐在古代戰車上的勝利女神像，曾經被拿破崙當成戰利品帶回法國（1806年），後來又搶了回來。

博物館島周邊

柏林大教堂 ★★
Berliner Dom

map ◯隨身地圖-28、p.37-G

● 巴士100等 Lustgarten步行2分

演變成現在這種形狀是在1905年。高114公尺、寬73公尺的巨大圓頂天花板令人印象深刻。內部是霍亨索倫王朝的陵墓。可以經由長270階的樓梯爬上圓形屋頂。擁有7269根風管，號稱德國最大的管風琴也很值得一看。

住Am Lustgarten
營9:00～20:00（10～3月為～19:00；週六、日為下午開始。入場到閉館前1小時為止） 費€7、學生€5 HP www.berlinerdom.de ☎20269136

壯觀的內部。

德國歷史博物館 ★★
Deutsches Historisches Museum (Zeughaus)

map ◯隨身地圖-28、p.37-G

● 巴士100等 Lustgarten步行5分

建於1706年，原本是普魯士軍隊的彈藥庫，現在則展示著從中世紀到現代的德國歷史。是菩提樹下大道上歷史最悠久的

建築物，裡頭還有特別展專用的畫廊等等，是由曾經參與過羅浮宮金字塔設計的華裔建築師貝聿銘所打造的。和後方的特別展專用藝廊，在2006年時重新整修開幕。

摩登的外觀。

住Unter den Linden 2 營10:00～18:00 休12/24 ☎203040 費€8、學生€4

老國家畫廊 ★★★
Alte Nationalgalerie
map ◯隨身地圖-28、p.37-C

● 巴士100、200等 Lustgarten步行5分

收藏著名聞遐邇的馬奈、莫內、塞尚、雷諾瓦等法國印象派的作品、門采爾等19世紀的德國繪畫、寫實主義、羅丹的雕刻作品等偉大傑作。

住Bodestr.1-3 營10:00～18:00（週四為～20:00） 休週一 費€10、學生€5 ☎266424242（週日～五9:00～16:00）

老博物館 ★★★
Altes Museum
map ◯隨身地圖-28、p.37-C

● 巴士100、200 Lustgarten步行3分

由新古典主義大師辛克爾所設計，是柏林第一家公共博物館。從正面看過去的愛奧尼亞式圓柱，令人印象深刻。目前的常設展有一樓的古希臘、羅馬時代的雕像等等，樓上則變成一個以期間為區隔，舉行特別展（費用另計）的空間。

住Am Lustgarten 1 營10:00～18:00（週四～20:00） 休週一 費€10、學生€5 ☎266424242（週日～週五9:00～16:00）

柏德博物館 ★★★
Bodemuseum
map ◯隨身地圖-28、p.37-C

● S5,7,9 從Hackescher Markt步行10分

花了6年重建，於2006年重新開幕。

珍貴的雕刻就在幾乎可以摸到的距離。

新巴洛克風格的建築物質地厚重，本身就十分具有可看性。內部的展示是由雕刻、貨幣、國內唯一的拜占庭藝術收藏品所構成。幾乎都是以基督教等宗教為主題的作品，也會舉行特展（費用另計）。

住Am Kupfergraben 1 營10:00～18:00（週四為～20:00） 休週一 費€10、學生€5

貝加蒙博物館 ★★★
Pergamonmuseum
map ◯隨身地圖-28、p.37-C

● S5,7,9等 Hackescher Markt步行10分，巴士100等 Lustgarten步行7分

在柏林為數眾多的博物館當中，可以說是最有名也最重要的博物館之一。**古文物展示館**Antiken Sammlung絕對不容錯過，其中又以在古東洋的貝加蒙（現為土耳其領土）所挖掘出來的『**宙斯的大祭壇**Pergamon Altar』（西元前180～160年），以9.66公尺的高度重現了獻給守護神宙斯的神殿，舉世聞名，被視為是希臘風格建築的最偉大作品。而且不光是可以欣賞而已，還可以實際爬上去，體驗一下站在古代的雅典衛城上的感覺。除此之外，還有在古巴比倫的尼布甲尼撒二世時代（西元前603～562年）的『巴比倫城門』和『凱旋道路』、『米雷特斯的市場之門』等等，全都是一些規模宏大的古代西亞的收藏品，再加上還有集8～19世紀的伊斯蘭教之大成的藝術品。

住Bodestr.（入口） 營10:00～18:00（週四～20:00） 休無休 費€12、學生€6 ☎266424242（週日～週五9:00～16:00）

➡刻劃著天上的神祇與巨人們之間的戰爭等雕刻也很值得一看。

⬇入館時可以租借錄有展示解說的導覽錄音帶。

新博物館 ★★★
Neues Museum

map ◯隨身地圖-28、p.37-C

● 巴士100、200 Lustgarten步行7分

4層樓建築、約8,000㎡的空間，展示著西元前3000年的埃及考古學與古代文獻以及從史前時代到西洋歷史初期的收藏品。參觀焦點是從古代埃及之都－阿馬爾那挖掘出土的娜芙蒂蒂王妃胸像（西元前1340年左右），青銅器時代的黃金帽也很值得一看。

住Bodestr.1-3　營10:00～18:00（週四為～20:00）　休無休　費€12、學生€6　※最近雖然比較沒有這樣的情況，但有些時段會十分壅擠，可事先在網路購買每隔30分入場的time-slot門票。如果擔心的話，可到HP shop.smb.museum上購買。

娜芙蒂蒂王妃的胸像。

文化論壇周邊

繪畫館 ★★★
Gemäldegalerie

map ◯隨身地圖-42

● 巴士200等 Philhamonie步行5分

號稱擁有全球首屈一指收藏品的巨大美術館，館藏大約有2700件，經常性的展示約有1400件。中央大手筆地設置著寬敞的中庭，在其周圍則有好幾個依年代及作家分門別類的大廳。范·艾克的『教堂中的聖母』、林布蘭的『戴貝蕾帽的自畫像』、維梅爾的『戴珍珠項鍊的女人』等等，全部都是一些會出現在美術書上的知名作品。此外還有布勒哲爾、魯本斯、拉斐爾、戈雅、波提切利等13～18世紀的歐洲名家傑作，令人大開眼界，熱愛繪畫的人一定不能錯過。另外，建築物就位在一個叫做文化論壇Kulturforum的文化設施裡，該設施內還有工藝博物館及圖書資料館等等。

維梅爾『戴珍珠項鍊的女人』。

寬敞的展示空間，可以仔仔細細地鑑賞。

住Stauffenbergstr.40（入口在Matthäikirchplatz）　營10:00～18:00（週四為～20:00；週六、日11:00～）　休週一　費€10、學生€5　☎266424242（週一～五9:00～16:00）

新國家畫廊 ★★★
Neue Nationalgalerie

map ◯隨身地圖-42

● 巴士200等 Philhamonie步行7分

外觀是嶄新的玻璃帷幕。收藏有克利、畢卡索等稱之為立體主義或表現主義的20世紀歐洲現代畫及雕刻作品。一樓設有企劃展的空間（費用另計），據說每年都吸引了10萬人次以上造訪。在2015年重新開幕之後，企劃了大都會藝術博物館展盛況空前。

住Potsdamerstr.50　營10:00～18:00（週四為～22:00；週六、日11:00～）　休週一　費€8、學生€4　☎266424242（週一～五9:00～16:00）

地下室為常設展。

包浩斯文獻館 ★★
Bauhaus-Archiv Museum

map ◯隨身地圖-41

● 巴士100、106、M29等 Lützowpl.步行3分

這裡展示了為現代造型的設計與建築帶來巨大影響的巴浩斯（1919～1933）歷史。2018年4月底為了慶祝博物館成立100週年，開始進行擴建暨整修，預計閉館至2022年。擴建資訊請見HP www.bauhaus.de/en/neubau。

波茨坦廣場 ★★★
Potsdamer Platz

map ◯隨身地圖-42、p.36-I

● S1,2 U2 Potsdamer Pl.步行2分

在戰前是歐洲最混亂的柏林中心。世上第一個交通號誌就設置在這裡，現在則是由購物商城、賭場及飯店、索尼中心（免費無線上網）等構成的複合式設施。索尼中心內展示著瑪琳·黛德麗的收藏品等電影史的柏林電影博物館、廣受好評的樂高樂園，及用一整個區塊來重現柏林街景等等。

＜柏林電影博物館＞營10:00～18:00（週四為～20:00）休週二 費€7、學生€5、週四16:00～免費

＜樂高樂園＞營10:00～19:00左右（入場到17:00為止）休12/24 費€11～（網路預約）

⬆上圖為知名的索尼中心，下圖為用樂高做成的愛因斯坦。➡柏林電影博物館。

夏洛坦堡宮殿周邊

貝格魯恩博物館（畢卡索）★★★
Museum Berggruen (Picasso und seine Zeit)

map ◯隨身地圖-39、p.33-A

● 巴士309等 Schloss Charlottenburg步行3分

與畢卡索是朋友的美術商貝格魯恩所成立的博物館，由於整個借給了柏林州，所以可欣賞到包括雕刻在內一共80件以上的畢卡索作品。也收藏著克利的作品。

住Schlossstr.1 營10:00～18:00 休週一 費€10、學生€5 ☎266424242（週一～五9:00～16:00）

夏洛坦堡宮殿 ★★★
Schloss Charlottenburg

map ◯隨身地圖-32、p.33-B

● 巴士309等 Schloss Charlottenburg步行2分

前面是腓特烈一世的騎馬像。

普魯士國王腓特烈一世為妻子蘇菲所興建的避暑山莊（1695年動工）。參觀行程可分為壁面裝飾著中國瓷器的瓷器室等的舊皇宮以及新翼建築，18世紀的法國繪畫收藏品也很豐富。新翼還藏有普魯士皇家的劍和皇冠等物品。

住Spandauer Damm 10-22 ☎320910 ＜舊皇宮＞營10:00～17:30（有季節性變動） 休週一 費€10、學生€7 ＜新翼＞營10:00～17:30（有季節性變動） 休週一 費€10、學生€7

其他地區

漢堡車站現代美術館 ★★
Hamburger Bahnhof

map ◯隨身地圖-35、p.33-B

● S3、7等 Hauptbahnhof步行10分

把被戰火破壞殆盡的漢堡車站重建成州立現代美術館，主要被當作企劃展的會場使用，並展示著約瑟夫·畢斯、羅依·李奇登斯坦等人的一流作品。

住Invalidenstr.50-51 營10:00～18:00（週四為～20:00；週六、日11:00～18:00） 休週一 費€10、學生€5 ☎266424242（週一～五9:00～16:00）

達蘭美術館 ★★
Museumszentrum Dahlem

map p.33-B

● U3 Dahlem-Dorf步行5分

主要以歐洲之外的民族藝術較為充實，是一座郊外的綜合型博物館。從古代馬雅文化的遺跡到南太平洋的帆船等等，館藏五花八門。總而言之，規模十分浩大，很值得一看。在同一棟建築物內，還有印度藝術及包含日本在內的東亞藝術收藏品。

※2017年起因搬遷而閉館。搬遷位置預定在柏林皇宮舊址的洪堡論壇（Humboldt Forum）博物館（洪堡資訊館請見p.45）。

南太平洋的木雕祭祀用品等展示的巧思也令人咋舌。

猶太人博物館 ★★★
Jüdisches Museum Berlin

map ◯隨身地圖-50

● U1、U6等 Hallesches Tor步行８分

介紹著從中世紀到現代居住在德國的猶太人的歷史與文化。由猶太裔的美國人丹尼爾·李伯斯金所設計，以互動式媒體展示著超過4000件的展示資料。另外，建築物本身就是蘊含著哲學主題的藝術作品，例如位於出入口的舊館、以及通到擁有主要展示作品的新館地下通道「連貫軸Axis of Contiuity」，途中會和「浩劫塔Holocaust Tower」及「流亡院Garden of Exile」等通道交錯，象徵猶太人這一路走來的苦難歷程。浩劫塔是一個被赤裸裸的水泥團團包圍，什麼都沒有的密室空間。而把門關上之後，只有些微的光線從天花板附近照射進來，想當然爾，這便是集中營的象徵。新館的挑高空間名為「空白的記憶Memory of Void」，裡頭到處都是作成臉的鐵板，象徵著被屠殺的猶太人。

住Lindenstr.9-14　營10:00～20:00　休猶太人的假日、12/24　費€８～、學生€３～　☎25993300　HP www.jmberlin.de/en

「空白的記憶」。

地下通道，會通到新館。

德國技術博物館 ★★
Stiftung Deutsches Technikmuseum Berlin

map ◯隨身地圖-49

● U1、2等 Gleisdreieck步行５分

與技術的歷史、機械的構造有關的博物館。幾乎所有的展示品都是可以實際操作的體驗型，從鐵路到航空、印刷、通訊等都有介紹。

住Trebbiner Str.9　營9:00～17:30（週六、日10:00～18:00）　休週一　費€８、學生€４　☎902540　HP www.sdtb.de

有很多規模龐大的機械構造。

查理檢查哨／柏林圍牆博物館 ★★
Haus am Checkpoint Charlie

map ◯隨身地圖-43、p.36-J

● M29 Kochstr.步行２分、U6 KochStr.步行５分

將柏林分割成東西兩邊的『柏林圍牆』，將東西德分隔的國境檢查站、查理檢查哨遺跡與旁邊柏林圍牆有關的博物館，以相片及錄影帶、物品等介紹在柏林圍牆倒塌前翻越國境時所發生的悲劇。

住Friedrichstr.43-45　營9:00～22:00　休無休　費€14.50、學生€9.50　☎2537250

其他的主要景點

▼**自然史博物館**　全球首屈一指的館藏，還有世上最大的恐龍骨骼標本。MAP ●隨身地圖-35　住Invalidenstrasse 43　營9:30～18:00（週六日、假日10:00～）　休週一　費€８、學生€５　HP www.museumfuernaturkunde.berlin

▼**攝影博物館**（SMB）收藏著赫爾穆特·牛頓的作品。　MAP ●隨身地圖-26、p.35-G　住Jebens-str. 2　營10:00～19:00（週四～20:00）　休週一　費€10、學生€５

▼**德國國會大廈**（德國聯邦議會議事廳）現為德國聯邦議會的議事廳。（資訊參見p.44）

▼**電視塔**　高365公尺，離地203公尺有展望台，上頭有旋轉餐廳，地上有咖啡廳。MAP ●隨身地圖-37、p.37-D　住Panoramastr.1a　營9:00～24:00（11～２月10:00～）　費€15.50～　☎24757575

▼**聖母瑪麗亞教堂**　起源於13世紀，是森鷗外《舞孃》的舞臺，赫赫有名。MAP ●隨身地圖-37、p.37-D　住Karl-Liebknecht Str.8　營10:00～18:00（１～３月為～16:00）　休無休　☎24759510

▼**森鷗外紀念館**　從1887年起在德國留學的４年間，約有１年４個月住在柏林，本紀念館便是重現其下塌的故居，還有其用過的書桌、原稿、信件等等。MAP ●隨身地圖-27、p.36-A　住Luisenstr.39　營10:00～14:00　休週六日、假日　費€５、學生€３　☎2826097

▼**根達美廣場**　被譽為市內最漂亮的廣場，聖誕市集很有名（收費）。以音樂廳為中心，左邊是德國大教堂，右邊是擁有胡格諾頓教派博物館的法國大教堂。MAP ●隨身地圖-35、p.37-G

▼**珂勒惠支美術館**　作品多半是描繪百姓生活的女性畫家的個人美術館。MAP ●隨身地圖-33、p.35-K　住Fasanenstr.24　營11:00～18:00　休無休　費€７、學生€４　☎8825210

▼**柏林故事館**　包含社會現況在內，從各個角度來介紹柏林800年的歷史。在別館還可以參觀實際運作中的放射性塵埃避難所。MAP ●隨身地圖-33、p.34-J　住Kurfürstendamm207-208（Ku'damm Karree內）　營10:00～20:00（放射性塵埃避難所導覽行程到18:00）　休無休　費 €12、學生€９　☎88720100

展示著柏林圍牆。

柏林的餐廳、商店、飯店

餐廳非常具有國際特色，獨特的咖啡文化也很發達，從早到晚都有許多美食。商店則是以擁有獨自品味的選貨店大受歡迎，最近也增加許多購物中心和百貨公司。飯店因為聚集在年輕人眾多的地區，有許多價格平實的旅館，走高級路線的設計飯店也很多。

英語流利的侍酒師Billy。店內提供多款莫色耳和普法茲堡的德國麗絲琳白酒。

Weinbar Rutz

明星主廚的現代德國菜

一樓為酒吧和傳統料理。樓上和中庭則是提供將法國菜和地中海料理創新變化而成的摩登德國菜。右圖是明星主廚Marco的創作料理。

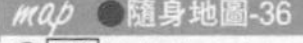

map ●隨身地圖-36

●U6 Naturkundemuseum步行５分
■地址 Chausseestr.8
■TEL 24628760
■營業 18:30～23:30（葡萄酒吧為16:00～23:00）
■公休 週日、一
■信用卡 VISA、MC、AMEX
HP www.rutz.restaurant.de

Zur Letzten Instanz

在市內最老牌的酒吧裡享用當地美食

創業於1621年，是柏林歷史最悠久的酒吧&餐廳，拿破崙也曾來過。招牌料理是在柏林也很有名的鄉土料理——德國豬腳。

map ●隨身地圖-44

●U2 Klosterstr.步行３分
■地址 Waisenstr.14-16
■TEL 2425528
■FAX 2426891
■營業 12:00～翌1:00（週日為～22:00、※午餐為～15:00、晚餐為～23:00）
■公休 週一
■信用卡 VISA、MC
HP www.zurletzteninstanz.com

Buddha Republic

內部裝潢雖然特異，但在歐洲是數一數二高評價的印度菜餐廳

屢次榮獲媒體推選為最佳店家，是評價數一數二高的正統印度菜餐廳。有趣的是，在這裡也吃得到神戶牛，可請店家用坦都里烤窯燒烤。

map ●隨身地圖-26、p.34-F

●S5,7 Savignyplatz步行８分
■地址 Knesebeckstr. 88
■TEL 31164204
■營業 17:00～24:00
■公休 週一
■信用卡 VISA、MC
HP www.buddha-republic.com

Zum Nussbaum

以民房來說是最古老的建築物，開店至今已經擁有250年的歷史

據說開店當時是水手們聚集飲酒的地方，如今依舊充滿平易近人的氣氛。夏天還有簡單的露天啤酒屋，大約可容納20個座位。

map ●隨身地圖-28、p.37-H

●巴士100 Spandauer-Str.步行10分
■地址 Am Nussbaum 3
■TEL 2423095
■營業 12:00～翌2:00
■公休 無休
■信用卡 VISA

Sasaya

日本籍的老闆兼主廚所捏製的壽司非常道地，還上過當地的雜誌

從道地的正統壽司到加州捲，種類非常豐富，價錢也不貴，壽司套餐€10，吸引許多挑嘴的當地日本人和學生光顧。

map ●隨身地圖-30

●U2 Eberswalder str.步行７分
■地址 Lychener Str. 50
■TEL 44717721
■營業 12:00～15:00（14:30LO）、18:00～23:30（22:30LO）
■公休 週二、三
■信用卡 不可
HP sasaya-berlin.de

●～€15 ●●€15～25 ●●●€25～50 ●●●●€50～

Dicke Wirtin

自舊西德時代就大受歡迎！當地顧客比觀光客多的小酒館

餐點便宜又分量十足。氛圍懷舊復古，受到當地顧客諾大的喜愛。推薦柏林特色佳餚——柯尼斯堡肉丸等菜色。建議預約。

map ●隨身地圖-26、p.34-F
● S5,7 等 Savignyplatz步行5分
■地址　Carmerstr. 9
■TEL　3124952
■營業　11:00～23:00（週五、六為～22:30）
■公休　無休
■信用卡　VISA、MC、JCB
HP dicke-wirtin.de

House of Small Wonder

融合日式與美式的輕食餐廳。讓人想要在隱藏民宅裝潢（2F）中享用抹茶拿鐵等餐點。

map ●隨身地圖-36、p.36-B
● U6 Oranienburger Tor步行約3分
■地址　Johannisstr.20 ■TEL　27582877（不可預約）
■營業　9:00～17:00 ■公休　無休 ■信用卡　不可
HP www.houseofsmallwonder.de
※晚上可在地下的Zenkichi（同店家經營）品嘗日式料理

Good Friends

市內中菜餐廳裡第一名的老字號店家。由於很受歡迎，也有人多客滿的時候。還有點心跟午餐菜單。

map ●隨身地圖-25、p.34-F
● S5,7 Savignypl.步行5分
■地址　Kantstr.30 ■TEL　3132659
■營業　12:00～翌1:00 ■公休　無休
■信用卡　VISA、MC、AMEX
HP www.goodfriends-berlin.de

Zum Schusterjungen

正宗柏林家常菜。德國豬腳也是添加了豌豆泥的傳統風格。

map ●隨身地圖-30
● U2 Eberswalder Str.步行約3分
■地址　Danziger Str. 9 ■TEL　427654
■營業　12:00～24:00 ■公休　無休 ■信用卡　不可
HP www.zumschusterjungen.com

Stone Brewing Tap Room PrenzlauerBerg

來自美國，走微高級路線的手工精釀啤酒店。酒精濃度稍高的IPA等很有人氣。

map ●隨身地圖-30
● U2 Eberswalder Str.步行約7分 ■地址　Oderberger Str.15 ■TEL　44012090 ■營業　15:00～24:00（週六、日10:00～；週五、六為～翌1:00、週日為～22:00。供餐為～22:00；週五、六供餐為～23:00） ■公休　無休 ■信用卡　不可 HP www.stonebrewing.eu/visit/outposts/prenzlauerberg

Ka De We

規模最大的老字號百貨

總賣場面積超過6萬m²。百貨裡從JOOP!、ESCADA名牌，到鮮魚、香腸，集結了約38萬種商品。以創業自1907年的歷史及高格調自豪。

map 隨身地圖-48、p.35-L
● U1、2等 Wittenbergpl.步行1分
■地址　Tauentzienstr.21-24
■TEL　21210 ■FAX　21211156
■營業　10:00～20:00（週五為～21:00、週六9:30～）
■公休　週日
■信用卡 VISA、MC、AMEX、DC、JCB
HP www.kadewe.de

Mall of Berlin

柏林必逛的購物中心

於2014年開幕。擁有270間店入駐，為規模最大的商場。通道上有沙發，也有免費無線網路等，可一整天都在這裡遊逛。3F的美食廣場裡有來自世界各國的佳餚。

map 隨身地圖34、p.36-J
● U2 Mohrenstr.步行2分
■地址　Leipziger Platz 12
■TEL　20621770
■營業　10:00～21:00（超市為9:00～）
■公休　週日
■信用卡　視店鋪而異
HP www.mallofberlin.de

Bikini Berlin

商場裡有其他地方沒有的概念商店

規模雖小，但概念出眾。這裡有結合商店與餐廳的店家，也有風格時尚的咖啡廳。透過玻璃窗還能望見動物園的猴子山。

map 隨身地圖-26、p.35-H
● U9;S5、7等 Zoologischer Garten步行3分
■地址　Budapester Strasse 38-50
■TEL　55496454
■營業　10:00～ 20:00
■公休　週日
■信用卡　視店鋪而異
HP www.bikiniberlin.de

KPM

王室御用高級瓷器的大本營

店名是取自於國立瓷器工坊（Konigliche Porzellan Manufaktur）的縮寫，創立於1763年，是歐洲最具代表性的高級瓷器製造業者。這裡是本店，所以商品種類非常豐富。

map 隨身地圖-27、p.36-F
- ● S5、U6 Französische Str.步行3分
- ■地址 Friedrichstr.158-164
- ■TEL 20455835
- ■FAX 20641529
- ■營業 10:00～20:00
- ■公休 週日
- ■信用卡 VISA、MC、AMEX、DC、JCB
- HP www.kpm-berlin.de

Schönehauser

五顏六色充滿復古氣息的雜貨

在這裡可以買到充滿柏林氣息的雜貨。包含前東德時代的雜貨在內，陳列著充滿復古氣息、造型又可愛的小東西。雖然市內還有幾家同類型的店，但以這裡最優。

map 隨身地圖-37
- ● S5、7、9等 Hackescher Markt步行9分
- ■地址 Alte Schönhauser Str.28
- ■TEL 2811704
- ■FAX 27596695
- ■營業 11:00～20:00
- ■公休 週日
- ■信用卡 VISA、MC
- HP www.schoenhauser-design.de

Ampelmann Galerie Shop

從前東德的信號機所產生的靈感

交通號誌上的小人以其非常可愛的設計獲得了廣大的人氣，原本只是用在前東德的信號機上，如今儼然已經成為柏林的特產了。T恤€19.90等等。

map 隨身地圖-28、p.37-C
- ● S5、7、9等 Hackescher Markt步行2分
- ■地址 Hackesche Höfe Hof 5
- ■TEL 44726438
- ■營業 9:30～20:00（週五、六為～21:00、週日13:00～18:00）
- ■公休 無休
- ■信用卡 VISA、MC、AMEX、JCB、DC
- HP ampelmann.de

Trippen

用植物性染料、純手工細心製作的皮鞋，很受歡迎。最近在日本也是極受矚目的牌子，本店就在柏林。

map 隨身地圖-28、p.37-C
● S5、7、9等 Hackescher Markt步行2分 ■地址 Rosenthalerstr.40-41（Hackesche Höfe,Hof4/6） ■TEL 28391337 ■營業 11:00～19:30 ■公休 週日 ■信用卡 VISA、MC、AMEX、JCB HP www.trippen.com

Buchhandlung Walther König

販售影像類書籍的最大書店。總店在科隆，不過這家店的規模也很大。設有特價區。

map 隨身地圖-28、p.37-C
● S3、5、7 Hackescher Markt步行5分 ■地址 Burgstrasse 27 ■TEL 257609811 ■營業 10:00～20:00 ■公休 週日 ■信用卡 VISA、MC、AMEX HP www.buchhandlung-walther-koenig.de

Aufschnitt Berlin

說到德國就讓人想到香腸。這裡有香腸模樣的抱枕和首飾！

map 隨身地圖-45外
● U5 Samariterstr.步行約5分 ■地址 Boxhagener Str.32 ■TEL 63371548 ■營業 11:00～19:00（週六12:00～18:00、週一需預約10:00～16:00） ■公休 週日 ■信用卡 VISA、MC HP aufschnitt.net

Tausche

手作堅固且圖樣設計復古的包包，滿溢著柏林風格，十分受歡迎。

map 隨身地圖-30
● U2 Eberswalder Str.步行6分 ■地址 Raumerstrasse 8 ■TEL 40301770 ■營業 11:00～19:00（週六為～18:00） ■公休 週日 ■信用卡 VISA、MC HP www.tausche.de

Hotel Adlon Kempinski Berlin ★★★★

柏林No.1、最高級的飯店！

前身是創業於1907年並以「世界最美的飯店之一」聞名的飯店。在第二次世界大戰遭到破壞，而於1997年8月重建。完美再現過去的氛圍。

map 隨身地圖-27、p.36-E
- ● S1、2 Unter den Linden步行3分
- ■地址 Unter den Linden 77
- ■TEL 22610
- ■FAX 22612222
- ■費用 S-€270～、T-€270～、（早餐另計）
- ■客房數 共382間
- ■信用卡 VISA、MC、AMEX、DC
- HP www.hotel-adlon.de

柏林的區域號碼☎030

★★★★ 25hours hotel bikini berlin

設計休閒的飯店

公共區域——Bikini Island有著可讓人好好放鬆的沙發，機能性也十分特別。動物園側（叢林）與大道側（都會）的裝潢完全不同，需要好好確認。

map ○隨身地圖-26、p.35-H
● U9；S5、7等 Zoologischer Garten步行3分
■地址 Budapester Strasse 40 (Bikini Berlin內)
■TEL 1202210
■費用 T-140、浮動制
■客房數 共149間
■信用卡 VISA、MC、AMEX
HP www.25hours-hotels.com/en/hotels/berlin/bikini-berlin

★★★★ The Ritz-Carlton Berlin

傳說的名飯店也前進柏林

承襲傳說中的飯店之王——Ritz的經營理念，提供擄獲世界名流的服務。以金箔裝飾側緣的大理石柱、華麗的吊燈，內部的裝潢也相當引人矚目。

map ○隨身地圖-34、p.36-I
● S1、2 Potsdamer Pl.步行2分
■地址 Potsdamer Pl.3
■TEL 337777
■FAX 337775555
■費用 S-€205～、浮動制、早餐另計
■客房數 共303間
■信用卡 VISA、MC、AMEX
HP www.ritzcarlton.com/en/hotels/germany/berlin

★★★ Arte Luise Kunsthotel

由國內外著名藝術家們發揮創意，以摩登藝術打造出獨特的設計飯店。

map ○隨身地圖-27、p.36-A
● S5、7、0等 Friedrichstr.步行10分 ■地址 Luisenstr.19 ■TEL 284480 ■FAX 28448448 ■費用 S-€35～、T-€53～（早餐另計） ■客房數 共40間 ■信用卡 VISA、MC、AMEX HP www.luise-berlin.com

★★★ Grimm's Potsdamer Platz

以格林童話為主題，內部裝潢設計摩登，是家獨特的設計飯店。

map ○隨身地圖-49
● U2 Mendelssohn-Bartholdy-Park步行3分 ■地址 Flottwell Road 45 ■TEL 2580080 ■FAX 2580084111 ■費用 S-€74～、T-84～、浮動制（早餐另計） ■客房數 共110間 ■信用卡 VISA、MC、AMEX HP www.grimms-hotel.de

★★★ Hotel AMANO

品味摩登且位置絕佳。光在市內就有5間集團飯店，不管是哪間CP值都不賴。

map ○隨身地圖-37
● U8 Rosenthaler Platz步行約3分 ■地址 Auguststr.43 ■TEL 8094150 ■費用 S,T-€63～、浮動制 ■客房數 共163間 ■信用卡 VISA、MC、AMEX、JCB HP www.amanogroup.de

★★★★ DORMERO Hotel Berlin Ku'damm

特色是以紅色點綴的摩登裝潢。無線網路就不用說了，迷你酒吧和健身房也都是免費的。

map ○隨身地圖-33、p.35-K
● U3 Augsburgerstr.步行10分 ■地址 Eislebener Str.14 ■TEL 214050 ■FAX 21405100 ■費用 S-€95～、浮動制、早餐另計 ■客房數 共72間 ■信用卡 VISA、MC、AMEX、DC HP www.dormero.de/hotel-berlin-kudamm

Grand Hostel Berlin ★ map ○隨身地圖-50
● U1,7 Möckernbrücke步行5分 ■地址 TempelhoferUfer14 ☎20095450 費S-€29～、多人房€9.9～、浮動制 HP www.grandhostel-berlin.de

St. Christopher's inn ★ map ○隨身地圖-37
● U2 Rosa-Luxemburg-Platz步行2分 ■地址 Rosa-Luxemburg-Str.39-41 ☎81453960 費多人房€15～ HP www.st-christophers.co.uk

baxpax Hostel Bwrlin Mitte ★ map ○隨身地圖-36
● U6 Oranienburger Tor 步行5分 ■地址Ziegelstr.28 ☎28390965 FAX28390955 費多人房€16～、浮動制 HP www.baxpax.de/mitte

The Circus Hostel ★ map ○隨身地圖-37
● U8 Rosenthaler Pl.步行1分 ■地址Weinbergsweg 1a ☎20003939 費S-€46～、多人房€19～ HP circus-berlin.de

Lette'm Sleep Berlin ★ map ○隨身地圖-30
● U2 Eberswalderstr.步行5分 ■地址 Lettestr.7 ☎44733623 FAX44733625 費€13～、浮動制、冬季降價 HP lettemsleephostel.berlin

Wombat's Berlin ★ map ○隨身地圖-37
● U2 R.-Luxemburg-Pl.步行3分 ■地址 Alte Schönhauserstr.2 ☎84710820 費多人房€23～、浮動制 HP www.wombats-hostels.com

Pfefferbett Hostel Berlin ★ map ○隨身地圖-37
● U2 Senefelderplatz步行2分 ■地址 Am Pfefferberg Hof4, Hous6, Christinenstr. 18-19 ☎93935858 費T-€65、多人房€18～ HP www.pfefferbett.de

Hollywood Media Hotel Berlin ★ map ○隨身地圖-32
● U2 UhrandStr.步行5分 ■地址 Kurfürstendamm202 ☎889100 FAX88910280 費S-€100～、浮動制 ■客房數 全217室 HP www.filmhotel.de

Heart Of Gold Hostel ★ map ○隨身地圖-36
● S1、2 OranienburgerStr.步行2分 ■地址 Johannisstr. 11 ☎29003300 費多人房-€12～、浮動制 HP www.heartofgold-hostel.de

Pegasus Hostel ★★ map ○隨身地圖-45
● S3、5、9等 Ostbahnhof步行10分 ■地址 Strasse der Pariser Kommune35 ☎2977360 費T-€65～、多人房€16～ HP www.pegasushostel.de

Three little pigs ★ map ○隨身地圖-50
● S1、2 AnhalterBhf步行5分 ■地址 Stresemannstr.66 ☎26395880 費S-€34、多人房€13～ HP www.three-little-pigs.de

Meininger Hotel Berlin Mitte "Humboldthaus" ★ map ○隨身地圖-36
● S1、2 OranienburgerStr.步行1分 ■地址 OranienburgerStr.67/68 ☎31879816 費多人房€12～、浮動制 HP www.meininger-hotels.com

★經濟型 ★★休閒型 ★★★標準型 ★★★★豪華型

POTSDAM

波茨坦

p.10-F ■人口＝17.2萬人 ■都市規模＝步行及巴士需1天

在森林與湖泊包圍下的古堡宮殿，不妨遠離世俗，度過「無憂無慮」的一天。

 ★★ 巴洛克風格建築物、荷蘭街等等

 ★★★ 無憂城堡、斯絲里恩赫夫宮殿等等

 ★ 布蘭登堡大道上的購物區等等

★ 周邊的湖泊、新公園等等

Access

●火車：柏林→S7、RE（約25～40分）→波茨坦〔1小時6班／€3.40〕※從其他大都市出發，幾乎都會經過柏林
●市內交通：有巴士、市電，和柏林一樣，分為AB區間、ABC區間，然而對旅客來說買AB區間的票就很夠用了。有短程票（4站以內）€1.50、AB區間票€2.10、1日票€4.20、團體（最多5人）1日票€10.50等。※也可使用柏林歡迎卡的ABC區間版。

Information

ℹ遊客服務中心：<中央車站內>
MAP p.63-B 住BabelsbergerStr.16
☎27558899 FAX2755858 營9:30～18:00
休週日、假日 HP www.potsdamtourismus.de
※ℹ路易森廣場內也有
●Tagesticket Sanssouci＋：可免費參觀市內所有的城樓。€21、學生€16

Route Advice

波茨坦中央車站→電影博物館→荷蘭街→（Brandenburger-Str.）→無憂城堡→（從Luisenplatz-Nord／Park Sanssouci搭巴士692路或695路在Platz der Ein heit/West轉乘巴士603路）→斯絲里恩赫夫宮殿〔全程約3小時〕

庭園很寬敞，要多預留移動的時間

因為召開過第二次世界大戰的善後會議「波茨坦會議（1945年）」而聲名大噪的城市。自從17世紀左右之後就是霍亨索倫王朝的貴族們所居住的地方，因此有許多的城樓、庭園是其特徵。

荷蘭街的道路兩旁林立著由紅磚打造的房屋。

無憂城堡的大樓梯上種植著葡萄。

腓特烈大帝（1712～86年）蓋來作為避暑山莊的**無憂城堡**不容錯過，附近的自然環境也很有吸引力，還有巧妙地融入了湖泊和森林景觀的自然公園。

從中央車站到主要的布蘭登堡大道，可以搭市電92路在Brandenburger Str.站下車。想直接前往無憂城堡的話，可以搭市電91、98路或巴士631路等在Luisenplatz-Sud/Park Sanssouci下車走路到達。由於城堡集中的庭園面積相當大，不妨好好善用中央車站內的自行車租車店（Per Pedales營8:00～19:00〈11～3月9:00～18:00〉休11～3月的週一 費1日€11～☎88719917）

不僅城堡，在庭園漫步也很有樂趣

主要的街道為**布蘭登堡大道**Brandenburger Str.。左右兩旁的商店都非常時髦。靠近馬路東端的地方有一條**荷蘭街**Holländisches Viertel，街上還保留著建造於18世紀的紅磚房子，也有許多饒富趣味的建築物，例如**尼古拉教堂**Nikolaikirche（營9:00～18:00〈冬天～17:00左右～〉），就是天才建築師辛克爾建於1830～37年的作品，同時也是德國古典主義的傑作。波茨坦也是一座電影城，中央車站附近的**電影博物館**Film Museum Potsdam（住Breite Str.1A 營10:00～18:00 休週一 費€5、學生€4）可順路前往參觀。

無憂城堡與公園 ★★★
Park und Schloss Sanssouci

map p.63-A

●從布蘭登堡門步行10分

無憂公園位於波茨坦市的西側一帶，占地約290公項，面積相當廣大。模仿自18

綠意盎然的公園，可以享受到「無憂」的散步之樂。

世紀式造的法式造園法，是由普魯士的一流造園家萊內設計。種植數百種的樹木，也可以欣賞到飛舞著水鳥的美麗池塘。園內有許多普魯士的王侯們所興建的城樓、別墅等等（1744～1860年）。只不過，從東端到西端約有2.3公里，要全部逛完至少得花上1日，最好先作好心理準備。

無憂城堡（營10:00～17:30〈11～12月～17:00、1～3月～14:30〉休週一　費附語音導覽€12、學生€8 ☎9694200）是園內的參觀重點。城堡名指的是法文中『無憂無慮』的意思，據說腓特烈大帝也有親自參與設計。內部是模仿自凡爾賽宮的豪華洛可可風格，還有音樂室、大理石廳等房間。

城堡的東側設立有**繪畫美術館**Bildergalerie。於1763年落成，是德國最古老的美術館，展示魯本斯等人的作品。

中國茶館。內部從5月中旬到10月中旬對外開放。

位於公園西側**新宮**Neuse Palais則是巴洛克風格（營10:00～17:30〈11～2月～17:00、1～3月～16:30〉　休週二　費附導覽行程€8、學生€6。有很多房間，像是用貝殼等裝飾的**貝殼廳**、用紅綠配色的**大馬士革房**、大理石走廊等等，都非常地有看頭。

此外還星羅棋布著由辛克爾設計，承襲義大利古典主義的**夏綠蒂別宮**、義大利文藝復興風格的**橘園**（溫室）、收集了許多中國瓷器的**中國茶館**等等。

橘園的內部為國立古文圖書館。

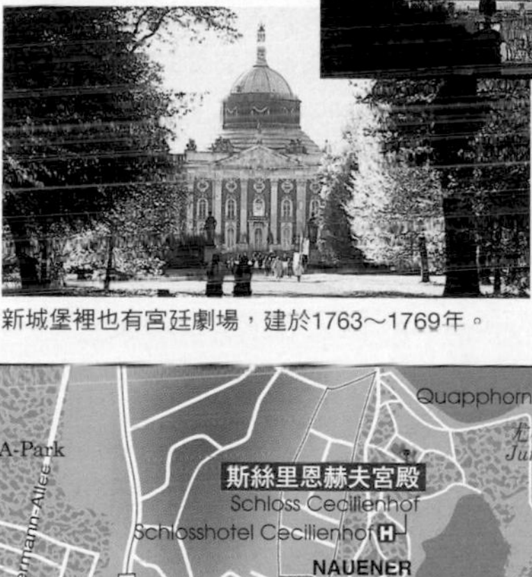

新城堡裡也有宮廷劇場，建於1763～1769年。

波茨坦 Potsdam

被常春藤覆蓋的城樓，有一部分成了飯店。

斯絲里恩赫夫宮殿 ★★
Schloss Cecilienhof

map p.63-B

●巴士603路 Schloss Cecilienhof步行5分

斯絲里恩赫夫宮殿（1917年）座落於尤格菲倫湖畔的**新庭園**內。外觀是英國式的鄉村風格，是霍亨索倫王朝最後一任皇太子與其家人一起生活的地方。尤以在第二次世界大戰末期舉行「波茨坦會議」的房間最有名。如今仍保持著當時美、英、中、俄等四國首腦聚集開會的樣子。

住Im Neuen Garten 11　營10:00～17:30（11、12月為～17:00；1～3月為～16:30）休週一　費附導覽員或語音導覽€8、學生€6。要參觀皇太子房間只能參加導覽行程1天有4次，費用為€6、學生€5）　☎9694200

巴貝爾斯貝格電影公園 ★★
Filmpark Babelsberg

map p.63-B外

●巴士601、690路 Filmpark步行２分

是世上規模最大的電影拍攝現場，引領著戰前的德國電影界，孕育出無聲電影的傑作「大都會」及「藍天使」等等。緊鄰在旁的還有遊樂園，可以欣賞到特技表演等等的活動，也提供參觀攝影棚的行程。

住August-Bebel-Str.26-53（入口Grossbeeren-str. 200）營10:00～18:00（10月～17:00）休冬季　費€22、學生€18　☎7212750

HP www.filmpark-babelsberg.de

也有「大魔域」的龍。

Der Klosterkeller

和18世紀的都市計劃一同誕生，在歷史悠久的名店裡享用當地美食

創業於1736年，是一家歷史悠久的餐廳。據說在戰前電影產業全盛的時期，時常有知名的影星光顧。招牌菜是融入了當季食材的地方佳餚。

map p.63-B
- ●從布蘭登堡門步行７分
- ■地址　Friedrich-Ebert-Str.94
- ■TEL　291218
- ■FAX　293669
- ■營業　12:00～22:30
- ■公休　無休
- ■信用卡　VISA、MC、AMEX
- HP www.klosterkeller-potsdam.de

Hotel am Grossen Waisenhaus ★★★

位處便於觀光的舊市區卻很寧靜

雖然位處便於觀光的舊市區，但離大馬路有點距離因此環境安靜。裝潢採簡潔風格令人放鬆，適合想慵懶悠閒度過的旅客。

map p.63-B
- ●巴士614路，Potsdam, Dortustr步行5分
- ■地址　Lindenstrasse 28/29
- ■TEL　6010780
- ■FAX　601078312
- ■費用　S-€85～、T-€95～
- ■客房數　共34間
- ■信用卡　VISA、MC
- HP www.hotelwaisenhaus.de

Hotel am Luisenplatz ★★★

每一層樓都有其代表的顏色

正對著布蘭登堡門，擁有絕佳的地理位置。每一層樓的房間都有其代表的顏色，非常漂亮。不妨從紅、藍、綠當中選擇自己喜歡的房間。

map p.63-A
- ●布蘭登堡門步行１分；市電91、98路等Luisenplatz-Süd/Park Sanssouci步行３分
- ■地址　Luisenpl. 5
- ■TEL　971900
- ■FAX　9719019
- ■費用　S-€69～、T-€99～
- ■客房數　共38間
- ■信用卡　VISA、MC、AMEX
- HP www.hotel-luisenplatz.de

威風凜凜的德勒斯登城堡。

德國東部 & 歌德大道

德勒斯登

邁森

萊比錫

威瑪

愛爾福特

愛森納赫

富爾達

耶拿

威登堡

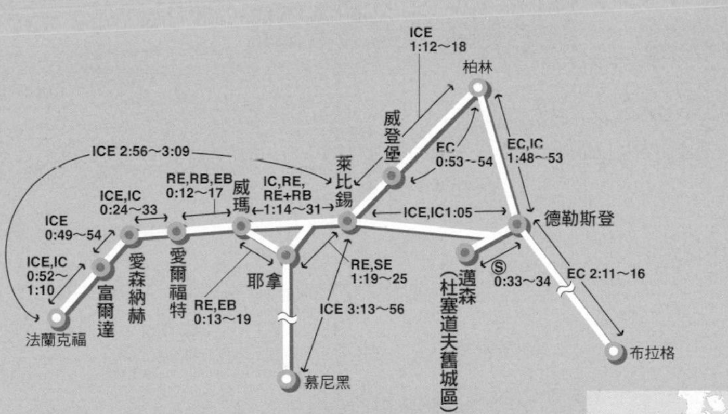

德國東部&歌德大道

東西德統一之後，德勒斯登等這些前東德的城市，全都搖身一變成為眾所矚目的觀光都市。過去還需要簽證，現在已經不用了。這些城市都有街道，通往捷克的布拉格等東歐的城市，一路上都充滿了無窮的樂趣，可以說是最「火紅」的區域。

所謂的前東德，圖林根地區也包括愛森納赫和愛爾福特等地區在內，稱之為「歌德大道」，指的是從歌德的出生地法蘭克福（參照p.96）到2011年新加入的古都德勒斯登（參照p.69）為止的街道。可以藉此了解歌德為愛煩惱、憔悴的姿態。

這一帶也可以說是德國古典文化的發源地，還有圖林根森林及薩克森小瑞士區等，洋溢著浪漫情懷的風景名勝，充滿了美麗的大自然。

位於萊比錫的年輕歌德銅像

德勒斯登

注意事項 ADVICE

路線 不妨從法蘭克福開始進行歌德大道的巡禮。搭乘電車移動十分方便，ICE和IC等車都有行經這條路線。從城市到城市的移動時間較短，只要15分鐘就可以從愛爾福特移動到威瑪。即使是距離市區比較遠的德勒斯登和邁森，也可以坐火車輕鬆地抵達，搭船也不錯，別有一番風味。

旅遊的主題

可以尋訪歌德及華格納、巴哈的生平，也可以嘗遍每個城市自己做的德國香腸與當地啤酒，來趟美食之旅，或者是欣賞前東德的都市變遷，也必定會為旅行帶來更深刻的意義，因為那段波瀾壯闊的歷史，其實是最近才發生的事。而這個地方剛好是德國文化的發祥地，不妨走在目前變化日新月異的街道上，一面讓思緒馳騁在悠久的時光洪流中。

氣候・服裝 春天到秋天是最佳的季節。到薩克森小瑞士區要穿好走的鞋。如果欣賞歌劇或音樂劇，就算不用打扮得太隆重，至少也要穿正式服裝。雖然最近有變得比較隨便，但在社交場合還是很講究禮儀。

關鍵字 KEYWORD

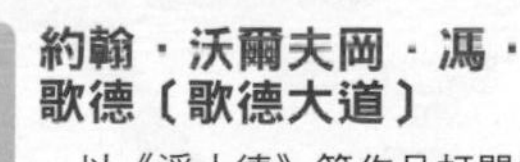

約翰・沃爾夫岡・馮・歌德〔歌德大道〕

以《浮士德》等作品打開知名度，是德國最具代表性的劇作家、詩人。1749年出生於法蘭克福的名門望族，於威瑪大公國從政十年的過程中，在義大利奠定了對美的意識。和年輕劇作家席勒之間的友情，最為人津津樂道。在自然科學的領域中也有非常深厚的造詣，曾經對地質學等進行獨特的研究。一輩子深深地愛過兩位女士，分別是有夫之婦施泰因夫人和自己的妻子克利斯蒂安娜。1832年在威瑪的自宅留下一句「多些光！」的遺言，就與世長辭了。他有很多舉世聞名的作品，例如小說《少年維特的煩惱》、歌劇《鐵手騎士格茲・芬・貝里欣葛》、敘事詩《赫爾曼與竇綠苔》、自傳《義大利遊記》等等。

音樂祭〔萊比錫等地〕

德勒斯登擁有世上最古老的交響樂團之一，是赫赫有名的音樂之都。如果是夏天來旅行的話，5月中旬有爵士音樂節「爵士樂嘉年華會」、5月下旬有古典音樂的盛會「德勒斯登音樂節」。另外，3~4月外是圖林根地區的「巴哈週」。然後10月底在萊比錫則有很出名的「格萬特豪斯音樂節」。薩克森和圖林根等地相繼孕育出許多偉大的音樂家，如今生活和音樂已經分不開了。千萬不要錯過華麗的劇場和音樂廳。

音樂家巴哈的銅像。

豐富的自然「愛森納赫等地」

在歌德大道的南方，有一大片美麗的森林山地，稱之為「圖林根森林」。在德勒斯登等薩克森州地區，也有著易北河與河畔綠意盎然的平原等優美的風景，非常地賞心悅目。靠近捷克國境的壯闊的風景名勝「薩克森小瑞士區」十分震撼人心。每個人應該都會被這些大自然感動吧！

薩克森小瑞士區的風景簡直就像是科羅拉多大峽谷。

Goethe Strasse

歌德大道

●尋訪文豪的生平之旅●

歌德大道誕生於前東德的城鎮之間，將與歌德足跡有強烈關係的街道連結起來。沿著被歷史翻雲覆雨的街道一路向前，可以從法蘭克福走到萊比錫。街道以南還有一大片綠意盎然的圖林根森林。為後世留下了許多細膩詩篇的歌德，望著這片美麗的森林時，心裡頭到底在想些什麼呢？

以下為大家精選歌德度過人生大半時光的街道，一些見證他和席勒之間友情的地點也都非常有名。
<可看之處>歌德之家、歌德山莊

威瑪城

舊市政廳

歌德年輕的時候曾就讀於萊比錫大學。
他對藝術活動的熱情就是在這個時候被
的，之後便創作出許多偉大的傑作。

傳說從以前就很欣賞歌德才華的拿破崙也曾經在官邸接見過他。

大教堂廣場

萊比錫 Leipzig 參照p.80
威瑪 Weimar 參照p.84
哥達 Gotha
愛森納赫 Eisenach 參照p.90
威瑪 Erfurt 參照p.88
耶拿 Jena 參照p.93
國王城堡 Dresden 參照p.69
威茲勒 Wetzlar
富爾達 Fulda 參照p.93
法蘭克福 Frankfurt am Main 參照p.96

歌德曾經在這個城市裡執過教鞭，也
經因為公務及寫作的原因前來造訪。
<可看之處>歌德博物館

歌德於1749年8月28日在這裡出生，他的故居目前已改建成博物館，相當值得一看。
<可看之處>歌德的故居

羅馬廣場

市場

DRESDEN

德勒斯登

p.11-I ■人口＝54.7萬人 ■都市規模＝步行需1天

位於易北河畔，無數的塔映照在夕陽餘暉中，是座很有情調的古都。

★★★ 各種巴洛克風格的建築物

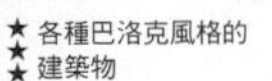

★★ 大教堂

★★★★ 約30個大小博物館

★★★ 德勒斯登堡、皮爾尼茲古堡

★★★ 德勒斯登音樂節

★★ 薩克森葡萄酒

★★★ 薩克森小瑞士區

Access

●火車：柏林→EC、IC(約1小時50分)→德勒斯登[1日8班／€42～]、萊比錫→ICE、IC、RE(約1小時)→德勒斯登[每30分／€26.50] ●飛機：法蘭克福線(1日約5班／1小時)、慕尼黑線(1日約5班／55分)※從機場搭S-Bahn到市內約20分 ●市內交通：1次券(巴士、市電共通1小時以內)€2.30～、1日券€6～、7日券€17.50～(依照區域而異)

Information

●遊客服務中心：<Area QF> MAP p.70-C
住Neumarkt 2 (Area QF B1) 營10:00～19:00(週六為～18時；週日、假日為～15時) 休無休。
〈中央車站〉MAP p.70-E 營9:00～21:00 休無休。 ☎501501 (服務中心) HP www.dresden.de
●青年旅館：MAP p.70-C
住Maternistr.22 ☎492620
●德勒斯登城市卡升級版 (Dresden City Card Plus)：市內大眾運輸工具2日內有效，有國家博物館免費等優惠。€37
●德勒斯登區域卡升級版 (Dresden Regio Card)：可搭乘從市內到邁森、巴斯泰等地區的廣域大眾運輸工具，並有國家博物館免費等優惠。2日卡單人€55、雙人 (家庭) €88。※推薦上述卡片。另還有許多不同類型的卡

Route Advice

茲溫葛皇宮→杉普歌劇院→德勒斯登堡→布魯薛爾臺地→亞伯庭→聖母教堂→國王的行列→古市集廣場→新城區市場→日本宮殿 [全程約3小時]

藝術與巴洛克之都，擁有震撼人心的美感

搭乘蒸汽船，沿著易北河一路欣賞薩克森地區綠意盎然的風光，然後就會到達素有「易北河上的翡冷翠」之稱的德勒斯登。這個在1945年的大空襲中遭到破壞的城市，雖然有足以傲人的傳統風格之美，但是也到處都還殘留著戰火的痕跡，令人不禁為之感傷。只不過，最近幾年城市明顯地變得比較有活力了。有走高級路線的複合設施**QF區**等新穎購物中心、布拉格街上新開幕的中央藝廊等，復甦相當顯著。

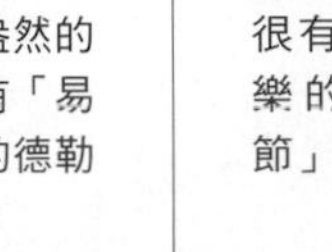

擁有100家以上店鋪的S.C.、Alttmarkt Galerie。

德勒斯登的區域號碼☎0351

從卡洛拉橋上遠眺夜晚羅曼蒂克的舊城區。

來到這個城市，首先要慢慢地欣賞劇院廣場附近的巴洛克式建築物，例如**茲溫葛皇宮、大教堂（Kathedrale）**等等。德勒斯登最有名的就是它其實是一座藝術的寶庫，擁有將近40多座的美術館及博物館。可以在位於茲溫葛皇宮內的博物館或**德勒斯登堡內**，欣賞到舉世聞名的珍貴藝術品。在**古市集廣場**附近或通往中央車站的**布拉格街**，則可以享受到購物的樂趣。如果逛累了的話，不妨前往位於易北河沿岸高臺上的布魯薛爾臺地，那裡有涼爽的風，風景也非常秀麗。

易北河畔的夕陽、夜景以及觸人心弦的爵士音樂

沿著奧古斯都橋，越過易北河，就會來到**新城區**（Neustadt）。**新城區市場**上有用黃金打造的奧古斯都大帝像。在主要街道豪浦特街附近，在東西德統一之後變得愈來愈新潮，小巧精緻的商店一間接著一間開。等到夕陽西下的時候，請一定要到對岸或站在橋上欣賞巴洛克地區。華燈初上的時分，知名建築物和停船在河岸上的船，交織出一幅充滿幻想氛圍的圖畫。

另外，爵士音樂在這個城市裡也很流行，每年5月都會舉行「爵士樂嘉年華會」。交響樂也很有名，當然，古典音樂的「德勒斯登音樂節」也很受歡迎。

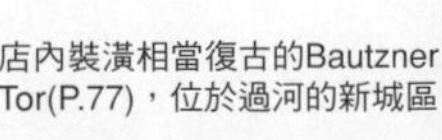

店內裝潢相當復古的Bautzner Tor(P.77)，位於過河的新城區

德勒斯登
Dresden
0 ØØm
N
德勒斯登新城區車站
Dresden-Neustadt
往藝術廊街
【往 Hostel Mondpalast
Hostel Louise20
Hotel & Appartements Rothenburger Hof
Hofgarten 1824
阿拉伯廣場
Albertpl.
Bautzner Tor
Hotel Martha Hospiz
Daniel
三皇教堂
德勒斯登早期浪漫主義博物館
新城區
NEUSTADT
日本宮殿
Japanisches Palais
德勒斯登民族科學博物館
Red Rooster
新城區市場
Neustadt Markt
傑格雷夫宮(薩克森民俗博物館)
Carolapl.
Staatskanzlei
The Westin Bellevue Dresden
歐斯特拉運動公園
Oatra Sportpark
Eissporthalle
Heinz-Steyer-Stadion
瑪麗亞橋
Marienbr.
易北河
Elbe
薩克森州議會場
Sächs.Landtag
劇院船Brittl
大教堂
Kathedrale
約翰諾依姆(交通博物館)
Johanneum
Finanz ministerium
奧古斯都橋
Augustusbr.
德勒斯登城中車站
Dresden-Mitte
杉普歌劇院
Semper-Oper
宮廷馬廄場
Stallhof
Radeberger Spezialausschank
卡洛拉橋
Carolabr.
礦物博物館
Museum
劇院廣場
Theaterpl.
Schinkelwache
易北河蒸汽觀光船碼頭
茲溫葛皇宮
Zwinger
布魯薛爾臺地
Brühlsche Terrasse
Frauenkirche
德勒斯登堡
Dresdner Schloss
舞台劇院
Shauspielhaus
土耳其武器室
武器博物館
德勒斯登希爾頓飯店
Coselpalais
Area QF
亞柏庭
Albertinum
Suitess
邁森
Hotel QF
新市集廣場
Neumarkt Pl.
聖母教堂
Frauenkirche
Postplatz
Hotel Taschenbergpalais Kempinski
Sophienkeller
威爾斯德魯夫街
文化中心
Kulturpalast
警察局 Polizeidirektion
Aparthotels An der Frauenkirche
德勒斯登市立歷史博物館
Stadt-mus.Dresden
佛萊伯格大道
Freiberger Str.
Cafe Kreutzkamm am Altmarkt
佛萊伯格廣場
Freiberger Pl.
YH
古市集廣場
Altmarkt Pl.
Weisse Gasse (餐廳街)
PIRNAISCHE VORSTADT
聖十字教堂
Kreuz-k.
Gänsedieb
Altmarkt Galeria
Hotel Elbflorenz
市政廳
Rathaus
Rathauspl.
Altmarktkeller
舊城區
Altstadt
Ehemaliger Robotron Komplex
City Herberge
Karstadt
UFA-Kristallpalast (電影院)
Centrum Galeria
德國衛生博物館
Deutsches-Hygiene-Museum
阿蒙街
布拉格街
德意志銀行
聖彼得堡街
布魯海爾公園
Blüher Park
Georg-Arnold-Bad
Wiener Platz
Altenheim
大庭園
Grosser Garten
德勒斯登中央車站
Dresden Hbf.
Grundsch.
Mittelsch.
動物園
Zoologischer Garten
Fachhochsch.
A
B
C
D
E
F
Schlachthofring Allee
Leipziger Strasse
Antonstr.
安東街
Königsbrucker Str.
Louisenstr.
Alaunstr.
Rothenburger
Theresienstr.
Glacisstr.
Hoyerswerdaer
Königstr.
豪浦特街
Hauptstr.
Albertstrasse
Gross
Meissnerstr.
Köpckestr.
Wigardstr.
Weisseritzstr.
Könneritzstr.
Devrientstr.
Ostra Allee
Am Zwingerteich
Terrassenufer
Terrassen-ufer
Rietscl.
Ziegelstr.
Schweriner Str.
Grüne Str.
Pillnitzerstr.
Wilsdruffer Str.
Marienstr.
Wallstr.
Am See
Annenstr.
Rosenstr.
Maternistr.
Liliengasse
Grunaer Strasse
Dr.Külz Ring
Sankt Petersburger Str.
Waisenhausstr.
Lingner allee
Budapester Str.
Ammonstr.
Prager Str.
Reitbahnstrasse
Zinzendorfstr.
Blüherstr.
Hauptallee
Lenné Strasse
Bürgerwiese Parkstr.
Mosczinskystr.
Struvestr.
Sidonienstr.
Bergstr.
Fritz-Löffler-Str.
Strehlener Str.
Schubert Str.
Wiener Strasse
Tiergartenstr.
B97
B6
B173
B170
E55·B170
B172

茲溫葛皇宮 ★★★

Zwinger

map p.70-C

世界上絕無僅有的巴洛克式宮殿傑作

●從劇院廣場步行1分

茲溫葛皇宮可以說是德勒斯登的象徵。由同時擁有強健王這個特殊名號的選帝侯奧古斯都大帝，建於1710～32年。這座德國首屈一指的巴洛克式建築，可以說是在國王的想法與建築師珀佩曼的天賦才能下誕生的。

不妨直接從大門進去，一面漫步於寬敞的中庭裡，一面觀察建築物。要記得看正對著蘇菲大道的入口處上的時鐘，時鐘左右兩邊的大鐘琴（carillon）其實是邁森的瓷器，裝飾在雕刻精美的牆壁上，可以說是相得益彰。這座鐘樓雖然在第二次世界大戰的時候曾經受到相當嚴重的破壞，但是戰後已經修復得跟原來的一模一樣了。西側**皇冠門**（Kronentor）上還裝飾著波蘭的皇冠。北側**仙女池**（Nymphenbad）的噴泉也充滿了幻想的氛圍。

古代大師繪畫館內部。左邊是有名的『西斯汀聖母』，右邊的天使長得很可愛。

皇宮內部則是個性十足的博物館。由建築師大名而來的杉普畫廊，是19世紀在北側新蓋的建築物，裡頭有**古代大師繪畫館**Gemäldegalerie Alte Meister，密密麻麻地展示著魯本斯等大師們的名畫。其中又以拉斐爾的『西斯汀聖母』和維梅爾的『讀信的少女』等作品最有名。在畫廊隔壁，則是陳列著鎧甲、打獵工具等物品的**武器博物館**Rüstkammer。在南邊還有一座規模為世界第二大的**陶瓷器收藏館**Polzellansammlung，切勿錯過。再旁邊則是新開幕的**新東亞畫廊**，可以欣賞到日本、中國等東洋的陶瓷器及邁森瓷器等共聚一堂的演出。另外，座落於西側的**數學物理博物館**Mathematisch-Physikalischer Salon展示著曾用來觀測天體的器具以及當時的地球儀、時鐘等物品。

茲溫葛皇宮的噴水池非常漂亮，左圖為邁森瓷器的大鐘琴。10:15、14:15、18:15會鳴鐘。

右圖為陶瓷器館內的中國收藏品，上圖為動物造型的邁森瓷器，栩栩如生。

圖10:00～18:00　休週一　●古代大師繪畫館 費€12（含數學物理博物館、陶瓷器收藏館）、學生€9●數學物理博物館　費€6、學生€4.50 ●陶瓷器收藏館　費€6、學生€4.50
※上述各國立美術館（12館）由Staatliche Kunstsammlungen Dresden（SKD）營運管理。與他館的套票請於❶確認。詳情至HP www.skd.museum

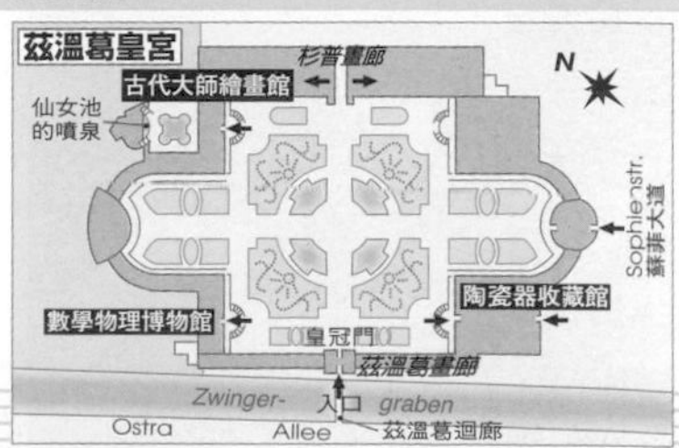

塔（營10:00～18:00〈週日12:30～〉、11～2月～16:00〈週日12:30～16:00〉、費€8、學生€5）也可以爬上去參觀，內部十分壯觀。

聖母教堂 ★★★
Frauenkirche

map p.70-D

●劇院廣場步行5分

從11世紀就存在了，又於1726～43年重建的教堂。是德國最重要的新教教堂，也是德勒斯登的象徵。在1945年的空襲裡慘遭破壞，在那之後曾有一段時間都維持著被破壞的樣子，以作為歷史的紀念遺跡，直到東西德統一之後才開始修復，重建於2005年10月。每週一到六的12點、18點各有一次內部導覽參觀行程，再加上風琴演奏和小禮拜，約1小時（有時候會因為演奏會等而有所變動）。另外，在通往亞伯庭的方向也有商店，販賣著嵌入教堂碎片的時鐘等等（也有網路商店）。

營10:00～12:00、13:00～18:00（週日11:00、18:00的禮拜會有風琴演奏。禮拜時教堂會關閉。詳情請見網站）

HP www.frauenkirche-dresden.de

布魯薛爾臺地 ★★★
Brühlsche Terrasse

map p.70-D

●劇院廣場步行3分

正對著易北河，是一片綠意盎然的臺地，素有「歐洲的觀景台」美譽。原本是奧古斯都三世的好友布魯薛爾伯爵所建造的庭園。「海豚之泉」也是在當時所建造的作品。用石頭打造的建築物是美術大學，威風凜凜。從這裡可以欣賞到美不勝收的景色。如果要坐船的話也請從這裡上船。

在露臺上吹泡泡的老爺爺。

德勒斯登堡的外觀。

德勒斯登堡 ★★★
Dresdner Schloss

map p.70-C

●劇院廣場步行1分

在戰爭中受到重創的德勒斯登堡也從1989年開始重建。13世紀在這個地方興建了城堡，為德勒斯登堡的前身。15世紀末四翼式的城堡大功告成。而現在的樣子則是在20世紀初期，為了紀念曾經顯赫一時的韋廷王朝800周年的紀念，特地改建成新文藝復興式的風格。千萬不能錯過東北方的**喬治門**，城內除了有多達50萬件的版畫和照片的收藏室Kupferstich-Kabinett外，還有黃金咖啡杯具組等，令人目不暇給的寶石手工藝品珍藏，綠穹珍寶館相當有名。展覽館分成新舊兩館，其中1樓的**古綠穹珍寶館**Historisches Grünes Gewölbe不容錯過。這裡1小時內只限容納100人，需購買預約時間的入場券（預售券€12，可網路預約）才能進場。每天早上10:00於服務窗口有約200～350張可供販售。不妨一鼓作氣爬上最高處的**展望台**（營10:00～18:00、休11～3月的週二），欣賞美麗的風景。

營10:00～18:00（綠穹珍寶館12/31為12/31～14:00、1/1為14:00～、古綠穹珍寶館12/24·31～14:00） 休週二（綠穹珍寶館為12/24休館） 費€12、學生€9（古綠穹珍寶館需另外購買門票。館內套票為€21、學生€16）預約網站 HP shop.skd.museum/webshop

使用了4909顆鑽石的『蒙兀兒帝國皇帝的宮廷』與令人印象深刻的珊瑚『達芙妮的小像』。

德勒斯登的區域號碼☎0351

大教堂 ★★
Kathedrale

map p.70-C

●德勒斯登中央車站步行15分

位於劇院廣場的正中央，是薩克森州規模最大的教堂。建於1738～54，屬於巴洛克風格。自從1980代開始，成為德勒斯登．薩克森教會地區的聖堂。地下室裡有隸屬於薩克森王朝的韋廷王朝陵墓，居然還把奧古斯都大帝的心臟裝在容器裡保存。洛可可風格的佈道講台、管風琴、祭壇畫等，可以說是宗教藝術的閱兵大典。

營9:00～17:00（週五13:00～、週六10:00～、週日12:00～16:00）　※風琴演奏為週三、四11:30～12:00（1/1、聖週六、聖誕節則休息）

其姿態在夜幕低垂時充滿了幻想的氛圍。

「國王的行列」長達101公尺十分驚人。

約翰諾依姆和宮廷馬廄場 ★★★
Johanneum und Stallhof

map p.70-D

●從劇院廣場步行4分

座落於新市集的**約翰諾依姆**外觀十分氣派，於1586～91年建造成文藝復興的風格，作為繪畫館使用，現在為交通博物館。同一時期興建的還有**宮廷馬廄場**，位於約翰諾依姆的外圍，提供中世紀的騎士們進行騎馬打仗之用，迴廊是很有名的文藝復興傑作。其外牆上的「國王的行列」是描繪薩克森的國王們，使用了約25000片邁森瓷器作成的瓷磚。

<交通博物館>營10:00～18:00　休週一（復活節、聖靈降臨節期間則開館）；12/24、25、31、1/1　費€9～、學生€4～

日本宮殿 ★
Japanisches Palais

map p.70-B

●從新城區市場步行5分

屋頂模仿日本的建築物，建造於1715年。後來因奧古斯都大帝想要一座「瓷器之城」，於是加以改建，現在則有史前時代博物館和民族科學博物館、自然歷史博物館。另外，左側空間也會舉行特展。

營10:00～18:00　休週一、12/24、25、31、1/1　費民族學博物館為免費

Check-Check! 世界上「最美的」乳製品專賣店

創業於1880年的Dresdner Molkerei Gebrüder Pfund，被譽為世界最美麗的乳製品專賣店。有人可能會想：「咦？是否跟『美味』二字混錯啦？」事實上，這家店光是因為美輪美奐的室內設計，就已經被登錄在金氏世界記錄上了。理由在於其室內設計走的是新文藝復興風格，以Villeroy & Boch生產的磁磚統一了整個店內。來這裡觀光的遊客通常會順道去2樓的咖啡廳&餐廳喝一杯牛奶。比起中央車站，從德勒斯登新城區車站前往比較近。這家店也正朝著邁向世界第2美麗乳製品店的目標前進。

MAP p.70-B外

Dresdner Molkerei Gebrüder Pfund

●市電11PulsnitzerStr.步行5分　住Bautzner Str. 79　☎808080　營10:00～18:00（週日、假日為～15:00、咖啡廳&餐廳為～19:00）　休12/25、26、1/1　HP www.pfunds.de

雖然是當地人常來光顧的店，但如今已經成為觀光勝地。

⬆貴婦雲集的劇場門廊。
➡入夜的外觀非常有名。

杉普歌劇院 ★★★
Semper oper

map p.70-C

●從劇院廣場步行1分

不用說也知道這是歐洲首屈一指的貴族歌劇院。它那華麗的外觀也常常出現在廣告照片上。由建築師杉普興建於1838～41年，後來付之一炬，再由他的兒子加以重建。華格納的『唐懷瑟』、理查·史特勞斯的『莎樂美』等許多名作都是在這裡獻出處女秀的。每年5月下旬到6月上旬還會舉行「德勒斯登音樂節」，吸引來自世界各地的粉絲。在沒有表演的日子裡，也有提供可以進去參觀豪華內部的行程，所以有興趣的人不妨事先洽詢。

<導覽行程>費€11、學生€7　☎3207360

HP www.semperoper-erleben.de

名物 Pick up　雞蛋蛋糕？起司蛋糕？雞蛋起司蛋糕

雞蛋起司蛋糕Eierschecke是德國非常有名的起司蛋糕，也是這個地方傳統的蛋糕。Eier指的是「雞蛋」的複數型，Schecke則是指「有斑點的動物」，因為使用了雞蛋，又把表面烤得有些斑駁，所以才會取為這個名字，但是起司在哪裡咧？其實這款蛋糕裡面的奶油，是一種叫作軟乾酪Quark，意即變成起司之前的凝乳，滋味意外地清爽。位於劇院廣場隔壁的咖啡廳Schinkelwache（MAP p.70-C）裡的雞蛋起司蛋糕非常有名。

亞伯庭 ★★
Albertinum

map p.70-D

●從劇院廣場步行5分

位於布魯薛爾臺地上的博物館，由古代的兵器庫改建而成。2010年裝潢重新開幕的館內，除了有收藏梵谷、莫內等巨匠作品的近代繪畫館外，還有雕刻博物館。

營10:00～18:00（12/31為～14:00、1/1為14:00～）　休週一、12/24　費€10、學生€7.50　☎49142000

Check-Check! 新城區裡有比舊城區還要古老的建築物

藝術廊街 ★★★
Kunsthofpassage

新城區（Neustadt）應該是指比較新的地方，但事實上新城區指的是免於戰禍，所以還保有古老街道的地區。在這裡所保留的古老建築物中，也有些風格獨具的建築物，從1997年的時候被指定為文化財產而開始建行修復，那就是擁有多達5個中庭的藝術廊街。藉由修復之便，藝術品的專賣店及服飾店、咖啡廳、餐廳等設施也相繼在內部開幕，使其搖身一變成為類似柏林的哈克夏中庭（p.49）那樣的設施。目前包含攝影棚、劇場等設施在內，據說已有約20家店。特別值得推薦的店鋪，首先是販賣雜貨及室內擺飾等小物的Fengshui-Haus，裡頭不知道為什麼，居然還有咖啡座，可以品嘗到配合身體狀況調配而成，由店家自製的紅茶。其次是由3名女性珠寶設計師合開的Ultramalingelb，精緻的銀飾是本店的熱賣商品，販賣著自行設計的戒指（所有的款式都只有一個）等等。Hopfenkult（P.77）為手工啤酒專賣店，陳列許多別家喝不到的獨特品牌。

其他還有葡萄酒專賣店，販賣著德國葡萄酒，以及西班牙菜餐廳、服飾店等等。

咖啡座。店員會配合客人的需求，建議適合其身體狀況飲用的紅茶。

左為中庭，右為Ultramalingelb。

MAP p.70-B外

●市電7、8 Louisenstr.步行7分、市電13 GörlitzerStr.步行5分　住Alaunstr.70 & GörlitzerStr.21-23-25

◆Feng Shui Haus Dresden　營11:00～20:00（週六～18:00、週日13:00～18:00、12/24及31為10:00～14:00）　休12/25及26、1/1　☎8105498

◆Ultramalingelb　營11:00～14:00、15:00～19:00（週六11:00～16:00）　休週日、12/25及26　☎8025445

德國的耶誕節與玩具村——賽芬鎮

以聖歌隊（Kurende）為模特兒所做成的賽芬鎮木雕人偶。

德國的冬天又冷又暗，在這個時期，最閃亮、最溫暖的活動就是耶誕節了。尤其是在靠近12月25日之前的那4個禮拜，市集廣場等地都會出現很多攤販，充滿了熱鬧非凡的過節氣氛。

◆水果蛋糕　起源自德勒斯登，在降臨節的第2個禮拜，會舉行「水果蛋糕節」的慶典，在大遊行之後，用長達1.6公尺的刀子，把重達3～4噸的水果蛋糕切開來販賣。

耶誕市集應景物品

一提到德國的耶誕節，自然就會想到耶誕市集。在降臨節的那4個禮拜中間，廣場等地會出現一大堆販賣著裝飾品（ornament）、民族藝品、點心糖果等路邊攤。也會開始架設活動用的舞臺和移動式的旋轉木馬等等。傳統的點心——水果蛋糕（起源於德勒斯登）、薑餅屋、溫熱紅酒、木雕的玩具、以及用人偶來重現耶穌基督誕生的場面等皆是耶誕市集一定會有的東西。

高14.61公尺，是世界上最大的耶誕金字塔，也獲得金氏世界記錄的認定，會在德勒斯登展出。

◆水果蛋糕　將蜂蜜和香料混合起來所做成的餅乾的始祖。這裡則是採用紐倫堡的原創口味，通常會做成心型，並且在上面寫下一些訊息。

◆水果蛋糕　用乾燥的李子作成打掃煙囪的大叔，是一種會帶來幸運的開運食物，所以當然是可以吃的。以紐倫堡的較為有名，但是德勒斯登也有。

玩具博物館　收集年代久遠的木雕作品。●Spielzeugmuseum 營10:00～17:00（12/24及31為～13:00、1/1為～12:00）休無休 ☎037362-17019 費€7、學生€5、兒童€1.5

賽芬鎮山丘上的教堂　世界唯一一座巴洛克風格的圓形教堂。

玩具村賽芬鎮

賽芬村位於德勒斯登以南約50公里處，靠近德國和捷克的國境，是愛爾茲堡山區內的一個村落。各種耶誕節一定會有的木雕作品都是出自於這個村子。這裡原本是一個採礦的村落，自從礦脈被挖完之後，礦工們就開始以製作木雕手工藝為生。後來反而被視為是木雕玩具的故鄉。村子裡一共有大約100間左右的工房，多半都附設有商店。此外還有展示著胡桃鉗等木工玩具的玩具博物館及山丘上的教堂等觀光景點。

■Seiffen　MAP p.66-B
●德勒斯登中央車站→S-Bahn或RE於Flöha 換車往Olbernhau-Grünthal，在此搭巴士452、453路到玩具博物館。約3小時€24.10。※不一大早出發就會很難在當天往返。　HP www.db.de　❶：住Hauptstr.73　營10:00～17:00（週六、12/26及31為～14:00、假日11:00～14:00）、基督降臨節期間10:00～18:00（週六為～19:00）
休基督降臨節期間以外的週日、12/24及25　☎037362-8438　HP www.seiffen.de

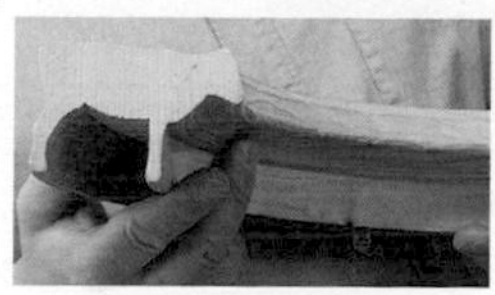

用車床刨出形狀。

Seiffener Hof
（工房、商店、旅館、餐廳）
營餐廳／8:00～20:00
休1月　☎037362-130
HP www.seiffener-hof.de

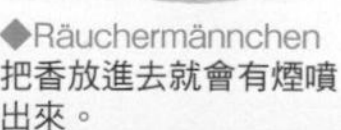

◆Räuchermännchen 把香放進去就會有煙噴出來。

◆Pyramide　點上蠟燭之後，上頭的螺旋槳會因為熱氣流而旋轉。

◆Schwibbogen 新月的拱型木雕燭台。點上蠟燭，放在窗口作裝飾。

C. Ulbricht公司的獨家胡桃鉗人偶（目前已售完）。在賽芬鎮的Altes Drehwerk這家店裡可以買到。營9:30～18:00（週日、假日10:00～）☎037362-775161 休無休 HP drehwerk.de

◆Nussknacker

郊外的主要景點

河畔的精靈與湖上的公主 童話世界的2座古堡

只要再往德勒斯登的東南方走大約7公里，就可以看到奧古斯都大帝的避暑山莊**皮爾尼茲古堡**。彷彿是要把滿城飛花的美麗庭園給包圍起來一樣，中間是新城堡，正對著易北河而蓋的建築物稱為臨水的城堡，對面則是背山的城堡。**宮殿博物館**就位於新城堡內，展示著宮殿本身的歷史及當時的文物，左右2座城堡則是工藝博物館，展示著陶瓷器及奢華傢俱、日用品（皆為營10:00～18:00／5～10月　休週一　費3館共通€8、學生€6、庭園€3、學生€2.50）。裡頭還有一大片廣大的英式風格庭園，在左手邊的池塘前，矗立著一顆樹齡據說已有250年的山茶花樹，相傳是1776年從長崎的出島移植過來的。另外，在腹地內還有**古堡飯店**。位於德勒斯登西北方14公里處的豐饒大自然中，還有一座有名的**莫里茲堡**，被視為是歐州最美麗的湖上城堡之一。1546年的時候，被蓋來作為狩獵用的別墅，在18世紀之前經過無數次的改建，終於變成現在的模樣。壁面用鹿角裝飾的食堂Speisesaal、用幾萬根鳥羽毛製成的壁毯都很值得一看，並設有瓷器的展示間（冬季以仙杜瑞拉為主題）。若有時間，還可造訪以巴洛克樣式小城為外觀的**公爵城堡酒莊Wackerbarth**。這裡是德國歷史第二悠久的發泡葡萄酒生產地，與香檳同樣、採用二次瓶內發酵的方式生產。還有黃金德國麗絲琳白酒之稱的珍貴酒款。另外，從酒莊返回到Radebeul Ost（※市電4 Zinzendorfstr.步行5分），可搭**蒸汽火車**（Losnitzgrundbahn ※車票可在車內購買）前往莫里茲堡。

皮爾尼茲古堡的山城，由珀佩曼所設計。

高9.5公尺，2～4月會開花的山茶花。

倒映在水面上的莫里茲堡。

←擁有近130年歷史的蒸汽火車SL，沿途還可欣賞風景。
↓Wackerbarth，也附設餐廳和商店。

◆皮爾尼茲古堡 Schloss Pillnitz MAP p.66-B
●Postplatz→市電2路 Kacherallee→巴士63路Pillnitzer Pl.下車(約45分)／或搭遊覽船1小時50分
◆宮殿飯店 Schloss Hotel Dresden-Pillnitz
☎0351-26140　費S-€86～、T-€114～
HP www.schlosshotel-pillnitz.de
◆莫里茲堡 Schloss Moritzburg
MAP p.66-B ●新城區車站搭巴士326、457路至Moritzburg(30分)或搭S1至Radebeul Ost(15分)→搭SL到Moritburg火車站(30分※班次較少)下車後搭巴士326、405路5分　營10:00～18:00(11～3月為～17:00)　休11/17～3/3的週一、12/24、31、1/1、2、2/26～3/19、11/5～16　費€8、學生€6.50
HP www.schloss-moritzburg.de
◆公爵城堡酒莊 Schloss Wackerbarth MAP p.66-B
●Postplatz→市電4號 Schloss Wackerbarth(40分)
營10:00～19:00(1～3月～18:00)　☎0351-89550

Radeberger Sperzialausschank

德國第一家皮爾森啤酒公司的直營店，也有未經過濾、新鮮現榨的啤酒

Radeberger如今已是舉國聞名的啤酒。請一定要品嘗一下，只有在郊外的工廠和這裡才能喝到的Zwickelbier啤酒€3.50～。由於尚未過濾，所以顏色有點混濁，而且很不容易保存，店內還因此而特別訂作橡木桶。

map p.70-D
●從劇院廣場步行3分
■地址　Terrassenufer1
■TEL　4848660
■營業　11:00～23:30
■公休　12/24
■信用卡　VISA、MC、AMEX

Coselpalais

改建自18世紀的巴洛克式建築傑作的咖啡廳&餐廳

原本是考澤爾伯爵夫人的兒子所興建的豪宅。蛋糕種類非常豐富，餐飲結合了法式風味。在陶器廳Porzellanzimmer裡用邁森瓷器來喝咖啡。附設有商店。

map p.70-D
●劇院廣場步行７分
■地址 An der Frauenkirche12
■TEL 4962444
■FAX 4962445
■營業 11:00～24:00（週六、日10:00～）
■公休 無休
■信用卡 VISA、MC、AMEX、JCB
HP www.coselpalais-dresden.de

Café Kreutzkamm am Altmarkt

年輪蛋糕老店。慕尼黑店非常有名，但其實這裡才是發祥地。也有設置商店。

map p.70-C
●新市集廣場步行５分 ■地址 Altmarkt 25（Altmarktgalerie 內） ■TEL 4954172 ■營業 9:30～21:00（週日、假日12:00～18:00） ■公休 無休 ■信用卡 VISA、MC、AMEX HP shop.kreutzkamm.de

Bautzner Tor

店家以自家釀造的啤酒自豪。內部裝潢飄盪著獨特的氛圍，令人想起舊東德時代。餐點為輕食類。

map p.70-B
●市電3、7、8等 Albert Platz. 步行10分 ■地址 Hoyerswerdaer Str. 37 ■TEL 8038202 ■營業 17:00～翌2:00（週五、六為翌3:00、供餐為～23:00） ■公休 無休 ■信用卡 無 HP www.bautznertor.de

MEISSEN HOME deco SHOP im QF 邁森

在市內雖說有不少店鋪，但這裡擁有豐富的日常食器。還有一部分是暢貨區。

map p.70-C ●劇院廣場步行10分
■地址 Toepferstrasse 2（QF內地下） ■TEL 5014806
■營業 10:00～19:00 ■公休 週日
■信用卡 VISA、MC、AMEX、DC、JCB
HP www.meissen.com

Hopfenkult

擁有來自德國各地300種以上手工精釀啤酒的專賣店，也設有生啤酒站式暢飲區。

map p.70-B外 ●市電13 Goerlitzer Str.步行３分 ■地址 Goerlitzer Str. 25 ■TEL 32039103
■營業 12:00～22:00（週四、六為～24:00） ■公休 週日
■信用卡 VISA、MC、AMEX、DC
HP www.facebook.com/craftbeerstore.dresden

★★★★ Hotel Taschenbergpalais Kempinski

奧古斯都大帝為了他的愛人考澤爾伯爵夫人建於1705～08年的宮殿。戰後被重建為豪華的飯店。

map p.70-C ●劇院廣場步行２分
■地址 Taschenberg 3 ■TEL 49120
■FAX 4912812 ■費用 S-€139～、T-€149～（不含早餐）
■客房數 共213間 ■信用卡 VISA、MC、AMEX、DC、JCB HP www.kempinski-dresden.de

★★★ Aparthotels An der Frauenkirche

有四棟，Altes Dresden位在聖母教堂正前方，附廚房和洗衣機因此可長期停留。

map p.70-D ●市電1、2、4 Altmarkt步行５分 ■地址 Neumarkt 7（Altes Dresden） ■TEL 4381110（預約 ※需確認入住時間） ■FAX 4381118 ■費用 S-€65～、T-€75～（長住有優惠、價格會變動） ■客房數 共134間
■信用卡 VISA、MC HP www.aparthotels-frauenkirche.de

★★★ Hotel&Appartements Rothenburger Hof

位於新城區，氣氛十分隱密。規模雖小，但是卻擁有三溫暖和室內游泳池，住房客可以免費使用。

map p.70-B ●Albertpl.步行10分
■地址 Rothenburger Str.15-17 ■TEL 81260
■FAX 8126222 ■費用 S-€75～、T-€99～
■客房數 共44間 ■信用卡 VISA、MC、AMEX
HP www.rothenburger-hof.de

★★★★ Hotel QF

位於聖母教堂附近的複合設施「QF」內，由世界級設計師所打造的最新飯店。

map p.70-C ●市電3、7號 Pirnaischer Platz步行10分 ■地址 Neumarkt 1 ■TEL 5633090 ■FAX 563309911 ■費用 S、T-€125～、早餐€23
■客房數 共95間 ■信用卡 VISA、MC、AMEX、DC
HP www.viennahouse.com/en/qf-dresden

Hotel Martha Hospiz ★★★ map p.70-B
●從新城區市場步行5分 ■地址 Nieritzstr.11 ☎81760
費S-€79～、T-€113～ HP Hotel-martha.de/en

Lollis Homestay ★ map p.70-B外
●新城區車站步行13分 ■地址 GörliterStr.34 ☎8108458
費S-€30～、多人房-€13～ HP www.lollishome.de

City Herberge ★ map p.70-D
●市電1～4、7、12 Pirnaischer Platz步行５分 ■地址 Lingnerallee 3
☎4859900 費S-€30、多人房-€20～ HP www.cityherberge.de

Hostel Mondpalast ★ map p.70-B外
●新城區車站步行10分 ■地址 Louisenstr.77 ☎5634050
費S-€29～、多人房-€14～ HP www.mondpalast.de

Hofgarten1824 ★ map p.70-B
●新城區車站步行６分 ■地址 Theresienstr. 5
☎2502828 費S-€39～ HP www.hofgarten1824.de

Hostel Louise20 ★ map p.70-B
●新城區車站步行10分 ■地址 Louisenstr.20 ☎8894894
費S-€32～、多人房-€16～ HP www.louise20.de

德勒斯登的區域號碼☎0351

●～€15 ●●€15～25 ●●●€25～50 ●●●●€50～
★經濟型 ★★休閒型 ★★★標準型 ★★★★豪華型

MEISSEN
邁森

p.10-F ■人口=2.8萬人 ■都市規模=步行需半天

孕育出舉世聞名的邁森瓷器，因為市徽而素有「藍劍之都」的美譽。

★★★ 房屋還留有中世紀的風情

★★ 大教堂擁有一座高聳入雲的尖塔
★★★ 邁森瓷器工廠
★★ 亞伯烈赫茲堡擁有皇家瓷器製造廠

Access

●火車：德勒斯登→S（35分）→邁森〔1小時2班／€6.20，1日票€13.50〕
●易北河遊覽船：德勒斯登→（約2小時）→邁森［5～9月］／單程€11、來回€13
●市內交通：4～10月市集廣場到瓷器工廠等地之間會有市內觀光接駁巴士行駛［10：00～17：00／每30分1班／1日票€5］

Information

❶遊客服務中心：<市集廣場>
MAP p.78 住Markt 3 ☎41940 營10:00～18:00（週六、日、假日為～16:00）、11～3月10:00～17:00（1月以外的週六為～15:00）休11～3月的週日、假日；1月的週六
HP www.touristinfo-meissen.de

城市概要 亞伯烈赫茲堡矗立於小高丘上，瓷器工廠位於隔壁車站的西側

邁森位於德勒斯登的西北方約30公里。一提到邁森，任誰都會第一個想到高品質的瓷器吧！除此之外，邁森還是劇作家萊辛唸書的城市。

當您來到這個小城市，首先請越過易北河，前往位於**市集廣場**的❶。聖母教堂的右邊一棟黃色的木造房屋，就是很有名的餐廳**Vincenz Richter**，這裡的葡萄酒非常好喝。（參照p.79）。

正對著市集廣場的聖母教堂的鐘是用邁森的瓷器作的。

玩樂重點 體驗城下町的氛圍後，前往憧憬的邁森之館

接著前往座落於高臺上，擁有早期巴洛克風格的**大教堂**Dom（營9:00～18:00、11～3月10:00～16:00，最後入場為15:30 休12/24～25 費€4、學生€2.50）。從1250年左右始花了大約150年才建造完成。在這座大教堂裡，4～10月的13、14、15、16點可以在導遊的帶領下爬到塔上（€2）。此外在4～10月的週一～六，自12點起也可以欣賞風琴的演奏會（收費）。緊鄰在旁的是有著耀眼白牆的**亞伯烈赫茲堡**Albrechtsburg（營10:00～18:00、11～2月為～17:00、1/1 11:00～16:00 休12/24～25 費€8、學生€4）。15世紀在薩克森及圖林根的統治下，為韋廷侯爵家的艾倫斯特與阿爾布雷希斯特兄弟打造的城堡。正面是有名的螺旋樓梯，給人輕盈的印象。內部有著圓頂天花板的房間也很漂亮。從坐擁城堡和大教堂的高臺，可以欣賞到磚紅色的屋簷鱗次櫛比的絕妙景色。近幾年新設置了電梯（€1），可從易北河岸直接搭往高臺上。

在大教堂附近的商店裡販賣著葡萄酒的歐巴桑。

接下來的目的地是**邁森瓷器工廠**。雖然也有巴士直通工廠，但是沿著瀰漫著中世紀情懷的石板路往下走也不錯。另外，搭乘易北河觀光船也是個不錯的選擇。邁森雖然是個小地方，但是古色古香的街道卻會令人留連忘返。

亞伯烈赫茲堡雖然是近期的巴洛克風格，但是也有受到文藝復興的影響。

充滿吸引力的邁森瓷器

邁森瓷器工廠 ★★★
Staatliche Porzellan-Manufaktur Meissen GmbH

精緻的邁森瓷器，就連洋娃娃裙擺上頭的蕾絲也都絲毫不馬虎，這也是歐洲史上第一次被製作出來的白色瓷器。在這之前白色瓷器只有在東洋才看得到，於是熱愛白色瓷器的奧古斯都大帝，便在這裡蓋了一座皇家瓷器工廠，這便是邁森瓷器的起源。該工廠從1710年開始，有155年的時間都在於亞伯烈赫茲堡內，目前雖然換了地方，但是加上參觀工廠（Vistor Center）和美術館，依舊成為觀光勝地。在參觀工廠裡，正牌的工匠們會將實際的製作過程公開給參觀者參觀，可以觀察塑形及上色等作業。另外，在美術館裡也毫不吝惜地將珍貴的收藏品陳列出來，從早期的貝特格的作品，到出自近代的大師之手的新藝術派的作品等等，務求讓大家都能了解邁森瓷器的歷史。陳列在巨大餐桌上的晚餐用餐具等等，令人嘆為觀止。每年都從將近2萬件的館藏當中，選出大約3千件作為展示之用（每年的展示內容都不一樣），請千萬不要錯過，世界上第一架用瓷器做成風琴管的管風琴等奇珍異寶。另外，也附設了餐廳、咖啡館、商店。在咖啡館還可用邁森瓷器的杯組享用茶，商店也置有暢貨區。不僅價格便宜，種類也多。

這些令人眼睛為之一亮的展示品也都是用瓷器作的。

上右為參觀工廠的上色過程。旁邊那張是晚餐用的餐具。下圖為世界上第一架瓷器管風琴，也會舉辦演奏會。

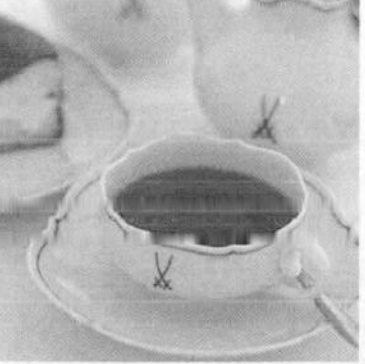

攝於樓上的餐廳。蛋糕是當地的著名特產雞蛋起司蛋糕。

MAP p.78
●邁森火車站搭循環巴士(Stadtrundfahrt) Porzellan Manufaktur下車即到 住Talstr.9 營9.00～18.00 (11～4月為～17.00、12/31、1/1為10:00～16:00) 休12/24～26 費€10、學生€6 ☎468208/206 HP www.porzellan-stiftung.de

Vincenz Richter

在這裡能感受到歷史的古老氛圍，以及店家自豪的葡萄酒

由1873年創業的葡萄酒釀造廠所經營的餐廳。餐廳的建築建造於1523年。店內擺飾著盔甲與武器，氣氛絕佳。店家的招牌是麗絲玲葡萄所釀造的葡萄酒。

map p.78
●市集廣場步行２分
■地址 An der Frauenkirche 12
■TEL 453285
■營業 11:30～22:00（週六為～23:00、週日為～16:00）
■公休 週一
■信用卡 VISA、MC、AMEX
HP vincenz-richter.de

★★ Hotel&Cafe Am Markt Residenz

以白色為基調、加上粉蠟筆顏色的時尚內部裝潢。還有可品嘗邁森葡萄酒的酒窖，最好事先預約。

map p.78
●市集廣場步行１分
■地址 An der Frauenkirche 1 ■TEL 41510
■FAX 415151 ■費用 S-€49～、T-€89～
■客房數 共26間 ■信用卡 VISA、MC、AMEX
HP Hotel-residenz-meissen.de

★★★ Hotel Goldenes Fass

是這附近唯一走高級路線的飯店，飯店內的健康中心及餐廳也獲得高度好評。與市區中心之間隔著河流。

map p.78
●火車站步行約10分
■地址 Vorbrücker Str. 1 ■TEL 719200
■費用 S-€100～、T-€120～ ■客房數 共21間
■信用卡 VISA、MC、AMEX
HP goldenes-fass-meissen.de

Schiwerter Schankhaus & Hotel ★★ map p.78
●市集廣場步行１分 ■地址 Markt 6
☎409280 FAX4092825 費S-€43～、T-€81～

Meissner Burgstuben ★★ map p.78
●大教堂步行２分 ■地址 Freiheit 3 ☎453685 費S-€45～、費T-€75～ HP www.meissner-burgstuben.de

邁森的區域號碼☎03521

★經濟型 ★★休閒型 ★★★標準型 ★★★★豪華型

LEIPZIG 萊比錫

p.10-F ■人口＝56萬人 ■都市規模＝步行需1天

日新月異的文化、藝術、經濟都市。新舊共存，洋溢著獨特的氛圍。

 ★★★ 聖湯瑪仕大教堂

 ★★ 格拉西博物館

 ★★★ 格萬特豪斯交響樂團

 ★★★ 巴哈、歌德、舒曼、孟德爾頌

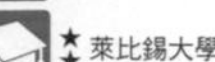 ★★ 萊比錫大學

Access

●火車：柏林→ICE（約1小時20分）→萊比錫［1小時1班／€49］、法蘭克福→ICE、IC（約3小時）→萊比錫［約1小時1班／€88］、德勒斯登→ICE、IC、RE（約1小時）→萊比錫［1小時1班／€30］

Information

❶遊客服務中心：MAP p.81-A 住Katharinen Str. 8 ☎7104260 營9:30～18:00（週六為～16:00；週日、假日為～15:00） 休12/24及25、1/1 ●萊比錫卡：無限次搭乘市電及巴士，到博物館、演奏會還有優惠。1日票€12.40、3日票€24.40 HP www.leipzig.travel

●青年旅館：MAP p.81-B外
住Volksgartenstr.24 ☎245700 FAX2457012
休12/23～27

Route Advice

聖尼古拉大教堂→舊市政廳→麥德拉商場→聖湯瑪仕大教堂→巴哈博物館→新布業商會大廈→格拉西博物館→萊比錫的戰爭紀念碑〔全程約3小時〕

城市概要 文學與音樂之都，擁有德國歷史第二悠久的大學

萊比錫打從羅馬時代以來，就因為有2條重要的經商路線交會於此而繁榮興盛，如今更因為展覽中心而成為國際知名的商業都市。出版社和印刷廠之多也是赫赫有名，世界上第一份報紙就是在這裡發行的，應該有很多人手邊的樂譜內頁上頭還印著萊比錫的商標。另外，這裡也是巴哈及孟德爾頌大放異彩的音樂之都。格萬特豪斯交響樂團和聖湯瑪仕大教堂的少年合唱團，都是非常有名的音樂團體。

擁有3000多根柱子的巨大車站，因為坐擁著大規模的拱廊型商店街，是歐洲首屈一指的轉運車站。一直線地穿過大門，就會來到聖尼古拉大教堂。德國的東西統一運動就是在這座教堂裡踏出了第一步。再往西走，就會來到建有舊市政廳的**市集廣場**。另外在廣場地下行駛S-Bahn的市集車站也蓋好了，從中央車站只要5分左右。後面則是由黃、白兩色所構成，走華麗巴洛克風格的**舊證券交易所**Alte Börse，矗立著曾經在這個城市裡學習法律的年輕歌德銅像。另外，沿著這條路北上，還有**萊比錫造型美術館**Museum der bildenden Künste Leipzig（住Katharinenstr.10 營10:00～18:00〔週三12:00～20:00〕 休週一、12/24及31 費€10、學生€7，也有跟特別展合售的套票），主要收藏著從15世紀到近代的歐洲繪畫（尤以克拉納赫和荷蘭繪畫最具有可看性）。市中心有許多拱廊型的商店街也是其特色之一。尤其是**麥德拉商場**上有許多精緻的小店，包括曾經出現在歌德的《浮士德》裡的餐廳等等。

此地下車站雖是S-Bahn，但只有這段跑在地下的區間被通稱為城市隧道

J.S.巴哈曾經住在這裡，作出了無數的名曲。

玩樂重點 巡訪巴哈與孟德爾頌等天才們的足跡

也不能錯過與巴哈有淵源的**聖湯瑪仕大教堂**，週五、六會有合唱團的演唱會。而他位於祭壇前的墓碑，至今仍有人絡繹不絕地獻上花束。對面則是**巴哈博物館**。再往高樓大廈區走去，則是音樂的殿堂—**新布業商會大廈及歌劇院**。另外，從新布業商會大廈往東走的小徑上，有**孟德爾頌故居**（Mendelssohn-Haus 住Goldschmidt Str.12 營10:00～18:00 費€7.50、學生€6，第2個週二免費），對外開放，每週日從11點開始，會舉行鋼琴與室內樂的演奏會，（費€15、學生€12、宗教儀式+€5）。

郊外的**萊比錫戰爭紀念碑**和附近的**俄羅斯紀念教堂**、位於車站東邊的**猶太教堂**也都充滿了異國的風味。

高級的麥德拉商場。

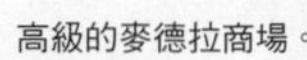

萊比錫的區域號碼☎0341

展示著1823年前後的萊比錫街道模型。

舊市政廳 ★★★
Altes Rathaus

map p.81-A

●萊比錫中央車站步行12分

1556年蓋成文藝復興的風格，再經歷1744年的重建，是一棟左右不對稱的美麗建築物。自1909年起成為萊比錫市立歷史博物館，擁有豐富的館藏。孟德爾頌的房間裡陳列著與他有關的收藏品。

住Markt 1　營10:00～18:00　休週一（逢假日則開館）　費€6、學生€4（每月第一個週三為免費）

聖尼古拉大教堂 ★★★
Nikolaikirche

map p.81-B

●萊比錫中央車站步行10分

建立於1165年，內部的室內設計模仿自法式風味的擬古典主義，非常具有吸引力。自80年代初期開始，年輕人就會在這個教堂裡定期舉行和平祈願的活動，並研究如何改革國家。雖然在警察的施壓下，一直有人被逮捕，但是在1989年，他們終於以和平的方式統一了東西德。每個週六17:00～會舉辦管風琴音樂會，€2。8～10月特別音樂會為€10、學生€7。

營10:00～18:00（週日為～16:00）

休無休　費免費

用棕櫚樹設計而成的柱子。

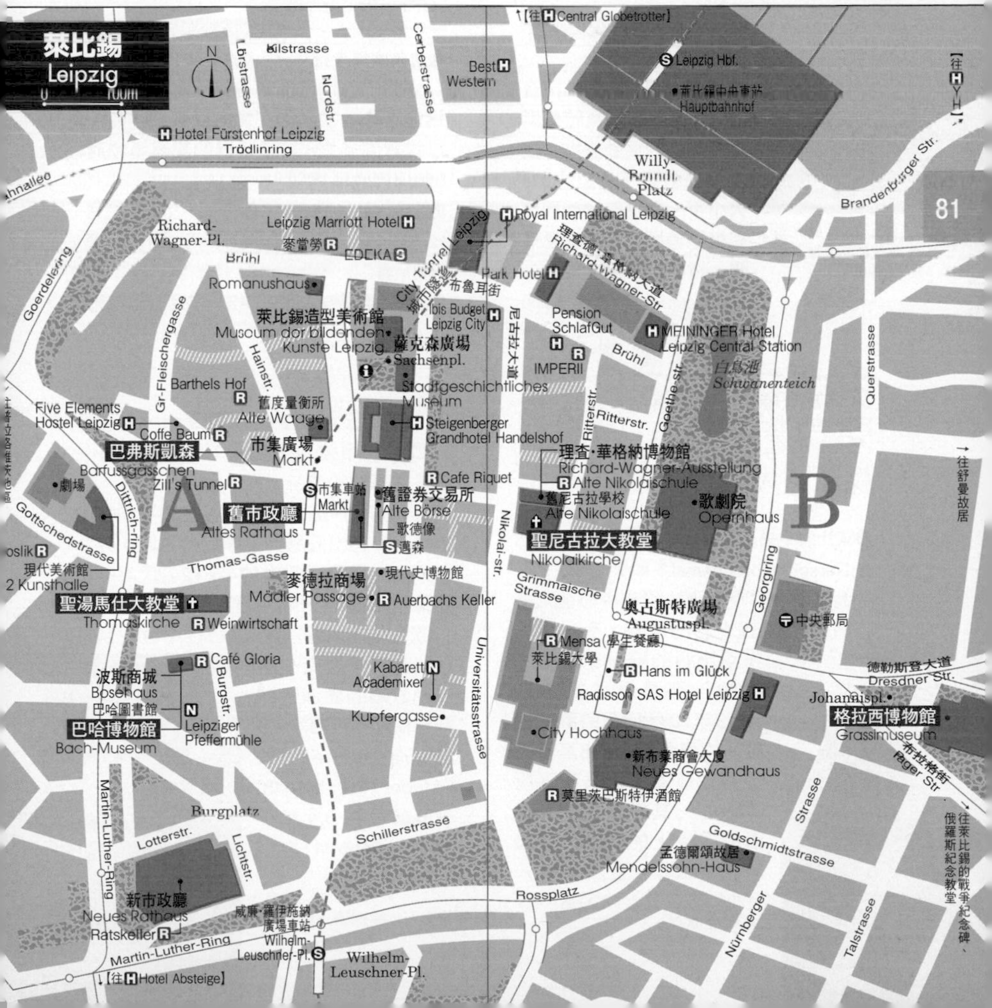

萊比錫 Leipzig

(往 H Central Globetrotter)
Leipzig Hbf.
萊比錫中央車站 Hauptbahnhof
Best Western
Hotel Fürstenhof Leipzig
Trödlinring
Willy-Brandt-Platz
Brandenburger Str.
Richard-Wagner-Pl.
Leipzig Marriott Hotel
麥當勞
EDEKA
Brühl
Royal International Leipzig
Park Hotel
理查·華格納大道 Richard-Wagner-Str.
布魯耳街
City Tunnel Leipzig 城市隧道
Romanushaus
萊比錫造型美術館 Museum der bildenden Künste Leipzig
Ibis Budget Leipzig City
薩克森廣場 Sachsenpl.
Pension SchlafGut
IMPERII
MEININGER Hotel Leipzig Central Station
白鳥池 Schwanenteich
Goerdelering
Gr.-Fleischergasse
Hainstr.
Barthels Hof
舊度量衡所 Alte Waage
Stadtgeschichtliches Museum
Five Elements Hostel Leipzig
Coffe Baum
Steigenberger Grandhotel Handelshof
巴弗斯凱森 Barfussgässchen
市集廣場 Markt
Zill's Tunnel
劇場
Cafe Riquet
理查·華格納博物館 Richard-Wagner-Ausstellung
Alte Nikolaischule
舊尼古拉學校 Alte Nikolaischule
歌劇院 Opernhaus
市集車站 Markt
舊證券交易所 Alte Börse
歌德像
邁森
舊市政廳 Altes Rathaus
聖尼古拉大教堂 Nikolaikirche
Gottschedstrasse
Dittrich-ring
現代美術館 Kunsthalle
Thomas-Gasse
現代史博物館
麥德拉商場 Mädler Passage
Auerbachs Keller
Grimmaische Strasse
奧古斯特廣場 Augustuspl.
中央郵局
聖湯馬仕大教堂 Thomaskirche
Weinwirtschaft
Mensa(學生餐廳)
萊比錫大學
Café Gloria
Kabarett Academixer
Hans im Glück
德勒斯登大道 Dresdner Str.
波斯商城 Bosehaus
巴哈圖書館
巴哈博物館 Bach-Museum
Burgstr.
Leipziger Pfeffermühle
Kupfergasse
Universitätsstrasse
Radisson SAS Hotel Leipzig
Johannispl.
格拉西博物館 Grassimuseum
City Hochhaus
新布業商會大廈 Neues Gewandhaus
布拉格街 Prager Str.
莫里茨巴斯特伊酒館
Georgiring
Goethestr.
Querstrasse
Burgplatz
Lotterstr.
Lichtstr.
Martin-Luther-Ring
Schillerstrasse
孟德爾頌故居 Mendelssohn-Haus
Goldschmidtstrasse
新市政廳 Neues Rathaus
Ratskeller
威廉·萊伊施納廣場車站 Wilhelm-Leuschner-Pl.
Wilhelm-Leuschner-Pl.
Rossplatz
Nürnberger
Talstrasse
(往 H Hotel Absteige)
往舒曼故居
往萊比錫的戰爭紀念碑、俄羅斯紀念教堂
A
B

聖湯瑪仕大教堂 ★★★
Thomaskirche

map p.81-A

●市集廣場步行5分

週五18:00、週六15:00時能聽到少年合唱團的優美歌聲。€2。休夏季休

巴哈從1723年到晚年為止，都在這個教堂裡擔任風琴演奏者兼合唱團指揮。他的墓自1950年之後也遷來這裡。

開9:00～18:00（塔樓參觀為4～11月的週六13:00、14:00、16:30；週日14:00、15:00） 休無休 費免費入場、參觀塔樓€3

新布業商會大廈 ★★
Neues Gewandhaus

map p.81-B

莫札特及孟德爾頌都曾經在這裡擔任過指揮。

●市集廣場步行10分

這裡是舉世聞名，擁有250年歷史的格萬特豪斯交響樂團的活動據點。由現代藝術家所打造的2間大小不一的音樂廳號稱擁有世界首屈一指的音響效果。建於1981年。

住Augustuspl.8 ☎11270280

巴哈博物館 ★★★
Bach-Museum

map p.81-A

●聖湯馬仕大教堂的巴哈像對面

現在的巴哈博物館過去其實是巴哈的朋友波斯的公館。展示著與巴哈有關的收藏品，例如他親筆寫的樂譜等等。裡頭能實際聽風琴演奏，還有聆聽音樂的專區。提供英文的語音導覽服務，費用已含在門票內，需用護照抵押。

住Thomaskirchhof 16
開10:00～18:00 休週一、12／24、25、31 費€8、學生€6（每月第一週二免費）

也會舉行演奏會。

格拉西博物館 ★★★
Grassimuseum

map p.81-B

●市集廣場步行15分

由展示著陶瓷器的美術工藝博物館、介紹世界各地的民族生態的民族博物館、可以鑑賞到多達800種樂器的樂器博物館等3個博物館所構成。

住Johannisplatz 5-11 開10:00～18:00 休週一、12／24、31 費民族博物館€8、學生€6；美術工藝博物館€5、學生€3.50；樂器博物館€6、學生€3。聯合套票€15、學生€12 ※特別展覽需另付費

漫走遊賞報導

萊比錫的戰爭紀念碑 ★★★
Vöklerschlacht-denkmal

map p.81-B外

探訪巨大的石之殿堂

●萊比錫中央車站搭 S1、2、3、4 10分 Völkerschlachtdenkmal下車步行13分

大家或許都不知道，從市中心往東搭市電約10分鐘左右的地方，有一處叫作萊比錫的戰爭紀念碑的遺跡。那是為了紀念在1813年10月18日的萊比錫戰爭中喪失性命的8萬多名士兵，並為了祈求和平所建造的。其聳立於綠意盎然的廣場上的姿態，看起來就好像是一座金字塔一樣，規模宏大，令人印象深刻。高達91公尺的頑強石造教堂，看起來就好像是中南美的遺跡一樣。

從1898年起花了15年才打造而成的紀念碑。

光線從窗戶透進來，灑落在圓形的教堂內，營造出莊嚴而又夢幻的氛圍。分別命名為勇氣與獻身的4座12公尺高的石像也很值得一看。這裡每年會舉行15次左右的演奏會，曲目從中世紀到現代都有，也有小朋友們獻唱的表演。欲知日期請向❶洽詢。

住Strasse des 18. Oktober 100 開10:00～18:00（11～3月為～16:00） 休12/24、31 費€8、學生€6

從樓上可以將市區一覽無遺。

Auerbachs Keller

著名的地下酒窖，也曾經出現在歌德的《浮士德》裡

創業於1525年，馬鈴薯湯是店員大力推薦的一道佳餚。店內深處，Historische Weinstüben莊嚴肅穆的裝飾也很值得一看。

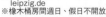

map p.81-A
●市集廣場步行3分
■地址　Grimmaische Str.2-4 麥德拉商場內
■TEL　216100
■FAX　2161011
■營業　12:00～24:00（橡木桶房間18:00～）
■公休　12/24
HP www.auerbachs-keller-leipzig.de
※橡木桶房間週日、假日不開放

Zum Arabischen Coffe Baum

歐洲第二古老的咖啡廳＆餐廳

據說華格納和席勒也是這裡的常客，創業於1566年的咖啡廳＆餐廳。1F是餐廳，2F為咖啡廳並有部分區域是博物館。

map p.81-A
●市集廣場步行3分
■地址　Kleine Fleischergasse4
■TEL　9610060/61
■FAX　9610030
■營業　11:00～24:00（12/24～16:00、12/31～22:00）
■公休　12/24
■信用卡　VISA、MC
HP www.coffebaum.de

Zill's Tunnel

提供典型的薩克森美食，也提供加鹽淡啤酒

1785年就已經在這裡開業了，是一家歷史悠久的名店。特別推薦地方美食中的燙青菜、萊比錫風味蔬菜料理和加鹽淡啤酒。附設旅館。

map p.81-A
●市集廣場步行5分
■地址　Barfussgässchen 9
■TEL　9602078
■營業　11:30～24:00
■公休　12/24
■信用卡　VISA、MC、AMEX
HP www.zillstunnel.de

Kabarett Academixer

今晚來場歡樂的多元藝術吧！

這個城市從前東德時代開始，就是多元藝術（歌舞秀）的殿堂。常常會有載歌載舞、諷刺時事的藝術表演。就算聽不懂台詞，也可以感受到那股復古的樂趣。

map p.81-A
●市集廣場步行7分
■地址　Kupfergasse 2
■TEL　21787878
■營業　售票窗口12:00～20:00（週六13:00～；週日、假日為表演開始前2小時）
■費用　視表演而異
HP www.academixer.com

hotel Fürstenhof Leipzig ★★★★

原本為18世紀銀行家豪宅的市內頂級飯店。規模並不是很大，但傢俱等室內擺設相當豪華。

map p.81-A　●萊比錫車站步行7分
■地址　Tröndlinring 8　■TEL　1400　■FAX　1403700
■費用　T-€140～（浮動制、早餐另計）　■客房數　共92間
■信用卡　VISA、MC、AMEX、DC、JCB
HP www.hotelfuerstenhofleipzig.com

Steigenberger Grandhotel Handelshof ★★★★

有德國帝國飯店之稱的豪華飯店，2011年於舊城區的中心開幕。

map p.81-A　●市集廣場步行2分
■地址　Salzgäßchen 6　■TEL　3505810　■FAX　350581888　■費用　T-€127～、浮動制　■客房數　共177間
■信用卡　VISA、MC、AMEX、DC、JCB
HP www.leipzig.steigenberger.com

Ibis Budget Leipzig City ★★ map p.81-B
●中央車站步行4分　■地址　Reichsstr.19　☎14939420
費S-€47～、T-€57～、浮動制　HP accorhotels.com

Hostel Absteige ★ map p.81-A外
●市電10、11 Hohe Strasse步行10分　■地址　Harkortstrasse 21
☎017675503264　費T-€50、多人房-€20～　HP www.absteigeninleipzig.de

Pension SchlafGut ★ map p.81-B
●中央車站步行4分　■地址　Brühl 64-66　☎2110902
費S-€33～、T-€43～、浮動制　HP schlafgut-leipzig

Central Globetrotter ★ map p.81-B外
●中央車站步行5分　■地址　Kurt-SchumacherStr.41　☎1498960
費S-€34～、多人房-€13、早餐€4.50～　HP www.globetrotter-leipzig.de

Five Elements Hostel Leipzig ★ map p.81-A
●市集廣場步行3分　■地址 Kleine Fleischergasse 8　☎35583196
費多人房-€12.50～、S-€25～　HP 5elementshostel.de/leipzig

Hostel Sleepy Lion ★ map p.81-A外
●市電1、4、7、12、14 Goerdelerring步行1分　■地址　Jacobstr.1
☎9939480　費S-€39～、T-€46、多人房-€12～　HP www.hostel-leipzig.de

WEIMAR

威瑪

p.11-H ■人口=6.4萬人 ■都市規模=步行需1天

傳統與流行共存的「德國的小巴黎」，也是歌德深愛的文化都市。

★★★ 風景秀麗，素有德國的小巴黎美譽

★★ 擁有克拉納赫的祭壇畫和墓碑的赫爾德教堂

★★ 包浩斯美術館是近代設計的權威

★★ 國民劇院是本市的象徵

★★★ 歌德、席勒、李斯特、克拉納赫、尼采

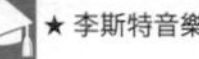
★ 李斯特音樂學院

★ 洋蔥蛋糕和圖林根香腸

Access

●火車：柏林中央車站→ICE、RE經愛爾福特(約2小時10分)→威瑪[1小時1～2班／€73～]、萊比錫→IC、RE等經愛爾福特(約1小時)→威瑪[1小時數班／€22.10～]

Information

●遊客服務中心：<市集廣場>
MAP p.85-B 住Markt 10 ☎7450 營9:30～18:00(週日、假日～14:00)／1～3月9:30～17:00(週六、日、假日～14:00) 休12/24
HP www.weimar.de
●威瑪卡：市內大眾運輸工具48小時有效、博物館免費等。基本卡€29.90
●青年旅館：MAP p.85-C 住Humboldtstrasse 17 ☎850792 FAX 850793

Route Advice

德國國家劇院→席勒之家→市集廣場→歌德之家→李斯特之家→威瑪城→依姆公園→歌德山莊→威瑪城[全程約2小時]

歌德大道上的重點都市 可與中世紀藝術家神交

威瑪在18世紀為歐洲的文藝開拓了一個偉大的新紀元。以歌德為中心，各種文學、音樂、造形美術的偉人們都曾經居住在這裡，孕育出劃時代的包浩斯藝術職業學校、李斯特音樂學院等等。1919年，崇尚自由精神的風氣，為德國催生出第一部民主主義憲法「威瑪憲法」。

從車站到市中心，走路大約20分鐘可達，也可以搭乘1號等巴士在**歌德廣場**Goetheplatz下車。途中會經過威瑪現代美術館**Neues Museum Weimar**(住Weimar Platz 5 ☎545400 ※2019年4月時，包浩斯美術館(P.85)也因其100週年的契機遷移到附近。

在市政廳前的市集廣場上所開設的市場。

在綠意盎然的城鎮，遊逛哥德和席勒的故居

也可從歌德廣場出發，經劇院廣場散步過去。**國民劇院**上豎立著席勒和歌德的銅像，走到熱鬧的**席勒大街**Schillerstr.上，就會看到黃色的**席勒之家**。另外，將這座城市的歷史以多媒體的方式重現的體驗館**威瑪之家**Weimar Haus(住Schillerstr.16 營09:00～18:30〔10～3月～17:30〕 休無休 費€7、學生€5.50)也在這條街上。從這裡左轉之後，則是擁有**市政廳**和**克拉納赫之家**Cranachhaus等景點的市集廣場，華麗的程度令人大吃一驚。再往南走，還有**歌德之家**和**李斯特之家**Liszthaus(住Marienstr.17 營10:00～18:00〔1～3月下旬、10月下旬～12月～16:00〕 休週二 費€4.50、學生€3.50)。尤其以歌德之家非常具有參觀的價值。在參觀完威瑪城之後，請一定要到位於威瑪城後面的**依姆公園**散步。

威瑪同時也是歌德與夏洛特·馮·施泰因夫人以及後來成為他的妻子的克利斯蒂安娜墜入愛河的地方。

超粗的香腸是圖林根地區的特產。

歌德之家 ★★★
Goethes Wohnhaus

map p.85-C

●從市集廣場步行3分

歌德到1782年去世之前都住在這裡。這裡隨處可見他的審美意識，像是促使他

創作出「色彩論」的五顏六色牆壁、涉及藝術及自然科學領域的龐大收藏品、藏書多達6500本的圖書室等等。

住Frauenplan1　營9:30～18:00(假日除外10月下旬～3月下旬～16:00)　休週一、12/24　費€12.50、學生€9

包浩斯美術館 ★★★
Bauhaus Museum Weimar

map p.85-A外

●中央車站步行約10分

包浩斯為全球建築界、設計界等帶來巨大影響，並在1996年獲登錄為聯合國教科文組織的世界遺產。包浩斯學校創立的發祥地，就在威瑪。當地的財團擁有1萬件以上，從初期到最重要的相關資料等收藏。2019年為紀念創校100週年，展出新設立的嶄新立方體建築（5層樓建築）。

包浩斯美術館遷移新址的嶄新外觀，已於2019年4月開館

住Stéphane-Hassel-Platz 1　營10:00～18:00(週一為～14:30)　休無休　費€11、學生€7

HP bauhausmuseumweimar.de

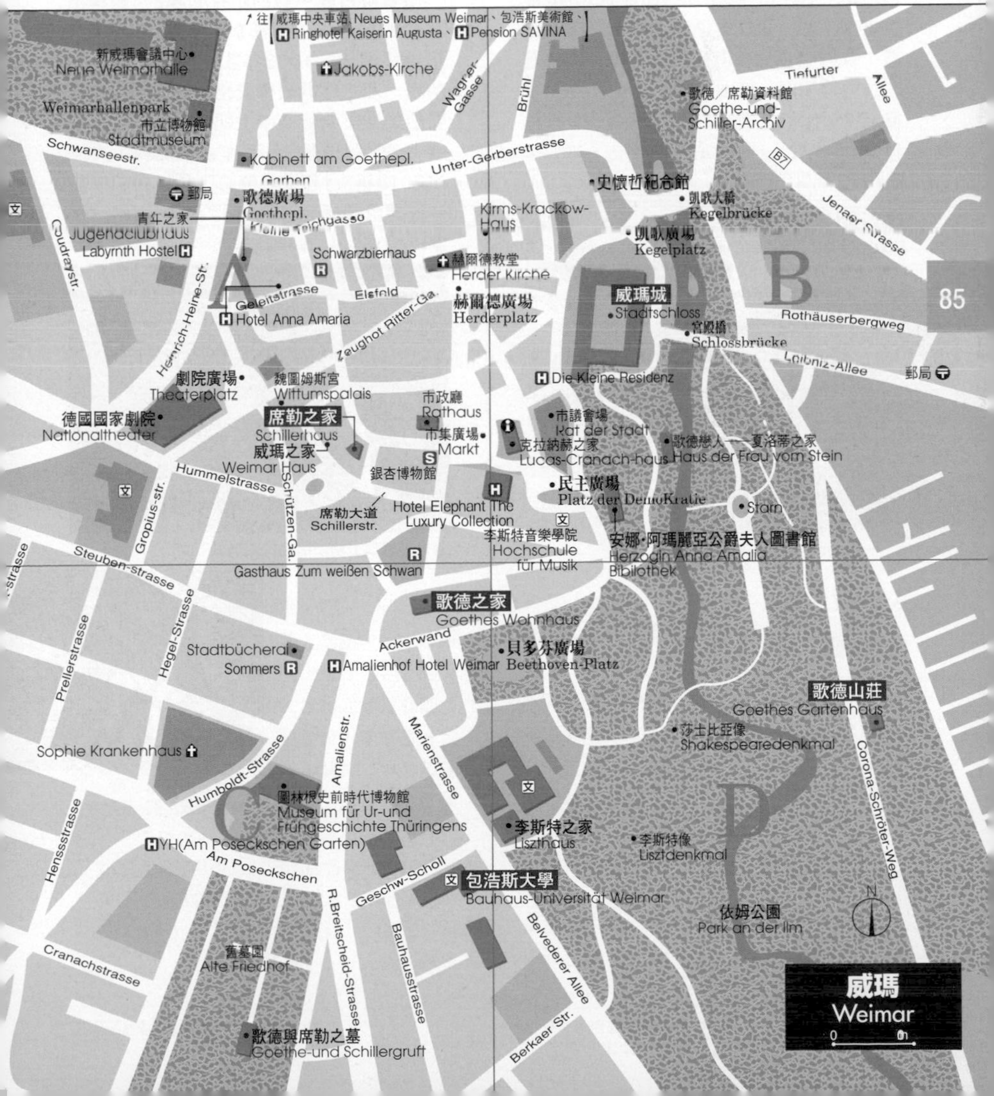

威瑪
Weimar

↑往 威瑪中央車站、Neues Museum Weimar、包浩斯美術館、
H Ringhotel Kaiserin Augusta、H Pension SAVINA
新威瑪會議中心 Neue Weimarhalle
Weimarhallenpark
市立博物館 Stadtmuseum
Jakobs-Kirche
Wagner-Gasse
Brühl
Tiefurter Allee
歌德／席勒資料館 Goethe-und-Schiller-Archiv
Schwanseestr.
Kabinett am Goethepl.
Unter-Gerberstrasse
B7
郵局
Garben
歌德廣場 Goethepl.
史懷哲紀念館
凱歌大橋 Kegelbrücke
Jenaer Strasse
青年之家 Jugendclubhaus
Kleine Teichgasse
Kirms-Krackow-Haus
凱歌廣場 Kegelplatz
Labyrnth Hostel
Coudraystr.
Schwarzbierhaus
赫爾德教堂 Herder Kirche
A
B
Heinrich-Heine-Str.
Geleitstrasse
Eisfeld
赫爾德廣場 Herderplatz
威瑪城 Stadtschloss
Rothäuserbergweg
Hotel Anna Amaria
Zeughof Ritter-Ga.
宮殿橋 Schlossbrücke
Leibniz-Allee
郵局
劇院廣場 Theaterplatz
魏圖姆斯宮 Wittumspalais
Die Kleine Residenz
德國國家劇院 Nationaltheater
席勒之家 Schillerhaus
市政廳 Rathaus
市議會場 Rat der Stadt
威瑪之家 Weimar Haus
市集廣場 Markt
克拉納赫之家 Lucas-Cranach-haus
歌德戀人──夏洛蒂之家 Haus der Frau vom Stein
Hummelstrasse
銀杏博物館
民主廣場 Platz der Demokratie
Gropius-str.
席勒大道 Schillerstr.
Hotel Elephant The Luxury Collection
Stern
Schützen-Ga.
李斯特音樂學院 Hochschule für Musik
安娜·阿瑪麗亞公爵夫人圖書館 Herzogin Anna Amalia Bibliothek
Steuben-strasse
Gasthaus Zum weißen Schwan
歌德之家 Goethes Wohnhaus
Ackerwand
貝多芬廣場 Beethoven-Platz
Prellerstrasse
Hegel-Strasse
Stadtbücherei
Sommers
Amalienhof Hotel Weimar
歌德山莊 Goethes Gartenhaus
Amalienstr.
Marienstrasse
莎士比亞像 Shakespearedenkmal
Sophie Krankenhaus
Humboldt-Strasse
Corona-Schröter-Weg
C
D
圖林根史前時代博物館 Museum für Ur-und Frühgeschichte Thüringens
李斯特之家 Liszthaus
李斯特像 Lisztdenkmal
YH(Am Poseckschen Garten)
Hennsstrasse
Am Poseckschen
Geschw-Scholl
包浩斯大學 Bauhaus-Universität Weimar
R.Breitscheid-Strasse
Bauhausstrasse
Belvederer Allee
依姆公園 Park an der Ilm
Cranachstrasse
舊墓園 Alte Friedhof
歌德與席勒之墓 Goethe-und Schillergruft
Berkaer Str.

日照充足的席勒之家，建於1777年。

席勒之家 ★★★
Schiller Wohnhaus

map p.85-A

●市集廣場步行4分

1802年，43歲的席勒應其所尊敬的歌德之邀，搬到這個地方，在他1805年去世之前，都一直住在這個家裡。傑作『威廉・泰爾』也是在這裡寫出來的。現在還附設有博物館，展示著許多資料。

住Schillerstr.12 營9:30～18:00（1～3月、11～12月為～16:00） 休週一、12/24 費€8、學生€6.50

歌德山莊 ★★★
Goethes Gartenhaus

map p.85-D

●市集廣場步行15分

位於沿著依姆河而建的大片英國式的依姆公園內，是卡爾·奧古斯都公爵送給歌德的樸素山莊。歌德從1776年到1782年都住在這裡，和克利斯蒂安娜結婚前還在這裡一起生活過一年。他在這棟房子裡創造出許多歌詠大自然的詩篇。不管從這裡還是從他位於市區的家，都可以感受到他非凡的品味與豐富的生活態度。

歌德山莊附近是絕佳的散步路線。

營10:00～18:00（1～3月、11～12月為～16:00） 休週一、12/24 費€6.50、學生€5

威瑪城 ★★★
Stadtschloss

map p.85-B

●市集廣場步行5分

擁有擬古典主義的廊柱玄關的4層樓高宮殿。16世紀的建築於1774年遭祝融之災幾乎毀壞，1803年才又重建。東南方的塔、和走後期歌德風格，被稱為巴士底監獄的建築物皆為中世紀的建築。內部為展示著克拉納赫等作品的美術館。※2018年7月起進行整修工程，目前閉館中（預計整修至2023年）。

住Burgplatz 4 ☎545400

過去是威瑪公爵所居住的威瑪城。

名物 pick up　象徵愛情的銀杏葉與洋蔥市集

在威瑪常常可以看到用銀杏葉的圖案作成的小東西。銀杏葉是歌德的愛情象徵。將其作成胸針、耳環、項鍊等等，送給女朋友當禮物，她們一定會非常高興的吧！

另外，從8月底到12月左右為止，每天上午在市集廣場上都會開設市場，販賣著蔬菜、花卉、雞蛋、水果、陶器、毛線織物、木製玩具等琳琅滿目的商品，讓人覺得活力十足。

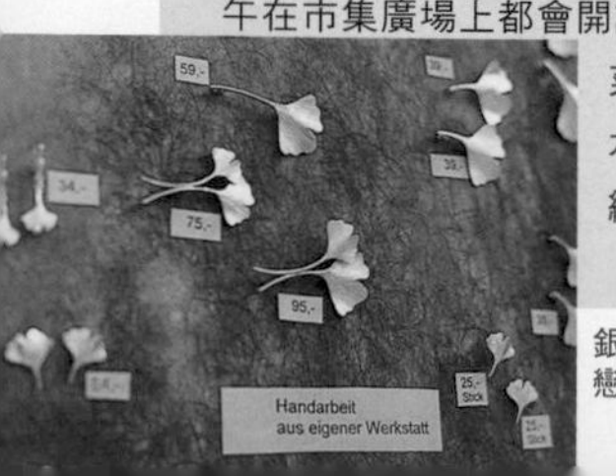

銀杏的首飾也可以使戀愛順利！?

圖林根香腸固然一定要嘗嘗看，但重頭戲還是在於裝飾得非常漂亮的洋蔥！把紫色和白色的小洋蔥接起來做成各式各樣的形狀，再用花朵和彩帶作裝飾的洋蔥裝飾品，是這個城市自古以來就有的東西，保存期限較長，所以可買回去當紀念。

小巧可愛的洋蔥也可以用來布置房間。

威瑪的區域號碼☎03643

安娜·阿瑪麗亞公爵夫人圖書館★★★
Herzogin Anna Amalia Bibliothek

map p.85-B

●市集廣場步行5分

歷史可追溯至1562年，為德國最初的公共圖書館之一。收藏了馬丁路德的首版印刷本聖經以及歌德的藏書等約100萬冊。世界遺產的洛可可藏書廳更是不容錯過的參觀焦點。

大廳華麗絢爛

住Platz der Demokratie 1
營9:00～14:30 ※每天限制290名參觀者入場。不在早上8:30左右排隊買票的話，就很難買到了
休週一 費€8、學生€6.50 ☎545400

Schwarzbierhaus

美輪美奐的黑色木造餐廳兼旅社

16世紀的美麗木造建築物。以黑啤酒聞名的考斯特（Koestritzer）也參與了室內設計的作業。餐點是圖林根地區的當地美食。也兼營旅社。

map p.85-A
●歌德廣場步行３分
■地址 Scherfgasse 4
■TEL 779337
■FAX 779339
■營業 11:00～翌1:00
■公休 無休
■費用 S-€50～、W-€75～
■信用卡 VISA、MC
HP www.koestritzer-schwarzbierhaus-weimar.de

Ginkgo Museum
銀杏博物館

充滿了用銀杏做成的商品

名字雖然叫博物館，但實際上是一家店。除了有用銀杏的圖案做成的杯子和風景明信片之外，還有用銀杏葉做成的茶和洗髮精等等。2樓為展示室。

map p.85-A
●市集廣場步行２分
■地址 Windischenstr.1
■TEL 805452
■營業 10:00～17:30（週六日、假日為～15:00）
■公休 無休
■信用卡 VISA、MC、AMEX、DC
HP www.ginkgomuseum.de

★★★ Hotel Elephant The Luxury Collection

藝術收集品也很值得一看

創業於1696年的貴族飯店，希特勒曾在入口上方的露臺上發表演說，也深受托馬斯．曼的喜愛。室內是裝飾藝術式的裝潢，結合了摩登與古典。

map p.85-A
●市集廣場步行１分
■地址 Markt 19
■TEL 8020
■FAX 802610
■費用 S-€111～、T-€129～、早餐€20
■客房數 共99間
■信用卡 VISA、MC、AMEX、DC、JCB
HP www.hotelelephantweimar.com

★★★ Hotel Anna Amaria

內部裝潢典雅，附設餐廳的評價也很高。房間均以歌德造訪過的都市名來命名。

map p.85-A ●市集廣場步行５分
■地址 Geleitstr.8-12 ■TEL 49560
■FAX 595699 ■費用 S-€60～、T-€87～
■信用卡 VISA、MC、AMEX、DC
HP www.hotel-anna-amalia.de

★★★ Amalienhof Hotel Weimar

比德邁樣式的內部裝潢，可充分感受古典威瑪的風情。也有可長期住宿的公寓型房間。

map p.85-C ●市集廣場步行５分
■地址 Amalienstr.2 ■TEL 5490
■FAX 549110 ■費用 S-€55～、T-€80～
■信用卡 VISA、MC、AMEX
HP www.amalienhof-weimar.de

★★★ Ringhotel Kaiserin Augusta

創業於1867年，戰前有許多名人前來造訪過的老飯店。統一後經過改裝，變成擁有鋼琴酒吧的摩登飯店。

map p.85-A外 ●中央車站步行１分
■地址 Carl-August-Allee17 ■TEL 2340 ■FAX 234444 ■費用 S-€69～、T-€84～ ■客房數 共134間
■信用卡 VISA、MC、AMEX、DC、JCB
HP www.hotel-kaiserin-augusta.de

Pension SAVINA ★★ map p.85-A外

●市集廣場步行５分 ■地址 Meyerstrsse 60 ☎86690
FAX866911 費T-€45～、T-€60～ HP www.pension-savina.de

Die kleine Residenz ★★ map p.85-B

●市集廣場步行２分 ■地址 Grüner Markt 4
☎743270 費T-€75～ HP www.residenz-pension.de

Labyrinth Hostel ★ map p.85-A

●BUS 3、6、7 Goethepl.步行２分 ■地址 Goetheplatz 6
☎811822 費S-€30、多人房-€14～ HP www.weimar-hostel.com

●～€15 ●●€15～25 ●●●€25～50 ●●●●€50～
★經濟型 ★★休閒型 ★★★標準型 ★★★★豪華型

ERFURT

愛爾福特

p.11-H ■人口＝21.1萬人 ■都市規模＝步行需半天

過去曾是全盛的商業都市，擁有1200年歷史的「塔之國」。

★★ 建築物訴說著久遠的歷史

★★★ 大教堂、聖薩維利教堂

★ 彼得堡

★ 安格爾博物館

★ 圖林根森林

Access

●火車：法蘭克福→IC、ICE（約2小時15分）→愛爾福特［1小時1班／€61.50～］、萊比錫→ICE（約45分）→愛爾福特［1小時1班／€41～］、德勒斯登→ICE（約2小時）→愛爾福特［2小時1班／€63～］

Information

❶遊客服務中心：MAP p.88 住Benediktspl 1 ☎66400 FAX 6640290 營10:00～18:00（週日、假日為～15:00） 休12/25、1/1 HP www.erfurt-tourismus.de

●青年旅館：MAP p.88外 住Hochheimer Str.12 ☎5626705 FAX 5626706

城市概要 街上全都是歷史悠久的建築物 光是漫步於其中就很有樂趣

愛爾福特是圖林根州的首府，過去曾是一條經商要道，所以是個繁榮的商業都市。歌德和拿破崙就是在這裡相遇的。

可以用散步的、也可以搭市電來參觀這座城市。市電的停靠站很密集十分方便。走出車站，直直地往前走，就會來到**安格爾廣場**Angerpl.。座落於11號的房屋據說是瑞典王妃瑪麗亞・埃莉諾得知其夫婿古斯塔夫二世死訊時的地方，而6號據說則是俄羅斯沙皇亞歷山大一世曾經住過的地方。**安格爾美術館**Angermuseum裡陳列著這個地區的美術品，值得一看。

克雷默橋的兩旁有著五顏六色的房屋，十分別緻。

越過小河的右手邊是偌大的**市政廳**，這裡有**鮮魚市集**Fischmarkt，一整排房子的立面都非常豪華，令人覺得賞心悅目。往右轉沿著市政廳的側面往前走，則會來到**克雷默橋**Krämerbrücke的入口，橋的兩側是一整排的工藝品等商店。從裡面看出去的話，會發現這真是一座非常羅曼蒂克的橋。

鮮魚市集內的畫廊。

玩樂重點 聆聽教堂音樂的好地方，還有德國最新的歌劇院

沿著來時路筆直地往前走，便會來到擁有2座巨大建築物的大教堂廣場。左邊是**大教堂**Dom、右邊是**聖薩維利教堂**Severikirche。大教堂的西北方還有一個有點高度的丘陵，丘陵上保留著稱之為**彼得堡**Petersberg的要塞，不妨爬上去瞧瞧，從這裡望出去的風景非常壯觀，可以將愛爾福特的街道和圖林根森林盡收於眼底。

由於這裡是個綠意盎然的城市，所以散步也別有一番樂趣。不知道為什麼，市內有很多賣義大利霜淇淋的店，因為很便宜，不妨試一試。另外，到處都可以看到教堂，聽說這個城市過去曾有多達36間教堂及禮拜堂、15間修道院，所以才會有個別名叫「塔之國」，足見愛爾福特人的信仰之虔誠。

城市裡充滿了歷史性的建築物。

愛爾福特的區域號碼☎0361

華燈初上的大教堂和聖薩維利教堂。

大教堂 ★★★
Dom

map p.88

禮拜堂的天花板非常高。

●從鮮魚市集步行5分

建造於742年的大教堂也可以說是本市的象徵。在3座塔正中間塔上的鐘，是世界上數一數二的大鐘，從遠處就可以聽見悠揚美麗的鐘聲，因此十分有名。大教堂的參觀行程基本上只限團體，不過團體有時也接受個人名義參加，費用隨人數變動，12人以下皆€4.50。人越多越便宜。

營9:30～18:00（週日、假日為13:00～）、11～4月9:30～17:00（週日、假日為13:00～）。大教堂導覽行程為每日14:00　費免費

市政廳 ★★
Rathaus

map p.88

●從鮮魚市集步行1分

新哥德式的市政廳是光鮮亮麗的鮮魚市集上最令人印象深刻的建築物。建造於1870～74年，裡頭裝飾有許多描繪著圖林根和愛爾福特的歷史與傳說的繪畫。如今也會舉行演奏會等等。切勿錯過豪華的宴會大廳Festsaal。

住Am Fischmarkt 1　營8:00～18:00（週三為～16:00；週五為～14:00；週六、日10:00～17:00）、會視活動變更　費免費

Check-Check! 悠閒地走過克雷默橋

這城市最有名的地點，是這座橫跨葛拉河、長約125m的小橋，橋兩側的商店建造得有如牆壁一般密集，從橋上的道路無法看到橋外的景色。繞到後頭就會看到色彩繽紛的木造商店林立在石拱橋上的模樣。13世紀左右，這座城市作為交易重鎮而繁盛一時，至今仍留存著彼時的餘韻，名字也是從商人而來的。現在兩側商店有32家左右的伴手禮店、咖啡廳營業，滿溢著中世紀風情，就像是個小型主題樂園。在相同結構的橋中，以佛羅倫斯的老橋最有名。還能登上東邊的教堂塔樓。

MAP p.88

■Krämerbrücke

●中央車站步行15分，或搭市電於Ainger下車步行5分

色彩各異的房屋並列成罕見模樣的克雷默橋

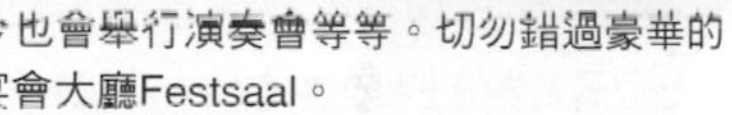

Goldhelm Werkstattcafé

原平面設計師傾注熱情製作的巧克力

講求使用高品質可可的手作巧克力＆蛋糕，話題中的商店＆咖啡廳。能看見裡面廚房烹調的模樣，營造出時尚的氛圍。松露造型的巧克力很受歡迎。

map p.88

●安格爾廣場步行5分
■地址　Kreuzgasse 5
■TEL　6609851
■營業　12:00～18:00（週六為～17:00）
■公休　12/25、26、1/1
■信用卡　VISA、MC
HP www.goldhelm-schokolade.de
※在克雷默橋也有小咖啡廳

Krämerbrücke ★★★

將歷史性建築內部裝潢得時尚漂亮的飯店。位在克雷默橋旁，餐點為摩登德國菜。

map p.88　●安格爾廣場步行5分
■地址　Gotthardstr. 27
■TEL　67400　■FAX　6740444
■費用　S-€121～、T-€151～、浮動制　■客房數　共91間
■信用卡　VISA、MC、AMEX　HP www.ibbhotels.com

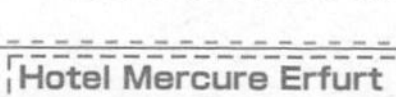

Hotel Mercure Erfurt ★★★ map p.88

●安格爾廣場步行3分　■地址　Meienbergstr. 26-27　☎59490
費S-€85～、T-€90～、早餐另計、浮動制、有會員折扣

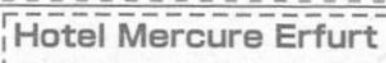

Am Domplatz ★ map p.88

●大教堂廣場步行3分　■地址　Andreasstr. 29
☎2115257　費S-€39～、T-€80～　HP hotel-garni-erfurt.com

Opera Hostel ★ map p.88

●安格爾廣場搭市電Brühler Garten下車步行3分　■地址　Walkmuehlstr. 13　☎60131360　費多人房-€15～、S-€39～　HP opera-hostel.de

●～€15　●●€15～25　●●●€25～50　●●●●€50～
★經濟型　★★休閒型　★★★標準型　★★★★豪華型

EISENACH

愛森納赫

p.11-H ■人口＝4.3萬人 ■都市規模＝步行需半天

德國歷史上最燦爛輝煌的傳說與充滿了浪漫色彩的瓦特堡。

★★ 羅伊特別墅、巴哈之家
★★★ 瓦特堡
★★★ 瓦特堡周圍的群山
★★★ 路德、巴哈、華格納、李斯特

Access

●火車：法蘭克福→IC、ICE（約1小時40～50分）→愛森納赫［1小時1班／€51～］、萊比錫→ICE（約1小時10分）→愛森納赫［1小時1班／€48～］
●市內交通：往瓦特堡的巴士有從車站或Marienstr.出發的10路巴士，約每30分1班。

Information

遊客服務中心：<市集廣場>
MAP p.90-B 住Markt 24
☎79230 FAX 792320
營10:00～18:00（週六日、假日為～17:00）
休無休 HP www.eisenach.info
●青年旅館：MAP p.90-B外
住Mariental 24 ☎743259 FAX 7349972

在瓦特堡裡親身感受已經逝去的時代

聳立於瓦特山上的**瓦特堡**Wartburg是愛森納赫最引以為傲的地方，也是德國首屈一指，擁有悠久歷史的古堡，對觀光客充滿了吸引力。愛森納赫另一個有名的地方，是巴哈在這裡出生、路德曾在這裡求學。

一提到前東德生產的車子，就會想到塔邦，但是另外還有一種車也很有名，就是在這個城市生產製造的瓦特車，是當時的主流。在**汽車博物館**Automobilbau Museum裡，可以了解到這種車的歷史。

走出車站往右手邊前進，就會看到建於12世紀的**尼古拉大門**。過去曾有高達2.9公里的城牆圍繞著市區，目前只剩下這個位於圖林根地區的最古老的大門了。沿著熱鬧的**卡爾街**往前走，便會來到**市集廣場**。這裡有座擁有高塔的建築物，是巴哈受洗的**格奧爾格教堂**。不妨再往南邊走去，則可以參觀**路德之家、巴哈之家**。

位於山頂上的城堡。白天很美，晚上也有燦爛的星空。

漫走遊賞報導

瓦特堡 ★★★
Wartburg

map p.90-A

在山中雲霧裡的古老名城

1067年，由路德維希·施普倫格伯爵所建造，是在探討德國文化時不可或缺的城堡。

相傳當施普倫格伯爵看到這塊地的時候，曾經說出「等一下（Wart），我要在這座山上建立我的城堡（Burg）」，雖然這原本是他人的所有地，但他還是從自己的所有地把土運到這裡來，在上面建立了城堡。

歌者人廳裡充滿了歡樂的氣氛。

建造於1170年的本館內有提供德語和英語的參觀導覽行程。走出**騎士廳**Rittersaal，面前的樓梯便是城內最古老的部分。**餐廳**Speisesaal使用1168年整棵橡樹原木作為柱子非常壯觀。然後是**伊莉莎白廳**Elisabethkemenate，天花板和一整面的牆壁都貼滿了馬賽克的拼花磁磚。1211年，當時貴為匈牙利公主的伊莉莎白才4歲，就以路德維希未婚妻的身分嫁進了這座城堡，14歲結婚，後來雖因丈夫戰死，被逐出這座城堡，但仍為貧病交迫的人們鞠躬盡瘁，在24歲的時候與世長辭。

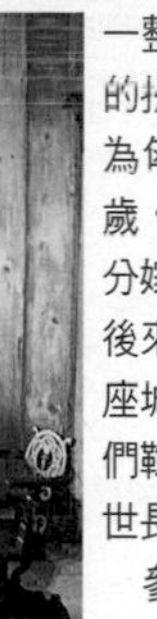

路德在1521～22年所居住的房間。

參觀過**禮拜堂**Palaskapelle之後，再往陳列著描繪伊莉莎白一生壁畫的走廊。兼作舞臺之用的**歌者大廳**Sängersaal在13世紀初期的時候，曾經聚集了一批宮廷戀愛歌手（Minnesanger）。華格納的歌劇『唐懷瑟』就是在描述艾森巴哈等人賭上生命、爭相獻唱的樣子。接著再前往**伯爵廳**Landgrafenzimmer、豪華的**祝壽大宴會廳**Festsaal。在巴伐利亞的新天鵝堡裡，也有個和這裡一模一樣的宴會廳。可以在由歌德所一手打造的博物館裡自由地參觀，另外路德只花了短短10個月的時間，就把新約聖經給翻譯出來的房間也不容錯過。

至今仍被使用的禮拜堂裡還保留著14世紀的壁畫。

●中央車站搭10路巴士約20分
營8:30～17:00（11～3月9:00～15:30） 費導覽行程有英語（僅13:30）與德語（每隔20分），€10、學生€7 ☎2500

1817年有很多學生在這座城堡裡舉行政治集會。

羅伊特＆華格納博物館 ★★
Reuter-Wagner Museum

map p.90-B

●市集廣場步行10分

出生於愛森納赫的詩人弗里茨·羅伊特（1810～1874）就居住、亡故在這棟白牆的屋子裡。2樓還保留著充滿了他的氣息的房間，1樓則改建成理查德·華格納的博物館，展示著以這個城市為舞臺的「唐懷瑟」的樂譜等等。

住Reuterweg 2 營14:00～17:00 休週一、二 費€4、學生€2 ☎743293

收藏品之多僅次於拜羅伊特的華格納博物館。

愛森納赫的區域號碼☎03691

樸素但住起來似乎會很舒服的巴哈之家。

巴哈之家 Bachhaus ★★★

map p.90-B

●從市集廣場步行5分

出生於愛森納赫的天才作曲家約翰．塞巴斯坦·巴哈及其一家的博物館。過去曾是巴哈出生的地方。除了2個兒子之外，巴哈家還出了許多的音樂家。豐富的收藏令人印象深刻，還有許多珍貴的古樂器，每隔1個小時就會演奏一遍。巴哈之家前的廣場上還立著巴哈的銅像。

住Frauenplan 21　營10:00～18:00（12/24及31為～14:00）　休無休　費€9.50、學生€5　☎79340

路德之家 Lutherhaus ★★

map p.90-B

●從市集廣場步行1分

當時還是學生的路德從1498年起在這裡住了3年，是這個城市裡現存最古老的房子。還有珍貴的聖經及新教徒的資料、當時的神學書籍等等。1517年提倡宗教改革的路德被驅逐出境，後來受到瓦特堡的保護，才又重新回到這個城市裡來。

住Lutherplatz 8　營10:00～17:00　休11～3月的週一、12/24～1/1　費€6、學生€4；特別展覽需另付費　☎29830

充滿魅力的路德之家在街道上也特別的顯眼。

Hotel auf der Wartburg ★★★★

山上的美麗古堡飯店

位於瓦特堡的下方，建築物爬滿常春藤，非常羅曼蒂克。室內設計十分高雅，讓人有股儼然化身為貴族的感覺。還有視野十分遼闊的餐廳，大受好評。

map p.90-A

● Marienstr.搭巴士在終點下車再步行10分（住宿客人可開車進入，內可停車）
■地址　Auf der Wartburg 2
■TEL　7970
■FAX　797200
■費用　S-€135～、T-€209～、浮動制
■客房數　共37間
■信用卡　VISA、MC、AMEX、DC
HP www.wartburghotel.de

Hotel Kaiserhof ★★★★

擁有百年傳統的老字號

骨董傢俱和暖爐營造出沉穩的氣氛，1993年把飯店名稱改回在東德時代禁止使用的「皇居」，改建之後重新開幕。靠近車站，設備也很完善。

map p.90-B

●愛森納赫車站步行5分
■地址　Wartburgallee 2
■TEL　88890
■FAX　8889599
■費用　S-€79～、T-€109～、浮動制
■客房數　共64間
■信用卡　VISA、MC、AMEX
HP www.kaiserhof-eisenach.de

Schlosshotel Eisenach ★★★★

位於市中心觀光很方便

將以前的修道院改建成擁有白色外觀、嶄新中庭的飯店。有3個房間是為了身體有殘障的人特別量身打造的。早餐非常好吃。

map p.90-B

●市集廣場步行1分
■地址　Markt 10
■TEL　702000
■FAX　70200200
■費用　S-€65～、T-€115～
■客房數　共43間
■信用卡　VISA、MC、AMEX、JCB
HP www.schlosshotel-eisenach.de

★經濟型　★★休閒型　★★★標準型　★★★★豪華型

愛森納赫的區域號碼☎03691

羅馬·巴洛克風格的大教堂威風凜凜。

FULDA 富爾達

p.11-H ■人口=6.4萬人 ■都市規模=步行需半天

18世紀的巴洛克式建築十分美麗，擁有千年歷史，綠意盎然的宗教都市。

位於德國中央的富爾達，其歷史可以追溯到建立起聖本篤修道院的744年。街道井然有序，充滿了優雅的氣氛。一走出車站，北邊是一大片英國式的皇家花園，而在那裡便可以看到富爾達城堡華麗的丰姿。參觀內部的時候可以搭配德語的介紹，城內也有❶。花園的一角還有建造於1725年的**橘園宮殿**，也非常地漂亮。座落於花園西邊的**巨大教堂**，則是這個城市的象徵。建造於9世紀的大教堂在18世紀初期時重建，是很珍貴的建築物。在其四周則是貴族的宅邸，充滿了高貴的氣氛。

華麗的宮廷庭園。

JENA 耶拿

p.11-H ■人口=11萬人 ■都市規模=步行需半天

生產鏡片蔡司公司的故鄉，素有「知識的倉庫」之稱的綠色大學城。

中世紀的時候，因為農耕與葡萄酒而繁榮，1558年蓋了大學之後，便成了一個有學問的城市。

首先不妨從高樓大廈的大學俯瞰市內。附近還保留著過去校舍的耶內瑟社團。接下來前往植物園及蔡司旗下的史上第一座天文館Zeiss-Planetarium營10:00～13:00 19:00～20:00〔週五11:00～12:00、19:00～20:00、週六14:00～21:00、週日13:00～18:00、有許多投影天象儀〕 休週一 費€10、學生€8.50。

華格納小路Wagner-gasse是條浪漫的石板路。

與光學工學博物館的共通券€13.50、學生€11）。光學工學博物館Optisches Museum（營10:00～16:30、週六11:00～17:00 休週一、日、假日、12月24、31日 費€5、學生€4）也很值得一看。

也會舉行市集。

Lutherstadt Wittenberg 威登堡

p.10-F ■人口=4.6萬人 ■都市規模=步行需半天

馬丁·路德所居住的城市，同時也是16世紀宗教改革的舞臺。

路德及畫家克拉納赫居住的城市。走出車站，Am Hauptbahnhof左邊往南走，接著在T字路口右轉，就來到路德居住的房子，馬丁路德紀念館Lutherhalle(營9:00～18:00〔11～3月10:00～17:00〕 休11～3月的週一 費€8）。這裡展示著與其豐功偉業有關的資料及繪畫。因為1517年張貼出有名的「95條議題」，而揭開了宗教改革運動的城堡教堂Schlosskirche，就位在從市集廣場往西走5分鐘左右的地方，對面也有❶。每年6月的第二個週末還有一項名為「路德的婚禮」的慶祝活動。

市集廣場，前方是路德像。

■富爾達

●法蘭克福→ICE約1小時（1小時2～3班）/€33

❶:住Bonifatius platz1 ☎0661-102-1813/1814 營8:30～18:00（週六日、假日9:30～16:00） 休無休

■耶拿

●萊比錫→SE約1小時20分～(2小時1班)/€21.30；柏林→ICE約2小時25分（1小時1班）/€62

❶:住Markt 16 ☎03641-498050 營10:00～19:00(週六日、假日為～16:00)、1～3月為～18:00(週六為～15:00) 休1～3月的週日、12/25及26、1/1、聖週五、5/1

■威登堡

●柏林→ICE約40分（1小時1班）/€33 ❶:住Schlossplatz 2 ☎03491-498610 營9:00～18:00（11～3月為10:00～17:00） 休12/25、26

易北河的觀光之旅 往薩克森小瑞士

從德勒斯登往東約20公里處，沿著易北河溪谷切開，由陡峭的岩壁交織成宛如科羅拉多大峽谷一般的風景，便是俗稱薩克森小瑞士的砂岩山地帶。也是知名電影『為愛朗讀The Reader』的拍攝地點。可以當天來回的短途旅行，非常值得推薦。

首先從德勒斯登搭乘火車（S1）到國王城堡車站（約40分）。夏天有從廣場開到要塞的觀光巴士。包含用餐的時間在內，只要2～3個小時就可以把要塞逛完一圈。下午再到拉騰站。移動到對岸，再走個30～40分鐘左右，就可以抵達巴斯泰，這裡就是德國的科羅拉多大峽谷了。回程建議可以搭乘觀光船（從Kurort Rahten到德勒斯登€16.50），一面欣賞周圍的景觀。如果沒有時間的話，不妨改天再來參觀皮爾尼茲古堡（參照p.76）。

巴斯泰

Bastei MAP p.66-B

可以將整個薩克森小瑞士盡收眼底的觀景勝地。從綠意盎然的山腳下出發的遠足路線，途中還會經過架在岩壁之間的吊橋等等，多多少少帶了點冒險的氣氛。眼前深達200公尺的壯麗景緻不容錯過。

也有許多人前來攀岩。

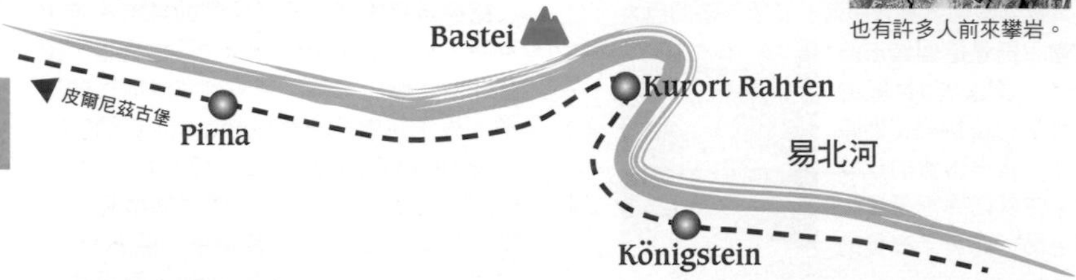

Bastei
皮爾尼茲古堡
Pirna
Kurort Rahten
易北河
Königstein

國王城堡

Festung Königstein MAP p.66-B

矗立於高達240公尺左右的岩壁上，是個難攻不落的要塞。13～16世紀時打下了基礎，18世紀加以擴大。一開始是作為宮廷的避難所，後來也曾被當作監獄使用，相傳成功製造出邁森瓷器的貝特格也曾經被軟禁在這裡。不妨從入口處搭乘電梯，爬上視野十分開闊的巡邏道上參觀。從這裡望出去的周圍景緻和水井、橡木桶葡萄酒窖等各種設施都很值得一看。也有餐廳、商店。

左邊是設置有巡邏道的砲台。

最好事先確認好回程的時刻。

Data

薩克森汽船　Sächsische Dampfschiffahrt
☎0351-866090
HP www.saechsische-dampfschiffahrt.de

國王城堡　Festung Königstein
☎035021-64607　營9:00～18:00（11～3月為～17:00、12/31為～15:30）　休12/24　費€10、學生€7（11～3月€8、學生€6）
HP www.festung-koenigstein.de

觀光巴士　Festungsexpress（復活節～10月底）
站前廣場9:00～16:50，每30分1班　☎035021-67614
HP www.frank-nuhn-freizeit-und-tourismus.de

法蘭克福市區摩天大樓林立

區域
3

法蘭克福及其周邊

法蘭克福

威斯巴登
達姆施塔特
巴特洪堡
奧芬巴赫
布丁根

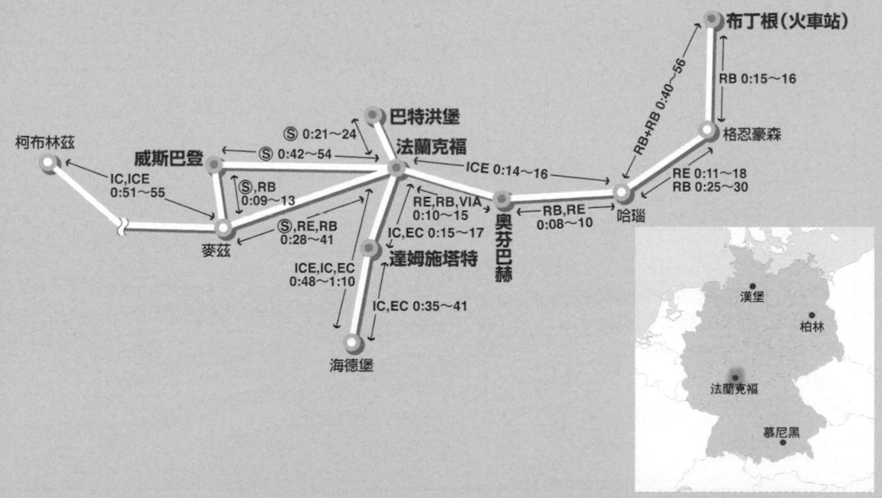

p.11-H

FRANKFURT AM MAIN

法蘭克福

■人口＝73.6萬人　■都市規模＝步行和Ⓤ需２日

法蘭克福境內一方面有高聳入雲的高樓大廈，另一方面又洋溢著中世紀的風情。獨特的景觀保有均衡的自然、文化及產業之美，充滿了其他都市所沒有的吸引力。

- ★★ 現代化的大樓與中世紀的街道在這個城市裡相互輝映
- ★★ 老歌劇院與市立劇場
- ★★★ 擁有7座博物館的博物館大道
- ★★ 萊茵高的白葡萄酒、薩克森豪森的蘋果酒
- ★★ 德國香腸
- ★★★ 文豪歌德
- ★★★ 采爾購物區、歌德大道

ACCESS

●飛機：從桃園中正國際機場出發的直飛班機約13個小時（幾乎每天都有航班）。從巴黎飛法蘭克福約70分鐘。從德國主要都市出發約1個小時。

●火車：慕尼黑→ICE（３小時13分）→法蘭克福〔白天１小時１班／€105〕、漢堡→ICE（約３小時20分）→法蘭克福〔１小時１班／€126〕、柏林→ICE（４小時10分）→法蘭克福〔１小時1～2班／€129〕

十分有情調的羅馬廣場。

法蘭克福國際機場

身為歐洲最具有代表性的國際機場（轉運站），說是德國的空中玄關也不為過。主要分為兩個航廈，分別是有德國漢莎航空、泰國航空、全日空等班機起降的第一航廈，和有中華航空、歐洲各航空公司、亞洲各航空公司

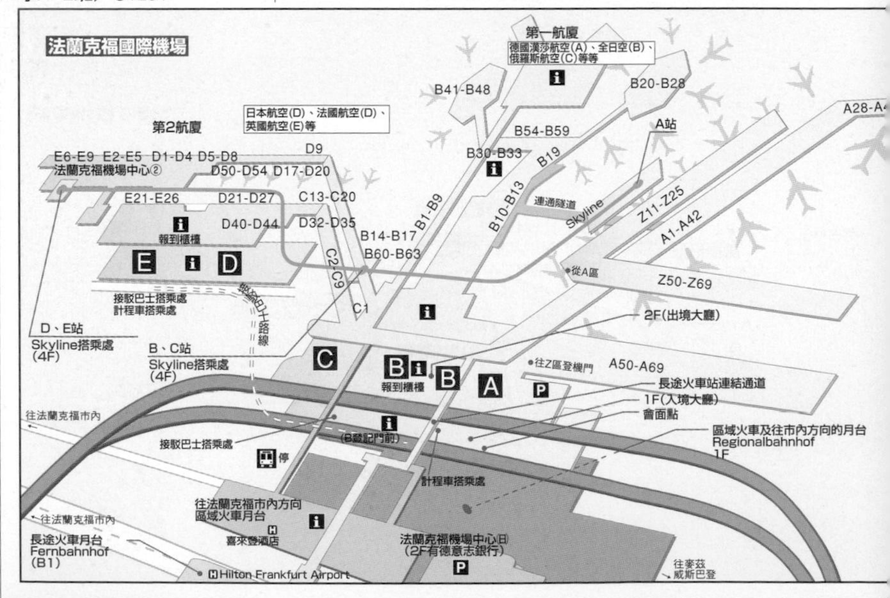

POINT 從法蘭克福機場入境的情況 如果飛機停靠的是第1航站，就會經過位於B處的入境審查，再直行會到候機室。或許有人會感覺到是不是走錯了，但再向前走50公尺左右會有電扶梯向下，到提取行李處拿了行李後便前往海關。

所使用的第二航廈。機場內還有就連星期天也有營業的超級市場和賭場等等。

搭乘飛機的交通方式

從國內飛往德國的直飛航班幾乎都只有飛到法蘭克福。也可以搭乘全日空在東京轉機、或搭乘德國漢莎航空在香港轉機、搭乘泰國航空在曼谷轉機。抵達後如果立刻改搭國內線的班機，就有可能在當天抵達柏林或慕尼黑、漢堡等地。

●機場網路服務

HP www.frankfurt-airport.de

●注意

法蘭克福機場由於正在新建第三航廈，所以至少在2022年前，都會進行大規模的改建工程。機場內的商店可能會因此而有所移動，請特別留意。

從機場到市內

從第一航廈地下室的Regionalbahnhof（區域火車站）搭乘 S8、9 到中央車站約12分（€4.90）。若也要觀光的話，用法蘭克福卡（參照P.98）會比1日乘車券划算。另外，若要直接搭乘ICE等前往其他都市的話，可利用長距離火車站Fernbahnhof（Al Rail Terminal）。坐計程車到市中心通常需要20～30分鐘（約€33）。

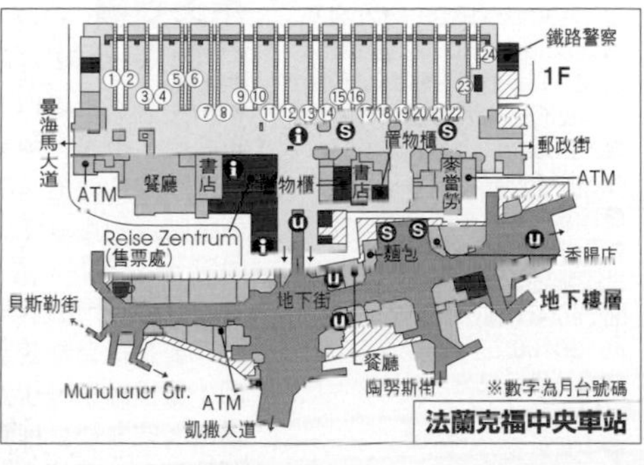

法蘭克福周邊
Frankfurt Umgebung

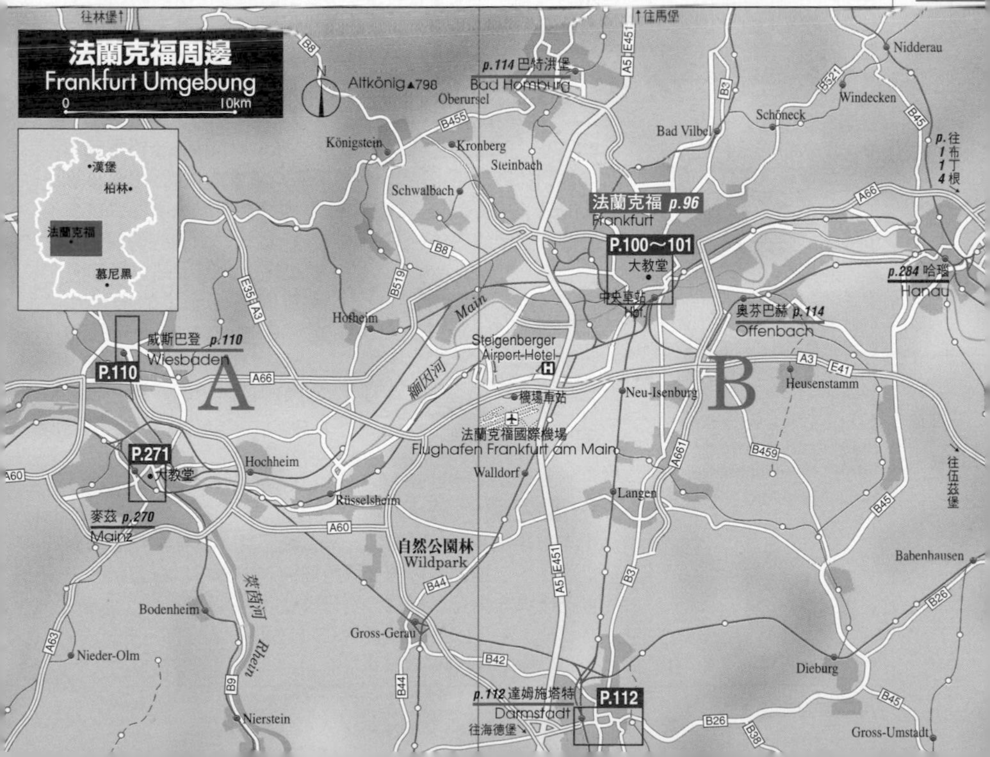

法蘭克福市內交通

在市內要善用 U-Bahn、S-Bahn

INFORMATION

❶遊客服務中心
<中央車站> MAP p.100-F
☎21238800 FAX 21245012
營8:00～21:00（週六、日、假日為9:00～18:00。12/24及31為8:00～13:00）
休12/25及26、1/1
<羅馬廣場> MAP p.101-G
☎21238800 FAX 21240512
營9:30～17:30（週六、日、假日 為9:30～16:00。12/24及31為9:30～13:00）休12/25及26、1/1 HP www.frankfurt-tourismus.de ●飯店預約：☎21230808、FAX 21240512、into@infofrankfurt.de
●青年旅館 從中央車站搭46號巴士在Frankensteiner Pl. 下車即到 MAP p.101-H
住Deutschherrnufer 12
A6100150
●德國漢莎航空
☎86799799
●中華航空
☎台北（02）412-9000
●日本航空 MAP p.101-G
住Rossmarkt 15 ☎86798777
●全日空 MAP p.101-G
住Rossmarkt 21
☎0800-1810397
●RheinMainCard
雖然若僅在法蘭克福市內遊玩，法蘭克福卡Frankfurt Card就很夠用了，但如果要去威斯巴登、麥茲等周邊區域的話，路線遍布RMV（萊茵公共交通網）的Rheinmaincard或許比較好也說不定，2日券€22、最多5人的團體票€46相當划算。詳情請洽詢❶或以下網址。
HP https://www.frankfurt-rhein-main.de/en/Information-Planning/RheinMainCard

搭乘火車的交通方式

光是一個月臺就有24條線之多，地下月臺更是有S和U川流不息地發車、抵達。有銀行、郵局、上網區、住宿預約中心及貴賓候車室等等，設備十分完善。除了有ICE和IC等特急列車連結德國各大都市之外，來自歐洲各國的國際列車也頻繁地在此地發車、抵達。而且比起深夜抵達法蘭克福的特急列車，搭乘深夜發車、早上抵達的急行列車反而更合乎經濟效益，所以不妨在規劃行程的時候，好好地研究一下時刻表。

市內交通

U-Bahn／S-Bahn

基本上以地下鐵的U-Bahn和DB的近郊電車S-Bahn為中心。不過，兩者在市中心均行駛於地面下，到了郊外才行駛出地面上。使用率高的市中心Zone 50為€2.75。1個小時以內可以任意轉乘同一方向的電車，也可搭乘市電或巴士。另外，還有可自由上下車的一日券Tageskarte（€5.35，不可搭到機場）。

只要是從自動售票機購買的車票，上頭就會自動印好日期。這裡的票務規定非常嚴格，通常是由站務員和幾個不講情面的警衛以抽查的方式進行查票動作，一旦發現有違法的行為，可能會被科以€40以上的罰金，所以請務必小心。另外，雖然當地人看起來好像都沒有在買票的樣子，但那其實是因為絕大多數的人拿的都是月票的關係。

市電 / 巴士

46路巴士（有2個系統）的Museumsufer路線是非常熱門的觀光路線，因為從中央車站沿著博物館大道（參照P.105），去主要的美術館很方便。從中央車站去薩克森豪森地區或南站的話，搭市電16最方便。從柏林大道的聖保羅教堂·Römer巴士站可參加搭乘雙層觀光巴士的城市旅遊。10:00～17:00、，每隔30分出發，所需1小時€17（上網預約€14.90）。HP www.citysightseeing-frankfurt.com

途中可以自由上下車。

法蘭克福悠遊卡

可自由搭乘市內所有的大眾運輸工具（包括機場到市內之間）。主要的美術館、博物館的入場券可以打五折，市內巴士觀光則可以打8折。1日券€11、2日券€16，5人可使用的團體券（1日€23、2日€33）。請在❶等處購買。

FRANKFURT CARD 2020/21
2 Tage/2 Days
€ 16,00

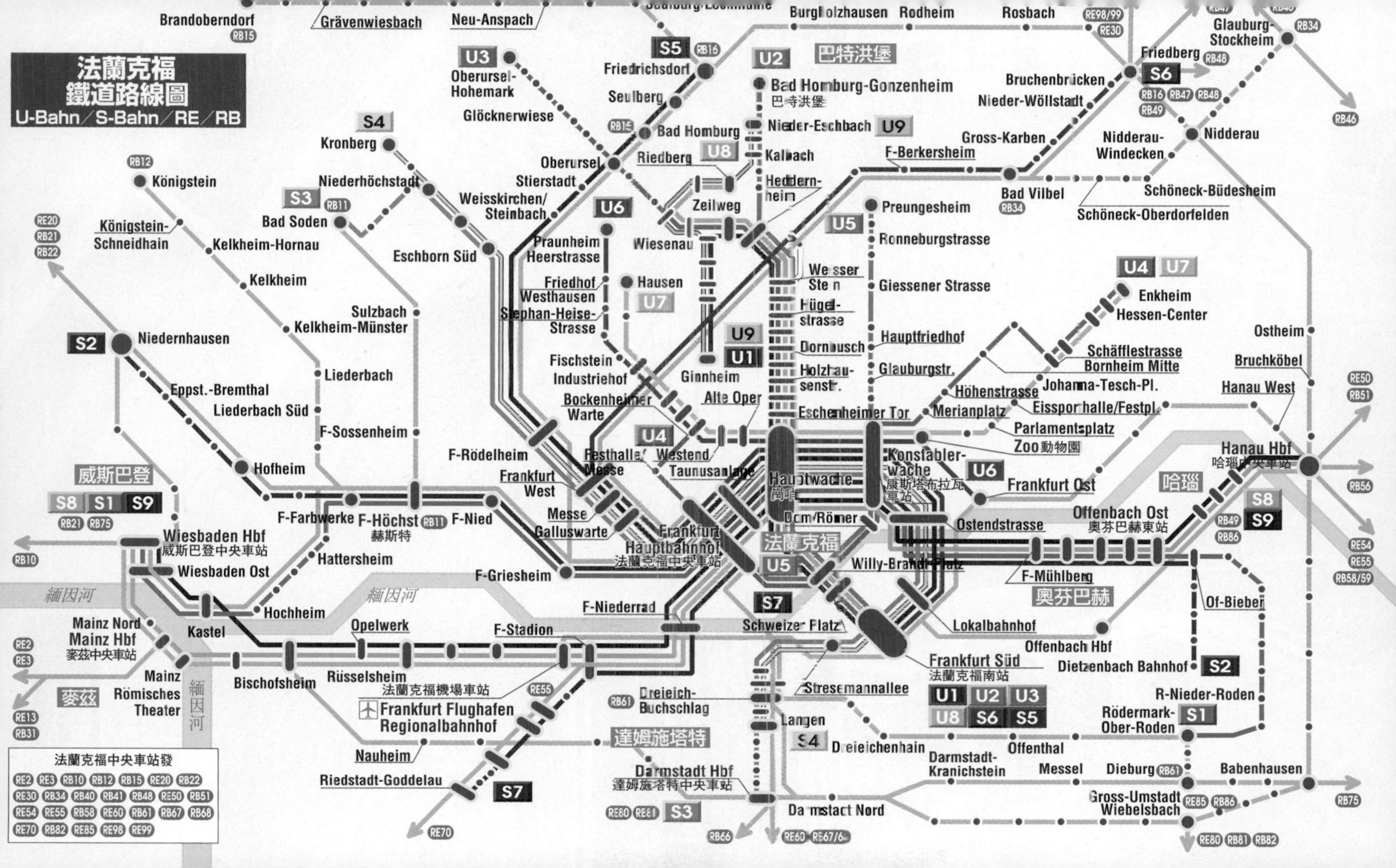

法蘭克福
鐵道路線圖
U-Bahn／S-Bahn／RE／RB
Brandoberndorf
Grävenwiesbach
Neu-Anspach
Burgholzhausen
Rodheim
Rosbach
Glauburg-Stockheim
Friedberg
Bruchenbrücken
Nieder-Wöllstadt
Gross-Karben
Nidderau-Windecken
Nidderau
F-Berkersheim
Bad Vilbel
Schöneck-Büdesheim
Schöneck-Oberdorfelden
巴特洪堡
Bad Homburg-Gonzenheim
巴特洪堡
Nieder-Eschbach
Kalbach
Riedberg
Heddernheim
Zeilweg
Wiesenau
Friedrichsdorf
Seulberg
Bad Homburg
Oberursel
Stierstadt
Weisskirchen/Steinbach
Oberursel-Hohemark
Glöcknerwiese
Kronberg
Niederhöchstadt
Bad Soden
Eschborn Süd
Königstein
Königstein-Schneidhain
Kelkheim-Hornau
Kelkheim
Sulzbach
Kelkheim-Münster
Niedernhausen
Liederbach
Eppst.-Bremthal
Liederbach Süd
F-Sossenheim
Hofheim
威斯巴登
F-Farbwerke
F-Höchst
赫斯特
F-Nied
Wiesbaden Hbf
威斯巴登中央車站
Wiesbaden Ost
Hattersheim
Hochheim
Kastel
Mainz Nord
Mainz Hbf
麥茲中央車站
Mainz Römisches Theater
麥茲
緬因河
Bischofsheim
Rüsselsheim
法蘭克福機場車站
Frankfurt Flughafen Regionalbahnhof
Nauheim
Riedstadt-Goddelau
Opelwerk
F-Stadion
F-Niederrad
F-Griesheim
F-Rödelheim
Frankfurt West
Messe
Galluswarte
Festhalle/Messe
Westend
Taunusanlage
Bockenheimer Warte
Fischstein
Industriehof
Ginnheim
Alte Oper
Praunheim Heerstrasse
Friedhof Westhausen
Stephan-Heise-Strasse
Hausen
Frankfurt Hauptbahnhof
法蘭克福中央車站
Hauptwache
Dom/Römer
法蘭克福
Willy-Brandt-Platz
Schweizer Platz
Konstablerwache
康斯塔布拉瓦車站
Preungesheim
Ronneburgstrasse
Giessener Strasse
Hauptfriedhof
Glauburgstr.
Weisser Stein
Hügelstrasse
Dornbusch
Holzhausenstr.
Eschenheimer Tor
Merianplatz
Höhenstrasse
Johanna-Tesch-Pl.
Eissporthalle/Festpl.
Parlamentsplatz
Zoo動物園
Schäfflestrasse
Bornheim Mitte
Enkheim
Hessen-Center
Ostheim
Bruchköbel
Hanau West
Hanau Hbf
哈瑙中央車站
哈瑙
Frankfurt Ost
Ostendstrasse
Offenbach Ost
奧芬巴赫東站
F-Mühlberg
奧芬巴赫
Lokalbahnhof
Of-Bieber
Offenbach Hbf
Dietzenbach Bahnhof
Frankfurt Süd
法蘭克福南站
Stresemannallee
Dreieich-Buchschlag
Langen
Dreieichenhain
達姆施塔特
Darmstadt Hbf
達姆施塔特中央車站
Darmstadt Nord
Darmstadt-Kranichstein
Offenthal
Messel
Dieburg
Babenhausen
R-Nieder-Roden
Rödermark-Ober-Roden
Gross-Umstadt Wiebelsbach
U1 U2 U3 U4 U5 U6 U7 U8 U9
S1 S2 S3 S4 S5 S6 S7 S8 S9
法蘭克福中央車站發
RE2 RE3 RB10 RB12 RB15 RE20 RB22
RE30 RB34 RB40 RB41 RB48 RE50 RB51
RE54 RE55 RB58 RE60 RB61 RB67 RB68
RE70 RB82 RE85 RE98 RE99

法蘭克福
Frankfurt
0 300m
往法蘭克福機場
格魯尼堡公園
Grüneburgpark
棕櫚公園
Palmengarten
Grüneburg-platz
Bremer pl.
A.-Siebertstr.
Fürstenbergerstr.
Wolfsgangstr.
Grüneburgweg
Böhmerstr.
Feldbergstr.
Myliusstr.
Siesmayerstr.
Sophienstr.
B8
B40
齊柏林大道
Zeppelin-allee
u7
u6
市立大學圖書館
Stadt Univ. Bibliothek
德意志圖書館
Deutsche Bibliothek
Friedrich Str.
猶太教堂
Synagoge
Freiherr-V.-Stein-Str.
Reuter-Weg
Eppsteiner Str.
羅伊特小徑
Leerbachstr.
Bockenheimer Warte
歌德大學
J.-W.-Goethe-Univ
Gräfstr.
博肯漢姆街
Palmenhof
貝多芬廣場
Beethovenpl.
Staufenstr.
Westend
Unterlindau
Oberlindau
羅斯柴爾德公園
Rothschildpark
Mertonstr.
申根堡自然史博物館
Senckenberg Naturmuseum
Senckenberg anlage
Mendelssohn-str.
Bockenheimer Landstr.
Mayer-Str.
Mayer Inst.
Kettenhofweg
Arndtstr.
Lindenstr.
佛耶爾巴赫街
Feuerbachstr.
Bockenheim
Distel Bio Laden
郵局
舊歌劇院
Alte Oper
Opern
Vinum
Westendstr.
孟德爾頌大道
Kettenhofweg
Hamb. Allee
Marriott
Schumannstr.
Westendstr.
聖十字博肯漢姆街
Grosse Bockenheimer Str.
Guiollettstr.
Alte Oper
歌德大道
Goethe Str.
Versace
Louis Vuitton
Jung ho
Ludwig-Erhard-Anlage
B8
Maritim Hotel Frankfurt
Savignystr.
Westend pl.
Matsuri
Niedenau
Taunusanlage
貝多芬像
展示廳5
展覽會會場
Messe Frankfurt
展覽會塔
Messeturm
Festhalle / Messe
腓特烈·艾伯特大道
Friedrich-Ebert-Anlage
Bettinastr.
Hessischerhof
Cantine DiVino
緬因塔
新緬因河岸大道
Neue Mainzer Str.
阿格拉廣場
Agora
展示廳2
Hotel Savigny
入口
Eingang
完全中學
Gymnasium
安東尼斯教堂
St. Antonius
Mainzer Landstrasse
聯邦中央銀行
Bundesbank
Taunus Tor
席勒像
展示廳1
u4
Japan Center
展示廳3
Skyline Plaza
Blittersdorfpl.
Weserstr.
25hours Hotel The Trip
Niddastr.
Elbestr.
Platz d. Republik
Five Elements Hostel
陶努斯街
Taunusstr.
Ramada City Ctr And Financial District
Jürgen-Ponto-Pl.
Europa-Allee
Moselstr.
Kaiserstr.
Münchener Str.
市立劇
Schauspielhau
凱撒大道
Victoria
Metropolitan
The Pure
Topas
Hotel Cristall
郵局
銀行
Hauptbahnhof
u5
Frankenallee
法蘭克福中央車站
Hauptbahnhof
Comfort Hotel Frankfurt City Cente
Gutleutstr.
緬因河岸大道
銀行
Savoy
Deutsche Touring公司
Excelsior
Hotel Monopol
貝斯勒街
Le Méridien Frankfurt
東橫INN
洲際酒店
Untermainkai
緬因河
Baseler Str.
公務機關
美術學校
施泰德美術館
Städel Museum
李比豪斯美術館
Liebighaus
Gutleutstrasse
和平橋
Friedensbrücke
Gartenstr.
N
Westhafen
Kennedyallee
往法蘭克福機場

霍爾茲豪森公園
Holzhausenpark
Kepler-Str.
Neuhofstr.
Wielandstr.
Wolfsgangstr.
Eschersheimer
Lersnerstr.
Adlerflychtstr.
Landstr.
Rotlintstr.
Günthersburg
Höhenstr.
弗里德貝格爾廣場
Freidberger Pl.
Koselstr.
Sömmerringstr.
Burgstr.
Höhenstr.
Bornheimer Landstr.
Heidestr.
Fichardstr.
Oberweg
完全中學
Muster Gymnasium
Musterschule
Merianstr.
貝格爾街
Bergerstr.
Sandweg
C
D
Grüneburgweg
Mittelweg
Oeder Weg
Scheffelstr.
Anlage
Merianplatz
Friedberger
Baumweg
國立音樂大學
Staatl. Hochschule f. Musik
紅十字醫院
Rotkr. Krkhs Maingau
Eschenheimer
完全中學
Gymnasium
馮·貝特曼公園
V. Bethmann Park
Mousonturm
Anlage
埃森海默古門
Eschenheimer Tor
Bleichstr.
Mozart-Pl.
布萊奇街
Zwölf Apostelkeller
Mousonstr.
彼得教堂
Peterskirche
塞勒街
Seiler-str.
Escheheimer Tor
希爾頓
Hochstr.
德國漢莎航空
Anlage
Westin Grand Hotel
崗哨
Hauptwache
Lorey
法院
動物園
Zoologischer Garten
證券交易所
Frankfurter Börse
郵局
Alfr.-Brehm-Pl.
Feiler Store
Stiftstr.
Tiger Palast
Schlemmermeyer
Lorey
MyZeil購物中心
Adenauer Str.
Zoo
Mutter Ernst
Kaufhof
采爾大道
Zeil
Konstablerwache
Ferragamo
(交通資訊專用)
Faber-Castell
凱瑟琳教堂
Katharinenkirche
Staufenmauer
歌德像
Dominikauer Kirche
歌德廣場
Goethepl.
Hessen Shop Kleinmarkthalle
Kleinmarkthalle(小市場大廳)
Wackers' Kaffee
漢納瓦街
Hanauer Landstr.
BIRKENSTOCK Frankfurt(鞋店)
Battonnstr.
HENCKELS
Berliner Str.
Kurt-Schumacher-Str.
猶太人墓園
猶太人博物館
Museum Judengasse Gedenkstätte
Lange Str.
Ostendstr.
日本航空
Walden
柏林大道
Artwork
現代藝術美術館
Museum für Moderne Kunst
歌德故居
Goethehaus
Paulskirche
Iimori Pattisserie
G
H
Obermainanlage
Steigenberger Frankfurter Hof
大教堂
Dom
Römer
Zum Storch am Dom
Klosterhof
市政廳
Rathaus
羅馬教堂
Römer
Struwwelpeter-Museum
Fleming's
Historischer Garten
羅馬廣場 Römerberg
Schöne Aussicht
Sonnemannstr.
St.Leonhards kirche
歷史博物館
Historisches Museum
卡默羅會修道院
Karmel-Kloster
尼古拉教堂
Alte Nikolaikirche
Alte Brücke
舊橋
Mainkai
鐵橋
Haus Wertheym
考古學博物館
奧伯麥因橋
Obermain-brücke
Flösserbrücke
Teddy Paradies & Teddy's Honigtops
Sachsenhsr.Ufer
三皇教堂
Dreikönigskirche
德國騎士修道會教堂
Deutschordenshaus
YH
Deutschherrnufer
Untermain brücke
下緬因橋
Alt Sachsenhausen
應用美術博物館
Museum für Kunsthandwerk
Zum Grauen Bock
咖啡廳
Dreieichstr.
無垢
Seehofstr.
民俗博物館
Museum der Weltkulturen
Schaumainkai (Museums-ufer)
博物館大道
Walter-Kolb-Str.
卡拉伯小巷
Klapper-Ga.
德國電影博物館
Film museum
Maingau
Brückenstr.
Schifferstr.
Gerbermühlstr.
建築博物館
Architekturmuseum
Willemerstr.
通訊博物館
Ebbelwoi Unser
Zur Germania
Gartenstr.
薩克森豪森地區
SACHSENHAUSEN-NORD
Mühlberg
Darmstädter
Schweizer Platz
Gutzkowstr.
Lokalbhf.
K
L
Schweizer Pl.
Textorstr.
Offenbacher
Landstr.
Schneckenhofstr.
Zum Gemalten Haus
Applewine Wagner
Wendels-platz
養老院
Hühnerweg
瑞士街
Schweizer Strasse
Wendelsweg
Mühlberg Krkhs
Holbeinstr.
Oppenheimer Landstr.
南站
Südbahnhof
Landstrasse
Landstr.
Henninger Bräu
Hedderichstr.
Mörfelder
Henninger Turm

鱗次櫛比的高樓大廈。

緬因塔 Main Tower

絕大部分都是辦公用的高樓大廈，所以很少會有高樓大廈的屋頂願意開放給一般民眾參觀。緬因塔的屋頂上設置有展望台，但是必須付費才能夠入場。另外，在展望台的正下方還設有餐廳和酒吧。

MAP p.100-F
住 Neue Mainzer Str.52-58
營 10:00～21:00（週五、六～23:00）、冬天10:00～19:00（週五、六～21:00）、時間會因為天氣而有所變動
費 €7.50、學生€5〈餐廳＆酒吧〉
營 12:00～15:00、18:00～24:00（週五、六～翌1:00）
休 週日、一
☎ 36504770
HP www.maintower.de

Velotaxi。1～2 km€8、40分€24、60分€38。最多可容納2人

可以請店員在眼前秤重購買

新景點My Zeil

文豪歌德曾經在這個城市裡度過了他的青春時代。目前在德國則是一個高樓大廈林立，十分特殊的文化都市。從台灣直飛的班機和許多國際線都在這裡轉機，所以對絕大部分的台灣人來說，法蘭克福通常都是抵達德國的第一站。

城市概要 觀光景點以羅馬廣場為中心

法蘭克福雖然是德國最大的現代都市，但是和其他城市一樣，也有新、舊城區。構成市中心的不夜城位於離中央車站稍遠的地方。舊城區的中心座落於**羅馬廣場**（p.104）附近，這一帶有市政廳、大教堂等等，以這裡為中心看地圖的時候，可以發現緬因河位於底部，然後有一塊稍微有點歪斜的五角形綠色公園地帶十分突出，這是過去城牆的所在位置，如今市內刻劃著歷史痕跡的觀光景點絕大部分都落在這個範圍之內。

舊城區裡最熱鬧的地方就位在以**崗哨**（MAP p.101-G）為中心的采爾購物區一帶。這個購物區是法蘭克福的主要街道，百貨公司、餐廳、電影院等櫛比鱗次，有時候還會規劃成行人徒步區。同樣是逛街血拼，如果想要購買高級名牌貨的話，則一定要到**歌德大道**（p.107）。

另外，在緬因河的南岸，還有一條俗稱**博物館大道**（p.105），聚集了博物館及美術館的文化區域。而擁有一整條酒館的卡拉伯小巷所處的**薩克森豪森地區**（參照p.103）就位在緬因河的對岸。

玩樂重點 其他都市所沒有的正統德國都會玩樂

擁有至少20棟離地100公尺以上的高樓大廈，辦公大樓的比例比起其他都市要來得高上許多。這些高樓大廈本身就是觀光的一環，例如落成於2000年的**緬因塔**（MAP p.100-F）便是一棟高達199.5公尺的高樓大廈，上頭有展望台，開放給一般民眾使用對面是Taunus Tor，內部設有Japan Centre。25樓也有半自助的餐廳。

這裡的熟食鋪、糕餅鋪比其他的城市多也是其特色之一。只要花一點點錢就可以吃到高品質的輕食。尤其是**聖十字博肯漢姆街**Grosse Bockenheimer Str.（MAP p.100-F）更是擁有「老饕巷」的暱稱。有很多上班族都會從附近的辦公大樓前來覓食。百貨公司也很多，市中心的**采爾購物區**上有座呈現不可思議管狀、玻璃屋頂的**My Zeil**（MAP p.101-G）購物中心。全長47m，擁有歐洲第一長的電梯，建築物本身也相當有趣。

這裡的娛樂活動也意外地很充實。像是以巴黎的歌劇院為藍本所打造的後文藝復興風格的**老歌劇院**Alte Opera（現在以舉行演奏會為中心），以及擁有現代化裝潢的**市立劇場**Schauspielhaus，除此之外還有許多俱樂部和現場演唱會場。

最近還出現從柏林發跡，因為不會對環境造成污染而廣受好評的三輪計程車Velotaxi（4/1～10/31、HP frankfult.velotaxi.de）。

趕緊倒杯蘋果酒來喝。

了解發展的背景

法蘭克福這個地名原本是指「法蘭克人的河岸」。藉由漁業和航運打下了根基，在中世紀升格為帝國自由都市，並充分發揮其航運的優勢，發展成一個商業都市。在神聖羅馬帝國的時代，還曾經在法蘭克福舉行過皇帝的選舉及加冕儀式。當時序進入18世紀，法蘭克福在出身於猶太人街區的猶太人銀行家，羅思柴爾德家族（德文為「紅盾」的意思）的帶領下，安然度過了專制王朝及其崩壞後的世紀末混亂，透過金融業建立起穩固的繁榮基礎，目前國內已經有超過400間的銀行，在全球10大金融機構中的其中9個國家都有其據點，歐元統一之後的歐洲中央銀行也位在法蘭克福。

歌德在法蘭克福度過了青春時代。

另外，秉持著中世紀的傳統（史上第一個展覽會都市），各種展覽十分熱鬧。據說每年都會舉辦40種以上的展覽會，其中又以車展和秋天的書展最為有名。在文化方面，文豪歌德在這裡住到26歲，其多愁善感的青春期都是在這裡度過的，只花了4個禮拜就完成了他的名作《少年維特的煩惱》。可以在歌德的故居（p.104）尋訪他的生平。

資訊補給站

薩克森豪森地區的蘋果酒

建議您可以在薩克森豪森地區暢飲蘋果酒。蘋果酒Apfelwein（當地的發音為Ebbelwei），是一種將蘋果榨成汁之後，稍微發酵而成的水果酒，酒精濃度為5.5%。自古以來就可以在這個地區喝到，也有些店家會自己釀造。傳說中有一位老婆婆曾經背著烏龜在這裡沿路兜售，在**卡拉伯小巷**Klapper Gasse（MAP p.101-L）還看得到她的噴泉。

觀光客比較容易前往的知名場所是老字號酒館Zum Grauen Bock（100年以上）。如果想要更進一步地感受當地的氣氛，南站Südbahnhof附近也有Zum Gemalten Haus等好幾家店。至於下酒菜嘛，請勇於嘗試一種叫作Handkäse的醋醃起司，風味非常獨特，還有一種叫作Grüne Sosse的法蘭克福青醬（多半是店家自製），只有這裡才吃得到，是老饕會喜歡的香草醬汁，據說文豪歌德也很愛吃。另外，在德國「法蘭克福香腸Frankfurter」指的是細長形的水煮香腸。

法蘭克福這個地名

在車站買票的時候，有時候光說「法蘭克福Frankfurt」是行不通的，這是因為在前東德的國境附近也有一個同名的都市，所以最好事先記住法蘭克福的正式名稱叫作「Frankfurt am main」。

法蘭克福的危險區域

市內最需要特別注意的地方，是在中央車站的正前方，凱撒大道的入口附近和與凱撒大道平行的2條街道。這裡經常都會有好幾個看起來就像是酒精中毒的男女在這邊徘徊，甚至還動用了員警和巡邏車在這裡常駐監視著。如果只是路過的話還沒有什麼太大的問題，但是如果坐在這條路上的咖啡座，就會有些流浪漢過來要錢。

從車站北口通往中央出口的停車場附近人煙稀少，總是瀰漫著一股臭味。從凱撒大道通往陶努斯街的兩條平行的道路一帶是紅燈區，尤其以東歐系的店特別引人注目。雖說不是所有的店都具有危險性，但也有些拉客的行為十分纏人。

◆Zum Grauen Bock
MAP p.101-L　住 Grosse Rittergasse30　☎618026　營17:00～深夜(L.O.～23:00 ※夏天若是晴天時，中午也營業)休週日　※夏天的週一也公休，商展期間則照常營業

◆Zum Gemalten Haus
MAP p.101-K　住 Schweizer Str.67　☎614559　營10:00～24:00　休週一、夏天約2星期

◆Zur Germania　MAP p.101-L　住 Textorstr.16　☎613336　營16:00～24:00（週六、日12:00～24:00）休週一

這便是傳說中的法蘭克福青醬　多半淋在白煮蛋或肉類上

蘋果酒和容器

入夜的薩克森豪森

羅馬教堂 ★★★
Römer

map p.101-G

● U4 在Römer即到

正對著羅馬廣場Römerbergpl.興建的3棟趣味十足的建築物。這裡是過去曾經被當作市政廳使用的貴族宅邸，其中央的建築物就叫作羅馬。是神聖羅馬帝國在其國力最為強盛的1562年，選了這棟建築物作為慶祝新皇帝即位的場所，在此舉行了豪華的儀式。現在牆壁上還裝飾著出身自德國的52位皇帝肖像畫，供人緬懷神聖羅馬帝國時代的繁華。

營10:00～13:00、14:00～17:00 休活動日（需確認） 費€2 ☎21234814

從左邊的狹窄入口可通往儀式的大廳（Kaisersaal）。

左為林布蘭的『參孫與大利拉』

施泰德美術館 ★★★
Städel Museum

map p.100-J

●中央車站搭46路巴士於Städel下車（請見p.98）

渾厚的美術館建築位於緬因河畔，是法蘭克福首屈一指的美術館。由銀行家施泰德捐款建造的美術館。館內擁有的收藏品中光是繪畫就有2700件，圖形印刷、雕刻等總計多達10萬件左右。2011年本館曾進行整修，而展示當代藝術的新館——擁有中庭、採光窗的地下展覽館——也已於2012年開幕。古典繪畫、近代繪畫的傑作收藏也十分多，以名畫家維梅爾的『地理學家』為首，還有拉菲爾、安傑利科、波提且利等義大利文藝復興時期的畫作，收藏量雄厚且皆為名作。其他也有像是魯本斯的宗教畫作，以及林布蘭、莫

歌德的故居 ★★★
Goethe-Haus

map p.101-G

尋訪文豪歌德的足跡

詩人歌德Johann Wolfgang von Goethe於1749年8月28日在這間房子裡呱呱墜地。父親是皇室的高官，母親則是市長的女兒，歌德從小便擁有非常好的家世，並在這裡度過了多愁善感的少年時代。

歌德受到父親漢斯的強烈影響，從幼年時代就很喜歡看書，曾經和妹妹科尼麗亞一起表演過自創的人偶劇。如今那個小小的人偶劇場仍放在3樓邊間的房間裡。歌德出生的房間就位在2樓突出來的房間裡，據說他是在3樓左手邊的房間裡寫出其處女作《少年維特的煩惱》和代表作《浮士德》的。

歌德曾經在文獻中寫道「從各個窗戶看出去的庭院景致真是令人心曠神怡」。

這棟建築物後來雖然在第二次世界大戰的時候受到炮火的攻擊而毀於一旦，但是在當地居民的努力下又恢復原狀。日常用品因為早就搬到別的地方去了，所以倖免於難。

依稀可看出當時歌德家的生活非常富裕。

● U1～3、6、7 U1～6、8、9 Hauptwache步行5分 住Grosser Hirschgraben23-25 營10:00～18:00（週日、假日、復活節、基督降臨節期間的週一、12/26為～17:30 休聖週五、12/24～25及31、1/1 費€7、學生€3 ☎138800 HP www.goethehaus-frankfurt.de

內、雷諾瓦等印象派畫家的作品，並還有20世紀初的克希納、貝克曼等德國表現主義畫家所繪的高藝術價值作品也十分多。

營10:00～18:00（週三、週五～21:00）
休週一 費€14、學生€12 ☎605098200

大聖堂 ★
Dom

map p.101-G

● U4 Römer下車即到

典型的哥德式建築，咖啡色的外觀令人眼睛一亮。從9世紀中葉開始興建，尤其從1562年之後的230年間，神聖羅馬帝國的加冕儀式一直都是在這裡舉行的，非常有名。

營9:00～20:00（週五13:00～） 休週五上午、活動期間 費免費 ☎2970320 〈大教堂美術館〉 營10:00～17:00（週六日、假日11:00～） 休週一 費€4、學生€2

博物館大道 ★★
Museums-ufer

map p.101-K

●中央車站搭46路巴士於Städel下車（請見p.98）

緬因河南岸的Schaumainkai街道上有許多美術館和博物館，因此稱為博物館大道（Museumsufer，意思為博物館岸）。其中具可看性的有以收藏品—各種形狀優美的家具及家飾品—從12世紀橫跨至現代自豪的應用美術博物館（Museum für Angewandte Kunst 營 10:00～18:00〔週三為～20:00〕 休 週一 費 €9）；收集至現代的代表性建築模型、設計等的**建築博物館**（Deutsches Architektur Museum 營11:00～18:00〔週三為～20:00〕 休週一 費€12）；展出德國電影史並且也有播映電影的**德國電影博物館**（Deutsches Filmmuseum 營 10:00～18:00〔週三為～20:00〕 休週一 費€6）；及展出從符號到網路等通訊相關的**通訊博物館**（Museum für Kommunikation Frankfurt 營9:00～18:00〔週六日、假日為11:00～19:00〕 休 週一、12/24～25、31、1/1 費€4）等。

現代家具也是一種藝術 攝於應用美術博物館

很受小朋友歡迎的通訊博物館

Museumsufer Ticket€18、學生€10為2日內有效，包含歌德故居在內的市內33館皆可使用

名物 Pick up 熱熱鬧鬧地出發！蘋果酒電車之旅

一面暢飲法蘭克福有名的蘋果酒，一面參觀各個觀光名勝的交通工具稱之為「蘋果酒電車Ebbelwei-Express」。

電車在週六、日、假日的13：30～17：35之間，每隔35分（11～3月每隔70分）從U-Bahn的動物園站出發，經由中央車站、薩克森豪森，再回到動物園站。可以在車上暢飲蘋果酒，也會為小朋友準備蘋果汁，儼然就是場歡樂的宴會。也可以從中央車站、薩克森豪森上車，但如果想要確保有位子坐的話，最好還是從動物園站上車。休聖週五、基督聖體節、國殤紀念日、萬靈節 費成人€8、14歲以下€3.50（附飲料及椒鹽卷餅） ☎21322425

蘋果酒電車一定要坐一次看看。

動物園 ★
Zoo Frankfurt

map p.101-H

● U6、7 Zoo即到

位於舊城區以東的這座動物園，號稱是德國規模最大、入場人數最多的動物園。考慮到動物和人類雙方的設備是一大賣點，尤其以夜行性動物館最受歡迎，白天也可以觀察到夜行性動物的生態。多半採取開放式飼養的設施也成了其他動物園學習的對象，有許多人特地從國外來考察。各售票處的售票時間會不同，請注意。

營9:00～19:00（冬季為～17:00） 休無休 費€10、學生€5（閉館前2小時€8、學生€4） ☎21233735

申根堡自然史博物館 ★★★
Naturmuseum Senckenberg

map p.100-A

● U4、6、7 Bockenheimer Warte步行3分

號稱展示數量為德國第一的自然史博物館。最受矚目的為忠實地重現骨骼原貌的恐龍標本。像是長毛象和暴龍等等，充滿了壓倒性的存在感，讓人看了大受震撼。

費9:00～17:00（週三為～20:00、週六日、假日為～18:00） 休聖週五、12/24及31、1/1 費€10、15歲以下€5 ☎75420

法蘭克福的區域號碼☎069

法蘭克福的餐廳·商店·飯店

飯店多半都集中在中央車站附近。崗哨附近的采爾購物區則是逛街血拼的中心。還有許多個性十足的商店，光是到處亂走就很有樂趣了。如果要購買名牌精品的話，請一定要前往歌德大道。素有「老饕巷」之稱的聖十字博肯漢姆街上也有許多高級的餐廳。

要不要來杯好喝的葡萄酒啊？

Vinum

法蘭克福最頂級的葡萄酒餐廳

改建自葡萄酒貯藏庫的店內，氣氛很棒。精選的葡萄酒有50款以上，其中有20款可單點一杯品嘗，價格也很合理。若不知該選哪一款酒，可以試試辛口的白葡萄酒。

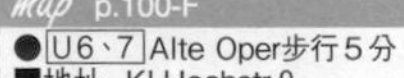

map p.100-F

●U6、7 Alte Oper步行５分
■地址 Kl.Hochstr.9
■TEL 293037
■營業 16:00～翌1:00（週六17:00～）
■公休 週日、假日（有大型展覽時除外）、7～8月的週六
■信用卡 VISA、MC、AMEX、JCB

Klosterhof

傳統鄉土菜、特製啤酒，還有歌德羊排

冠上店名的羊排非常受歡迎，據說歌德也吃過呢。獨家採購的黑啤酒與加了酵母的啤酒——Naturtrüb也是店家的招牌。因為是人氣餐廳，所以最好要先預約。

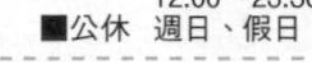

map p.101-G

●U1～5等 Willy-Brandt-Platz步行３分
■地址 Weissfrauenstr.
■TEL 91399000
■營業 11:30～翌1:00（供餐12:00～23:30）
■公休 週日、假日
■信用卡 不可
HP www.klosterhof-frankfurt.de

Haus Wertheym

建於1479年的悠久建築物，店內非常有情調

位於市中心，是少數逃過第二次世界大戰戰火摧殘的建築物。以前據說曾經是消防局。招牌菜是法蘭克福的當地美食，古色古香的室內設計很值得一看。

map p.101-G

●U4、5 Dom/Römer步行５分
■地址 Fahrtor 1
■TEL 281432
■營業 11:00～23:00
■公休 無休
■信用卡 不可
HP haus-weltheym.de

Iimori Pattisserie

以日式構思創作出的法國甜點

抹茶蛋糕、紐約起司蛋糕等由法國師傅與日籍老闆創作出的新風格蛋糕，很受歡迎。樓上為餐廳，還設有烹飪教室。

map p.101-G

●U4、5 Dom/Römer步行５分
■地址 Braubachstrasse 24
■TEL 97768247
■營業 9:00～21:00（週六10:00～、週日10:00～16:00）
■公休 無休
■信用卡 VISA、MC、DC、JCB、€10～才可使用
HP www.iimori.de

Wackers' Kaffee

附庸風雅的人最常來!?

創業於1914年的咖啡廳。獨特的濃郁香氣與風味，特別受到文化人及上班族女性的喜愛。店面很小，所以露天座位總是座無虛席。

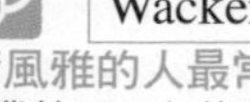

map p.101-G

●Hauptwache步行５分
■地址 Kornmarkt 9
■TEL 287810
■營業 8:00～19:00（週六～18:00）
■公休 週日、假日
■信用卡 不可
HP www.wackers-kaffee.de

●～€15 ●●€15～25 ●●●€25～50 ●●●●€50～

Walden

時尚風格的咖啡館＆餐廳＆夜店

可享受時尚氣氛的咖啡館。餐點方面以義大利麵和沙拉最有人氣，早餐套餐到傍晚都有供應。冬天期間樓上為夜店，夏天還設有露天座。

map p.101-G
● S1～6、8、9 U1～3、6、7、8 Hauptwache步行7分
■地址 Kleiner Hirschgraben 7
■TEL 92882700
■營業 8:00～翌1:00（週日～18:00）
■公休 週日
■信用卡 不可
HP www.walden-frankfurt.com

Zum Storch am Dom

1704年開幕至今的老字號餐廳，歌德也曾經來過

正式出現在記錄上是1317年，轉型成為餐廳之後已經有300年以上的歷史，老闆是位哈日族，待客之道十分友善，餐點則是樸實的平民口味。

map p.101-G
●羅馬廣場步行約5分
■地址 Saalgasse 3-5
■TEL 284988
■營業 18:00～24:00（週日、假日的15:00也有營業）
■公休 週六（展覽活動期間則營業）
■信用卡 VISA、MC、AMEX、JCB
HP www.zumstorch.de

Mutter Ernst

非一般觀光客走向的餐廳，店內提供簡單、實在的道地家庭菜。可嘗試看看煙熏豬排加酸菜等佳餚。

map p.101-G
● S1～6、8、9 U1～3、6、7、8 Hauptwache步行5分
■地址 Alte Rothofstr.12a
■TEL 283822
■營業 10:00～22:00（熱食10:30～15:00、17:30～21:00）、週六10:00～16:00（熱食11:00～15:00）
■公休 週日 ■信用卡 不可

Tiger Palast

由鬼才約翰·克利姆克將20年代流行於柏林的輕歌劇、雜技風潮在此重現的舞臺劇場。

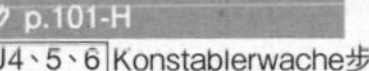

map p.101-H
● U4、5、6 Konstablerwache步行5分
■地址 Heiligkreuzga.10-20 ■TEL 9200220
■FAX 92002260 ■營業 表演秀時間為19:00與22:00（週五、六為19:30與22:30、週日16:30與20:00）兩場
■公休 週一、二；每年6～8月左右，差不多約2個月
■信用卡 VISA、MC、AMEX、JCB HP www.tigerpalast.de

想要的東西一定要得到手！在歌德大道購買各種名牌貨

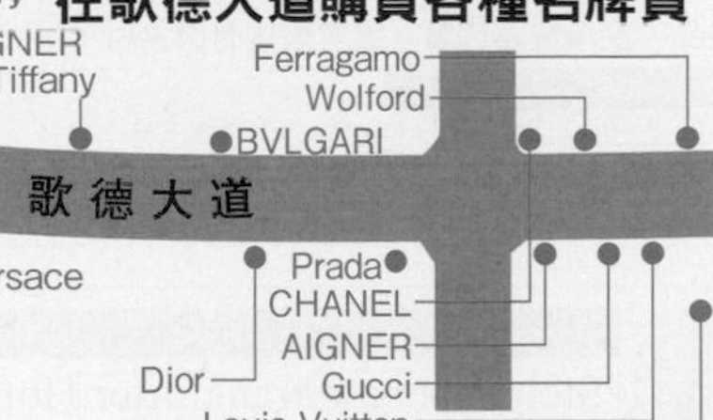

全長300公尺左右的歌德大道Goethe Str.（MAP p.100-F），是法蘭克福最大的購物商城。世界上具有代表性的高級名牌精品店皆集中於此。

也要善用法蘭克福機場的免稅商店

既然是德國的大門，機場內的免稅商店當然也應有盡有。BOSS、ESCADA SPORT、Montblanc、JOOP!等在第一航廈的B登機門皆有店鋪，在Airport Boutique等機場免稅店裡，還有HERMES等名牌。另外在這下面還有超市Tegut，週日也有營業。

基本上，退稅手續要在把行李託運上飛機之前進行。處理完畢之後退還稅金的櫃台在第一航廈也有好幾個地方，像是B登機門等地方（全都是在通過安檢門之後的地方）。

第一航廈的B登機門附近。

Feiler Store

初次登場！人氣名牌的直營店

柔軟、吸水性絕佳且耐用的雪尼兒織品，配上美麗設計與繽紛顏色的手帕等十分受歡迎的Feiler。意外地不好找到販售的店家，因此推薦一定要來這裡買。

map p.101-G
●S1~6、8、9等 Hauptwache步行3分
■地址 Shillerstr.20
■TEL 21932832
■營業 10:00~19:00（週六~18:00）
■公休 週日
■信用卡 VISA、MC、AMEX
HP www.feiler.de

Teddy Paradies & Teddy's Honigtops

種類齊全為法蘭克福第一

除了泰迪熊之外，還有泰迪熊藝術品及昂貴的骨董等等，有大約1400種的泰迪熊，是一家應有盡有的專賣店。9月的第1個週末還會舉辦泰迪熊的慶典。

map p.101-G
●羅馬廣場步行1分
■地址 Römerberg 11
■TEL 13377000
■營業 10:00~19:00（週六為~18:00、週日11:00~18:00）
■公休 11~3月的週日
■信用卡 VISA、MC、AMEX
HP www.teddy-paradies.de

Hessen Shop Kleinmarkthalle
Hessen Shop（Liebfrauenberg側）

齊聚州內特產與名品的店家。有近郊的葡萄酒、蘋果酒，以及水壺、廚房用品，還有文具用品。

map p.101-G
●U5 Hauptwache步行約7分
■地址 Hasengasse 5 ■TEL 21937950
■營業 10:00~18:00(週六~16:00) ■公休 週日
■信用卡 VISA、MC、DC、JCB HP hessen-shop.com

Lorey

專門設立為販售廚房用品的店家。販售有名的WMF、HENCKELS、KOZIOL等品項十分豐富。

map map p.101-G
●U5 Hauptwache步行約5分
■地址 Schllerstr. 16 ■TEL 299950
■營業 10:00~19:00 ■公休 週日 ■信用卡 VISA、MC、AMEX、JCB HP www.lorey.de

Distel Bio Laden

店長為日本人的BIO專賣店。可試用的天然美妝用品，品項豐富充實。還有販售有機食材。

map p.100-F
●U1~3、6~8;S1~6等 Hauptwache步行約8分
■地址 Kleine Hochstr. 7 ■TEL 71712977
■營業 11:00~19:30（週六10:00~17:00） ■公休 週日、假日 ■信用卡 VISA、MC HP www.distel-bioladen.com

Artwork

名為Blechschild、充滿懷舊風圖案的馬口鐵招牌專賣店，看了都想買來取代海報做裝飾。

map p.101-G
●羅馬廣場步行8分
■地址 Neue Kräme 18
■TEL 91397208 ■營業 10:00~20:00（冬季11:00~）
■公休 週日 ■信用卡 VISA、MC

★★★★ Steigenberger Frankfurter Hof

法蘭克福最具有代表性的高格調飯店

創業約130年，擁有文藝復興風格的外觀，威風凜凜地座落於舊城區的中心，是市內擁有最古老的歷史與傳統的高級飯店。不光是各國名人政要愛用的下榻地點，和日本帝國飯店也有合作關係，提供最高規格的服務。餐廳有法式料理「FRANÇAIS」和酒吧「AUTORENBAR」，可在此盡情享受美好夜晚。2013年2月還開幕了「THE SPA」，提供健身三溫暖、土耳其浴和美甲沙龍等設施。另外還提供無線網路，設備非常齊全。位於觀光上十分方便的地點也很值得注目。另外，同一個飯店集團還有Metropolitan（MAP p.100-E 住Poststr.6 ☎5060700）、Airport Hotel（MAP p.97-B 住Unterschweinstiege 16 ☎69750）等等。

一生至少要住一次的夢幻飯店。

華麗中又不失莊嚴的大廳空間。

map p.101-G
●U4 Willy-Brandt-pl.步行2分
■地址 Am Kaiserplatz
■TEL 21502
■FAX 215900
■費用 S/T-€210~早餐另計、浮動制
■客房數 共303間
■信用卡 VISA、MC、AMEX、DC、JCB
HP www.steigenberger.com

當然也有設備完善的游泳池、健身房。

★★★★

Maritim Hotel Frankfurt

號稱擁有全德國最高規格的等級

商務客房。

Maritim連鎖企業在德國擁有最高等級的評價，而這家飯店便是它的旗艦店。特別推薦其商務樓層，附有可以任意使用的貴賓室。另外，直營餐廳「すし将」的壽司在市內擁有頂級水準的評價。

map p.100-E
●U4 Festhalle/Messe步行1分
■地址　Theodor-Heuss-Allee 3
■TEL　75780
■FAX　75781004（預約專用）
■費用　S-€109～、T-€122～、浮動制
■客房數　共542間
■信用卡　VISA、MC、AMEX、DC、JCB
HP www.maritim.de

★★★

The Pure

顧名思義，室內設計以白色為基調

飯店櫃台就像酒吧一樣，大廳則像客廳一樣。中庭還陳列著藝術品般的抱枕。走的是摩登藝術的路線，態度卻很親切，住起來非常舒服。

map p.100-E
●中央車站步行5分
■地址　Niddastr.86
■TEL　7104570
■FAX　710457177
■費用　S,T-€119～255（週末S-€72～、T-€81～）、浮動制
■客房數　共50間
■信用卡　VISA、MC、AMEX、DC、JCB
HP www.the-pure.de

★★

Ramada City Ctr And Financial District

CP值不錯的飯店

位於中央車站附近、物超所值的飯店。近幾年剛整修，從外觀無法想像內部竟是如此地精緻。附浴缸的房間數不多，預約時請先確認。

map p.100-F
●中央車站步行5分
■地址　Weserstr.17
■TEL　310810
■FAX　31081555
■費用　S-€49～、T-€58～、浮動制
■客房數　共108間
■信用卡　VISA、MC、AMEX、DC、JCB
HP www.ramada.com/hotel/15316

★★

Hotel Cristall

靠近車站便宜又乾淨的飯店

由溫厚的日本籍飯店人瀧氏所經營，通常一大早就會來上班，是住房率很高的飯店。房間雖然有點小，但很乾淨。2006年改建之後變得比較摩登了。

map p.100-E
●中央車站北口步行1分
■地址　Ottostr.3
■TEL　230351
■FAX　253368
■費用　S-€49～、T-€47～、浮動制
■客房數　共30間
■信用卡　VISA、MC、AMEX、DC、JCB
HP www.hotelcristall.com
※免費網路

★★

Hotel Monopol

位於中央車站南側正面，與旁邊的同系列飯店Excelsior一樣，客房內的迷你吧均可任意取用。

map p.100-J　●中央車站南口即到
■地址　Mannheimerstr.11　■TEL　227370
■FAX　25608374　■費用　S-€75～、T-€95～、浮動制
■客房數　共95間　■信用卡　VISA、MC、AMEX、DC、JCB　HP www.hotelmonopol-frankfurt.de　※免費網路

★★

Five Elements Hostel

雖然是旅館，但卻設有公寓型的房間。工作人員態度親切，每天都會舉辦不同的活動。

map p.100-F　●中央車站步行6分
■地址　Moselstr. 40　■TEL　24005885
■FAX　24246955　■費用　T-€39～、多人房€18～、公寓房型（可分享共住）€69～、浮動制　■客房數　共44間　■信用卡　VISA、MC、AMEX　HP www.5elementshostel.de

東橫INN法蘭克福中央車站前 Toyoko Inn Frankfurt ★★★　map p.100-J
●中央車站步行1分　住Stuttgarter Str.35　☎870061045
費S-€48～　HP www.toyoko-inn.com

Hessischerhof ★★★★　map p.100-E
●U4 Festhall／Messe步行5分　住Friedrich Ebert Anlage 40
☎75400　FAX 75402924　費S-€122～、T-€185～、浮動制

Westin Grand Hotel ★★★★　map p.101-C
●U4,5,6,7 Konstablerwache步行2分
住Konrad Adenauerstr.7　☎29810　FAX 2981810
費S,T-€159～（不含早餐）、€205～（含早餐）、浮動制

Comfort Hotel Frankfurt City Center ★★★　map p.100-F
●中央車站步行3分　住Moselstr.23　☎272800
FAX 27280555　費S-€55～、T-€65、浮動制
HP comfort-frankfurt.com

★經濟型　★★休閒型　★★★標準型　★★★★豪華型

法蘭克福的區域號碼☎069

WIESBADEN

威斯巴登

p.11-G ■人口=27.8萬人 ■都市規模=步行需半天

從法蘭克福只要幾十分鐘即可達的高級溫泉度假村。

★ 新市鎮、公園

★★ 歷史悠久的歌劇院

★★★ 水量豐沛的溫泉

Access

●火車：法蘭克福→S1經由赫斯特、S8、9經由機場（約45分）或RE（約35分）→威斯巴登［約每10分1班／€8.50～］；麥茲→S-Bahn（11分）→威斯巴登［1小時約4～5班／€2.80～］

Information

●遊客服務中心：<市政廳前>MAP p.110-A
住Marktpl.1 ☎1729930 FAX1729798 開10:00～18:00（4～9月的週日11:00～15:00）休10～3月的週日
HP www.wiesbaden.de
●青年旅館：MAP p.110-B外
住Blücherstr.66-68 ☎449081 FAX441119

城市概要 遊客都想住的城市，德國屈指的高級療養地

這個城市是黑森州的首府，也是德國屈指可數的高級溫泉度假村，自古以來就很有名。井然有序的新市鎮街道和充滿了季節感的公園相得益彰，流露著一股令人心情平靜的氣氛。舊城區的行人徒步區和巷弄裡擠滿了前來購買生鮮食材的人和逛街欣賞名牌貨櫥窗的人，以及在餐廳裡用餐的人們，熱鬧得不得了。除此之外順著淡淡的溫泉香味往前走，可能還會在巷子裡出其不意地發現突然湧出的溫泉。不妨帶個杯子去喝喝看泉湧而出的溫泉，摻雜著鐵質特有的苦澀風味，聽說對身體很好。

玩樂重點 泡個舒服的溫泉後，到賭場享受有錢人的氣氛

上述的溫泉中最有名，也可以說是威斯巴登的象徵，當屬位於威廉大道Wilhelmstr.盡頭的左手邊，熱噴泉廣場上的源泉**Kochbrunnen**。相傳已經有600年以上的歷史，目前一共有15個溫泉口還在噴發，從附有屋頂的噴泉口隨時都可以飲用溫泉。由於是高達66度的氯化鈉溫泉，所以有點燙。在公共澡堂裡泡個舒舒服服的溫泉，再喝點泉水讓身體從裡頭溫暖起來，一定可以消除這一路以來旅行的疲憊吧！

風格獨具的市政廳和市集教堂。

晚上請務必要到**黑森州立劇場**度過優雅的時光。這座建於20世紀初期的劇場小巧精緻，除了有非常棒的表演節目及音響效果之外，觀眾的禮儀之好也是赫赫有名的。另外，這裡的**賭場**也相當有名。**市集教堂**前的廣場會在每個禮拜三和禮拜六的上午各舉辦一次市集，非常熱鬧。

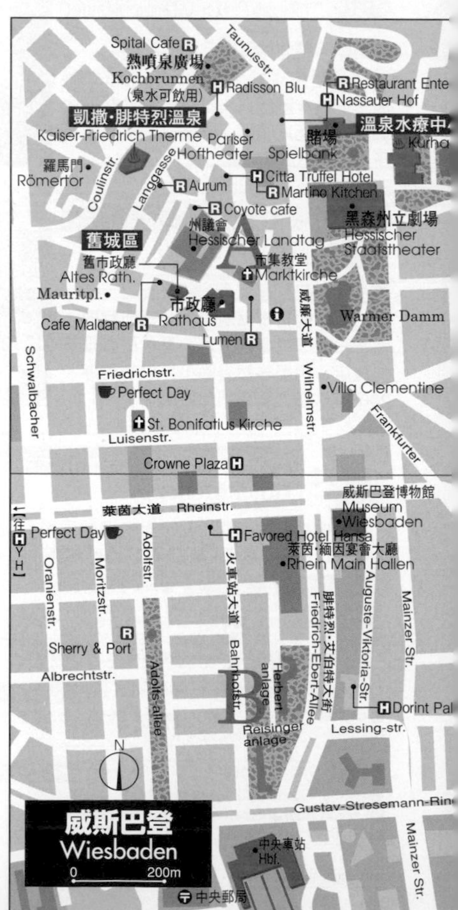

威斯巴登的區域號碼☎0611

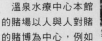

溫泉水療中心 ★★★
Kurhaus

map p.110-A

●市政廳步行7分

這棟新古典風格的建築物也可以說是這個城市的象徵。具有賭場、餐廳、多功能會議室等等。正面的愛奧尼亞式廊柱上裝飾著呈現出3朵百合花造型的市徽，下方寫著AQUIS MATTIACIS（馬提雅契人之泉），是過去前來此地拓荒的羅馬人所賦予的名稱。

住Kurhauspl.1　休無休（活動期間除外）
☎1729290

自然與建築物完美融合在一起。

凱撒·腓特烈溫泉。

凱撒·腓特烈溫泉 ★★★
Kaiser Friedrich Therme

map p.110-A

●市政廳步行7分

男女混浴，不可穿著泳裝的溫泉設施。1999年8月重新改裝，充滿各種能讓身心靈獲得安撫的設備。莊嚴的外觀還蘊釀出一股成熟穩重的氣氛。除了有蒸氣溫泉、三溫暖之外，花一點錢還可體驗日光浴和稱之為Rasul的去角質服務。也有提供毛巾出租，但是有點貴（大€4.10），所以還是自己帶比較好。營10:00～22:00（冬季、週五六為～24:00），而週二為女性專用日，假日則為三溫暖混浴　休12/24～26、31　費1小時€5（9～4月€6.50）　☎317060

前往賭場探險去！

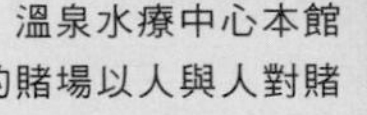

氣氛華麗的賭場。

溫泉水療中心本館的賭場以人與人對賭的賭博為中心，例如俄羅斯輪盤及二十一點等等，賭金的門檻非常高。別館的大廣場裡則有吃角子老虎等機械式的遊戲，氣氛上比較輕鬆休閒。必須攜帶護照。本館要穿西裝、打領帶（可以花錢用租的）。

MAP p.110-A　住Kurhauspl.1　☎536100
營本館14:45～翌3:00（週五、六為4:00、機器12:00～翌4:00）　休部分假日　費€2.50～

黑森州立劇場 ★★
Hessischer Staatstheater

map p.110-A

●市政廳步行7分

19世紀末，依皇帝威廉二世命令興建的劇場。有名的洛可可風格大廳是後來幾年才又再加上去。劇場內除了有主要用來表演歌劇的大表演廳之外，其餘則分為小表演廳、錄音室。每年5月祭（國際五月音樂節）的時候，海內外的知名音樂家都會齊聚一堂，可以欣賞到各種多彩多姿的舞臺表演。

住Christian-Zais-Str.3　☎132325

★★★★ **Hotel Nassauer Hof**

以傳統與歷史為榮的名門飯店

擁有170年以上的歷史，是足以代表威斯巴登的飯店。設備十分地現代化，還有展望溫泉游泳池及三溫暖等溫泉療養設施，餐廳及酒吧也一應俱全。

map p.110-A
●市政廳步行7分
■地址　Kaiser Friedrichpl.3-4
■TEL　1330
■FAX　133632
■費用　S-€180～、T-€230～、浮動制
■客房數　共159間
■信用卡　VISA、MC、AMEX、DC、JCB
HP www.nassauer-hof.de

Radisson Blu Hotel Schwarzer Bock ★★★ map p.110-A
●市政廳步行5分　住Kranzpl.12　☎1550
費S、T-€100～、變動制，週末有優惠）

Favored Hotel Hansa ★★ map p.110-B
●中央車站步行10分　住Bahnhofstr.23　☎901240
費S-€75～、T-€85～　HP favored-hotels.com

★經濟型　★★休閒型　★★★標準型　★★★★豪華型

DARMSTADT

達姆施塔特

p.11-H ■人口＝15.7萬人 ■都市規模＝步行需半天

在瑪蒂兒崗上看見19世紀末，在這裡遍地開花的藝術精髓。

 ★★ 世紀末建築式風格

 ★★ 歷史悠久的歌劇院

 ★ 有些自家釀造的店

Access

●火車：法蘭克福→ S3 （38分）、RE、RB（約20分）IC、EC（約15分）→達姆施塔特［約每20分1班／€8.50～］

Information

❶遊客服務中心：MAP p.112-A 住Luisenpl.5 ☎134513 FAX13475858 開10:00～18:00（週六為～16:00、4～9月的週日為～14:00） 休週日、假日 HP www.darmstadt-tourismus.de

●青年旅館：MAP p.112-B 住Landgraf-Georgstr.119 ☎45293

以輕鬆悠閒的心情在街上散步 從瑪蒂兒崗將景色盡收眼底

這個黑森州的行政及工商業的重鎮，洋溢著寧靜悠閒的氣氛。很多世界知名的企業都把總公司設在這裡，例如以美髮用品而打開知名度的薇娜。德國作家協會的本部也在這裡。

一直到20世紀初期為止，這裡都是達姆施塔特大公國的首都，最後一任大公恩斯特・路德維希畢生致力於保護及培養藝術

從結婚紀念塔俯瞰的街景。

家們，在位於城市東方的**瑪蒂兒崗** Mathildenhöhe建造了藝術家村，讓他們住在那裡。於是當時在德國擔任領導者角色的藝術家及建築師們紛紛聚集在這裡，成了19世紀末在世界各地造成流行，新藝術派風格德國版青年風格的情報發信基地。尤其是建築師約瑟夫・瑪利亞・奧布立克所一手打造的結婚紀念塔及藝術家村美術館、葛路克之家等作品，都帶給人十分強烈的印象。另外，瑪蒂兒其實是路德維希大公的愛妻的名字。

觀光的起點為**路易斯廣場**Luisenpl.。由於從車站走到廣場有一段距離，所以搭乘D號等巴士會比較方便。緊鄰著路易絲廣場的東側有一座**城堡（博物館）**，穿過左邊的大馬路，前面就是**黑森州立博物館**。如果繼續沿著右邊的行人徒步區往前走，就會看到**聖路德維希教堂**。若沿著城堡後面的小路往上爬，20分鐘左右就會抵達瑪蒂兒崗。

達姆施塔特 Darmstadt

0 500m

往法蘭克福
海恩花園 Herrngarten
黑森州立博物館 Hessisches Landesmuseum
陶器博物館 Porzellanmuseum
工科大學
藝術家村美術館
結婚紀念塔 Hochzeitsturm
Kleingarten
瑪蒂兒崗 Mathildenhöhe
Shiraz Restaurant
Park Rosenhöhe
Welcome Hotel Darmstadt
Ristorante Riviera
東站 Ostbahnhof
城堡(博物館) Schlossmuseum
Haroun
Kuk 咖啡廳
醫院
路易斯廣場 Luisenpl.
中央車站 Hbf.
Prinz Heinrich
新市政廳 Neues Rathaus
舊市政廳 Altes Rathaus
市立教堂 Stadtkirche
J-Liebig Haus
Cafe Chaos
Ristorante Delfino
YH
Gr. Woog湖
達姆河 Darm
萊茵大道
Darmstädter Privatbrauerei
Ratskeller
州立劇場 Staatstheater
聖路德維希教堂
Grohe Brauhaus
Guantanamera Restaurant & Cocktailbar
市營墓地 Alter Friedhof
Wolfskehl'scher Park
Ramada
往海德堡
A
B
Landwehr Str.
Bismarck-Str.
Kirschen Allee
Kasinostr.
Frankfurter
Mornewegstrasse
Bleichstrasse
Rheinstrasse
Elisabethenstr.
Schulstr.
Hügel-Strasse
Berliner Allee
Am Kavalleriesand
Hindenburg-strasse
Neckarstrasse
Heinrich-Strasse
Karlstr.
Martin-Str.
Mühlstr.
Holzhofallee
Gross-Gerauer-Weg
Eschollbrücker Str.
Nieder Ramstädter strasse
Theodor-Heuss-Str.
Rossdörfer Str.
Soderstr.
Heinrich Fuhr Str.
Landgraf-Georg-Strasse
Alexander-str.
Dieburger Str.
Kranichsteiner
Spessartring
Wolfskehlstr.
Erbacher Strasse
Petersen-Str.
B3
B26

漫走遊賞報導

瑪蒂兒崗 ★★★
Mathildenhöhe

map p.112-B

●中央車站搭巴士F號13分、Mathildenhöhe下車即可

接觸19世紀末藝術的神髓

建於山頂上的結婚紀念塔Hochzeitsturm可以說是瑪蒂兒崗的象徵。（營10:00～18:00〈11～2月週五～週日11:00～17:00〉 休結婚儀式時不開放參觀、12/24及31 費€3）。為了慶祝路德維希大公結婚，由奧布立克於1908年設計興建。5根圓柱狀的屋頂，象徵著大公的手指頭，從塔頂上望出去的視野十分開闊

可以感覺到深受世紀末藝術的影響。

藝術家村美術館（開週二～週日11:00～18:00 費€5 休1/1、12/24、25及31、聖週五）廣泛地收集了當時的藝術家們的作品，尤其是可以清楚地了解從新藝術派到裝飾藝術、再到包浩斯的這一連串設計脈絡。入口在和紀念塔反方向的地方，非常豪華。地下室還有奧布立克設計的鋼琴，千萬不要錯過。從這座美術館回到市區的路上，還分布著當時的房屋。

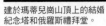

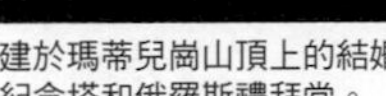
建於瑪蒂兒崗山頂上的結婚紀念塔和俄羅斯禮拜堂。

黑森州立博物館 ★★
Hessisches Landesmuseum

map p.112-A

●路易斯廣場步行3分

威風凜凜的外觀令人印象深刻。一樓正面是博物館，兩側展示品以與基督教有關的繪畫及藝術品為中心，一般繪畫則收藏在樓上。尤其是德國．文藝復興時期的繪畫館藏獲得極高評價，切勿錯過魯本斯的傑作「戴安娜的畫」。這裡的入場券是一張風景明信片，只要把中間的貼紙貼在胸前就可以進去了。另外，美術館的後花園為洛可可風格，十分賞心悅目。

入場券本身就是圖畫明信片。

營10:00～18:00（週三為～20:00、週六日、假日11:00～17:00） 休週一、12/24及31、聖週五 費€6（學生€4） ☎1657000

城堡（博物館） ★
Schloss (Museum)

map p.112-B

●路易斯廣場步行1分

過去曾是黑森．達姆施塔特公國親王居住的地方。18世紀初期付之一炬，在第二次世界大戰中也曾受到相當嚴重的破壞，之後又重新修復。漢斯．霍爾班的祭壇畫非常值得一看。只不過不能隨便進到裡面參觀，只能視時間或者視人數而定，搭配德語導覽服務進去參觀（需要約1小時）。

緊鄰著路易斯廣場。

營週五～日的10:00～17:00 休週一～週四、聖誕節、12/31、1/1、聖週五、復活節、5/1 費€4 ☎24035

Ratskeller

用自家釀造的啤酒乾杯！

位於舊市政廳旁，一家以自家釀造啤酒出名的小餐廳。最推薦還留有小麥酵母的德國小麥啤酒。除了上述以啤酒為主的房間之外，還分成地下室的地窖跟以餐點為主的餐廳。

map p.112-A

●路易斯廣場步行３分
■地址 Markt Pl.8
■TEL 26444
■營業 10:00～翌1:00
■公休 無休
■信用卡 VISA、MC、AMEX

達姆施塔特的區域號碼☎06151

●～€15 ●●€15～25 ●●●€25～50 ●●●●€50～

以設備充實為傲的威廉皇帝溫泉。

BAD HOMBURG
巴特洪堡

p.11-G ■人口=5.4萬人 ■都市規模=步行需半天

從法蘭克福出發
只要20分鐘就能到的溫泉&賭場

1842年由法國人法蘭斯瓦·布朗在這裡開設賭場（Spielbank），進而帶動地方繁榮的城市。幾年後，法蘭斯瓦·布朗再度擴張事業版圖，在蒙地卡羅也開了賭場，因此擁有「蒙地卡羅（賭場）之母」的特殊名號。有提供需付費的接駁巴士到法蘭克福中央車站接人，但是由於從巴特洪堡車站到賭場路途遙遠，最好還是搭乘計程車會比較舒適。主動開口的話還可以拿到二十一點等遊戲的準確命中率表。

另外，這裡也是一個擁有漫長歷史的溫泉療養勝地，陶努斯溫泉和威廉皇帝溫泉都大受好評。郊外還有過去的親王黑森·洪堡邊境伯在17世紀的城堡及羅馬人的遺跡、由民宅構成的野外民俗博物館等等。

OFFENBACH
奧芬巴赫

p.11-H ■人口=12.5萬人 ■都市規模=步行需半天

在具有傳統的皮革工藝鄉
鑑賞拿破崙愛用的皮包

位於法蘭克福旁邊，自古以來就是很有名的皮革工藝鄉，有許多中小型的工廠，還有以皮包等皮革工藝聞名的Emporium the loft暢貨中心（●從Offenbach Hbf站步行7分 住Kaiserstr. 39 營10:00～19:00 休週日、假日 HP muellermeiren.com）近幾年在同一棟建築物內也新增了Joop！、Gerry Weber、Salamander等品牌，包包、鞋子等的折扣約7～5折。

另外，還設有蒐藏鞋、民藝品、應用美術等三樣珍藏的皮革博物館，光鞋就多達1萬5千雙，還可見到拿破崙愛用的皮包等物品。

<皮革博物館Deutsches Ledermuseum>
●S1、2、8、9 Ledermuseum站步行7分
住FrankfurterStr.86 營10:00～17:00 休週一 費€8、學生€5 ☎069-8297980

BÜDINGEN
布丁根

p.11-H ■人口=2.2萬人 ■都市規模=步行需半天

逃過戰禍，中世紀的城牆
還原封不動地保存至今

從車站搭計程車到舊城區用不著10分鐘。建於14～15世紀的木造房屋和後巴洛克式樣的城牆等，皆幸運地逃過戰禍，原封不動地保存至今。這裡以前四周都是壕溝，所以有很多的青蛙，因此青蛙便成了這個城市的吉祥物，到處都可以看到青蛙的銅像。最有可看性的莫過於現在已經變成飯店的城堡Schloss（☎06042-96470）。只要事先預約便可以參觀博物館。❶的對面還有一座**50年代博物館**〔☎06042-950049 營14:00～17:00（週日、假日10:00～）、冬天15:00～17:00（週日、假日12:00～） 休週一 費€4〕。

➡城牆的保存狀態很好。⬇十分復古的50年代博物館。

⬆新裝潢的暢貨中心。⬅鞋類展示品也很多的皮革博物館。

■巴特洪堡
●法蘭克福→S5 20分（每15～20分/€4.90） ❶：住Louisenstr. 58 ☎06172-1783710 營10:00～18:00（週六為～14:00） 休週日、假日

■奧芬巴赫
●法蘭克福→RE、RB約10分（€4.90） ❶：住Salzgässehen 1 ☎069-840004170 營10:00～18:00（週六～14:00） 休週日、假日

■布丁根
●法蘭克福→RE至Gelnhausen→RB 1小時2分（每小時1班/€8.50） ❶：住Marktpl.9 ☎06042-96370 營10:00～17:00（週六、日為11:00～16:00） 休10～3月的週六日、假日 HP www.stadt-buedingen.de

羅騰堡的「勝負一飲」歷史劇的一幕。

羅曼蒂克大道

伍茲堡
羅騰堡
丁克思比爾
諾德林根
奧格斯堡
富森
修瓦高
蘭斯貝爾格

法蘭克福
歐洲巴士 1:35
ICE,IC 1:07~23
伍茲堡
ICE,EC
3:02～5:23
ICE+ICE,IC,RD,RE+RB,RE+RE
1:00～38
魏克爾斯海姆
RB+
RB
1:01～18
歐洲巴士
2:10～20
巴士0:24～1:47
克雷格林根
ALT 0:23、巴士 1:02～57
羅騰堡
ICE+ICE,
ICE+RE,
RB+RE
2:11～56
歐洲巴士 1:00～1:15
丁克思比爾
歐洲巴士 0:30～0:35
諾德林根
RB,RE+RB,IC+RB,RB+ICE 0:52～1:37
歐洲巴士 1:05～15
奧格斯堡
RB,RE+RE 1:39～52
EC,IC,ICE 0:29～37
蘭斯貝爾格
富森
修瓦高
歐洲巴士 0:10
慕尼黑

羅曼蒂克大道

在城牆圍繞下的中世紀街道，感覺就像是從童話世界裡走出來的城堡，分布在街道之間的平緩丘陵與宛如牧歌一般的風景……。

德國觀光的重頭戲，就像珍珠項鍊一樣，緊扣著「羅曼蒂克」這個關鍵字，一個接著一個。羅曼蒂克大道是德國多如繁星的「街道」中，最有名、也最受歡迎的一條街。以葡萄酒及曾經是學生街的古都而聲名大噪的伍茲堡為起點，一直到位於阿爾卑斯山腳下的城鎮富森為止，全長約350公里。在歷史上作為與義大利的通商要道，曾經繁榮一時，沿路上的街道還保留著巴洛克風格的街景、哥德式的教堂、文藝復興樣式的建築物等等，簡直就像是把歐洲的歷史文化全都濃縮在這裡，給人一股彷彿是坐上了時光機的感覺。

此外，扣掉途中的奧格斯堡不談，不管走在那一個城鎮裡，都是一些小規模的街道。所以不光是教堂、美術館等知名的觀光景點，就連漫無目的地走在巷子裡，也都可以感受到這裡真正的吸引力。

從教堂塔頂往下俯瞰的街景。

羅騰堡市政廳旁邊的噴水池。

KEYWORD 關鍵字

爬上城牆〔羅騰堡等地〕

羅曼蒂克大道的魅力之一，就在於可以看見中世紀的街道。其中羅騰堡、丁克思比爾、諾德林根的共通點，就在於至今仍完好地保存了圍繞著城市周圍的城牆。這些城牆上有監視用的高塔，以及可以供人巡視察看的通道，所以爬上這些城牆其實非常地有意思。可以近距離地感受到中世紀的風景與體驗浪漫情懷。

位於城牆上的通路。

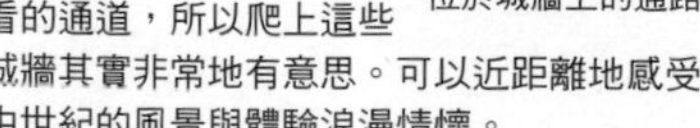

爬上教堂的塔〔諾德林根等地〕

爬上教堂的塔也是一種很有趣的玩法。即使是在平地上隨處可見，用來吸引觀光客的各色櫥窗，一旦爬到塔上就再也看不見了，可以更單純地欣賞中世紀的街景。羅騰堡、丁克思比爾等地的塔都不錯，但其中又以諾德林根的塔高達90公尺，特別值得推薦。

嘉年華會〔丁克思比爾等地〕

有很多以傳說為背景、具有特色的慶典。最有名的莫過於丁克思比爾的兒童表演節和羅騰堡的「勝負一飲」歷史劇。出發前最好事先向觀光局確認一下日期。

新天鵝堡〔富森〕

城堡和宮殿占整條羅曼蒂克大道的比例其實不高，但是在富森近郊的新天鵝堡具有一定要看的價值。應該有

注意事項

交通方式 最方便、也最容易取得車票的當屬歐洲巴士（詳情請參照p.119）。只不過原則上只有4～10月行駛，冬天只能仰賴火車和路線巴士或者是計程車等等。路線巴士的時刻表可以向當地的❶索取，雖然路線巴士的班次並不少，但是幾乎都沒有可以置放行李箱等大件行李的空間，而且像是從羅騰堡到丁克思比爾之間還要轉車，有些司機的英文也不太流利，所以不是非常推薦搭乘路線巴士。

此外，火車並沒有行駛到丁克思比爾和克雷格林根等地的主要街道上。

關於住宿 羅曼蒂克大道上的城市都只是小鎮，或許正因為如此，即使是被歸類在高級的飯店，規模也都小到令人跌破眼鏡。由貴族府邸改建而成的飯店非常搶手，所以行程決定之後最好馬上就先訂房。如果不在乎旅館的等級的話，這裡也有許多民宿。除了這個街道外，很多地方的價格都會隨旺季、冬季而不同，也很多人在網路上訂房，許多住宿設施的價錢每天都不同，這也代表最好及早預約。

夜景也很羅曼蒂克。

富森最有名的便在於其五顏六色的街道。

很多人一開始就是為了這座城堡才來這裡的吧！伍茲堡的主教宮也是不容錯過的宮殿。

法蘭根葡萄酒〔伍茲堡等地〕

從伍茲堡到羅騰堡一帶是法蘭根葡萄酒的產地。法蘭根葡萄酒是一種很有名的不甜白葡萄酒。不光使用麗絲玲品種的葡萄，也常常會使用布瓦那品種的葡萄（參照p.26），因此其獨特的香味和喉韻非常具有特色。裝在一種叫作Bocksbeutel，亦即形狀扁平的酒瓶裡，也很有意思。

新天鵝堡在夜裡也美不勝收。

Romantische Strasse

羅曼蒂克大道

德國7大街道

德國全圖

伍茲堡 Würzburg 參照p.120

陶伯畢修夫斯海姆 Tauberbischofsheim

巴德梅根特海姆 Bad Mergentheim

克雷格林根 Creglingen

魏克爾斯海姆 Weikersheim

羅騰堡 Rothenburg o.d.T. 參照p.124

羅曼蒂克大道上最美麗的街道，還有琳瑯滿目的流行服飾店。

施靈斯福特 Schillingsfürst

丁克思比爾 Dinkelsbühl 參照p.129

魏克爾斯海姆城堡是最具有可看性的景點。

諾德林根 Nördlingen 參照p.132

僥倖逃過了戰火的肆虐，因此街上還原封不動地保留著珍貴的木造房子。

多瑙沃爾特 Donauwörth

奧格斯堡 Augsburg 參照p.133

在都會的氛圍中又不失舊城區的風味。

慕尼黑 München 參照p.146

蘭斯貝爾格 Landsberg 參照p.142

觀光客雖少，但美景卻是羅曼蒂克大道上數一數二的。

雄高 Schongau

修瓦高 Schwangau 參照p.137

威斯教堂 Wieskirche 參照p.142

富森 Füssen 參照p.137

●接觸中世紀的浪漫●

羅曼蒂克大道上可以看見許多中世紀的街道，不光是德國國內，就連在歐洲也是數一數二的觀光勝地。全長350公里的街道上充滿了教堂、古堡、溫泉、嘉年華會等等，所有代表德國觀光的要素全都集中在這裡。話雖如此，也有一些小鎮是完全沒有觀光景點的，但可以在石板路上散步、爬上教堂的高塔欣賞橘色的屋頂和街道、享受整個城市所蘊釀出來的氣氛，是內行人才知道的玩法。

●交通方式●

4～10月會有連結街道沿線城市的歐洲巴士（參照p.119）行駛於其間，但是過了這個季節，有些城市是連火車都不會經過的（例如丁克思比爾等地），所以必須作好心理準備，像是要把路線巴士和計程車組合起來利用，在交通上可能會比較麻煩。

善用歐洲巴士的移動術

提到在羅曼蒂克大道上的移動方式，則以歐洲巴士（僅4月～10月運行）最方便。推薦給第一次造訪德國的旅客，隔著車窗可以欣賞沿途的風光。

在羅騰堡住一晚，隔日再移動是比較好的方式。途中也可搭乘地方路線巴士或火車，不過對第一次造訪的人來說不太容易。想要多逛幾個地方的人，則建議搭計程車移動。

法蘭克福
出發地。行李放在車身的下方
◆候車處：中央車站南口ZOB巴士7～9號候車處

伍茲堡
以這裡為起點也行
◆候車處：車站前及主教宮廣場

羅騰堡
停車45分，最好可以住一晚
◆候車處：雪瑞內廣場

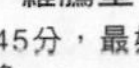

丁克思比爾
停車30分，若只是參觀街景的話OK
◆候車處：Schweine廣場

諾德林根
停車30分，參觀教堂
◆候車處：市政廳前

奧格斯堡
城市有點大，也可之後再搭火車前來造訪◆候車處：車站前、市政廳前

威斯教堂
停車15分，僅能欣賞外觀，可隔天再來訪
◆候車處：教堂前

郝恩修瓦高城
新天鵝堡的山麓
◆候車處：ℹ前

富森
終點。請事先找好住宿地點
◆候車處：車站前

包租個人計程車

雖然花費較高，但要更有效率地遊逛各個景點，則包租個人計程車也是不錯的方法。藤島表示，「可以共乘最多7人（大行李6件），只要是在德國境內包車，都可以提供駕駛兼導遊的服務」。

◆藤島計程車　☎0172-6200878
HP www.fujishimatour.com

資訊補給站

雖然並非一定得預約，但先預約會比較保險。若持火車周遊券者可享20%的折扣。若中途下車住一晚，車票依然有效。可盡量在休息時間時利用車站的洗手間，請絕對遵守出發時間，因為車子不會等人（行李會被載到終點站）。住宿也請事先預約好。●要搭地方路線巴士前往丁克思比爾的話，先搭火車到Ansbach，再搭巴士805號在ZOB/Schweden Wiese Am Stauferwall Dinkelsbul下車（※離街道近，反向的話也同樣。所需時間約2小時，約每1～2小時1班，費用€7.14～，週六日班次較少要注意。）

歐洲巴士時刻表

↓		↑
8:00出發	法蘭克福 Frankfurt	20:30抵達
9:40抵達 10:10出發	伍茲堡 Würtzburg	18:50出發 18:35抵達
12:20抵達 13:05出發	羅騰堡 Rotenburg	16:50出發 16:05抵達
14:20抵達 14:50出發	丁克思比爾 Dinkelsbühl	15:05出發 14:35抵達
15:25抵達 15:55出發	諾德林根 Nordlingen	14:05出發 13:35抵達
17:10抵達 17:40出發	奧格斯堡 Augsburg	12:30出發 11:45抵達
通過	慕尼黑（中央車站） München	10:40出發 10:40抵達
18:30抵達 18:30出發	蘭斯貝爾格※※ Landsberg	9:50出發 9:50抵達
19:25抵達 19:25出發	羅騰布夫※※ Rottenbuch	9:10出發 9:10抵達
19:35抵達 19:50出發	威斯教堂 Wieskirche	8:55出發 8:35抵達
20:25抵達 20:25出發	郝恩修瓦高城 Hochenschwangau	8:05出發 8:05抵達
20:30抵達	富森 Füssen	8:00出發

※時刻表每年都會有所變動，請多加留意（部分省略）。以上為2018年4月9日（法蘭克福出發）～10月14日（富森出發）的時刻表。標有※※的班次需特別說明要求才會在該站停車（☎0171-6532340/6512471）

預約處

<Deutsche Touring公司>　MAP p.100-J
Deutsche Touring GmbH　住 Am Römerhof 17. D-60486 Frankfurt am Main
☎069-719126-141/236　FAX 069-719126-156
HP www.touring-travel.eu
※法蘭克福～富森的話，單程€108、來回€158。接受信用卡（※1天1班，持Eurail Pass、German Railpass者可享20%的折扣）

WÜRZBURG 伍茲堡

p.11-H ■人口=12.6萬人 ■都市規模=步行需半天

在巴洛克風格的古都裡，和活潑的學生一起沈醉在葡萄酒與教堂文化。

★★ 保留在舊城區的巴洛克式中世紀街景

★★ 羅馬式建築的大教堂等等

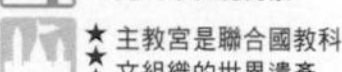
★★★ 主教宮是聯合國教科文組織的世界遺產

★★ 葡萄酒節、莫札特音樂節等等

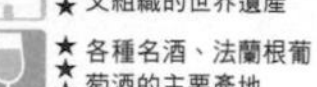
★★★ 各種名酒、法蘭根葡萄酒的主要產地

★★ 擁有2萬多名學生的大學城

Access

●火車：法蘭克福→ICE（約1小時10分）或RE（約1小時50分）等→伍茲堡［1小時3～4班／€29.70～］、慕尼黑→ICE（約2小時）→伍茲堡［1小時2～3班／€74］、羅騰堡→RB（約15分）→施泰那赫（轉車）→RB（約45分）→伍茲堡［1小時1班／€15.70］
●歐洲巴士：法蘭克福→（1小時35分）→伍茲堡［1天1班／€25］、慕尼黑→（7小時55分）→伍茲堡［1天1班／€62］
●市內交通：有市電、巴士，短程（4站以內）€1.35～、1日票 €5.10（住郊外時很好用）。

Information

❶遊客服務中心：<市集廣場旁> MAP p.121-A 住Falkenhaus am Markt ☎372398 FAX373952 開1～3月10:00～16:00（週六為～14:00）、4～12月10:00～18:00（5～10月的週六日、假日為～14:00） 休1～4月的週日、假日、12/24～26及31、嘉年華期間的週二 HP www.wuerzburg.de
●青年旅館：MAP p.121-A 住Fried-Joseph Pl.2 ☎4677860 FAX416862
HP www.wuerzburg.jugendherberge.de
●歡迎卡：享有30處以上的市內觀光景點優惠。€3

羅馬樣式建築的新明斯特教堂，建於7世紀末在此地殉教的聖基利安墓的上方。內部還置有雕刻家里門施奈德（p.142）的母子像（左圖）。

被夕陽染紅的緬因河畔

Route Advice

中央車站→（Theater Str.）→主教宮→大教堂→新明斯特教堂→市集廣場→舊緬因橋→瑪麗恩堡要塞〔全程約1小時〕

散步可從市集廣場出發，要塞位於緬因河的對岸

這裡是羅曼蒂克大道的起點，相傳是從西元前1000年左右就已經有凱爾特人在此居住的古都。中世紀在大主教的統治之下，深深地受到基督教的影響，還有各種羅馬式建築的重要教堂，例如**大教堂**Dom、**新明斯特教堂**Neumünster等等。

街道沿著緬因河的河畔展開，從大教堂的前面通往舊緬因橋的**大教堂街**Domstr.是舊城區最繁華的街道，沿著這條街和市集廣場附近是散步的重點。從車站前延伸出來的**凱撒大道**Kaiserstr.左右兩旁分布著百貨公司和商店，熱鬧非凡。如果想在時髦的咖啡廳裡坐下來小憩片刻的話，不妨前往市政廳對面的廣場。夏天會在屋外擺上露天座位，總是擠滿了學生。

從對岸的要塞看過來的舊城區。

不可錯過世界遺產的主教宮，以及到學生酒吧享用葡萄酒

瑪麗恩堡要塞以外的觀光景點都在從廣場步行10分可達的範圍之內。這裡是法蘭根葡萄酒的主要產地，也是一種稱之為Bocksbeutel的特殊形狀葡萄酒瓶的發祥地。**Bürgerspital**（參照p.123）、Juliusspital等老字號的酒館（Weinstuben）非常有名。另外，**老舊起重機**Alter Kranen（MAP p.121-A）

稱之為Bocksbeutel，形狀非常特殊的酒瓶。

伍茲堡的區域號碼☎0931

的正後方也設有葡萄酒的試喝及專賣店。

觀光一定要去**主教宮**（參照p.122）。光是衝著參觀主教宮，就有來伍茲堡旅遊的價值。這裡每年6月都會舉行**莫札特音樂節**，是古典樂迷夢寐以求的音樂盛事，可以在極盡奢華的宮殿裡享受王公貴族的氣氛。也可以向Mozartfest-Büro Der Stadt Würzburg（住Rückermain str.2 ☎372336 FAX373939 info@mozartfest-wuerzburg.de）申請購買這項音樂活動的門票。另外，這裡還有創立於1402年，歷史悠久的大學，過去一共出了14位諾貝爾獎的得主，目前有約2萬名學生住在這裡。在學生聚集的咖啡廳或餐廳裡和他們進行交流也別有一番樂趣。

橋墩雖然在戰爭中受到破壞，但目前已整修復原

舊緬因橋 ★★
Alte Mainbrücke

map p.121-A

●市集廣場步行4分

跨越緬因河，通往對岸的瑪麗恩堡要塞山腳下的石橋。橋上並列著相傳曾經在這裡宣揚過基督教的聖奇里安等，和當地有淵源的聖人們的石像，一共有12尊。規模雖小，但是造型和布拉格的查理士橋十分相似，非常美麗。

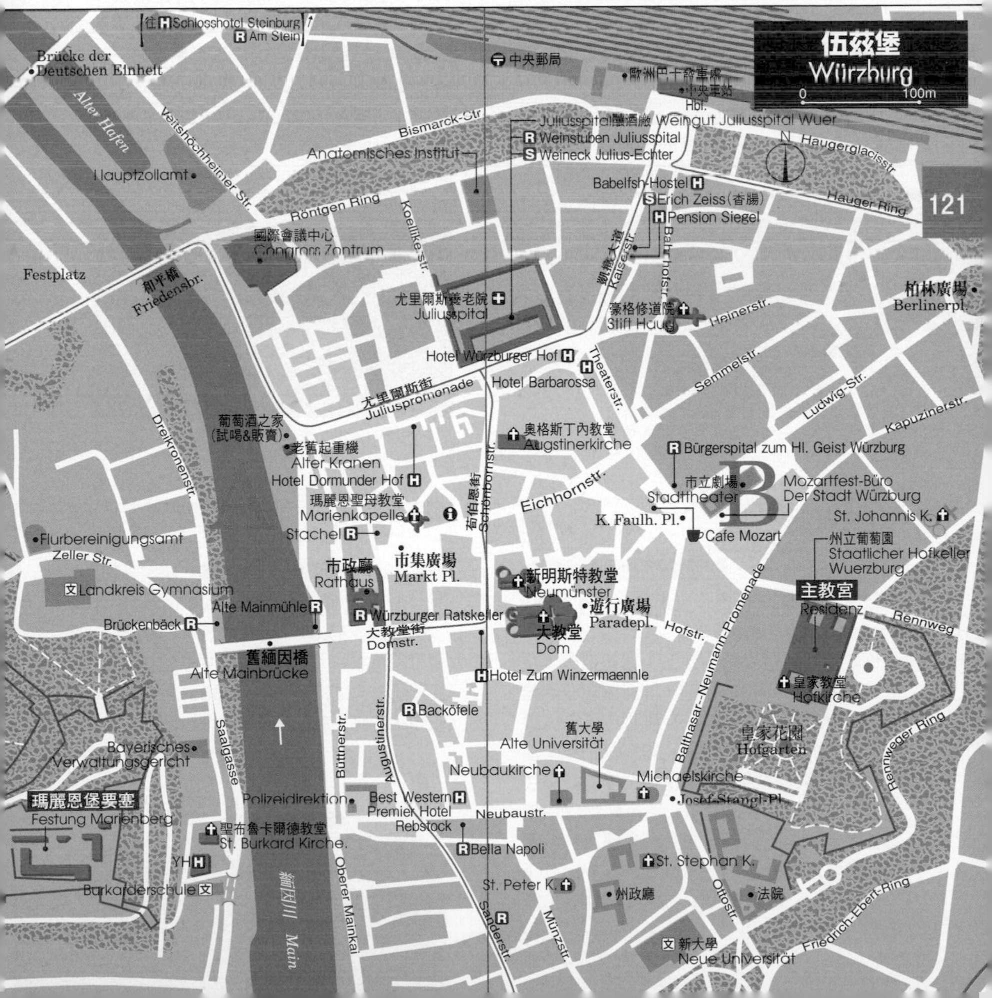

伍茲堡 Würzburg

0 100m

住 H Schlosshotel Steinburg
R Am Stein
Brücke der Deutschen Einheit
Alter Hafen
Veitshöchheimer Str.
Hauptzollamt
中央郵局
歐洲巴士路車處
中央車站 Hbf.
Bismarck-Str.
Juliusspital釀酒廠 Weingut Juliusspital Wuer
R Weinstuben Juliusspital
S Weineck Julius-Echter
Anatomisches Institut
Haugerglacisstr.
Babelfsh-Hostel H
S Erich Zeiss（香腸）
H Pension Siegel
Hauger Ring
Röntgen Ring
Koellike-str.
國際會議中心 Congress Zentrum
凱撒大道 Kaiserstr.
Bahnhofstr.
Festplatz
和平橋 Friedensbr.
尤里爾斯養老院 Juliusspital
豪格修道院 Stift Haug
Heinerstr.
柏林廣場 Berlinerpl.
Hotel Würzburger Hof H
Theaterstr.
Hotel Barbarossa
Semmelstr.
尤里爾斯街 Juliuspromonade
Ludwig-Str.
Kapuzinerstr.
葡萄酒之家（試喝&販賣）
老舊起重機 Alter Kranen
奧格斯丁內教堂 Augstinerkirche
R Bürgerspital zum Hl. Geist Würzburg
Dreikronenstr.
Hotel Dormunder Hof H
荀伯恩街 Schönbornstr.
Eichhornstr.
市立劇場 Stadttheater
Mozartfest-Büro Der Stadt Würzburg
瑪麗恩聖母教堂 Marienkapelle
K. Faulh. Pl.
St. Johannis K.
Stachel R
Cafe Mozart
Flurbereinigungsamt
Zeller Str.
市政廳 Rathaus
市集廣場 Markt Pl.
州立葡萄園 Staatlicher Hofkeller Wuerzburg
新明斯特教堂 Neumünster
Landkreis Gymnasium
Alte Mainmühle R
主教宮 Residenz
R Würzburger Ratskeller
遊行廣場 Paradepl.
Rennweg
Brückenbäck R
大教堂街 Domstr.
大教堂 Dom
Hofstr.
舊緬因橋 Alte Mainbrücke
Balthasar-Neumann-Promenade
H Hotel Zum Winzermaennle
皇家教堂 Hofkirche
R Backöfele
Saalgasse
Büttnerstr.
Augustinerstr.
舊大學 Alte Universität
皇家花園 Hofgarten
Rennweger Ring
Bayerisches Verwaltungsgericht
Neubaukirche
Michaelskirche
瑪麗恩堡要塞 Festung Marienberg
Polizeidirektion
Best Western Premier Hotel Rebstock H
Josef-Stangl-Pl.
Neubaustr.
聖布魯卡爾德教堂 St. Burkard Kirche
YH H
R Bella Napoli
St. Stephan K.
Burkarderschule
緬因川 Main
Oberer Mainkai
St. Peter K.
州政廳
Ottostr.
法院
Friedrich-Ebert-Ring
Sanderstr.
Münzstr.
新大學 Neue Universität

漫走遊賞報導

主教宮 ★★★
Residenz

map p.121-B

必看！全世界最大的天花板濕壁畫

聯合國教科文組織認定為世界遺產的巴洛克建築的一大傑作。18世紀，在那之前一直都住在瑪麗恩堡要塞的大主教，為了把住所搬到這裡所興建的宮殿。由當時的年輕天才建築師巴爾塔紮·諾曼所設計，連拿破崙也曾經讚嘆：

內部有花園，常可見民眾在此休息。

「這真是歐洲最美的主教府邸啊！」走進內部，左邊是挑高的樓梯，那就是有名的**樓梯間**。雖然只是連接到2樓的樓梯，但是整片拱型的天花板上，畫滿了飛舞在天空中的眾神、以及將4大陸擬人化之後的女神等壯觀的濕壁畫。前來造訪的人無一不在這裡受到強烈的震撼。

皇帝廳。使用大量黃金打造而成的洛可可風格。修復完成後重現其美麗風華。

據說這幅濕壁畫的作者提波羅使用一種叫作「飛躍的鷹架」的簡單鷹架，只花了13個月的就完成了這幅濕壁畫。2樓的**皇帝廳**裡的濕壁畫也是出自於他的手筆，他停留在主教宮3年的報酬相當於現在的€75萬。

描繪於寬達600平方公尺的天花板上的濕壁畫。

爬上2樓的第一個房間，是把整片牆都漆成白色的白色大廳，令人印象深刻。在其隔壁則是風格迥異、金碧輝煌、走洛可可風格的皇帝廳。每年6月都會召集海內外的一流音樂家，在這些房間裡歡慶**莫札特音樂節**（參照p.121）。再往右手邊走進去，則是四面全部鑲滿了黃金的裝飾和鏡子的鏡廳（只能在導遊的帶領下參觀）。

●市集廣場步行約８分　營9:00～18:00（11～３月為10:00～16:30）　休12/24～25及31、1/1、嘉年華期間的週二　費€7.50、學生€6.50　☎355170

HP www.residenz-wuerzburg.de

黃金裝飾的傢俱，令人眼花繚亂。

瑪麗恩堡要塞 ★★
Festung Marienberg

map p.121-A

●於主教宮搭９路巴士（僅４～10月行駛）Schönborntor下車步行５分

位於緬因河對岸的山丘上，宛如城市象徵般的存在。在13世紀初期，開始圍繞著瑪麗恩禮拜堂（建立於706年）築城。到了17世紀，當時的主教尤里爾斯·埃赫德下令改建成文藝復興風格的城堡，遺留至今的建築物絕大部分都是當時的傑作。這裡直到1719年都是歷代主教的住所。在彈藥庫遺跡的**緬因法蘭根地方博物館**Mainfrankisches Museum（開10:00～17:00〔11～3月為～16:00〕休週一、12/24、25及31、嘉年華期間的週一、二〔假日逢週一則開館〕費€4、學生€3 ☎205940）展示著巴洛克繪畫、雕刻等物品。另外南側的**領主博物館**Fürstenbaumuseum（營9:00～18:00〔入場17:30〕 休週一〔逢假日則開館〕、10月底～3月中旬　費€4.50、學生€3.50／2館套票€6　☎3551750）的2樓則重現了當時主教的房間。

伍茲堡的區域號碼☎0931

看起來很近，但由於位在山丘上，要爬上去非常吃力。

Bürgerspital zum HI.Geist Würzburg

創業於1319年的老字號酒館（Weinstuben）

知名酒莊之一。最初是救濟貧苦無依的療養院設施。擁有獨特濃郁風味的Silvaner品種白葡萄酒，相當推薦。還可選擇在大橡木桶中的座位桌。

map p.121-B
●市集廣場步行７分
■地址 Theater-Str.19
■TEL 352880
■FAX 3528888
■營業 10:00～24:00
■公休 12/24
■信用卡 VISA、MC
HP www.buergerspital-weinstuben.de
※橡木桶中的桌席座位最好事先預約。葡萄酒1/4ℓ€4～

Weinstuben Juliusspital

當地兩大療養院之一，白葡萄酒與鮮魚餐頗受好評

若單點一杯葡萄酒，會直接從橡木桶注入杯中。尤其是辛口的白葡萄酒，風味優雅、相當推薦。餐點中以嫩煎魚排等鮮魚餐最為拿手。還設有中庭。

map p.121-B
●中央車站步行７分
■地址 Juliuspromenade 19（Klinikstr.側也有Juliusspital釀酒廠）
■TEL 54080
■營業 11:00～24:00（供餐為～22:00）
■公休 無休
■信用卡 VISA、MC
HP www.weinstuben-juliusspital.de

Alte Mainmühle

位於舊緬因橋下，尤其推薦窗邊的座位

餐廳改建自17世紀的水車小屋，可眺望橋與河對岸的要塞，很有氣氛。婚禮湯Hochzeitsuppe是婚宴中的菜色，可以嘗試看看。

map p.121-A
●市集廣場步行５分
■地址 Mainkai 1
■TEL 16777
■營業 10:00～24:00（熱食為11:00～22:00、LO為22:30）
■公休 1/1、12/24～16:00
■信用卡 VISA、MC、AMEX
HP www.alte-mainmuehle.de

Würzburger Ratskeller

位於市政廳內的餐廳，價格較便宜又能輕鬆入內，卻很有高級感。葡萄酒種類豐富，多達80款以上。

map p.121-A
●市集廣場前即到 ■地址 Langgasse 1 ■TEL 13021 ■FAX 13022 ■營業 10:00～24:00（12/24為～15.00） ■公休 12/24 ■信用卡 VISA、MC、AMEX、DC、JCB HP www.wuerzburger-ratskeller.de

Backöfele

內部裝潢為復古民宅風，提供自豪手藝的傳統鄉土菜與葡萄酒。夏天在中庭用餐也很有氣氛。

map p.121-A
●市集廣場步行７分 ■地址 Ursulinergasse 2 ■TEL 59059 ■營業 12:00～24:00（週五、六為～翌1:00、週日為～23:00） ■公休 12/24～26、1/1 ■信用卡 VISA、MC HP www.backoefele.de

Schlosshotel Steinburg ★★★★

從山丘上往下看的夜景非常羅曼蒂克

位於中央車站背後的山丘上。由於是古堡飯店，因此優美的裝潢融合了中世紀的風情。供應當地美食的餐廳和從陽台看出去的夜景美不勝收，十分迷人。

map p.121-A外
●中央車站前搭計程車約15分
■地址 Reussenweg 2, Mittelerer-Steinburgweg 100
■TEL 97020
■FAX 97121
■費用 S-€128～170、T-€198～378
■房間數 共69間
■信用卡 VISA、MC、AMEX、DC、JCB
HP www.steinburg.com

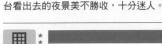

Best Western Premier Hotel Rebstock ★★★★

十五世紀以來，歷經整修增建，洛可可風的建築正面則是完成於18世紀。服務及室內設計都十分出色。

map p.121-A
●市集廣場步行８分
■地址 Neubaustr.7 ■TEL 30930 ■FAX 3093100
■費用 S-€110～、T-€184～、浮動制、早餐另計
■房間數 共72間 ■信用卡 VISA、MC、AMEX、DC、JCB HP www.rebstock.com

Hotel Würzburger Hof ★★★ map p.121-B
●中央車站步行５分 ■地址 Barbarossapl.2 ☎53814 FAX58324 費S-€63～、T-€115～、浮動制、早餐另計 HP www.hotel-wuerzburgerhof.de

Babelfish-Hostel ★ map p.121-B
●中央車站步行２分 ■地址 Haugerring 2 ☎3040430 費S-€45、T-€62、多人房-€17～ HP www.babelfish-hostel.de

Pension Siegel ★★ map p.121-B
●中央車站步行５分 ■地址 Reisgrubengasse 7 ☎52941 費S-€39、T-€59 HP www.pension-siegel.com

●～€15 ●●€15～25 ●●●€25～50 ●●●●€50～
★經濟型 ★★休閒型 ★★★標準型 ★★★★豪華型

伍茲堡的區域號碼☎0931

ROTHENBURG OB DER TAUBER

羅騰堡

p.11-H ■人口＝1.1萬人 ■都市規模＝步行需半天

穿越時空回到中世紀！？整座城市就是像主題樂園一樣。

★★★ 在城牆圍繞之下的中世紀街道

★ 中世紀犯罪博物館、玩偶博物館等等

★★★ 應有盡有的流行服飾店

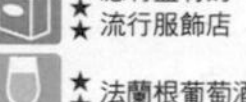
★★ 法蘭根葡萄酒

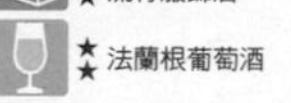
★ 法蘭克尼亞美食

★ 聖雅各教堂

★★ 「勝負一飲」的歷史劇等等

★ Zur Holl 等地的在地啤酒

★★ 在陶伯河沿岸的散步

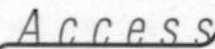

Access

●火車：法蘭克福→ICE（約1小時10分）→伍茲堡（轉車）→RB（約45分）→施泰那赫（轉車）→RB（14分）→羅騰堡［約每1小時／€48］、慕尼黑→RE（約1小時50分）→特洛伊希德林根（轉車）→RB（1小時5分）→施泰那赫（轉車）→RB（14分）→羅騰堡［約1小時5班／€44］●歐洲巴士：法蘭克福→（4小時20分）→羅騰堡［1天1班／€45］、慕尼黑→（5小時25分）→羅騰堡［1天1班／€43］
●路線巴士：丁克思比爾→（約1小時～2小時50分、轉車1～3次）→羅騰堡［平日15班；週六、日會減班／€9.52～（直達巴士814路之資訊）］

Information

●遊客服務中心：MAP p.126-A 住Marktplatz2 ☎404800 FAX 404529 營9:00～18:00（週六日、假日10:00～17:00）、11～4月9:00～17:00（週六及12/31為10:00～13:00；11/27～12/23的週六、日10:00～）休11～4月的週日及假日、12/24 HP www.rothenburg.de ●青年旅館：MAP p.127-C 住Mühlacker.1 ☎94160 週日為不定休

Route Advice

火車站→（Ansbacher Str.）→羅德城門→馬克斯塔→市政廳→小普勒恩→中世紀犯罪博物館→市集廣場→聖雅各教堂→帝國都市博物館→城堡花園〔全程約1小時〕

城市概要 從火車站到舊城區徒步約15分，以市集廣場為中心

可以說是德國境內數一數二的人氣觀光勝地。城市的歷史可回溯到9世紀，13世紀被定位為帝國自由都市，到17世紀左右發展成為手工業和商業的城市。於30年戰爭後衰退，不過還殘留當時風貌的美麗中世街景正是這座城市的魅力所在。**市集廣場**位於市中心，周圍有**市政廳**和**市議會飲酒廳**（❶也在這裡）圍繞著廣場。市政廳的前半部是建於16世紀的文藝復興樣式，擁有高約60m的塔的後半部則屬哥德樣式。從塔上看出去的風景美不勝收。（營9:30～12:30、13:00～17:00※11～3月週六、日 費€2.50）廣場後方是**聖雅各教堂**St.Jakobs Kirche（營9:00～17:00〔11、1～3月為10:00～12:00、14:00～16:00、12月10:00～16:45〕 費€2.50、學生€1.50），樓上里門施奈德的雕刻作品『最後的晚餐』非常具有可看性。

馬克斯塔是古老城牆的一部分，為以前的入口。

玩樂重點 爬上城牆、公園散步…不妨盡情徜徉在美麗的街道上

每年於聖靈降臨節的週六～一（5、6月左右）會舉行**「勝負一飲」歷史劇**。故事描寫30年戰爭之際，當時佔領這座城市的舊教徒派皇帝軍的將軍看到裝在大杯子裡的葡萄酒，便出了一道難題：「要是有人能夠一口氣喝完這杯酒的話，我就放過這個城市。」前市長努胥挺身而出，一口氣喝下了3.25公升的葡萄酒（請勿模仿！）解救了這個城市（HP www.meistertrunk.de）。在9月舉行的**帝國自由都市節**和10月的秋收節也都會舉辦同樣的活動。

如果是在沒有慶典的期間造訪的人，也請一定要看看市議會飲酒廳的**機關式大鐘**。9:00～22:00的每個整點，時鐘旁邊的窗戶就會打開，會有玩偶出來乾杯。雖然很有名，但玩偶的動作其實很少。

城牆設有監視用通道，可走到上面散步。

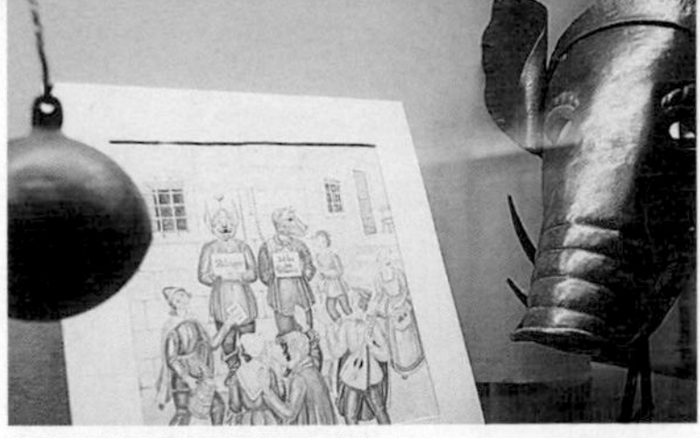
還有以戴豬面具作為懲罰的方式。

中世紀犯罪博物館 ★★★
Mittelalterliches Kriminalmuseum

map p.126-A

●市集廣場步行3分

介紹過去歷時700年的歐洲法律和犯罪的歷史。從斷頭台或斬首刀這些讓人覺得非常可怕的東西，到貞操帶、專門給詐欺者戴的懲罰面具等稀奇古怪的展示品共3000件以上。

住Burggasse 3-5　營10:00～18:00（11～4月13:00～16:00）、入場至閉館前45分為止　休無休　費€7、學生€4、家庭票€17　☎5359　HP www.kriminalmuseum.eu

德國聖誕博物館 ★★
Das Dautsche Weihnachtsmuseum

map p.126-A

●市集廣場步行2分

位於Käthe Wohlfahrt（p.127）聖誕村店內的博物館。聖誕樹及裝飾品當然就不用多提了，館內光是聖誕老人像就多達150個，其中還有穿著綠色大衣、不常見的聖誕老人等，這裡擁有豐富且具歷史性的收藏品。

住Herrngasse 1　營10:00～17:00（12/24及31為～13:30、12/25～30及1/1～12為～16:30）　休1/13～20、視年度變動　☎4093650　費€4、學生€2.50、兒童€2　HP www.christmasmuseum.com

帝國都市博物館 ★★
Das Reichsstadtmuseum

map p.126-A

●市集廣場步行 3 分

從13世紀後半就被當作多明尼克女修道院使用的建築物。展示當時的家具、農具，以及據說是德國最古老的廚房等等。

住Klosterhof 5　營9:30～17:30（11～3月13:00～16:00）　休12/24及31　費€6、學生€5　☎939043　HP www.reichsstadtmuseum.rothenburg.de

羅騰堡的區域號碼☎09861

名物 pick up
就連點心也充滿了夢幻的味道！風味樸實的雪球

口感酥酥脆脆，十分爽口。

充滿了夢幻味道的雪球是很符合這個浪漫古都的點心。望文生義，英文就叫作Snow Ball。把長條狀的麵糰揉成圓形下去炸，表面再灑上糖粉，看起來就跟真正的雪球一樣，非常可愛。原本在當地是用來作為慶賀之用的點心，多半在結婚典禮等值得恭喜的場合中食用。還有作成巧克力或咖啡、堅果等口味，味道都不會太甜，1個大概是€2起跳。

工匠之家 ★★
Alt Rothenburger Handwerkerhaus

map p.126-B

●市集廣場步行5分

於13世紀末興建，後來陸續成為各領域工匠們的工作場所。目前展示著重現木桶工匠、織布工匠、製鞋工匠等的工作模樣。

住Alter Stadtgraben 26　營11:00～17:00（週六、日10:00～；12月中旬～1/7為14:00～16:00）　休11月、1/8～復活節為止　費€3、學生€2.50　☎94890　HP www.alt-rothenburger-handwerkerhaus.de

不太像一般博物館的展示風格，很有意思。

城堡花園 ★★★
Burggarten

map p.127-C

●市集廣場步行7分

位於舊城區西端的庭園。底下就是陶伯河溪谷，能欣賞視野遼闊的美景。回頭一望可看到城市就位於小高丘上，是拍攝城牆的絕佳角度。

很適合情侶來散步的羅曼蒂克庭園。

聖沃夫岡教堂
St.Wolfgangskirche
Bezoldweg
克林根城門
Klingentor
Klingenschütt
火藥塔
Pulverturm
城牆 Stadtmauer
Henkersturm
Mittermeier Restaurant & Hotel
甘瑟塔
Ganserturm
馬車搭乘處
Strafturm
Klingengasse
Fuchsengässchen
Hotel Schranne
雪瑞內廣場
Schrannenpl.
Schranne
Bad
Hirtengasse
Schmidtsgässchen
Bezoldweg
絞刑城門
Galgentor
HOCHER HOTEL & CAFÉ Gmbh
Klosterturm mit Durchgang
猶太人街
Judengasse
Altfränkische Weinstube
Küblersgässchen
玫瑰大道
Rödergasse
Becker
Galgengasse
帝國都市博物館
Das Reichsstadtmuseum
Bücherei
市立音樂廳
Städt Musiksaal
Kirch pl.
白塔
Weisser Turm
Rosengasse
湯瑪仕塔
Thomasturm
號角堡街
Hornburgweg
聖雅各教堂
St.Jakobskirche
市議會飲酒廳
Ratsherrn-Trinkstube
史多倫街 Stollengasse
Klostergasse
Kapellenpl.
Romantik-Hotel Markusturm
維薩塔
Weiberturm
Organic Shop Lovely
市政廳
Rathaus
Goetheinstitut
Hotel Spitzweg
郵局
往城堡花園
Käthe Wohlfahrt（聖誕市集）
市集廣場
Marktpl.
Teddys Loves Rothenburg
Leyk
馬克斯塔 Markusturm
Galerie Eiichi Takeyama
Herrngasse
A
Der Rosenpavillon
Hafengasse
Sweet Lovely
Pension Elke
B
Roteskreuz
肉店、舞蹈館
Baumeisterhaus
Gasthof Zum Breiterle
羅德城門
Rödertor
城門
Burgtor
Hotel Eisenhut
Birkenstock Shop
工匠之家
Handwerkerhaus
Gasthof Rödertor
Herrnschloesschen Restaurant
Alter Keller
Stadtaraoen
Kindergarten
鐵鍛造屋
Gerlachschmiede
安斯巴赫大道
Burgasse
Käthe Wohlfahrt（聖誕村）
Zur Höll
德國聖誕博物館
Das Dautsche Weihnachtsmuseum
Wenggasse
霍恩納斯塔
Hohennersturm
Städt.Werke
聖約翰尼斯教堂
St.Johannis Kirche
Stadtmauer
中世紀犯罪博物館
Mittelaterliches Kriminalmuseum
Ekuko's Wine & Gift Shop
Dassdorfweg
Leyk
Pension Raidel
← 陶伯河
Tauber
Neugasse
城牆
福爾塔
Faulturm
Cafe Lounge da Vinci
Glocke
小普勒恩
Plönlein
Röderschütt
Topplerweg
Weinsteige
Herrenmühle
賽博斯鐘塔
Siebersturm
Ackerweg
Koboldzellertor
新墓 Neu Friedh

Herrnschloesschen Restaurant

時尚摩登又無負擔，帶來全新感受的德國菜

講究使用當地新鮮食材，製作出健康＆無負擔的摩登德國菜。菜單會隨季節變動。全餐為3道菜€50左右起。飯店也非常受歡迎。

map p.126-A
●市集廣場步行５分
■地址　Herrngasse 20
■TEL　873890（予約推奨）
■營業　12:00～14:00、18:00～21:00（※午餐在中庭另行營業）
■公休　週一、二
■信用卡　VISA、MC、AMEX
HP www.hotel-rothenburg.de（飯店 T-€225～）

Zur Höll

營業到很晚，所以很方便。建築物已有1000多年的歷史，是市內最古老的。啤酒、葡萄酒都各有支持者。

map p.126-A
●市集廣場步行３分 ■地址　Burggasse 8
■TEL　4229 ■營業　17:00～（無固定閉店時間）
■公休　週日、12/24～25及31 ■信用卡　不可
HP www.hoell-rothenburg.de

Baumeisterhaus

後方有挑高的中庭座位，相當推薦。若遇到團體客多、餐廳客滿時，可利用等待的時間先去喝杯咖啡。

map p.126-A
●市集廣場步行１分 ■地址　Obere Schmiedgasse 3 ■TEL　94700 ■營業　10:00～21:00（供餐為～20:00） ■公休　１月後半２週（視年度變更） ■信用卡　VISA、MC
HP www.baumeisterhaus-rothenburg.de

●～€15　●●€15～25　●●●€25～50　●●●●€50～

Check-Check! 更多瞭解羅騰堡etc.

① 首先要介紹Organic Shop Lovely（請見下方）的姊妹店Sweet Lovely。除了可麗餅、冰沙、年輪蛋糕之外，還有名為「639」的貴腐葡萄酒（p.23），也有販售像指甲剪的小伴手禮品。

② Ekuko's Wine & Gift Shop的葡萄酒經過日本老闆嚴選，廣受好評，並由可靠的黑貓宅急便配送國際包裹。順帶一提，最近常見的伴手禮——「Dreamlight」蠟燭台。美麗的花樣是一個一個手工製作的德國製品。

③ 最後介紹的是夜警Mr.George，他是晚上20:00（※21:30～為德語解說，12月後半～3月中旬休業）時會出現在市集廣場、穿著夜警裝扮的導遊。甚至還出過DVD，相當有名，他會以流利的英語、夾雜著笑話領遊客體驗夜晚的城市。

具有抗老化效果的海草美容霜€25～

人氣第一的STIX馬鈴薯霜。美肌效果超群。大的€7.99。Organic Shop Lovely

將美麗的花樣使用凝膠凝固後崁入玻璃內的「Dreamlight」€11.90～

Mr. George，即便聽不懂他在說什麼也很有趣。

DATA

◆Sweet lovely　MAP p.126-A　住Hafengasse4　營9:00～18:00（週日、假日10:00～）　休冬季的週日　☎9179016

◆Ekuko's Wine & Gift Shop　MAP p.126-A　住Untere Schmiedgasse 9　營9:00～19:00（冬季為～18:00、週日10:00～18:00）休冬季的週日　☎976447

Käthe Wohlfahrt

一定要來參觀耶誕村！

在店內打造了高達5公尺的民宅和特大號的耶誕樹，重現耶誕節的氣氛。附設有耶誕節博物館（p.125），還有「木刻娃娃」等耶誕節的裝飾品。

map p.126-A
●市集廣場步行1分
■地址　Herrngasse 1
■TEL　4090
■營業　9:00～17:00（週日10:00～、5/13～聖誕節的週日10:00～18:00）
■公休　12/25～4月的週日、假日（復活節的週日、週一除外）
■信用卡　VISA、MC、AMEX、DC、JCB
HP www.kaethe-wohlfahrt.com

Leyk

以當地實體房屋為模型製作，是家超可愛的陶器小屋專賣店。可在手作的裝飾品裡點上蠟燭來做裝飾。€21～。

map p.126-A　●市集廣場步行4分　■地址　Untere Schmiedgasse 6　■TEL　86763　■營業　10:00～18:00（1月底～復活節的週六為～16:00）　■公休　12/25～26、1/1、12月底～復活節的週日　■信用卡　VISA、MC、AMEX、DC、JCB　HP www.leyk-shop.com

Organic Shop Lovely

和葡萄酒店Ekuko's Wine & Gift Shop都是由日籍女性所經營，有機化妝品頗受好評。

map p.126-A　●市集廣場步行1分
■地址　Gruenermarkt 3　■TEL　8749026
■營業　9:00～18:30（週日、假日10:00～18:00）
■公休　聖誕節到復活節的週日
■信用卡　VISA、MC、AMEX、JCB　HP organic-lovely.com

Teddys Love Rothenburg

販售金耳釦、Hermann公司等豐富商品的泰迪熊專賣店，還有獨家限定生產的設計款。

map p.126-A ●市集廣場步行1分
■地址 Obere Schmiedgasse 1 ■TEL 933444
■營業 9:00～20:00(週日10:00～18:00、1～4月為～19:00)
■公休 1～3月的週日、假日 ■信用卡 VISA、MC、AMEX、DC、JCB HP www.teddys-rothenburg.de

Birkenstock Shop

人氣持續回升的名牌。位於觀光地區商店規模不小，商品的品項豐富程度在德國算是數一數二的。

map p.126-A ●市集廣場步行2分
■地址 Obere Schmiedgasse 8 ■TEL 938647
■營業 9:00～18:30 ■公休 週日
■信用卡 VISA、MC、DC、JCB
HP www.natuerlich-gehen.de

Hotel Eisenhut ★★★

皇室也曾下榻過的超高級飯店

據說是在16世紀蓋來作為貴族府邸之用。巴洛克風的室內設計和骨董的日常用品皆十分貴重。貴族和皇室都曾經下榻於此。還有視野非常好的露天啤酒屋。

map p.126-A
●市集廣場步行3分
■地址 Herrngasse 3-5/7
■TEL 7050
■FAX 70545
■費用 S-€94～174、T-€128～356、早餐€14
■房間數 共78間
■信用卡 VISA、MC、AMEX、DC、JCB
HP www.eisenhut.com

Romantik-Hotel Markusturm ★★★★

建築物本身已有700年以上的歷史

前身是建於1264年的國稅局，改建成飯店之後已有500年以上的歷史。還留有一部分當時的城牆是本飯店的鎮店之寶。

map p.126-B
●市集廣場步行3分
■地址 Rödergasse 1
■TEL 94280
■FAX 9428113
■費用 S-€81～、T-€130～
■房間數 共25間
■信用卡 VISA、MC、AMEX、DC、JCB
HP www.markusturm.de

Altfränkische Weinstube ★★

想要實際體驗感受真正源自中世紀的時代感，就來這裡。地上樓層為葡萄酒餐廳。

map p.126-A ●市集廣場步行約5分
■地址 Klosterhof 7 ■TEL 6404 ■費用 S,T-€89～、浮動制 ■房間數 共6間■信用卡 VISA、MC、AMEX
HP altfraenkische-weinstube-rothenburg.de

Mittermeier Restaurant & Hotel ★★★★

在以中世紀為賣點的眾多飯店中，這裡屬於設計時尚的飯店。餐廳也十分美味。

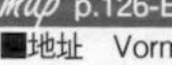

map p.126-B ●市集廣場步行約8分
■地址 Vorm Würzburger Tor 9 ■TEL 94540 ■費用 S-€75～、T-€85～、浮動制■房間數 共27間 ■信用卡 VISA、MC、AMEX、DC HP villamittermeier.de

Hotel Schranne ★★★

由麥諾魯特夫婦所經營，充滿了溫暖人情味的飯店。備有日語的菜單。

map p.126-A
●市集廣場步行4分
■地址 Schrannenplatz 6 ■TEL 95500
■FAX 9550150 ■費用 S-€65～、T-€75～160
■房間數 共48間 ■信用卡 VISA、MC、AMEX、DC、JCB HP www.hotel-schranne.de

Glocke ★★

服務態度是典型法蘭根地區的熱情好客。可以在附設的餐廳裡享用到魚、野生鳥禽做成的餐點。

map p.126-A
●市集廣場步行4分
■地址 Am Plönlein 1
■TEL 958990 ■FAX 9589922
■費用 S-€68～84、T-€96～155
■房間數 共23間 ■信用卡 VISA、MC、AMEX、DC、JCB

Hotel Spitzweg ★★ map p.126-B
●市集廣場步行5分 ■地址 Paradeisgasse 2
☎94290 FAX無 費S-€70～、T-€90～
■信用卡 VISA、MC

Rothenburger Hof ★★ map p.127-C
●火車站步行1分 ■地址 Bahnhofstr.13
☎9730 FAX973333 費S-€47～69、T-€129
■信用卡 VISA、MC、JCB

Pension Raidel ★ map p.126-A
●市集廣場步行4分 ■地址 Wenggasse 3 ☎3115 費S-€45～、T-€69 HP gaestehaus-raidel.de

Pension Elke ★ map p.126-B
●市集廣場步行5分 ■地址 Rödergasse 6 ☎2331 費S-€40～、T-€60～ HP www.pension-elke-rothenburg.de

Gasthof Rödertor ★★ map p.126-B
●火車站步行約7分 ■地址 Ansbacher Str. 7
☎2022 費S,T-€85～、浮動制 HP roedertor.com

Becker ★ map p.126-B
●市集廣場步行7分 ■地址 Rosengasse23
☎3560 FAX3540 費S-€35～、T-€58～

DINKELSBÜHL

丁克思比爾

p.11-H ■人口=1.2萬人 ■都市規模=步行需半天

更樸素也更真實的小鎮。繼承了中世紀的真正景觀，沒有受到戰火的摧殘。

★★★ 在城牆與壕溝包圍下的中世紀街道

★★ 聖喬治教堂

★★ 兒童表演節（兒童節）

★ 法蘭根葡萄酒

Access

●市區巴士：羅騰堡→（807路巴士約50分）→Dombühl→（813路巴士50分）→丁克思比爾（終點前１站的AmStauferwall下車）［約每小時１班／€9.52～］
●電車與巴士：經由安斯巴赫→（805路巴士１小時）→丁克思比爾［１天５～６班／€7.14～］
●歐洲巴士：法蘭克福→（６小時20分）→丁克思比爾［１天１班／€52］、慕尼黑→（３小時55分）→丁克思比爾［１天１班／€36］

Information

●遊客服務中心：<市集廣場旁>
MAP p.130-B 住 Altrathausplatz 14
☎902440 FAX 902419 營 9:00～18:00（週六日、假日10:00～17:00）、11～4月為10:00～17:00 休 無休
HP www.dinkelsbuehl.de
●青年旅館：MAP p.130-A
住 Koppengasse 10 ☎5556417

Route Advice

市集廣場→德國之屋→聖喬治教堂→歷史博物館→羅騰堡大門→羅騰堡池（大門外）〔全程約40分〕

從地方巴士站到市中心徒步約15分。壕溝沿岸的城牆還保留原狀

緊鄰在旁的羅騰堡是一個受到戰火破壞，然後再重建的都市，但是這裡逃過了戰火的摧殘，是一個真正的中世紀城市。到處都有著號稱屋齡400年以上的古老木造房屋。搭乘市區巴士前往的時候，要在城牆的外側上下車，請特別留意。歐洲巴士則是在市政廳後面的廣場上下車。這裡沒有火車經過。

從城牆外側看到的景色。前面就是壕溝。

德國之屋。左右兩旁都是木造的房屋。

都市規模比羅騰堡還要來得小。主要街道為**西格林格街**Segringer str.，從這一頭走到那一頭也只要區區10分鐘左右。市中心的市集廣場正對著**聖喬治教堂**，馬路的對面則是**德國之屋**Deutsches Haus（參照p.131）。被譽為是木造的白牆建築（Fachwerk）裡最美麗的建築物，目前則是飯店兼餐廳。

本區的重點在於巷弄間和沿著城牆的壕溝散步。城牆和18座塔都被保存得十分完整。

推薦在知名的兒童表演節期間前來造訪

特別值得大力推薦的，當屬穿過**羅騰堡大門**Rothenburger Tor之後，從位於左手邊的羅騰堡池眺望城牆和塔的風景。池塘前面是一座公園，可以坐在長椅上小憩片刻，欣賞鴨子在池塘裡游泳的模樣。

這裡最有名的慶典莫過於**兒童表演節**（兒童節）。這個故事的典故是在三十年戰爭的時候，新教徒派的瑞典軍攻陷這座城市，正打算放火把街道燒掉的時候，街上的孩子們和小姑娘羅拉挺身而出苦苦哀求，動了惻隱之心的將軍便直接鳴金收兵，放過這座城市。從此，每年7月從第3個週一前的週五到隔週的週日，都會舉行

夕陽西下時的羅騰堡池有如夢似幻的景緻。

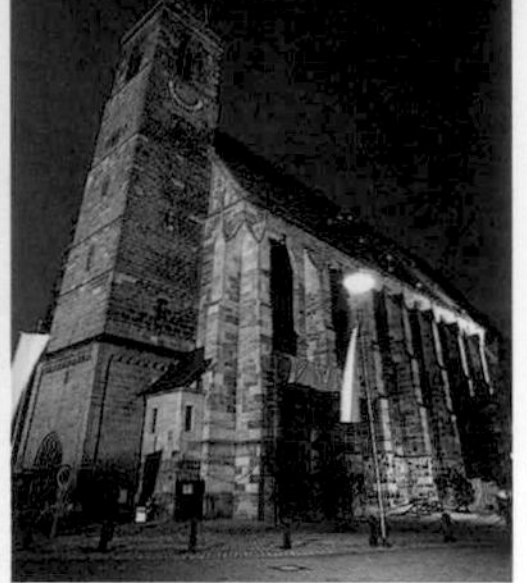

祭壇後面的彩繪玻璃十分值得一看。

慶祝活動，以表達對當時拯救這座城市的孩子們的感謝之意。觀賞重點在於由可愛的孩子們穿著民族服飾所舉行的遊行。

聖喬治教堂 ★★★
St. Georgkirche

map p.130-A

●市集廣場即到

難怪老覺得跟諾德林根的教堂有點像，原來都是出自於同一位建築師尼可拉斯·安潔拉之手的作品。被譽為是德國南部最美麗的大廳型教堂，其內部的大廳既高又莊嚴，令人嘆為觀止。另外，塔的樓梯（走後羅馬式教堂風格）一共有222階之多，從上頭望出去的視野無與倫比。

住Kirchhoeflein 6　營9:00～12:00、14:00～19:00（冬季為～17:00、登塔頂為5～10月的週五~日和巴伐利亞州的學校暑假期間14:00～17:00）

休無休　費塔樓門票€2（教堂內免費）

街角剪影

夜晚的街道也非常羅曼蒂克！還有守夜人的守護吟唱！

其實這個披著斗篷、提著油燈、吹著號角、打扮成中世紀風格的老人就是守護著這座城市免於被壞人侵犯的守夜人（Night Watch Man）！他幾乎每天晚上（4～10月21：00、11～3月則只有週六）都會出現在教堂前面，自稱守夜人，一邊唱歌，一邊帶領大家參觀大街小巷（免費），在參觀的地方還可以來上一杯葡萄酒。

攝於餐廳前。在那之後，不妨進店裡喝杯葡萄酒。

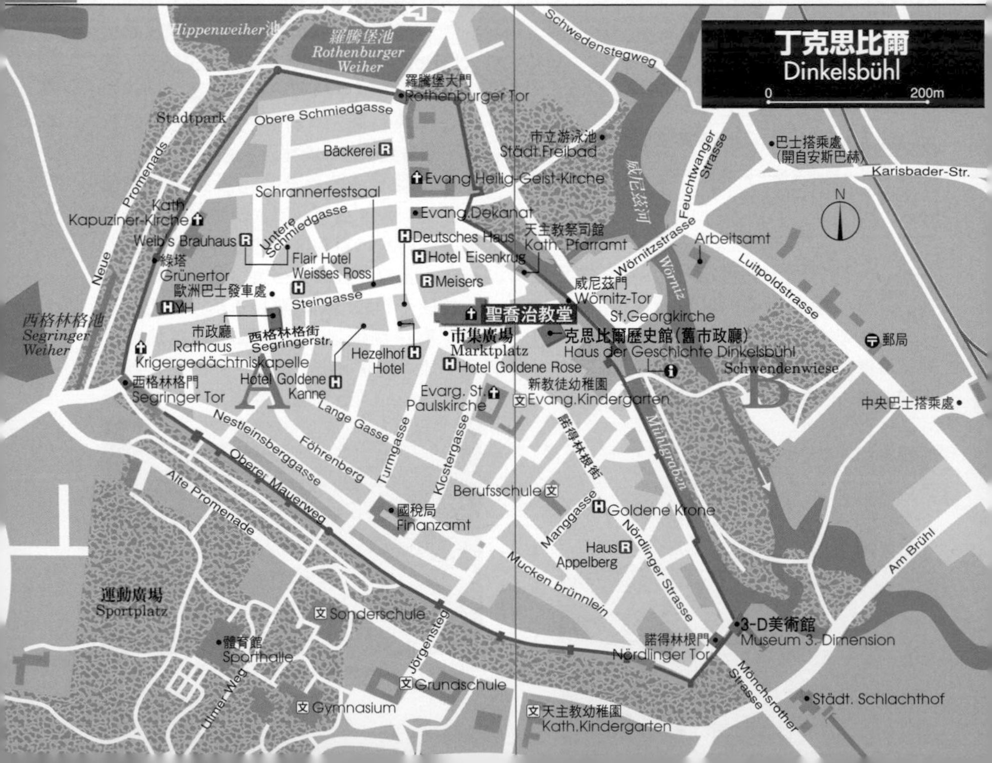

丁克思比爾 Dinkelsbühl

0　200m

30年戰爭當時的大砲，
館內還有影片播放。

丁克思比爾歷史館 ★
Haus der Geschichte Dinkelsbuhl

map p.130-B

●市集廣場步行3分

從生活模樣、繪畫、武具等各方觀點，以總計約600件的文物介紹小鎮的歷史。尤其是30年戰爭當時的展示品相當充實。

住Altrathausplatz 14 營9:00～18:00（週六日、假日、11～4月10:00～17:00） 休無休 費€4、學生€3 ☎902180

3-D美術館 ★
Museum 3. Dimension

map p.130-B

●市集廣場步行5分

風格獨具的美術館，只要是看起來像是立體的手法，例如全像攝影或立體圖，這裡統統都有展示，還有些遊走於尺度邊緣的照片。

住Nördlinger Tor 營11:00～17:00（7～8月10:00～18:00） 休11～3月的週一～週五、12/24～25、嘉年華期間的週二 費€10、學生€8 ☎6336 HP www.3d-museum.de

有錯視畫法的要素非常有趣。

★★★ Deutsches Haus

鎮上最美麗的木造房屋

正對著市集廣場，是一棟非常可愛的木造房子。文藝復興風格的外觀由好幾層樓梯所構成，據說建於1440年代，是觀光重點。裡頭還有餐廳。

map p.130-A
●市集廣場步行1分
■地址 Weinmarkt 3
■TEL 6058
■FAX 7911
■費用 S-€79～、T-€129～159、浮動制
■房間數 共18間
■信用卡 VISA、MC、AMEX、JCB
HP www.deutsches-haus-dkb.de

★★★ Hotel Goldene Rose

建於1450年，皇室也曾下榻於此

擁有悠久的歷史，是德國境內可以排得進前十名的飯店之一。接待過許多世界各地的王公貴族，1891年就連維多利亞女王也曾下榻於此，還有當時的照片。

map p.130-A
●市集廣場步行1分
■地址 Marktplatz 4
■TEL 57750
■FAX 577575
■費用 S-€66～85、T-€88～138
■房間數 共33間
■信用卡 VISA、MC
HP www.hotel-goldene-rose.com

★★★ Hezelhof Hotel

從木造住宅變身為超時尚飯店

16世紀的木造住宅，擁有美麗的中庭，原本是著名的觀光景點，現在外觀依舊、但內部已改裝成超時尚的設計飯店。也可以只參觀中庭（要付費€1）。

map p.130-A
●市集廣場步行2分
■地址 Segringer Str.7
■TEL 555420
■FAX 5554260
■費用 S-€99～、T-€129～（有網路折扣）
■房間數 共40間
■信用卡 VISA、MC、AMEX
HP www.hezelhof.com

★★★ Hotel Eisenkrug

房間裡的擺設全都是骨董。擁有2間餐廳，葡萄酒和當地美食是一大賣點。餐點的評價非常高。

map p.130-A
●市集廣場步行2分 ■地址 Dr.Martin-Luther-Str. 1 ■TEL 57700 ■FAX 577070 ■費用 S-€49～、T-€84～、浮動制 ■房間數 共20間 ■信用卡 VISA、MC、AMEX HP www.hotel-eisenkrug.de

★★★ Flair Hotel Weisses Ross

擁有450年歷史的古老建築，曾經是藝術家雲集的交誼廳。為家庭式經營，待客親切。

map p.130-A
●市集廣場步行2分 ■地址 Steingasse 12/17 ■TEL 579890 ■FAX 6770 ■費用 S,T-€90～、浮動制 ■房間數 共15間 ■信用卡 VISA、MC、AMEX HP www.hotel-weisses-ross.de

NÖRDLINGEN

諾德林根

p.11-K ■人口＝2萬人 ■都市規模＝步行需半天

幾乎完整保留中世紀的城牆，位於里斯盆地的圓形小鎮。

 ★ 在城牆環繞下的中世紀街道

 ★★ 聖喬治教堂（丹尼爾）

 ★★ 里斯隕石博物館等等

Access

●火車：法蘭克福→ICE（約1小時20分）→斯圖加特（轉車）→RE（約1小時）→阿倫（轉車）→RB（約40分）→諾德林根［1小時1～2班／€81］、慕尼黑→RE（約1小時20分）→多瑙沃爾特（轉車）→RB等（約30分）→諾德林根［1小時1～2班／€28.80］

●歐洲巴士：法蘭克福→（7小時20分）→諾德林根［1天1班／€57］、慕尼黑→（2小時55分）→諾德林根［1天1班／€30］、羅騰堡中央車站→（1小時10分）→丁克思比爾→（45分）→諾德林根［1天1班／€13］

Information

❶遊客服務中心：<市公所後面的建築>
住Marktplatz 2 ☎84116 FAX84113 營復活節的週六～10月9:00～18:00（週五為～16:30；週六、假日、7～8月的週日10:00～14:00）、11月～復活節的週五為止9:00～17:00（週五為～15:30） 休11月～復活節的週五為止的週六、日、假日、12/24～26及31、1/1 HP www.noerdlingen.de

爬到教堂的塔上欣賞里斯盆地的風光

很久很久以前，有一顆直徑超過1.2公里的巨大隕石掉落於此，形成了里斯盆地，諾德林根就位於里斯盆地內，是個直徑1公里左右的小鎮。幾乎完整保留中世紀的城牆。

市中心有一座後哥德式建築的**聖喬治教堂**St.Georgkirche（營9:00～18:00〔7、8月～19:00、12月～17:00、3～4、10月10:00～17:00、1～1、11月10:00～16:00〕 費塔入場€3.50）。教堂的塔統稱為丹尼爾，高度約90公尺，樓梯共有350階。爬上去之後可以清楚地看見城牆的形狀是圓形的，非常有意思。

聖喬治教堂。塔內的挑高空間充滿了驚險刺激感。

從丹尼爾（塔）看出去的街道景緻。

諾德林根的規模雖小，但博物館卻十分充實。在**里斯隕石博物館**裡，展示著NASA的太空人用來模擬訓練基地的月之石。

4層樓高的**鄉土博物館**的規模也很大，城門之一的**律佩辛格爾城門**Löpsinger Torturm如今已改建成**城牆博物館**。也有賣以上5個館和教堂之塔的共通券「博物館卡」（3日間€12.50）。

里斯隕石博物館 ★★
Rieskrater Museum

●市集廣場步行4分

說明里斯盆地的形成是如何由1500萬年前的隕石撞擊造成的。還展示著撞擊時的隕石碎片和由阿波羅16號帶回來的月亮上的石頭。

住Eugene-Shoemaker-Pl.1 營10:00～16:30（11～4月10:00～12:00、13:30～16:30） 休週一、復活節的週五、12/24～26及31、1/1 費€4.50、學生€2.50 ☎84710

沒想到居然也可以在這裡看到月石。

鄉土博物館 ★
Stadtmuseum

●市集廣場步行3分

是這一帶的鄉土博物館裡最有可看性的一間，展示著15～16世紀的宗教畫以及與當地息息相關的畫家作品。

住Vordere Gerbergasse 1 營13:30～16:30 休週一、11月中旬～3月中旬、復活節的週五 與里斯隕石博物館的套票€4.50、學生€2.50 ☎84810

中世紀的宗教畫等展示內容十分豐富。

AUGSBURG

奧格斯堡

p.11-K ■人口＝28.9萬人 ■都市規模＝步行需2天

走過了2000年的歷史，如今則蘊含著走在時代最前端的力量。

★★ 馬克希米連大街、舊城區利哈伊運河附近等地
★★ 大教堂、聖烏里希教堂（新教加天主教）等地
★ 德國巴洛克美術館等
★★ 舊城區的工房及商店等等
★ 利奧波得·莫札特、迪索等人
★★ 施瓦本美食

Access

●火車：法蘭克福→ICE、EC、IC直達（約3小時20分）→奧格斯堡［1小時1～2班／€73～］、慕尼黑→ICE、IC、RE、RB（約30～50分）→奧格斯堡［1小時3～4班／€14.60～］、諾德林根→RB（約30分）→多瑙沃爾特（轉車）→RE（約30分）→奧格斯堡［1小時1班／€16］※從法蘭克福出發可在曼罕、伍茲堡或紐倫堡轉車。

●歐洲巴士：法蘭克福→（0小時10分），奧格斯堡市政廳［1天1班／€72］、慕尼黑→（1小時5分）→奧格斯堡市廳［1天1班／€16］

●市內交通：巴士和電車相當發達，短程票（4站以內））€1.45、1日票€6.40

Information

❶遊客服務中心：<市政廳廣場>
MAP p.134-A 住Rathausplatz 1 ☎502070
營8:30～17:30（週六日、假日10:00～）、11～3月9:00～17:00（週六日、假日10:00～）
休無休
HP www.augsburg-tourismus.de
●青年旅館：MAP p.134-B 住Untere Graben 6 ☎7808890 FAX 78088929

Route Advice

中央車站→（Bahnhofstr.）→（Königsplatz）→莫札特故居→大教堂→市政廳廣場→市政廳→富格爾之家→（Maximilian-Str.）→樹茲拉宮→聖烏里希教堂
〔全程約3小時。從Königsplatz到莫札特故居可搭乘市電2號〕

熱鬧非凡的馬克希米連大街和充滿風味的舊城區

和特里爾等地並列為德國最古老的城市，據說羅馬皇帝奧古斯都一族從西元前15年就在這裡建都了。

自古以來就以交通的要衝繁榮一時，13世紀升格為帝國自由都市，15世紀以後更因為大富豪富格爾一族等人的勢力而抬頭，還曾經是文藝復興文化的舞臺。當時富格爾一家在金融上的影響力，據說甚至凌駕於皇帝之上，如今在**富格爾都市宮殿**Fugger Stadtpalast等地還可以感受到當時的榮景。

從佩拉哈塔上將市區風光盡收眼底。左為市政廳。

奧格斯堡現在是巴伐利亞州的第三大都市，市中心有**市政廳廣場**（從車站搭2號市電在Rathauspl.下車）。位於市政廳廣場對面的是**市政廳**（參照p.135）和**佩拉哈塔**Perlachturm。塔的高度為76公尺，天氣好的時候從塔上就可以看到阿爾卑斯山（塔營10:00～18:00〔復活節與聖誕節期間的週五～日13:00～19:00〕休11月～復活祭 費€2）。

漫步舊城區後，品嘗特別的施瓦本美食

在市政廳前縱貫南北的**馬克希米連大街**Maximilianstr.是這個城市的主要幹道。左右兩旁林立著一流的飯店及銀行、高級精品店等等。從廣場上的**奧古斯都噴泉**到街道中央的**水星噴泉**、**海格力斯噴泉**等等，擁有許多噴水池。途中還設置有露天座位的咖啡廳，氣氛相當熱鬧。

到處都可以看到噴水池，是街上的觀光重點。

另外，這裡也是馬丁·路德進行宗教改革的舞臺。馬路南端的**聖烏里希教堂**（新

建造於1602年的海格力斯噴泉，還有銅像。

教加天主教）St. Ulrich & Afra是宗教融合的象徵。新、舊兩教在這座教堂裡共存，十分特別。

由於這裡是一個大都會，所以可以把玩樂重點放在購物。廣場後面的Annastr.附近被規劃為行人徒步區。

也很推薦到市政廳後面的舊城區散步。這裡的地面略低於平地，沿著狹窄的巷弄走水路（利哈伊運河）等等，可以感受到古早的風情。也有許多工房（參照p.135的小專欄）和精品店。全世界第一個社會福利機構**富格爾之家**（參照p.135）就座落在這個地區，也是最大的景點之一。

外觀左右對稱的市政廳和佩拉哈塔。

此外，這裡的食物是自成一格的**施瓦本美食**，也很令人期待。有像義大利式餛飩的Maul-taschen和義大利麵的一種Spätzle等等。

⬆彷彿城市裡還有另一座城市一樣。

⬅富格爾博物館裡原封不動地呈現出昔日的生活空間，可以了解當時百姓的習俗。

富格爾之家 ★★★
Fuggerei

map p.134-B

●市政廳廣場步行7分

由雅各二世所興建，是世上最早的社會福利機構。四周在圍牆的包圍下，古意盎然的牆壁上還爬著常春藤。至今仍有67間在使用中，一年的租金為€0.88。部分為博物館。

住Jakoberstr.26（博物館Mittlere Gasse 13）

營8:00～20:00（10～3月9:00～18:00）

休12/24　費€4、學生€3　☎31988114

HP www.fugger.de

市政廳 ★★
Rathaus

map p.134-B

●市政廳廣場步行1分

1620年，在建築師艾理斯．霍爾的指揮下破土動工。在阿爾卑斯以北的文藝復興建築中算是相當重要的作品，3樓的**黃金廳**Goldener Saal以金碧輝煌的天花板揚名海內外。

營10:00～18:00　休舉辦特別活動時　費€2.50、學生€1　☎5020

黃金廳是最具有看頭的地方。

豪華的樹茲拉宮宴會大廳Festsaal讓人無法想像是私人打造的。

樹茲拉宮 ★★★
Schäzler Palais

map p.134-C

●市政廳廣場步行7分

洛可可風格的貴族府邸。現在還附設有州立繪畫館等設施，展示著杜勒的繪畫作品。住Maximilian-Str.46

營10:00～17:00　休週一

費€7、學生€5.50　☎3244102

大教堂 ★★
Dom

map p.134-A

●Stadtwerke（市電2路）步行1分

描繪著人物的彩色玻璃窗是德國最古老的彩繪玻璃，舊約聖經中場景的青銅大門等等，都具有非常高的歷史價值。

住Frauentorstr.1　營7:30～18:00(週日12:30～)

休無休（市集展覽等期間有入場限制）

☎31668511

莫札特故居 ★
Mozarthaus

map p.134-A

●Mozarthaus（市電2路）步行1分

莫札特的父親利奧波得出生的地方。大鍵琴（鋼琴的前身）的展示品彌足珍貴。也有賣柯塔麥耶演奏這架大鍵琴的CD。

住Frauentorstr.30

營10:00～17:00（12/24及31為～14:00）　休週一（復活節·降臨節除外）、假日　費€3.50、學生€2

☎4507945

舊城區有一些非常特別的工房和商店！

位於馬克希米連大街的東側，洋溢古早味的舊城區有許多非常特別的工房和商店、精品店等等。Die Alte Silber-schmiede（MAP p.134-B　住Pfladergasse 10　☎38945）為世世代代經營金屬工藝的家族所使用的工房，至少也有400年的歷史。裝飾品€25～、店家特製的胸針類€40～。Die Töpferei（MAP p.134-B　住Weisse-Gasse5　休週日、一　☎153511）為陶器的小東西和餐具專賣店。上頭坐著小老鼠的超可愛杯子小€15、大€16。可以參觀工廠。

繼承了傳統的工匠。

小東西充滿了源源不絕的創意。

奧格斯堡的區域號碼☎0821

Bauerntanz

1572年創業，位於舊城區的老字號家庭式施瓦本美食餐廳

老字號的施瓦本美食餐廳，據說就連莫札特也來吃過。請一定要試試施瓦本風味的德式起司麵疙瘩€8.20和€9.20等超受歡迎的菜色。

map p.134-B
●市政廳廣場步行5分
■地址 Bauerntanzgässchen 1
■TEL 153644
■FAX 37338
■營業 11:00～23:30（LO 22:00）、12/31為 ～22:00
■公休 12/24
■信用卡 VISA、MC、AMEX
HP bauerntanz-augsburg.de/

Die Ecke

特別推薦給美食愛好者的創意美食

這裡是老饕們一致推崇的餐廳。在歐洲大陸風的餐點裡加入了泰國的咖哩醬等等，是創意十足的無國界美食。尤其是肉類非常好吃。

map p.134-B
●市政廳廣場步行2分
■地址 Elias-Holl-Pl.2
■TEL 510600
■FAX 311992
■營業 11:30～14:00、17:30～23:00（供餐為～22:00）
■公休 12/24
■信用卡 VISA、MC、AMEX
HP www.restaurant-die-ecke.de

★★★ Romantik-Hotel Augsburger Hof

室內設計洋溢著甜蜜的情調

非常有情調的裝潢，特別推薦給想要浪漫一下的人。家族經營的溫馨待客方式倍受好評，也附設氣氛良好的酒吧。在莫札特故居對面。

map p.134-A
●Mozarthaus（市電2路）步行1分
■地址 Auf dem Kreuz 2
■TEL 343050
■FAX 3430555
■費用 S-€86～115、T-€99～140、浮動制
■房間數 共36間
■信用卡 VISA、MC、AMEX、DC、JCB
HP www.augsburger-hof.de

★★★★ Hotel Steigenberger Drei Mohren

座落於繁華的大街上立地絕佳

位於馬克希米連大街的正中央，可是說是完美的地點，號稱是奧格斯堡最正統的飯店。正對著馬路的小餐館提供非常時髦的法國菜。

map p.134-D
●市政廳廣場步行6分
■地址 Maximilian-Str.40
■TEL 50360
■FAX 5036888
■費用 S-€129～、T-€144～、浮動制
■房間數 共132間
■信用卡 VISA、MC、AMEX、DC、JCB
HP www.steigenberger.com/hotels/alle-hotels

★★★ Dom Hotel

特別推薦附有露臺的套房

不同於外觀，室內非常摩登，整體洋溢著沉穩的氣氛。從附有露臺的套房裡可以看到大教堂。也有溫水游泳池、健身房和三溫暖等等，住房的客人可以免費使用。

map p.134-A
●Stadtwerke或Mozarthaus（市電2路）步行1分
■地址 Frauentorstr. 8
■TEL 343930
■FAX 34393200
■費用 S-€78～、T-€98～
■房間數 共52間
■信用卡 VISA、MC、AMEX、DC、JCB
HP www.domhotel-augsburg.de

★★ Jakober Hof

價位親民

位於富格爾之家的旁邊，費用很便宜，有9個房間附有浴室。可以加床變成3人房。也有酒吧和餐廳（只供早餐）。

map p.134-B
●An der Függerei（市電1路）下車的正前方
■地址 Jakoberstr.37～41
■TEL 510030 ■FAX 150844
■費用 S-€29～、T-€39～（民宿型客房的價格）
■房間數 共41間
■信用卡 VISA、MC、AMEX、DC、JCB
HP www.jakoberhof.de

FÜSSEN & SCHWANGAU

富森&修瓦高

p.11-K ■人口＝1.5萬人 ■都市規模＝步行需半天

綠意盎然的休閒區，因為是通往新天鵝堡的據點而聲名遠播。

★★★ 新天鵝堡
★★ 坦格堡山及分布在其四周的湖泊等
★★ 路德維希二世
★★ 巴特法烏倫巴赫

Access

●火車：奧格斯堡→RB、RE直達或於Buchloe轉1次車（1小時40分～）→富森［1小時1班／€23.50～］、慕尼黑→RB、RE直達或於Kaufbeuren轉1次車（約2小時）等→富森［1小時1～2班／€28.40］、※法蘭克福出發為€88～

●歐洲巴士：法蘭克福→（12小時30分）→富森［1天1班／€108］、慕尼黑→（2小時40分）→富森［1天1班／€27］

●路線巴士：富森→郝恩修瓦高→修瓦高（循環巴士［所需時間約15分］、單次票€2.30）※富森的末班巴士為19:00左右（視季節而異請多留意）

●計程車：富森→（約8分）→郝恩修瓦高（☎6222、7700、約€12）

Information

●遊客服務中心：＜富森＞MAP p.137-B
住 Kaiser Maximilian Platz 1 ☎93850
FAX 938520
開 9:00～17:00（週六9:30～13:30）
休 週日 HP www.fuessen.de

●青年旅館：＜富森＞
MAP p.137-A 住 Mariahilferstr.5 ☎7754

從瑪麗亞橋望見的新天鵝堡

如果是衝著新天鵝堡而來請在郝恩修瓦高過夜

富森是羅曼蒂克大道的終點，也是通往羅曼蒂克大道知名度最高的觀光景點**新天鵝堡**的據點。周圍有一大片的湖泊、森林、草原，同時也是個高級的休閒度假村。稍微再往前走一點的話，還可以欣賞

於國王水晶溫泉內。溫泉需著泳裝，三溫暖為裸湯。

賴興街Reichenstr。咖啡店把座位放在路上。

富森&修瓦高的區域號碼☎08362

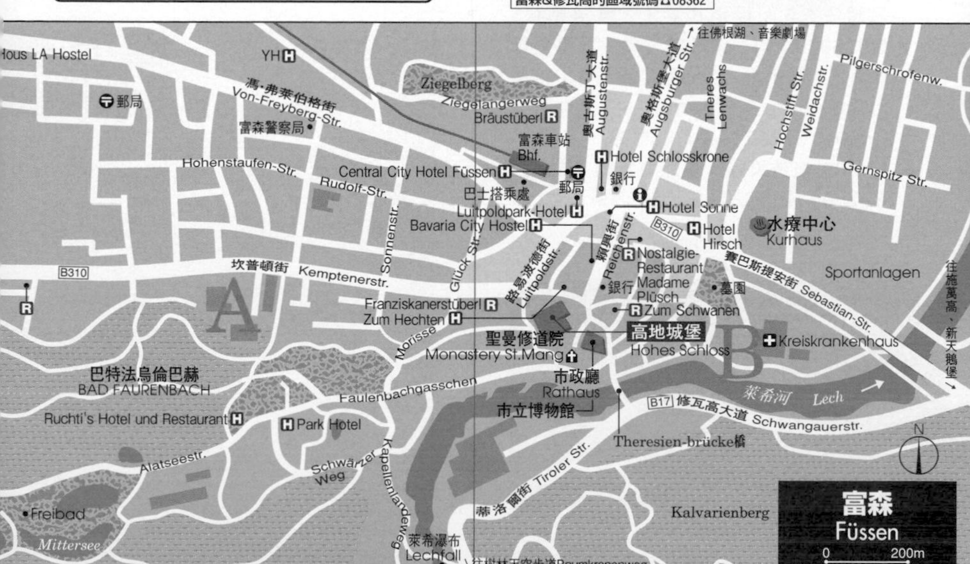

到**萊希河**Lech和**佛根湖**Forggensee的美麗風光。

市內最熱鬧的地方當屬賴興街Reichenstr.，街上林立著專門招徠觀光客的當地名產店及咖啡廳、餐廳等等。

吸引觀光客注目的還有**高地城堡**的美術館、**聖曼修道院**Monastery St. Mong等等。聖曼修道院裡頭還有**市立博物館**（營2館共通11:00～17:00〔12～3月13:00～16:00〕 休週一、假日，11、12～3月的週一～四 費2館共通€7〔個別券€6、學生€4〕☎903146）。也可搭乘巴士前往**威斯教堂**（參照p.142），為洛可可樣式教堂之傑作。

可漫步溪谷或登山，造訪名城並享受溫泉等多樣樂趣

有時間的話不妨好好享受周邊自然之樂。延著萊希河左岸往南走約20分左右，可看見樹林天空步道Baumkronenweg（營10:00～17:00〔4、11月～16:00，入場～30分鐘前〕休12～3月費€5）搭建在森林中的高21m木製迴廊，可在上面散步。

若以天鵝堡為目的前來，建議住在山腳下的修瓦高村或郝恩修瓦高城Hohenschwangau（舊天鵝堡）。附近還有**國王水晶溫泉**Kristall-Therme（營9:00～22:00〔週五、六為9:00～23:00，12/31為9:00～18:00，1/1為10:00～22:00，週二、五的19:00～為不穿泳衣的混浴〕 休12/24 費2小時€14.50、三溫暖＋€6、租浴巾€3、租浴袍€5 ☎926940）可一邊欣賞城堡一面享受養顏美容的鹽水浴。或者是搭乘通往**坦格堡山**Tegelberg（1720m）的纜椅也可以（營9:00～17:00〔末班車、冬季～16:30〕※依天候、季節有變動 費來回€20.60、學生€20.20 ☎98360）。

樹林天空步道Baumkronenweg。從名為Walderlebniszentrum的設施進入

從這座城堡的陽臺上可以清楚地看見新天鵝堡。

郝恩修瓦高城 Schloss Hohenschwangau ★★

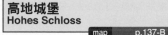

map p.138

●從Hohenschwangau的巴士站步行約15分

路德維希二世在這座城堡裡度過了童年時光。他的父親馬克希米連二世於1832年買下這座荒城，改建成新哥德式的風格。入場券可在購票中心（→p.141）買到。

住Alpseestr.24 營9:00～18:00（冬季10:00～16:00※僅供導覽行程參觀） 休12/24 費€13、學生€12（有與他館的套票，請見p.141） ☎81128

高地城堡 Hohes Schloss ★

map p.137-B

●從富森站步行13分

位於小山丘上，曾是大主教的行館，現為州立繪畫美術館，展示著出身自慕尼黑的畫家作品、晚期哥德式的繪畫等等。

住Magnuspl.10 營11:00～17:00（12～3月13:00～16:00） 休週一、假日、11～3月的週一～週四 費€6、學生€4 ☎903146

Check-Check! 巴伐利亞國王博物館，美麗出眾的寶物！

開幕於2011年9月，關於巴伐利亞皇家（維特爾斯巴赫王朝）的博物館。除了族譜、肖像畫之外，還有路德維希二世曾穿過的大衣、鍍金的「尼伯龍根的桌飾」，在這裡還能見到最後的國王於金婚儀式獲贈的禮物——寧芬堡的陶器。

MAP p.141
◆Museum Der Bayerischen Könige
住Alpseestraße 27
營10:00～17:00
休12/13及24、25、1/1
費€11、學生€10（有與他館通用的門票→p.141）
☎887250
HP hohenschwangau.de/museum_der_bayerischen_koenige.html

『尼伯龍根的桌飾』
© by Wittelsbacher Ausgleichsfonds, MdbK. Foto: Marcus Ebener

Nostalgie-Restaurant Madame Plüsch

小巧雅致，氛圍沉靜的隱密餐廳

這間隱密的餐廳如同店名令人感受到懷舊氛圍，室內裝潢就像民宅中的房間一樣。菜色為典型的德國鄉土菜，魚類菜色也很受歡迎。座位數量較少，須多加留意。

map p.137-B
●富森車站步行7分
■地址　Drehergasse 48
■TEL　9300949
■營業　11:30～23:00（週三　週17:00～、供餐12:00～21:00、廚房15:00～17:00休息）
■公休　週二、6月中旬的1
■信用卡　不可
HP www.madame-pluesch.de

Luitpoldpark-Hotel ★★★★

施備完善還有健身中心

是富森最高級的飯店。除了餐廳、酒吧之外，還有按摩水療游泳池、三溫暖、健身中心等等。全部房間都附有浴室，令人感到很窩心。

map p.137-D
●富森車站步行1分
■地址　Bahnhofstr.1-3
■TEL　9040
■FAX　904678
■費用　S-€90～、T-€130～、浮動制
■房間數　共131間
■信用卡　VISA、MC、AMEX、JCB
HP www.luitpoldpark-hotel.de

Hotel Schlosskrone ★★★★

皇室們御用的蛋糕很搶手

2011年增設了東館，新增加了豪華的大套房和健身房。1896年奧地利帝國皇妃西西品嘗過的皇室御用蛋糕和咖啡店也還在。

map p.137-B
●富森車站步行3分
■地址　Prinzregenten Platz 2/4
■TEL　930180
■FAX　9301850
■費用　S-€79～109、T-€99～209、浮動制
■房間數　共62間
■信用卡　VISA、MC、JCB
HP www.schlosskrone.de

Hotel Mueller ★★★★

位於視野良好的城堡山麓，室內裝潢走典雅沉著的高級路線。飯店內有商店及餐廳。

map p.138
●售票中心步行1分　■地址　Alpseestrasse 16
■TEL　81990　■FAX　819913　■費用　T-€120～270
■房間數　共40間　■信用卡　VISA、MC、AMEX、DC、JCB　HP www.hotel-mueller.de

Park Hotel ★★

擁有水療設備，可以在地下室洗芳療浴。靠近萊希河，環境也好到沒話說。

map p.137-A　●富森車站步行15分
■地址　Fischhausweg 5
■TEL　91980　■FAX　919849
■費用　S-€60～、T-€94～、浮動制　■房間數　共19間
■信用卡　VISA、MC、DC　HP www.parkhotel-fuessen.de

Kur-Hotel Ruchti ★ map p.137-A

●富森車站步行15分　■地址 Alatseestr.38
☎91010　FAX 7213　費S-€53.10～、T-€103.50～

Hous LA Hostel ★ map p.137-A

●富森車站步行7分　■地址Welfenstr. 39
費多人房-€18～　☎0170-624810（夜間為607366）

Bavaria City Hostel ★ map p.137-B

●富森車站步行7分　■地址 Reichenstr. 15　☎9266980　費T-€24～、多人房-€21～　※入住時間16:00～21:00

Hotel Garni Schlossblick ★ map p.138

●郝恩修瓦高巴士站步行5分　■地址 Schwangauer Str.7　☎81649
FAX 81259　費S-€45～、T-€62～

Hotel Sonne ★★★★ map p.137-B

●富森車站步行5分　■地址 Prinzregentenplatz1
☎9899040　費S-€79～129、T-€109～195

Mainstation Hostel ★★ map p.137-A

●富森車站步行1分　■地址　Bahnhofstr.10
費多人房-€20～　☎9300975 ※受理8:00～20:00

●～€15　●●€15～25　●●●€25～50　●●●●€50～
★經濟型　★★休閒型　★★★標準型　★★★★豪華型
※保養地稅每人每晚大約是富森€1.50、郝恩修瓦高城€1.35。

富森&修瓦高的區域號碼☎08362

Check-Check! 童話般的世界就在眼前！羅曼蒂克大道令人感動的最終章

從瑪麗亞橋望過去的城堡雄姿。

新天鵝堡 ★★★
Schloss Neuschwanstein

前往迪士尼樂園『灰姑娘城堡』建築藍本的夢幻城堡！

新天鵝堡（築於1869～86年）給人的感覺就好像小時候在童話書裡面看到的一樣，充滿了不可思議的懷念味道。之所以叫作「新天鵝堡」，據說是因為路德維希二世醉心於華格納的歌劇『天鵝湖』及『唐懷瑟』，想要將故事的舞臺、也就是中世紀騎士的傳說世界以城堡的方式重現，於是便興建了這座彷彿是從童話故事的國度裡走出來的城堡。

城堡興建在陡峭的岩石上，可先到山麓的❶（巴士站前）確認行進路徑，門票也可以在離❶約2分鐘路程的售票中心事先購買。巴士是從Schlosshotel Lisl 前到瑪麗亞橋Marienbrücke為止，馬車從Hotel Müller到城堡前的商店為止，步行的話則是一條環繞在綠意之中的筆直山路。若天氣良好且時間允許時，也建議走佩拉多溪谷沿岸的路徑，就算只有回程時也好。但是缺點是路況不好、腳底容易打滑，因此必須穿著健走鞋。另外，可以俯瞰城堡全景的位置只有在上游的瑪麗亞橋，所以先搭巴士到橋邊後再輕鬆步行到城堡是比較聰明的選擇。不過，冬季降雪時巴士會停駛，橋邊道路也會封閉。

城內必須參加導覽行程才能進入參觀。若是在等待進城時尚有時間，可以先前往北側下方的商店與展望台。入口在2樓，此樓層與3樓原本是規畫為傭人的房間但卻未完工，所以也沒有對外公開。城內一律禁煙、禁止攝影。

售票處，注意不要排錯行列。

城堡的入口。需排隊檢查門票上導覽行程的梯次號碼。

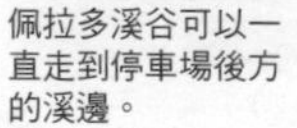
佩拉多溪谷可以一直走到停車場後方的溪邊。

阿爾卑斯湖（MAP p.141）。光漫步其間就很有樂趣，可以餵食天鵝。

城堡參觀的重要確認事項

1. 購票（預約）

購票地點並非在城堡的入口處，而是在位於山麓的售票中心（強力推薦2天前在網路預約）。要排在面向排隊隊伍的左側（中央列為郝恩修瓦高城與預約取票口，右側為團體取票口）。導覽行程可選擇英語或德語，門票上會註明入城時間和導覽行程的梯次編號，請遵守時間不要遲到。

2. 前往城堡的交通方式

從山麓到城堡可選擇巴士（€2.50、下山€1.50，來回€3）、馬車（€6、下山€3）和徒步（免費）等三種方式，也有沿著溪谷漫步的路線。若要享受從瑪麗亞橋眺望城堡的美景，搭巴士最為便捷。

3. 參加導覽行程進城參觀

若沒有導覽員則無法隨意入城。導覽行程的梯次編號將會顯示在電子板上，請確認好自己的號碼。購票時如果有申請語音導覽，隨團體進城後在入口處旁的租借櫃檯領取。館內的導覽行程約需30分鐘。

1樓(EG)
出口
⑧廚房

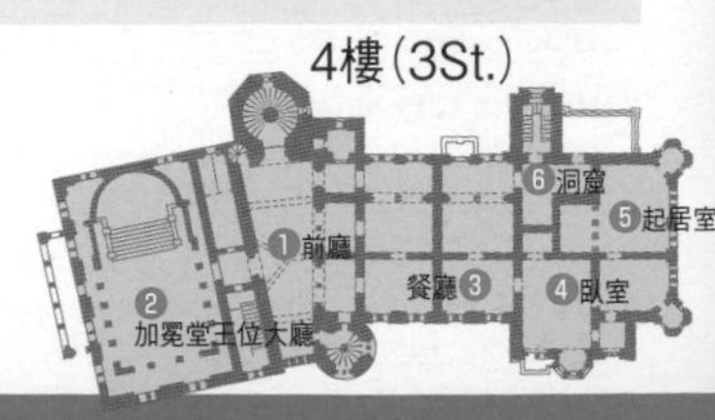

導覽行程的流程與主要景點

①前廳 Unterer Vorplatz

入口在2樓，從樓梯直接登上4樓。牆壁上描繪著以西格德傳說（Siegfried）為舞台的世界。本樓層和5樓都是為國王設計的住居空間。

②加冕堂王位大廳 Thronsaal

挑高的空間裡掛著燦爛輝煌的巨大水晶吊燈，王座背後是金黃色耀眼的半圓形屏障，直達王座的大理石階梯是城堡中的重要參觀景點。採拜占庭樣式的風格，可看到繪有光環的耶穌像。

③餐廳 Speisezimmer

餐桌上的彩繪以描述西格德屠龍戰役的場景為主題。

④臥室 Schlafzimmer

裝潢統一為哥德樣式。床是由堅實的樫木刻上複雜的雕飾而成。

⑤起居室 Wohnzimmer

壁畫與天鵝造型的義大利琺瑯陶器擺飾，是以『天鵝湖』的傳說為主題的房間。

⑥ 洞窟 Grotte

以唐懷瑟傳說中出現的維納斯洞窟為主題建造而成。窗邊是冬天庭園Wintergarten。

⑦歌劇大廳 Sängersaal

往5樓前進。重現被華格納寫入歌劇題材的唐懷瑟傳說中，作為競歌舞台的瓦特堡（p.91）大宴會廳，精緻度甚至超越原本的城堡。

⑧廚房 Küche

往下至1樓。展示了溫水設備、自動迴轉的烤箱等當時最先進的設備。

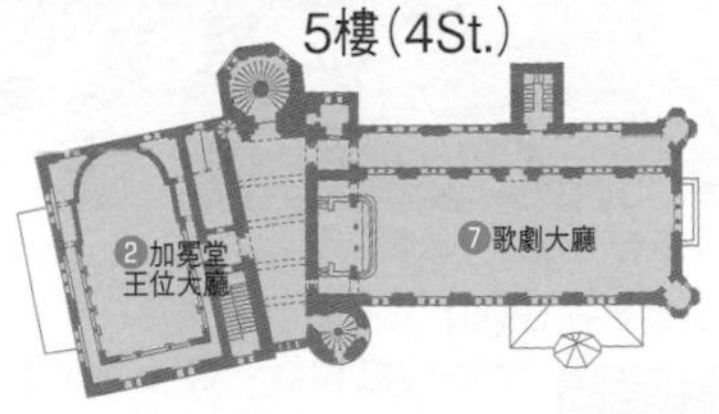

②加冕堂王位大廳　水晶吊燈重達900kg。最重要的王座因為尚未完成所以其實並不存在。

④臥室的床　光是雕刻就動用了14名工匠花了4年半的時間才完成。

⑤起居室　據說路德維希二世喜好在用拱門所間隔出的小房間內生活。

⑦歌劇大廳　雖然路德維希二世在位時完全沒有使用過，但現在每年都會在這間大廳舉辦華格納的音樂會。

⑧廚房　這裡是導覽行程最後參觀的地方，之後也可回到2樓逛逛咖啡館或賣店。

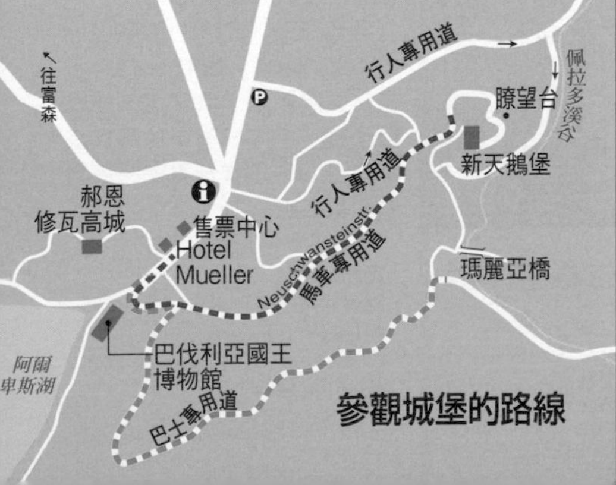

MAP p.138

●富森火車站前搭73、78路巴士→郝恩修瓦高Hohenschwangau/Alpseestr.（所需時間８分）下車，步行約40分（也可搭巴士、馬車 ※請見內文）　住Neuschwansteinstr.20　營9:00～18:00（10～３月10:00～16:00※閉館時間視遊客離開狀況而定）　休12/24、25及31、1/1　費€13、學生€12（與郝恩修瓦高城的套票€25、與巴伐利亞國王博物館的套票€22、３館聯合套票€31.50）※可電話、FAX、網路預約，預約費用＋€1.80。預約門票最遲須在入場時間前１小時至售票中心取票，否則門票無效，並須支付取消費用。●售票中心：營7:30～17:00、10～３月8:30～15:00　☎08362-930830　HP www.hohenschwangau.de/ticketcenter.0.html

Check-Check! 悲劇的雕刻家里門施奈德

里門施奈德Tilman Riemenschneider，1460年左右出生、1531年去世。照片中為伍茲堡主教宮前、噴水池中的銅像。

里門施奈德是15～16世紀時在伍茲堡設有工房，並留下多件祭壇與墓碑作品的雕刻家。不但作品優秀、誠實的人品也深得眾望，最後還當上了市長。但是他在德國農民戰爭中因為幫助農民而被逮捕，財產全部被沒收、雙手也在拷問中被折斷。雖然免除了死刑，但自始至終不願認罪的他卻也從此在歷史中消失、被人們所遺忘。再次受到矚目的原因是在他死後300年時發現了他的墓碑，在這段期間被當成是作者不詳、但廣受喜愛的作品群，現在在南德各地的博物館和教堂中都可以看到。與現代的寫實主義不同，猶如表現出內心情緒般纖細表現的現實主義，充分表現出中世紀最後的時代精神。

◆其他可以欣賞
里門施奈德作品的場所

普法爾茲選帝侯博物館（p.227）、日耳曼民族國立博物館（p.236）、斯圖加特州立繪畫館（p.198）、巴伐利亞國家博物館（p.161）等。

展示在瑪麗恩堡要塞（p.122）內、緬因法藍根地方博物館的『雙面聖母子像』。

克雷格林根的海爾格特教堂Herrgottskirche（☎07933-338 營9:15～18:00［2～3月、11/1～12/23、12/26～30為13:00～16:00；8/15～31為～18:30］ 休2～3月、與11/1～12/30的週一；12/24～25及12/31～1/31 費€2、學生€1.5）的『聖母瑪麗亞的昇天』被譽為是最高傑作。克雷格林根（MAP p.117）從羅騰堡搭計程車30分。

LANDSBERG

蘭斯貝爾格

p.11-K ■人口=2.8萬人 ■都市規模=步行需半天

位於萊希河的河畔，曾經是鹽貿易的重鎮，擁有數一數二的美麗街道。

從火車站穿過萊希河走到舊城區約10分鐘。市中心的豪浦特廣場擁有美麗的噴水池。威斯教堂就座落於其正對面，還有

齊瑪曼所打造的市政廳正面。

由曾經擔任過本市市長的齊瑪曼一手打造的市政廳和ℹ。最大的可看之處在於蓋在東方的丘陵上，哥德式的**巴伐利亞大門**Bayer Tor（營10:30～12:30、13:00～17:00 費€1 休11～4月）。當然要爬到塔上欣賞美不勝收的景觀。座落於對岸的母親塔Mutterturm是當地畫家赫爾科默的美術館。

■蘭斯貝爾格
●慕尼黑→RE→於Kaufering轉乘RB約50分（30分1班）／€14.60。ℹ：住Hauptplatz 152 ☎08191-128246

Check-Check! 牧場的神跡～威斯教堂

村子裡有一個神跡，那就是耶穌基督像居然會流眼淚，而建於1746年的威斯教堂Wieskirche就供奉著這尊神像。設計者是達到洛可可藝術頂點的齊瑪曼，這也是他一生中最偉大的傑作。據說他從完成後一直到死為止都住在這個村子裡。象徵著天國的天花板濕壁畫令人嘆為觀止。

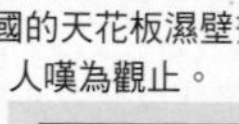

MAP p.144-A
●富森車站搭73、9606、9651路巴士等約45分。有的時段不會在此停車，需事先確認。（平日7班；週六、日6班。回程巴士平日最後一班為15:40，週六、日則僅有14:00）
☎08862-932930 營8:00～20:00（10～4月為～17:00） 休無休 HP www.wieskirche.de

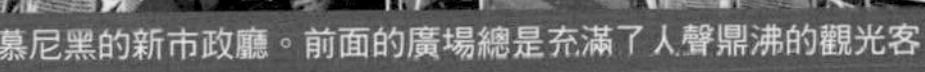
慕尼黑的新市政廳。前面的廣場總是充滿了人聲鼎沸的觀光客。

區域
5

慕尼黑＆阿爾卑斯大道

慕尼黑
雷根斯堡

帕紹
貝西特斯加登
普林
密騰瓦德
歐博阿瑪高
加米許・帕騰基爾希
林道

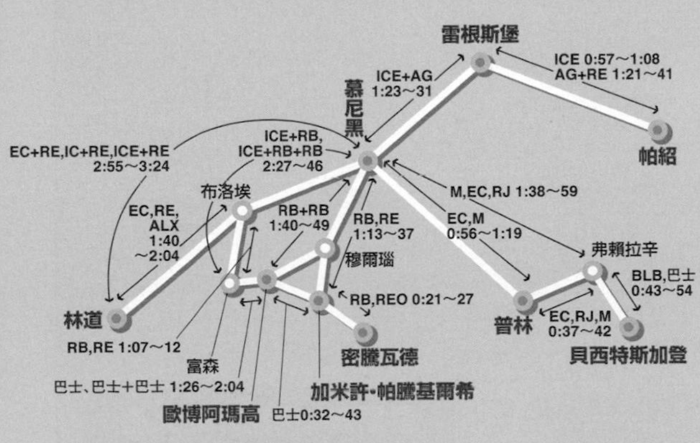

慕尼黑&阿爾卑斯大道

阿爾卑斯大道是個風光明媚的山岳度假勝地，在德國也是數一數二的美。東自靠近奧地利國境的貝西特斯加登，西至博登湖畔的林道，東西綿延約480公里。

本地充滿了大自然的魅力，和鄰國的瑞士比起來毫不遜色，像是常常出現在濕壁畫中的民宅街道、牛隻啃食著青草的恬靜牧場、以及2000公尺級群山峰峰相連的阿爾卑斯壯闊景觀等等。大力推薦大家來這裡度假，可以多花點時間，怡然自得地享受登山或健行的樂趣，冬天還可以滑雪。另外，路德維希二世所建立的3座城堡就位在阿爾卑斯大道途中。

慕尼黑是個可以近距離地欣賞阿爾卑斯群山的大都市。住著許多親切和善的人，是德國境內特別開朗的城市。這裡有世界知名的好喝啤酒、傑作雲集的美術館、以及高水準的歌劇等等。

國王湖也是阿爾卑斯大道上的觀光重點

注意事項

交通方式 以阿爾卑斯大道來說，並沒有直接連結所有街道的交通工具。如果無論如何都想要沿著街道移動的話，就只剩下租車一途了。若是搭乘火車的話，絕大部分都是先經由慕尼黑，然後再前往隔壁的城鎮。能不能妥善地利用路線巴士是在這裡移動的重點（參照p.172）。

如果搭飛機，可以搭乘德國漢莎航空從香港轉機至慕尼黑，另外，也可以直飛到法蘭克福，再改搭國內線班機飛往慕尼黑。如果要從慕尼黑到柏林等其他的大都市，搭飛機移動會比搭火車來得快，所以很適合短天數的行程。除此之外，在慕尼黑市內的各大旅行社裡，都會提供前往近郊或鄰國的各種行程規劃，不妨親自前往洽詢。

阿格羅依地區令人連想到瑞士。

KEYWORD 關鍵字

自然〔阿爾卑斯的景觀、湖泊等〕

阿爾卑斯大道上的每一個角落都充滿了自然的景觀。富森以西到林道一帶，稱之為阿格羅依地區，充滿了一整片綠意盎然的牧草地等等，簡直是『阿爾卑斯山的少女』的世界。從德國最高峰的楚格峰（參照p.184）的山頂上望出去的視野也非常遼闊。

濕壁畫〔密騰瓦德等〕

在密騰瓦德及歐博阿瑪高、加米許·帕騰基爾希等地，常常可以在民宅等地的牆壁上看到充滿了幻想氛圍的濕壁畫（參照p.178）。歌德稱之為「活生生的童話書」。

嘉年華會〔慕尼黑啤酒節〕

每年9～10月在慕尼黑舉辦的慕尼黑啤酒節是世界上最大型的啤酒節。來自世界各地的觀光客齊聚一堂，盡情地暢飲啤酒狂歡。和當地人的交流也藉此展開（參照p.163）。

路德維希二世的城堡〔林德霍夫宮等〕

路德維希二世為了實現童話故事中的世界所興建的城堡裡，有2座就在阿爾卑斯大道上，分別是林德霍夫宮（參照p.181）和赫蓮基姆湖宮（參照p.176）。新天鵝堡請參照p.140。

啤酒〔慕尼黑啤酒等〕

不用說大家也知道這裡是啤酒的產地。尤其是將小麥和大麥混合，採上層發酵的慕尼黑啤酒特別受到歡迎。

歌劇〔舊皇宮的皇宮區劇場等〕

慕尼黑的歌劇院和舊皇宮的皇宮區劇場皆以華美的裝潢聞名。夏天的音樂節會有一流的交響樂團齊聚一堂。

美食〔慕尼黑白香腸等〕

各種德國香腸都非常好吃，尤其來到這裡一定要嘗嘗看慕尼黑特產的慕尼黑白香腸，一般的吃法是淋上略帶甜味的黃芥末一起吃。

巴伐利亞美食基本上全都是一些豪邁的肉類，德國豬腳就是典型的巴伐利亞美食。

MÜNCHEN

慕尼黑

p.11-K　■人口＝146.4萬人　■都市規模＝S U需4天

任誰都會讚不絕口的南方都市。歷代的國王都熱愛藝術與啤酒，市民也都以這個城市為榮。不妨親自來感受這個自然與藝術、美食共冶一爐的城市。

★★★ 聖母教堂

★★★ 舊皮納可提克美術館、德意志博物館等等

★★★ 皇宮區、紐芬堡皇宮等等

★★★ 慕尼黑啤酒節

★★ 歌劇院、音樂節

★★★ 獨特的慕尼黑啤酒

★★ 慕尼黑白香腸

新市政廳前

INFORMATION

❶遊客服務中心

以中央車站的最大，但也十分壅擠。可以設身處地為遊客安排住宿及演奏會的門票等。觀光中心☎23396500

■中央車站內／MAP●隨身地圖-7、p.150-E　營9:00～20:00（週日、12/26 10:00～18:00；12/24及31為～16:00）休12/25、1/1

■新市政廳內／MAP●隨身地圖-15、p.151-G　營9:00～19:00（週六為～16:00；週日、12/24及31為10:00～14:00；聖誕節期間的週日10:00～16:00）

休假日、嘉年華的週日、二　HP www.muenchen.de/tourismus

●青年旅館

MAP p.148-F

住Wendl-Dietrichstr.20

U1 Rotkreuzpl.步行５分

☎20244490

●CVJM（YMCA）

MAP●隨身地圖-13、p.150-E

住Landwehrstr.13　中央車站步行１０分　☎552-1410

※２７歲以上加€３

●慕尼黑國際機場／☎97500（綜合）、97521475（服務中心）

HP www.munich-airport.de

慕尼黑國際機場

從市中心往東北方大約走28.5公里處，規模號稱是德國第二大的國際機場，僅次於法蘭克福國際機場。第二航廈於2003年正式啟用，和第一航廈呈現面對面的狀態，中間夾著中央區和MAC（慕尼黑機場中心的簡稱）。第一航廈分為A～E的區塊（E僅作入境之用），而登機手續則集中在4樓辦理。如果要搭乘近郊列車或機場巴士的話，請從3樓的中央區出去。

第二航廈則分為入境在3樓、出境在4樓（G區：前往申根條約的加盟國家）及5樓（H區：前往上述以外的國家）。德國漢莎航空便是在第二航廈起降。

慕尼黑國際機場

第一航廈

E D C B A

S 中央區

MAC

H

G.H

F

第二航廈

另外，MAC也被用來作為表演活動的場地，餐廳、商店一應俱全。尤其是位於3樓的Airbräu（HP www.munichi-airport.de/en/micro/airbraeu），提供自家釀造的啤酒，是機場內的啤酒屋，在慕尼黑也掀起了討論的話題。這裡還有從機場開往近郊城鎮的巴士。

從機場到市內

●S-Bahn：S8、1 從機場地下室發車，直達中央車站約40分，€11.60。廣域1日券€13、2人同行廣域1日券（大人最多5人）€24.30。從早上到深夜，每隔20分鐘1班。

●機場接駁巴士：開往中央車站的德國漢莎航空直達巴士每隔20分鐘1班，單程€10.50、來回€17。HP airportbus-muenchen.de

●計程車：到市中心約30公里，所以至少要有€60以上的心理準備。只要路上不塞車，大約40分鐘可抵達。

慕尼黑的區域號碼☎089

POINT 慕尼黑的危機管理 伴隨著從鄰近國家湧入的難民，乞丐和扒手皆有增加的趨勢。在有許多名牌店的大馬路上特別容易成為下手的目標，所以要小心財不露白。聽說在慕尼黑啤酒節的時候也是扒手特別猖獗的時候。

火車

搭乘ICE可前往德國各地的大都市，而搭乘EC則可前往歐洲各國的主要都市。由於慕尼黑是德國最南端的大都市，所以通往義大利、瑞士、奧地利的班次很多。

■法蘭克福→ICE（約3小時30分）→慕尼黑〔1小時1～2班／€105〕、柏林中央車站→ICE（約4小時30分～）→慕尼黑〔每小時1班／€150〕

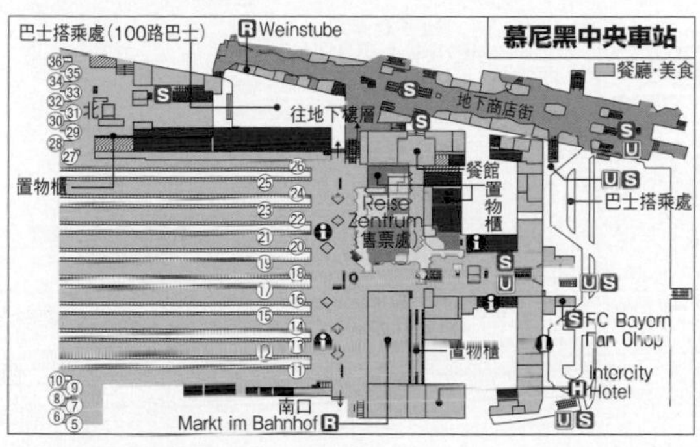

〔市內交通〕

U／S

市內交通主要是以網羅了市中心的U-Bahn從1到8的8條路線，再加上連結郊外與市中心的S-Bahn從1到8和20、27的10條路線。另外，S27只有平日行駛，和U、S一樣，運行時間從早上的5點左右到24點為止。連結機場與市內的S8行駛時間則比其他路線還要長。前往奧林匹克公園或BMW總公司等地區的時候請搭乘U，但前往達郝集中營的時候搭乘S會比較方便。

巴士／市電

如欲前往紐芬堡皇宮或巴伐利亞電影城等郊外的觀光景點，搭乘市電會比較方便。可以透過車窗欣賞風景，有助於了解城市風貌。另外，白天的巴士到了深夜會改變其行經路線，變身為夜行巴士(Night Bus)。

行駛於站前廣場的市電。

計程車

在計程車招呼站或有名的飯店前攔車是最常見的作法，但是街上也有隨招隨停的計程車。基本車資€3.70。在市內上車的話每小時€28，剛開始的5km，每1km收費€1.90/km每，行李箱額外收費€0.60。用叫車專線☎21610或☎19410的話收費1.20。

●慕尼黑城市悠遊卡

於限定時間內可無限次搭乘市內大眾交通工具。❶有美術館等各項觀光設施的門票等優惠。1日票€12.90、3日票€24.90（全區€44.90）、最多5人的團體票€19.90。

HP www.easycitypass.com

●德國漢莎航空
☎0180-5838426/069-86799799
住 慕尼黑國際機場第2航廈

●中央車站內鐵路服務中心(D.B Auskunftsstellen im Haupt- bahnhof) ☎23081055

●失物招領　Fundstellen

■夏季時，掉落在車站站內或車廂內的物品請至U-Bahn Infopoint（中央口地下樓層的電梯側）營7:30～12:00、12:30～16:00（週二8:30～12:00、14:00～18:00、週四8:30～15:00）
休 無休　☎21913240

■夏季以外與掉落在市內時，請至Fundstellen der Stadtverwaltung。
MAP p.148-J　住 Oetztalerstr. 19　營7:30～12:00（週二、四8:30～12:00、14:00～18:00）
休 週六日、假日
☎23396045

●網咖

Coffee Fellows
一般的咖啡廳，樓上有電腦，可自備設備及使用無線網路。
MAP ●隨身地圖-7、p.150-E
●中央車站步行3分
住 Schützenstrasse 14　☎59946818　營7:00～22:00（週五～日8:00～）休 無休
費 點飲料則可免費使用
HP www.coffee-fellows.com

慕尼黑
München
0 500m
姆薩赫
MOOSACH
歐博門青
OBER MENZING
紐芬堡豪森
NYMPHEN-NEUHAUSEN
來姆
LAIM
下中森特林
UNTERMITTERSENDLING
隨身地圖正右下
紐芬堡皇宮
Schloss Nymphenburg
西部墓園
Westfriedhof
丹特體育場
Dantestadion
奧林匹克體育
Olympia-Stadio
奧林匹亞購物中心站
Olympia-Einkaufszentrum
格奧爾格‧布勞赫勒環路站
Georg-Brauchle-Ring
羅莎盧森堡廣
Rosa-Luxemburg-
植物園
Botanischer Garten
紐芬堡瓷器工廠
Porz. Manuf. Nymphenburg
隱者之屋
Magdalenenklause
帕格登堡
Pagodenburg
庭園
Schloss Park
阿波羅神殿
Apollotempel
阿美達堡
Amalienburg
馬車博物館
Marstallmuseum
巴登堡
Badenburg
Hirschgarten
包裹郵局
Postbahnhof
佛利登海馬橋
Friedenheimer Brücke
Restaurant & Weinhandel Broeding
ZAPATA
A&O Hackerbrück
Augustiner Braustuben
Bavaria Ruhmeshalle
德意志博物館(交通館)
展覽會場
Messegelände
西公園
Westpark
Rudi-Sedlmayer-Halle
Fundstellen der Stadtverwaltung(失物招領)
The Tent
Dom Pedro
Hubertusbrunnen
Grünwaldpark
慕尼黑周邊
München Umgebung
0 10km
慕尼黑國際機場
Flughafen München
達郝集中營
KZ-Gedenkstätte
巴伐利亞電影城
Bavariafilmplatz
慕尼黑
MÜNCHEN
安德希斯修道院
安德希斯
Andechs
柏格堡
Schloss Berg
舍夫特拉爾恩修道院
Hotel Gautinger Hof
阿瑪湖
Ammersee
施塔恩貝格湖
Starnberger See
往布赫海姆美術館

奧林匹克中心車站
Olympiazentrum
往新史萊恩floor城堡↑
米貝茨霍芬站
Milbertshofen
往慕尼黑國際機場↗
米貝茨霍芬
MILBERTSHOFEN
BMW世界
BMW Welt
BMW博物館
BMW-Museum
奧林匹克溜冰場
Olympia-Eisstadion
佩圖埃爾環路站
Petuelring
Petuel-Ring
Schenkendorfstr.
老海德站
Alte Heide
奧林匹克塔
Olympiaturm
Olympiahalle
奧林匹克公園
Olympiapark
Olympiaberg
(564m)
路易波德公園
Luitpoldpark
Scheidpl.
施瓦本湖
Schwabingersee
北部墓園站
Nordfriedhof
北部墓園
Nordfriedhof
英國花園
Englischer Garten
Parzivalstr.
利奧波德街
Leopoldstr.
Ackermann-Str.
Karl-Theodor-Str.
巴伐利亞廣場
Bayernpl.
Bonner Pl.
迪特林登站
Dietlindenstr.
施瓦本地區
SCHWABING
SEEHAUS im Englischen Garten
藝術廣場
Herzogstr.
慕尼黑自由廣場站
Münchener Freiheit
Schwere-Reiter-Str.
Hohenzollernpl.
Lardy
Bapas -Bayrische Tapas
Tivoli Pavillon
啤酒花園
Hohenzollernstr.
小黑塞羅爾湖
Kleinhesseloher See
Semikolon Klassik Papeterie
Weissglut Concept Store
Günther Murphy's Irish Tavern
Bachmaier Hofbräu
甘迺迪橋
J.-F.-Kennedy-Br.
利奧波德公園
Leopoldpark
約瑟夫廣場站
Josephspl.
舊北墓園
Alter Nördlicher Friedhof
Akademie der bildenden Künste
Giselastr.
英國花園
Englischer Garten
Goldbraun
麵処匠
Alter Simpl
凱旋門
Siegestor
啤酒花園
中國塔
Chinesischer Turm
Arabellapark
新皮納可提克美術館
Neue Pinakothek
Schelling-Str.
Adalbertstr.
Türkenstr.
Nordendstr.
Augustenstr.
Schleissheimer Str.
波根豪森
BOGENHAUSEN
Theresienstr.
Ballabeni Icecream
Universität
Café Puck
Stammhaus
圓形神殿
Monopteros
Max-Joseph-Br.
舊皮納可提克美術館
Alte Pinakothek
Hibiscus
Gabelsbergerstr.
布蘭德霍斯特博物館
理查・史特勞斯街站
Richard-Strauss-Str.
國王廣場車站
Königsplatz
古代雕刻美術館
Glyptothek
古代美術博物館
Antikensammlungen
慕尼黑市中心 P.150～151
摩登皮納可提克美術館
Pinakothek der Moderne
巴伐利亞國立博物館
Bayerisches Nationalmuseum
沙克美術館
Schackgalerie
波西米亞森林廣場站
Böhmerwaldpl.
149
Augustiner-Keller
Euro Lines
LUDWIG
Amba
舊植物園
Alter Botan. Garten
奧迪翁廣場站
Odeonspl.
Brienner Str.
Prinzregentenstr.
攝政王劇院
Prinzregententheater
慕尼黑中央車站
Hbf.
卡爾斯廣場站
Karlspl.
皇宮區
Residenz
巴伐利亞國家歌劇院
Nationaltheater
列賀站
Lehel
攝政王廣場站
Prinzregentenpl.
Bayerstr.
卡爾斯廣場車站
新市政廳
Neues Rathaus
瑪麗亞廣場站
Marienpl.
聖母教堂
Frauen Kirche
民族科學博物館
Völkerkunde-m.
馬克斯・韋伯廣場站
Max-Weber-Pl.
Schwanthalerstr.
St.-Paul-k.
巴伐利亞州議會場
Maximilianeum
施圖克別墅博物館
Museum Villa Stuck
MCM
特里錫亞街站
Theresienwiese
Goethe-str.
Sendlinger Str.
慕尼黑博物館
Stadtmuseum
伊薩爾門車站
Isartor
Einstein-str.
海德豪森
HAIDHAUSEN
洛伊希滕貝格環路站
Leuchtenbergring
Hofbraeukeller
特里錫亞街
(慕尼黑啤酒節會場)
Theresienwiese
聖德林格門車站
Sendlinger Tor
加斯泰格文化中心&音樂廳
Gasteig
Preysingstr.
Üblacker-Häusl
MOLLY MALONE'S
BM
羅森海姆廣場站
Rosenheimer Pl.
歌德廣場站
Goethe-pl.
Lindwurmstr.
Bavariaring
弗勞恩霍夫街站
Fraunhoferstr.
德意志博物館
Deutsches Museum
Reichenbachstr.
Baaderstr.
Erhardtstr.
Orleansstr.
東站
Ostbahnhof
隨身地圖正面
賴興巴赫橋
Reichenbachbr.
Mitani Restaurant
Pocci str.
Thalkirchner Str.
Pestalozzi-str.
Zeppelin-Str.
Franziskaner-Str.
Tap-House
El Español
Grafinger Str.
AU
Paulaner im Tal
Paulaner am Nockherberg
Rosenheimer Str.
因斯布魯克環路站
Innsbrucker Ring
S-Bahn
哥倫布廣場站
Kolumbuspl.
東部墓園
Ostfriedhof
聖馬丁街站
St.Martin Str.
卡爾・布萊斯廣場站
Karl-Preis Pl.
往慕尼黑國際機場
Innsbrucker Ring
西爾伯霍恩街站
Silberhornstr.
Tegernseer Landstr.
下堡街站
Untersbergstr.
坎迪德廣場站
Candidplatz
E54
捷辛站
Giesing
弗勞森公園
Flaucher
Zum Flaucher
捷辛
GIESING
韋特施泰因廣場站
Wettersteinplatz

摩登皮納可提克美術館
往新皮納可提克美術館、舊皮納可提克美術館
連巴赫之家美術館
Lenbachhaus
Hamburgerei
古代雕刻美術館
Glyptothek
古代希臘風格大門
Propyläen
Königsplatz
國王廣場車站
Königspl.
古代美術博物館
Antikensammlungen
州立音樂大學
Staatliche Hochschule für Musik
馬庫斯教堂
Markuskirche
Brienner
卡洛林廣場
Karolinenplatz
方尖碑
Obelisk
Str.
卡爾大道
Dachauer Str.
ibis Hotel
Kloster
Graphische Sammlung
聖玻尼法教堂
Basilika St. Bonifaz
Amerikahaus
Max-Joseph-Str.
Türkenstr.
Oskar-Von-Miller-Ring
Pl. d. Opfer d. Nationalsoz
Almeida Palais
A
B
Karlstr.
Physik-Chem. Inst.
Finanzamt
往 Augustiner-Keller
Creatif Hotel Elephant
Deutsche Touring公司 慕尼黑售票中心
Sophienstr.
舊植物園
Alter Botan. Garten
Arcostr.
Ottostr.
馬克希米連廣場
Maximiliansplatz
NH Hotel München Bavaria
海王星噴水池
Neptunbrunnen
郊外觀光巴士搭乘處
Elisenstr.
Wittelsbacher Brunnen
西門子博物館
Siemensmuseum
100路巴士搭乘處
法蘭克福機場巴士搭乘處
中央車站
市內觀光巴士搭乘處
三位一體教堂
Dreifaltigkeitskirche
Prannerstr.
Coffee Fellows
Hotel Meier
卡爾斯廣場站
Karlspl.
Pacellistr.
Konditrei Kreutzkamm
Bayerischer Hof
慕尼黑中央車站
Hauptbahnhof
Karstadt
法院
Justizpalast
City Segway Tours
Promenadeplatz
Wombat's City Hostel
Nordsee
Karstadt
Hotel Königshof
Intercity Hotel
Prielmayerstr.
Schützenstr.
Kreutzkamm
中央駅
郵局
Excelsior by Geisel
Henna hotel
卡爾斯廣場車站
Karlspl. stachus
Maxburgstr.
LODENFREY
Hugos
Maffei
Bayerstr.
Karstadt Sports
聖米歇爾大教堂
Michaelskirche
銀行
C&A
卡爾斯廣場
Karlspl.
Oberpollinger
Löwen-grube Schäfflers
Cadro
City Hotel
Kaufhof
卡爾斯門
狩獵博物館
聖母教堂
Frauenkirche
Euro
Leonardo Hotel München City Center
Hugendubel
麥當勞
Saturn
Herrmann Geschaenke
Frauen-platz
WEMPE
Youth Hotel München
Drei Löwen
Zum-Augustiner (Restaurant und Bierhalle)
Neuhauser Str.
MAX
KRUG
諾伊郝瑟街
Hilmer
Augustiner am Dom
Schlosserstr.
Mercure
Schiller5 Hotel
Adolf-Kolping-Str.
Hotel Daniel
Vinzenzmurr
Mondial Camera
THOMAS-Schuhe
Mango
H&M
ESPRIT
Hotel Cocoon Stachus
E
F
考芬格大街
Kaufingerstr.
PIMKIE
Conrad
Herzogspitalstr.
RESERVED
Roland
Donisl
瑪麗亞廣場站
Germania
Schwanthalerstr.
United Colors of Benetton
C&A
Daheim
Italia
婦女修道院教堂
Damenstifts Kirche
Kaufingertor Passage München
德意志劇院
Deutsches Theater
Damenstiftstr.
Kaufhof
Astor
17·18·20·21·27
Landersdorfer und Innerhofer
Zum Spöckmeier
Swatch
Hotel Deutsches Theater
Josephspitalstr.
Hundskugel
Marieluse
Lugano
CVJM(YMCA)
Spanisches Fruchthaus
ANDI Stadthotel
Hackenstr.
Sebastian West
Schillerstr.
Mathildenstr.
Sonnenstr.
Wilhelm Str.
Brunnenhof City Center Hotel
Duft & Schönheit
聖德林格街
Sendlinger Str.
Stadtcafe
阿桑教堂與阿桑宅邸
Asamkirche
慕尼黑博物館
Stadtmuseum
Hotel Kraft
Der Pschorr
Oberanger
St. Jakobs-Platz
Pettenkoferstr.
Centro Hotel Mondial
Froh-und-Bunter
Prälat-Zistl-Str.
Goethe-str.
Exquisit
聖德林格門
Sendlinger Tor
雅各教堂
Schrannenhalle
聖德林格門車站
Sendlinger Tor
Unterer Anger
Nussbaumstr.
馬太教堂
Matthäuskirche
Blumenstr.
大學醫院
Ziemssenstr.
Altkath. kirche
歌德大道
Fliegenstr.
Carat
Muller
Müllerstr.
I
J
慕尼黑人偶劇場
Marionettentheater
Lindwurmstr.
Müllerstr.
Reisingerstr.
弗勞恩霍夫街
Fraunhofer
Klenzestr.
史提芬教堂
St. Stephan
Thalkirchner Str.
Moritz
Olympic
Pension Gärtnerplatz
Holzstr.
Palast der Winde
Hans-Sachs-Str.
歌德廣場車站
Goetheplatz
Frauenlobstr.
南方墓園
Alter Südlicher Friedhof
裴斯塔洛奇街
Pestalozzi-str.
AROMA
Fraunhoferstr.

150

慕尼黑市中心
München
0
200m
英國花園
Englischer Garten
日本茶室
Japanisches Teehaus
州立太古博物館
Prähistorische Staatssammlung
Haus der Kunst
巴伐利亞國立博物館
Bayerisches Nationalmuseum
攝政王劇院大道
Prinzregentenstr.
往施瓦本地區
往中國塔
往慕尼黑國際機場
Antares
Palais Ludwig Ferdinand
Leuchtenberg Palais
路德維希一世像
Finanzgarten
Prinz-Carl-Palais
海涅像
戲劇博物館
歐迪翁廣場
Odeonspl.
Tambosi
歐迪翁廣場車站
Odeonspl.
皇家花園
Hofgarten
Mercedes-Benz
Theatinerkirche
Boss
Cafe Maelu
皇宮區
Residenz
Bogner Haus
TUMI
Spatenhaus
馬克斯約瑟夫廣場
Max-Joseph-Pl.
Burberry
Tiffany
巴伐利亞國家歌劇院
Nationaltheater
Prada
Louis Vuitton
AIGNER
TAG Heuer
Alois Dallmayr
Henckels
Ratskeller
Wempe
Münzhof
HERMES
FENDI
Montblanc
OMEGA
Manufactum
Alter Hof
Platzl Hotel
Atomic Café
Versace
Bottega Veneta
Bally
Vier Jahreszeiten Kempinski Hotel
Bvlgari
Ralph Lauren
ESCADA
Ferragamo
Gucci
CÉLINE
Cartier
Saint Laurent
Dior
GIORGIO ARMANI
猶太人博物館
Jüdisches Museum
民族科學博物館
Völkerkundemuseum
Max-II-Denkmal
馬克希米連大街
Maximilianstr.
馬克希米連橋
Maximiliansbrücke
Golden Leaf
domus Hotel
列賀
LEHEL
Hotel ADRIA München
St-Anna-Platz
St. Anna (Klosterkirche)
列賀站
Lehel
Hotel Mona Lisa München
Splendid-Dollmann Hotel
Hotel Opera
新市政廳
Neues Rathaus
玩具博物館
舊市政廳
Altes Rathaus
瑪麗亞廣場
瑪麗亞廣場車站
Marienpl.
Haxnbauer
Fan-Shop FC Bayern München
Hofbräuhaus
Cortiina Hotel
Zum Durnbräu
銀行
彼得教堂
St. Peter
Heiliggeistkirche
Schneider Bräuhaus im Tal
披薩店
肉店（白香腸）
Nordsee（戶外啤酒花園）
麥當勞
慕尼黑啤酒節博物館
LOUIS Hotel
Poseidon
EMIKO Restaurant & Bar
Chocolaterie Beluga
伊薩爾門
Isartor
伊薩爾門車站
Isartor
維克圖阿連市場
Viktualienmarkt
El Gaucho
Gut. Zum Leben
Honighäus'l
Braunauer Hof
Am Viktualienmarkt
Reichenbachplatz
Japanische Feinkost Suzuki
Isartor
H'Otello / B'01 München
Item Shop
Jan Z's
Mariannenhof
St. Lukas
Isar
伊薩爾河
Muffathalle
民眾澡堂（游泳池）
Volksbad
Preysing
Deutsche Eiche
修道院教堂
Kloster
Hotel Admiral
德國專利局
Deutsches Patentamt
路德維希橋
Ludwigsbrücke
花匠廣場
Gärtnerplatz
花匠廣場州立劇院
Staatstheater am Gärtnerplatz
歐洲專利局
Europäisches Patentamt
音樂廳
加斯泰格文化中心
Gasteig
猶太教堂
Synagoge
Netzer & Overath
德意志博物館
Deutsches Museum
Holiday Inn
Rosenheimer Platz
Schönfeldstr.
馮德湯大街
Von-der-Tann-Str.
Galeriestr.
Hofgartenstr.
Residenzstr.
Theatinerstr.
Perusastr.
Marstallplatz
Franz-Josef-Strauss-Ring
Karl-Scharnagl-Ring
Thomas-Wimmer-Ring
Königinstr.
Seitzstr.
Unsöldstr.
St.-Anna-Str.
Wagmüllerstr.
Alexandrastr.
Lerchenfeldstr.
Himbselstr.
Liebigstr.
Sternstr.
Robert-Koch-Str.
Gewürzmühlstr.
Thierschstr.
Hildegardstr.
Stollbergstr.
Knöbelstr.
Adelgundenstr.
Harmstr.
Marienstr.
Im Tal
Sparkassenstr.
Westenriederstr.
Frauenstr.
Rumfordstr.
Steindorfstr.
Praterinsel
Kabelsteg
Am Gasteig
Zweibrückenstr.
Morassistr.
Buttermelcherstr.
Baaderstr.
Kohlstr.
Corneliusstr.
Reichenbachstr.
Erhardtstr.
Museumsinsel
Boschbrücke
Zenneckbrücke
齊柏林大道
Zeppelin-str.
Hochstr.
霍克街
Rosenheimer Str.
爾哈德街
C
D
H
I
K
L
17
19
17·18
u4
u5
u3
u6

一目瞭然！

漫遊慕尼黑

慕尼黑為知名觀光地，但與其他德國的州都相同，城市的規模都很小，景點集中、容易遊逛。這個範圍外則還有紐芬堡皇宮、奧林匹克公園周邊等景點。

F 西北部
新皮納可提克美術館
英國花園
G 北部（施瓦本地區）
C 瑪麗亞廣場～皇宮區
巴伐利亞國立博物館
皇宮區
慕尼黑中央車站
新市政廳
B 諾伊郝瑟街～考芬格大街
E 鐵阿提納街～馬克西米連大街
A 中央車站周邊
D 維克圖阿連市場
德意志博物館
H 東部（海德豪森）
非正規慕尼黑啤酒節會場

A 中央車站周邊（尤其是南側）

以商務飯店為主，飯店密集度高的區域，也有便宜旅館。

竟然擺了台平面鋼琴在街頭演奏！

B 諾伊郝瑟街～考芬格大街

從中央車站延伸至中心部的筆直主街。左右兩側商店、百貨公司林立，為購物區。觀光客多，所以常可見到街頭音樂家在表演。

C 瑪麗亞廣場～皇宮區

不僅是觀光的焦點，亦是城市的中心。啤酒屋（Hofbräuhaus p.165）、教堂（聖母教堂p.159、聖彼得教堂）、博物館（皇宮區內部p.159）等均在徒步範圍內。

這裡即市中心。

D 維克圖阿連市場

有蔬菜、水果、輕食店等，基本上是庶民風的傳統市場（p.165）。

天氣好時還可在戶外的座位用餐。

E 鐵阿提納街～馬克西米連大街

知名品牌店家鱗比櫛次的名牌商店區（p.165）。

鐵阿提納街的Fünf Höfe入口。

F 北西部

有新／舊／摩登皮納可提克美術館等3館以及連巴赫之家美術館的文化區，可從中央車站搭100號巴士前往（p.160）。

G 北部（施瓦本地區）

有大學及許多以學生為客群的個性商店。利奧波得街即施瓦本地區，有知名酒吧，夜生活也很豐富。

也有小型、像展示室般的個性咖啡館。

H 東部（海德豪森）

伊薩爾河的對岸。為住宅區，但也可見到流行店家、咖啡館的身影。

聖彼得教堂

小小建議

St.Peter

雖然聖母教堂與新市政廳也都有塔樓，但這間教堂的塔上視野是最棒的，還能欣賞到前面兩座教堂的全景。不過沒有電梯，只能爬294級的階梯而上。

MAP 隨身地圖-15、p.151-G

●瑪麗亞廣場步行 1 分　住Rindermarkt 1　圖塔9:00～18:30／冬季為～17:30（週六日、假日均為10:00～）　費€3、學生€2

最古老的教區教堂。塔的暱稱為Alter Peter

半日行程

第一次造訪慕尼黑，白天先有效率地遊逛各主要景點，晚上再到知名啤酒屋放鬆一下。

建議 時間太早、美術館也還沒開的時候，可以先繞到教堂，或是到維克圖阿連市場購物。

9:30 中央車站
從這裡出發

9:40 卡爾斯廣場
在噴泉前拍張相片

10:00 諾伊郝瑟街～考芬格大街
逛逛店家或是參觀聖彼得教堂

11:00 瑪麗亞廣場
登上塔樓（也可選擇聖彼得教堂的高塔），或是小憩片刻來根白香腸

12:10 維克圖阿連市場
參觀完新市政廳的機關鐘後，可到Der Pschorr、Restaurant Kafer等場所用餐。

13:30 參觀博物館。
（周邊購物or皇家花園散步＆休憩均可）

15:00 皮納可提克美術館3館
可從Odeonsplatz搭100路巴士到皮納可提克美術館。3館全部都參觀可能有點勉強，可盡量待到閉館為止。

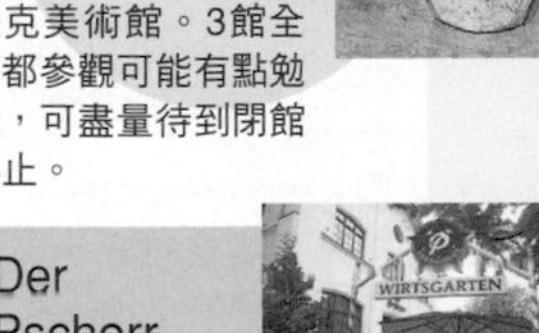

Der Pschorr
慕尼黑六大釀酒廠之一、Hacker-Pschorr的啤酒屋，離維克圖阿連市場很近。

MAP 隨身地圖-15、p.150-J
住Viktualienmarkt 15 ☎442383940
營10:00～23:00 休無休

散步行程

參觀了知名啤酒屋、市中心地區後，接下來介紹的行程是推薦給想要體驗慕尼黑不同面貌的旅人。北部的Türkenstr.街上聚集了以學生為客群的咖啡館＆商店。利奧波得街Leopoldstr.北部是名人群聚的施瓦本地區，有時尚風格的酒吧。

❶Café Puck
設有吧檯、雞尾酒也很出名，漢堡之類的輕食很受歡迎。到傍晚都有供應早餐。
住Türkenstr.33 營9:00～翌1:00 休無休 ☎2802280 HP www.cafepuck.de

❷Alter Simpl
曾經是許多舞台演員等波西米亞人聚集的餐廳＆酒吧，如今依舊能感受由這100年以上歷史所孕育出來的獨特氛圍。
住Türkenstr.57 營11:00～ 翌3:00（週五、六～翌4:00 ※供餐至打烊前1小時） 休無休 ☎2723083

❸Akthof
想在藝術之都慕尼黑體驗藝術活動？來這兒就對了，位於建築物內的中庭。週一～四的傍晚有素描教室等課程（需預約）。
住Türkenstr.78 ☎2809558
HP www.akthof.de

❹Ballabeni Icecream
只使用天然食材的冰淇淋，是市內第一、也是唯一的人氣店。假日總是大排長龍，口味的評價也是No.1。住Theresienstr.46 營11:30～22:30（冬季為～21:00） 休有冬休 ☎90544186
HP www.ballabeni.de

❺Goldbraun
珠寶飾品＆巧克力等奇妙組合的店家，由珠寶設計師的眼光所挑選的巧克力最適合買來送人作伴手禮。
住Schllingstr.58
營11:00～18:00（週六為～16:00） 休週日、一
☎27275535

❻Bachmaier Hofbräu
融和傳統巴伐利亞樣式與最新夜店風格的酒吧＆餐廳。也提供小杯裝的啤酒。
住Leopoldstr.50 營11:00～24:30（週五、六10:00～翌1:00） 休無休 ☎3838680

❼Bapas
啤酒再配上一道西班牙佳餚，店家將西班牙小菜的形式運用在巴伐利亞美食上。白天為咖啡廳，晚上則變身為時尚酒吧。
住Leopoldstr.56a 營9:00～24:00（週五、六為～翌1:00） 休週日 HP www.cafe-mauerer.de

●旅遊資訊

■SIGHT seeing GRAY LINE旅行社 住Schuetzenstr.9

☎54907560

HP www.msr-muc.de

車票可以在中央車站正門的Hertie百貨公司前的售票窗口或飯店、遊客服務中心購買。出發則統一都在Hertie前出發。

＜市內觀光巴士＞

①Hop-On Hop-Off Express Circle München

參觀市內主要觀光景點的行程。4～10月9:40～17:30、11～3月10:00～16:00。每20分鐘出發，需時1小時／費€17／休無休

②Hop-On Hop-off Grand Circle München

參觀市內及奧林匹克公園、紐芬堡皇宮等地。4～10月9:40～16:00、11～3月10:00～16:00，每小時出發。可以自由地上下車，中途下車只要改搭下一班巴士即可。需時2小時30分／費1日券€22、2日券€27／休無休

③市內及巴伐利亞電影城觀光

參觀完市內之後再前往巴伐利亞電影城，4～10月的週六、日10:00出發，需時3小時／費€28

④市內及拜仁慕尼黑足球觀戰

參觀2006年世界盃足球賽的會場——安聯競技場和拜仁慕尼黑的練習場（如遇足球比賽的時候，則參觀奧林匹克公園）。4～10月的週四、五10:00出發，需時4小時／費€29

⑤慕尼黑夜間行程

參觀過幾個華燈初上的美麗夜景之後，再前往Hofbräuhaus享用晚餐和欣賞表演，之後再前往奧林匹克塔看夜景，然後再去夜總會。費用包含在Hofbräuhaus（參照p.165）裡用餐的費用（飲料另外算）和其他的入場費用、以及1杯在夜總會裡的飲料。不需盛裝。19：30出發，1天1次。只有在4～10月的週五、六舉辦。需時4小時／費€65

慕尼黑的區域號碼☎089

慕尼黑的城市概要&玩樂重點

巴伐利亞州的首都，也是德國的第三大都市。但是在台灣人的印象中，這個德國南部的觀光重鎮充滿了世界級的美術館和巨大的啤酒屋，反而比較沒有「大都會」的感覺。可搭乘德國漢莎航空從香港轉機。

城市概要 以市中心的瑪麗亞廣場為根據地

中央車站裡有❶，在其附近則有便宜的旅館和商務旅館等林立。從這裡搭S-Bahn，坐2站就會抵達的**瑪麗亞廣場**（MAP p.151-G）是慕尼黑的市中心。只不過，途中從卡爾斯廣場到考芬格大街之間有規劃成行人徒步區的大馬路，儼然成為一條商店街。如果有時間的話不妨過去看看（p.152）以新市政廳為中心的瑪麗亞廣場周圍分布著許多有名的啤酒屋。北邊還有**皇宮區**（p.159），主要的觀光景點全都落在半徑600～700公尺以內。東南方有巨大的**維克圖阿連市場**（p.165），陳列著蔬菜及水果、肉類、

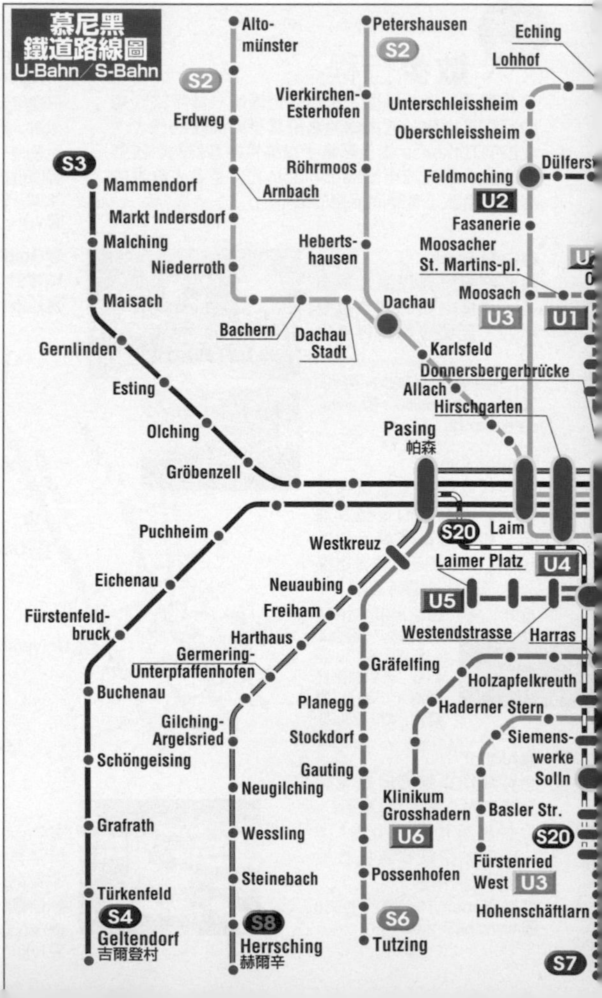

慕尼黑鐵道路線圖
U-Bahn／S-Bahn

起司等等。另外，位於皇宮區前的**馬克希米連大街**（p.173），則是德國屈指可數的高級名牌商店街，在觀光與生活兩方面都是慕尼黑的心臟地帶。從皇宮區沿著利奧波得街往北走，便來到了過去曾經是托馬斯・曼等文化人所居住，如今仍聚集許多學生和藝術家的**施瓦本地區**（p.152）這裡很靠近大學，是個文化區，分布著咖啡廳及畫廊、劇場、電影院等等，尤其入夜之後非常熱鬧。伊薩爾河流經慕尼黑的東側，位於這條河北部的**英國花園**（p.161），是號稱在英國以外面積最大的英式庭園。另外，伊薩爾河的對岸就是海德豪森地區，基本上這裡是住宅區，沒有什麼太大的觀光景點，但是星羅棋布著很時髦的小店。

聖母教堂。

100路巴士是觀光的好幫手
被俗稱為博物館路線（MVG Museenlinie）的市內巴士。其實是將原本就有的100路巴士路線延長至中央車站北口，讓巴士路線變得更加方便而成的。和柏林的100路巴士一樣，循環行駛於市內的主要美術館與博物館之間。每10～20分1班。可在 HP www.mvg.de 上依「Pläne→Minifahrpläne→StadtBus Linien」路徑進行查詢。

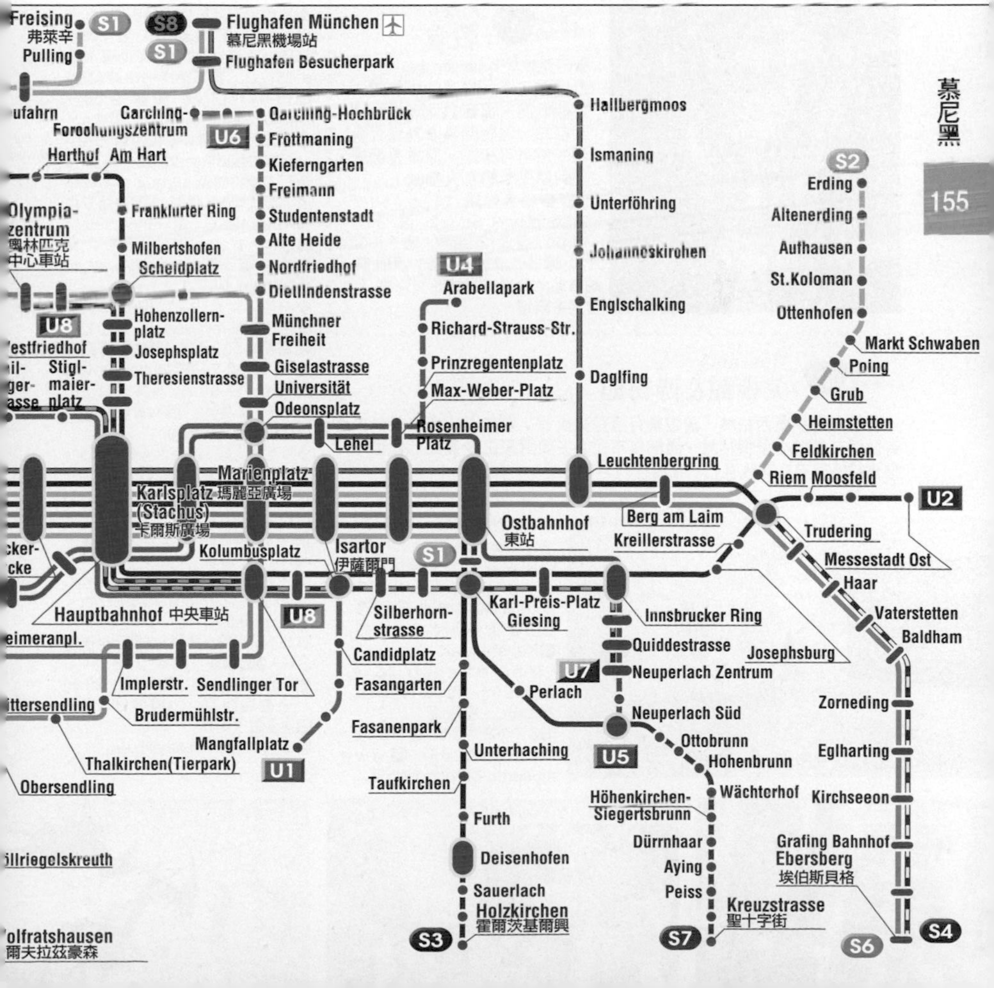

Freising 弗萊辛
Pulling
S1
S8
S1
Flughafen München 慕尼黑機場站
Flughafen Besucherpark
Hallbergmoos
Ismaning
Unterföhring
Johanneskirchen
Englschalking
Daglfing
Leuchtenbergring
Berg am Laim
Kreillerstrasse
Garching-Forschungszentrum
Garching-Hochbrück
U6
Fröttmaning
Kieferngarten
Freimann
Studentenstadt
Alte Heide
Nordfriedhof
Dietlindenstrasse
Münchner Freiheit
Giselastrasse
Universität
Odeonsplatz
Harthof
Am Hart
Frankfurter Ring
Milbertshofen
Scheidplatz
Olympia-zentrum 奧林匹克中心車站
U8
Hohenzollern-platz
Josephsplatz
Theresienstrasse
Stiglmaier-platz
U4
Arabellapark
Richard-Strauss-Str.
Prinzregentenplatz
Max-Weber-Platz
Rosenheimer Platz
Lehel
Marienplatz 瑪麗亞廣場
Karlsplatz (Stachus) 卡爾斯廣場
Kolumbusplatz
Isartor 伊薩爾門
S1
Ostbahnhof 東站
Hauptbahnhof 中央車站
U8
Silberhorn-strasse
Karl-Preis-Platz
Giesing
Candidplatz
Fasangarten
Fasanenpark
Implerstr.
Sendlinger Tor
Brudermühlstr.
Mangfallplatz
U1
Thalkirchen(Tierpark)
Obersendling
Unterhaching
Taufkirchen
Furth
Deisenhofen
Sauerlach
Holzkirchen 霍爾茨基爾興
S3
Perlach
U7
Innsbrucker Ring
Quiddestrasse
Neuperlach Zentrum
Neuperlach Süd
U5
Ottobrunn
Hohenbrunn
Wächterhof
Höhenkirchen-Siegertsbrunn
Dürrnhaar
Aying
Peiss
Kreuzstrasse 聖十字街
S7
Josephsburg
S2
Erding
Altenerding
Aufhausen
St.Koloman
Ottenhofen
Markt Schwaben
Poing
Grub
Heimstetten
Feldkirchen
Riem Moosfeld
U2
Trudering
Messestadt Ost
Haar
Vaterstetten
Baldham
Zorneding
Eglharting
Kirchseeon
Grafing Bahnhof
Ebersberg 埃伯斯貝格
S6
S4
Wolfratshausen 沃爾夫拉茲豪森

獨特的慕尼黑

※Munich是慕尼黑的英文發音

慕尼黑近來旅客量大增，來到這裡如果只逛逛基本的觀光景點就感到滿足的話，就太可惜了。遠道來到此地，不妨再稍微深入地遊逛一番，便會發現這裡還有許多有趣的地方及不同的遊玩方式。

在傳統啤酒十分受歡迎的慕尼黑，有家專門販售創新手工精釀啤酒的啤酒酒吧——「Tap-House」。
推薦CAMBA釀造廠釀造的Pale Ale等。

◇Tap-House
MAP●隨身地圖-23外、p.149-L
住Rosenheimer Strasse 108
營17:00～翌1:00（週五、六為～翌2:00、週日18:00～） 休無休
HP www.tap-house.de

細長型的教堂後方有座光彩奪目的主祭壇。

獨特的玩樂方式 1 kirche 教堂

◆阿桑教堂 Asamkirche
已經融入市民生活的小教堂。外觀低調、很容易就走過頭而不自知，但內部裝潢為極其絢爛的洛可可樣式。原本是藝術家阿桑兄弟的私人教堂。
MAP●隨身地圖-14、p.150-F 住Sendlinger Str. 32 營7:30～18:00（週五12:00～、週六8:00～、週日8:00～15:00） 費免費

獨特的玩樂方式 2 Museums 美術館&博物館

除了如隔絕東西柏林「舊皮納可提克美術館」般的正式美術館外，還有個別主題的小型博物館、舉辦以市民為主要對象之企畫展的藝廊等，推薦給時間充裕的旅客或博物館迷們。

展示空間寬敞，還附設咖啡和書店。

◆布蘭德霍斯特博物館 Museum Brandhorst 展示布蘭德霍斯特夫妻珍藏的作品。以安迪沃荷、托姆布雷等大師的抽象作品居多。MAP●隨身地圖-3、p.149-G 住Kunsta real（Theresienstr.35 a） 營10:00～18:00（週四為～20:00） 休月曜 費€7（學生€5、週日€1） ☎238052286 HP www.museum-brandhorst.de

◆慕尼黑啤酒節博物館Bier- Und Oktoberfest Museum 展示啤酒杯與海報等。MAP●隨身地圖-15、p.151-G 住Sterneckerstr.2 營13:00～18:00（餐廳18:00～24:00） 休週一、週日 費€4、學生€2.5 HP www.bier-und-oktoberfestmuseum.de

◆玩具博物館Spielzeug museum 展示泰迪熊與人偶等。MAP●隨身地圖-15、p.151-G 住Marienplatz15 營10:00～17:30 休無休 費€4、兒童€1 HP www.spielzeugmuseum-muenchen.de

◆狩獵博物館Deutsches Jagd- und Fischereimuseum 展示野生動物標本500件等。MAP●隨身地圖-14、p.150-F 住NeuhauserStr.2 營9:30～17:00（週四為～21:00） 費€5、學生4 HP www.jagd-fischerei-museum.de

◆沙克美術館 Schack galerie 展示19世紀的德國繪畫傑作。MAP●隨身地圖-11、p.149-H 住Prinzregentenstr.9 營10:00～18:00（每月第1、3個週三為～20:00） 休週一、週二 費€4、學生€3、週日€1 HP www.pinakothek.de/sammlung-schack

◆Kunsthalle
有許多精彩的企畫展，文具店也很有品味。MAP●隨身地圖-9、p.151-G 住Theatinerstr.8 營10:00～20:00（企畫展期間） 休週日、假日 費視企畫展而異 HP www.hypo-kunsthalle.de

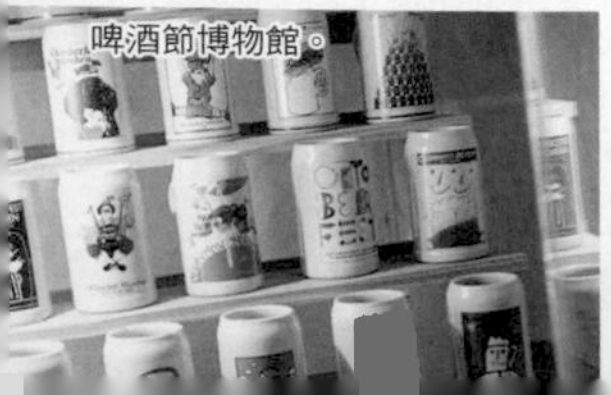

啤酒節博物館。

玩具博物館內的泰迪熊。

狩獵博物館，也有與釣魚相關的展示。

市內有兩間店，圖片為本店。

獨特的玩樂方式 3

Restaurant & Geschäft 餐廳&商店

除了知名的啤酒屋外，還有凝聚主廚手藝的精緻各國佳餚餐廳、國際觀光地才有的獨特店家。

◆Hamburgerei　最近很受歡迎、力求正宗口味的漢堡。點餐後領取呼叫器式號碼牌，餐點完成時需自行到櫃檯取餐。可依喜好調整餡料食材。照片為起司培根漢堡。
MAP●隨身地圖-1、p.150-A
住Brienner Str. 49　營11:30～22:00（週五、六為～23:00）
休無休
HP www.hamburgerei.de

◆Palast der Winde　市內首選的高評價北印度餐。
MAP●隨身地圖-20，p.150-J
住Hans-Sachs-Str.8
營11:30～14:30、17:30～23:00
休週六上午　☎263278
HP www.palastderwinde.de

◆Chocolaterie Beluga
非常可愛的原創巧克力＆咖啡廳。除了可內用小憩一下，還很適合在這裡尋找伴手禮品。推薦方塊巧克力，附有木匙，加入熱牛奶中攪拌就會變成熱巧克力牛奶了。
MAP●隨身地圖-15、p.151-G　住Viktualienmarkt 6
營10:00～21:00（週日12:00～20:00）　休無休
HP www.chocolateriebeluga.de

左為方塊巧克力，附利口酒款

◆Duft&Schoenheit　天然美妝用品及香水專賣店。特別是香水，售有原創等300種以上的品項。
MAP●隨身地圖-14、p.150-F
住Sendlinger Str. 28（Asamhof內）
營10:00～14:00、14:30～19:00（週六10:00～16:00）　休週日　HP www.brennessel-muenchen.de

◆麺処匠Noodle Soop Takumi
據說這裡的麵是購自札幌的西山食品，為慕尼黑市的第一家拉麵店。
MAPp.149-G　住Hessstr. 71
營12:00～15:00、17:00～22:00（週六中間沒有休息，週日、假日為～21:00）
休無休　☎620609（無預約制）
HP www.takumi noodle.com

照片為味噌拉麵，味道與日本一模一樣

獨特的玩樂方式 4

Unterhaltung & usw. 娛樂活動&其他

◆攝政王劇院Prinzregententheater
建築構造與拜羅伊特節日劇院相同。
MAP●隨身地圖-18、p.149-H　住Prinzregentenplatz 12　☎218502
HP www.theaterakademie.de

◆加斯泰格文化中心&音樂廳Gasteig　有演奏廳、劇院等。為慕尼黑愛樂管絃樂團的根據地。
MAP●隨身地圖-23、p.151-L
住Rosenheimerstr.5　☎480980
HP www.gasteig.de

◆巴伐利亞國家歌劇院Nationaltheater Bayerische Staatsoper　不只歌劇，芭蕾舞表演也非常有名。也有舉辦演奏會。MAP●隨身地圖-9、p.151-G
住Max-Joseph-Platz 2　☎218501
HP www.staatsoper.de ※購票請至 HP www.muenchenticket.de

◆Muenchen City Segwey Tours
騎乘賽格威遊覽市區。
MAP●隨身地圖-8、p.150-F
住Karlspl. 4　營集合10:00（迷你行程為16:00、其他行程每次皆不同）
費迷你行程2小時30分€59～
休冬季　HP www.citysegwaytours.com/munich

◆藤原觀光導遊　由擁有官方認可資格的導遊所帶領的遊覽行程。
E-mail mohikanmeriri@yahoo.co.jp

◆Euro Lines（Touring）
MAP●隨身地圖-7外、p.149-G
住Hackerbrücke 4　營10:00～22:30（週日16:00～）　☎54587000

◆Japanische Feinkost Suzuki
以當地人為主要顧客的日本食材店。也有舉辦烹飪教室等的活動。
MAP●隨身地圖-15、p.151-K
住Rumfordstr.40　營10:00～19:00（週六～18:00）　休週日、假日
☎21669555　HP www.feinkost-ysuzuki.com

◆Froh-und-Bunter　陶器彩繪體驗（€15～），燒製完成約需1週。
MAP●隨身地圖-15、p.150-J
住Sebastiansplatz 11　營11:00～20:00（週六為10:00～）※建議事先預約　☎38989256　HP www.froh-und-bunter.de

名物 Pick up 白香腸 Weisswurst

用仔牛肉與辛香料作成的香腸。由於以前無法保存，所以有中午前要吃完的習慣。冷藏技術發達的今日，還是有堅持傳統的店家只在上午營業。穀物市場入口附近的肉店在店後方設有立食區。

充滿活力的美國導遊。

Froh-und-Bunter，可小小體驗一下藝術。

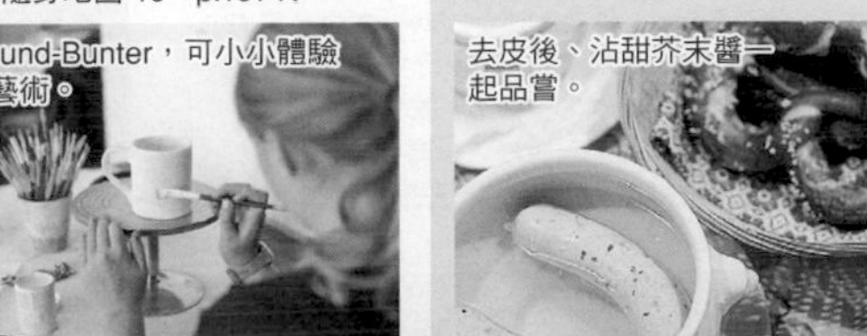
去皮後、沾甜芥末醬一起品嘗。

裝滿了皇室寶物的皇宮區。

●有名的啤酒屋
（除了本文介紹的店之外）

◆Paulaner Nockherberg
MAP p.149-L 住Hochstr.77 休12/24 ☎4599130 釀酒廠內結合了餐廳及啤酒花園。

◆Löwenbräukeller
MAP p.149-G
住Nymphenburgerstr.2
休12/24 ☎526021 可容納2000人的寬敞啤酒屋。

◆Paulaner im Tal
MAP p.149-K 住Tal 12 休無休 ☎2199400
擁有從1524年起的傲人歷史。雖說是個酒吧，但氛圍像是啤酒屋。午餐很經濟實惠，因此廣受支持。

◆Schneider Bräuhaus im Tal MAP ●隨身地圖-15、p.151-G 住Tal 7 休無休 ☎2901380 Schneider直營，頗具歷史的啤酒屋。

了解文化背景

相傳一開始是由修道僧陸續地遷移到注入多瑙河的伊薩爾河畔的這個地區，從而揭開了都市開發的序幕。順帶一提，慕尼黑的名稱是由munichen＝小和尚而來。當時序進入12世紀，在維特爾斯巴赫王朝的統治下，這裡成了鹽交易以及貨物的集散、轉運站，尤以1328年，當時的國王路德維希在被選為神聖羅馬帝國的皇帝之後，慕尼黑開始大大地發展。17世紀中期，在選帝侯馬克希米連一世的統治下，繁榮的程度甚至被譽為是「北方的羅馬」。19世紀初期，成立了巴伐利亞王國。歷代的國王都對藝術教育充滿了熱情，蓋了許多的美術館、劇場，甚至還贏得「伊薩爾河畔的雅典」的美譽。19世紀後半，知名的路德維希二世繼承了巴伐利亞王國。雖然路德維希二世沈溺於華格納的音樂，導致眾叛親離，最後死因成謎，巴伐利亞王國也被德國統一，但是由於慕尼黑長年以來已經發展出一套獨特的文化，因此至今依舊擁有瑰麗的文化，與豪邁的德國北部大相逕庭。

Check-Check! 7月卡爾登山城堡的騎士秀

卡爾登山城堡目前還住著王室的後代，以及其所經營的啤酒公司。每年7月，會舉辦世界最大的騎士秀。戴上鐵甲面具、身穿戰鬥服裝的騎士們騎著馬比賽（表演秀），出征時的遊行與歌舞秀相當精采。騎士們之間的互動誇張又有趣。會場的周邊，還有表演舞蹈或短劇的小舞臺、重現中世市集的攤販、用營火燒烤的中世紀風BBQ等。氣氛與羅騰堡的「勝負一飲」歷史劇十分類似。當然，在這裡喝到的啤酒可是皇室御用的卡爾登山城堡啤酒。

商店的店員也穿著中世紀的衣服。

比賽之前先來上一段華麗的表演。

MAP p.148-I外
◆卡爾登山城堡Schloss Kaltenberg
● S8 Geltendorf搭巴士 ☎01806-113311（專線） HP www.ritterturnier.de 開放期間為7月的週五～日，共3週 ※請向觀光局等處確認 費桌席座位€35～、站位€27

Check-Check! 在歐洲最大的浴場放鬆身心

慕尼黑郊外的埃爾丁有座包含溫泉泳池（泳裝）、三溫暖設施（裸身）、療養溫泉、滑水道等設施的綜合浴場，為歐洲最大規模。溫泉泳池有開關式屋頂，可對應所有天候狀況。三溫暖有精油蒸氣等25種，還有仿造芬蘭小木屋的房間。滑水道全長竟高達1400m。

MAP p.148-J外
◆Therme Erding ●中央車站→Altenerding（S2 約40分）從左方（西側）出站步行15分 營10:00～23:00（週六日、假日9:00～※滑水道平日為13:00～21:00） 休無休 費溫泉設施2小時€25～、1日票€40（有週末加成、三溫暖加價等規則） ☎08122-5500 HP www.therme-erding.de

可將旅途疲憊一掃而空。

新市政廳 ★★★
Neues Rathaus

map ●隨身地圖-15、p.151-G

● S1等 Marienpl.即到

完成於20世紀初，是棟新哥德式建築。除了復活節的星期五之外，每天11：00和正午（3～10月17：00也有）會吸引許多人前來觀賞機關式大鐘。大鐘的上層是威廉五世的結婚典禮，下層則是嘉年華會的舞蹈。

住Marienpl. 營10:00～19:00（聖誕節市集期間之外的10月～4月為～17:00） 休10～4月的週六日、假日 費€3

可以搭乘電梯直達塔頂。

聖母教堂 ★★
Frauenkirche

map ●隨身地圖-15、p.150-F

● S1等 Marienpl.步行2分

紅色的巨大屋頂和兩座高塔令人印象深刻。完成於1488年，是晚期哥德建築風格的傑作，內部有描繪著瑪麗亞升天的祭壇畫、以及維特爾斯巴赫王朝的墓穴等等。夏天可以搭乘電梯直上南塔（100公尺）。

營7:30～20:30
休無休
☎2900820

宛如本市地標一般的存在。

聖米歇爾大教堂 ★★
St. Michaels Kirche

map ●隨身地圖-14、p.150-F

● S1等 Marienpl.步行8分

文藝復興風格的天主教教堂。完成於1597年，當時是反宗教改革的一環。大祭壇中央有「對抗惡魔的聖米歇爾」祭壇畫。半筒狀的圓形屋頂為全球第二大。路德維希二世就長眠在地下墓室。

住Neuhauser Str. 6 營8:00～19:00（週一10:00～、週二為～20:15） 休無休

古代雕刻美術館 ★★
Glyptothek

map ●隨身地圖-2、p.150-A

● U2、8 Königspl.步行2分

會讓人連想到雅典衛城的美術館，是路德維希一世為了陳列他最喜歡的希臘雕刻特別建造的。尤其不能錯過愛琴海、埃伊納島神殿的山形板雕刻。

住Königspl.3 營10:00～17:00（週四為～20:00） 休週一 費€6、學生€4、週日€1
☎286100

漫走遊賞報導

皇宮區 ★★★
Residenz

map ●隨身地圖-9、p.151-C

●MarienPl.步行約10分

窮奢極侈的王室殿堂！

皇宮區是巴伐利亞的統治者，也就是維特爾斯巴赫皇室居住的地方。從14世紀末開工以來，就不停地擴張，直到19世紀中期的路德維希一世的時代，終於演變成現在的樣子。時間的腳步在此移動得非常緩慢。來到這裡一定不能錯過在皇宮區博物館內的「祖先肖像畫廊」，包含神話時代在內，展示著121位歷代國王的肖像畫。空間全部都是以金色為中心，鑲滿了金碧輝煌的裝飾品，其豪華的程度令人大吃一驚。另外，文藝復興風格的大廳骨董廳Antiquarium裡陳列著古代雕刻，一樓深處的古維利亞劇場更是美得令人屏息。寶物館裡毫不吝惜地使用了大量的寶石，就連細部都呈現出精雕細琢的風貌，還有與龍對抗的聖喬治雕像。

住Rasidenzstr. 1 營9:00～18:00（10月中旬～3月為10:00～17:00）
※部分場所的開放時間會因上、下午而有所變動 休12/24、25及嘉年華期間的週二 費僅參觀皇宮區或寶物館其中之一€7、學生€6。套票€11、學生€9。☎290671

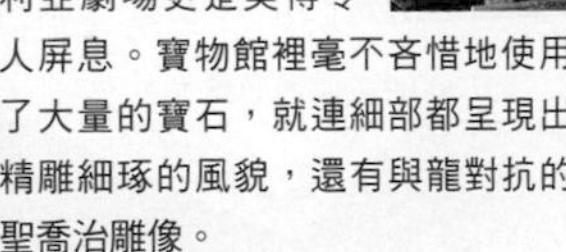

聖喬治像。

Gisela女王的十字架。

祖先肖像畫廊。

新皮納可提克美術館 ★★★
Neue Pinakothek

map 隨身地圖-2、p.149-G

● U2、8 Königspl.或 市電27 Theresienstr. / Alte Pinakothek即到

如同其「嶄新的藝術陳列館」（從古希臘文而來）的館名所示，館藏以19世紀以來的繪畫為主。尤其是19世紀末青年風格的耽美作品，更是有許多脫俗的作品。切勿錯過古斯塔夫．克林姆的小品『音樂』和艾貢．席勒的『痛苦』。其他還有梵谷的『向日葵』和莫內的『阿讓特伊之橋』、高更的作品等等也都很值得一看。

住Barerstr.29　營10:00～18:00（週三為～20:00）　休週二、5/1、12/24～25及31　費€7、學生€5、週日€1　☎23805195

默默展示梵谷的作品。

舊皮納可提克美術館 ★★★
Alte Pinakothek

map 隨身地圖-2、p.149-G

● U2、8 Königspl.或 市電27 Theresienstr. / Alte Pinakothek即到

館藏非常豐富，還被評選為全球六大美術館之一，可以細細地鑑賞各幅名畫。文藝復興時期的拉斐爾的『聖母子像』、林布蘭特的『自畫像』等皆很有名。其中又以西班牙的繪畫都是非常傑出的作品，艾爾·葛瑞柯所畫的耶穌基督，表情十分溫和，委拉斯蓋茲所畫的貴族青年等，都令人印象深刻。2018年7月結束了長達4年半的改裝，可以完全沉浸在展覽中。

收藏了約7000件的歐洲名畫。

住Barerstr.27　營10:00～18:00（週二為～20:00）　休週一、5/1、12/24～25及31、嘉年華期間的週二　費€4、學生€2、週日€1　☎23805216

摩登皮納可提克美術館 ★★★
Pinakothek der Moderne

map 隨身地圖-3、p.150-B

● 市電27、巴士100 Pinakotheken步行2分

歐洲規模最大的現代美術館。史蒂芬．布朗費爾斯所設計的建築物，為巨大圓柱型、挑高的嶄新結構。總展示面積達1萬5000平方公尺以上，陳列著達利、畢卡索、馬諦斯、保羅·克利、沃荷、克林姆、康丁斯基等巨匠的作品，是20世紀以來現代藝術的集大成。地下室的設計部門，還展示了家電、傢俱、車子等工業用品，展示的方式本身就是一種裝置藝術。1樓除了特別展外，還有建築、圖像等展示，也設有咖啡館和博物館商店。

住BarerStr.40　營10:00～18:00（週四為～20:00）　休週一、5/1、12/24～25及31、嘉年華期間的週二　費€10、學生€7（週日€1）　☎23805360　HP www.pinakothek.de

畢卡索的作品，也包含藍色時期的名作。

達利的超現實主義作品。

平常隨處可見的工業產品設計也很藝術。

Rotonda，巨大的圓柱形樓梯井。

在名畫面前上美術史課。

連巴赫之家美術館 ★★
Lenbachhaus

map 隨身地圖-2、p.150-A

● U2、8 Königspl.步行2分

由活躍於19～20世紀、在經濟上也功成名就的畫家連巴赫將其住家直接改建而成的美術館。連巴赫同時也是個社交家，十分講究的內外裝潢充分地反映出他的興趣。在他死後，該美術館便捐給市政府，展示品以稱之為『藍騎士』的前衛藝術家的繪畫為中心。尤其是佛朗茲・方・史杜克的唯美作品『莎樂美』、亞特倫斯基的『舞者Alexander Sakharoff的畫像』等一定要看。

住Luisenstr.33 營10:00～18:00（週二為～20:00） 休週一、12/24及31、嘉年華期間的週二 費€10、學生€5 ☎23332000

德意志博物館 ★★★
Deutsches Museum

map 隨身地圖-22、p.151-K

● 市電17 Deutsches Museum即到

德國從很早以前就已經邁入機械化，本博物館盡可能用實物來說明德國的科學及文明的發展歷史。館內密密麻麻地陳列著內燃機及往年知名飛機的金屬焊接技術等等，有些展示品還可以藉由親手觸摸來瞭解其組裝的構造。

住Museumsinsel 1 營9:00～17:00
休假日、12/24～25及31、1/1
費€12、學生€4、與分館Verkehrszentrum等的套票€19 ☎2179333

巴伐利亞國家博物館 ★
Bayerisches Nationalmuseum

map 隨身地圖-11、p.151-D

● 巴士100 Nationalmuseum步行2分

展示哥德到文藝復興時期的南德鄉土美術為主，雕刻相關作品尤其豐富。也收藏了中世紀雕刻名家里門施奈德的作品。

住Prinzregentenstr.3 營10:00～17:00（週四為～20:00） 休週一 費€7、學生€6（週日€1） ☎2112401

前方的圓柱形大樓就是博物館。

BMW博物館 ★★
BMW Museum

map p.149-C

● U3 Olympiazentrum步行5分

2008年重新裝潢後，面積廣達5000平方公尺。以90年以上的公司歷史為概念，分為26個主題、125點的展示，還有概念車和裝置藝術，並附設商店、餐廳。是個販賣、展示機能共存的複合設施，就位於BMW Weld的旁邊。

住Am Olympiapark 2 營10:00～18:00 休週一（復活節週一、假日則除外）、1/1、12/24～26及31 費€10（兒童€7）
HP www.bmw-welt.com

英國花園 ★
Englischer Garten

map 隨身地圖-4、p.149-D・H、p.151-D

● U3、6 Universität步行5分

約200年前，當時的領主本來想要蓋一座練兵場，卻被美國科學家建議應該要蓋公園，於是便在伊薩爾河的東側、佔地9萬平方公尺的廣大基地上蓋了這座花園。中國塔和日本茶室等人工建築物與自然融合為一體。

郊外的主要景點

在巴伐利亞電影城可近距離地感受攝影的真實震撼力！

從戰前就是某家電視台、電影的拍攝現場，現在對外開放，可在導遊的帶領下參觀內部。能觀賞到由演員浴火演出的替身表演秀，相當精采。另外，電影『大魔域』的特殊拍攝手法的解謎單元也很有趣。還可在4D冒險劇院中感受震撼效果。

MAP p.148-I ● 市電25 Bavariafilmplatz步行10分 營9:00～18:00（11月上旬～4月上旬10:00～17:00）導覽行程所需時間為1小時30分，加上替身表演秀＋4D電影則要3小時30分 費€13.50（兒童€11.50） ※＋替身表演秀＋4D電影套票€27.50（兒童€22） HP www.filmstadt.de

Check-Check! 在美麗庭園環繞的皇室避暑山莊邂逅傾國的美女

從庭園的角度看過去的本館。

紐芬堡皇宮 ★★★
Schloss Nymphenburg

巴伐利亞選帝侯Ferdinand Maria於1662年為了紀念兒子誕生而蓋的避暑山莊。之後經過幾代的擴建工程，成了巴洛克、洛可可等樣式混合的模樣。為第二次世界大戰中免於災害的珍貴宮殿之一。名字的由來是取自入口大廳處描繪的妖精（Nymphen）濕壁畫，出自設計威斯教堂（p.142）的齊瑪曼之手。參觀焦點有南翼的美人畫廊，陳列著路德維希一世請人描繪自己的愛人、理想美女等36人的繪畫作品，以及路德維希二世誕生的房間等。庭園內洛可可樣式的華麗狩獵用別館Amalienburg，與馬厩博物館Marstallmuseum的皇家馬車收藏、紐芬堡瓷器的珍藏品等也都很值得一看。當然，以凡爾賽宮為範本設計的美麗庭園也不容錯過。

↗入口的大廳。
➡博物館商店，品質很高。

⬆路德維希二世誕生的寢室。
⬅舞者蘿拉是後來路德維希一世退位的原因。

MAP 隨身地圖-18右、p.148-A

● 市電17 Schloss Nymphenburg步行5分 營9:00～18:00（10～3月為10:00～16:00） 休1/1、嘉年華期間的週二、12/24~25及31 費全施設€11.50、學生€9（冬季€8.50、學生€6.50）／僅參觀城堡€6、學生€5 ☎179080 HP www.schloss-nymphenburg.de

布赫海姆美術館 ★★
Buchheim Museum

map p.148-I外

● S6 Stamberg下車搭渡輪至Bernried等。冬季則由Bernreid的火車站步行20分

電影『從海底出擊』的原作者，同時也是畫家、還經營著美術出版社的布赫海姆的私人博物館。除了他自己的作品之外，克爾赫納及羅特魯夫等表現主義（橋派）的作品也非常齊全。夏天在附近的自然裡散步也是人生一大樂事。

住Am Hirschgarten 1 D-82347 Bernried
營10:00～18:00（11～3月為～17:00） 休週一、12/24及31 費€8.50（學生€4） ☎08158-997020
HP www.buchheimmuseum.de

漫走遊賞報導

達郝集中營 ★★★
KZ-Gedenkstätte Dachau

map p.148-I

納粹第三帝國的瘋狂遺跡

位於慕尼黑西北部，一個名為達郝的綠意盎然、悠閒寧靜的住宅區裡。1933年，為了把猶太人和反對納粹的人們拘禁在這裡，便蓋了這座集中營。從此，在國內及鄰近諸國也蓋了好幾座同類型的集中營，但還是以這裡為先驅。很多無辜的人被關進刻有「只要努力工作就可以重獲自由」的門裡，最後死在裡面。這裡還進行過慘無人道的人體醫學實驗和施放毒氣瓦斯，據說被害者高達數萬人。不妨正視人性最瘋狂的一面，在經過深刻的反省之後，重新思考和平這個問題。

上頭有電流通過的尖銳鐵絲網。

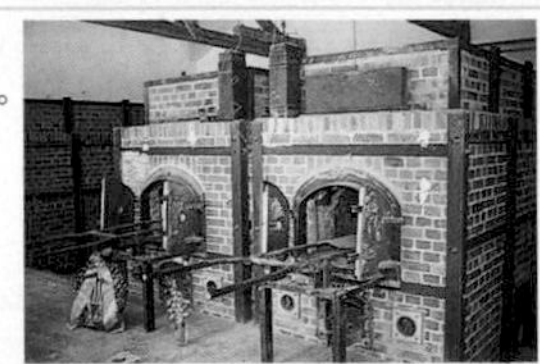

屍體焚化爐。

● 達郝車站搭726路巴士10分，KZ-Gedenkstätte下車步行3分 營9:00～17:00 休12/24 費語音導覽（英語）€4、學生€3；導覽行程€3.50（需2小時30分，分別於11:00及13:00開始） ☎08131669970

世上最大的嘉年華會！慕尼黑啤酒節

第一天的遊行就連啤酒公司的花車也出動了。

還有驚險刺激的遊樂設施，簡直就像是遊樂園一樣。

特大號帳蓬下的啤酒屋

一提到德國，就會想到啤酒，一提到啤酒，就會想到慕尼黑，一提到慕尼黑，就會想到慕尼黑啤酒節。

慕尼黑啤酒節可以說是德國最具有代表性，甚至是全球最具有代表性的嘉年華會。簡而言之，這是一個匪夷所思的慶典，就是喝啤酒、不停地喝啤酒、拼了命地喝啤酒。從數據上來看，每年大約會有600萬人參加慕尼黑啤酒節，消耗掉的啤酒多達500～600萬公升（※1）！每年都會在作為會場之用的廣場上搭起超大號的帳篷，當作啤酒屋來使用，最大的帳篷號稱可以容納1萬人之多。而且還會有由啤酒（一部分是葡萄酒）公司自行經營的14座帳篷。規模搞到這麼大，就算當地人驕傲地說：「怎麼樣？服不服氣啊？」被問到的人也只有乖乖俯首稱臣的份了。

只不過，也不是完全沒有問題。正因為是規模這麼大、而且是這麼有名的慶祝活動，來自世界各地的觀光客會一窩蜂地湧進慕尼黑，而且是讓人難以想像的盛況空前。如此一來，飯店一下子就全客滿了，費用也會比平常還要貴（※2）。

想當然爾，特大號帳蓬的啤酒屋也是到處都呈現客滿的狀態，光是要找個坐下來的地方就很辛苦了，如果是平常像隻貓咪一樣老實溫馴的人，搶不過人家也只能偷偷躲起來哭：「我的座位在哪裡啊？」（※3）。

話雖如此，但這其實也是慕尼黑啤酒節的好處之一。因為來到這裡的外國人有很多是義大利人或巴西人等熱情的拉丁語系民族，就連平常一絲不苟的德國人也只有在這個時候會卸下武裝。舉例來說，有些人會爬到桌子上鬼吼鬼叫，還有把褲子脫下來的怪叔叔出沒，運氣好的時候甚至還可以欣賞到有些女性會在周圍的鼓噪下把胸部露出來的光景。如果沒有座位，必須和別人併桌的話，反而是最好的搭訕時機，如果都是年輕人的話更是很快就會打得火熱……（※4）。

慕尼黑啤酒節原本是1810年為了慶祝路德維希皇太子（後來的路德維希一世）和特瑞莎公主的結婚典禮而開始的慶典，到底為什麼會演變成現在這個樣子呢（笑）。

廣場在期間內會變成遊樂園。另外，剛開始的2天從市中心到廣場還會舉辦遊行，特別推薦給想要體驗節慶感受的人。

可能會被不認識的人叫住，或者是被請喝啤酒。

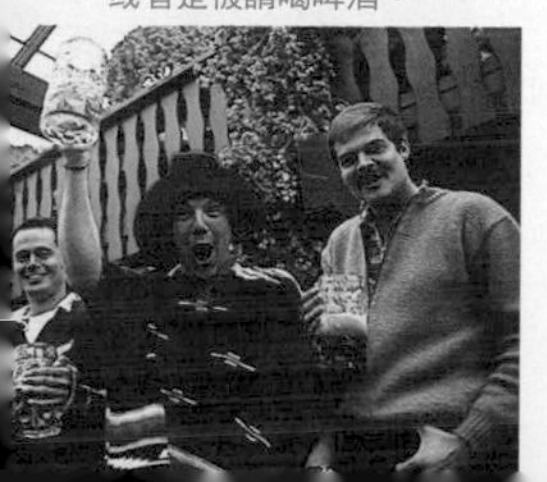

※1這裡的酒杯都是1公升裝的容量，一整隻的烤雞則是固定的下酒菜。

※2雖然還不到連間空房都沒有的地步，但是建議可以住在近郊，再坐電車過去。

※3期間中也有比較沒那麼多人的時候，如果還是找不到位子，可以請女服務生幫忙找。

※4每家啤酒公司都有其各自的客層，Hofbräuhaus以人山人海，而且多半都是外國人著稱。

Data

Theresienwiese（慕尼黑啤酒節會場） MAP p.149-G ●U4、5 TheresienwieseⓈHackerbrücke、U3、6 Goetheplatz 各自步行4分　舉辦期間：為期16天，每年10月的第1個週日為最後1天。2019年為9月21日～10月6日

Zum Dürnbräu

烤豬肉 德國烤豬腳。

以稀奇的肉類為傲的老字號

建築物雖然很新，但創業據說已有500年，在慕尼黑也算是數一數二的歷史悠久。雖然座落在巷弄裡，卻深受當地人喜愛，不管中午或晚上都非常地熱鬧。招牌菜是使用巴伐利亞產的公牛所做成的肉類餐點。在菜單上還有將牛的身體區分成21個部分的示意圖，一眼就可以看出哪一道菜使用了哪一個部分的肉。用嘴巴附近的肉所作成的沙拉€12.5、一頭牛只能夠取到2片的嘴邊肉（只有冬天提供）等等，都是只有在這家店才吃得到的美食。如果那天的菜單上有Ente（鴨肉）的話，就點來吃吃看吧！皮很酥脆，非常好吃。啤酒則推薦當地的Spaten啤酒。

map ●隨身地圖-15、p.151-G
●瑪麗亞廣場步行５分
■地址　Dürnbräugasse 2
■TEL　222195
■營業　9:00～24:00（12/24為～22:00）
■公休　12/25
■信用卡　VISA、MC、AMEX
HP www.zumduernbraen.com

能在如此沉著氣氛悠閒享受美食真是雙重享受。

Kreutzkamm

在氣氛悠然自得的咖啡廳裡享用道地的高級年輪蛋糕

餐廳創業於1825年，因為戰禍而搬遷到慕尼黑之後，仍繼承著傳統的作法。由於是高級點心，一般很難買到的年輪蛋糕是熱賣商品，亦可當禮物。

map ●隨身地圖-9、p.150-F
●瑪麗亞廣場步行６分
■地址　Maffeistr.4
■TEL　293277
■營業　8:00～19:00（週六為8:30～；週日、假日12:00～）
■公休　10～4月的週一
■信用卡　VISA、MC、AMEX、DC、JCB
※ 市電19 Lenbachpl.附近的Pacellstr.5也有分店

Haxnbauer

歡迎品嘗有名的豬肉美食

是慕尼黑最有名的豬肉專賣餐廳。從馬路上就可以看見入口的烤爐中正烤著豬腳，在店外就可以聞到撲鼻的香味。

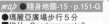

map ●隨身地圖-15、p.151-G
●瑪麗亞廣場步行５分
■地址　Sparkassenstr.6
■TEL　2166540
■營業　11:00～24:00(23:00LO)
■公休　無休
■信用卡　VISA、MC、AMEX
HP www.kuffler.de/en/restaurant/haxnbauer

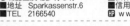

Landersdorfer und Innerhofer

雖然提供的是高級路線的正統美食，但氣氛卻十分親民

店家僅有講究使用新鮮食材的無菜單料理，採全餐方式供應。若提前告知討厭的食材，店家就會避開不用。全餐最低從€70左右起。

map ●隨身地圖-14、p.150-F
●瑪麗亞廣場步行10分
■地址　Hackenstrasse 6-8
■TEL　26018637
■營業　11:00～15:00（13:30LO）、18:00～翌1:00（21:30LO）
■公休　週六、日
■信用卡　VISA、MC、AMEX
HP www.landersdorferundinnerhofer.de

Augustiner-Keller

市內最古早且人氣第一的巨大啤酒花園

據說在1807年就在地下室使用冰塊冰鎮啤酒。現在是擁有5000個座位的巨大啤酒花園。店家招牌——Edelstoff是蠻少見的木桶裝啤酒。

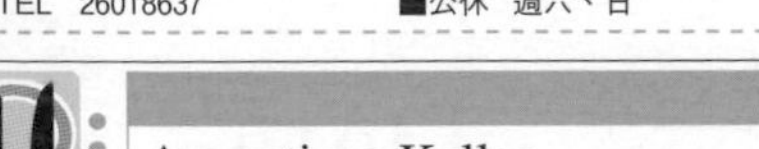
map p.149-G
●中央車站步行８分
■地址　Arnulfstrasse 52
■TEL　594393
■營業　10:00～翌1:00（供餐為～23:00 啤酒花園為11:30～）
■公休　無休（啤酒花園僅夏季營業）
■信用卡　VISA、MC、DC、AMEX
HP www.augustinerkeller.de

Zum-Augustiner(Restaurant und Bierhalle)

位於市中心，由啤酒公司直營的餐廳

天氣好的時候可坐在戶外的露臺，有點冷的時候就在風情滿溢的店裡喝也不賴。餐廳總是實非熱鬧，白香腸（€5.85）特別好吃因而廣受好評。

map ●隨身地圖-14、p.150-F
●卡爾斯廣場步行２分
■地址　Neuhauserstr.27
■TEL　23183257
■營業　10:00～24:00（最後點餐時間：熱食為～23:00、涼菜為23:30）、12/24～15:00
■公休　12/25
■信用卡　VISA、MC、AMEX、JCB
HP www.augustiner-restaurant.com

Hofbräuhaus

最適合一群人飲酒作樂的啤酒屋

一樓是併桌區，可以馬上就跟世界各國的人打成一片，樂團的演奏也很令人期待。3樓的Festsaal幾乎於每晚18:30都可以看到民俗秀表演。

map ●隨身地圖-15、p.151-G
●瑪麗亞廣場步行６分
■地址　Platzl 9　■TEL　290136100
■營業　9:00～23:30；3F民族表演秀的入場時間為18:30～，表演秀為19:45～22:00，只是逢天主教的假日則休演
■公休　無休
■信用卡　VISA、MC、AMEX、JCB
HP www.hofbraeuhaus.de

EMIKO Restaurant&Bar

雖說餐點是走小高級路線的摩登進化版，但口味的確是日本料理。地點良好，也有露臺座位。

map ●隨身地圖-15、p.151-G　●瑪麗亞廣場步行５分
■地址　Viktualienmarkt 6（Louis Hotel內）
■TEL　41111908111　■營業　18:00～翌1:00（供餐為～23:30）　■公休　無休
■信用卡　VISA、MC、AMEX　HP www.louis-hotel.com

Take Don
タケ丼

想吃日式平民美食就來這裡。牛肉蓋飯，雞肉歐姆蛋蓋飯、咖哩飯等。價錢也很便宜。

map p.149-G
●市電20、21、22等 Sandstr.步行５分
■地址　Erzgiessereistr.32　■TEL　23710781
■營業　11:30～16:00　■公休　週日、一
■信用卡　不可　HP facebook.com/takedontakedon

依街道尋找名牌精品店

名牌店家都聚集在同一區，所以依照街道來尋找即可有效率地遊逛。

偉恩街Wienstr.～鐵阿提納街Theatinerstr.
MAP●隨身地圖-15・9、p.151-G・C
Henkel、BREE（Salvatorstr.2）、NYMPHENBURG、WEMPE、TAG Heuer等

佩魯薩街Perusastr.～馬克希米連大街Maximillianstr.
MAP●隨身地圖-9・15・16、p.151-G
Prada、Tiffany、Versace、LV、Montblance、Dior、Chanel、Cartier、HERMES、Ferragamo、Gucci等

在維克圖阿連市場尋找特產

這裡是庶民的市場，光是看蔬菜和水果就很有趣了。若是想買特產的話，Gut Zum Leben就是Lebe Gesund的直營店。全部商品都是自家製作，生產過程中完全不添加化學成分。麵包類的商品為了避免破壞維生素，竟然是以石臼的磨粉機製成。糕點類則尤其推薦可以存放的蜂蜜薑餅Lebkuchen等產品。HonigHäuse'l是收集各國蜂蜜的專賣店，除了糖果、橡皮糖外還有護手霜、蠟燭等商品。

Data
MAP●隨身地圖-15、p.151-K
◆Gut Zum Leben　●瑪麗亞廣場步行５分（市集後方）　營7:00～18:30（週六為～16:00　※會有變動）　休週日
◆Honighäus'l　●瑪麗亞廣場步行４分（市集中段）　營9:00～18:00（週六為～17:00）　休週日

Gut Zum Leben　　HonigHäuse' l

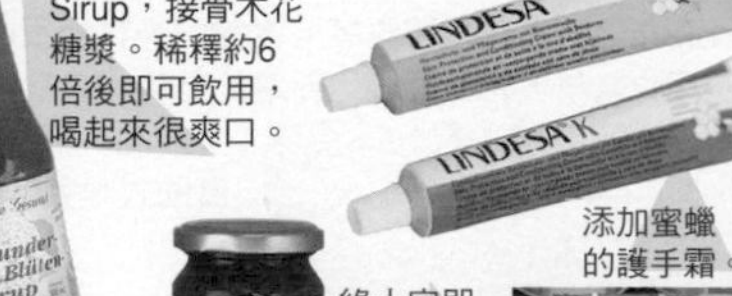

Holunder Blüten Sirup，接骨木花糖漿。稀釋約6倍後即可飲用，喝起來很爽口。

添加蜜蠟的護手霜。

像大蒜般的Bärlauch。可以試吃，請勿錯過。

綠十字即為德國出產的標記。

Alois Dallmayr

300年以上的老店，是家高級的熟食舖

據說從歐洲18王朝開始就是皇室御用的熟食舖，非常有名。應有盡有，感覺上就像是高級百貨公司的地下街。尤以炭燒咖啡及紅茶最有名。2樓有餐廳。

map ○隨身地圖-15、p.151-G
●瑪麗亞廣場步行5分
■地址　Dienerstr. 14-15
■TEL　21350
■營業　9:30～19:00（聖誕節市集、復活節等期間會有變動）
■公休　週日、假日
■信用卡　VISA、MC、AMEX
HP www.dallmayr.com

Oberpollinger

讓人瞠目的高級百貨公司

Louis Vuitton、Prada等超級名牌齊聚的超高級百貨公司。5萬3000平方公尺的總面積為國內第二。最上層樓的餐廳眺望視野絕佳。

map ○隨身地圖-14、p.150-F
●卡爾斯廣場步行2分
■地址　Neuhauser Str. 18
■TEL　290230
■營業　10:00～20:00
■公休　週日
■信用卡　VISA、MC
HP www.oberpollinger.de

Item Shop

販售遊戲、漫畫、電影等角色的商品，擁有豐富的微宅宅商品。

map ○隨身地圖-21、p.151-K ●S1~4、6~8 Isartor步行3分
■地址　Baaderstr. 1a ■TEL　80925608
■營業12:00～20:00 ■公休 週日
■信用卡 VISA、MC
HP facebook.com/MunichItemShop

Semikolon Klassik Papeterie

兼具機能性與設計感，尤其是用色繽紛，是十分受歡迎的文具品牌。這間是最開始的總店。

map p.149-C ●U2、8 Hohenzollernplatz從車站步行約4分 ■地址　Hohenzollernstr.65
■TEL　2725492 ■營業 10:00～19:00(週六為～16:00)
■公休　週日、假日 ■信用卡　VISA、MC
HP semikolon-onlineshop.com

Weissglut Concept Store

有賴於高藝術敏銳度，是設計類方向的飾品、雜貨和服飾的概念店。

map p.149-C ●U3、6 Giselastr.步行約4分 ■地址　Hohenzollernstr. 8 ■TEL　38869368
■營業　11:00～19:00(週六10:30～18:00)
■公休　週日、假日 ■信用卡　不可
HP weissglut-design.de

Manufactum

依照不同商品分別購買生產設備，重新生產以前的復刻商品。還有許多懷舊好物，並附設麵包店。

map ○隨身地圖-15、p.151-G ●瑪麗亞廣場步行5分 ■地址　Dienerstr.12 ■TEL　23545900
■營業　9:30～19:00（嘉年華的週二為～14:00） ■公休　週日 ■信用卡　VISA、MC
HP www.manufactum.de

★★★★ Vier Jahreszeiten Kempinskihotel München

在歷史悠久的飯店裡度過優雅的時光

創業於1858年，是慕尼黑最具有代表性的高級飯店。創立緣起和皇室有著密不可分的關係，現在則是世界級的高級連鎖飯店，以傳統又溫暖的待客之道擁有一定的評價。1972年因為奧運的關係而增設了新館，1997年又花了好幾億重新裝潢，設備十分完善，在古老而厚重的室內安裝著防火等安全設備和最新的數位線路等。本館的天花板很高，充滿了成熟穩重的氣氛，新館則給人新潮的感覺。住房客可以免費使用游泳池。餐廳「BISTRO」的自助式早餐非常受歡迎。

以四季概念設計而成的大廳

map ●隨身地圖-16、p.151-G
●歌劇院步行3分
■地址　Maximilianstr.17
■TEL　21250 ■FAX　21252000
■費用　S-€255～、T-€330～、早餐€42、浮動制
■房間數　共306間
■信用卡　VISA、MC、AMEX、DC、JCB
HP www.kempinski.com/en/muenchen/hotel-vier-jahreszeiten

★★★

Platzl Hotel

注重環保，還曾經接受表揚

雖然飯店位於舊城區的中心，卻充滿了安靜且落落大方的氣氛。節約用水和垃圾分類等注重環保的行為還曾經接受表揚。不會給住房客壓迫感，全都附浴室。

map ●隨身地圖-15、p.151-G
●歌劇院步行3分
■地址 Sparkassenstr.10
■TEL 237030
■FAX 23703800
■費用 S-€145～、T-€195～、浮動制、有早鳥預約優惠
■房間數 共167間
■信用卡 VISA、MC、AMEX、DC
HP www.platzl.de

★★★

Hotel Gautinger Hof

座落於郊外的高級住宅區

座落於施塔恩貝格湖附近的住宅區內，飯店的建築物還被指定為文化財產。是由漂亮的老闆娘泉小姐所經營的，到處都充滿了日本人特有的無微不至服務。

map p.148-I
●S6 Gauting步行2分
■地址 Pippinstr. 1
■TEL 8932580
■FAX 8508925
■費用 S-€79～、T-€110～
■房間數 共22間
■信用卡 VISA、MC、AMEX
HP www.gautingerhof.de

★★★

Cortiina Hotel

嚴謹服務與設計感

床鋪重視非化學材質及睡覺的舒適度，有自行設計的原創用品，提供瑪黑兄弟的紅茶等細緻服務。立地便於觀光。

map ●隨身地圖-15、p.151-G
●瑪麗亞廣場步行6分
■地址 Ledererstr. 8
■TEL 2422490
■FAX 242249100
■費用 S-€120～、T-€168～、早餐€24.50、浮動制
■房間數 共75間
■信用卡 VISA、MC、AMEX
HP www.cortiina.com

★★★★

Hotel Königshof

顧名思義就像皇宮一樣豪華

雖然規模不是很大，但是因為絕佳的地點和豪華的裝潢、服務等等，是市內數一數二的高級飯店。飯店裡的餐廳還曾經獲選為最佳餐廳。

map ●隨身地圖-8、p.150-E
●中央車站步行約5分
■地址 Karlsplatz 25
■TEL 551360
■FAX 55136113
■費用 T-€250～、早餐€35、浮動制
■房間數 共87間
■信用卡 VISA、MC、AMEX、DC、JCB
HP www.geisel-privathotels.de

★★★

Anna Hotel

不奢華、具現代感的室內裝潢，恰到好處的服務。上網與小冰箱內的飲料均為免費。

map ●隨身地圖-8、p.150-E ●中央車站步行5分 ■地址 Schützenstr.1 ■TEL 599940 ■FAX 59994333 ■費用 S-€165～、T-€185～、早餐€20 ■房間數 共75間 ■信用卡 VISA、MC、AMEX、DC、JCB HP www.annahotel.de

★

The Tent

正如其名，是一家在巨型帳篷內擺置床鋪的便宜旅館。有共用的廚房，也可露營。

map p.148-A ●市電17 Botanischer Garten步行10分 ■地址 In den Kirschen 30 ■TEL 1414300 ■營業 6～10月（僅夏季） ■費用 多人房€12.50～（無床自備睡袋€9） ■房間 600㎡ ■信用卡 不可 HP www.the-tent.com

Euro Youth Hotel München ★ map p.150-E
●中央車站步行3分 ■地址Senefelder Str.5 ☎5990880 費S-€49.50～、T-€76～、多人房€23～、早餐€4.90、浮動制 HP euro-youth-hostel.de

Wombat's City Hostel ★ map p.150-E
●中央車站步行1分 ■地址 Senefelderstr.1 ☎59989180 費T-€40～、多人房€27～、早餐€4.90、浮動制 HP www.wombats-hostels.com

Amba ★★ map p.149-G
●中央車站北口左步行1分 ■地址 Arnulfstr.20 ☎545140 FAX54514555 費S-€39～、T-€49～、早餐€14.50、浮動制

A&O Hackerbrücke ★ map p.148-F
●市電16、17 Marsstr.步行2分 ■地址 Arnulfstr.102 ☎4523595800 費S-€51～、多人房€-16～、早餐€7 HP www.aohostels.com

Drei Löwen ★★★ map p.150-E
●中央車站南口步行2分 ■地址 Schillerstr.8 ☎551040 FAX55104905 費S-€79～、T-€109～、早餐€15

NH Hotel München Bavaria ★★★ map p.150-A
●中央車站北口正面 ■地址 Arnulfstr.2 ☎54530 FAX54532255 費S-€147～、T-€163～

★經濟型 ★★休閒型 ★★★標準型 ★★★★豪華型

REGENSBURG

雷根斯堡

p.11-I ■人口=14.9萬人 ■都市規模=步行需半天

古老的石板路充滿了懷舊的風情，宛如多瑙河畔上優雅又美好的貴婦人。

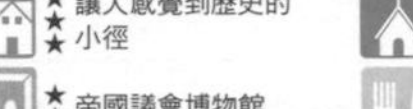
★★★ 讓人感覺到歷史的小徑

★★ 大教堂

★★ 帝國議會博物館

★ 雷根斯堡香腸

★★★ 靜靜奔流的多瑙河

Access

●火車：慕尼黑→ALX、RE（約1小時30分）→雷根斯堡［1小時1班／€29.70］、紐倫堡→ICE、RE（約1小時）→雷根斯堡［1小時1班／€23.20～］

Information

ℹ遊客服務中心：MAP p.168 住Rathauspl. 4
☎5074410 營9:00～18:00（週六為～16:00；週日、假日9:30～16:00、11～3月的週日、假日為～14:20） 休12/25、1/1
HP www.tourismus.regensburg.de/en
●青年旅館：MAP p.168 住Wöhrdstr. 60
☎4662830 FAX 46628320

Route Advice

大教堂→市政廳廣場→海德廣場→市立博物館→石橋→瓦爾哈拉神殿→航運博物館→托恩與塔克西斯宮〔全程約6小時〕

城市概要 可感受到平靜氛圍的2000年歷史古城

這個城市的起源可以一直回溯到古羅馬時代。後來成了巴伐利亞一開始的首都，也曾經是皇帝大道的中心地。

美麗的街道上還保留著昔日的風貌。

舊城區還留著昔日的風貌，彷彿時間靜止了一般。至今仍保留著在羅馬時代很稀奇的城門。漫無目的地隨便走進一條小巷子裡，都可以看到筆墨難以形容的老街風情，令人雀躍不已。林立著精緻的專賣店，就算光看不買也都充滿了樂趣。

聳立於市中心的**大教堂**Dom，和科隆的大教堂比起來毫不遜色。這裡有德國最古老的少年合唱團，請一定要聽聽他們的歌聲。可以先在**舊市政廳**參觀博物館，再直接移動到**海德廣場**Haidplatz附近散步。

玩樂重點 品嘗德國最古老的香腸，搭船遊覽多瑙河風光

走累了的話不妨前往多瑙河地區，在德國最古老的**石橋**Steinerne Brücke的橋墩處，還有間德國最古老的香腸專賣店，炭烤的雷根斯堡香腸具有爽脆彈牙的口感，好吃得不得了。

也很建議在多瑙河上（P.169）觀光。把自己交給淵源流長的靜謐多瑙河，欣賞座落於河畔蓊鬱丘陵上的白色**瓦爾哈拉神殿**。

如果還有時間的話，也可以去參觀宛如河畔街道的**航運博物館**、**市立博物館**、**遊客中心**（營10:00～19:00、費免費）也很有看頭。建於8世紀的侯爵家城堡**托恩與塔克西斯宮**讓人彷彿置身於夢境中一般。華麗的城堡內部改建於19世紀左右，非常值得一看。

位於街道北側的普雷塔‧波爾塔利亞入口。

雷根斯堡的區域號碼☎0941

大教堂 ★★★
Dom

map p.168

●中央車站步行10分

這座擁有兩根105公尺高塔的大教堂，是巴伐利亞地區最具有代表性的歌德建築物。這裡的大教堂少年聖樂合唱團（Domspatzen）已有1000多年的歷史了，可說是德國最古老的少年合唱團，每週日早上10：00都能聽見他們清亮的歌聲。參觀時請不要打擾到禮拜。

內部的藝術品也很美麗。

營6:30～19:00（4、5、10月～18:00、11～3月為～17:00） 休無休 費免費入場。導覽行程€6、學生€4 ☎5971662

帝國議會博物館（舊市政廳）★★
Reichstagsmuseum

map p.168

●大教堂步行3分

位於石橋西南方，最古老的部分據說建於14世紀。自從卡爾大帝的時代開始，政治上重要的帝國議會或諸侯會議就是在這裡召開的。還有令人毛骨悚然的刑具。

住Altes Rathaus 開＜導覽行程＞4～10月9:30～12:00、13:30～16:00（每30分1梯次，15:00為英語）、11月～1/6及3月為10:00～15:30為6梯次（14:00為英語）、1/7～2月10:00～15:00為4梯次 休12/24～25、1/1、嘉年華期間的週二 費€7.50、學生€4 ☎5073442

帝國議會博物館是這棟建築物的一部分。

瓦爾哈拉神殿 ★★★
Walhalla

map p.144-B

●站前搭5路巴士約30分，Dnaustauf Reifldingerstr.下車步行10分

市區以東約11公里、高達96公尺的山上有一座希臘風的神殿，是巴伐利亞國王路德維希一世建於1830～42年的建築物。氣氛莊嚴而又不失明亮，挑高的天花板有著121位德國偉人的胸像，從正面階梯觀望也很氣派。搭巴士可以到達，不過從4月下旬～10月上旬，每天有從鎮上出發的船隻運行（除上述外週六日也有班次）。來回€14.80。

住Walhalla-Str. 48, Donaustauf 營9:00～17:45（10月為～16:45；11～3月10:00～11:45、10:00～15:45） 休12/24、25、1/01、嘉年華期間的週二 費€4、學生€3 ☎09403-961680 船班為 HP www.donauschifffahrt.eu

仿照雅典的巴特農神殿所蓋成的建築物。

徜徉在美麗的藍色多瑙河上，前往不為人知的異國小鎮

如果天公作美的話，坐船輕輕鬆鬆地前往不為人知的小鎮也不錯。首先請從雷根斯堡位於石橋的渡船頭往與帕紹相反的方向前進。左手邊的山坡上可以看到路德維希一世所打造的圓形的解放紀念堂Befreiungshalle。多瑙河就是從這裡把雷根斯堡和克爾海姆Kelheim分成2個地區的。

如果在這邊換船，繼續往左邊前進的話，便會抵達威騰堡Wertenburg。這裡有知名的大修道院和啤酒釀造所。

如果不換船的話，船會繼續開往利登堡Riedenburg。中途會經過歐洲最長的木橋。由於橋身非常低，所以通過的時候會廣播：「請在甲板上的人蹲下來。」穿過鐘乳洞的岩山後，就會看見懸崖上的**普龍宮**Schloss Prunn。利登堡是一個非常可愛的小鎮，這裡還有十分珍貴的水晶博物館。

＜觀光船＞●往克爾海姆（營5月下旬～9月上旬的週二、六 費€19.50、來回€25.50）
HP schifffahrtklinger.de
※克爾海姆到威騰堡班次較多
（HP personenschiffahrt-stadler.de）
※往利登堡的班次較少，請多留意
（HP www.schiffahrt-kelheim.de）

在廣大的自然中坐船旅行一定是永生難忘的經驗吧！

Beim Dampfnudel-Uli

令人懷念的德國版的老媽味道

店主Uli製作出像蒸麵包口感般的甜點Dampfnudel為該店招牌，也販售附近的當地啤酒與可愛小裝飾物。

map p.168
●大教堂步行２分
■地址　Watmarkt 4
■TEL　53297
■營業　10:00～17:01（週六為～15:01）
■公休　週日～二、假日

Historische Wurstkuchl

位於石橋下，開業至今850年，是世界上最古老的德國香腸專賣店

用炭火燒烤的雷根斯堡香腸外皮爽脆彈牙，是吃過一次就不會忘記的味道。不妨一邊欣賞多瑙河，一邊配著啤酒一起吃。是家綠意盎然的可愛小店。

map p.168
●大教堂步行５分
■地址　Thundorferstr.3
■TEL　466210
■營業　9:00～19:00
■公休　無休
HP www.wurstkuchl.de

Brauerei Gaststaette Kneitinger

店內裝潢也氛圍滿分的老字號餐廳。Edelpils及10～4月Bock（酒精濃度高）是本店名物。

map p.168外
●大教堂步行12分
■地址　Arnulfsplatz 3　■TEL　52455
■營業　9:30～24:00（供餐為11:00～23:00）
■公休　無休
■信用卡　VISA、MC、DC、AMEX　HP reichinger.info

Regensburger Weissbrauhaus

釀造2種小麥啤酒、淡啤酒和黑啤酒。推薦可全部口味都喝到的Beer Probe（每種口味各100ml）。

map p.168
●大教堂步行７分
■地址　Schwarze Baeren Strasse 6
■TEL　5997703　■營業　10:00～翌1:00
■公休　無休　■信用卡　VISA、MC
HP www.regensburger-weissbrauhaus.de

Altstadthotel Arch ★★★★

建於12世紀，是貴族也住過的旅館

為了保護歷史而禁止改建，因此還留著風格各有巧妙不同的房間。不可思議的是從飯店的側面看過來就像一艘諾亞方舟，所以才取了這個名字。

map p.168
●市政廳廣場步行２分
■地址　Haidplatz 2-4
■TEL　58660
■FAX　5866168
■費用　S-€89～、T-€99～
■房間數　共65間
■信用卡　VISA、MC
HP regensburghotel.de

Hotel Münchner Hof ★★★

給人無微不至感受的飯店

利用位於舊城區中心的老房子改建而成的一流飯店，採家族式經營，洋溢著悠閒寧靜的溫暖氣氛。房間和浴室都既寬敞又漂亮。也有餐廳提供自豪的菜色。

map p.168
●市政廳廣場步行３分
■地址　Tändlergasse 9
■TEL　58440
■FAX　561709
■費用　S-€83～107、T-€107～174
■房間數　共59間
■信用卡　VISA、MC、AMEX、DC
HP www.muenchner-hof.de

Hotel Kaiserhof am Dom ★★★

座落於大教堂前的茶綠色洋房

將從14世紀就有的禮拜堂改建成飯店。陽光從大片的窗戶裡灑進來的大廳，至今仍保留著往日的風情。房間雖然有點狹窄，但是工作人員都非常親切。

map p.168
●大教堂步行１分
■地址　Kramgasse 10-12
■TEL　58535-0
■FAX　58535-95
■費用　S-€75～、T-€99～135
■房間數　共20間
■信用卡　VISA、MC、AMEX
HP www.kaiserhof-am-dom.de

PASSAU

帕紹

p.11-L ■人口＝5.1萬人 ■都市規模＝步行需半天

就像童話裡的國度一樣，是多瑙河、因河、伊爾茨河三江匯流的城市。

★★★ 風光明媚的邊城小鎮

★★★ 大教堂裡的管風琴是世界上最大的

★★ 管風琴的演奏會

★★ 由於靠近國界，也有捷克或奧地利製的商品

★★★ 多瑙河、因河、伊爾茨河這三條河

Access

●火車：慕尼黑→RE（約2小時15分）、RE＋ICE（2小時40分）→帕紹［各2小時每／€38.70～56.50］、紐倫堡→ICE（約2小時）→帕紹［2小時1班／€51.50］

Information

❶遊客服務中心：☎955980＜站前＞ 住Bahnhofstr.28 營9:00～12:00、12:30～17:00（週六、日、假日10:30～15:30、10月～復活節的週五～16:00） 休10月～復活節的週日、假日／＜市政廳廣場＞住Rathausplatz 3 營8:30～18:00（週六、日、假日9:00～16:00）、10月～復活節8:30～17:00（週五～16:00、週六、日、假日10:00～15:00） 休無休 ※12:00～12:30為午休 HP www.passau.de ●青年旅館：住Oberhaus 125 ☎493780

城市概要 距離奧地利、捷克很近，是個美麗的水都

使用了約1.8萬根的風管。（大教堂）

被洪堡譽為「地球上最美麗的七個都市之一」。有三條河流在此交會，舊城區宛如一艘船似地橫亙在多瑙河與因河之間。

出車站後往右步行約5分，就可抵達**舊城區**，然後前往規模雄偉的**聖斯德望主教座堂**Dom，藍色洋

雄偉的白色大教堂

蔥狀的塔相當惹眼。除了壯觀的裝潢令人嘆為觀止之外，還有一座世界最大的管風琴。每年夏天5月2日～10月和耶誕節都會在這裡舉行管風琴的演奏會（營週一～六12:00～12:30、費€5、學生€2／假日以外的週四19:30～、費€10、學生€5 HP bistum-passau.de/dom-st-stephan/dommusik）。白天人就很多，請盡早前往。

玩樂重點 在國境的城市裡，有各式各樣的特產

多瑙河對岸的懸崖上就是**奧伯豪斯要塞**Veste Oberhaus。從懸崖上可以看到三條河流匯集的地方。**市政廳**的塔就像是從童話書裡走出來一樣地可愛。隔壁**Hotel Wilder Mann**裡的**玻璃博物館**Passauer Glasmuseum（營9:00～17:00 費€7、學生€5 ☎35071）不容錯過。展示著大約3萬件色彩鮮艷的波希米亞玻璃，可以清楚地見證到玻璃長達250年的歷史。

從奧伯豪斯要塞看到的主教座堂和舊城區。

邊城小鎮帕紹還有許多販賣著奧地利民族服飾或捷克的波希米亞玻璃、匈牙利的食物等等的商店，可以享受購物的樂趣。由於有很多很有情調的小徑，不妨隨心所欲地走走看看。

★★★ Hotel Wilder Mann

歷史悠久的飯店，接待過伊莉莎白皇后等世界級的大人物。華麗且厚重的室內設計令人嘆為觀止。

●市政廳廣場步行1分
■地址 Am Rathausplatz ■TEL 35071
■FAX 31712 ■費用 S-€60～、T-€70～
■房間數 共48間 ■信用卡 VISA、MC、AMEX、DC、JCB

★★★ Hotel Passauer Wolf

立地絕佳，就位在多瑙河沿岸上。據說是這裡前三名的飯店，相當引以為傲。

●大教堂步行3分
■地址 Untere Donaulände 4 ■TEL 931510
■FAX 9315150 ■費用 S-€61～、T-€81～
■房間數 共39間 ■信用卡 VISA、MC、AMEX

帕紹的區域號碼☎0851

★經濟型 ★★休閒型 ★★★標準型 ★★★★豪華型

Alpen Strasse

阿爾卑斯大道

Romantic

正對著橫跨瑞士、奧地利國境的博登湖的休閒度假村。也可以搭汽艇在湖上攬勝。

這裡是前往林德霍夫宮的據點。獨特的木雕玩偶也很有名。還有濕壁畫。

林道
Lindau
參照 p.186

肯普田
Kempten

博登湖

布列根茲
Bregenz
(奧地利)

伊門施塔特
Immenstadt

富森
Füssen
參照 p.137
(羅曼蒂克大道)

修瓦高
Schwangau
參照 p.137
(羅曼蒂克大道)

●德國山林度假村的中心●

平疇野闊的丘陵、一望無際的牧草地、湛藍清澈的湖、後面還有被皚皚白雪妝點得美不勝收的阿爾卑斯群山。雖然沒有像鄰國瑞士那樣的高峰，但是其富有起伏的自然之美卻是歐洲唯一。既然是山林度假村，最大的魅力當然就在於可以享受各種的戶外活動，夏天可以登山、冬天可以滑雪。路德維希二世所蓋的3座城堡也都在這條街道上（新天鵝堡請參照羅曼蒂克大道的介紹）。

●交通的方式●

很可惜的是並沒有連結所有都市的鐵道。如果要只坐火車移動的話，必須先經過慕尼黑。取而代之的是巴士路線非常發達，所以如果兩都市距離不遠的話，搭乘巴士會比較實際。尤其是富森～歐博阿瑪高～加米許．帕騰基爾希之間班次很多，非常方便。

●旅遊旺季●

最佳的季節落在5月中旬～9月前後，但是加米許．帕騰基爾希、密騰瓦德等地由於可以滑雪，所以冬天也很熱鬧。由於是度假勝地，所以無論是選擇哪一個季節前來，最好都可以待久一點。

注意事項

巴士的班次在週六、日、假日會比較少，但是時刻表的寫法卻沒有像台灣那樣會區分成平日用和週六、日用的。在表示巴士時間的數字之前會註記著a或x的符號，表格外則寫著諸如「a的巴士在週六、日停駛」的說明。

另外，如果目的地較遠的話，購買1日乘車券（Tageskarte）通常會比購買單程的車票還要便宜。如果還要回到原來的地方，最好事先買好來回票（Rueckfahrkarte）。所以不妨在上車的時候，直接問司機要怎麼買票才會最便宜。

HP www.rvo-bus.de

阿格羅依地區
Allgäu

富森～林道之間稱為阿格羅依地區，是個風光明媚的區間。到途中的坎普頓Kempten之前都是搭巴士的話，可以透過車窗欣賞到動人的風景。

車窗外是一整片綠意盎然的草地。

城市雖小，但是卻很受歡迎。以小提琴的製作和妝點著家家戶戶的濕壁畫而聞名。

正對著基姆湖的休閒度假村。主要景點為蓋在湖中小島上的赫蓮基姆湖宮。從車站到棧橋可搭乘迷你蒸汽火車。

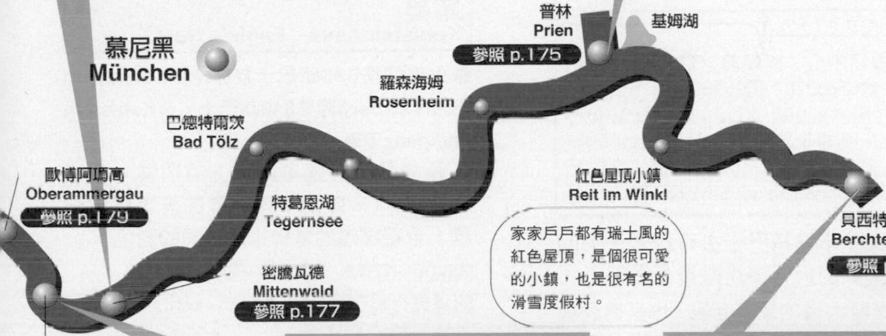

慕尼黑 München

普林 Prien 參照 p.175

基姆湖

羅森海姆 Rosenheim

巴德特爾茨 Bad Tölz

歐博阿瑪高 Oberammergau 參照 p.179

特葛恩湖 Tegernsee

紅色屋頂小鎮 Reit im Winkl

家家戶戶都有瑞士風的紅色屋頂，是個很可愛的小鎮，也是很有名的滑雪度假村。

貝西特斯加登 Berchtesgaden 參照 p.174

密騰瓦德 Mittenwald 參照 p.177

加米許·帕騰基爾希 Garmisch-Partenkirchen 參照 p.182

茵斯布魯克 Innsbruck（奧地利）

通往德國最高峰——楚格峰的登山口。冬天也是冬季運動的聖地。

阿爾卑斯大道上數一數二的高級山林度假村，有常常出現在間諜小說裡的希特勒山莊。

加米許·帕騰基爾希的群山。

BERCHTESGADEN

貝西特斯加登

p.11-L　■人口＝7804人　■都市規模＝步行需半天

迴盪在湖光山色中的小喇叭音色，是德國首屈一指的山岳風景區。

★★★ 鷹巢山、國王湖等等

★ 阿道夫·希特勒

Access

●火車：慕尼黑→M（約1小時50分）等→Freilassing（轉車）→BLB（約55分）等→貝西特斯加登［每小時1班／€36.40～］、薩爾斯堡→S、BRB（1小時16分）→貝西特斯加登［1小時1班／€10］
●840路巴士：薩爾斯堡→（49分）→貝西特斯加登［1小時1～2班／€5.80］

Information

❶遊客服務中心：＜站前＞住Königsseer Str. 2　☎6565070　FAX6565079　營8:30～18:00（週六9:00～17:00、週日9:00～15:00）、冬季8:30～17:00（週六9:00～12:00、週日9:00～15:00）　休冬季的假日　HP www.berchtesgaden.com

不妨搭巴士去可以當天來回的近郊探訪風景名勝吧！

阿爾卑斯大道的東部起點，也是德國最具代表性的山岳風景區，本市南邊的瓦茲曼山一帶被指定為國家公園，緊鄰在旁的就是薩爾斯堡（奧地利）。

出了車站往前走，眼前會有一條河，穿過左手邊的橋，❶就在這條河的對岸。本市的心臟地帶位於車站後面的高台。市集廣場附近有很多專門針對觀光客開的當地特產店。在其北邊則有**Schloss城**（參事會修道院），裡頭現已改建成昔日的工藝品及日用品的博物館（營10:00～13:00、14:00～17:00〔10/16～5/15為11:00～14:00〕　休週六、10/16～5/15的週日、假日、7/31～8/7、12/24及31、嘉年華的週二　費€9.50、學生€4）。

一日遊的人氣景點有**國王湖**、**鷹巢**、搭乘礦車進入地底的**岩鹽礦山**Salzbergwerk（營9:00～17:00〔11月～4月11:00～15:00〕　休夏季以外的部分假日　費€17、學生€15.50）。

市區的住宿則有**Hotel Wittelsbach**（費S-€75～、T-€102～　☎96380），是家平價的旅館。湖畔的**Hotel Schiffmeister**（費S-€65～、T-€135～　☎96350）和**HOTEL Königsee**（費S-€64～、T-€108～　☎6580）也不錯。

Schloss城。前面是廣場。

貝西特斯加登的區域號碼☎08652

174

本城座落在雄偉的阿爾卑斯山之間。

鷹巢 ★★
Kehlsteinhaus（Eagle's Nest）

●火車站搭838路巴士於Dokumentation Obersalzberg轉乘849路巴士，在Kehlstein parkplatz下車

希特勒位於鷹巢山頂上的別墅。海拔1834公尺，眼前一望無際的景色堪稱一絕。金碧輝煌的電梯也是這裡的特色。

營8:00～17:00　休10月中旬～5月中旬
費導覽行程€24.50　HP www.kehlsteinhaus.de/english

國王湖 ★★★
Königssee

●貝西特斯加登站搭841路巴士（1小時1～2班）約10分

被山間的斷崖包圍的美麗湖泊。有安靜的電動觀光船，35分鐘就可以抵達**聖巴爾托羅馬禮拜堂**St. Bartholomä。終點雖然是Salet Obersee（僅夏季），但在這裡下船也沒關係(票價不同)，折回的船每30分就會來，可不用擔心時間限制。途中導遊會在瓦茲曼山的大岩壁前吹奏小喇叭，迴盪在山壁間的清澈音色很有特色。禮拜堂旁的餐廳裡有很好吃的鱒魚大餐。

以禮拜堂（左）為折返點的汽艇€15。

PRIEN AM CHIEMSEE

普林(基姆湖)

p.11-L ■人口＝1.06萬人 ■都市規模＝步行需半天

州內最大的湖，在「巴伐利亞海」上的赫蓮基姆湖宮。

★★★ 仿照凡爾賽宮蓋成的赫蓮基姆湖宮

★★ 素有巴伐利亞海之稱的基姆湖

Access

●火車：慕尼黑→M、EC(約1小時)等→普林[1小時1～2班／M€20.50、EC€23]、貝西特斯加登→RB(約50分)等→Freilassing(轉車)→M(約40分)等→普林[1小時1班／€21.30～]

Information

❶遊客服務中心：<舊市政廳前大道>
住Alte Rathausstr.11 ☎69050 FAX690540
營8:30～18:00（週六8:30～16:00)、10～4月為8:30～17:00
休週日、假日（10～4月的週六也休）
HP www.prien.de

搭乘迷你SL和渡輪從市區前往島上的城堡

素有巴伐利亞海之稱的**基姆湖** Chiemsee是本州最大的湖。普林就位在基姆湖畔，夏天會有很多觀光客前來享受水上活動。只不過，這裡最重要的觀光景點其實是路德維希二世在湖上的小島所興建的**赫蓮基姆湖宮**（參照P.176）。

夏天在車站內會有❶。普林本身是以車站附近為中心，但如果目的在於觀光，請毫不猶豫地前往湖畔的**碼頭**Stock。距離不到2公里，可搭乘巴士或**迷你SL**（參照下文），候車處就在車站的旁邊。

湖上必玩的帆船和小船。

湖上除了有城堡所在地的**男人島**之外，還有**女人島**等等。觀光渡輪大約1小時開出2～3班。如果對這座湖情有獨鍾的話，也可以搭乘把附近的港口（包搭兩座島在內）全都繞上一圈的遊湖之旅（需要2小時30分，費€13 HP www.chiemsee-schifffahrt.de）也很好玩。

另外，這裡也有像**Yachthotel Chiemsee**（住Harrasserstr.49 費S,T-€99～ ☎6960 FAX5171）這種汽艇碼頭、網球場等休閒設施一應俱全的度假村飯店。

島內綠意盎然，從碼頭到城堡也可以乘坐馬車。

再小也是本尊！搭乘迷你SL（蒸汽機關車）前往碼頭

從普林的車站到湖畔的碼頭為止，用走的大約是30分鐘的距離。只不過，這裡有雖然比較短，但卻是貨真價實的SL行駛於其間。說是這麼說，但這裡的迷你SL真的是又小又可愛！擁有110年以上的歷史，至今仍以燒炭的方式，盡忠職守地噴著蒸氣前進。以時間上來說雖然只是一趟短短的旅程，但是從車站到碼頭之間的景觀卻意外地充滿了綠意，令人心曠神怡。雖然也有巴士，但還是建議大家搭乘迷你SL。5～9月為每天行駛。

●Chiemseebahn 費€4～、10:15～18:15（週六日、假日也一樣）每小時1班，所需時間約8分 ☎6090（經營公司同上方渡輪）

出力110馬力，蒸氣口看起來非常地浪漫。

靦腆的工作人員。

普林的區域號碼☎08051

漫走遊賞報導

赫蓮基姆湖宮 ★★★

Schloss Herrenchiemsee

map p.144-B

路德維希二世的肖像畫。

彷彿是尚未完成的凡爾賽宮？

路德維希二世在位時最後也最大的城堡，投入的費用幾乎耗盡國家的財力。

在路德維希二世所興建的3座城堡裡面，雖然以新天鵝堡（p.140）和林德霍夫宮（p.181）較為有名，但以其規模來說，赫蓮基姆湖宮實際上是凌駕了前2座城堡。關於內容雖然不能拿來比較，但是以投入的費用來說，這裡無疑是第一名！據說幾乎是耗盡國家的財力。

鏡廳。只要看過這裡，不用去巴黎也沒關係了？

不知道為什麼要把城堡蓋在這麼偏僻的男人島（島上絕大部分都被森林覆蓋）上，從車站必須先搭迷你SL（參照p.175）和渡輪（每20～30分1班，需約15分鐘，費來回€11、含迷你SL費用）繼續前進

抵達之後首先會為映入眼簾的法式庭園大吃一驚，接著是，為什麼那裡會有一座拉唐納噴泉……？沒錯，因為這裡就是凡爾賽宮的庭園分身。（可惜規模比本尊還要小！）

用大量黃金製成的櫥櫃。

事實上，在興建這座城堡之前，路德維希二世曾經兩度前往巴黎取經。當時，據說在凡爾賽宮受到相當大的震撼，對太陽王路易14心生嚮往，於是便決定要興建這座城堡。當然，內部也是整個原汁原味地複製過來。有提供附有導遊的參觀行程（約需約40分），整點出發（英語為上午、下午各2次）。

有很多令人玩味的房間，例如全部都是用邁森的瓷器打造而成的瓷器廳，但最驚人的還是鏡廳，光彩奪目的程度幾乎凌駕了凡爾賽宮的鏡廳。只不過，路德維希二世在這裡只停留了短短的9天，然後就死於不明原因，工程也跟著停止。

附設有路德維希二世博物館König Ludwig II Museum。營9:00～18:00（10～3月為9:40～16:15 休12/24、25及31、1/1、嘉年華期間的週二 費€9、學生€8（含博物館、特別展覽時合€11） ☎68870

第一休息室。左邊的櫥櫃是由玳瑁和金箔打造的傑作。

★★★ Sprot-Golfhotel Reinhart

正對著湖泊的頂級度假村

位於從碼頭面向湖泊的左側。除了游泳池、三溫暖之外，還有美容和健身沙龍等等，充滿了各種與休閒度假村相得益彰的設施。可以在餐廳裡品嘗到新鮮的魚貝類美食。平日也可以請飯店幫忙預訂附近的高爾夫球場（18洞）。

- ●碼頭步行約2分
- ■地址　Erlenweg 16
- ■TEL　6940
- ■FAX　694100
- ■費用　S-€95～、T-€130～（皆含室內泳池及三溫暖的使用費）
- ■房間數　共65間
- ■信用卡　VISA、MC、AMEX、JCB
- HP www.reinhart-hotel.de

普林的區域號碼☎08051

★經濟型　★★休閒型　★★★標準型　★★★★豪華型

MITTENWALD

密騰瓦德

p.11-K ■人口＝7410人 ■都市規模＝步行需半天

山腳下的美麗街道，到處可見濕壁畫，小提琴的製作也很有名。

★★★ 描繪在民宅外牆上的濕壁畫　★★ 卡溫德爾山等等

Access

●火車：慕尼黑→RB（約1小時51分）→密騰瓦德［1小時1班／€26.40］、加米許・帕騰基爾希→RB（約20分）→密騰瓦德［1小時1班／€4.90］
●路線巴士9608路：加米許・帕騰基爾希→（約30分）→密騰瓦德［1～2小時1班／1日票€10.20］

Information

●遊客服務中心：<市政廳旁> MAP p.177
住 Dammkar-Str.3　☎33981　FAX 2701
營 8:30～18:00（週六9:00～12:00；週日、假日為～12:00、10月月上旬～1月上旬的平日為～17:00）休 3月中旬～4月與11月的週六、日
HP alpenwelt-karwendel.de.de
●青年旅館：MAP p.177外
住 Buckelwiesen 7　☎1701　休 11/15～12/27

市內觀光只要半天就夠了，不妨前往附近登山健行

海拔912公尺，是阿爾卑斯大道中所在位置最高的休閒區。市區沿著**卡溫德爾山**（參照p.178）的山腳下展開，在中世紀曾經是與義大利的貿易要道上的城市，擁有繁榮的歷史。自從馬蒂亞斯・克羅茨把製作小提琴的技術帶進這裡之後，小提琴產業就大為發達。

車站附近雖然沒什麼風景可看，但是市內最重要的街道**奧伯市集**Obermarkt則充滿了華麗的氣氛。不光是有很多的咖啡廳和當地特產店，從北端的**天主教堂**到銀行為止，幾乎所有建築物的牆面上都描繪著**濕壁畫**（參照p.178）。光是走走看看就非常好玩了。

從市區馬上就可以前往2000公尺級的高山。

如果要待一天以上，就請務必把足跡延伸到附近的山岳或丘陵。不想走路的人，可到站前搭乘名為**Wander und Gastebus**（貴有住宿卡AlpenweltCard的話則免費 ※住宿客可跟該住宿索取）的巴士，每天都有班次（9:20、11:05、14:15、16:00　※只有5～10月運行）。前往鄰近的Klais、Krun、Wallgau等村莊（所需40分）。途中，可在喜歡的餐廳或湖邊下車逛逛，之後再搭下一班巴士即

奧伯市集。後面隱約可見天主教堂。

Hotel Alpenrose旁，由附近農家製作的乾草人偶。

密騰瓦德區域號碼
☎08823

瓶子作成小提琴形狀的利口酒。

名為齊特琴的弦樂器。

黃色巴士，也可搭乘紅色路線巴士。

可。還有，如果要去這三個地區的話，用前述的AlpenweltCard可免費搭乘紅色的普通路線巴士。另外還有無論是搭乘山岳纜椅上行或下行都免費的特典Kranzberg-Sesselbahn、免費使用加米許·帕騰基爾希的泳池設施Alpspitz-Wellenbad等，詳情請洽❶。

卡溫德爾山 ★★★
Karwendel

map p.177外

●車站步行15分至空中纜車搭乘處

夾著車站聳立在街道背後的是海拔2385公尺的高峰。有登山纜車KarwendelBahn（營9:00～16:30〔6～9月為8:30～18:00〕、約間隔30分　費來回€26.50、單程€16.50）搭到靠近山頂的2244公尺處需時約6分。山上還有餐廳。如果對登山技術有自信，回程時也可以採健行的方式。途中還有山中小屋。

還有小河流經山的前面。

街角剪影

妝點著民宅牆面的美麗濕壁畫

走在路上常常可以看到描繪在民宅等牆面上的濕壁畫。據說是起源於200多年以前，當時為教堂畫畫而住在這裡的畫家為了答謝關照過他的家庭，就在他們家的牆上作畫。如今整座城市都成了巨大的畫布，尤以Im Gries附近的最古老，有很多是以基督教為題材的作品。

上頭的天使看起來很立體，其實是雕刻。

小提琴博物館 ★★
Geigenbaumuseum

map p.177

●車站步行7分

展示著自馬蒂亞斯·克羅茨以來，鎮上長達300年的小提琴製作歷史。也可以看到200多年前的小提琴和世上各種弦樂器等等。重新整修之後，展示室也變得更新潮了。

馬蒂亞斯·克羅茨像。

住Ballenhausgasse 3　營10:00～17:00（夏季以外為11:00～16:00）
休週一、11月中旬～12月中旬　費€5.50、學生€4.50
☎2511

饒富趣味的房間重現了工房的樣子。

★★ Hotel Alpenrose

用餐時還提供齊特琴的伴奏

擁有600年歷史的建築物，以及給人鄉下純樸感受的服務態度。在知名的餐廳裡享用晚餐還可以一邊欣賞當地民族樂器齊特琴的伴奏。

map p.177
●車站步行6分
■地址　Obermarkt 1
■TEL　92700
■FAX　3720
■費用　S-€34、T-€82～
■房間數　共18間
■信用卡　VISA、MC、AMEX

★★ Hotel Rieger

三溫暖、游泳池（住房客免費）等設備一應俱全。視野非常好的露天咖啡座也很吸引人。

map p.177
●車站步行10分　■地址　Dekan-Karl-Platz.28
■TEL　92500　■FAX　9250250
■費用　S-€51～、T-€88～
■房間數　共40間　■信用卡　VISA、MC、AMEX

★★ Gästehaus Franziska

位於大馬路的盡頭，環境清幽，感覺很像小木屋。便宜也是特色之一，套房只要€110左右。

map p.177
●車站步行10分
■地址　Innsbrucker Str.24　■TEL　92030
■FAX　920349　■費用　S-€52～、T-€90～
■房間數　共19間　■信用卡　VISA、MC

★經濟型　★★休閒型　★★★標準型　★★★★豪華型

密騰瓦德的區域號碼☎08823

OBERAMMERGAU

歐博阿瑪高

p.11-K ■人口=5415人 ■都市規模=步行需1天

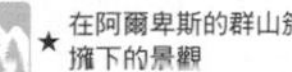

傳統的木雕玩偶和妝點著民宅的濕壁畫，郊外還有林德霍夫宮。

★★ 裝飾著濕壁畫的民宅等等

★★★ 林德霍夫宮

★ 10年演出1次的耶穌受難劇

★ 在阿爾卑斯的群山簇擁下的景觀

Access

●火車：慕尼黑→RB（約1小時）→Murnau（轉車）→RB（約40分）→歐博阿瑪高［1小時0～1班／€22.70］

●路線巴士9606路：富森→（約1小時25分）→歐博阿瑪高［1日5～6班／1日票€10.20 ※需轉車］、加米許・帕騰基爾希，（約40分）→歐博阿瑪高［約1小時1班／1日票€10.20］

※富森的巴士搭乘處為站前2號。

Information

❶遊客服務中心：<保健客中心旁>

MAP p.179 住Eugen-Papst-Str.9a ☎922740 FAX922745 營9:00～18:00（週六為～13:00） 休週日、假日 HP www.ammergauer-alpen.dc ●青年旅館：MAP p.179 住Malensteinweg 10 ☎4114

應有盡有的當地特產店，以童話為主題的濕壁畫十分有趣

和**密騰瓦德**（參照p.177）一樣，在民宅等牆面上描繪的濕壁畫令人印象深刻。同時也是前往**林德霍夫宮**（參照p.181）的據點（巴士從車站前面發車）。

朵夫街Dorfstr.位在村子的中心，左右兩旁林立著販賣村子裡的傳統藝術品，也就是**木雕玩偶**等等的店。村子雖小，但是商店的數量卻很多，就算只是光看不買也很有樂趣。收藏著18世紀以來木雕工藝品的**鄉土博物館**Oberamme rgauMuseum（住Dorfstr.8 營10:00～17:00 休週一、11月上旬～3月下旬 費€3.50、有受難劇場的套票）

濕壁畫的主題主要都圍繞著宗教打轉，也有像「小紅帽」這種以童話故事為題材的作品。沿著**艾塔拉街**Ettalerstr.往南走，還會看到孤兒院的牆壁上畫著「糖果屋」的內容等等。

村子裡每隔10年就會上演1次的**耶穌受難劇**Passion Spiel也是世界知名的。這是為了感謝流行於1633年的黑死病並沒有侵襲到這個村子而開始表演的。

整個村子的房屋也是觀光重點之一。

以童話為題材的濕壁畫其實還滿少見的。

歐博阿瑪高的區域號碼☎08822

民家外小紅帽故事的一景

皮拉圖斯濕壁畫舍 ★★
Pilatushaus

map p.179

●車站步行7分

牆壁上的壁畫是當地的濕壁畫家Franz Seraph Zwink的最高傑作。屋子裡則成了工藝家的工作室，在這裡雕刻、上色、捏陶等等。2樓為展示區。

住Ludwig-Thoma-Str.10
營5月中旬～10月中旬的13:00～17:00 休週一
※自由參觀

也可以購買作品。

名物 pick up 10%的村民都是雕刻家？傳統的木雕玩偶

木雕玩偶是這個村子最有名的民俗藝品，多半是以基督教為題材的作品，特徵在於淡淡的顏色和細緻的表現，就連人物衣服上的皺褶也都一絲不苟地呈現。據說有10%的村民都是雕刻家，所以工房也很多。其中特別與眾不同的是曾經在國際手工藝評鑑會中拿下金牌獎的Klucker工房（☎4656 住Josef-Mayr-Gasse 5 營9:00～12:00、14:00～18:00〔週六～13:00〕 休週日，可參觀（需電話預約 MAPp.179），有許多別人沒有的作品，例如將有名的莫雷斯肯舞者（€1480～6600）真實重現等等。也有€10左右的商品。

表情和動作都栩栩如生。

也有描寫村民或動物的作品。

★★★ Hotel Maximilian

想住高級飯店就來這裡，還有自家釀造的啤酒。

想找設備高級的飯店，就來這裡。餐廳的口味也非常實在，尤其是店內釀酒槽裡自釀的手工精釀啤酒也堪稱絕品。就算沒來這裡住宿也請一定要來此用餐。

map p.179
●車站步行15分
■地址 Ettaler Strasse 5
■TEL 948740
■FAX 9487449
■費用 S-€145～、T-€195～
■房間數 共26間
■信用卡 VISA、MC、AMEX、DC、JCB
HP www.maximilian-oberammergau.de

★★ Hotel Alte Post

以擁有500年以上歷史為傲，餐廳的天花板也是400年前建造的。位置地點及待客服務皆十分良好。

map p.179 ●車站步行10分
■地址 Dorfstr.19 ■TEL 9100
■FAX 910100 ■費用 S-€59～、T-€78～
■房間數 共39間 ■信用卡 VISA、MC、AMEX、DC
HP www.altepost.com

★★ Hotel Schilcherhof

巴伐利亞式家族經營的飯店，擁有高評價的暖心服務。離車站近且前面的花台也很漂亮。

map p.179 ●車站步行5分
■地址 Bahnhofstr.17 ■TEL 4740
■FAX 3793 ■費用 S-€50～、T-€96～
■房間數 共26間 ■信用卡 VISA、MC、AMEX
HP www.hotel-schilchenhof.de

★★★ Parkhotel Sonnenhof

位於河畔的閑靜旅館。游泳池、三溫暖一應俱全（住房客免費）。6歲以下免費。全部的房間都有陽台。

map p.179
●車站步行15分
■地址 König-Ludwig-Str.12 ■TEL 9130
■FAX 3047 ■費用 S-€75、T-€135
■房間數 共55間 ■信用卡 VISA、MC、AMEX、JCB

★★ Pension Enzianhof

館內全都是手工作的傢俱，洋溢著溫暖的氣氛。改裝之後變得更乾淨了，住起來非常舒服。

map p.179
●車站步行15分
■地址 Ettaler Str.33 ■TEL 215 ■FAX 4169
■費用 S-€47～59、T-€70～98
■房間數 共16間 ■信用卡 VISA、MC

★經濟型 ★★休閒型 ★★★標準型 ★★★★豪華型

歐博阿瑪高的區域號碼☎08822

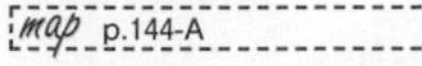

林德霍夫宮 ★★★
Schloss Linderhof

map p.144-A

如夢似幻、絢麗妖美的城堡

將路德維希二世的幻想具體化呈現，切勿錯過宛如歌劇表演一般的「維納斯洞窟」！

這是路德維希二世親手打造的3座城堡中唯一完成（1879年）的城堡。由於是蓋來作為退休用的私人別墅，所以座落在人煙稀少的溪谷中。

模仿自路德維希二世訪問巴黎期間，深受感動的凡爾賽宮的特里亞農宮，極盡奢華的洛可可式裝潢與為了滿足個人幻想的各式各樣的機關是其特徵。

象牙製的大吊燈。

舉例來說，像是正面的噴水池，光是中央用金箔打造的女神像就已經夠驚人的了，水柱居然還高達30公尺！讓人忍不住覺得，就算再怎麼喜歡噴水池，也不用作到那個地步吧！宮內最有名的當屬**魔法的餐桌**，是一種將餐點放到餐桌上，然後再用升降機從一樓送到二樓的機關。平常作夢也想不到的東西就這麼堂而皇之地出現在這裡，讓人覺得痛快淋漓。

每一個房間小歸小，但是都花了很多工夫。顧名思義，**鏡廳**的四面牆上全鑲滿了鏡子，是個令人眼花撩亂的房間。聽說路德維希二世很喜歡把抓來的鹿放進這個房間，欣賞鹿看到自己反映在鏡子裡而感到不知所措的樣子。這個房間裡還有用象牙做成的大吊燈、以及已經持續運作了250年的瑞士製時鐘等等。

閃爍著妖異光芒的維納斯洞窟。

只不過，這座城堡的重頭戲還是在最裡面的維納斯洞窟（只有夏天可參觀）。雖然是人工的洞窟，裡頭卻有個小池塘，加上還引進了當時最新的燈光技術，相傳路德維希二世打算在池塘上駕一艘金碧輝煌的小舟，欣賞唐懷瑟的歌劇!!（整修至2022年）其他還有摩爾人的小屋、漢登格的小屋等等。

前面是附有露台的樓梯。

●歐博阿瑪高搭9622路巴士（白天約1小時1班，班次數量5～10班，有季節性變動）約30分。內部參觀以人數達滿團後，由導覽員帶領參觀的方式進行。營9:00～18:00、10月中旬～3月為10:00～16:30 休12/24～25、12/31、1/1、嘉年華期間的週二 費€8.50、學生€7.50（冬季€7.50、學生€6.50） ☎92030

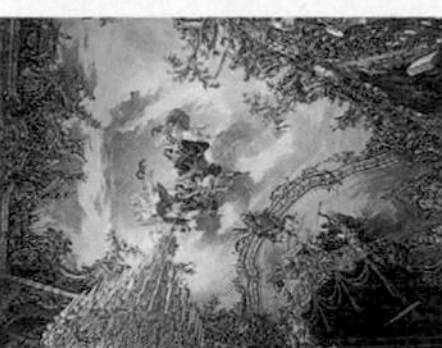
天花板上的濕壁畫。

仔細一看，畫面中有一部分是立體的。

GARMISCH PARTENKIRCHEN

加米許·帕騰基爾希

p.11-K ■人口＝2.7萬人 ■都市規模＝步行需1天

德國最靠近天堂的地方！目的地是德國的最高峰——楚格峰。

★★ 舊城區裡描繪著濕壁畫的街道
★ 療養公園前的購物區
★★★ 楚格峰、帕特納赫峽谷等等
★ 理查・史特勞斯

Access

●火車：慕尼黑→RB（約1小時22分）→加米許・帕騰基爾希［1小時1班／€23.20］、密騰瓦德→RB（約24分）等→加米許・帕騰基爾希［1小時1班／€4.90］
●路線巴士：富森→9606路巴士（約2小時15分※也可搭73路、9651路於Echelsbacher Brücke轉車）→加米許・帕騰基爾希［1日4～5班／€10.20（1日票）］

Information

❶遊客服務中心：<療養公園旁>
MAP p.183-B
住 Richard-Strauss-Pl.2
☎180700 FAX 180755
營9:00～17:00（週六為～15:00） 休週日
HP www.gapa.de/en
●GaPa卡：加盟市內線上系統的住宿所發行的卡片。未加盟的住宿則會發行遊客卡。兩者皆附〔Musik im Park的演奏會——免費〕〔賭場入場及香檳——1次免費〕〔各種導覽行程及博物館門票折扣〕等優惠。GaPa另外還有優惠——可免費搭乘市內巴士及RVO的近郊路線9608路（往密騰瓦德）、9606路（往埃塔爾、歐博阿瑪高）、9622路（埃塔爾往林德霍夫宮）等。

周圍在阿爾卑斯群山的環繞下。

城市概要 玩樂重點 城市分成兩個部分，比較熱鬧的是加米許側

位於德國阿爾卑斯山林度假村的心臟地帶，是前往德國最高峰——**楚格峰**（參照P.184）的登山口，名聞遐邇。

新登場的Gapa住宿卡，為住宿卡的進化版。

城市以車站為中心，分成東邊的帕騰基爾希側和西邊的加米許側。原本是兩個獨立的城市，為了迎接1936年的冬季奧運而將其合併。加米許側有國際會議廳、Spielbank**賭場**(營15:00～翌2:00（週五、六～翌3:00、角子機為12:00～）休無休 費吃角子老虎機區入場為€0.50、其它主要遊戲€2.50 ☎95990 ※需持護照，著領帶、外套）等，療養公園前Am Kurpark周邊有許多購物街。帕騰基爾希側的中心為**路德維希大道**Ludwigstr.

療養公園前的馬路。

加米許·帕騰基爾希的區域號碼☎08821

附近。另外有點悠閒的部份，如壁面殘留濕壁畫的古民宅等，充滿趣味氛圍。

周邊除了楚格峰外，還有**阿爾卑斯峰**Alpspitze（2628m）、**旺克峰**Wank（1780m）等山脈，無論是夏天登山或冬天滑雪（參照p.185），都不缺乏山岳運動。夏天還會在療養公園舉辦古典音樂會。

聖安東教堂／哲學家之路 ★★
St.Anton／Philosophenweg

map p.183-A

●巴士　Ludwigstr.步行15分

座落於半山腰的教堂。洛可可風格祭壇上的金箔令人印象深刻，以聖安東為主題所描繪的天花板濕壁畫等皆為可看之處。途中的山路旁還有小小間的禮拜堂。**哲學家之路**是從市內出發最輕鬆可行的散步路線。參觀完教堂之後，再沿著山路往下走即可。

並非只有教堂，就連附近的景觀也值得一看。

帕特納赫峽谷 ★★★
Partnachklamm

map p.183-A外

●巴士　Olympia-Skistadion步行20分

位於山間的溪谷，兩旁聳立著高度約80公尺（！）的懸崖峭壁。靠近河面的地方有順著岩壁開闢出來的步道，也有吊橋，是特別想要推薦給自然愛好者的祕境。位於從奧林匹亞滑雪場沿著溪流往山的方向。

費€5（可使用GaPa卡等）

艾伯湖 ★★
Eibsee

map p.182、p.183-B外

●巴士　Eibsee步行2分

周圍是一大片森林的湛藍湖泊，位於楚格峰的山腳下，可以從山頂上搭乘登山纜車一口氣向下俯衝。湖畔有租借汽艇的店家。在附近的步道散步也是一大享受。

下山後請務必過來一趟。

加米許・帕騰基爾希
Garmisch-Partenkirchen

0　1km

↑往帕特納赫峽谷
Gudiberg
Petersbad
Kocheberg
Riessersee
Riessersee Hotel Sport & Spa Resort
Riess
【往艾伯湖、楚格峰、】↑
Eibsee Hotel
往Reutte
•奧林匹亞滑雪場 Olympia Skistadion
Tennishalle•
Fritz-Müller-Str.
帕特納赫河 Partnach
Mittenwalder-Str. B2
職業訓練學校 Berufsschule
奧林匹克溜冰競技場 Olympia Eissport-Zentrum
滑雪教室 Skischule Thomas Sprenzel
聖馬丁大道 St.-Martin-Str.
Riesserseestr.
楚格峰大道 Zugspitzstr.
郵局
Höllentalstr.
楚格峰登山火車站 Zugsp. Bf.
帕騰基爾希 Partenkirchen
加米許・帕騰基爾希站 Bhf.
Hotel Alpina
Zugspitze
La Baita
B23
礦工養生所 Gröbenschule
Reindl's Partenkirchner Hof
火車站大道 Bahnhofstr.
Achenfeldstr.
Klammstr.
加米許 Garmisch
路德維希大道 Ludwigstr.
郵局
療養公園 Kurpark•
Fraundorfer
ATLAS Grand Hotel
市政廳 Rathaus
郵局
St. Martin
Ritter-V.-Hall-Stadion
療養公園 Kurpark
Rathausplatz 公園
Werdenfelser Hof
Schatten
鄉土博物館 Heimatmuseum
Colosseo
洛伊薩赫河 Loisach
Frühlingstr.
Hauptstr.
馮·布魯街 Von-Brug-Str.
職業高校 Realschule
古教堂 Alte Kirche Garmisch
Volksschule Partenkirchen
聖安東教堂 St. Anton
Mädchegymnasium mit Mädcherealschule und Internat
賭場 Spielbank
國際會議中心 Kongresshaus
grasberg
Berggasthof Panorama
Münchner Str.
哲學家之路 Philosophenweg
B2
Gemeindewerke•
B23
登山纜車
•纜車站 Talstation
往慕尼黑↓

楚格峰 ★★★

Zugspitze

map p.144-A、p.182、p.183-B

楚格峰登頂記

從車窗看到的景色美不勝收。

就算一隻手拿著登山用的冰斧，還是一直覺得快要掉下去……才沒有這回事，任何人都可以輕鬆地登頂喔！

替乘客代勞的電車。

途中的隧道非常地長。

就像是台灣有玉山一樣，德國也有楚格峰。去德國如果沒有去爬這座山的話，就等於是去台北沒有爬上101一樣。所以就算是平常對爬山沒有興趣的人，也請一定要試著攻頂看看。

海拔2964公尺的山頂非常寒冷，所以一定要注意保暖，就算是盛夏也絕對不可以只穿泳裝和海灘鞋，至少要準備毛衣和運動鞋比較好。接著就直接前往**楚格峰登山火車站**Zugspitze Bahnhof（☎7970 圖8:15～14:15　※每小時1班，依季節、天氣而有所變動 HP zugspitze.de）路線一共有2種，可選擇乘坐帶有齒輪的鐵軌式登山火車到2600公尺的楚格峰站Zugspitzplatt，再從那裡改搭空中纜車前往山頂站；或者是坐到山腳下的艾伯湖Eibsee，再從那裡改搭空中纜車，一口氣直奔山頂站。車票（來回€56、3日券€94，火車通行證可享折扣）是以次為單位計價的，所以不管採取哪一種路線都一樣。如果想要感受登山氣氛的話，不妨上山搭火車，下山搭空中纜車。

放眼望去都是山頭，感覺上就像是成了奧林帕斯山上的神。

剛搭乘火車的時候，建議選擇以列車的行進方向右邊的座位。途中經過山麓的時候，從車窗望出去的草原風景令人嘆為觀止。

上山的路線會在半山腰進入隧道。這是一條很長的隧道，途中會在左邊出現「位於柏林上方2000公尺」的標誌，令人莞爾。

人多時請事先拿好回程的號碼牌。

就這麼經歷千辛萬苦？之後，一下子（需時約1小時20分）就抵達山頂站（也有餐廳）。從那裡到豎立著十字架的山頂上只有短短的40～50公尺。問題是，告示牌寫著：「再往前走便無法保證您的安全」，令人心裡發毛。往下一看，隔沒幾步就是數十萬公尺（感覺上如此）的深淵……。只不過，山頂上的景色真的好到有值得賭上性命（笑）一看的價值。夏天也還有殘雪，所以請一定要注意安全。

忍不住跑過去抱一下十字架。

一不小心就會跌得粉身碎骨……

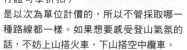

冬天是銀白色的天堂！冬季運動的聖地

這座城市展現實力其實是在冬天。如同1936年的冬季奧運是在這裡舉辦的一樣，這裡是冬季運動的聖地。最常見的還是滑雪。在座落於楚格峰山頂上的滑雪教室Ski-Schule Zugspitze ☎8466（HP www.skischule-zugspitze.de）可以租到滑雪板、雪橇、雪衣等等。除了滑雪教室以外，也有雪橇教室。詳情請向當地的❶洽詢。

請選擇適合自己技術的滑雪場。

Werdenfelser Hof

這裡有民族舞蹈及音樂，是有點喧囂但很開心的餐廳

每晚7點開始會演奏巴伐利亞地區的民族音樂。小朋友跳民族舞蹈的表演秀也十分有趣。提供酸味燉牛肉等南德美食。

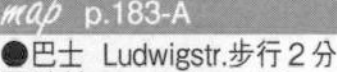

map p.183-A
●巴士 Ludwigstr.步行2分
■地址 Ludwigstr.58
■TEL 3621
■FAX 79614
■營業 10:00～24:00
■公休 週一
■信用卡 VISA、MC
HP www.werdenfelser-hof.de
※也兼營旅館

Schatten Hotel Gasthof ★★★

餐廳的評價也很高

建築物是這個地方典型的木造外觀，待客態度與鄉土菜餐廳都很受好評。也很推薦視野絕佳的中庭。週二、六還會有傳統音樂的演奏會。

map p.183-A
●車站搭1、2路巴士5分，Schnitzschul／Ludwigstr.下車步行5分
■地址 Sonnenbergstr.10-12
■TEL 9430890
■FAX 94308999
■費用 S-€70～、T-€90～（有季節性變動）
■房間數 共22間
■信用卡 VISA、MC
HP www.hotel-schatten.de

H+Hotel Alpina ★★★

也有室內游泳池、三溫暖

原本是報社老闆要蓋來作為私人用的小木屋，後來臨時改變主意，改成飯店。外觀走山中小屋的風格，裡面其實非常寬敞，還有健身設施和游泳池。

map p.183-B
●車站步行10分
■地址 Alpspitzstr.12
■TEL 7830
■FAX 71374
■費用 S-€89～、T-€95～、浮動制
■房間數 共65間
■信用卡 VISA、MC、AMEX
HP www.h-hotels.com

Reindl's Partenkirchner Hof ★★★

家庭式經營的服務可說無微不至

室內設計以木頭為基調，洋溢著德國南部的風情。有名的老闆兼大廚曾經在巴黎的馬克希米連學藝。從陽台上望出去的山岳風景令人大飽眼福。

map p.183-A
●車站步行5分
■地址 Bahnhofstr.15
■TEL 943870 ■FAX 94387250
■費用 S-€95～、T-€133～、浮動制、六歲以下免費
■房間數 共63間
■信用卡 VISA、MC、AMEX、DC、JCB
HP www.reindls.de
※10月下旬～12月上旬為暫停營業

Eibsee Hotel ★★★

在艾伯湖上搭汽艇游湖

餐廳的座位就設在艾伯湖畔，從那裡望出去的楚格峰宛如近在眼前，是非常高水準的山林度假村。從市內搭巴士約30分。

map p.183-B外
●Eibsee登山纜車站步行2分
■地址 Am Eibsee 1-3
■TEL 98810
■FAX 82585
■費用 S-€122～、T-€152～、浮動制
■房間數 共120間
■信用卡 VISA、MC、AMEX、DC、JCB
HP www.eibsee-hotel.de

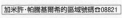

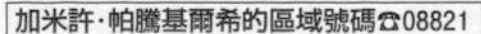

加米許·帕騰基爾希的區域號碼☎08821

●～€15 ●●€15～25 ●●●€25～50 ●●●●€50～
★經濟型 ★★休閒型 ★★★標準型 ★★★★豪華型

LINDAU
林道

p.11-K ■人口＝2.5萬人 ■都市規模＝步行需半天

充滿了南國的開朗活力，是一個在博登湖上的復古風度假勝地。

★★ 在石板道上散步等等

★★ 馬克希米連大街附近的名牌精品店等等

★★ 博登湖

Access

●火車：慕尼黑→RE（轉車１次）、ALX（２小時41分）→林道［２小時１～２班／€39.70］、富森→RE、RB（約１小時）等→考夫博伊倫Kaufbeuren（轉車）→RE、ALX（約１小時45分）→林道［１小時１班／€35.70］

Information

❶遊客服務中心：<車站正面>住Alfred-Nobel-Platz 1 ☎260030 FAX260026 營10:00～18:00（週日為～13:00；週三10:00～12:30、14:00～18:00）
休無休 HP www.lindau.de
●渡輪：Vorarlberg Lines HP www.Vorarlberg-lines.at
●青年旅館：住Herbergsweg11 ☎96710

搭船遊湖或街上購物，在巷子裡散步也很有趣

博登湖Boden-See與奧地利、瑞士的國境接壤，是德國最大的湖泊。林道就宛如一座島嶼般地在其東端。

出了車站往前走，前面就是❶，右手邊則是港口。港口的入口處右側有一座高達33公尺的**燈塔**Neuer Leuchtturm（營天候佳11:00～18:00　費€2.10），左邊是**獅子像**Löwenmole。

市中心就是**馬克希米連大街**Maximilian-Str.。林立著昔日的貴族宅邸，還有許多名牌精品店和咖啡廳。兩側有好幾條鋪著石板的羊腸小徑，以及骨董店等個性十足的商店，有一點復古，情調非常好，不妨去探險看看。

從燈塔上往下俯瞰的港口模樣，晚上也很浪漫。

搭船遊湖也很值得期待（4～10月）。用腳踩的天鵝船為1小時€15（限乘5人）、水上摩托車為1小時€40（限乘6人）。島上有兩間汽艇出租的店，不妨先在❶詢問清楚。也可以乘坐當天來回的渡輪（1天2～3班，單程€17.50）前往花之島、**美瑙島**（參照p.210），甚至還有開往奧地利的布列根茲的班次（每小時１班／€6.20）。

馬克希米連大街。

↑島上的汽艇出租店。

舊市政廳 ★
Altes Rathaus

●車站步行５分

從1422年蓋到1436年，是棟歷史悠久的建築。牆上細膩地描繪著林道歷史的濕壁畫。內部的大廳是奢華的哥德式風格，目前則作為公文保管處及圖書館使用。順帶一提，1496年的德意志神聖羅馬帝國會議就是在這裡召開的。

馬克希米連大街背面的牆壁。

★★★★

Hotel Bayerischer Hof

面對著港口的咖啡廳很時髦

一出車站就是了。建於正對著港口的高級地段上的頂級飯店。前面的咖啡廳視野良好，很受歡迎。另外，從游泳池也可以眺望到湖光山色。

●車站步行１分
■地址　Bahnhofsplatz
■TEL　9150
■FAX　915591
■費用　S-€116～243、T-€166～420（5歲以下兒童免費）
■房間數　共104間
■信用卡　VISA、MC、AMEX、DC

林道的區域號碼☎08382

★經濟型 ★★休閒型 ★★★標準型 ★★★★豪華型

杜賓根的市集廣場及市政廳。

仙蹤大道＆黑森林

巴登・巴登
卡爾
斯圖加特
杜賓根
梅爾斯堡
康斯坦茨
烏爾姆
弗萊堡

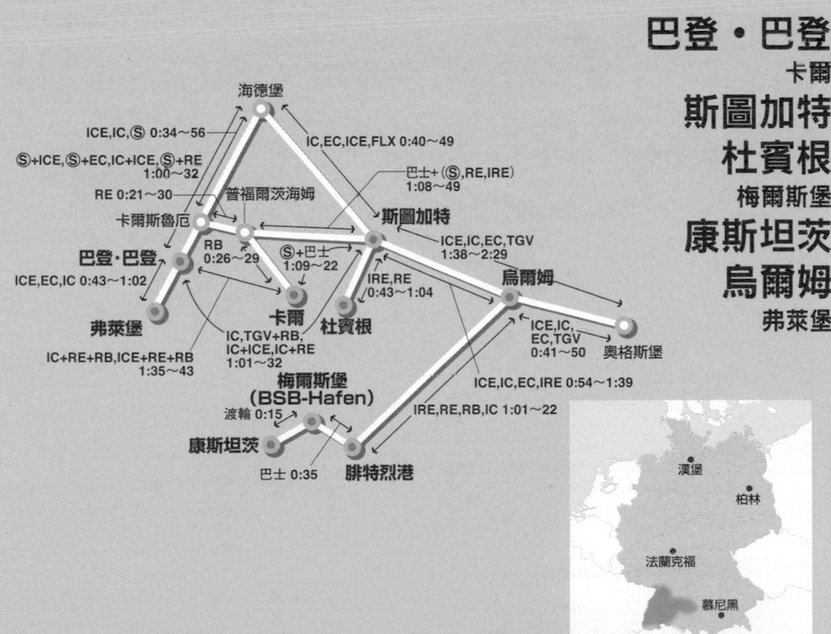

仙蹤大道&黑森林

巴登·巴登的卡拉卡拉溫泉

梅爾斯堡

縱貫德國西南部的仙蹤大道不同於「古堡大道」或「歌德大道」那種以單一主題所構成的街道，而是充滿了「千變萬化的德國」的要素，是一條如夢似幻的街道。起點是永遠的大學城海德堡（在本書裡被視為古堡大道的一部分，將在p.224～介紹），終點在博登湖畔的康斯坦茨，全長約400公里。

這裡有的是溫泉鄉、是文豪的故鄉、是歷史悠久的大學城、是皇帝的地址……。木造的房子上描繪著濕壁畫，構成了宛如童話世界般的街道。還有在基督教世界裡也算數一數二的大教堂和美術品。大自然也很豐沛，黑森林（Schwarzwald）、丘陵（施瓦本阿爾卑斯）、河（萊茵河及多瑙河）、湖（博登湖）等，變化多端。

要把以上這些觀光要素想像在一條街道上的確需要一點想像力，但是只要走一趟仙蹤大道，人們在聽到德國的時候，腦海中浮現的各種風景、文化、街景等等，幾乎全都可以在這條街道上接觸得到。

注意事項

交通方式 這個區域有2條火車路線，分別是**法蘭克福～曼罕～斯圖加特～烏爾姆～慕尼黑**的路線和連結**法蘭克福～弗萊堡～巴塞爾**的路線。這2條路線都是以每小時1～2班左右的頻率開出ICE、EC、IC，因此其實不太需要時刻表。前往卡爾、杜賓根則以斯圖加特為據點。

在博登湖附近的交通，無論是搭飛機或火車，最好都以腓特烈港或瑞士的蘇黎世為據點會比較方便。

氣候・服裝 和德國的北方比較起來算是比較溫暖的地區。盛夏常常會有超過30度的日子，但是因為空氣很乾燥，所以相對之下還是頗舒適，春～秋可以享受快樂的旅程。冬天除了施瓦本阿爾卑斯以外也幾乎都不太會積雪，只要準備好外套和毛衣就行了。比起隆冬1、2月，11月～12月中旬由於陰天的比例比較高，所以反而會覺得冷。有很多溫泉及療養設施，所以事先準備好泳裝和毛巾將可以為旅行加分。

關鍵字

赫曼・赫賽〔卡爾等〕

足以代表德國的文豪赫曼・赫賽就出生在卡爾（參照p.195），並在斯圖加特以西的莫爾布龍修道院（被指定為世界文化遺產）及杜賓根（參照p.202）度過了青春時代。其代表作《車輪下》等書就是在描寫這些城市當時的風貌及其回憶，充滿了鄉愁。

溫泉〔巴登・巴登等〕

巴登巴登是歐洲首屈一指的溫泉療養勝地，除此之外，這個地方到處都有溫泉湧出。施瓦本阿爾卑斯附近常常可以看到名字叫作○○bad、Bad××的城鎮，那都是有溫泉湧出的地方。其中絕大部分都像卡拉卡拉溫泉一樣，療養設施十分充實，就連觀光客也可以自由地使用。另外，再加上各種運動和森林浴、護膚美容等等，這裡很流行養顏美容跟強身健體。

黑森林（Schwarzwald）

南北長200公里、東西為40～80公里的廣大森林裡幾乎都是山地，最高點為海拔1493公尺的菲爾德山。多瑙河、萊茵河的支流流經山中，刻劃出好幾個溪谷，每個溪谷都各自保留著獨特的語言和民族服飾。

主要產業當然是林業，同時也是歐洲自古以來就廣為人知的觀光景點，作為療養及避暑勝地也吸引了許多遊客來此休閒度假，是很有名的森林浴發祥地。

施瓦本的地方美食

一提到德國菜，大家可能都先想到豬肉、馬鈴薯、德國香腸等，但是在這個靠近法國和義大利的地方，有名的其實是獨特的義大利麵和淡水魚等等。可以稱為南德風味義大利麵的雞蛋麵、還有像是奶油焗通心粉的德式水餃等等，都是施瓦本美食的代表。比較珍貴的還有產自博登湖的石斑魚魚子醬，和葡萄酒非常對味。

比鮭魚卵還要小顆的的石斑魚魚子醬。

BADEN-BADEN

巴登·巴登

p.11-J ■人口＝5.4萬人 ■都市規模＝步行需1天

在歐洲首屈一指的高級溫泉鄉裡享受王公貴族的優雅氣氛

 ★ 溫泉療養博物館、州立美術館等等

 ★ 新宮殿、舊城堡

 ★★ 溫泉水療中心、節慶劇院等等

 ★★ 世界各地的名牌精品

 ★★ 黑森林

 ★★ 布拉姆斯、杜斯妥也夫斯基等不勝枚舉

★ 有很多高級餐廳

 ★★★ 卡拉卡拉溫泉、腓特烈溫泉

Access

●火車：法蘭克福→ICE（約1小時20分）→巴登·巴登，或→ICE（約1小時10分）→卡爾斯魯厄（轉車）→RE（約20分）→巴登·巴登、〔皆2小時1班／€47〕

Information

❶遊客服務中心：Touristinformation
MAP p.190 住Trinkhalle Kaiserallee 3
☎275200 FAX 275202
營10:00～17:00（週日、假日14:00～） 休1/1
HP www.baden-baden.de
●青年旅館：MAP p.190外
住Hardbergstr.34
☎52223

從舊城堡望出去的巴登·巴登市區。

玩樂重點 不妨在溫泉游泳池或購物中心度過悠閒的時光

來到像巴登·巴登這種溫泉度假村，西方人一待就是2～3星期是很正常的。這段期間通常早上去參觀美術館或逛街血拼，或者是去爬山或打網球、高爾夫球、騎馬等流流汗，下午就在**卡拉卡拉溫泉**等溫泉設施裡度過，晚上再換上正式的服裝前往餐廳或音樂廳、賭場。就算沒辦法待太久，至少也要待個2～3天，才能夠體會到那種氣氛。

利奧波得廣場裡的噴水池。

城市概要 溫泉在市區東北邊 南邊是蓊鬱的公園

巴登·巴登的市中心在車站附近的方圓5公里內。不妨搭乘201號巴士直達市中心的**利奧波得廣場**Leopoldsplatz附近。因為除了舊城堡和布拉姆斯之家以外的觀光景點都在從這個利奧波得廣場步行10分鐘可以到的範圍內。以廣場為中心，南北縱走的**長街**Lange Str.、**利希騰塔爾街**Lichtentaler Str.和橫貫東西的**蘇菲恩街**Sophien Str.為代表性的商店街。市區以南的歐斯河沿岸還有一條綠意盎然的**利希騰塔爾林蔭大道**。

巴登·巴登的區域號碼☎07221

漫走遊賞報導

巴登·巴登的溫泉設施巡禮 ★★★

名副其實的「溫泉」鄉

「巴登」在德文裡指的是入浴的意思。換句話說，這個城市的名稱是直接從特徵引用過來的，真是簡單明瞭的命名方式啊！在這個地方發現溫泉的歷史可以追溯到2000年前的羅馬帝國時代。至於真正成為歐洲最具有代表性的溫泉度假村則是在腓特烈溫泉等溫泉療養設施或飯店等較為完備的18世紀後半。夏天，來自各國的王侯及政治家、知名的音樂家及文人們都會為了避暑而齊聚在這座城市，甚至還因此而贏得了「歐洲的夏季首都」的美譽。至今1天仍有80萬公升的溫泉湧出，一年四季都以溫泉度假區的風貌吸引著來自世界各地的觀光客。此外，在**巴登·巴登**的飯店裡住宿，每人每晚會被徵收€3.80的度假村稅。

卡拉卡拉溫泉
Caracalla-Therme

map p.190

●利奧波得廣場步行5分

占地900平方公尺以上，是一座現代化的溫泉療養中心。硬要說的話，氣氛比起以療養為主要目的的腓特烈溫泉還要來得輕鬆與自在。館內除了有室內外的溫水游泳池、沖擊式水療、噴射式水療、氣泡池、三溫暖等溫泉設施之外，就連咖啡廳也一應俱全。另外，在這裡除了三溫暖以外，一定要穿著泳裝。可以在入口處的商店裡購買泳裝或毛巾、泳帽等等。

營8:00～22:00 休12/24～25 費2小時€16、3小時€19、1日票€23 ☎275940 HP www.carasana.de/en

室內游泳池裡還有人在醫師的指導下進行復建。

卡拉卡拉溫泉的室外滑水道游泳池。

腓特烈溫泉
Friedrichsbad

map p.190

●利奧波得廣場步行4分

完成於1877年的豪華溫泉，讓人連想到文藝復興風格的宮殿。其中以擁有巨大天花板的羅馬愛爾蘭浴場最為華麗。無需穿著泳裝、根據介紹使用各溫泉的系統。週一、四、六以外整天都是男女混浴。

營9:00～22:00（12/31為～20:00）、入場到20:00為止（12/31到18:00為止） 休12/24、25 費3小時€25、附按摩3小時30分€37 ☎275920

※與卡拉卡拉溫泉同經營公司

外表看起來就像宮殿一樣。

溫泉廳
Trinkhalle

map p.190

●利奧波得廣場步行4分

溫泉廳裡的溫泉是可以飲用的。這裡的溫泉水有點鹹，還帶點苦澀，其實並不是那麼地好喝。建於1839～42年的豪華建築物走的是希臘的神殿風。設有ⓘ。

營10:00～17:00（週六14:00～） 休1/1

走廊上還有濕壁畫，描繪著這個地方的傳說。

溫泉水療中心 ★
Kurhaus

map p.190

●利奧波得廣場步行３分

這個水療中心是提供住宿旅客娛樂及社交的設施，設有餐廳、演奏廳、賭場（20歲以下禁止進入）。其中賭場為德國最大、最古老的賭場，很多王公貴族及文化人們都是座上嘉賓。入場需穿著正式服裝及出示護照。上午提供參觀的導覽行程。

營14:00～翌2:00（週五、六14:00～翌3:30）※視遊戲而異　休11/1、15、18、22;12/24～25;復活節的週五　費入場€5（角子機€1）＜導覽行程＞營9:30、10:15、11:00、11:45（11月～3月為10:00、10:45、11:30）　料€7　☎30240（賭場）

杜斯妥也夫斯基的《賭徒》就是在這裡寫作的。

舊城堡 ★
Altes Schloss

map p.190外

●利奧波得廣場搭計程車15分

建於1102年，雖然16世紀時已成廢墟，但在19世紀時當地建築師就廢墟的形態進行補強，像是新蓋了橋、在裡頭打造餐廳（現為停業）等，從此成了廣受歡迎的觀光景點。舊城堡裡有世界最大的風弦琴（因風吹而發音的豎琴）。因無巴士抵達，所以要採步行（1小時）或搭計程車前往。計程車約€10。由於這裡是健行行程的一部分，所以也推薦給想要悠閒享受周圍自然，以及喜愛廢墟浪漫氣氛的人前來一遊。尤其是這裡不收門票且全天候開放。

變成廢墟的舊城堡。

弗里德・布爾達現代美術收藏館★★
Museum Frieder Burda

map p.190

●利奧波得廣場步行６分

館藏非常豐富，從畢卡索晚期的作品、到羅特魯夫等德國表現主義的作品、或者是60年代以後的現代繪畫等等，從所謂的古典摩登藝術到當代藝術應有盡有。建築物也是由紐約的知名建築師所設計，將周圍的景觀自然融入，手法相當細膩。隔壁就是州立美術館。

住Lichtertaler Allee 8B　營10:00～18:00　休週一、12/24及31　費€14、學生€11、有與州立美術館的套票　☎398980

HP www.museum-frieder-burda.de

州立美術館 ★
Staatliche Kunsthalle

map p.190

●利奧波得廣場步行６分

座落利希騰塔爾林蔭大道入口的高級住宅區一角的美術館。1908年由建築師赫爾曼・比林和威廉・維塔利所一手打造的。以企劃展為中心，從古典的宗教畫、風景畫到現代作家的作品為止，展示的範圍非常廣大、內容非常充實。

有時候會同時舉行2～3個企劃展。

住Lichtentaler Allee 8a　營10:00～18:00（12/25～1/1為12:00～）　休週一、12/24及31　費€7、學生€5、週五免費　☎30076400

布拉姆斯之家 ★★
Brahmshaus

map p.190外

●利奧波得廣場步行25分，或搭１路巴士於布拉姆斯廣場Brahms-Pl.下車步行３分

德國的偉大作曲家布拉姆斯於1865～1874年曾經在這裡住了10年，期間完成了德意志安魂曲和1號、2號交響曲等等。目前已改建為紀念館，展示著他所使用過的傢俱及鋼琴、親筆寫的樂譜、書籍、相片等等。

營週一、三、五15:00～17:00（週日、假日為10:00～13:00）　休12/24～1/6　費€3

展示著許多重口味的收藏品，例如述說著與克拉拉・舒曼的情史資料及遺容臉模等等。

Medici

各國的大人物們愛用的奢華餐廳

各國王室的貴賓們也會前來造訪的知名餐廳。有由日本籍廚師所捏的壽司吧、網羅了120種以上香煙的雪茄館等等，餐飲非常地國際化。

map p.190
●利奧波得廣場步行５分
■地址 Augstaplatz. 8
■TEL 2006
■營業 18:00～翌1:00（週五、六為～翌2:00）
■公休 12/24
■信用卡 VISA、MC、AMEX、DC、JCB
HP www.medici.de
＊壽司吧為週日、一，以及師傅暑假休息期間暫停營業

Café König

1898年創業！聞名全國的蛋糕＆咖啡廳老店

巧克力＆蛋糕獲得公認好評，並獲選為歐洲最棒的巧克力店之一。請一定要試試看此地區的名物──黑森林蛋糕。

map p.190
●利奧波得廣場步行２分
■地址 Lichtentaler Str. 12
■TEL 23573
■營業 8:30～18:30、商店9:30～18:30（週日為10:30～）
■公休 12/25～26（商店為週日休）
■信用卡 VISA、MC、DC、AMEX
HP www.chocolatier.de

Stahlbad

不會讓人緊張的家庭式美食餐廳

時尚的氛圍適合喜歡輕鬆氣氛的人。餐點是有點地中海風、流行的摩登歐洲大陸風格。

map p.190
●利奧波得廣場步行５分
■地址 Augustaplatz 2
■TEL 24569
■FAX 390222
■營業 12:00～23:30
■公休 無休
■信用卡 VISA、MC、AMEX、DC
HP www.stahlbad.com

Namaskaar

由德國籍老闆和主廚提供的道地德國美食

特別推薦由好幾種咖哩搭配烤餅或白飯的套餐。辣度可以從溫和與辛辣當中自行選擇。餐後別忘了店家自製的芒果優格飲料。

map p.190
●利奧波得廣場步行１分
■地址 Kreuz Str.1
■TEL 24681
■FAX 290679
■營業 12:00～14:30、18:00～23:00
■公休 週二、12/24
■信用卡 VISA、MC
HP www.namaskaar.de
＊座位較少，最好事先訂位

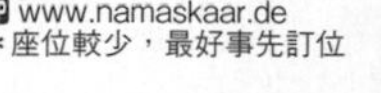

Der Kleine Prinz ★★★

飯店裡充滿了惹人憐愛的『小王子』

從客房到餐廳的菜單為止，到處都可以看到聖．修伯里的『小王子』，是一家相當浪漫的飯店。除了『小王子』的房間以外，所有的室內擺飾都是用Laura Ashley的設計商品加以統一，每一間客房的裝潢都不一樣，在附有帳幔的公主床或按摩浴缸之類的設備上下足了各式各樣的工夫，深受女性和新婚夫婦的喜愛。另外，頂樓還有非常寬敞的閣樓，從暖爐和書房的空間到日光室、廚房一應俱全，非常適合全家人一起來使用。下午還可以享用到下午茶，所以最好提早辦理住房手續。

描繪在外牆上的『小王子』非常引人注目。

室內擺飾也全都是精挑細選的東西，充分顯現出飯店非凡的品味。

map p.190
●利奧波得廣場步行７分
■地址 Lichtentaler Str.36
■TEL 346600
■FAX 3466059
■費用 S-€135～、T-€185～
■房間數 共41間
■信用卡 VISA、MC、AMEX、JCB
HP www.derkleineprinz.de

★★★★ Radisson Blu Badischer Hof

市內唯一至今仍留有珍貴湯屋的飯店

溫泉鄉巴登·巴登有許多附有溫泉的飯店，但是要在各間客房的浴室裡都有引自源頭的室內溫泉，就只有據說曾經是修道院，歷史悠久的這家飯店的舊館了。極盡奢華的巨大樓梯井的空間也非常值得一看。除了有稱之為「Park Restaurant」的餐廳之外，溫泉游泳池和護膚沙龍也很完善。如果想要住到有湯屋的舊館，在訂房的時候請指定要修道院館（Monastery Wing）的房間。

舊館。由於很搶手，請提早預訂。

溫泉游泳池。最好事先準備好泳裝。

巨大的廊柱居然是用木頭作成的。

map p.190
●利奧波得廣場步行8分
■地址　Lange Str. 47
■TEL　9340 ■FAX　934470
■費用　S-€112～、T-€149～ 附早餐、浮動制
■房間數　共162間
■信用卡　VISA、MC、AMEX、DC、JCB
HP www.radissonblu.com/hotel-badenbaden

★★★★ Brenners Park-Hotel & Spa & Villa Stéphanie

這裡最具有代表性的頂級飯店

歐洲數一數二的高級度假村巴登·巴登裡最高級的飯店。寬敞又豪華的客房、Brenner's Spa，不管從哪一個角度來看，都是名副其實的超高級飯店。一提到歐洲的溫泉，就會想到還附上護膚沙龍和健身房，這間飯店也有具備醫療服務的專用別館Villa Stephanie（營8:00～20:00、☎900602，需預約），除住宿客外也可使用近年流行的身體排毒與等減量健身正規方案（針對長期住客）。

飯店前為利希騰塔爾林蔭大道 Lichtentaler Allee

也提供附有專任管家（butler）的服務。

map p.190
●利奧波得廣場步行8分
■地址　Schillerstr. 4/6
■TEL　9000
■FAX　38772
■費用　S-€260～、T-€510～、浮動制
■房間數　共104間
■信用卡　VISA、MC、AMEX、DC、JCB
HP www.oetkercollection.com

★★★★ Aqua Aurelia Suitenhotel

2009年開幕的時尚飯店。有通道直接連結到卡拉卡拉溫泉中心，全部客房均為附陽台的套房。

map p.190 ●車站搭205路巴士，Caracalla下車步行1分 ■地址　Vinsentistr.1 ■TEL　18330 ■FAX　183318 ■費用　S,T-€180～（週五、六€200～） ■房間數　共47間 ■信用卡　VISA、MC、AMEX HP www.aquaaurelia.de

★★ Hotel Laterne

建物有300年歷史的可愛木造民宅風飯店。房間不多，但剛整修過。樓下設有氣氛佳的餐廳。

map p.190 ●利奧波得廣場步行5分 ■地址　Gernsbacher Str.10 ■TEL　3060 ■FAX　38308 ■費用　S-€70～、T-€95～（附早餐） ■房間數　共10間 ■信用卡　VISA、MC、AMEX HP hotelsbaden-baden.de

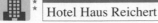

★★ Hotel Haus Reichert

規模雖小，但位於市中心，十分方便。早餐為自助吧式早餐。1F也有時尚小餐館。

map p.190 ●利奧波得廣場步行1分 ■地址　Sophienstr.4 ■TEL　9080 ■FAX　29534 ■費用　S-€69～、T-€99～ ■房間數　共24間 ■信用卡　VISA、MC、AMEX、JCB HP hotel-haus-reichert.com

★★★★ Atlantic Parkhotel

建於溫泉水療中心前，客房展現華麗的經典風格，面對歐斯河的餐廳很受歡迎。

map p.190 ●利奧波得廣場步行1分 ■地址　Goethepl. 3 ■TEL　3610 ■FAX　26260 ■費用　S-€129～、T-€229～ ■房間數　共53間 ■信用卡　VISA、MC

★經濟型　★★休閒型　★★★標準型　★★★★豪華型

巴登·巴登的區域號碼☎07221

CALW

卡爾

p.11-J ■人口＝2.3萬人 ■都市規模＝步行需半天

在文豪赫曼・赫賽的故鄉尋訪名作的舞台。

 ★★ 木造的房屋

 ★★ 赫曼・赫賽博物館

 ★★ 黑森林 ★★ 赫曼・赫賽的出生地是他好幾部作品的舞台

Access

●火車：法蘭克福→ICE（約1小時20分）→斯圖加特（轉車）→RE（約50分）→普福爾茨海姆→RE（30分）→卡爾［1小時2～3班／€51～］※到普福爾茨海姆有多種轉乘方法。此外，也可從斯圖加特搭S6到魏爾德爾斯塔特，轉乘670路巴士，此轉車方式的班次較多且快又便宜。

Information

ⓘ遊客服務中心：Stadtinformation（市政廳內）
住Sparkassenplatz 2 ☎167399
FAX167398 營9:30～16:30（週六為～12:30）、10～4月為9:30～13:00、14:00～16:30 休週日、假日、10～4月的週六 ＊無法代訂住宿 HP www.calw.de

是一個在黑森林簇擁下的山間小城

以市集廣場為中心，廣場的周圍則有**赫賽的故居**、**赫賽博物館**、**市立教堂**等等。市區本身的規模很小，用走的也只要30分鐘就可以逛完一圈。位於市集廣場南方的**尼可勞斯橋**在赫賽的名作《車輪下》中曾出現過好幾次。在其前方的赫賽廣場內還有雕刻著赫賽浮雕的噴水池。年輕的赫賽從莫爾布龍修道院退學之後，曾經在位於納戈爾德河的下游、鄉土博物館斜對面的佩洛鐘錶製造廠工作過，至今仍保持著與當時幾無二致的模樣。

尼可勞斯橋上的禮拜堂建造於1400年左右。

圍繞著市集廣場的美麗木造房屋。

一旦走訪過小說的舞台，肯定會更喜歡赫賽的作品

卡爾觀光的主要目的有3個，首先是探訪文豪赫曼・赫賽的足跡及其作品的舞台，其次是在美麗的木造房屋鱗次櫛比的街道散步，第三才是以卡爾為據點，走訪附近麻雀雖小但充滿魅力的村落，例如擁有一大片牧歌般田園風光的老城堡、或以修道院和夏天的戲劇節聞名的希爾紹。另外，這裡作為黑森林的觀光或登山健行的據點也是很方便的。

廣場東側從南邊走過來第2間就是赫賽的故居。

赫曼・赫賽博物館 ★★
Hermann Hesse-Museum

●卡爾車站步行5分

赫曼・赫賽博物館位於市集廣場北側的建築物3樓。展示著赫賽作品的最原始版本及他親筆寫的原稿、自己畫的素描或水彩畫等所有與赫賽有關的珍貴資料。同時也收藏了為數眾多的相片，呈現出赫賽旅行於世界各地的樣子、以及卡爾過去的城市風貌，不管是不是書迷都不容錯過。

住Marktplatz 30 營11:00～17:00（11～3月為～16:00）；冬季的週五僅有團體導覽行程 休週一、復活節的週五、12/24～25及31 費€5、學生€3

還有赫賽愛用的眼鏡及鋼筆等展示品。

STUTTGART

斯圖加特

p.11-K ■人口=62.3萬人 ■都市規模=S、U需2.5日

德國西南部的心臟地帶，是個綠意盎然的文化都市，世界級的企業齊聚一堂。

★★★ 州立美術館、賓士博物館等等

★★ 路德維希堡、索里圖德皇宮等等

★★ 坎施塔特民俗節、耶誕市集等等

★★★ 歌劇、芭蕾舞、音樂劇

★★ 名牌貨、葡萄酒、博物館周邊商品

★★ 符騰堡葡萄酒、巴登葡萄酒

★ 施瓦本美食

★ 坎施塔特溫泉、護膚沙龍

Access

●火車：法蘭克福→ICE（約1小時18～30分）→斯圖加特［1小時1～2班／€69］※IC為€49；慕尼黑→ICE（約2小時19分）→斯圖加特［1小時1班／€59］※EC、IC為€55

●飛機：法蘭克福40分、柏林（泰格爾機場）1小時15分，其他與德國境內及歐洲各大都市之間皆有航班飛行。

●從機場到市內：S2、3到中央車站27分。

●市內交通：U、S、市電、巴士。各交通工具的費用皆為共用區間制，1次票為€2.50、1日票為€7。

＜3日票（VVS 3-Tage Ticket）＞市內交通的通用車票，僅住宿飯店者可使用。市中心用€14、廣域用為€19.50等。可於❶及各飯店購買。前往路德維希堡、馬爾巴赫、艾斯林根可使用廣域用的車票。

Information

❶遊客服務中心：i-Punkt（中央車站前）
MAP p.198-B 住Königstr.1A ☎2228100
FAX 2228111 營9:00～20:00（週六為～18:00；4～10月的週日、假日10:00～17:00；11～3月的週日、假日10:00～16:00）休無休

●斯圖加特卡Plus：可自由搭乘U S。參觀市內的博物館、動物園、劇院等可享門票免費或折扣。觀光巴士打八折。可在❶購買。72小時票€47。

HP www.stuttgart-tourist.de

●青年旅館：MAP p.198-B
住Haussmannstr.27 ☎6647470

Route Advice

中央車站→皇家花園→州立繪畫館→新宮殿→皇家廣場→舊宮殿→市集廣場→國王大街→卡爾維街→［Stadtmitte→S1→Dimlerstadion］→賓士博物館〔全程約1小時40分〕

國王大街上的街頭藝人。

196

新宮殿與前方的公園。為市民的休憩場所。

城市概要 玩樂重點 不妨搭乘U S前往郊外的主要景點

戴姆勒．克萊斯勒（賓士）、保時捷、德國IBM等國際企業都把總公司設置在這裡，給人強烈的工業都市印象，事實上，整大片的葡萄園一直生長到中央車站附近，整個城市就像公園一樣，綠意盎然。從市中心的皇家花園到威廉動植物公園、展覽會場大約5公里左右的U字型綠地，稱之為『綠色的U』，可以說是斯圖加特的象徵。另外，從中央車站前向西南方延伸的**國王大街**Königstr.是條長達1公里的行人徒步區，也是斯圖加特的主要幹道。連對行人都這麼貼心，讓人很難想像這裡竟是德國汽車工業的重鎮。不妨一面享用路邊攤的椒鹽捲餅，享受悠閒自得的散步之樂。

放眼全球可以排進前幾名的斯圖加特芭蕾舞團、巴哈樂團、歐洲音樂節、斯圖加特交響樂團、『吸血鬼』等音樂劇等文化活動非常興盛，有興趣的人別忘了要確認一下表演時間。

斯圖加特州立繪畫館 ★★★
Staatsgalerie Stuttgart

map p.198-B

● U1、2、4、9、11、14 Staatsgalerie步行5分

收藏品充實的程度，號稱是德國數一數二的美術館。舊館（1～27室）裡展示著19世紀以前的德國、荷蘭、義大利的宗教畫作等等，而洋溢著藝術氣息的新館（28～42室）則展示著近代、現代美術

28室展示著畢卡索、馬諦斯、塞尚等人的作品。

的作品。其中又以30～34室以德國表現主義為中心的館藏令人驚艷。

營10:00～18:00（週四為～20:00；12/31為～14:00；1/11為12:00～） 休週一、復活節的週五、8/15、12/24及25 費€7、學生€5、週三免費 ☎470400 HP www.staatsgalerie.de

賓士博物館 ★★★
Mercedes-Benz Museum

map p.197

● S1 Gottlieb Daimler Stadion步行10分

總展示面積約1萬7000平方公尺。從1886年第一台附有引擎的馬車開始，到最新的賽車為止，這棟地上8層、地下1層的新大樓裡寫滿了賓士的歷史。

營9:00～18:00（入場17:00） 休週一、12/24～25及31 費€10、學生€5 ☎1730000 HP www.mercedes-benz.com/museum

只有在賓士博物館才能看到這麼多骨董車。

⬆搭電梯直達最上層，再順著斜坡往下逛。

➡賽車模擬器，可體驗賽車的氣氛（另付費）。

現代藝術博物館 ★★
Kunstmuseum Stuttgart

map p.198-B

● U5、6、7等 Schlossplatz步行2分

整棟玻璃帷幕的立方體建築物，複雜的內部構造十分與眾不同，一定要看。內容以企劃展為主，但隨時期而異。在屋頂上的餐廳視野非常好，也是立方形的。

營10:00～18:00（週五為～21:00） 休週一、嘉年華期間的週五、12/24～26及31 費€6、學生€4 ☎21619600

立體的玻璃屋，內部結構也很特殊。

保時捷博物館 ★★
Porsche Museum

map p.197

● S6 Neuwirtshaus (porscheplatz) 步行1分

2009年重新整修後開幕。建築物的設計新穎又充滿保時捷的風格，內部空間十足寬敞。由理念、歷史、主題展示等3個區域構成，收集了從最早期的珍貴車款到眾人皆知的911等保時捷歷代名車約80台。設有餐廳和商店，若想更瞭解技術相關的展示也可租借語音導覽。

營10:00～18:00 休週一、12/22～25及31、1/1 費€8、學生€4 ☎91120911

還展示了超跑世代的懷念車款。

Check-Check! 和慕尼黑相比毫不遜色的啤酒節

坎施塔特民俗節

Cannstatter Volksfest MAP p.197

坎施塔特位於內卡河的右岸、賓士博物館的西北方一帶。擁有湧出量高居歐洲第二位、僅次於布達佩斯的溫泉，還有德國足球甲級聯賽的會場等運動設施。

每年9～10月的2個禮拜間舉行的坎施塔特民俗節是這裡的一大盛事。林立著巨大的啤酒屋帳篷和遊樂園，還有載著啤酒桶的馬車來來回回，絕對是可以和慕尼黑啤酒節（p.163）媲美的盛大嘉年華會，而且氣氛也很類似。在國內的知名度雖然還很低，但是因此觀光客也比較少，更能深入地享受德國文化。

一面欣賞樂團演奏，一面暢飲一杯又一杯。

舊宮殿（州立博物館） ★★

Altes Schloss (Württembergisches Landesmuseum)

map p.198-B

● U4、5、6、7、15 Schlossplatz步行3分

新宮殿基本上並沒有對外開放，舊宮殿則以州立博物館的型態對外開放。建造於1562年。有用石頭打造的塔及石板地的中庭，以及外圍的迴廊等等，光是把它當作一座城堡參觀就已經很有情調了。

館內展示著許多述說著施瓦本歷史的作品，從史前時代的遺跡到凱爾特的裝飾品、教堂的神聖遺物、宮殿的陶瓷器類館藏等等。

營10:00～17:00 休週一、假日 費€5.50、學生€4.50 ☎89535111

舊宮殿對面的席勒廣場裡豎立著席勒的銅像。

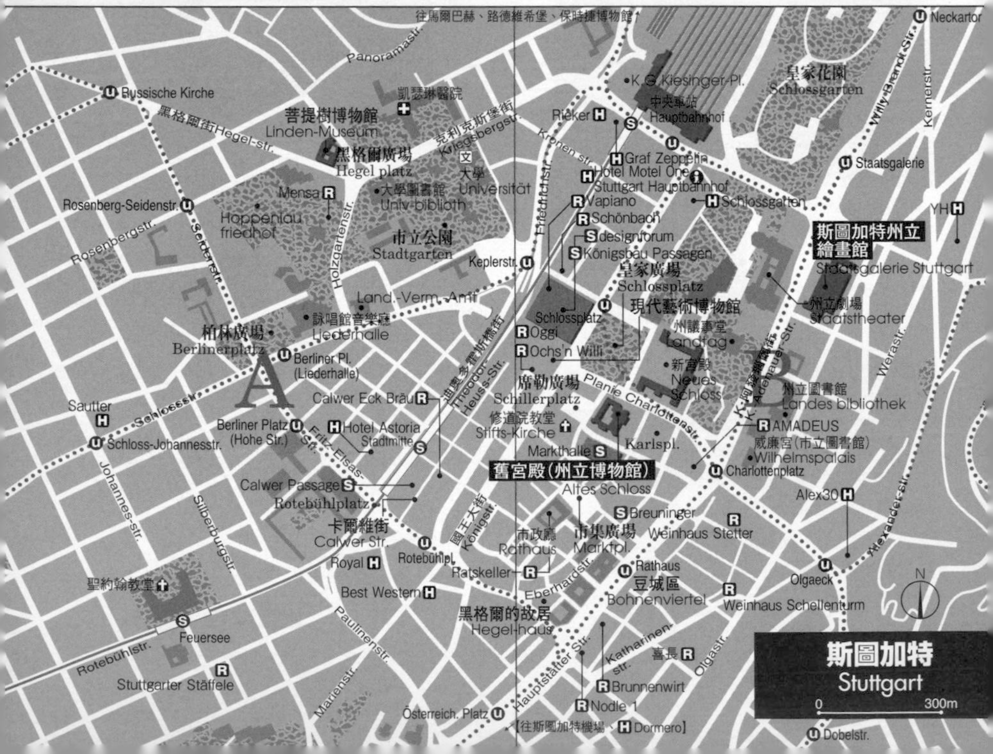

幸福的豬博物館 ★★
Schweine Museum

map p.197

● U9 Schlachthof步行6分

豬在德國是幸福的象徵。這間是收集跟豬有關的物品、世界最大規模的豬博物館。布偶、骨董品、公仔和繪畫等，從世界各地廣蒐而來的品項多達5萬件以上。例如光是豬撲滿就有2000種，依主題別分成28個房間展示。當然，也設有商店和美味的餐廳、啤酒屋。

住Schlachthofstrasse 2a　營11:00～19:30
休無休　費€5.90、學生€5　☎66419600
HP www.schweinemuseum.de

主題為廚房，鍋中的布偶感覺很超現實。

釣魚的貓？不，當然是釣魚的豬！

在入口處迎客的大豬。

Weinstube Schellenturm

直接把建造於1564年的塔改建成葡萄酒餐廳

可以搭配當地葡萄酒享用招牌菜起司雞蛋麵（上頭放有起司的德式義大利麵），以及活用當季的蔬菜和魚做成地方美食的餐廳。

map p.198-B

● U1、4/2 Rathaus步行3分
■地址　Weber Str.72
■TEL　2364888
■FAX　2262699
■營業　17:00～24:00
■公休　週日、假日
■信用卡　不可

Calwer Eck Bräu

由啤酒釀造廠直營的餐廳，可以喝到剛釀好的生啤酒

位於市中心的啤酒屋，因為價格平易近人，所以常常出現門庭若市的盛況。還可以參觀位於店內深處的釀酒廠。也販賣外帶專用的啤酒。

map p.198-A

● S1-6 U4、14/2 Stadtmitte步行3分
■地址　Calwer Str.31
■TEL　22249440
■FAX　50484422
■營業　11:00～24:00（週五、六為～翌1:00；週日10:00～23:00；假日17:00～）
■公休　無休
■信用卡　VISA、MC、AMEX

Stuttgarter Stäffele

在施瓦本的民藝風餐廳享用鄉土菜和葡萄酒

裝飾著民藝品的木造風本館，地下室的葡萄酒窖則是以石頭打造的殿堂。本館對面的咖啡酒吧為藥局風格，內部裝潢別具匠心。中庭的露天座也很受歡迎。

map p.198-A

● S1、6 Feuersee步行3分
■地址　Buschle Str.2a+b
■TEL　664190
■FAX　66419250
■營業　11:30～14:30、18:00～22:30（週六日、假日18:00～22:30）
■公休　12/24
■信用卡　VISA、MC、AMEX

Tokio Dining

有拉麵、壽司、烏龍麵的日本食堂。老闆為前日本名譽總領事長。擁有豐富的麵類餐點。

map p.197

● U14 Mineralbäder步行7分　■地址　Steubenstr.12　■TEL 50443102　■營業　12:00～14:30、18:00～22:30（週日、假日17:30～21:30、LO為休息前30分）　■公休　週一日、假日的午餐　■信用卡　VISA、MC、AMEX　HP www.tokiodining.de

Nodle 1

氣氛輕鬆又時尚的中式簡餐。但菜單上竟然有越南風的河粉，很受歡迎。

map p.198-B

● U1、2、4 Rathaus步行5分
■地址　Wilhelmsplatz 1　■TEL　86020186
■營業　11:30～23:00（週四、五為～23:30；週六13:00～23:30、週日13:00～22:00）　■公休　無休　■信用卡　不可

Check-Check! 斯圖加特的逛街指南

這座城市是德國西南部的購物天堂。百貨公司有知名的Breuninger（MAP p.198-B），Dior、Prada、Gucci等高級名牌齊聚。還有號稱德國最美麗的室內市集Markthalle（MAP p.198-B），蔬果店等店鋪並排。位於其東南方、名為豆城區Bohnenviertel（MAP p.198-B）的角落，個性商店散布其間。另外，還保留著古老木造住家的卡維爾街（MAP p.198-A）上也可見到美麗的咖啡館、餐廳，北側還有卡維爾購物商店街。

但多為高級的名牌店家，反而較難買到特產。一般多會選擇賓士或保時捷博物館內的博物館商品或是當地生產的葡萄酒。不過最近幾年，新宮殿的廣場對面開設了庶民風的商店街Konigsbau Passagen（MAP p.198-B），也有藥局和雜貨店，可以進去逛逛看。

豬在德國是吉祥物，常看得到飾品。

生活＆室內裝飾方面的設計雜貨很豐富的designforum（營10:00～20:00　休週日　Konigsbau Passagen內）。

Konigsbau Passagen內部，也有家電量販店／下右：敏感肌膚用的乳液sebamed，Rossman。／下左：裝入旅行用軟管的洗滌劑！藥局出乎意料的是特產寶庫。

★★★★ Graf Zeppelin

鄉土菜餐廳也很受好評

為市內最高級的飯店。外觀樸實，內部則擁有以古典．優雅為基調的豪華裝飾。備有三溫暖、泳池等設備與各式餐廳。

map p.198-B
●中央車站步行1分
■地址　Arnulf-Klett Pl. 7
■TEL　20480
■FAX　2048542
■費用　S,T-€169～、浮動制
■房間數　共170間
■信用卡　VISA、MC、AMEX、DC、JCB
HP www.steigenberger.com　※於上方標籤「HOTELS」點選stuttgart

★★★ Dormero

座落於城市南郊的文化設施中

雖然離市中心稍遠，但以價格來說設備十分豐富。住宿享健身＆SPA八折。飯店內還有冰淇淋店及漢堡店。

map p.197
● U3 SI-CentrumSalzacker步行1分
■地址　Plieninger Str.100
■TEL　7210
■FAX　7212009
■費用　S,T-€104～、浮動制
■房間數　全454室
■信用卡　VISA、MC、AMEX、DC、JCB

★★ Sautter

飯店位於離市中心有一小段距離的閑靜環境，提供令人賓至如歸的服務。所經營餐廳的鄉土菜也評價很高

map p.198-A　● U4、9 Schloss Johannesstr.步行1分　■地址　Johannes Str.28　■TEL　61430　■FAX　611639　■費用　S-€62～、T-€83～　■房間數　共53間　■信用卡　VISA、MC、AMEX　HP www.hotel-sautter.de

★★ Rieke

簡單、整潔，雖然走商業飯店風，但工作人員的態度和善。地處中央車站對面，不過夜晚很安靜。

map p.198-B　●中央車站步行1分　■地址　Friedrich Str.3　■TEL　2296580　■FAX　229658100 ※熱線0800-600-8081　■費用　S-€42～、T-€55～、浮動制　■房間數　共66間　■信用卡　VISA、MC、AMEX

★ Hotel Motel One Stuttgart Hauptbahnhof

屏除過多的服務，以設備來說價格便宜，因此蠻有名的。尤其這裡離中央車站近，十分方便。有免費網路。

map p.198-B　●中央車站步行3分　■地址　Lautenschlagerstrasse 14　■TEL　3002090　■FAX　30020910　■費用　S-€79、T-€94　■房間數　共231間　■信用卡　VISA、MC、AMEX、DC　HP www.motel-one.com

Royal　★★　map p.198-A
● S1-6、U4等 Stadsmitte步行5分　■地址　SophienStr.35　☎6250500　FAX 628809　費S-€69～、T-€103～、浮動制

Hotel Astoria　★★　map p.198-A
● S1-6、U4等 Stadsmitte步行3分　■地址　Hospitalstr. 29　☎4408000　費S-€35～、T-€45～　HP stadthotels-erkurt.de

Alex30 Hostel　★　map p.198-B
● U5、6等 Olgaeck步行3分　■地址　Alexanderstr.30　☎8388950　費多人房-€25～　HP www.alex30-hostel.de

★經濟型　★★休閒型　★★★標準型　★★★★豪華型

斯圖加特的區域號碼☎0711

郊外的主要景點

路德維希堡皇宮

Ludwigsburg

MAP p.197

●斯圖加特中央車站搭S4、5約20分，皇宮距離車站步行15分

這座豪華的宮殿原本是蓋來作為符騰堡伯爵家族的行館，在18棟建築物裡有452個房間，素有「施瓦本的凡爾賽宮」之稱。皇宮附近那一大片巴洛克式庭園廣達30公頃，規模為德國最大，角落還有童話故事的花園。在皇宮內的工廠所製作的瓷器，擁有足以與邁森齊名的美譽，獨特的鱗形花紋和網目花紋是其特徵。宮殿除了瓷器博物館以外，時裝博物館等處也很有看頭。

全部的圖案都是手工繪製的。

蓋在斯圖加特西郊的索里圖德皇宮也是符騰堡伯爵家族的行館。建於1767年，位於被森林重重包圍的山坡上，是座洛可可式的華麗宮殿。

每年5～10月還會舉行皇宮音樂節。

●路德維希皇宮

營導覽行程為10:00～17:00，每30分１梯次（冬季梯次會減少）。庭園為7:30～20:30 休無休　費皇宮€７（博物館等處會加收費用）　☎07141-186400

●索里圖德（孤獨）皇宮

營10:00～17:00（11～３月13:00～16:00）※僅導覽行程可參觀內部　休週一、12/24及31　費€４、學生€２　☎0711-696699

索里圖德皇宮從中央車站搭92號的巴士約30分可達。

內卡河畔馬爾巴赫市

Marbach am Neckar

MAP p.197

●斯圖加特中央車站搭S4約30分

位於可以俯瞰內卡河的山坡上的小鎮，是德國深具代表性的作家席勒出生的地方。席勒的故居從車站步行約10分。位於小鎮南方的席勒國立博物館裡展示著大批德國作家們的作品及原稿、相片等等，稱之為德國文學館也不為過。

●席勒國立博物館　營10:00～18:00（12/24及31僅上午開放）　休週一、12/25～26　費€9、學生€７　☎07144-848601　HP www.dla-marbach.de

席勒的故居（營9:00～17:00、冬季10:00～16:00　休12/24～26及31　費€３、學生€1.50　☎07144-17567）

內卡河畔艾斯林根市

Esslingen am Neckar

MAP p.197

●斯圖加特中央車站搭S1約15分

位於內卡河畔的艾斯林根市還保留著濃濃的中世紀風情。市區周圍是遍植著葡萄田的丘陵地，丘陵地上則是一整片從1314年開始興建，擁有珍貴木造屋頂的城牆和塔。建造於1420年的舊市政廳位於舊城區，以天文鐘和大鐘琴的音色聞名。8～13世紀的3座教堂以及市集廣場周圍的木造房屋也都非常漂亮。

艾斯林根車站步行至舊城區約5分

TÜBINGEN 杜賓根

p.11-K ■人口＝8.6萬人 ■都市規模＝步行需半天

眾多的詩人和哲學家、科學家都在這裡度過了青春時代。

★★ 舊城區的石板路和木造的房屋

★★ 修道院教堂、貝本豪森修道院

★ 郝恩杜賓根城等等

★★★ 霍亨索倫城堡等等

★★ 赫賽、黑格爾、賀爾德林等多數

★★★ 杜賓根大學、修道院神學院、大學城的氣氛

Access

●火車：斯圖加特→IRE、RE（42分～1小時9分）→杜賓根［1小時1～2班／€15.10］
●巴士828路：斯圖加特機場→市內€7.15

Information

ℹ遊客服務中心：Verkehrsverein MAPp.203
住An der Neckarbrücke ☎91360 FAX35070
營9:00～19:00（週六10:00～16:00；5～9月的週日、假日11:00～16:00） 休冬季的週日、假日 HP www.tuebingen-info.de
●青年旅館：MAPp.203外
住Hermann-Kurz-Str. 4 ☎23002

Route Advice

艾柏哈特橋→梧桐林蔭大道→郝恩杜賓根城→Ev. Stift神學院→賀爾德林塔→修道院教堂→市集廣場／市政廳〔全程約1小時〕

城市概要 爬上城堡可以欣賞風景同時順便掌握街道的構造

郝恩杜賓根城就蓋在內卡河畔的一座小山丘上。城堡以東到北邊的山腳下則是舊城區的所在位置。從擁有市政廳的**市集廣場**到擁有**修道院教堂**的**霍爾茨市場**Holzmarkt一帶是舊城區的中心。教堂的對面有一家赫肯豪亞書店，文豪赫賽年輕的時候曾經在這裡工作過，至今仍與當時無異地繼續營業。

舊城區的街道多半是上坡和轉角，如果漫無目的地亂走亂繞的話，很可能一下子就會搞不清楚自己身在何方，所幸並不是個太大的城市，所以還不至於迷路。火車站和ℹ、郵局就位在內卡河的南側。

因為是座大學城，所以街道規模雖小，咖啡廳還是很多。

賀爾德林塔的黃色牆壁和尖尖的屋頂。

玩樂重點 一面散步一面享受大學城自由奔放的風氣

學生和大學相關人士就占了這個都市人口的4成，所以整座城市就像是一所巨大的大學，非常有趣。正因為杜賓根是一個不拘小節、自由奔放、安全、富有變化的城市，所以才會吸引來自世界各國的學生聚集於此，可充分享受散步的樂趣。

市政廳上有兩個天文鐘。

舊城區並沒有受到戰爭太大的破壞，因此據說就連赫賽及偉大哲學家黑格爾也走過的小徑都還保持著與當時幾乎沒有什麼改變的樣子。林立於石板路兩旁的木造房屋，窗櫺看起來有點歪歪的，整棟建築物看起來也像是歪向一邊。在這樣的建築物裡，充滿了各種新奇有趣又時尚流行的店，例如書店或文具店、唱片行、陶器工房、木製品及茶或葡

郝恩杜賓根城位於可以將市區盡收眼底的山丘上。

杜賓根的區域號碼☎07071

萄酒的專賣店等等。而且到處都有既便宜又舒適的咖啡廳或學生酒吧。**舊植物園**或**梧桐林蔭大道**等公園和綠地也很多，當然也不乏讓人吸菸的場所。

郝恩杜賓根城（博物館） ★★
Schloss Hohentübingen (Museum)

map p.203

●市集廣場步行5分

郝恩杜賓根城蓋在可以將市區盡收眼底的高台上。其最古老的部分是在11～12世紀建造的，演變成現在這個樣子則是在16世紀的時候。城內一直都被當作大學的研究室使用，直到1997年開始，有一部分規劃成博物館，正式對外開放。展示品以古希臘、羅馬的遺物為中心，反映出在大學裡的最新研究成果。

營10:00～17:00（週四為～19:00）　休週一二、12/24～25及31　費€5、學生€3　☎2977384

也有重現阿爾塔米拉洞穴壁畫的單元。

梧桐林蔭大道 ★★
Platanenallee

map p.203

●市集廣場步行5分

位於內卡河的沙洲上，是一條長達1公里的梧桐樹林蔭大道。這個地點非常適合一面眺望蓋在河對岸的大學和神學院，一面思考哲學上的問題。

無論春天新綠或秋天楓紅都很美麗

每年的5～10月可以搭乘由學生船夫所掌舵的船（Stocherkahn）繞四周一圈。渡船頭在賀爾德林塔之前。

修道院教堂 ★
Stiftskirche

map p.203

●市集廣場步行3分

由大學的創辦人艾柏哈特所興建的教堂，有一座晚期哥德式的塔，還有艾柏哈特及市內的名人、諸侯長眠的墓地。

營9:00～16:00　休無休

費€1（塔／僅夏季的週五～日）

☎79525420

杜賓根大學等等 ★★★

map p.203

杜賓根大學創立於1477年，當時的大學本館是位於修道院教堂斜對面的**舊大學**（Alte Aula）。旁邊的敏茲街20號是德國最古老的**學生監獄**（參觀請洽ℹ）。再往南走就會接到內卡河岸，這裡有13世紀以來的杜賓根城牆遺跡，稱為Zwinger。其中一部分是**賀爾德林塔**，陷入精神錯亂的詩人賀爾德林曾經在這裡住了36年之久。在其西側則是稱之為Burse的學生宿舍兼教堂。沿著坡道往上走一小段路的地方，是新教徒的**神學院**Ev. Stift。後來成為自然科學家的克卜勒曾於1589年在此求學。據說在1790年的時候，黑格爾、賀爾德林、謝林還曾經住在同一個房間。

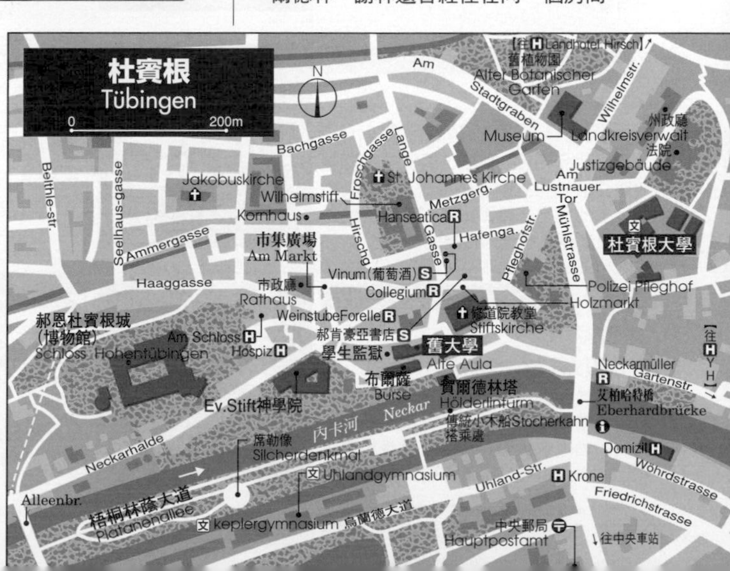

火熱情報導覽

杜賓根近郊的暢貨中心

杜賓根東方、麥琴根Metzingen的郊外有間暢貨中心Outlet City Metzingen，Nike、Lacoste等運動名牌以及Bally、Hugo Boss、Levi's等男性名牌齊聚。分為兩個區域，稍微有點距離，不過從火車站有接駁巴士運行，有興趣的人可以去逛逛。

HP www.outletcity.com/en/metzingen

最近很受歡迎的Hugo Boss專賣店。

Neckarmüller

在河畔的露天座位享用由本店的釀酒槽直接送過來的新鮮生啤酒

位於艾柏哈特橋旁的啤酒西餐廳。店內設置著巨大的釀酒槽，座位就設在釀酒槽旁邊和河岸上。是家過了中午就開始會有學生們湧入的店。

map p.203

●市集廣場步行5分
■地址 Garten Str.4
■TEL 27848
■FAX 27620
■營業 10:00～翌1:00（週日為～24:00）
■公休 過年期間數日
■信用卡 VISA、MC、AMEX、DC（€10以上方可刷卡）
HP www.neckarmueller.de

Weinstube Forelle

正如其名以鱒魚餐聞名，歷史悠久的建築物也很有氣氛

建築物有350年以上的歷史，繪畫也是1869年的作品。最拿手的菜色是食材嚴選自上游的鱒魚餐，還有魚香腸、Schwabisch Alb的羊肉餐。

map p.203

●市集廣場步行5分
■地址 Kronenstr.8
■TEL 5668980
■營業 11:45～15:00、17:45～23:00（週三～日中間無休，LO為休息前30分）
■公休 週二
■信用卡 VISA、MC
HP www.weinstube-forelle.de

Landhotel Hirsch ★★★

美味的餐點與舒適的環境

位於郊區以修道院聞名的貝本豪森內的家庭式飯店。供應施瓦本美食的餐廳也大獲好評，據說也有人從市內專程過來用餐。

map p.203外

●中央車站搭巴士10分，Bebenhausen下車步行3分
■地址 Schönbuch Str.28
■TEL 60930
■FAX 609360
■費用 S-€88～、T-€155～
■房間數 共12間
■信用卡 VISA、MC
HP landhotel-hirsch-bebenhausen.de

Krone ★★★

傳統與令人賓至如歸的氣氛

創業至今將近300年，而改成由現在的斯克拉甘霍夫家族經營也已經有100年以上的歷史。精緻的傢俱和友善的待客之道都讓人感覺到傳統的美好。

map p.203

●市集廣場步行8分
■地址 Uhland Str.1
■TEL 13310
■FAX 133132
■費用 S-€103～、T-€133～、浮動制
■房間數 共50間
■信用卡 VISA、MC、AMEX、JCB
HP www.krone-tuebingen.de

Domizil ★★★

感覺很摩登的時尚飯店

座落於內卡河畔，是家明亮又流行的飯店。還提供三溫暖和健身房，非常有情調的酒吧也大獲好評。雖然費用貴了€10左右，但最好還是訂面河的房間。

map p.203

●市集廣場步行8分
■地址 Wöhrd Str.5-9
■TEL 1390
■FAX 139250
■費用 S-€119～、T-€149～
■房間數 共79間
■信用卡 VISA、MC、AMEX
＊河景房約貴€10
HP hotel-domizil.de

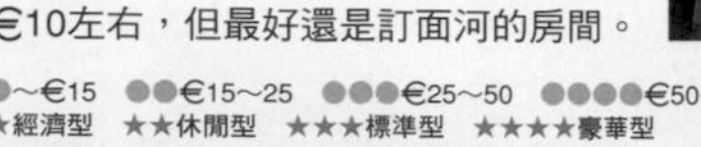

漫走遊賞報導

霍亨索倫城堡 ★★★

Burg Hohenzollern

map p.188-A

德國皇帝的故鄉

●杜賓根→IRE、HZL(約19～27分)→黑群根 [1小時1～2班／€5、1日票€8.70]→計程車(約15分／單程約€15～17)→城堡停車場→專用接駁巴士(約5分／€2、來回€3.30)，或者是走路(約20分)→城堡　※從Hechingen站到城堡停車場的300路巴士於夏季平日11:25、13:25有兩班（夏季的週六日有10、44、305路等多班，也可使用1日券）。

霍亨索倫城堡就像是戴在施瓦本丘陵上的一頂王冠，被譽為是德國最美麗的城堡之一。

首次在這座山上興建城堡是在11世紀的時候。後來在1423年悉數瓦解，1867年在腓特烈·威廉四世的命令下，重建成現在這個樣子。霍亨索倫家族原本只是施瓦本地區的領主，後來成了普魯士國王，然後又成了德國皇帝。這座城堡目前仍為德國的末代皇帝威廉二世的子孫所擁有。

中庭裡還展示著大砲。

普魯士皇帝的王冠曾經戴在許多國王的頭上。

天氣好的時候從城堡望出去的景色也很美。

城內可以參觀，有提供德語和英語的導覽行程。

首先從繪有族譜的房間出發，從牆壁到天花板畫了一整牆的霍亨索倫家族族譜。接下來依序是圖書室、書房、公主的房間、新舊兩個禮拜堂、寶物室等等。其中又以寶物室的館藏和附會在這些館藏上的傳說（救了腓特烈大帝一命的香煙盒、晚年誰也不信任，唯獨對狗很寶貝等等）都很有意思。

城內還有提供施瓦本美食的餐廳，也受理外國人的結婚典禮。

營10:00～17:30（11/1～3/15為～16:30、12/31為～15:00、1/1為11:00～16:30）

休12/24　費€12、學生€10　☎07471-2428

HP burg-hohenzollern.com

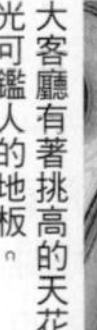

大客廳有著挑高的天花板和光可鑑人的地板。

郊外的主要景點

西格馬林根堡 ★★

Schloss Sigmaringen

●杜賓根→IRE、HZL(約1小時11～28分)→西格馬林根堡 [1小時0～2班／€8.30、1日票€14.40]→步行(10分)→城堡

建於多瑙河畔，是霍亨索倫家族的另一座城堡，從12世紀起經歷過無數次的增／改建。可參觀，但要配合導覽參觀行程。其中又以號稱德國最大的武器陳列室絕對不容錯過。

MAP p.188-A　營9:00～17:00（11/2～3/27為10:00～16:00）　休1～2月、12/24～25及31、1/1、嘉年華期間的週二　費€9.50、學生€8.50　☎07571-729221（ⓘ）

HP www.schloss-sigmaringen.de

街道上的紅色屋頂令人印象深刻。

國王的起居屋和寢室的豪華程度令人嘆為觀止。

MEERSBURG

梅爾斯堡

p.11-K　■人口＝5715人　■都市規模＝步行需半天

在羅曼蒂克的湖畔都市裡大啖博登湖的魚和白葡萄酒。

★★ 木造的房屋和石板路

★ 德羅斯特博物館、齊伯林博物館等等

★★ 舊城、新城

★★ 梅爾斯堡葡萄酒

★★ 博登湖

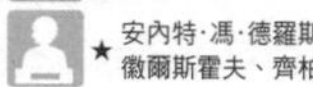
★ 安內特·馮·德羅斯特·徽爾斯霍夫、齊伯林

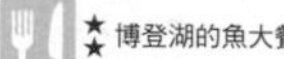
★★ 博登湖的魚大餐

Access

＊梅爾斯堡沒有火車經過，不過從康斯坦茨出發的渡輪班次多又方便。

●渡輪:康斯坦茨→渡輪(約30～50分)→梅爾斯堡[每15～30分／€6.20]，美瑙島→渡輪→梅爾斯堡[每15～30分1班／€7.20]

●巴士:腓特烈港→巴士(約35分)→梅爾斯堡[1～2小時1班／€3.60]

Information

🛈遊客服務中心：Gästeinformation

MAP p.206-B　住Kirchstr.4　☎440400

FAX 4404040　營9:00～12:30、14:00～18:00（週六日、假日10:00～14:00）

休無休

HP www.meersburg.de

城市雖小但是交通卻很不方便 請預留品嘗當地葡萄酒的時間

在德國梅爾斯堡算是比較受女性喜愛的湖畔度假村。石板路的兩旁是木造的房屋和五顏六色的民宅外牆，簡直就像是迷失在玩具王國的街道裡。

由於是度假勝地，所以週日也有開店。

市區可以分為坐擁城堡和市政廳的上城與位於湖畔的下城，其間由十分陡峭的坡道和樓梯相互連結。如果錯過了上城的博物館等地，之後要再回頭去看可就麻煩了，所以請慎重地安排好行程。

白天先參觀上城的城堡和博物館，入夜之後再悠閒放鬆地在博登湖畔的咖啡廳或葡萄酒館度過是在梅爾斯堡最基本的玩法。

宛如會出現在童話書裡的街道。

湖畔的步道上有許多咖啡廳。

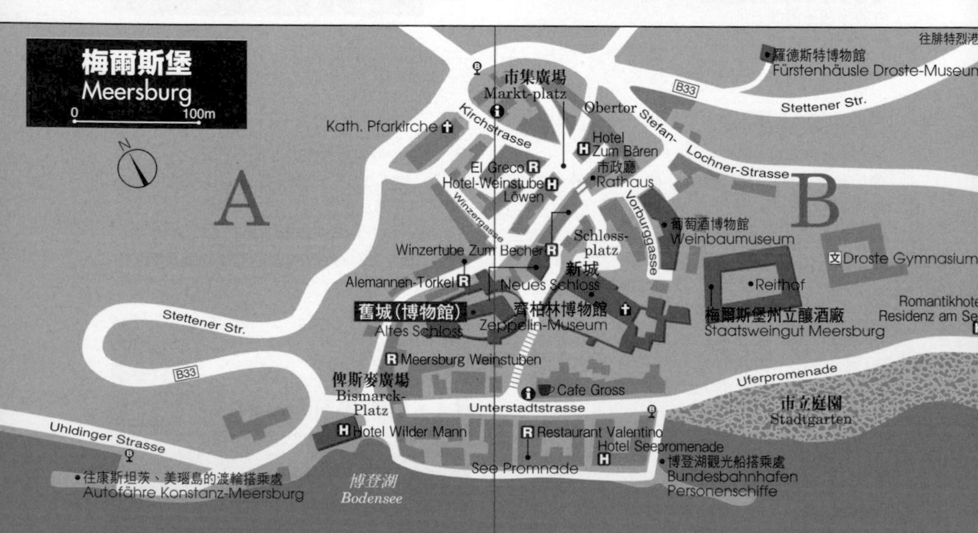

舊城（博物館） ★★★
Altes Schloss

map p.206-A

●市集廣場步行5分

城堡最古老的部分可以回溯到7世紀所建造，以現在仍有人居住的城堡來說，是德國最古老的城堡之一。內部為博物館。宛如會出現在中世紀的騎士小說裡的城堡，至今仍珍而重之地保留著當時的樣子，莊嚴的大門、纏繞著常春藤的石板牆壁、被煤煙熏得漆黑的粗大木樑、四個角都已經磨得圓圓的磁磚、位於狹窄樓梯下的幽暗地下監獄。城堡一角也還保留著德國浪漫派的女詩人安內特·馮·德羅斯特·徽爾斯霍夫（舊20元德國馬克鈔票上的人物）住過的房間。

營3～10月9:00～18:30、11～2月10:00～18:00 休無休 費€12.80、學生€10 ☎80000

城內也展示著非常舊式的武器。

新城 ★★
Neues Schloss

map p.206-B

●市集廣場步行3分

興建於18世紀的巴洛克宮殿。樓梯間和大客廳為必看之處。館內的一部分現在是博物館。

營9:00～18:30（11～3月的週六、日為12:00～17:00） 休11～3月的週一～五 費€5 ☎8079410

從新城的庭園可以看到湖。

州立釀酒廠 ★★
Staatsweingut Meersburg

map p.206-B

●市集廣場步行3分

這個地區是很有名的高級葡萄酒產地。在這裡可以試喝及購買葡萄酒，至於能否配送到其他國家則要看情況。

營9:00～18:00（週六為～16:00、週日為11:00～） 休冬季的週日、假日 費免費 ☎446744

店面的營業時間如左列所示，要參觀釀酒廠請向 ❶ 洽詢。

★★ Romantikhotel Residenz am See

湖畔雅緻的小型飯店

位於港口東邊，正對著湖畔的公園與游泳池設施的飯店。從客房或露台上都可以將博登湖和瑞士阿爾卑斯盡收眼底。雖然不算豪華，卻洋溢著高級的氣氛與品味。

map p.206-B
●市集廣場步行10分
■地址 Uferpromenade 11
■TEL 80040
■FAX 800470
■費用 S-€129～、T-€234～
■房間數 共25間
■信用卡 VISA、MC
HP hotel-residenz-meersburg.com

★★ Hotel-Weinstube Löwen

擁有400年創業歷史的飯店

綠色的葡萄葉爬滿了橘色的牆壁，鮮艷的色彩為市集廣場憑添了更多朝氣。大獲好評的餐廳也十分舒適，可以品嘗到魚和當地的葡萄酒。

map p.206-B
●市集廣場前
■地址 Marktplatz 2
■TEL 43040
■FAX 430410
■費用 S-€55～、T-€95～
■房間數 共24間
■信用卡 VISA、MC、AMEX、JCB
HP www.hotel-loewen-meersburg.de

★★ Zum Bären

六角形的尖銳屋頂上的小窗非常可愛，是一家擁有400年歷史的飯店及餐廳。

map p.206-B ●市集廣場前
■地址 Marktplatz 11
■TEL 43220 ■FAX 432244
■費用 S-€52～、T-€90～
■房間數 共20間 ■信用卡 不可

★★★ Wilder Mann

位於正對湖面、視野絕佳的位置上。在棕櫚樹簇擁下的露天餐廳非常受歡迎。

map p.206-A ●市集廣場步行10分
■地址 Bismarckplatz 2
■TEL 9011 ■FAX 9014
■費用 S-€70～、T-€95～
■房間數 共31間 ■信用卡 VISA、MC、AMEX

梅爾斯堡的區域號碼☎07532

★經濟型 ★★休閒型 ★★★標準型 ★★★★豪華型

KONSTANZ

康斯坦茨

p.11-K ■人口＝8.4萬人 ■都市規模＝步行需半天

宗教都市、大學都市、休閒度假村，擁有好幾種面貌的邊境都市。

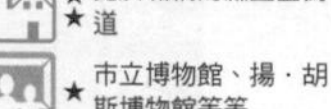
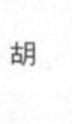

★★ 免於戰禍的濕壁畫街道
★★ 大教堂、宗教會議等等
★ 市立博物館、揚·胡斯博物館等等
★★ 博登湖
★ 齊柏林等人
★ 博登湖的魚大餐

Access

＊想要搭飛機直接前往康斯坦茨時，選擇瑞士的蘇黎世機場比較方便。
●火車：法蘭克福→ICE、IC、IRE、RE（4小時11～26分）等→康斯坦茨［1小時1班／€85］、蘇黎世→IR（1小時17分）→康斯坦茨［1小時1班／€28］

Information

❶遊客服務中心：Tourist Information Konstanz GmbH（中央車站北側）
MAP p.208 住Bahnhofplatz.43 ☎133030
FAX 133060 營4～10月／9:00～18:30（週六為～16:00、週日10:00～13:00）、11～3月／9:30～18:00 休假日、11～3月的週六、日
HP www.konstanz.de
●青年旅館：MAP p.208外 Zur Allmannshöhe 16 ☎32260

城市概要 在舊城區南部逛街購物 晚上再去下堡區

康斯坦茨的舊城區擁有非常單純明瞭的邊界，北為萊茵河、東為博登湖、南為瑞士國境、西為馬路中央有個公園的東屋街，南北大約1公里、東西大約500公尺左右，用走的就可以逛完整個舊城區了。

大教堂是這個城市的象徵，附近那一帶稱為**下堡區**，在僅容旋馬、彎彎曲曲的巷子裡，有許多學生酒吧和地方美食的餐廳，是一個非常好玩的地區。而在舊城區的南部則是購物商城，有大型的百貨公司跟個性十足的商店林立。

從舊城區的市中心走到與瑞士接壤的國境只要10分鐘，只要隨身帶著護照，就可以散步的心情輕鬆地造訪。

斯奈茲門是過去的舊城區南口。

北部新市鎮的湖畔是這裡首屈一指的高級住宅區。

玩樂重點 建築物本身就是一張畫布 整個舊城區都是一座巨大的畫廊

在康斯坦茨可以坐船遊博登湖，也可以參觀包括大教堂在內的一些歷史性的建築物等等，玩法千變萬化，但是最有趣的莫過於在舊城區散步和欣賞建築物。

康斯坦茨位於與瑞士接壤的國境，免於受戰亂破壞，因此還保留許多14世紀至今的建築物。這些建築物上描繪著各式各樣的圖案與文字，像是五顏六色的濕壁畫和屋子的建造年、以及為了看不懂文字的人特地將這個家的營生畫成圖案的標誌等等。

萊茵河口的萊茵塔是康斯坦茨的防衛措施。

博登湖及港口附近 ★★
Bodensee & Gondelhafen

map p.208

●康斯坦茨車站步行3分

康斯坦茨是博登湖畔最大的城市，也是湖上航線的據點，港口有許多渡輪以及觀光船、汽艇穿梭於其間，又憑添了幾許度假的氣氛。港口北邊的**公共議會中心**Konzilgebäude是舉行過1417年教宗選舉的建築物。在其對面則矗立著發明飛船的**齊柏林伯爵紀念碑**Zeppelindenkmal。公共議會中心以北則是**市民公園**Stadtgarten。再往前的Inselhotel飯店原本是建於1238年的聖道明修道院，齊柏林伯爵於1838年在這裡出生。越過萊茵河的北岸也有一整條沿著湖畔的美麗步道。

公共議會中心在1388年原本是蓋來當作穀物倉庫之用的。

大教堂 ★
Münster

map p.208

●康斯坦茨車站步行10分

大教堂的裝潢既莊嚴又華麗。

創建於1052～89年，在那之後又增／改建過好幾次，最後便成了融入各式各樣時代風格的模樣。主祭壇完成於1453年、風琴完成於1518年，全都是品味超凡、走文藝復興風格的樣式。大鐘重達7750公斤。爬上高達76公尺的塔之後，可以將舊城區和湖盡收眼底。1414～18年曾在此舉行過足以在宗教史上留名的會議，1416年被告發為異端的揚·胡斯也是在這間教堂裡被判有罪的。

營8:00～18:00（禮拜時間禁止參觀） 休無休
費免費 ☎00620 〈參觀塔〉營10:00～17:00（週日12:30～17:30） 休11～3月 費€2

★★★★ Steigenberger Inselhotel

宛如博登湖象徵一般的存在

本飯店位於萊茵河口的島上。建於13世紀，原本是修道院，19世紀成了齊柏林伯爵家的府邸。無論是歷史還是傳統均為一流。

map p.208
●康斯坦茨車站步行5分
■地址 Auf der Insel 1
■TEL 1250
■FAX 26402
■費用 S-€160～、T-€240～、浮動制
■房間數 共102間
■信用卡 VISA、MC、AMEX、DC
HP www.steigenberger.com

★★★★ Hotel Halm Konstanz

兼具傳統與規模的高級飯店

就在車站和港口的旁邊，其地理位置可以說是舊城區的入口。從東側的房間可以將港口和湖景盡收眼底。休閒設施也很完善，可以充分享受優雅的氣氛。

map p.208
●康斯坦茨車站步行1分
■地址 Bahnhofplatz 6
■TEL 1210
■FAX 21803
■費用 S-€115～、T-€140～、浮動制
■房間數 共99間
■信用卡 VISA、MC、AMEX
HP www.hotel-halm.de

★★ Barbarossa

舊城區裡擁有鐘塔的飯店

正對著奧伯市集的建築物建造於1419年。飯店櫃台的木頭樑柱等都還保持著過去的樣子。也有氣氛很好的餐廳。即使是附有浴室的房間也比別人便宜。

map p.208
●康斯坦茨車站步行5分
■地址 Obermarkt 8-12
■TEL 12899-0
■FAX 12899-700
■費用 S-€55～、T-€90～
■房間數 共55間
■信用卡 VISA、MC、AMEX、DC
HP hotelbarbarossa.de

Schiff am See ★★★ map p.208外
●康斯坦茨車站搭計程車10分 住William-Graf-pl.2
☎31041 FAX31981 費S-€79～、T-€109～

Stadt Hotel ★★ map p.208
●康斯坦茨車站步行8分 住Bruderturmgasse 2 ☎9046-0
FAX9046-46 費S-€70～、T-€110～

康斯坦茨的區域號碼☎07531

★經濟型 ★★休閒型 ★★★標準型 ★★★★豪華型

郊外的主要景點

花與文化之島‧美瑙島 ★★★

Insel Mainau MAP p.188-A

●康斯坦茨搭4路巴士約20分，康斯坦茨車站、梅爾斯堡搭渡輪、觀光船約20～45分

美瑙島就位在介於德國、瑞士、奧地利三國之間的博登湖上。在中世紀曾經有500年皆為德國騎士團所有，1732年在此興建了巴洛克式的宮殿和附屬的教堂。目前的所有人是瑞典的雷那托．貝納多特伯爵，他繼承了德國的巴登親王和瑞典國王的血統。利用溫暖的氣候，把珍貴的花草和樹木從世界各地移植過來。另外，還開設教室，講解與植物有關的知識或栽培方法，舉行演奏會或展覽會、諾貝爾得獎者的演講等等，持續將本島塑造成一個花與文化之島。目前已是歐洲數一數二的植物園之一，吸引了大批的觀光客前來。

宮殿有一部分是介紹島的歷史和現狀的博物館。

在45公頃的島上，種植了400種、9000株玫瑰的義式庭園、遍植者香蕉、橡樹等熱帶植物的熱帶植物園（冬天為巨大的帆布溫室）、收集了世界各地的蝴蝶的昆蟲館等琳瑯滿目的設施，從春天的鬱金香到深秋的楓紅為止，島上一年四季都被各式各樣的植物給妝點得多彩多姿。島內雖然有高低起伏，但是卻充滿了各種貼心的設計，例如規劃了坐輪椅參觀的動線、利用木紋的觸感和點字的解說來讓眼睛不方便的人也可以和植物接觸的單元等等。

6月是玫瑰，9月則是大理花的評鑑會。

〈庭園施設〉營島嶼本身從日出到日落為止（各種設施皆有各自的營業時間） 休無休 費€21（10月下旬～3月下旬為€10） ☎3030 HP www.mainau.de

也可以申請在美麗的洛可風教堂裡舉行婚禮

腓特烈港★ ★

Friedrichshafen MAP p.188-B

腓特烈港位於博登湖的北岸，從ICE的車站烏爾姆搭急行列車約1小時10分。也有飛往法蘭克福及柏林的機場，因此也是博登湖航運的據點、博登湖周圍或阿爾卑斯街道旅行的出發點。為了紀念以前齊柏林伯爵曾經在這裡製造出飛船，在港口旁蓋了一座齊柏林博物館。館內展示著在1937年因為意外而被焚毀的興登堡號飛船的等身大模型及與飛船有關的資料、相片、實際的零件、現正開發中的未來型飛船等等。

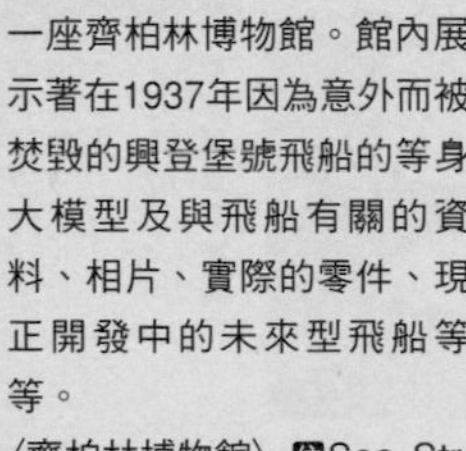

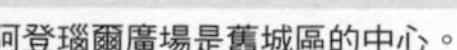

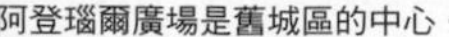

阿登瑙爾廣場是舊城區的中心。

〈齊柏林博物館〉 住See Str. 22 營9:00～17:00（11～4月為10:00～、12/31為10:00～14:00） 休11～4月的週一、12/24～25及31 費€9 HP www.zeppelin-museum.de

開往瑞士或奧地利的船也會從這個港口進出。

博物館前有飛船的模型。

ULM
烏爾姆

p.11-K ■人口＝12.4萬人 ■都市規模＝步行需1天

映照在多瑙河的水面上，擁有世界第一高塔的大教堂。

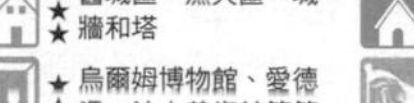
★★ 舊城區、漁人區、城牆和塔

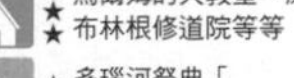
★★ 烏爾姆的大教堂、威布林根修道院等等

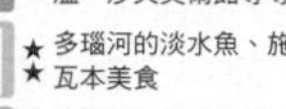
★★ 烏爾姆博物館、愛德溫・沙夫美術館等等

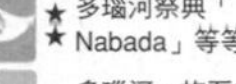
★★ 多瑙河祭典「Nabada」等等

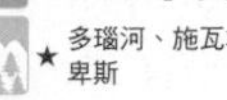
★★ 多瑙河的淡水魚、施瓦本美食

★ 多瑙河、施瓦本阿爾卑斯

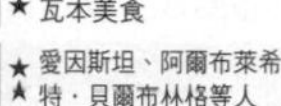
★★ 愛因斯坦、阿爾布萊希特・貝爾布林格等人

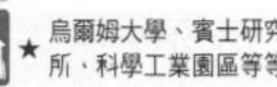
★ 烏爾姆大學、賓士研究所、科學工業園區等等

Access

●火車：法蘭克福→ICE（2小時17分）→烏爾姆［2小時1班／€73］

Information

❶遊客服務中心：Ulm-Neu-Ulm Touristik GmbH MAP p.211-A 住Münsterplatz 50 ☎1612830 FAX 1611641 營9:30～18:00（週日、假日11:00～15:00）、1～3月的週六為～16:00（聖誕節市集為～18:00）、聖誕節市集的週六、假日為11:00～ 休1～3月的週日、假日 HP www.tourismus.ulm.de

●烏爾姆卡：除了市內電車、巴士、市區介紹免費之外，還有各種優惠。1日票€12、2日票€18。

●青年旅館：MAP p.211-A外 住Grimmelfinger Weg 45 ☎384455

Route Advice

中央車站→麵包文化博物館→大教堂廣場／大教堂→市政廳→烏爾姆博物館→屠夫塔→城牆→漁人區〔全程約40分〕

烏爾姆的區域號碼☎0731

大教堂的左邊是烏爾姆的斜塔「屠夫塔」。

城市概要 大教堂的塔是本市的地標 新烏爾姆也在走路可達的範圍內

烏爾姆的舊城區以擁有大教堂的大教堂廣場為中心，東西長1公里、南北為500公尺左右，就算把多瑙河對岸的**新烏爾姆**包含在內，南北也只有1公里左右，觀光採步行即可，只要以大教堂的塔為地標就不會迷路了。

玩樂重點 有體力的人不妨爬到塔上 也要預留時間在河邊散步

在烏爾姆的玩樂重點除了參觀**大教堂**和**市政廳**、欣賞博物館或美術館之外，還有在過去圍繞著市區的城牆或多瑙河的岸邊，稱之為**漁人區**（Fischerviertel）的運河沿岸的街道上散步。若是時間上較充裕的人，還可以將觸角延伸到市區周圍的幾個僅存的要塞或新烏爾姆，或是去**愛德溫・沙夫美術館**或**鄉土博物館**、**給水塔**等地參觀也不錯。

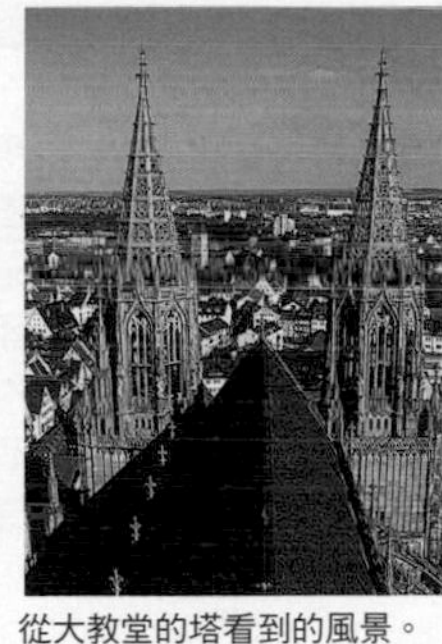

從大教堂的塔看到的風景。

大教堂 Münster ★★★

map p.211-A

●大教堂廣場前

高達161.53公尺，號稱世界最高的塔，再加上僅次於科隆為德國第二大的大教堂，可以說是烏爾姆的象徵。從1377年到1890年之間，花了500年以上的時間建造而成。可利用768階的樓梯爬到141公尺的高度。內部各式各樣的美術工藝品和色彩鮮艷的彩繪玻璃也很值得一看。還會舉行管風琴的演奏會。

營9:00～19:00（10～3月為10:00～17:00，塔的參觀時間僅有短短的1小時，並且週六、日及冬季為10:00～）、聖誕節市集為～18:00（塔為～15:45） 休無休 費入塔費：€5、17歲以下的學生€3.50 ☎3799450

天氣好的時候從塔上可以看到阿爾卑斯山。

市政廳 Rathaus ★

map p.211-A

●大教堂廣場步行１分

建築物為建於1370年的哥德式風格。一開始是商店，1419年開始變成市政廳。牆壁上描繪著昔日的多瑙船等壁畫，館內還展示著貝爾布林格（參照右下的小專欄）的飛機模型。

建築物的牆壁上都是色彩鮮艷的壁畫。

營8:00～16:00（週五為～13:00）
休週六日、假日

漁人區 Fischerviertel ★★★

map p.211-A

●大教堂廣場步行３分

舊城區南部有好幾條小溪注入多瑙河一帶，這個地區過去是漁夫和製作捕魚工具的工匠們所居住的地方，如今仍保留著古老的木造傢俱和水車、以及昔日的街道風情。現在則林立著魚餐廳及骨董店、工藝品的工房等等，可以充分地享受逛街的樂趣。

沿著河岸往前走就會走到多瑙河畔。

烏爾姆博物館 Museum Ulm ★★

map p.211-B

●大教堂廣場步行２分

展示從烏爾姆及其近郊挖掘的文物及美術工藝品等等，可以了解這個地區的歷史及風土文化。還有以克利及康丁斯基等德國表現派為中心的近、現代美術的館藏。

營11:00～17:00（企劃展時的週四為～20:00）
休週一、12/24～25及31 費€８ ☎1614330

收藏品以史前時代的出土文物最為充實。

麵包文化博物館 Museum der Brotkultur ★★

map p.211-A

●大教堂廣場步行５分

麵包及穀類的專業博物館，建築物以前曾經是食鹽的貯存倉庫。以寓教於樂的方式展示著從小麥的栽培、收割，到做成麵包為止的整個製造過程及工具、歷史等等。

營10:00～17:00（1/1為13:00～、７月的祭典時為～13:00）
休12/24～25及31、復活節的週五
費€４、學生€３
☎69955

也重現實物大的烤麵包窯等麵包工廠。

出生於烏爾姆的名人

烏爾姆擁有兩種風貌，一種是舊城區所代表的過去，一種是科學技術的相關研究所聚集的未來。而代表上述烏爾姆的先端科學技術的偉人，就是愛因斯坦，以及「烏爾姆的裁縫師」阿爾布萊希特．貝爾布林格。他在1811年挑戰了人類史上第一次的飛行（墜落於多瑙河）。

舊武器庫前的廣場上還有這樣的噴水池。

Zur Forelle

如店名（鱒魚）一樣，以魚類佳餚聞名。當然也提供使用當季食材的鄉土美食。面河的露臺座位很受歡迎。

map p.211-A ●大教堂廣場步行約5分
■地址 Fischergasse 25
■TEL 63924 ■營業 11:30～14:30、17:00～23:00（週六為～21:30、週日為～21:00） ■公休 無休
■信用卡 VISA、MC、DC HP zurforelle.com

Gerber Haus

在這裡能品嘗到傳統施瓦本美食——德國餛飩湯Maultasche和洋蔥牛排Zwiebelrostbraten。

map p.211-A ●大教堂廣場步行約5分
■地址 Weinhofberg 9
■TEL 1755771 ■營業11:30～14:30、17:30～23:00
■公休 無休 ■信用卡 VISA、MC
HP www.gerberhaus.de

Schiefes Haus ★★★

這家飯店也是烏爾姆的景點

位於漁人區，建造於1443年的木造房子。顧名思義，外觀有一點傾斜（Schiefes）。館內還原封不動地保持著當時的樣了，但衛浴都是最新的設備。

map p.211-A
●大教堂廣場步行5分
■地址 Schwörhausgasse 6
■TEL 967930
■FAX 9679333
■費用 S-€109～、T-€119～
■房間數 共11間
■信用卡 VISA、MC
HP www.hotelschiefeshausulm.de

Stern ★★ map p.211-A
●大教堂廣場步行7分 住Stern-Gasse 17 ☎15520 FAX155299 費S-€80～90、T-€98～125

Brickstone Hostel ★ map p.211-B外
●新烏爾姆車站步行12分 住Schützenstr.42 費多人房-€19～ ☎7082559 ※櫃檯10:00～11:30、17:30～19:30

Ulmer Stuben ★ map p.211-A
●中央車站步行7分 住Zinglerstr.11 ☎962200 FAX 9622055 費S-€71.50～、T-€96～

Hotel Bäumle ★★ map p.211-A
●大聖堂步行2分 住Kohlgasse 6 ☎62287 費S-€70～82、T-€98～112 HP www.hotel-baeumle.de

漫走遊賞報導

德國玩具街道 ★★
追尋兒時的夢想

在烏爾姆的近郊，有許多與玩具有關的快樂街道。參觀城堡或教堂固然很不錯，但是想不想找回童心，試著重新回想起小時候的夢想呢？

在前往斯圖加特途中的**格平根**Göppingen鎮上，有世界知名的鐵道模型製造工廠**Märklin**的總公司和展示著其作品的博物館(營10:00～18:00［週日11:00～］休假日 費免費 ☎07161-608289)。

位於從烏爾姆搭RB往北約40分鐘左右的金根Giengen（Brenz）則有泰迪熊迷們超級嚮往的金耳扣泰迪熊工廠。2005年，在這家工廠的隔壁又開了一家叫作泰迪熊世界的體驗型博物館，內容雖然

由SL到ICE都有的夢幻鐵道王國。

5～10月的週六日、假日運行（7、9月的週四也有）。

雖有Steiff公司的歷史與罕見玩具熊的展示，但有機關會動的玩具熊則以兒童為主要客層。

是針對小朋友設計，但是1樓也有商店，販賣著限量的博物館熊。

還有一個比較不算是玩具，就是在烏爾姆南方**奧豪森**Ochsenhausen的**博物館鐵道**（1天2趟來回。費單程€12，來回€16。☎07352-922026），是由真正的蒸汽機關車所行駛的鐵道。其西邊的溫泉鄉**紹高鎮**Saulgau郊外的**聖吉森修道院**St. Siessen是胡美爾人像的發祥地。再往南方走的**拉芬斯堡**Ravensburg也是德國玩具產業的重鎮。

Die Welt von Steiff
MAP p.188-B 住Margarete-Steiff-Platz 1 ☎07322-131500 營10:00～18:00（12/24及31為～13:00，入場至閉館前1小時為止） 休12/25～26、1/1、復活節的週五 費€10、兒童€6（6歲以下及身高125cm以下免費） HP www.steiff.de

★經濟型 ★★休閒型 ★★★標準型 ★★★★豪華型

FREIBURG IM BREISGAU

弗萊堡

p.11-J ■人口＝22.6萬人 ■都市規模＝步行需半天

傳承著哈布斯堡王朝的文化，是黑森林的南方大門。

 ★★ 舊城區、城門等等

 ★★★ 大教堂等等

 ★ 古代歷史博物館、奧古斯丁博物館等等

★★★ 黑森林

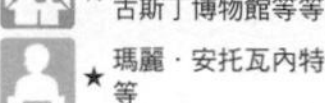 ★ 瑪麗·安托瓦內特等等

 ★ 弗萊堡大學、相關設施

Access

●火車：法蘭克福→ICE（2小時5～10分）→弗萊堡［1小時1～2班／€69］

Information

ℹ遊客服務中心：Freiburg Wirtschaft und Touristik GmbH & Co. KG
MAP p.214-A 住Rathauspl. 2/4（舊市政廳內） ☎3881880 FAX 38111498 營8:00～20:00（週六9:30～17:00、週日10:30～15:30）；10～5月為8:00～18:00（週六9:30～14:30、週日10:00～12:00） 休無休 HP visit.freiburg.de
●青年旅館：MAP p.214-B外
住Kartäuserstr.151 ☎67656

大教堂為本地的地標 舊城區的西南部是大學城

舊城區位於稱之為ring的環狀道路的內側，大約500平方公尺。市電也有行駛其中，但是光用走的就綽綽有餘了。舊城區的中心就落在**貝特德街**和**凱撒·約瑟夫大道**的十字路口附近，還有銅像。餐廳和商店也都集中在這一帶。

市政廳廣場。右邊是大教堂，左邊是聖馬丁教堂。

在舊城區散步 可以讓人忘了時間的流逝

弗萊堡受到哈布斯堡王朝長達500年的統治，和其他城市略有不同，是個洋溢著南方氣息的熱情城市。由於是大學城，有很多價格合理的咖啡廳，適合在散步途中小憩片刻。

閑靜的街道，跟市電相得益彰。

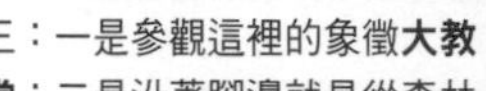

在弗萊堡觀光的基本路線有三：一是參觀這裡的象徵**大教堂**；二是沿著腳邊就是從森林流下來的清流的道路，一面欣賞五顏六色的房子和石造的門塔等等，一面在**舊城區散步**；第三個是一定不可以忘記的，就是去**黑森林觀光**。

文藝復興樣式的市政廳，雙塔相當醒目。

大教堂／大教堂廣場／商貿會館 ★
Münster/Münsterplatz/Kaufhaus

map p.214-B

●中央車站步行10分

弗萊堡的**大教堂**一整面都施有細膩的雕刻，被譽為是歐洲最美的哥德式建築之一。在目前的**大教堂廣場**上開始擺攤作生意是在1120年的時候。而當初下令在這裡蓋教堂的是柴林根親王貝托爾德五世，於1200年左右動工。初期蓋成後期羅馬式風格，不久後又改成法國哥德式，於1513年落成。

教堂內是中世紀美術的寶庫，其中又以出漢斯・巴爾東・格里恩於1516年所打造的大祭壇令人嘆為觀止。一旦爬上高達116公尺的塔，便可以將舊城區及黑森林全都盡收於眼底。

隔著大教堂廣場與大教堂面對面的**商貿會館**，是擁有2根尖銳突出屋頂的紅色建築。建於1520～30年，可以說是這個城市的象徵。

<大聖堂>營10:00～17:00（週日、假日13:00～19:30）、禮拜時禁止參觀　休無休　費免費

塔為9:30～16:45（週日、假日13:00～17:00）休11月～4／1的週一　費€2

郊外的主要景點

史屈蘭峰
Schauinsland ★★

MAP p.188-A

從市內最容易去到的黑森林展望台。從市電2號的終點站Dorfstr.搭乘21號巴士到空中纜車搭乘處。從山上站走10分鐘左右，就可以抵達海拔1284公尺的山頂。周圍是一大片美麗的森林，登山健行的路線也被規劃得很完善。

HP www.schauinslandbahn.de

中央站到山頂約1小時。

博物館巡禮 ★★
Museum

map p.214

奧古斯丁博物館（費€7）裡展示著克拉納赫等中世紀繪畫及工藝品等等。**古代歷史博物館**（費€4）則收藏有萊茵河流域的凱爾特人及古羅馬人的出土文物。除此之外，弗萊堡還有許多風格獨具的博物館，例如**現代美術館**（費€7）、**人類自然博物館**（費€5）、**市立歷史博物館**（費€3）等等。營10:00～17:00（市立博物館皆同）

休週一

位於科龍畢公園的古式宮殿就是古代歷史博物館。

★★★★

Colombi Hotel

傳統與現代共冶一爐的飯店

在ℹ隔壁，是弗萊堡最高級的飯店。一方面讓人感覺到講究的氣氛，一方面又具有游泳池等各種設施也很完善的機能性，餐廳為米其林的星級餐廳。

map p.214-A

●大教堂廣場步行7分
■地址　Rotteckring 16
■TEL　21060　■FAX　2106620
■費用　S-€208～、T-€269～
（視季節有週末折扣。附早餐）
■房間數　共112間
■信用卡　VISA、MC、AMEX、DC、JCB
HP www.colombi.de

★★★

Zum Roten Bären

德國最古老的飯店之一

建築物建造於1120年，而飯店的營業則始於1311年，擁有將近700年的傳統。提供地方美食的餐廳也大受好評，葡萄酒倉庫刻劃著創業以來的歷史。

map p.214-B

●大教堂廣場步行5分
■地址　Oberlinden 12
■TEL　387870
■FAX　3878717
■費用　S-€79～、T-€129～
（大套房€179）
■房間數　共25間
■信用卡　VISA、MC、AMEX、JCB
HP roter-baeren.de

StayInn Freiburg Hostel ★★ map p.214-A
●中央車站步行10分　■地址　Stühlingerstrasse 24a　☎36300573
費S,T-€58～　櫃檯9:00～22:00（週六、日11:00～21:00）

Oberkirch ★★ map p.214-B
●大教堂廣場步行1分　住Münsterplatz 22　☎2026868
FAX 2026869　費S-€79.40～、T-€134～

弗萊堡的區域號碼☎0761

★經濟型　★★休閒型　★★★標準型　★★★★豪華型

黑森林（Schwarzwald）

巴登·巴登～菲爾德山

位於山上受濕原包圍下的，是從冰河期殘留至今的湖泊，周圍一帶被指定為自然保育區，木板鋪的登山健行路線十分完善，從半山腰的停車場走上去約1小時30分。

以市集廣場為中心的美麗街道被設計成水車的翅膀狀，是黑森林內部的心臟城市。每年7月在廣大的溫泉水療中心裡都會舉辦美食節。

巴特維爾德巴德→
到普福爾茨海姆／B294
25km30分

巴特維爾德巴德
Bad Wildbad

50km50分

40km60分

N

維爾德湖
Wildsee

25km40分

弗羅伊登施塔特→
到杜賓根／B28
75km90分

Hotel Traube
Tonbach

弗羅伊登施塔特
Freudenstadt

B294
15km20分

阿爾匹爾斯巴赫
Alpirsbach

Hotel
Sackmann

Geroldsauer瀑布
Geroldsauer
Wasserfall

Bareiss

拜爾斯布隆
Baiersbronn

巴登巴登→
到卡爾斯魯厄／BAB5
45km30分

B500
40km50分

穆莫爾湖
Mummelsee

25km30分
B28

巴登·巴登
Baden-Baden
→參照p.190

黑森林高原公路
Schwarzwald
Hochstrasse

B33
25km30分

因為修道院的教堂、自古以來就自行釀製的啤酒、玻璃工藝而出名的小鎮。可以參觀位於市中心的玻璃工房，還附設有商店。

古塔賀→
到奧芬堡／B33
35km40分

位於從巴登·巴登往山裡走一小段路的地方，從公路沿著位於河畔的森林小徑走30分鐘左右，有很多黑森林裡較為罕見的落葉樹，新綠和黃葉美不勝收。

緊鄰著高原公路，在森林簇擁下的小小湖泊。湖畔除了有餐廳及當地特產店、寬敞的停車場（免費）之外，汽艇及散步道也很完善。

在黑森林高原公路中，也以沿著稜線往上走的這一帶的風景最為開闊美麗。樅樹及橙皮果樹等針葉樹林間交織成一望無際的草原，可以充分享受到天高氣爽的高原兜風樂趣。

交通方式

●**開車**：以上所介紹的黑森林高原公路指的是與黑森林景觀街道、巴登的葡萄酒街道、德國鐘錶街道等交叉，幾乎南北縱貫黑森林正中央的道路。一般都是從巴登·巴登進入，也可以從黑森林北側的BAB8、西側的BAB5、東側的BAB81等三條高速公路進來。雖說是山中小路，但是大部分的B500和在途中交叉的B28、B33、B31等主要幹道都是雙線道，故行車順暢。巴登·巴登的郊外和特里堡、弗羅伊登施塔特這些城市前後必須注意陡峭的坡道和連續的急轉彎。冬天積雪很深，有時需要繫上雪鏈。

●**火車**：從法蘭克福到弗羅伊登施塔特經由斯圖加特約2小時50分。前往特里堡～多瑙艾興根～康斯坦茨方向，從奧芬堡轉乘IRE、RE即可直達。從弗萊堡搭RB到蒂蒂湖約38分。光靠電車和巴士想要在所有的城市移動實在是有點困難。

黑森林野外博物館Schwarzwalder Freilichtmuseum Vogtsbauernhof位於郊外的國道沿線（B33）上，展示著這個地區的古老民宅等等。也有餐廳、名產店〔☎07831-93560 開9:00～18:00（8月～19:00），入場到前1小時為止 休11月上旬～3月下旬 料€10（學生€9）〕 HP www.vogtsbauernhof.de

■黑森林

以森林浴的發祥地而廣為人知，是歐洲特別受到喜愛的度假勝地，也有很多人是衝著運動而來的。布穀鐘和木工藝品是這裡的特產，地方美食則以鱒魚等淡水魚及生火腿、依照不同的季節使用不同的野生鳥獸肉製成的野味最為有名。用櫻桃釀成的櫻桃白蘭地（蒸餾酒）以及黑森林蛋糕（Schwarzwälder Kirschtorte）都很美味。※在這個地區使用黑森林悠遊卡〔3天內有效 料€39.50、家庭（成人2人＋17歲以下孩子最多3人）€119、含魯斯特歐洲公園一天€70（家庭€245）〕有優惠。可於100間以上博物館免費進場。請於各鎮的❶購買。HP www.schwarzwald-tourismus.info

附近有很多當地特產的鐘錶工房和商店，德國最長的瀑布（163公尺）也很有看頭〔●從收費站步行10分 開9:00～18:00（依天氣而定～19:00），冬天依天氣而定 費€5、學生€4.50〕 HP www.triberg.de

多瑙河的源頭與從黑森林蜿蜒而下的布里加赫河和布萊克河在這裡匯集，多瑙河悠久的歷史就是從這個城市開始的。福斯登堡侯爵的宮殿（上圖為多瑙河噴泉）及市立教堂也都很有名。

兜風路線／BAB81
85km60分

多瑙艾興根
Donaueschingen

35km25分

靠近市中心，展示著從古代到21世紀為止，來自世界各地約8500個時鐘的鐘錶博物館〔☎07723-9202800 開9:00～18:00（11～3月10:00～17:00） 休無休 費€6、學生€5〕 HP deutsches-uhrenmuseum.de

40km40分

H Parkhotel Wehrle

古塔賀
Gutach

特里堡
Triberg

B500

10km15分
B33

15km25分

福特華根
Furtwangen

B500
35km40分

蒂蒂湖→
到蘇黎世
（瑞士）／B500
95km100分

50km60分

古塔賀→
到弗萊堡／B294

B31
40km55分

赫克森洛赫

蒂蒂湖
Titisee

狹谷湖
Schluchsee

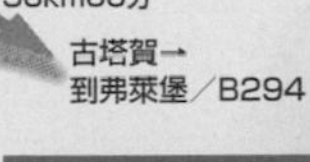

康德爾／Kandel

15km25分

為海拔1242公尺的展望台，冬天會開闢成滑雪場。途中的赫克森洛赫有2座非常珍貴的水車目前還在運轉。從西側往上延伸的坡道是一連串陡峭的坡道和急轉彎。

蒂蒂湖→
到弗萊堡／B31

35km35分
B31

70km80分
B317

菲爾德山
Feldberg

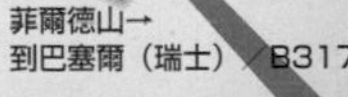

菲爾德山→
到巴塞爾（瑞士）／B317

弗萊堡
→參照p.214

海拔1493公尺，為黑森林的最高點。從停車場搭纜椅約10分、走路約30分鐘可抵達山頂，可以欣賞到一望無際的風景。從山頂出發的登山健行路線十分完善。

開車或搭火車皆很容易前往，是黑森林南部觀光的心臟地帶。湖面上穿梭著觀光船和汽艇，北面的岸邊則聚集了許多飯店和當地特產店，也有很受歡迎的咖啡廳。

黑森林的飯店

黑森林是歐洲數一數二的度假勝地，也是森林浴的發祥地，到處都有溫泉湧出。在這個被森林環抱的高原及溫泉鄉，千萬記得找間舒適的飯店，好好享受一下。

⬆Schwarzwaldstube餐廳的小份餐點為€180～

⬅所有客房均有陽台。

★★★★ Hotel Traube Tonbach

知識豐富的侍酒師

盡享大自然、美食與悠閒時光

以木質風的室內裝飾為基礎，室內＆戶外泳池、三溫暖、護膚＆Spa等設備完善。除了網球場外，還有冰壺場地以及與附近合作的高爾夫球場。也是附設米其林三星餐廳Schwarzwaldstube的德國知名飯店。待客服務佳，配置了多達300名、比顧客人數還要多的工作人員。2013年曾改裝擴張。

map p.216
●拜爾斯布隆站搭車8分
■地址　Tonbachstrasse 237
■TEL　07442-4920
（Schwarzwaldstube夏季期間會有休假。請提早預約）
■FAX　07442-492692
■費用　S-€179～249、T-€249～719
■房間數　共153間
■信用卡　VISA、MC、DC、JCB
HP www.traube-tonbach.de

★★★ Parkhotel Wehrle

客房裡還有骨董級的傢俱。

可以品嘗到文豪最愛餐點的美食飯店

位於幾乎就落在黑森林正中央的特里堡，附近有好幾間森林裡的小屋、以及野外博物館及鐘錶博物館，是黑森林觀光的心臟地帶。這家飯店建造於1707年，飯店內到處都還保留著昔日鄉下旅館的風情，是間傳統的飯店。在地方美食餐廳裡所提供的黑森林淡水魚十分有名，可以品嘗到鱒魚的全餐，據說就連大文豪海明威也曾經每天晚上都吃這道菜。

游泳池和三溫暖也很完善。

map p.217
●特里堡站步行10分
■地址　Garten Str.24
■TEL　07722-86020
■FAX　07722-860290
■費用　S-€85～、T-€155～
（5歲以下兒童免費）
■房間數　共52間
■信用卡　VISA、MC、AMEX、DC、JCB
HP parkhotel-wehrle.de

★★★★ Bareiss

清爽的高原度假村飯店

座落於郊外丘陵上的高原度假村。客房非常寬敞，各種設施也都十分齊全，例如5間內容各自不同的餐廳以及一年到頭都可以使用的溫泉游泳池等等。

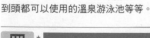

map p.216
●拜爾斯布隆站搭巴士5分
■地址　Hermine-Bareiss-Weg 1
■TEL　07442-470
■FAX　07442-47320
■費用　S-€254～、T-€500～
（附早、晚餐）
■房間數　共99間
■信用卡　餐廳＆精品店 VISA、MC、DC／飯店僅接受EC或支票
HP www.bareiss.com

★★★★ Hotel Sackmann

有引以為傲的米其林二星餐廳

不妨在牧歌的環境裡細細地品味其原創的菜色。以地方美食為中心，再做成地中海風味或亞細亞風味等各式各樣不同的搭配。4種套餐€135起。

map p.216
● S41 Karlsruha乘車約1小時20分，Schwalzenberg下車步行2分
■地址　Murgtalstr. 602
■TEL　07447-2890
■FAX　07447-289400
■費用　S-€98～、T-€152～
（附早、晚餐）
■房間數　共66間、公寓式7間
■信用卡　VISA、MC、AMEX、DC、JCB
HP www.hotel-sackmann.de

★經濟型　★★休閒型　★★★標準型　★★★★豪華型

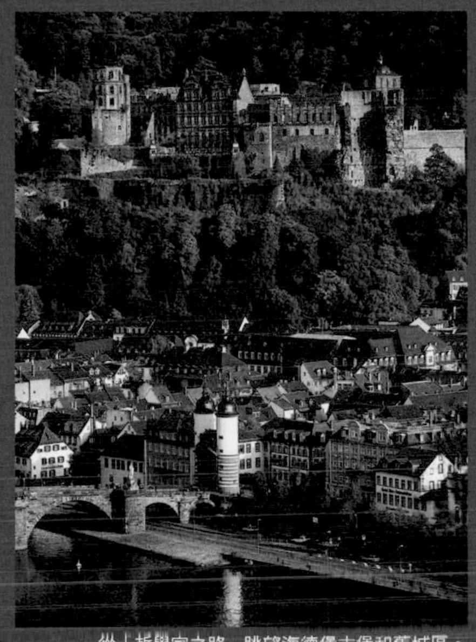

從「哲學家之路」眺望海德堡古堡和舊城區。

古堡大道

海德堡
許威比斯郝爾
紐倫堡
班堡
拜羅伊特
庫姆巴赫
海爾布隆

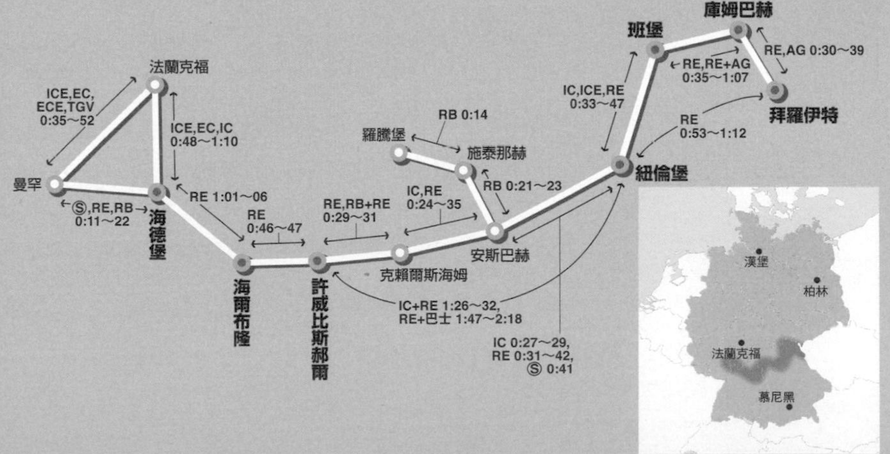

古堡大道

霍恩貝格堡

位於德國的古堡，總數有大約2萬個這麼多，十分驚人。其中又以這條古堡大道，是內卡河流域許多古堡聚集的地方。有的擁有架著橋樑的壕溝與稱之為主塔的高塔，是中世紀用來戰鬥的城堡。有的每天晚上都會舉行華麗的舞會，是優雅的近代王公貴族的宮殿。絕大多數的古堡都還保留著騎士們的夢想，正準備迎接旅人前往中世紀一遊。

從曼罕到捷克的布拉格之間約1000公里的古堡大道之旅，除了可以參觀展示著武器及盔甲的博物館和進行古堡巡禮之外，不妨也去欣賞至今仍流傳著傳說的歌劇或慶典。在浪漫的古堡飯店度過浪漫的一夜，應該也可以為旅行寫下永生難忘的一頁。

海爾布隆的聖瑪麗亞教堂。

注意事項

旅遊旺季 5月～9月的氣候宜人、歐洲巴士也有開，是最適合旅行的季節。這個時期各地都有戲劇或音樂節，也會舉辦葡萄酒或啤酒的慶典，配合各項活動來安排行程，也是旅行的樂趣之一（有些慶典的日期每年都會有所變動，所以請事先向觀光局等地確認）。即使是冬天，也會有耶誕市集等活動，聳立於冬天枯萎的樹林中的古堡也別有一番風情。只不過，會有一部分的古堡飯店在冬天是暫停營業的，所以請特別注意。

Burgenstraße

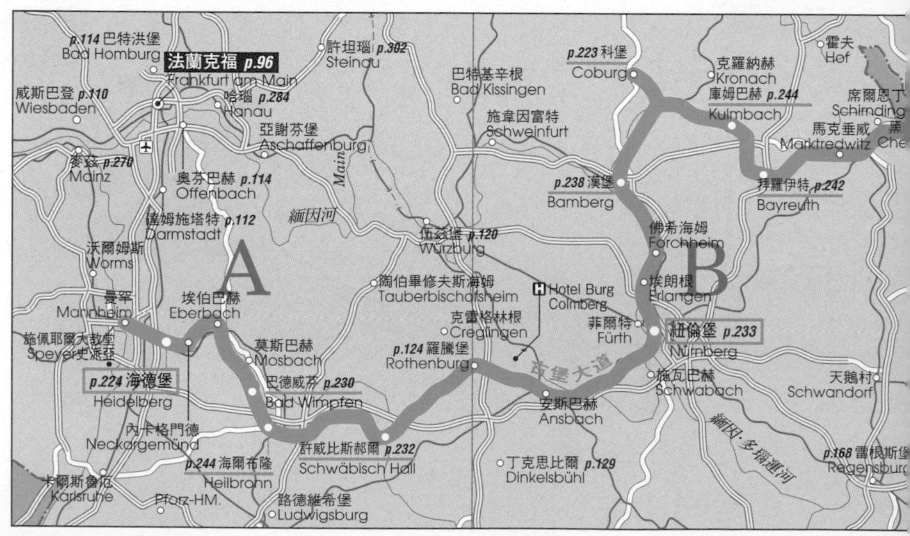

KEYWORD 關鍵字

鐵手騎士〔哥特堡、霍恩貝格堡〕

人稱「鐵手騎士」的格茲·芬·貝里興根男爵在一次戰鬥中失去了右手，後來又接上鐵製的義肢繼續戰鬥，這是歌德的戲劇裡所描寫的男主角，也是德國最有名的騎士，尤其是最後一幕在渴望自由的情況下死在獄中，更是引起許多人的共鳴。現實生活中的「鐵手騎士」於1480年出生在哥特堡，在霍恩貝格堡壽終正寢，享年82歲。

霍恩貝格堡的格茲肖像。

騎士及貴族的爵位

授與騎士們的爵位，基本上可以分為公爵、侯爵、伯爵、子爵、男爵等五大類，地位依序由高到低。有時會再加上特別的身分或職位來稱呼，例如選帝侯，就是指有權利可以推選神聖羅馬帝國皇帝的侯爵。在姓氏的前面再加一個馮（VON）的稱號的人，則代表其為貴族的一員。

城堡名稱

在德文中代表城堡的單字一共有Burg、Schloss、Residenz這三大類。其中，Burg主要是指戰爭時防禦用的城堡，而蓋來居住的城堡則多半稱之為Schloss，Residenz指的是17～18世紀以後，於市中心興建的大型宮殿。

卡羅維法利 Karlovy Vary
Kladng
Lubenec
p.244 布拉格 Praha
瑪麗亞溫泉市 Mariánské Lázně
卡爾施泰因城堡 Karlstein
捷克
皮爾森 Plzeň
博爾 Bor
克拉托維 Klatovy
Ronsberg堡
林區富爾特 Furth i. w.
漢堡
柏林
法蘭克福
慕尼黑
古堡大道
0 400km

古堡大道的葡萄酒和啤酒

古堡大道的西半部、以海爾布隆為中心的內卡河流域以及以盛產一種稱之為Bocksbeutel的獨特圓形酒瓶而聞名的法蘭根地區在德國是僅次於萊茵河、莫色耳的葡萄酒產地。乾燥不帶水分（不甜）的白酒是這個地區的主流。

另一方面，古堡大道的東側是啤酒文化圈。庫姆巴赫是德國數一數二的啤酒都市，而班堡則是以煙燻啤酒聞名海內外，與皮爾森啤酒的發祥地皮爾森（捷克）等世界知名的啤酒產地連成一氣。

符騰堡的白葡萄酒。

查德·華格納

1813年誕生於萊比錫，同年父親去世，第二年母親則與一個演員再婚。他在21歲成為音樂總監，相繼發表了『唐懷瑟』、『羅恩格林』、『紐倫堡的名歌手』等歌劇。1835年和女星敏娜·普蘭納結婚，但是卻愛上了既是指揮家，也是相當於其徒弟的朋友之妻柯西瑪，並且與這名有夫之婦生下了3個子女，還分別把他們的名字伊娃、伊索德、齊格飛都直接放在劇作裡。1872年，也是拜羅伊特音樂節開始的那一年，兩人再婚了。相較於166公分的華格納，李斯特的女兒柯西瑪顯得比較高大，在年紀上也足夠當他的女兒了，但卻是最了解他的人。華格納死於1883年。路德維希二世對他的作品非常著迷，在拜羅伊特的博物館裡還有他參與歌劇演出的相片，遠近馳名的拜羅伊特音樂節有許多狂熱的樂迷。

海德堡的穀物市場。

Burgen Strasse

Germany

古堡大道

交通方式

火車班次最多的地方，莫過於有ICE或IC直達法蘭克福的曼罕、海德堡、紐倫堡。然後再以這3個都市為起點，轉乘地區火車或巴士前往其他城市。也有從有ICE車站的斯圖加特到海爾布隆、許威比斯郝爾，或者是從伍茲堡到羅騰堡、安斯巴赫、班堡等路線。

5月中旬～9月下旬，羅騰堡～紐倫堡之間有OVF法蘭根公司的巴士運行，每天各發1班車往復。

內卡河也有船隻運行，海德堡～海爾布隆之間可搭乘。（詳情請參照p.230）

德國7大街道

從「哲學家之路」上遠眺海德堡的舊城區，城堡就蓋在街道東邊的山丘上。

曼罕 Mannheim

海德堡 Heidelberg 參照 p.224

內卡格門德 Neckargemünd

埃伯巴赫 Eberbach

海爾布隆 Heilbronn 參照 p.244

許威比斯郝爾 Schwäbisch Hall 參照 p.232

羅騰堡 Rothenburg 參照 p.124

安斯巴赫 Ansbach

紐倫堡 Nürnberg 參照 p.233

埃朗根 Erlangen

佛希海姆 Forchheim

班堡 Bamberg 參照 p.238

科堡 Coburg 參照 p.223

海爾布隆是這個地區最大的城市，也是葡萄酒的集散地，每年9月都會舉行盛大的葡萄酒節。

素有德國的小威尼斯之稱的班堡。橋上的舊市政廳很有名。

古堡大道上的亮點。耶誕市集、德國香腸、玩具等等都很有名。

名譽宮內的中央肖像畫為恩斯特一世。

以松球為燃料煎烤的名產香腸，美味號稱德國第一。

Coburg　科堡

MAP p.220-B

地處古堡大道的中央附近，人口僅4.1萬人，交通有些許不便，所以被稱為北巴伐利亞的秘城。不過歷史上與歐洲各國皇室有深厚的淵源，因此這裡的宮殿與城堡多達4座，是一處隱密的觀光名勝。最大的焦點為建於市區東邊山丘上的科堡Veste Coburg。擁有德國數一數二的規模，還收藏了冑甲等武具以及杜勒、克拉納赫的繪畫作品。另外在山丘下的舊城區，有座曾經統置此地之公爵家居城的名譽宮Schloss Ehrenburg。擁有3翼的奢華巴洛克樣式建築，嫁給公爵家次男的維多利亞女王的房間也不容錯過。

DATA

●從火車站步行10分　住Herrngasse 4
營 9:30～17:30（週六10:00～14:00）　休週日
☎09561-898000　HP www.coburg-tourist.de

延伸至捷克的古堡大道

過了黑普就是捷克的領土，以前均隸屬於神聖羅馬帝國的統治，擁有共通的古城文化，所以一併做介紹。尤其是布拉格（p.244）的布拉格城堡，矗立在莊嚴壯闊的波爾塔瓦河上，為古堡大道畫下完美的句點。

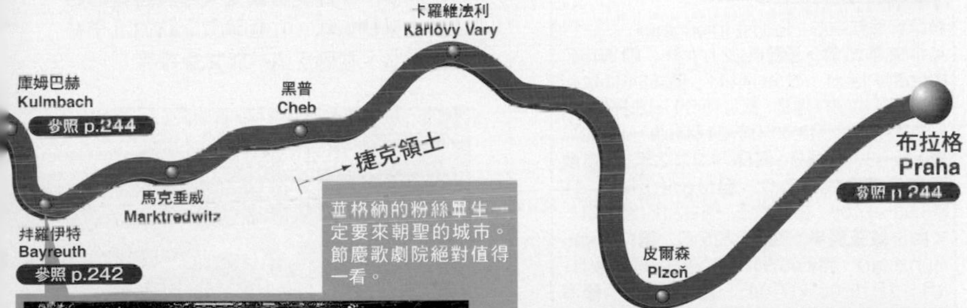

庫姆巴赫 Kulmbach 參照 p.244
拜羅伊特 Bayreuth 參照 p.242
馬克垂威 Marktredwitz
黑普 Cheb
→捷克領土
卡羅維法利 Karlovy Vary
皮爾森 Plzeň
布拉格 Praha 參照 p.244

華格納的粉絲畢生一定要來朝聖的城市。節慶歌劇院絕對值得一看。

〔古堡大道的活動月曆〕

- 2月　大齋期的大遊行（各地）
- 3月　迎夏節（海德堡）
- 4月　復活節（各地）
- 5月　瓦爾哈拉啤酒節（埃伯曼施塔特）、聖靈降臨節的列隊行進（法蘭根地區各地）、「勝負一飲」歷史劇（羅騰堡）、點心與泉水節（許威比斯郝爾）、五月騎士節（紐倫堡）
- 6月　城堡煙火大會（海德堡在7月、9月都會舉行）、內卡河節（海爾布隆）、戲劇節（哥特堡～8月）
- 7月　洛可可節（安斯巴赫）、舊城區節（庫姆巴赫）、音樂節（拜羅伊特～8月）、啤酒節（庫姆巴赫～8月）
- 8月　海德堡古堡嘉年華會（海德堡）、巴哈音樂節（安斯巴赫隔年）、古堡音樂節（茲溫根堡）、舊城區節（班堡）、啤酒節（紐倫堡）、展銷會市場（巴德威芬）、帝國自由都市節（羅騰堡）
- 9月　葡萄酒節（海爾布隆）、秋收節暨葡萄酒村（海德堡）、舊城區節（紐倫堡）、莫札特音樂節（史威欽根宮殿）
- 10月　豐年祭（各地）
- 11月下旬～12月下旬　耶誕市集（海德堡、羅騰堡、紐倫堡、科堡等地）

HEIDELBERG 海德堡

p.11-G ■人口=16萬人 ■都市規模=步行需2天

大批的優秀學者人才輩出，是許多詩人讚譽有佳的城市。

★★ 舊城區

★ 聖靈教堂、耶穌會教堂等等

★★ 普法爾姿選帝侯博物館等等

★★★ 海德堡古堡

★ 豪浦特街

★ 巴登葡萄酒

★★ 有很多學者及文化人，出了7個諾貝爾獎得主

★★★ 海德堡大學、舊校舍、學生監獄、大學圖書館等等

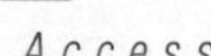

Access

●火車：法蘭克福→EC、IC（52～55分）→海德堡［1小時1班／€23］
●巴士：法蘭克福機場→機場接駁巴士（約60分）→海德堡．Crowne Plaza Hotel［單程€25、來回€46］
HP Frankfurt-airport-shuttles.de

Information

ℹ遊客服務中心：Tourist Information
<中央車站前> MAP p.224-A外 住Willy-Brandt-Platz1 ☎5844444 FAX584644444 營9:00～19:00（週日、假日10:00～18:00）；11～3月為9:00～18:00（12/24及31為～13:30） 休11～3月的週日、假日；12／25／<市政廳內> MAP p.225-C 住Marktplatz 10 營8:00～17:00 休週六日、假日、12/24及31／<內卡敏茲廣場> MAP p.225-C 住Neckar-münzplatz 營9:00～18:00（週日、假日及11~3月～3月10:00～17:00） 休1～3月 ●海
海德堡卡：市內交通與城堡、學生監獄、博物館等觀光設施的門票免費或享有折扣。1日票€15、2日票€17、家庭2日票（成人2名、兒童3名以內等）€36等。可在ℹ等處購買。HP www.heidelberg-marketing.de ●電車與巴士：1回券€2.60、1次票（單人€6.70、2人€9.40、5人€17.50） ●青年旅館：MAP p.224-A外 ●搭巴士32路等→轉乘31路 住Tiergartenstr.5 ☎651190

城市概要 如果只逛舊城區，步行即可，從中央車站搭市電或巴士。

舊城區和中央車站有一小段距離，從站前搭5、21號的市電前往Bismarckplatz，或者是搭32號的巴士前往Universitätsplatz會比較方便。直接前往城堡的時候，搭33號的巴士在Berg-bahn下車，再改搭登山纜車。

城市中最古老咖啡館Knösel（MAP p.225-B）的著名巧克力「Student's Kiss」。

從哲學家之路遠眺古堡、內卡河、舊城區。

玩樂重點 在「哲學家之路」上思考人生，在學生酒吧裡盡情狂歡

海德堡之所以能被譽為舉世聞名的觀光勝地，絕不是浪得虛名，觀光景點、地方美食餐廳、商店街等等，內容充實，能夠滿足觀光客千奇百怪的需求。古堡及博物館等可看之處非常多，所以必須要有充裕的參觀時間才行。除此之外，最好再預留一點時間，才能充分感受大學城特有的自由與友善的氣氛（在哲學家之路或大學城附近散步、在學生酒吧開宴會等等）。

大講堂是1885年為了紀念創立500周年而建造。

海德堡大學 ★★
Heidelberg Universität

map p.225-B

●市集廣場步行5分

1386年由普法爾茲選帝侯魯普雷希特一世所創立，擁有600年以上的歷史，是德國最古老的大學。

觀光客可參觀**舊校舍**Alte Universität、**大學圖書館**Universitätsbiblio-thek、**學生監獄**等。北邊是建於1712～1728年的舊校舍，南邊則是建於1931年的新校舍，中間隔著大學廣場。

<大學圖書館展示室>住Plöck107-109

營10:00～18:00　休假日　費免費　☎542393

海德堡的區域號碼☎06221

學生們描繪在牆壁和天花板上的藝術作品(!?)

學生監獄 ★★★
Studentenkarzer

map p.225 B

●市集廣場步行5分

過去德國的大學擁有獨立的審判權，因此有學生監獄的存在。位於舊校舍地下室的學生監獄是1778年從後面的奧格斯丁內小路遷移過來，一直使用到1914年。以前的監獄似乎很不人道，搬遷過來後聽說可以在牢裡過著頗為舒適的生活，所以坐牢好像反而成為一種身分地位的象徵。

營10:00～18:00（11～3月為～16:00、嘉年華期間的週二為～12:00）　休11～3月的週日（週日僅講堂休館）　費€3、學生€2.50（含講堂、大學博物館門票。海德堡卡有折扣）

☎543554

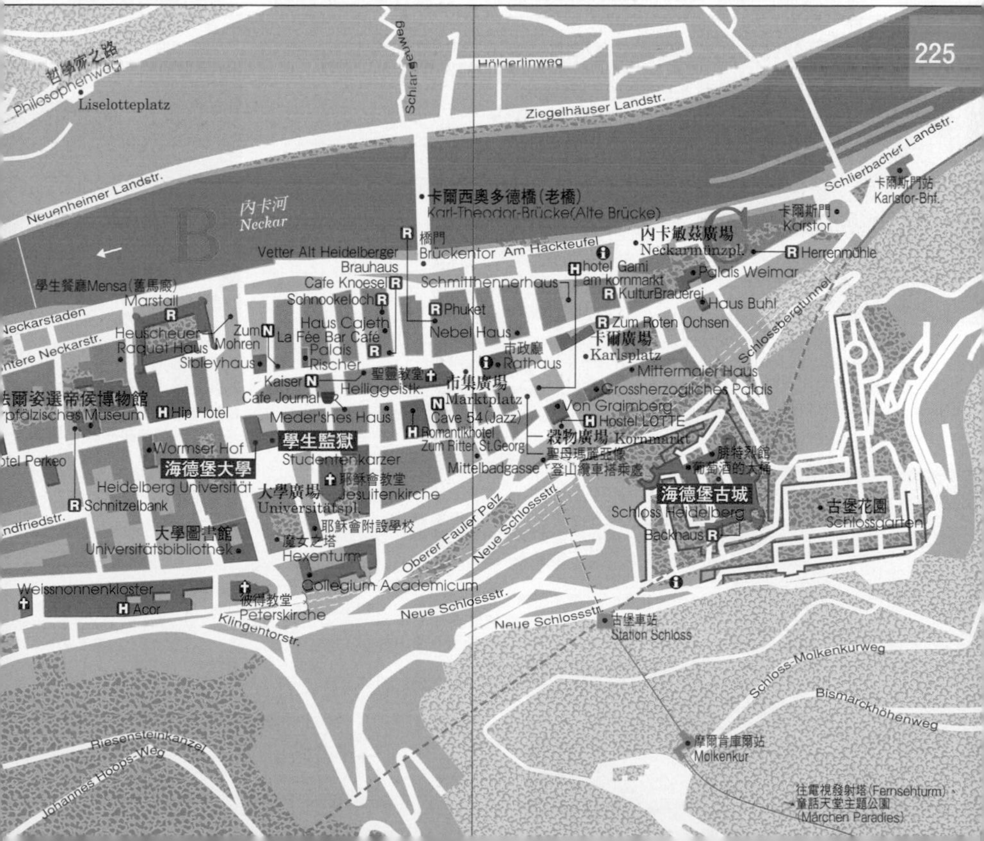

哲學家之路
Philosophenweg
Liselotteplatz
Schlangenweg
Hölderlinweg
Ziegelhäuser Landstr.
Neuenheimer Landstr.
內卡河
Neckar
B
C
卡爾西奧多德橋(老橋)
Karl-Theodor-Brücke(Alte Brücke)
Schlierbacher Landstr.
卡爾斯門站
Karlstor-Bhf.
卡爾斯門
Karlstor
橋門
Brückentor
Am Hackteufel
內卡敏茲廣場
Neckarmünzpl.
Herrenmühle
Vetter Alt Heidelberger Brauhaus
Cafe Knoesel
Schmitthennerhaus
hotel Garni am kornmarkt
Palais Weimar
學生餐廳Mensa(舊馬廄)
Marstall
Schnookeloch
Phuket
KulturBrauerei
Haus Buhl
Neckarstaden
Heuscheuer
Zum Mohren
Haus Cajeth
La Fée Bar Café
Nebel Haus
Zum Roten Ochsen
Schlossbergtunnel
Untere Neckarstr.
Raquet Haus
Sibleyhaus
Palais Rischer
市政廳
Rathaus
卡爾廣場
Karlsplatz
Mittermaier Haus
Kaiser
聖靈教堂
Heiliggeistk.
市集廣場
Marktplatz
Grossherzogliches Palais
普法爾茲選帝侯博物館
Kurpfälzisches Museum
Hip Hotel
Cafe Journal
Meder'sches Haus
Cave 54(Jazz)
Von Graimberg
Hostel LOTTE
Romantikhotel Zum Ritter St.Georg
穀物廣場
Kornmarkt
聖母瑪麗亞像
登山纜車搭乘處
Hotel Perkeo
Wormser Hof
學生監獄
Studentenkarzer
耶穌會教堂
Jesuitenkirche
Mittelbadgasse
葡萄酒的大桶
海德堡大學
Heidelberg Universität
大學廣場
Universitätspl.
海德堡古城
Schloss Heidelberg
古堡花園
Schlossgarten
Schnitzelbank
Landfriedstr.
大學圖書館
Universitätsbibliothek
耶穌會附設學校
魔女之塔
Hexenturm
Oberer Fauler Pelz
Neue Schlossstr.
Backhaus
Weissnonnenkloster
彼得教堂
Peterskirche
Collegium Academicum
Acor
Klingenterstr.
古堡車站
Station Schloss
Schloss-Molkenkurweg
Bismarckhöhenweg
Riesensteinkanzel
Johannes Hoops-Weg
摩爾肯庫爾站
Molkenkur
往電視發射塔(Fernsehturm)、童話天堂主題公園(Märchen Paradies)

漫走遊賞報導

海德堡 ★★★

Schloss Heidelberg

map p.225-C

連歌德也醉心、德國屈指可數的浪漫荒城

❶從中庭望去的腓特列館，前方即觀景台

與內卡河相隔的舊城區就在眼前，矗立於王座山Königstuhl北面斜坡山腰的雄偉城堡，常常被用在各種觀光的海報上。可說是象徵這座城市的德國著名觀光景點。與其說這裡是一座城堡，不如說是由城牆、塔樓、庭園以及歷代選帝侯圍繞著中庭所蓋的多個城館的集合體。原始的城堡相傳是13世紀左右所建，歷經17世紀的30年戰爭與普法爾茲繼承戰爭，屢遭戰事破壞後又重建，加上雷擊和火災的侵襲，到了18世紀後成了廢墟而改為切石場使用。19世紀時在許多被這座荒城的浪漫魅力所吸引的人士奔走下，才得以保持現在的狀況。1903年重建了**腓特烈館**，1934年以哥德樣式重新裝潢了**仕女館國王廳**等，復原工作一直持續到現在。

要前往城堡可以選擇從山麓徒步或搭登山纜車，徒步的話，沿著面向登山纜車車站左手邊的階梯與坡道，拾階梯而上後就是城堡的正面，選擇坡道的話會抵達觀景台旁邊的城堡入口。從城堡正面，可以看到售票處的左邊就有租借語音導覽的服務，很容易辨別。

一般入場券可以參觀的地方有**中庭**與美麗的**城堡庭園**、眺望舊城區最佳地點的腓特烈館後方的**觀景台**，以及世界上最大直徑7m、長8.5m、約可裝22萬2千公升**葡萄酒大酒桶**與**藥學博物館**。若要參觀仕女館國王廳、腓特烈館內的禮拜堂等城館內部，則必須參加另外的導覽行程（費用另計）。另外夏天時中庭的舞台也常會作為音樂會或是戲曲表演的文化設施使用。

❸**酒桶正面的佩克歐像** 愛飲酒的宮廷弄臣，專門掌管這個大酒桶。拉下旁邊吊著的道具鐘把手會有意想不到的驚喜。

❷**位於地下室的葡萄酒大酒桶** 儲藏著用來代替稅收、從領地居民所徵收來的葡萄酒。據說使用了130根橡木的樹幹所製成，是世界上最大規模、實際使用過的大木桶。隔壁的店家有販售附玻璃杯的葡萄酒（€4，單只有玻璃杯€2.5）。

❼**維持崩壞狀態的火藥塔** 據說是17世紀被法國軍隊所爆破

❽**藥學博物館** 分為10個主題，第5間房間中展示著在哈利波特電影中也曾出現的Mandrake。

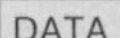

❹**觀景台上的足跡** 傳說是王妃與暗通款曲的年輕騎士從房間窗戶跳下來準備私奔時所留下來的足跡，據說大小剛好的人就是王妃外遇的對象。

❺**城門的把手** 出現了裂痕，傳說是國王宣布只要有人能將其咬斷就把城堡送給他，有位魔女用力咬後仍然失敗所留下來的痕跡。

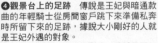

❻傳說大文豪歌德也曾經坐過、位於庭園的**石椅**。

DATA

●中央車站→Rathaus/Bergbahn（搭33路巴士約15分）下車後步行10分，或從市集廣場步行15分

住Schloss Heidelberg ☎658880 營8:00～18:00（最晚入場17:30；12/24及31為～13:00） 休12/25（可參觀中庭） 費一般門票（含登山纜車來回票）：€7（學生€4）※持海德堡卡免費

◆英語的城館內導覽行程 11:15～16:15（1小時1梯次。11～3月的平日為11:15、12:15、14:15、16:15四個梯次）城館內導覽行程：€5、學生€2.50 ※海德堡卡無折扣

◆藥事博物館 10:00～18:00（11～3月為～17:30）（入館至閉館前20分為止，12/25休）

HP www.deutsches-apotheken-museum.de

普法爾姿選帝侯博物館 ★★
Kurpfälzisches Museum

map p.225-B

●市集廣場步行10分

展示著在海德堡附近挖掘到的古代收藏品、里門施奈德的作品『十二門徒祭壇』等從中世紀到羅馬派的美術作品。建築物本身建於1712年，是當時頗具有代表性的豪宅，豪華的宴會廳和會客室等都非常地壯觀。咖啡廳的入口在穿過中庭再往裡面走的地方。

營10:00～18:00　休週一、5/1、12/24～25及31、1/1、嘉年華期間的週二　費€3、學生€1.80（持海德堡卡有折扣）　☎5834020

右手邊的繪畫是里門施奈德的作品『十二門徒祭壇』。

郊外的主要景點

神聖羅馬帝國皇帝們長眠的「凱撒大教堂」

1981年登錄為世界遺產的施佩耶爾大教堂Dom zu Speyer，全長134m，為世界最大的羅馬樣式建築。4座塔與巨型石造拱形天井為其特徵，優雅的造型被譽為德國第一。由康拉德二世皇帝下令建造自己的陵墓，1030年左右開始動工。之後繼任的皇帝與德國國王也都葬於此地，於地下陵墓可拜謁棺木。

MAP p.220-A　●海德堡中央車站→SpeyerHbf（搭S3約50分）下車後搭巴士→Domplatz（搭565路約10分）或從中央車站搭直達的717路巴士1小時30分　營9:00～19:00（週日12:00～17:00）；11～3月為9:00～17:00　☎06232-102118　費地下陵墓€3.50

現在的橋已經是第五代了，也是第一次用石頭打造的橋。

卡爾西奧多德橋～哲學家之路 ★★
Karl-Theodor-Brücke～Philosophenweg

map p.225-B

●市集廣場至哲學家之路步行20分

從舊城區要去哲學家之路所經過的橋是俗稱老橋（Alte Brücke）的卡爾西奧多德橋。橋與橋門建造於1788年。走到對岸，爬上一段又窄又陡的羊腸小徑之後，就來到「哲學家之路」，這是一條妝點著四季分明的花草樹木，令人心曠神怡的步道。從這裡看到的古堡和舊城區儼然就是戲劇『阿爾特海德堡』裡的世界。

街角剪影

這裡是最適合拍照留念的景點

在左邊的散步路線實況報導裡，上午先去古堡、傍晚再去哲學家之路的安排是有道理的。從古堡裡的陽台上看到的舊城區和從哲學家之路看到的老橋和古堡在這個時間點剛好是順光，也是景色看起來最漂亮的時候。另外，說到台灣人的觀光客比較不會去到的地方，還有山上的電視塔和聖靈教堂的塔上，兩者都是非常好的展望台，可以將市區盡收眼底。

電視塔從登山纜車的終點步行3分鐘。

海德堡的區域號碼☎06221

Check-Check! 在百貨公司尋找特產的方法

海德堡離法蘭克福很近，多作為旅遊的第一站或最後一站。有許多人會在這裡統一購買特產，這時就可利用庶民百貨公司GALERIA Kaufhof。乍看之下，是一家與觀光客無緣、當地人走向的百貨公司，但實際上在中等規模以上的店鋪，玩具賣場都一定會有金耳釦公司的布偶，文具賣場則有Montblanc、Lamy，廚房賣場的WMF、Fissler，最近很有人氣的NICI也可在飾品賣場裡找到。免稅方面，可在購物最後到服務櫃檯辦理手續。雖然商品不像專賣店般的豐富，但價格較便宜、逛起來效率高。最上層樓還設有自助式的餐廳。

❶德國到處都有的百貨公司，利用價值高。Kuchenprofi公司的實用商品很受歡迎。❷削皮器和❸煮蛋計時器。巧克力❹「Reger」「Heilemann」「Schwermer」「Asbach」等均為德國製。❺也一定會有的NICI

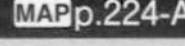

MAP p.224-A

■GALERIA Kaufhof　住Hauptstr. 30　營9:30～20:00　休週日　※Bismarckplatz內也有。

Schnookeloch

現場氣氛讓人陶醉的老舖學生酒吧

1703年創業、學生聚集的老舖酒吧。木桌上的塗鴉、牆壁上裝飾的紀念照片等，營造出濃郁的氣氛。據說馬克思韋伯也常流連於此店。還附設旅舍。

map p.225-B
●市集廣場步行５分
■地址　Haspelgasse 8
■TEL　138080
■營業　11:30～24:00（週五、六為～翌1:00
■公休　無休
■信用卡　VISA、MC
HP www.schnookeloch-heidelberg.de

Zum Roten Ochsen

戲劇『阿爾特海德堡』裡所描寫的酒吧

創業於1703年，是學生酒吧兼當地美食餐廳，也是大學社團的成員聚集逗留的地方，到處都坐滿了一群一群的人。

map p.225-C
●市集廣場步行４分
■地址　Haupt Str.217
■TEL　20977 ■FAX　164383
■營業　17:00～最晚23:00（４月中旬～10月下旬的11:30～14:00也有營業。用餐LO為21:30）
■公休　週日、假日
■信用卡　VISA、MC
HP www.roterochsen.de

Vetter Alt Heidelberger Brauhaus

歡迎挑戰世上少有，酒精濃度高達11.7%的啤酒

在這家啤酒餐廳裡可以品嘗到從放在店裡的巨大釀酒桶裡倒出來的生啤酒。餐點為價格合理，分量絕對令人滿意。建議最好事先訂位。

map p.225-B
●市集廣場步行１分
■地址　Steingasse 9
■TEL　165850
■FAX　165857
■營業　11:30～24:00（週五、六為～翌2:00　※供餐為～23:00）
■公休　無休
■信用卡　VISA、MC、AMEX、DC、JCB
HP www.brauhaus-vetter.de

KulturBrauerei

旁邊就是釀酒廠，請享用原汁原味的新鮮啤酒

餐點為當地美食，自己的釀酒廠就在旁邊。除了普通的皮爾森啤酒，只要說您要Jahreszeit，就可以品嘗到四季不同的新鮮啤酒，也可以裝在瓶裡帶走。

map p.225-C
●巴士11路NeckarmünzgPl.步行1分　■TEL　502980
■地址　Leyergasse 6
■營業　7:00～10:30（早餐、週日8:00～）、11:30～最晚24:00（用餐LO22:00～23:00）■公休　12/24
■信用卡　€50以上才可使用。VISA、MC、EC
HP www.heidelberger-kulturbrauerei.de　※兼營旅館

★★★ Romantikhotel Zum Ritter St.Georg

這間浪漫的飯店也是觀光名勝

建築物創建於1592年。連續發生在17世紀的三十年戰爭和普法爾姿繼承戰爭，雖然對海德堡造成了毀滅性的破壞，但這裡卻倖免於難，成為海德堡現存最古老的民宅。於1705年以飯店的面貌開業，是前幾年剛滿300周年的老牌飯店。走後期文藝復興風格的建築物是由身為胡格諾派，從法國流亡至此的查爾斯．貝里一手打造的，優雅的姿態透露著法式的風情。從北邊的房間可以看到聖靈教堂就在眼前，而從南邊的房間則可以近距離地欣賞古堡。有很多人在參觀完建築物的內部之後會順道過來光顧這裡的當地美食餐廳，黑森林的傳統美食（使用野生的鹿、豬、兔子等做成的食物）點菜率極高。

高貴優雅的客房每間都佈置得不一樣。

Zum Ritter（騎士之家）的名字是從裝飾在正面上方的騎士像來的。

map p.225-B
●市集廣場前
■地址　Haupt Str.178
■TEL　705050
■FAX　70505150
■費用　S-€79～、T-€152～、浮動制
■房間數　共37間
■信用卡　VISA、MC、AMEX、DC、JCB
HP www.hotel-ritter-heidelberg.com

★★★ Heidelberg Marriott Hotel

座落於內卡河畔的高級飯店

離舊城區有一小段距離，但是距離中央車站卻很近，交通很方便，游泳池和健身中心等設施也都很完善，還有大獲好評的啤酒和葡萄酒酒吧。

map p.224-A外
●市集廣場步行及搭電車約25分
■地址　Vangerow Str.16
■TEL　9080
■FAX　908660
■費用　S．T-€136～、浮動制
■房間數　共234間
■信用卡　VISA、MC、AMEX、DC、JCB
HP www.marriott.com

★★★★ Der Europäische Hof

市內最豪華也最優美的飯店

海德堡最高級的飯店。從大廳到客房為止，全都洋溢著歐式風味的低調奢華。具有噴水池的中庭和蓋成17世紀風格的餐廳皆大受好評。

map p.224-A
●市集廣場步行15分
■地址　Friedrich-Ebert-Anlage 1
■TEL　5150
■FAX　515506
■費用　S-€139～、T-€228～、浮動制
■房間數　共117間
■信用卡　VISA、MC、AMEX、DC
HP www.europaeischerhof.com

★★★ Exellenz Hotel

傳統與現代共冶一爐的飯店

創業100年，位於阿登瑙爾廣場附近的飯店。客房簡單大方，感覺十分舒適。所有的工作人員都很友善，會親切地回答市內觀光的問題。

map p.224-A外
●市集廣場步行20分
■地址　Rohrbacher Str.29
■TEL　9150
■FAX　164272
■費用　S-€139～、T-€159～、浮動制
■房間數　共47間
■信用卡　VISA、MC、AMEX
HP the-heidelberg.de

★★ Hotel Perkeo

地處舊城區的中央，觀光便利。一樓為餐廳，樓上才是飯店。工作人員待客親切，附早餐。

map p.225-B　●中央車站→Bismarck Pl.（搭巴士33、34路或市電21路等5分）下車步行7分
■地址　Hauptstr. 75　■TEL　14130
■FAX　141337　■費用　S-€97～、T-€125～
■房間數　共24間　■信用卡　VISA、MC、AMEX、JCB

hotel Garni am Kornmarkt ★★ *map* p.225-C
●市集廣場步行1分　■地址　Kornmarkt 7　☎905830
FAX 28218　費S-€68～、T-€145～　■信用卡　VISA、MC

Lotte Backpackers Hostel ★ *map* p.225-C
●巴士33路Rathaus/Bergbahn步行7分　■地址　Burgweg 3
☎7350725　費T-€64～、多人房-€23～　HP www.lotte-heidelberg.de

Steffis Hostel ★ *map* p.224-A外
●中央車站步行3分　■地址　AlteEppelheimerStr. 50　☎7782772　費T-€50～、多人房-€23～　■信用卡　VISA、MC、AMEX、DC、JCB　HP www.hostelheidelberg.de

★經濟型　★★休閒型　★★★標準型　★★★★豪華型

內卡河古堡巡禮兜風路線

曼罕～海爾布隆

在全長將近1000公里的古堡大道上，又以內卡河沿岸的曼罕～海爾布隆之間聚集了最多的古堡，也有很多將城堡內改建成博物館的古堡和古堡飯店，是古堡大道上最受觀迎的地區。

進行古堡巡禮時，以移動的自由度較高、行程安排起來也最容易的租車方案較為方便。號誌和路況都規劃得很好，可以享受愉快的兜風樂趣。另外，由於這個區域也有火車和船隻可搭，所以可以和火車互相搭配，享受更富有變化的旅行。

N
↖往法蘭克福
85km65分
曼罕
Mannheim
20km25分
海德堡
Heidelberg→參照p.224
10km15分
內卡格門德
Neckar-Gemünd
5km5分
內卡爾斯泰納赫
Neckar-Stainach
10km10分
希爾施霍崙
Hirschhorn
10km10分
埃伯巴赫
Eberbach

曼罕為古堡大道的起點。建造於1720～60年的普法爾姿選帝侯宮殿是德國規模最大的巴洛克式宮殿。上圖的水塔為本市的象徵。

俯瞰著市區的半山腰上有4座建於12～13世紀的古堡，15世紀的哥德式教堂也很有名。

■交通方式

●開車：海德堡～根德魯斯海姆之間請走內卡河沿岸的B37～27。B37和27為全線2～4線道，也沒有陡坡或急轉彎，是一條很好走的路。

從曼罕、海德堡沿著內卡河的左岸（南側）往東開，在內卡格門德過橋，再改往河的右岸（北側）開。

前往希爾施霍崙古堡的時候請依照號誌往市區的方向開。前往莫斯巴赫則要先離開內卡河往東約5分鐘。由於其他城市都在公路的沿線上，只要留意古堡入口的標誌就不會迷路了。

在根德魯斯海姆告別B27，過橋，再度往左岸移動。從這裡到海爾布隆會進入九彎十八拐和錯綜複雜的鄉間小路，所以千萬不要錯過「Burgen Strasse」的看板或方向號誌、古堡入口的標示等等。往古騰堡的公路或Heinsheim、巴德威芬的市內會有一些馬路比較狹窄的地方，請特別留意。

●鐵路：海德堡～海爾布隆之間的火車班次為2～4班、約1小時、€18.20。

●坐船：海德堡～埃伯巴赫之間、海爾布隆～根德魯斯海姆之間等地都有船隻航行其中，由於會隨季節或星期幾而有所不同，請事先向❶等處確認。

搭電車就能抵達的巴德威芬

若要以城鎮的美麗程度來選擇目的地的話，第一優先推薦的當屬這個小鎮。並無較大的觀光景點，坡道又多，狹窄巷道內木造民宅林立的舊城區，與羅騰堡齊名、美麗的程度在德國屈指可數。可試著花點力氣爬到山丘上欣賞美景。藍色屋頂的「藍塔」為地標，可俯瞰內卡河的絕景。

從內卡河對岸眺望小鎮。

■巴德威芬 Bad Wimpfen
●海德堡→RE、S(直達或轉乘1～2次／約40分～1小時30分)→[1小時2班／€13.50]
MAP p.220-A　❶：住Hauptstr.45　☎07063-97200
營10:00～12:00、14:00～17:00(週六僅上午)　休週日、11月～復活節的週六　HP badwimpfen.de

埃伯巴赫古堡現在只剩下遺跡而已，但市內則還保留著城牆和塔。豬是這個城市的象徵，到處都有販賣相關圖片或周邊商品的商店。

與韋伯的『魔彈射手』有關的城市。雖然是巴登親王的私人居所，但是8月會舉行為期3週的宮廷音樂會。

以市集廣場為中心，一整片木造房屋鱗次櫛比的街道美不勝收。市政廳建造於1559年，裡頭的白塔令人印象深刻。

霍恩貝格堡古堡。

霍恩貝格堡古堡是德國騎士團的城堡，是座有塔的巨大立方體建築物。目前城內為老人院與鄉土博物館，展示著與騎士團有關的羅馬尼亞工藝品等等。

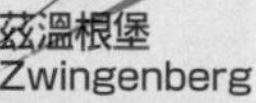

10km10分

茲溫根堡
Zwingenberg

15km15分

到伍茲堡
100km90分

5km5分

莫斯巴赫
Mosbach

歐碧漢
Obrigheim

10km10分

內卡爾慶門
Neckar-Zinmern

H Burg Hornberg
→參照p.241

H Schlosshotel Götzenburg

5km5分

根德魯斯海姆 Gundelsheim

5km10分

內卡爾姆巴赫 Neckarmühlbach

H Schloss Heinsheim

15km20分

巴德威芬
Bad Wimpfen
→參照p.230

15km20分

建造於12世紀，未曾受到戰亂的破壞，一直保留至今。現在是格明根男爵家的私人城堡，一部分作為博物館對外開放。也可以參觀猛禽類的飼育與飛行訓練。

往許威比斯郝爾

70km60分

55km50分

海爾布隆
Heilbronn→參照p.244

往斯圖加特

巴德威芬的象徵地標「藍塔」，是神聖羅馬帝國皇帝曾經駐留過一段時間的皇帝都市，還保留著12世紀以來的遺跡和街道。拾坡道而上，即可欣賞美麗的街景輪廓。

■古堡博物館DATA

●普法爾姿選帝侯宮殿(曼罕)
營10:00～17:00　休週一、12/24～25及31　費€7、學生€3.50　☎0621-2922891

●鄉土博物館(根德魯斯海姆)
住Schlossstr.28　營11:00～17:00
休週一、12/24～25及31、1/1　費€3
☎06269-42230

●城堡博物館(古騰堡)
營10:00～18:00（11、3月的週六、日12:00～17:00）　休1、2、12月　費€5

●獵鷹秀(古騰堡)
營9:00～18:00（訓練11:00、15:00）、11月、3月12:00～17:00（訓練15:00），會視天候變動　休12～2月　費€11(與博物館的套票€14)　☎06266-388

SCHWÄBISCH HALL

許威比斯郝爾

p.11-H ■人口=3.9萬人 ■都市規模=步行需半天

因製鹽及鑄造貨幣而興起的城市，還保留著中世紀都市的美麗風情。

★★★ 木造房屋、石板道路及樓梯、木橋等等

★★★ 聖米歇爾大教堂、Die Comburg（聖本篤派修道院）

★★ 郝爾·法蘭根博物館、霍恩洛厄農村博物館

★★ 野台戲（6～8月）、蛋糕及泉水節

★ 施瓦本葡萄酒

Access

●火車：海德堡→S、IC、RE等（搭中途轉車2～3次的班次約2～3小時）→許威比斯郝爾［1小時1～2班／€29～］、斯圖加特→RE、RB等（轉車1～2次約1小時30分）→許威比斯郝爾［1小時1～2班／€19.40～］

Information

❶遊客服務中心：住Hafenmarkt 3 ☎751246
FAX751397 營9:00～18:00（週六、日10:00～15:00、10～4月為9:00～17:00）
休10～4月的週日、12/24及31
HP www.schwaebischhall.de
●青年旅館：住Langenfelderweg 5 ☎41050

從車站到舊城區走路約10分，舊城區的東南方還留有城牆。

許威比斯郝爾位於內卡河支流的考黑河的山谷間，沿著河床的斜坡所興建的舊城區充滿了錯綜複雜的羊腸小徑和石階，就像是迷宮一樣的有趣，但是規模很小，不至於真的迷路。

市中心是位於聖米歇爾大教堂和市政廳之間的市集廣場。往西南方走去，穿過由石板道路和木造房屋所堆砌出來的街道，便可至架著木橋聯外的河中沙洲。北邊的哥爾賓格巷是一條有著塔以及木造房屋的美麗街道。

麻雀雖小但可看之處極多連郊外需要1天才逛得完

建於12～16世紀的**聖米歇爾大教堂**St. Michaelskirche和**郝爾·法蘭根博物館**Hällisch-Fränkisches Museum是需要花點時間細細品味的景點。另外，在舊城區漫無目的地散步，沿著石階上上下下、從這條巷子穿到下一條巷子，也很有樂趣。也可以欣賞在聖米歇爾大教堂前的台階上所表演的野台戲。

郊外有打造於12～16世紀的豪華修道院**Die Comburg**，去參觀聚集了幾十間15～19世紀的農家及旅館等的巨大博物館村**霍恩洛厄農村博物館**Hohenloher Freiland Museum也別有一番樂趣。

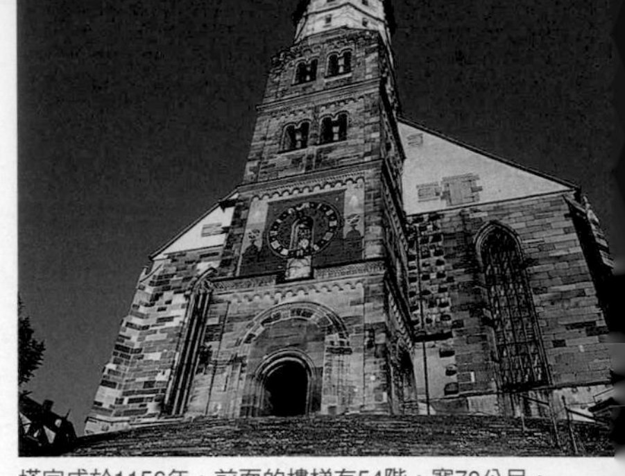
塔完成於1156年，前面的樓梯有54階，寬70公尺。

位於沙洲上的木橋和茲爾法塔。

巴洛克式的市政廳。

從市內搭7號巴士約15分可達農村博物館。

★★★

Der Adelshof

地方美食的餐廳也大獲好評

擁有450年歷史的飯店，於2012年重新整修，入口玄關和大廳被改造成現化代的明亮風格，但走廊和餐廳等地則還是很有情調。

●市集廣場前
■地址 Am Markt 12-13
■TEL 94419638
■FAX 7589890
■費用 S-€95～、T-€130～
■房間數 共44間
■信用卡 VISA、MC、JCB
HP www.romantikhotels.com/en/hotels/romantik-hotel-der-adelshof-schwaebisch-hall

許威比斯郝爾的區域號碼☎0791

★經濟型 ★★休閒型 ★★★標準型 ★★★★豪華型

NÜRNBERG

紐倫堡

p.11-H ■人口＝51.2萬人 ■都市規模＝步行需1天

巴伐利亞州第二大都市，素有『神聖羅馬帝國的小小珠寶盒』美譽。

★★ 在城牆簇擁下的中世紀街道

★★ 聖羅倫茲教堂、聖塞巴德斯教堂

★★★ 坐擁龐大館藏的日耳曼民族國立博物館

★★★ 凱撒堡是紐倫堡的象徵

★★★ 德國最有名的耶誕市集

★★ 『紐倫堡的名歌手』的舞台

★★ 德國最偉大的畫家杜勒

★★★ 白色小巧的紐倫堡香腸

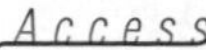

Access

●火車：慕尼黑→ICE（1小時3～17分）→紐倫堡［1小時1班／€57］、法蘭克福→ICE（約2小時）→紐倫堡［1小時1班／€58］

Information

❶遊客服務中心：＜中央車站前＞MAPp.234
住Königstr.00 ☎20000 營9.00～19.00（週日、假日10:00～16:00；12/24及31為～12:00）
休1/1、12/25及26／＜中央廣場＞MAPp.234-A
住Hauptmarkt18 ☎2336135 營9:00～18:00（5～10月的週日、假日10:00～16:00；嘉年華期間的週二為～12:00、12/24及31為～14:00）、聖誕節市集期間9:00～19:00（週日10:00～）
休11～4月的週日（聖誕節市集期間除外）、復活節的週五、11/1、12/25～26、1/1及6
●紐倫堡：市內、近郊的交通工具及主要博物館免費。2日票€28。
HP tourismus.nuernberg.de
●青年旅館：MAPp.234-A 住Burg 2 ☎2309360 ※請見p.237

Route Advice

工匠廣場→聖羅倫茲教堂→中央廣場（美之泉與聖母教堂）→舊市政廳→凱撒堡→杜勒故居→玩具博物館→日耳曼民族國立博物館〔全程約3小時〕

城市概要 這個城市的耶誕市集、玩具、香腸都很有名。

舊城區的外圍是一整片的城牆，以中世紀城市的規模來說算是很大的。在第二次世界大戰中受到很大的破壞，但是目前已修復回原樣，保留著濃濃的中世紀氣息，

費斯格伯巷上頭的窗戶非常精美。

凱撒堡前的提亞蓋特那門廣場。

成了觀光客絡繹不絕的美麗城市。同時，這裡也是希特勒異常喜愛的城市。

華格納的歌劇『紐倫堡的名歌手』就是以這個城市為舞台。**冬天的耶誕市集**是德國最有名的耶誕市集。同時也是很有名的生產玩具的都市。

玩樂重點 散步時別忘了帶蜂蜜薑餅，也別錯過美味的香腸

走出車站，城牆馬上就映入眼簾。穿過擁有一座高40公尺、寬18公尺圓塔的**國王門**走進舊城區，便是重現往日工匠們住宅的**工匠廣場**Handwerkerhof。從這裡沿著飯店及商店林立的**國王街**往前走，就會走到佩格尼茨河。

站在**博物館橋**Museumsbrücke上往右手邊看，可以看到**聖養老院**Heilig Geist Spital。這裡的景色之美，甚至還被使用在紐倫堡的知名點心薑餅屋的包裝盒設計上。

攤販林立，儼然變成市場的中央廣場上還有一座高達19公尺的噴水池「**美之泉** Schöner Brunnen」，據說只要一邊默唸自己的心願，一邊把鑲嵌在鐵欄杆上的金戒指轉3圈，然後不要告訴別人，許的願望就會實現。在其南邊則有裝飾得十分具有藝術性的**聖母教堂**，每天12點時機關式大鐘的玩偶就會動。

參觀過擁有令人不寒而慄的偵訊室的**舊市政廳**之後，不妨前往高台上的古堡凱撒堡。古堡前還有畫家

由40座金碧輝煌的雕刻所構成的「美之泉」。

杜勒的故居。然後順著**杜勒大道**往前走，就會來到**葡萄酒廣場**。往右前方延伸出去的**費斯格伯巷**Weissgerber-gasse是這個城市最有情調的一個角落。**葡萄酒之家**等馬克斯橋附近的景色也美好得令人難忘。

日耳曼民族國立博物館、**玩具博物館**、**DB（德國鐵道）博物館**、**自然史博物館**等等等，無論是哪一座博物館都非常精彩，絕對值得一看。

另外，絕對不能錯過被譽為德國最美味的**紐倫堡香腸**。不能光是用眼睛看，還要用舌頭去感覺，一定會讓您更喜歡這座浪漫的城市。

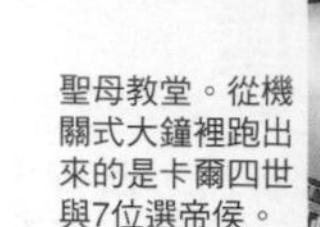

聖母教堂。從機關式大鐘裡跑出來的是卡爾四世與7位選帝侯。

工匠廣場（MAP p.234-D 營10:00～18:00〔餐廳11:00～22:00〕 休無休 ※視店鋪而異）裡林立著伴手禮及輕食店

紐倫堡 Nürnberg

0 200m

東側的舊皇帝馬廄現為青年旅館。

凱撒堡 ★★★
Kaiserburg

map p.234-A

●中央廣場步行10分

最初的城堡建於1050年，後來作為皇帝的居所，經歷了火災和改建，變成了現在的模樣。城堡內部有皇帝廳、騎士廳、羅馬式的雙教堂等等，可以在導遊的帶領下參觀。爬到圓形的瞭望塔上，可以將在城牆簇擁下的咖啡色街道盡收眼底。城內還附設有凱撒堡博物館。

營9:00～18:00(10～3月為10:00～16:00)
休12/24～25及31、1/1、嘉年華期間的週二
費€7、學生€6(博物館通用) ☎2446590

杜勒故居 ★★
Dürerhaus

map p.234-A

●中央廣場步行9分

位於凱撒堡前，建於1420年左右的木造房屋。畫家阿爾布雷希特．杜勒從1509年到死時1528年都住在這裡，進行創作活動。透過保留至今的廚房和事後重建的起居室等等，可以了解他的生活習慣。另外還有美術館，展示著他的作品的複製版本和相片等等。新蓋的現代化部分的建築物則會舉辦各式各樣的展覽會。

杜勒故居和瀰漫著中世紀氣氛的廣場十分協調。

住Albrecht Dürer Str.39
營10:00～17:00(週四為～20:00；週六、日為～18:00、1/1為13:00～)
休7～9月和聖誕節市集期間以外的週一、12/24～25及31、嘉年華期間的週一
費 €6、學生€1.50
☎2312568

聖塞巴德斯教堂 ★★★
St.Sebaldus Kirche

map p.234-A

●中央廣場步行1分

1050年由僧侶塞巴德斯建立了禮拜堂，後來被改建成現在融合了羅馬式及哥德式風格的教堂。費歐爾製作的**塞巴德斯的墓碑**、用梨花木作成的**聖母瑪麗亞像**都很值得一看。

管風琴也令人嘆為觀止。

營9:30～18:00（1～3月為～16:00） 休12/24、復活節的週日 費免費（參觀塔€5）
☎225613

劊子手橋與葡萄酒之家 ★★★
Henkersteg und Weinstadel

map p.234-A

●中央廣場步行10分

劊子手橋指的是死刑執行人的小橋，是建造於14世紀，附有屋頂的美麗橋樑。巨大的**葡萄酒之家**原本是為了收留痲瘋病的患者，於1448年建造而成。從16世紀起歷經過葡萄酒倉庫，貧民的收容所之用，現在是學生宿舍。包括隔壁的水塔在內，整體的風景十分美妙，值得一看。

請務必要走進劊子手橋內看看。

DB（德國鐵道）博物館 ★★★
DB Museum in Nuremberg

map p.234-C

●中央車站步行10分

德國最古老的交通史博物館，以1萬件以上的展示物介紹175年之久的德國鐵道史，還有德國最初的蒸汽火車復原機等實物車輛25台。還附設通訊博物館。

住Lessingstr.6 營9:00～17:00（週六日、假日為10:00～18:00） 休週一（復活節、聖靈降臨節的週一除外）、復活節的週五、5/1、12/24～25及31 費€6、學生€5 ☎0800-32687386

紐倫堡的區域號碼☎0911

火熱情報導覽

德國最大、最美的耶誕市集

紐倫堡的耶誕市集是17世紀由路德揭開序幕的。玩具城才有的玩具和耶誕樹的裝飾品非常討人喜歡，請一定要購買這裡的特產桃娃娃。再用溫和又甜蜜的溫熱紅酒、薑餅屋來祭祭五臟廟。當地人特別喜歡一種把棉花糖炒過之後，再淋上醬汁的甜點。其他還有糖炒栗子、德式紅豆麵包等五花八門的食物。由於人潮非常擁擠，最好是早上或晚上去。從聖誕節前4星期的週五一直到聖誕夜為止。時間為10:00～21:00（12月24日～14:00）。

HP www.christkindelsmarkt.de

日耳曼民族國立博物館 ★★★
Germanisches Nationalmuseum

map p.234-C

●中央車站步行８分

在藝術方面為德國最大的博物館。從史前時代的出土文物到中世紀的藝術品、近代繪畫等等，網羅了從古至今的藝術風格變遷。展示品從衣服、傢俱等市民的生活用品，號稱館藏數量為世界第一。

號稱有50萬冊的文化資料。

住Kartäusergasse 1 營10:00～18:00（週三為～21:00） 休週一、12/24～25及31、嘉年華期間的週二 費€8、學生€5（週三18:00後免費） ☎13310

新美術館 ★★
Neues Museum

map p.234-D

●中央車站步行５分

強調設計與現代藝術，展示品的主要內容為50年代以後的產業設計與藝術，以及引領媒體潮流的實驗性作品等等。

住Klarissenplatz 營10:00～18:00（週四為～20:00） 休週一（假日除外）、12/24～25及31、復活節的週五 費€5、學生€4、週日€1 ☎2402036 HP www.nmn.de

玩具博物館 ★★★
Spielzeugmuseum

map p.234-A

●中央廣場步行５分

只有製造玩具的城市才能有這樣的博物館。可以欣賞到1300年左右的祕魯人偶、30平方公尺的鐵道模型等古今中外各式各樣的玩具。每一尊人偶都反映出當時的流行，非常有趣。人偶之家可說是已經進入了藝術的領域。使用瓦斯與蒸汽的玩具也是由紐倫堡所發明的。還可以買到原創的周邊商品。

充滿夢想的人偶之家。非常精緻令人咋舌。

住Karlstr.13-15 營10:00～17:00（週六、日為～18:00、玩具展覽會期間為～20:00） 休週一（市集舉辦期間無休）、12/24～25及31、嘉年華期間的週一 費€5、學生€3 ☎2313164

納粹的傷痕還留在這個希特勒深愛的街道上

舊城區東南方約4公里的都特德茲湖畔，出現一座宛如羅馬競技場的建築物，那就是希特勒興建的會議堂，還有為了閱兵儀式興建的德國競技場，兩者皆尚未完工。會議堂內部有文獻中心Dokumentationszentrum（營9:00～18:00［週六日、假日10:00～］ 休12/24～25及31 €6、學生€1.50 ☎2315666 HP www.museen.nuernberg.de）展示著納粹與暴政的記錄。對岸則有希特勒在160萬人面前演說的巨大齊柏林廣場遺跡。他在這個城市裡制定了惡名昭彰的紐倫堡法。只不過短短的50多年，原本召開黨大會的地點如今已成了市民休閒的場所。從中央車站搭市電6、8號約12分，在Doku-Zentrum站下車。

如今已成了市民休閒的場所。

Bratwursthäusle

總是高朋滿座，招牌菜是炭烤的德國香腸

炭烤香腸可以選擇是要搭德國酸菜？醃漬捲心菜還是要搭馬鈴薯沙拉？要幾根？裝在罐子裡的10根€6.50～。

map p.234-A
●市政府旁
■地址 Rathausplatz 1
■TEL 227695
■營業 10:00～22:00（L.O. 21:30）
■公休 週日、假日、12/24及31
※聖塞巴都堂旁的姊妹店 Goldenes Posthorn為12/24、31～15:00，12/25、1/1、復活節的週五休

Zum Gulden Stern

在當地非常受歡迎，可說是全球第一家？德國香腸餐廳

位於很難找的地點上，創業於1419年，是老字號中的老字號。店內瀰漫著中世紀的氛圍，光看就值回票價。6根德國香腸的拼盤€8。

map p.234-C
●中央車站步行15分
■地址 Zirkelschmiedsgasse 26
■TEL 2059288
■營業 11:00～22:00（12/24及31為～15:00）
■公休 無休
■信用卡 VISA、MC、EC、AMEX、JCB
HP www.bratwurstkueche.com

Lebkuchen Schmidt

600年前傳承至今的食譜

紐倫堡特產的薑餅屋是一種使用椰子粉，口味介於餅乾與蛋糕之間的點心，令人一吃上癮。罐子非常漂亮，很適合當紀念品。

map p.234-A
●中央廣場步行1分
■地址 Plobenhofstr.6
■TEL 225568
■營業 9:00～18:30（週六為～16:00）
■公休 週日
HP www.lebkuchen-schmidt.com

Töpferei Am Dürerhaus

位於凱撒堡前，店前方是咖啡館，後面才是商店。以傳統手法高溫燒製而成的可愛陶器十分地耐用。

map p.234-A ●凱撒堡前
■地址 Neutormaure 25 ■TEL 226585
■營業 12:00～18:00（咖啡廳視天候為～17:00或24:00為止）
■公休 週一二、1～2月
HP www.cafe-im-atelier.de

Eisenbahn Dörfler

鐵道模型專賣店。還有多款40～50年代的Marklin火車，相當珍貴。全部商品有5萬件以上。

map p.234-C
●U1 Opernhaus步行8分 ■地址 Färberstr. 34/36 ■TEL 227839 ■營業 9:30～18:00（週六為～14:00，10～2月的週六為～16:00） ■公休 週日 ■信用卡 VISA、MC HP www.eisenbahn-doerfler.de

Burghotel Nürnberg ★★★

位於舊城區的中心，頗為安靜

以合理的費用提供令人滿意的服務內容。洋溢著沉靜的氣氛，也有游泳池和三溫暖。有的套房為閣樓式，有的套房裡還有暖爐，都充滿了個性。

map p.234-A
●中央廣場步行5分
■地址 Lammsgasse 3
■TEL 238890
■FAX 23889100
■費用 S-€66～146、T-€87～187
■房間數 共55間
■信用卡 VISA、MC、AMEX、DC、JCB
HP www.burghotel-nuernberg.de

Hotel Deutscher Kaiser ★★★

擁有100年以上的歷史，希特勒也經常下榻於此。靠近車站的地點拔得頭籌。

map p.234-D ●中央車站步行7分
■地址 Königstr.55
■TEL 242660 ■FAX 24266166
■費用 S-€92～288、T-€109～348 ■房間數 共52間
■信用卡 VISA、MC、AMEX、DC、JCB

Avenue Hotel ★★★ map p.234-C
●U1 Weisser Turm步行5分 ■地址 Josephsplatz 10
☎244000 費S-€64～、T-€84～、浮動制 HP www.hotel-avenue.de

Jugendherberge Nuernberg ★ map p.234-A
●U2、3 經Plärrer 巴士36路 Burgstr.下車步行5分 ■地址 Burg 2 ☎2309360 費多人房-€32.40～（古堡青年旅館）

Five Reasons Hotel & Hostel ★ map p.234-C
●中央車站步行10分 ■地址 Frauentormauer 42 ☎99286625 費多人房-€18～、T-€49～ HP www.five-reasons.de

BAMBERG 班堡

p.11-H ■人口=7.6萬人 ■都市規模=步行需1天

河流優雅地蜿蜒流過，是德國最美麗的城市，也是聯合國教科文組織的世界遺產。

★★★ 如詩如畫的小威尼斯地區
★★★ 聖米歇爾大教堂
★★ 主教區博物館
★★ 新宮殿
★★★ 班堡交響樂團
★★★ 煙燻啤酒 Rauchbier
★ 浪漫派作家霍夫曼
★★★ 加入了洋蔥及絞肉的德式洋蔥湯

Access

●火車：紐倫堡→RE、S（43～57分）→班堡［1小時1～3班／€11.90］、慕尼黑→ICE等（約1小時45分～2小時）→班堡［1小時1班／€66］

●市內交通：從車站到市中心步行15分。也有巴士（€1.70、1次票€4.40）。

Information

ℹ遊客服務中心：MAP p.239-B ☎2976200 住Geyerswörthstr.5 營9:30～18:00（週六為～16:00；週日、假日為～14:30；嘉年華期間的週二、12/24及31為～12:30） 休1/1、嘉年華期間的週五、11/1、12/25～26

●班堡卡：有效期間內可任意搭乘市內大眾運輸工具。有各種優惠。3日票€14.90

HP www.bamberg.info

●青年旅館：MAP p.239-A 住Unterer Kaulberg 30 ☎29952890

Route Advice

舊市政廳→蓋亞斯瓦特城→小威尼斯地區→大教堂→舊宮殿→新宮殿→聖米歇爾大教堂→霍夫曼之家→阿爾騰堡〔全程約3小時〕

城市概要 帶著微微的醉意，漫步在天主教的古都。

班堡的風景就像偶爾會出現在夢裡的景色，請務必細細地品味美麗的街道與這裡的傳統藝術——雕刻在用砂岩蓋起來的房子上的石像。

小威尼斯地區家家戶戶的窗邊都裝飾著色彩鮮艷的花。

從蓋亞斯瓦特城看出去的班堡市區。

位於**雷格尼茨河**的橋上的**舊市政廳**是觀光的起點，之所以蓋在橋上，是因為過去河流把城市分隔成市民地區和主教地區。而**蓋亞斯瓦特城**Schloss Geyerswörth就聳立在其前方，有座當地人都不太知道的塔，可以享受一望無際的風光。旁邊有ℹ，從這裡沿著河岸往前走會通到稱為小威尼斯的地區，有許多漁夫的老房子。

玩樂重點 漫遊市區後，品嘗一杯著名的煙燻啤酒

從舊市政廳所在地的橋沿著平緩的坡道往前走，便會抵達寬敞的**大教堂廣場**Domplatz。在被譽為是中世紀德國建築傑作的**大教堂**裡，可以欣賞到名為「**班堡騎士**Bamberger Reiter」的雕刻。旁邊的**舊宮殿**過去曾是皇帝和主教居住的地方。羅曼蒂克的中庭在木造迴廊的簇擁下，每年7月都會舉行野台戲的活動。建於廣場對面的新宮殿，在皇帝廳也會舉辦演奏會。從新宮殿的中庭看到有一座塔的建築物，那就是**聖米歇爾大教堂**。不妨從這裡往南邊的**水城康科迪亞**前進，沿途景色怡人，由好幾條非常有情調的小徑交織而成。如果時間允許的話，不妨一路走到**古堡阿爾騰堡**，另外班堡有多達30多種的當地啤酒，尤其以煙燻啤酒最為有名。當然也有許多的露天啤酒屋。分量十足的法蘭根美食也很好吃。另外，班堡還有一點很有名，就是交響樂團的素質很好。5～10月的每週六12點（報名到11點半）都會在大教堂舉行風琴的演奏會。

橋上的舊市政廳建造於15世紀，十分珍貴。

班堡的區域號碼☎0951

大教堂 ★★★
Dom

map p.239-A

●舊市政廳步行５分

建於1012年，因為火災於1237年重建。內部陳列著雕刻藝術的傑作，其中又以「班堡騎士」（1230年左右）為最偉大的作品。也有建立大教堂的亨利二世與皇后的豪華墓碑。大教堂的一部分目前已成為主教區博物館Diözesanmuseum。

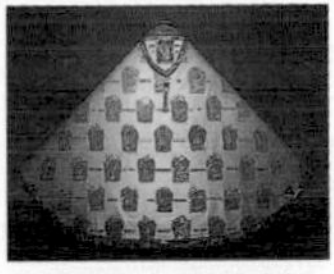

約千年前的皇后庫妮古德的華麗斗篷。

營9:00～18:00（週日13:00～）、11～4月為9:00～17:00（週日13:00～） 休無休 <主教區博物館> 營10:00～17:00 休週一、12/24～25及31、1/1、1/7～嘉年華期間的週三 費€4、學生€3

擁有4座塔的雄偉大教堂是班堡的象徵。

新宮殿的陽台，後面是聖米歐爾大教堂。

新宮殿 ★★★
Neue Residenz

map p.239-A

●舊市政廳步行５分

完成於1703年的主教宮殿。盛開著幾千株玫瑰的花園和周圍的景色妙不可言。

營9:00～18:00（10～3月月為10:00～16:00）
休12/24～25及30、1/1、嘉年華期間的週二
費€4.50、學生€3.50 ☎519390

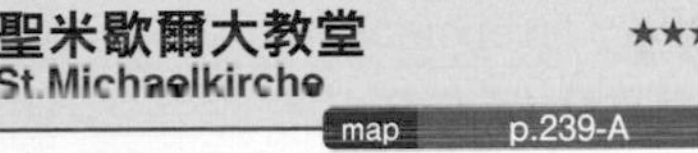

聖米歐爾大教堂 ★★★
St.Michaelkirche

map p.239-A

●大教堂廣場步行10分

設立於1015年，原本是修道院。正面非常壯觀。附設有法蘭根釀造博物館。

<博物館>營13:00～17:00（週六日、假日為11:00～） 休週一二、11～3月 費€4、學生€3.50 ☎53016 HP www.brauereimuseum.de

班堡 Bamberg

0 300m

N

班堡車站 Bahnhof
Brauerei Fässla
Backpackers Bamberg
Hotel Andres
中央郵局
Ludwig-Str.
Luitpoldstr.
Josef-Str.
Margaretendamm
雷威橋 Löwenbr.
Unt. Königstr.
Muss-Str.
Regnitzarm河
Brauerei Spezial
Obere Königsstr.
Kleberstr.
鎖練橋 Kettenbrücke
路易波德橋 Luitpold-brücke
Nürnberger Str.
Egelseestr.
Kunigundendamm
Untere Sandstr.
Insmtitutskirche
馬克希米連廣場 Max.-Pl.
新市政廳 Neues Rathaus
Café Esspress
Wilde Rose Gasthof
聖米歐爾大教堂 St.Michaelkirche
法蘭根釀造博物館 Fränkishes Brauerei Museum
Tandem Hotel
St.Martinkirche
Café Müller
小威尼斯地區 Klein Venedig
舊市政廳 Altes Rathaus
Messerschmitt
新宮殿 Neue Residenz
Schlenkerla
法院
瑪麗亞橋 Marienbrücke
舊宮殿 Alte Hofhaltung
Schönleinpl.
Wilhelmsplatz
邁可爾山森林 Michaelsbergar Wald
大教堂 Dom
大教堂廣場 Dompl.
劇場
Hotel Bamberger Hof Bellevue
Barockhotel am Dom
Schillerpl.
運河 多瑙運河 Main-Donau-Kanal
YH
伯廷格宮（博物館） Böttingerhaus
加爾默羅修道院 Karmelitenkloster
Bolero
Nonnen-brücke
霍夫曼之家 E.T.A.Hoffmann-Haus
Ottostr.
Hotel Alt Bamberg
Nepomuk
蓋亞斯瓦特城 Schloss Gayerswörth
Klosterbräu
水城康柯迪亞城 Concordia Haus
Obere Leinritt
Bad Theresienhain
Altenburger St.
Sternroarte
Brauerei Greifenklau
Restaurant Altenburg
阿爾騰堡 Altenburg
植物園 Bot. Garten
B22

舊宮殿 ★★★
Alte Hofhaltung

map p.239-A

●舊市政廳步行5分

穿過代表流經市區的2條河流的莊嚴大門之後，就會看到文藝復興風格的威風凜凜舊宮殿。內部現在已經改建為法蘭根地區的歷史博物館。美麗的中庭讓人彷彿置身中世紀一般。住Domplatz 7 ＜博物館＞營9:00～17:00 L週一、11～4月則僅特別展覽時開館 費€7、學生€6 A871142

門上幽默的雕刻引人注目。

Schlenkerla

不妨鼓起勇氣嘗試班堡特產的煙燻啤酒

木板裝潢讓人覺得倍感親切。這家店的啤酒以顏色深、味道濃、香味獨特而出名。淋上啤酒醬汁的洋蔥鑲肉（也稱為Zwiebel）是該店招牌。

map p.239-A
●舊市政廳步行3分
■地址 Dominikanerstr.6
■TEL 56050
■營業 9:30～23:30
■公休 12/24～26及31、1/1、嘉年華期間的週二
HP www.schlenkerla.de

Nepomuk ★★

可眺望雷格尼茨河

可以聽見潺潺的流水聲，是家非常浪漫的飯店。在餐廳裡可以欣賞到美麗的風景和品嘗到道地的美食。住房客可以向飯店借腳踏車。

map p.239-A
●舊市政廳步行5分
■地址 Obere Mühlbrücke 9
■TEL 98420
■FAX 9842100
■費用 S-€98～、T-€128～（朝食€5～）
■房間數 共24間
■信用卡 VISA、MC、AMEX
HP www.hotel-nepomuk.de

Hotel Bamberger Hof Bellevue ★★★★

窗外可將舊城區盡收眼底

外觀和大廳擁有歐洲高級飯店般的優雅。房間有摩登、東洋、古典風等不同的個性，套房裡附有帳幔的公主床很漂亮。也設有小餐館。

map p.239-B
●車站步行9分
■地址 Schönleinsplatz 4
■TEL 98550
■FAX 985562
■費用 S-€115、T-€165
■房間數 共50間
■信用卡 VISA、MC、AMEX、DC、JCB
HP www.hotelbambergerhof.de

Messerschmitt ★★★

建於15世紀，曾經是飛機大王梅塞施米特所擁有的洋房。每個房間的室內設計都不一樣。

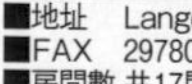

map p.239-B ●車站步行8分
■地址 Langestr. 41 ■TEL 29780-0
■FAX 29780-29 ■費用 S-€95～、T-€160～、浮動制
■房間數 共17間 ■信用卡 VISA、MC、AMEX、DC
HP www.hotel-messerschmitt.de

Barockhotel am Dom ★★★

位於大教堂的左手邊，是棟黃色的巴洛克樣式飯店。沉穩安靜的氣氛也很受年長者的顧客喜愛。

map p.239-A ●大教堂步行2分
■地址 Vorderer Bach 4
■TEL 54031 ■FAX 54021
■費用 S-€84～、T-€99～ ■房間數 共19間
■信用卡 VISA、MC、AMEX、JCB

Tandem Hotel ★★★

沿岸視野很棒的家族經營飯店，充滿家居氛圍。規模小，但設備完善。提供Wifi上網。

map p.239-A ●市政廳步行10分
■地址 Untere Sandstrasse 20 ■TEL 51935855
■費用 S-€70～、T-€90～
■房間數 共8間 ■信用卡 VISA、MC
HP www.tandem-hotel.de

Hotel Alt Bamberg ★★★ map p.239-B
●舊市政廳步行5分 ■地址 Habergasse 11 ☎986150
FAX 9861539 費S-€45～、T-€65～ HP www.hotel-alt-bamberg.de

Hotel Andres ★★ map p.239-B
●車站步行5分 ■地址 Heiliggrabstrasse 1 ☎980260
費S-€50～、T-€69～、浮動制 HP www.andres-hotel.de

Backpackers Bamberg ★ map p.239-B
●車站步行5分 ■地址 Heiliggrabstrasse 4 ☎2221718
費S-€29、多人房-€17～ HP www.backpackersbamberg.de

古堡飯店

位於可以俯瞰內卡河的山上，或者是在森林的深處，從中世紀以來就靜靜地矗立著許多巍峨的古堡，原封不動地封印著許多曾經在那裡住過的騎士們的光榮與怨念。其中有幾座古堡後來改建成古堡飯店或餐廳，重新站上了現代的舞台。大部分的古堡交通都不太方便，不妨當作是為了創造古堡大道之旅的紀念走一趟，和中世紀的夢幻一同度過浪漫的一夜。

古堡的側面是一整片的葡萄園。

★★★ 霍恩貝格堡古堡酒店

Burg Hornberg

鐵手騎士所居住的城堡

德國最有名的騎士，在歌德的戲劇裡也曾出現過的「鐵手騎士」格茲·芬·貝里欣葛男爵從1517年到他去世的1562年為止，都住在這座城堡裡。現存主塔的建造年代可以追溯到1084年，現在的城主是第13代的格明根男爵。將建於近代的建築物部分改裝成古堡飯店和餐廳，從1953年開始營業。另外，中世紀的廢墟部分則改建成博物館，對外開放。還在古堡內進行葡萄酒的釀造與販賣，可以在足夠將內卡溪谷一覽無遺的餐廳裡享用。

從露天的餐廳將內卡溪谷盡收於眼底。

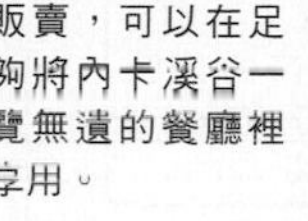

也可以在古堡裡舉行結婚典禮。

時髦又舒適的客房。

map p.231

●內卡爾慶門站車程10分（提供車站接送服務）
■地址 Burg Hornberg
■TEL 06261-92460
■FAX 06261-924644
■費用 S-€78～100、T-€140～190
■房間數 共24間
■信用卡 VISA、MC
HP www.burg-hotel-hornberg.de

★★★

Schlosshotel Götzenburg

鐵手騎士出生的城堡

現在也屬格茲一族的子孫，貝里欣葛男爵家所有的城堡，圍繞城堡的護城河和吊橋等都在在述說過往的歷史。6～8月舉辦的格茲戲劇也很知名。

map p.231

●亞格斯特豪森站車程10分
■地址 Schlossstr. 20, 74249 Jagsthausen
■TEL 07943-94360
■FAX 07943-9436200
■費用 S-€89～、T-€129～
■房間數 共27間
■信用卡 VISA、MC、AMEX
HP www.schlosshotel-goetzenburg.de

★★★

Burg Colmberg

以千年歷史為傲的高地古城

古老到名字曾出現在古文書中，內部仍流淌著霍亨索倫王朝統治的中世紀時代氛圍。位於高地，眺望丘陵的景觀也美得出色。

map p.220-B

●羅騰堡搭計程車20～30分。或搭巴士732路Colmberg Rathaus下車，步行約20分
■地址 An der Burgenstr.
■TEL 09803-91920
■FAX 09803-262
■費用 S,T-€110～
■房間數 共25間
■信用卡 VISA、MC、AMEX
HP www.burg-colmberg.de

★★★

Schloss Heinsheim

在森林環抱下的巴洛克新館

建於1810年，為雷克尼茨男爵家的財產。和上述3座中世紀古堡比起來，洋溢著比較明亮且低調奢華的氣氛。有18洞的高爾夫球場，也可在此舉行婚禮。

map p.231

●根德魯斯海姆站車程20分
■地址 Gundelsheimer Str.36, Bad Rappenau
■TEL 07264-95030
■FAX 07264-4208
■費用 S-€85～、T-€90～
■房間數 共42間
■信用卡 VISA、MC、AMEX
HP www.schloss-heinsheim.de

BAYREUTH
拜羅伊特

p.11-H ■人口=7.3萬人 ■都市規模=步行需半天

在歌劇迷嚮往的城市裡，尋訪天才音樂家華格納的足跡。

 ★★★ 理查德．華格納節慶歌劇院

 ★★★ 華格納博物館

 ★★★ 拜羅伊特音樂節

★★★ 華格納、李斯特、威廉明娜

★★ 新宮殿、隱士宮

Access

●火車：慕尼黑→ICE（約1小時15分）→紐倫堡（轉車）→RE（58分～1小時9分）→拜羅伊特［1小時1～2班／€71］

Information

ℹ遊客服務中心：MAPp.242 住Opernstr.22 ☎88588 FAX885755 營9:00～19:00（週六為～16:00、5～10月的週日10:00～14:00） 休11～4月的週日、1/1、復活節的週五 HP www.bayreuth.de ●青年旅館：MAPp.242外 住Universitätsstr.28 ☎764380

在最高級的劇場裡觀賞正統的歌劇

18世紀，原本預定要嫁進英國皇室的普

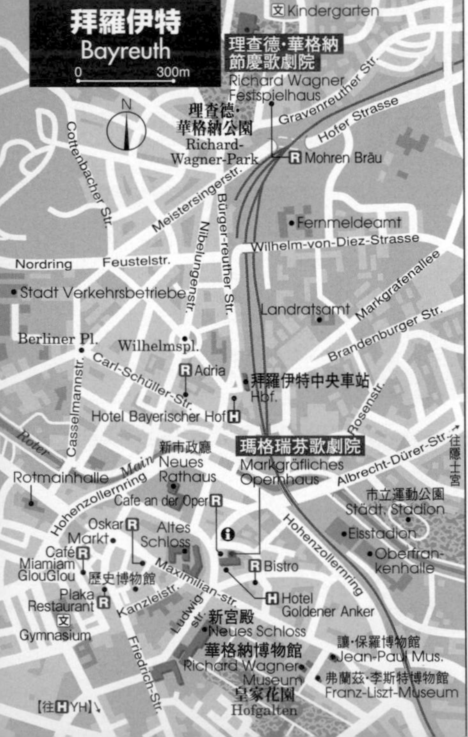

稱之為「幻想與和平之家」，是華格納住過的房子。

魯士公主卻嫁給了治理這個地方的邊境伯。聰明又充滿藝術才能的威廉明娜為了將拜羅伊特打造成藝術之都，於是建立了洛可可風格的**新宮殿**（Neues Schloss）和**瑪格瑞芬歌劇院**等等，首先在城鎮中心來趟名建築巡禮吧。瑪格瑞芬歌劇院在2012年被登錄為世界遺產。

即使無緣參加拜羅伊特音樂節，也不可錯過這個充滿華格納的世界

這個城市就算用走的也只要半天就可以繞完一圈。每年都會舉行的「拜羅伊特音樂節」（7月下旬～8月下旬）享譽全球，是理查德．華格納於1872年開始的傳統，目前由他的曾孫Eva Wagner 與Katharina Wagner擔任總指揮。全世界都知道這個音樂節是超一流的公演，吸引了世界各地的華格納樂迷。受歡迎的程度聽說最少也要連續8年都參加抽票才有可能拿到入場券，所以真想欣賞一次看看。

華格納和妻子柯西瑪所住的地方現在成了**華格納博物館**，在這裡可以沉醉在他那如夢似幻的歌劇世界裡。東側是柯西瑪的父親，天才小提琴家李斯特晚年居住的地方，現為**弗蘭茲．李斯特博物館**Franz-Liszt-Museum。隔壁是作家**讓．保羅的博物館**。後面則是一大片空氣清新的公園，稱之為**皇家花園**。另外，也請不要錯過郊外的**隱士宮**和庭園。

華格納與愛妻柯西瑪就長眠在這座宅邸的後院。

只為了為期5週的音樂節所蓋的超奢華劇場。

理查德・華格納節慶歌劇院 ★★★
Richard Wagner Festspielhaus

map p.242

●中央車站步行20分；或搭巴士305、329路，Bayreuth Am Festspielhaus下車

華格納在路德維希二世的資助下興建的世界最高級劇場。可以在導遊的帶領下參觀後台或樂手席等等。

＜導覽行程＞營9・10月為10:00、11:00、14:00、15:00。11月僅週六14:00，而12~4月僅10:00及14:00 休週一、11月、音樂節時(7~8月)及其彩排時(6~7月) 費€7 ☎78780

瑪格瑞芬歌劇院 ★★★
Markgräfliches Opernhaus

map p.242

●遊客服務中心步行3分

建於1748年，是德國現存唯一的巴洛克式劇場。劇場內金碧輝煌的裝飾非常豪華絢爛，令人嘆為觀止。

營9:00～18:00(10～3月為10:00～16:00) 休12/24及31、1/1、嘉年華期間的週二 費€8、學生€7 ☎7596922

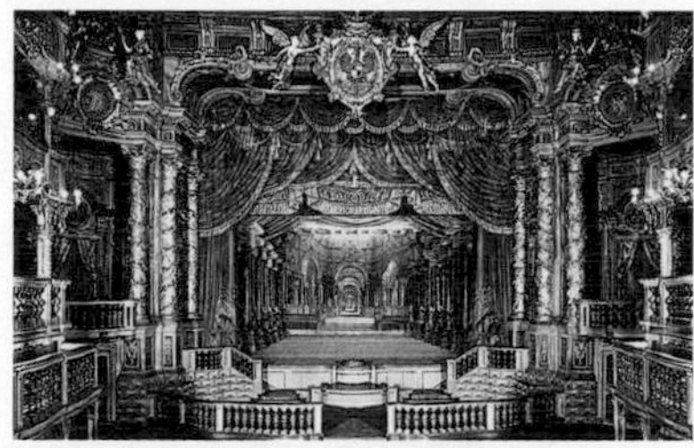
就連拿破崙也讚不絕口的瑪格瑞芬歌劇院。

牆壁上陳列著帶狀的『尼伯龍根之歌』的繪畫。

華格納博物館（夢幻莊） ★★★
Richard Wagner Museum (Haus Wahnfried)

map p.242

●中央車站步行10分

展示『唐懷瑟』等歌劇作品、由華格納家族擔任指揮的拜羅伊特音樂節、介紹與路德維希二世有關的資料、及其愛用的東西等等，就算不是樂迷也都會很感興趣。

＜博物館＞營10:00～17:00（7～8月為～18:00） 休7～8月除外的週一、12/24 費€8 ☎757200 ⓤ www.wagnermuseum.de

圍著噴水池而建，充滿異國情調的太陽神殿。

隱士宮 ★★★
Hofgarten Eremitage

map p.242外

●中央車站搭巴士302路Eremitage下車即到

位於市區以東5公里的廣大庭園。建於1718年的舊宮殿和建於1753年的新宮殿相互輝映，美輪美奐。太陽神殿很壯觀。

＜新宮殿＞營9:00～18:00(10/1～15為10:00～16:00) 休10/16～3月 費€5.50、學生€4.50；與瑪格瑞芬歌劇院的套票€12 ☎7596937

★★★ Hotel Goldener Anker

精美的室內陳設令人印象深刻，是市內最古老的飯店。靠近主要的觀光景點，交通很方便。

map p.242 ●遊客服務中心步行3分
■地址 Opernstr 6 ■TEL 7877740 ■FAX 65500
■費用 S-€98～135、T-€168～235
■房間數 共35間 ■信用卡 VISA、MC、AMEX
ⓗ www.anker-bayreuth.de

★★★ Hotel Bayerischer Hof

有游泳池和中庭，是很能夠放鬆的站前飯店。每間客房的等級有差，請事先洽詢。

map p.242 ●中央車站步行1分
■地址 Bahnhofstr.14 ■TEL 78600 ■FAX 7860560
■費用 S-€81～、T-€93～、浮動制
※週末有折扣 ■房間數 共49間
■信用卡 VISA、MC

★經濟型 ★★休閒型 ★★★標準型 ★★★★豪華型

矗立在山上的普拉森堡。

KULMBACH

庫姆巴赫

p.11-H　■人口＝2.6萬人　■都市規模＝步行需半天

巴伐利亞的小城，以啤酒及古堡為傲，城裡沉睡著 30 萬個錫人像

位於巴伐利亞以北23公里處，以釀造啤酒而聞名的城市。每年7月最後一個週六連續9天的啤酒節，也很有人氣。出了車站向左走，會看見一個大廳，而❶就在裡面。再從❶往南邊的市集廣場前進，那裡有18世紀的市政廳，洛可可風格的建築物正面相當美麗。朝北前進的話則有稱之為Wehrturm的塔。附近還有建於1691年的**蘭格海馬修道院**Langheimer Klosterhof。如果直接往山上爬，則會通到建於1135年、重建於1562年的**普拉森堡**Plassenburg（營9:00～18:00〔11～3月10:00～16:00〕　休12/24～25及31，1/1、嘉年華期間的週二　費入城與錫人像博物館各€4、套票券€7）。從鎮內中央停車場的直達巴士每30分鐘運行。夏季8:40～17:20、淡季9:40～16:10。

聖基麗安教堂的塔和怪物型的雨遮令人印象深刻。

HEILBRONN AM NECKAR

海爾布隆

p.11-H　■人口＝12.4萬人　■都市規模＝步行需半天

「聖泉」湧出的城市，是德國有名的葡萄酒產地。

內卡河流過市中心，中央車站位於內卡河的西側，聖基麗安教堂等主要景點則是在河的東側。橋墩有遊覽內卡河的觀光船碼頭。

聖基麗安教堂和**市政廳**是市內不容錯過的建築物。教堂建造於13～15世紀。在教堂的後面，還有發現於2000年前，據說是這個城市名稱由來的「**聖泉**（Heiligen Brunnen）」。每年9月中旬在市政廳前的市集廣場上都會舉行盛大的葡萄酒節。

市政廳為15世紀的哥德式建築。

往古堡大道的東端──布拉格

古堡大道並不是只有在德國境內就結束了，和德國在文化、歷史上都有很深淵源的捷克首都布拉格才是古堡大道的終點。布拉格擁有歐洲首屈一指的美麗街道，尖塔林立的樣子更為其贏得了「塔之都」的美譽。是皮爾森啤酒的發祥地，肉類做成的餐點也大受好評，美味的程度絲毫不輸給德國。主要的觀光景點為因為「布拉格之春」而聞名的布拉格廣場、家喻戶曉的查理大道、天文鐘（舊市政廳）、布拉格城堡等等。如欲搭乘火車前往，從柏林～德勒斯登的方向出發會比較方便。

從布拉格城堡俯瞰舊城區。

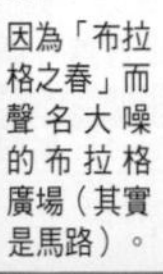

因為「布拉格之春」而聲名大噪的布拉格廣場（其實是馬路）。

MAP p.11-I

●柏林→EC　4小時20分（1天7班）／€70.40　❶：☎221-714714　營週一～四8:00～17:00（週五為～16:00）　HP www.praguecitytourism.cz/en/contacts　HP www.visitprague.cz/en/　※便宜住宿Hostel Mango　☎+420-608051457　HP hostelmango.cz

■庫姆巴赫

●紐倫堡到拜羅伊特或是利希滕費爾斯Lichtenfels轉車→RE等約1小時30～50分（1小時2～3班）／€27.50～　❶：住Buchbindergasse 5　☎09221-95880　營9:00～18:00（週六10:00～13:00）　休週日；11～3月的週六、假日　HP www.kulmbach.de

■海爾布隆

●海德堡→S、RE、RB1小時～1小時40分（直達或轉乘1～2次／1小時2～4班）／€18.20～　❶：住Kaiserstr.17　☎07131-562270　營10:00～18:00（週六為～16:00）　休週日、假日、12/24及31、1月初旬的2天　HP www.heilbronn-tourist.de

從對岸看到的大教堂（科隆）夜景。

區域
8

魯爾區＆萊茵河 莫色耳河流域

杜塞道夫
科隆
波昂
阿亨
明斯特
埃森
麥茲
呂德斯海姆
柯布林茲
特里爾
薩爾布呂肯
伯恩卡斯特／庫斯

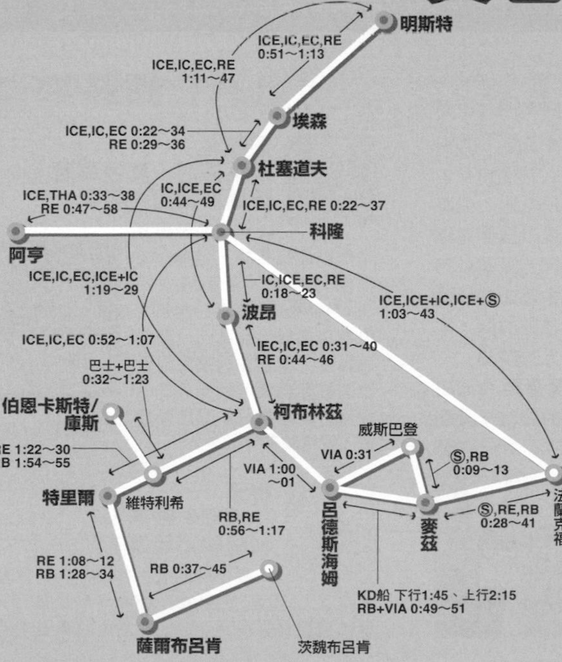

明斯特
ICE,IC,EC,RE
0:51～1:13
ICE,IC,EC,RE
1:11～47
埃森
ICE,IC,EC 0:22～34
RE 0:29～36
杜塞道夫
IC,ICE,EC
0:44～49
ICE,THA 0:33～38
RE 0:47～58
ICE,IC,EC,RE 0:22～37
阿亨
科隆
ICE,IC,EC,ICE+IC
1:19～29
IC,ICE,EC,RE
0:18～23
ICE,ICE+IC,ICE+Ⓢ
1:03～43
波昂
ICE,IC,EC 0:52～1:07
IEC,IC,EC 0:31～40
RE 0:44～46
巴士+巴士
0:32～1:23
伯恩卡斯特／庫斯
柯布林茲
威斯巴登
VIA 0:31
Ⓢ,RB
0:09～13
RE 1:22～30
RB 1:54～55
VIA 1:00
～01
法蘭克福
特里爾
維特利希
RB,RE
0:56～1:17
呂德斯海姆
麥茲
Ⓢ,RE,RB
0:28～41
RE 1:08～12
RB 1:28～34
RB 0:37～45
KD船 下行1:45、上行2:15
RB+VIA 0:49～51
薩爾布呂肯
茨魏布呂肯

魯爾區&萊茵河 莫色耳河流域

從遠古時代奔流至今的萊茵河，時而慷慨激昂、時而溫柔婉約……是歐洲數一數二的大河，也是許多神話及傳說的舞台。理查德．華格納的歌劇『尼伯龍根的指環』四部曲就是在描寫沈在萊茵河的水底，有一個由三位妖精所守護的金塊，只要誰能拿到這個金塊，就可以擁有比神還要大的權利，結果造成眾神與人類、異形爭得你死我活，最後全都被萊茵河的河水所吞噬。另外，有名的『蘿蕾萊岩傳說』則是在講坐在船上的漁夫被妖精的歌聲迷惑，最後被拖進水中送命的故事。萊茵河的流域與高台的古堡裡藏著浪漫的傳說，有些還不能一笑置之呢！

此外，這個地區自古以來就因為是經濟及商業的中心而蓬勃發展，有作為物流輸送手段的航運、以鐵礦為代表的豐富地下資源。人、商品、農作物經常都在河水上來來去去，慢慢地發展起來，在德國也算是最早接受文明開化的地方。

ADVICE 注意事項

交通方式 如果想要享受順流而下的快感，船是最好的選擇。而且比起高速船來，緩慢的船才能夠細細地品味這份恬靜。火車比較適合短時間的移動，由於是以法蘭克福為起點，沿著河岸往前延伸，因此車窗外的風景非常秀麗，除了有好幾座古堡之外，還可以看見蘿蕾萊岩。如果租車移動的話，則可以享受更悠閒的行程、更深入的旅遊。

氣候、服裝 全年都比台灣還要冷，由於最近的氣候異常現象，氣溫的變化十分劇烈，必須準備方便穿脫的服裝。尤其在船上會吹到風，所以會更冷。為了防止強烈的陽光被河面反射回來，最好也攜帶太陽眼鏡和帽子。

KEYWORD 關鍵字

葡萄酒〔萊茵河、莫色耳河、薩爾葡萄酒等等〕

這裡的葡萄酒是德國最有名的。尤其是統稱為『莫色耳葡萄酒』的Docteur是非常有名的牌子。雖然以麗絲玲品種的白葡萄酒為主，但是在阿爾河附近也有紅葡萄酒。秋天可以品嘗到各地剛釀好的當地葡萄酒（詳情請參照p.26）。

啤酒〔德國老啤酒、科隆啤酒等等〕

就像杜塞道夫有咖啡色的德國老啤酒、科隆則有顏色較淡的黃色科隆啤酒一樣，這裡有許多深受當地人喜愛的啤酒。另

呂德斯海姆。在後方流淌的是萊茵河。

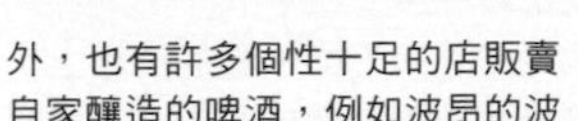
從埃倫布賴特施坦要塞看到的風景

外，也有許多個性十足的店販賣自家釀造的啤酒，例如波昂的波昂啤酒或明斯特的明斯特啤酒等等。不讓葡萄酒專美於前，品嘗各地的當地啤酒也是在這一帶旅行的樂趣之一。

慶典〔科隆、柯布林茲、呂德斯海姆附近等等〕

有科隆會舉行盛大的遊行（2月前後）、萊茵河附近的煙火（8月前後）、呂德斯海姆附近的葡萄酒節（8～9月前後）、杜塞道夫附近的聖馬丁的提燈遊行（11月前後）等等。

在主要街道上常常可以看見表演。

城堡〔明斯特地區的水城、愛爾茲堡等等〕

萊茵河、莫色耳河流域有很多有名的古堡。像是明斯特或波昂的大學就是直接將城堡改建成校舍的。也有很多改建成古堡飯店，可以過夜的城堡（參照p.278）。有一部分的青年旅館甚至是由要塞改建而成的（參照p.275），非常的受歡迎。另外，明斯特附近還分布著美麗程度堪稱是歐洲首屈一指的水城（參照p.267）。

漂浮在水面上的徽爾斯霍夫城（參照p.267）。

DÜSSELDORF

杜塞道夫

p.10-D ■人口=61.3萬人 ■都市規模=U需1天

在好幾個壕溝、池塘、以及萊茵河的簇擁下，是座豐饒的水城。

 ★★ 萊茵河畔的散步道

 ★★ 歌德博物館等等

 ★★ 賓拉特皇宮

 ★★ 劇碼獨特的歌劇院

★★★ 流行的發信地

★★★ 特別的德國老啤酒

Access

●火車：法蘭克福→ICE(約1小時40分)→杜塞道夫[1小時1～2班／€86]、漢堡→IC(約3小時40分)→杜塞道夫[1小時1～2班／€86]、科隆→IC、ICE、RE(約20～30分)→杜塞道夫[1小時4～6班／€11.50（搭RE時)～18]

●飛機：機場位於市中心北方約10km處。飛巴黎約85分、倫敦約90分、柏林約70分。

●機場到市內：搭S11或RE約10分(€2.80)、搭計程車約20分(€28左右)。

●市內交通：U與S涵蓋整個市中心，此外還有市電與巴士。短程票(Kurzstrecke)20分有效、3站內€1.60，1日票€7。

Information

ℹ遊客服務中心：<中央車站前>MAP p.251-I
住Immermannstr. 65b ☎17202844 營9:30～19:00(週六為～17:00) 休週日
<舊城區>MAP p.250-D 住Marktstr./corner Rheinstr. ☎17202840 營10:00～18:00 休無休

●杜塞道夫卡：時效內可無限搭乘市中心的大眾交通工具，且幾乎可免費參觀所有的美術館及博物館。1日票€9、2日票€14。可在ℹ與主要飯店購買。

HP www.duesseldorf.de

●青年旅館：MAP p.250-D外
住Düsseldorfer Str.1 ☎557310 FAX 572513

Route Advice

國王大街→（Bolkerstr.）→舊城區→萊茵河步道→（Mühlenstr.）→K20州立美術館→皇家花園→歌德博物館→（Jacobistr.）→中央車站→（S6 D.Benrath）→賓拉特皇宮〔全程約2小時〕

買東西在購物商城，用餐或啤酒則建議到舊城區享用！

這個城市的中心是一條叫作**國王大街**Königsallee（簡稱為Kö）的林蔭大道。還留有全長600公尺左右的壕溝，據說兩旁的道路是拿破崙整修的。這裡有世界上最具代表性的一流名牌精品店爭相開店。由於行道樹、河畔、建築物都融和得恰到好處，素有小巴黎的美譽，也是當地人的驕傲。和德國其他都市有著明顯的不同，尤其是春天的時候，更是格外美麗。現在市中心在進行地下鐵工程，同時也在國王大街北邊到皇家花園一帶進行再開發。

從國王大街往萊茵河方向是**舊城區**，有許多以餐點及當地啤酒吸引顧客的餐廳，尤其在被戲稱為『德國最長的櫃台』的**波卡街**Bolker Str.上，兩旁是密密麻麻的餐廳，可以喝到有名的**德國老啤酒**。這條街上還有詩人**海涅**所住過的房子，目前已經變成了書店（MAP p.250-D※部份咖啡店），上頭還有用猶太裔的海涅所熟悉的希伯來文寫成的門牌號碼。每逢週末的夜晚，舊城區一帶可以說是愈晚愈熱鬧，治安也相對地比較好。

漫無目的地走在靠裡面一點的街道上，不多時便會走到視野開闊的萊茵河。河畔有可以散步的步道，許多當地人和觀光客

萊茵河畔的步道是市民最佳的休憩場所。

街角剪影

至今仍點著浪漫的瓦斯燈

瓦斯燈是在1826年從倫敦傳到德國的，據說就連倫敦當地也只剩下900盞，杜塞道夫居然有17000盞，而且都還在運作。觀光客比較容易去到的地方是R Zum Uerige（MAP p.250-D）一帶。在初夏華燈初上時，一面欣賞街燈，一面暢飲德國老啤酒也別有一番樂趣。

杜塞道夫的區域號碼☎0211

名物 PICK UP 一提到這個地方的啤酒……

對於鄉土意識非常強烈的當地人來說，德國老啤酒是他們最大的驕傲。獨特的深褐色是因為長時間的低溫熟成造成的，上層發酵的風味十分獨特溫和，是其特徵。從酒桶裡倒出來的時候，不借助炭酸的壓力，這一點也很有趣。雖然最近有降溫的趨勢，但當地人最大的娛樂就是一面暢飲這種啤酒，一面為當地的足球隊加油，記得，在那種時候千萬不能提到他們永遠的對手（？）科隆的名字。

一定要試試當地的啤酒。

都坐在露天的座位上小憩片刻，年輕人則有說有笑地在練習街舞或滑板。尤其是在晴朗的假日午后，這裡會洋溢著非常歡樂的氣氛。也有觀光船在此停靠，搭船遊河也別有一番樂趣。

玩樂重點 娛樂活動也很多樣、豐富

來到這個城市一定不能錯過以**歌劇院**Deutsche Oper Am Rhein（MAP p.250-E 住Heinrich Heine-Allee16a ☎8925211）為主的娛樂活動。在市內有著各式各樣的劇場表演，演出著綜藝節目、音樂劇、政治諷刺劇等等。上演著人偶劇的**木偶劇場**Marionetten Theater（MAP p.250-G 住Bilker Str.7 ☎328432）表演內容老少咸宜，頗受好評。音樂活動也很充實，例如從杜塞道夫交響樂團的定期演奏會到搖滾演唱會都有的**音樂廳Tonhalle**（MAP p.250-A 住Ehrenhof 1 ☎8996123），表演內容五花八門。另外，在市中心的商業大樓、Shadow Arkaden城每年也都會舉辦好幾次爵士音樂會。

攝於Uerige啤酒屋前。

除此之外，以各行各業的展覽會而舉世聞名的杜塞道夫也有許多日系企業，尤其是從中央車站延伸到市區的**伊默曼街**附近的地區便是歐洲最大的日本人街。三越百貨公司、日航飯店、三菱東京UFJ銀行、日本料理餐廳、專門給日本人去的商店、旅行社等等，全都集中在這裡，日本大使館也在這條街上。

攝於伊默曼街上的拉麵店「匠」。

火熱情報導覽

在阿波羅劇場裡欣賞娛樂表演！

有幽默風趣的喜劇和特技表演的娛樂節目，就算聽不懂也可以充分地樂在其中。也可以在附設的餐廳裡一面用餐一面欣賞萊茵河，非常有情調。

<阿波羅劇場> MAP p.250-G 住Apollo-Platz1 營表演時間20:00（週六16:00與20:00、週日14:00與18:00） 休週一、週二、部分週三 費€25.50～45.50 ☎828-9090 HP www.apollo-variete.com

K20州立美術館 ★★★

K20 Kunstsammlung Nordrhein-Westfalen

map p.250-E

● U70、74、75、76、77、78、79 Heinrich-Heine-Allee步行5分

收集、展示著20世紀繪畫的美術館，尤其以從具象到抽象的一連串代表性畫家的作品最具有可看性。克利的『Black prince』和畢卡索的『坐在扶手椅上的歐加』、夏卡爾的『小提琴手』等等，都是一些很有價值的作品。還有展示現代藝術的**K21州立美術館**（MAP p.250-G）位舊城區南側的凱撒湖旁2010年整修後重新開

畢卡索的作品展示

↑往略貝克博物館、水族館
萊茵公園
Rheinpark
州政廳
Bezirksregierung
墓園
Alter Friedhof
↑【往H Radisson Blu Scandinavia、H 希爾頓】
往杜塞道夫機場↑
Parkstr.
Fischerstr.
Nordstr.
Venloer Str.
Duisburger Str.
瑪麗亞醫院
Marien Hospital
Rochusstr.
Rhein Terasse
市公會堂
Stadthalle
Ehrenhof
Hofgartenufer
A
B
藝術皇宮美術館
Museum Kunstpalast
Scheibenstr.
Nordstr.
Novum Hotel Excelsior
Sternstr.
Inselstr.
Kaiserstr.
民族經濟州立美術館
Landesmuseum Volk und Wirtschaft
Rosenstr.
Feldstr.
歐伯卡瑟勒橋
Oberkasseler Brücke
音樂廳
Tonhalle
海涅紀念碑
Berial
彭佩爾福特
PEMPELFORT
Oederallee Rampe
Tonhalle
↓【往H Rheinstern YH】
州立藝術學院
Kunstakademie
皇家花園
Hofgarten
Max.-Weyhe-Jägerhofstr.
萊茵河
Rhein
Schlossufer
Kreuzheren-K.
Im Füchschen
皇家花園
Hofgarten
Pinocchio
Ratinger Str.
法院
Amtsgericht
K20州立美術館
K20 Kunstsammlung NRW am Grabbeplatz
聖蘭貝圖斯教堂
Lambertuskirche
Tante Anna
舊城區
ALTSTADT
城之塔(船舶博物館)
Schlossturm
藝術中心
Städtische Kunsthalle
市立劇場
Düsseldorfer Schauspielhaus
觀光船碼頭
Andreas-Kirche
歌劇院
Deutshe Oper am Rhein
D
E
警察局
Jan-Wellem-Platz
城堡廣場
Burgplatz
Hotel St.Georg
Schadowstr.
C&A
麥當勞
Steigenberger Parkhotel
Schweine Janes
Alt Düsseldorf
Im Goldenen Kessel
BOGNER
三菱UFJ銀行
波卡街
Heinrich-Heine-Allee
Galeria Kaufhof
市政廳
Rathaus
Bolker Str.
Zum Schlüssel
(啤酒餐廳)
海涅之家(書店)
Heine Haus
Wempe
Kikaku
Et Kabuffke
En de Canon
BOSS
人魚噴泉
Louis Vuitton
Schadow Arkaden
證券交易所
IHK Börse
郵局
Flinger Str.
Norman
Icking
Montblanc
Woolworths
Wallstr.
Heinemann
Kö-Center
ANA
約翰尼斯教堂
Johannisk.
Lufthansa City Center
Zum Uerige
新羅
Eiscafe Pia
Trinkaus-Königstr.
Rathausufer
相片博物館
Film Museum
Zum Schiffchen
Bäckerei Hinkel
HERMES
Prada
CHANEL
城中區
STADTMITTE
Hotel Weidenhof
陶器美術館
Hetjens-Museum
BaanThai
法蘭瓷(陶器)
Gucci
銀行
聖馬克希米連教堂
St. Maximilian Kirche
卡爾廣場(食品市集)
Karlplatz
德勒斯登銀行
Burberry
Steinstr. / Königsallee
Kreuzstr.
花旗銀行
德國商業銀行
Steinstr.
Carls Hotel
銀行
人偶劇場
Marionetten-Theater
德國商業銀行
Sevens
俄羅斯航空
卡爾施塔特
KARLSTADT
德意志銀行
市立美術館
Stadt Museum
曼內斯曼大廈
Mannesmann Haus
舒曼之家
亨利希·海涅研究所
H.-Heine-Institut
Kö-Galarie
銀行
Gästehaus Grupello
Schumacher
ZARA
Bastionstr.
Mannesmannufer
Giorgio Armani
Königsallee
Berliner Allee
Stresemannstr.
Oststr.
Berger Allee
Poststr.
比爾克街
Bilker Str.
Hohe Str.
Kasernenstr.
Breite Str.
H&M
國王大街(Kö)
Villeroy & Boch
Café Heinemann
德意志銀行
往媒體港
G
電話局
D.T.
H
Burns Art Hotel
Charlotter
阿波羅劇場
Apollo Theater
內務部
Innenmin
Haroldstr.
Graf-Adolf-Platz
Hotel Düsseldorf Mitte
Graf-Adolf-Str.
天鵝湖
Schwannspiegel
格拉夫·阿道夫廣場
Graf Adolf Pl.
Rosenthal
腓特烈施塔特
FRIEDRICHSTAD
Kavalleriestr.
Elisabeth-Str.
NH Düsseldorf Königsallee
恩斯特羅伊特廣場
Ernst-Reuter-Pl.
凱撒湖
Kaiserteich
Friedrich-Str.
Landes Versich Anst.
Cornelius-Str.
Hüttenstr.
警察本部
Polizei Präs
K21州立美術館
K21 Kunstsammlung NRW im Ständehaus
↓往賓拉特宮殿【往H Backpakers Düsseldorf】↓

幕，充滿時尚感。

住Grabbepl. 5　營10:00～18:00（每月第1個週三為～22:00；週六日、假日11:00～）　休週一　費<僅1館>€12、學生€10；<2館套票>€18、學生€14　※視展示內容變動　☎8381204

藝術皇宮美術館 ★★
Museum Kunstpalast

map p.250-A

● U78、79 Nordstr.步行7分

以與杜塞道夫及萊茵河地區有深厚淵源的作家的作品為中心，收藏魯本斯等人作品超過10萬件，從文藝復興到現代美術為止，展示著琳瑯滿目的作品。別館的玻璃收藏品也很值得一看。

住Ehrenhof 4-5　營11:00～18:00（週四為～21:00）　休週一　費€5 ※企劃展等須另付費　☎56642100

略貝克博物館・水族館 ★★
Löbbecke Museum und Aquazoo

map p.250-A外

● U78、79 Nordpark/Aquazoo即到

附設有水族館和博物館，以軟體動物和蝴蝶的館藏聞名。是由當地的藥劑師、民間學者略貝克的收藏品開始發展至今。館內中央的熱帶大廳裡的鱷魚很有看頭，週末和假日人潮較多請注意。

住Kaiserswerther Str.380　營10:00～18:00　休聖誕節等部分假日　費€9、6～18歲€6　☎27400200

亨利希・海涅研究所 ★
Heinrich-Heine-Institut

map p.250-G

● U70、74、75、76、77、78、79 Steinstr./Königsallee步行8分

收藏豐富的親筆原稿及首刷書等與海涅有關的資料，海涅迷切勿錯過。

住Bilkerstr.12-14　營11:00～17:00（週六13:00～）　休週一　費€4、學生€2　☎8992902

哥德博物館（傑格霍夫宮） ★★
Goethe Museum (Schloss Jägerhof)

map p.251-C

● U70、74～79 Heinrich Heine Allee步行12分、市電707 Schloss Jägerhof步行3分

展示著某舊書商收集有關歌德的資料。淺顯易懂的展示內容和3萬件以上的收藏品，甚至凌駕了法蘭克福的歌德博物館。有浮士德的原稿和森鷗外的翻譯等等。

住Jacobistr.2　營11:00～17:00（週六13:00～）　休週一　費€4、學生€2　☎8996262

歌德和這個城市似乎沒有直接的關係。

杜塞道夫
Düsseldorf

哥德博物館（傑格霍夫宮）
Goethe-Museum Schloss Jägerhof
Adlerstr.
文 完全中學
D. Wehrhahn
繪畫館 Malkasten
Pempelforter Str.
Am Wehrhahn
R Malkasten Restaurant
S Galeria Kaufhof
F
Worringer Str.
Leopoldstr.
Kölnerstr.
聖瑪麗亞教堂 St. Marien Kirche
R 麵処 匠豚骨
やばせ R 日向
Klosterstr.
Franziskanerkloster
Worringer Platz
R Okinii　R 匠(拉麵)
R 串亭
伊默曼塔 H.I.S.
R Café Relax
日航飯店（日航）
日本大使館
Immermannstr.
中央郵局
Worringer Str.
Bahn-Hotel H
Friedrich-Ebert-Str.
Bismarck-Str.
Karlstr.
UFA電影院
杜塞道夫中央車站 Düsseldorf Hauptbahnhof
中央圖書館 WBZ Zentralbücherei
法務部 Justizverw
Mintropp Pl.
往科隆↓

Check-Check! 美麗的濱海區

媒體港 ★★
Medienhafen

河畔的再開發地區上，矗立著電視塔、波浪狀等不可思議外型的大樓。媒體相關企業聚集，所以稱為媒體港。周圍有Lido（河口沙洲）等好幾家餐廳，到了週末就是人氣的約會地點，也很推薦給建築迷。

電視塔就是地標。建築物由法蘭克蓋瑞設計

MAP p.250-G外
●中央車站 市電704 Stadttor下車步行５分
●Lido 營18:00～22:00（酒廊15:00～翌1:00）
休週日、假日 ☎15768730

郊外的主要景點

人類物種的起源？尼安德塔人博物館

尼安德塔人的頭骨於1856年在杜塞道夫郊外的「尼安德塔人森林」被發現。真正的頭骨已經移到波昂的博物館裡，但這裡仍是座可以充分了解人類進化的博物館。

● MAP p.247 S28 Neandertal步行５分
營10:00～18:00 休週一 費€9（兒童€5）、特別展€7（兒童€3.50），套票€11（兒童€6.50） HP www.neanderthal.de

到德國電影公園Movie Park Germany找樂子

有『冰原歷險記Ice Age』等人氣電影的娛樂設施，以及雲霄飛車之類的歐洲最大電影主題樂園。

MAP p.247 ●Düsseldorf→Feldhausen（有轉乘、約1小時30分） 營10:00～18:00（暑假為～20:00） 休11～3月、9月的某幾天 ※須至HP確認 費€39.50（兒童€30，網路預約有折扣） HP www.movieparkgermany.de

在美麗的賓拉特宮殿和寬敞的庭園裡度過悠閒愜意的時光

被譽為萊茵河流域最美麗的地方。建於1773年，原本是選帝侯卡爾·特奧多爾的行館，是晚期洛可可風格的代表性建築。參觀內部只能參加每30分鐘一次的行程。

● MAP p.247 U74 市電701 Schloss Benrath步行10分
營11:00～17:00 休週一 費€10、內部的歐洲造園博物館€6、套票€14

粉紅色的外牆令人印象深刻。

Zum Schiffchen

擁有創業370年的傳統，是拿破崙也來過的店

店名上的帆船是本店的招牌。拿破崙於1811年坐過的地方，現在則擺上了他的胸像。中央車站內開了2號店。價格合理、可輕鬆進入的老店。

map p.250-D
●卡爾廣場步行３分
■地址 Hafenstr.5
■TEL 132421
■FAX 134596
■營業 12:00～24:00（供餐為～22:30）
■公休 週日、假日
■信用卡 VISA、MC、AMEX、DC、JCB
HP www.brauerei-zum-schiffchen.de

Tante Anna

號稱是舊城區最高等級和格調的店，一定要訂位

由家族經營超過170年以上的老店，將16世紀的教會改建成骨董風格的店內，銀製燭台等物品更添氣氛，以齊全的葡萄酒為傲，需預約。

map p.250-D
●K20州立美術館步行５分
■地址 Andreasstr.2
■TEL 131163
■FAX 132974
■營業 18:00～23:00
■公休 週日、假日（展覽會期間則營業）
■信用卡 VISA、MC、AMEX
HP www.tanteanna.de

杜塞道夫的區域號碼☎0211

●～€15 ●●€15～25 ●●●€25～50 ●●●●€50～

Im Füchschen

招牌的啤酒還留有一絲絲苦澀和甜味，是其特徵

以紅狐招牌為標誌。萊茵河風味的醋悶牛肉是招牌，啤酒當然是自家釀造的德國老啤酒，可在用啤酒桶代替桌子的地方站著喝。

map p.250-D
●K20州立美術館步行６分
■地址　Ratinger Str.28
■TEL　1374716
■FAX　1374747
■營業　9:00～翌1:00（週五六、假日前日為～翌2:00、週日為～24:00）
■公休　12/25及31、1/1
■信用卡　VISA、MC、AMEX
HP fuechschen.de

Schweine Janes

在店門烤炙的德國烤豬腳十分有名，是間親民的名產餐廳。推薦這裡的豬肉三明治。

map p.250-D
●U70、74～79 Heinrich-Heine-Allee步行７分
■地址　Bolkerstr.13　■TEL　131449
■營業　11:00～翌1:00（週五、六為～翌3:00）　■公休　無休
■信用卡　不可　HP schweinejanes.juisyfood.com

Pinocchio

洞窟風格裝潢的義式披薩店。開朗的義大利大叔窯烤出的道地披薩很受歡迎。

map p.250-D
●U70、74～79 Heinrich-Heine-Allee步行７分
■地址　Altestadt 14　■TEL　131422
■營業　12:00～翌1:00　■公休　12/24～25及31
■信用卡　VISA、MC

Heinemann

當地詢問度最高的高級點心專賣店

在第二代老闆的創新經營下，總而言之就是走時尚的設計風，像是模樣可愛的蜜蜂造型的巧克力，就很適合買來送人。2樓是咖啡廳，這兒的蛋糕也很好吃。

map p.250-E
●U70、74～79 Heinrich-Heine Allee步行６分
■地址　Kö-Passage, Martin-Luther, pl.32　■TEL　132535
■營業　9:00～19:00（週六為～18:30、週日10:00～18:00）
■公休　無休
■信用卡　VISA、MC、AMEX、DC
HP www.konditorei-heinemann.de

Steigenberger Parkhotel ★★★★

可以在國王大街上散步

位於國王大街的北端，是最高級的飯店。工作人員的素質都很好，溫馨的待客之道令人倍感尊榮。夏天也可以在露天的餐廳裡用餐。

map p.250-E
●U70、74～79 Heinrich-Heine-Allee步行２分
■地址　Königsallee 1a
■TEL　13810
■FAX　1381592
■費用　S-€195～、T-€235～、浮動制
■房間數　共130間
■信用卡 VISA、MC、AMEX、DC、JCB

Hotel Düsseldolf Mitte ★★★

位市中心方便觀光的商務旅館。持飯店住宿卡搭乘市內交通免費。

map p.250-H　●中央車站步行７分
■地址　Graf-Adolf-Str.60　■TEL　1697860
■FAX　169786100　■費用　S,T-€69～、浮動制
■房間數　92間　■信用卡　VISA、MC、AMEX、DC
HP www.amanogroup.de/en/hotels/duesseldorf-mitte

Hotel St.Georg ★★★

處舊市街的最佳地段，便於觀光，設備豐富。價格不貴、服務也很棒。

map p.250-D　●U70、74～79 Heinrich-Heine-Allee步行５分　■地址　Hunsrückenstr. 22
■TEL　602230　■FAX　60223500　■費用　S-€49～、T-€69～　■房間數　共24間　■信用卡　VISA、MC、AMEX　HP www.altstadthotel-stgeorg.de

Bahn-Hotel ★ map p.251-I
●中央車站步行３分　■地址　Karlstr.74
☎360471　FAX 364943　費S-€50～、T-€69～（早餐另計）

Gästehaus Grupello ★ map p.250-H
●中央車站步行６分　■地址　Grupellostr.4
☎362615　FAX 353909　費S-€34～49、T-€46～79

Backpakers Düsseldolf ★ map p.250-H外
●巴士725路 Corneliusstr.下車步行3分　■地址　Fürstenwall 180　☎3020848　費多人房-€18.50～
HP www.backpackers-duesseldorf.de

Hotel Nikko Düsseldorf ★★★★ map p.251-I
●U70、74～79 Oststr.　步行２分　■地址　Immermannstr.41
☎8340　FAX 161216　費S/T-€95～(早餐另計、展覽會期間除外)

Alt Düsseldorf ★ map p.250-D
●U70、74～79 Heinrich-Heine-Allee步行５分　■地址Hunsrückenstr.11　☎133604　FAX 133978　費S-€49～、T-€69～

Hotel Komet ★ map p.251-I
●中央車站步行３分　■地址　Bismarckstr.93　☎93079209
FAX 97719550　費S-€35～、T-€60～、浮動制

★經濟型　★★休閒型　★★★標準型　★★★★豪華型

KÖLN

科隆

p.11-G ■人口＝107.6萬人 ■都市規模＝Ⓤ需１天

從羅馬時代發展至今的歷史古城，也是有名的古龍水發祥地。

★★ 漁人碼頭附近的舊城區

★★★ 大教堂

★★ 有多彩多姿的美術、博物館

★★ 嘉年華會

★★ 特產科隆啤酒

Access

●火車：法蘭克福→ICE（約１小時10～25分）→科隆［1小時１～２班／€75］、杜塞道夫→IC、ICE、RE（約20～30分）等→科隆［1小時４～５班／€13～18］、波昂→IC、RE（約30分）→科隆［1小時４～５班／€7.90～11.50］、漢堡→IC、ICE（約４小時）→科隆［1小時１～２班／€91～101］

●市內交通：僅遊覽舊城區的話，步行即可。Ⓤ、巴士的最短區間費用€1.90（1日票€8.60）

Information

❶遊客服務中心:<大教堂旁>MAP p.255 住Kardinal-Höffner-Pl.1 ☎346430 FAX 34643429 營9:00～20:00(週日、假日10:00～17:00)。

●科隆卡:僅科隆市內有效。除了有效期間內可無限次搭乘市內大眾運輸工具之外，博物館門票等可享八到五折。可於❶購買。24小時票€9(最多5人用的團體票€19)

HP www.cologne-tourism.com

●青年旅館:MAP p.255外 住Sieges-str.5 ☎814711

Route Advice

大教堂→沃利夫·理查茲美術館→高街散步→Obenmarspf.→舊市政廳廣場→聖馬丁教堂→漁人碼頭→萊茵河畔散步→施紐特根美術館→Neumarkt、Krebsgasse→歌劇院〔全程約１小時〕

城市概要 主要景點以大教堂為中心，展覽會場在對岸。

一提到科隆就會想到**大教堂**，這座大教堂就矗立在走出中央車站的正前方，可以說是科隆的象徵。穿過大教堂前廣場的前

在街上看到的花店。

從對岸看到的雄偉大教堂。

方，左手邊是行人徒步區，也是很有名的購物天堂——**高街**Hohestr.。與考夫霍夫等百貨公司所在地的馬路縱橫交錯，更憑添了幾分熱鬧的味道。

如果厭倦了高街上的人潮，可以隨便找一條路左轉，應該會從高樓大廈的隙縫中看見萊茵河和朗朗青空。在**舊市政廳**前欣賞發掘自羅馬時代的遺跡，再直接朝著河邊走去，會來到稱之為**漁人碼頭**FischMarkt的小廣場。附近的建築物都長得非常可愛，是一座如詩如畫的廣場。這一帶是舊城區的心臟地帶，在很多店裡都可以喝到當地特產的**科隆啤酒**。

玩樂重點 光是大教堂已經夠有得玩了，沒想到還有各種意外的驚喜

展覽會的會場位於與中央車站隔著萊茵河的對岸，並沒有什麼特別的觀光景點，但若要拍攝大教堂的照片（尤其是夜景），從對岸拍攝會比較容易。

另外，科隆還是每2年舉辦一次相機工業展（與攝影相關的展覽）的知名攝影之都。大教堂周邊也有許多相機店。

除了參觀豐富的美術館、畫廊之外，在高

街角剪影

霍亨索倫橋 宣誓永遠愛情的鎖頭

前往對岸Messe站的途中，有座霍亨索倫橋Hohenzollernbrücke MAP p.255。橋上的鐵網，不知為何被掛上數不清的鎖頭。情侶們會在鎖頭上刻上自己的名字和紀念日，將鎖頭鎖在宣誓永遠愛情的鐵網後，再將鑰匙丟入河內。若情侶一同來訪不妨試試。

其他橋都沒有這種景象，不知為何只有這座橋？

感覺像游泳池的溫泉。

街還以可逛街購物、暢飲科隆啤酒，樂子可多了。

令人意想不到的是，這個城市裡的溫泉設施還被專業的雜誌選為德國第二的溫泉設施。由於是連含鐵泉都有的正統溫泉設施，當然也有游泳池、三溫暖、各種按摩水療等等（Claudius Therme：●從Deutz站前搭150號巴士7分　營9:00～24:00　休12/24　費2小時€18.50※SPA+三溫暖〔週六日、假日€20.50〕　☎981440）。另外，開往對岸**動物園**的空中纜車Kölner Seilbahn（營3月中旬～11月上旬10:00～18:00　☎5474184）就緊鄰著這座設施，由於眺望萊茵河的視野非常好，深受情侶好評。

名物 Pick up　古龍水4711與科隆啤酒

若提到科隆人的地方之光，莫過於大教堂與香水（古龍水）4711、科隆足球隊、以及科隆啤酒。

4711為18世紀末，根據煉金士所寫下的配方，由銀行家將其商品化的產物，柑橘系的清新香味是其特徵。後來，在拿破崙的佔領下，每棟房子都有了自己的門牌號碼，這家店的號碼剛好就是4711。當拿破崙的大軍撤退的時候，很多人跑來買這裡的香水帶回去，結果在巴黎引起了極大的迴響。順帶一提，古龍水在法文是「科隆之水」的意思。位於歌劇院廣場前的本店（MAP p.255從大教堂步行10分　營9:30～18:30、週六～18:00　休週日　☎27099910），還把這款香水作成瀑布一般地傾洩而下。

科隆啤酒是在大麥裡混合了一點小麥，採上層發酵的作法，淡淡的顏色和獨特的苦味是其特徵。要裝在細細長長的小杯子裡喝。稱之為kerbics的服務生會端著事先注滿的玻璃杯在客人之間輕盈靈巧地穿梭（參照p.24）。

本店位於Glockengasse4。

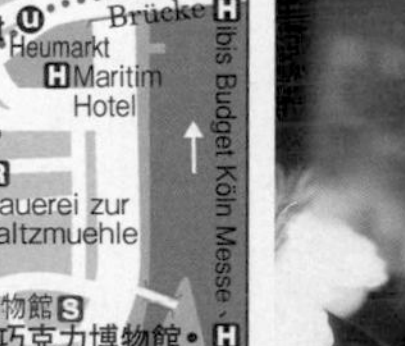

古龍水4711是很受歡迎的伴手禮。

大教堂 ★★★
Dom

map p.255

高聳的尖塔就是個挑戰

高157m，是世界最大的哥德式建築（※），同時也是世界遺產。1248年動工，由於宗教改革等的影響造成資金短缺而長時間中斷工程，完成時已經是600年後的1880年。內部的中央祭壇以及其後方收藏東方三聖人遺物的金聖龕等，絕不可錯過。其他還有描繪基督受難、誕生傳說等的彩繪玻璃，最古老的秘儀祭壇聖齊阿拉祭壇，以及千年以上歷史雕刻作品的格羅大主教十字架等。寶物殿位於左後方。若要到高塔，可利用面向高塔的右手邊、新設置的登頂口（地下樓。附近還有商店、洗手間）。

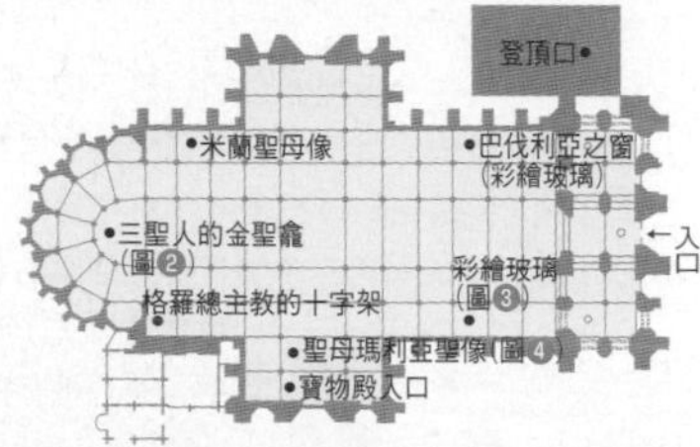

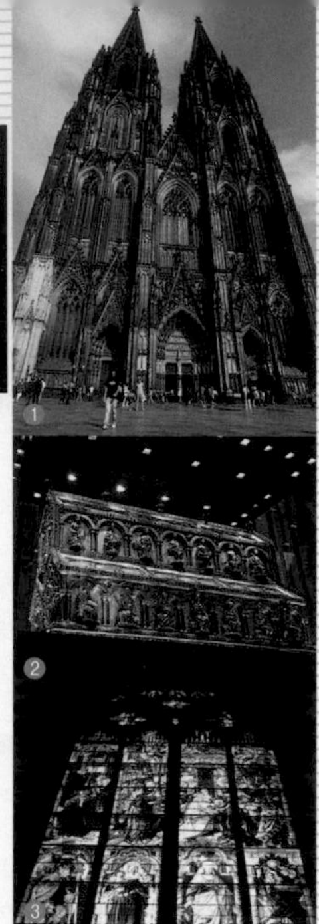

❶完工當時為世界最高的建築物。
❷裝飾著奢華的寶石、珍珠、寶石浮雕等。
❸左側的彩繪玻璃（路德維希一世所捐贈的巴伐利亞窗在右側）。
❹聖母瑪利亞像。由於信眾會拿寶石裝飾，所以別名為Schmick Madonna。

※若只比高度，烏爾姆（p.212）的大教堂則略勝一籌。
●中央車站步行１分　營6:00～21:00（週日、假日13:00～16:30；11～4月為～19:30）；<塔>9:00～18:00（3、4、10月為～17:00；11～2月為～16:00）　休復活節的週五　費入塔費€４、學生€２。寶物殿€６、學生€３。塔與寶物殿的套票€８、學生€４　☎17940555

羅馬日爾曼博物館 ★★★
Römish-Germanisches Museum

map p.255

●中央車站步行３分

博物館裡展示著從古代遺跡裡挖掘出來的美術品等等，詳實地敘述著2000年以前，當科隆還是羅馬殖民地時的歷史。尤其是當時畫在商家食堂地板上的希臘神話酒神迪奧尼斯的巨大馬賽克，長10公尺、寬7公尺，可以說是百聞不如一見，不難發現當時的文化水準相當高。這座博物館本身就是為了保護遺跡才故意蓋在遺跡上的。

營10:00～17:00（每月第１個週四為～22:00）　休週一、12/24～25及31、1／1、嘉年華期間　費€6.50、與遺跡的套票€9　☎24438

酒神迪奧尼斯的馬賽克。

科隆的區域號碼☎0221

沃利夫、理查茲美術館 ★★★
Wallraf-Richartz Museum

map p.255

●中央車站步行８分

以中世紀活躍於以科隆為中心的萊茵蘭地區畫家的宗教畫為主，也網羅了現代美術的美術館。從沒沒無名的畫家作品，到林布蘭特及魯本斯等巨匠的作品，有許多作品都能讓人感受到中世紀那些樸實民眾們的虔誠信仰。其他還有塞尚、竇加、莫內、雷諾瓦等印象派的作家，可以欣賞到優秀的作品。只不過，各個領域的畫作都混在一起，難免給人雜亂的印象。

營10:00～18:00（每月第1、3個週四為～22:00）　休週一、11/11、12/24～25及31、1/1、嘉年華期間　費€9、學生€5.50　☎22121119

➡位於舊市政廳旁

⬅展示著各個領域的作品。

遺跡也成了展覽的一部分

柯倫巴藝術博物館 ★★
Kolumba Art museum

map p.255

●中央車站步行7分

位在毀於第二次世界大戰的同名哥德式教堂廢墟上，完整保留廢墟殘壁的模樣，以添補的方式建造而成的宗教＆現代美術館。由瑞士建築師彼得·祖母特（Peter Zumthor）設計，建物本身也是十分有價值的建築作品。原本就是科隆大主教區美術館，展示教堂美術等藝術品，不過在2007年隨著現在的建築落成＆轉移之後，而轉型為展示與融合現代美術的形式。還能參觀廢墟下殘存的羅馬時代教堂遺跡。

住Kolumbastr.4　營12:00～17:00　休週二　費€5、學生€3　☎9331930　HP www.kolumba.de

巧克力博物館 ★★
Schokoladenmuseum

map p.255

●巴士133路 Schokoladenmuseum下車步行即到

放眼全球也難找到像這樣可以欣賞巧克力製造過程的博物館。突出於萊茵河上的建築物宛如軍艦一般，令人印象深刻。

從新鮮的可可亞果實如何做成巧克力，其實還滿令人感興趣的。購買入場券會附贈一塊巧克力。另外，也有品嘗剛做好的巧克力的單元，還會介紹巧克力的歷史，不光是小朋友，就連大人也很開心。

營10:00～18:00（週六日、假日11:00～19:00）　休11月的週一　費€11.50、學生€7.50　☎9318880

可以品嘗到剛做好的生巧克力。

畢卡索的展示部分，有許多傑作。

路德維希美術館 ★★★
Museum Ludwig

map p.255

●中央車站步行3分

收藏20世紀以後的現代美術作品。有以安迪沃荷為代表的普普藝術、馬克斯·恩斯特與達利代表的達達藝術和超現實主義作品，以及以畢卡索為代表的印象派等傑作。其中畢卡索的作品收藏數量是僅次於巴塞隆納和巴黎、排名世界第三的規模。企畫展的評價也很高。

營10:00～18:00（每月第1個週四為～22:00）　休週一　費€12、學生€8　☎22126165

施紐特根美術館 ★★
Museum Schnütgen

map p.255

●U1、3、4、7、9、16、18 Neumarkt步行5分

收集有關基督教的作品，改造教堂而成的宗教美術館。有許多反映平民信仰之心的作品，尤其是木雕的彩色天使像，其優美的表情讓參觀者為之動容。

營10:00～18:00（每月第1個週四為～22:00、其他週四則為～20:00）　休週一　費€6、學生€3.50　☎22131355

在現代藝術聖地來趟藝術畫廊巡禮

在科隆，每年會舉辦有可同時容納7萬人入場的現代藝術展覽——**Art Cologne**，可說是現代藝術的朝聖地。因此這裡有許多畫廊，數量總共就超過100家。像是**Galerie Boisserée**，離車站近又親民，收集了50年代以來的作品，其中也有版畫和出色的年輕畫家作品。**Galerie Seippel**的展示空間寬廣，且擁有新穎的裝置藝術展覽等十分有趣。詳細地圖及活動行事曆可在❶索取小手冊，試試來趟畫廊巡禮吧。

曾舉辦畢卡索展的Galerie Boisserée

Brauhaus Sion

科隆啤酒釀造所的直營店，招牌菜為50公分長的德國香腸！

是創業於1318年的Sion啤酒直營店。啤酒1杯€1.80。招牌菜為德國香腸『Prinz Frank 1』（1人份€11.90，附蔬菜）的長度令人大開眼界。

map p.255
●大教堂步行５分
■地址 Unter Taschenmacher 5-7
■TEL 2578540
■營業 11:30～24:00（週五、六11:00～翌1:00）
■公休 無休
■信用卡 VISA、MC、AMEX
HP www.brauhaus-sion.de

Sünner im Walfisch

5公升也沒問題！偏乾的口感

招牌的科隆啤酒口感要比其他的來得乾上得多。在長達1公尺左右的器皿裡裝入3到5公升，讓您喝個痛快。店裡的面積很小，所以最好事先訂位。

map p.255
●大教堂步行13分
■地址 Salzgasse 13
■TEL 2577879
■營業 17:00～翌1:00（週五～日、假日12:00～）
■公休 無休
■信用卡 MC
HP www.walfisch.de

Puszta Hütte

匈牙利湯（源自匈牙利，經德國改良後的燉湯）專賣店。如果喜歡的話，還有罐裝的伴手禮。

map p.255
●U3、4、16、18等 Nuemarkt步行１分
■地址 Fleischmengergasse 57 ■TEL 239471
■營業 10:00～20:00 ■公休 週日、假日
■信用卡 VISA、MC HP puszta-huette.de

Pasta Bar

規模雖小但評價頗高的義大利餐廳。義大利麵為手揉製作，火腿等食材的選擇也十分到位，葡萄酒也是餐廳招牌。

map map p.255
●U16、18等 Barbarossapl.步行１分
■地址 Salierring 46 ■TEL 9386311
■營業 17:00～22:00 ■公休 週日、一
■信用卡 不可 HP www.pastabar.de

Buchhandlung W. König

設有特賣區的影像專門書店

建築、插畫、攝影、設計、歷史、民俗等各種領域，只要是影像書籍什麼都有的專門書店。為科隆當地規模最大者，還設有特價區。

map p.255
●U3、4、16、18 Appellhofplatz步行７分
■地址 Ehrenstrasse 4
■TEL 205960
■營業 10:00～19:00
■公休 週日
■信用卡 VISA、MC、AMEX、DC
HP www.buchhandlung-walther-koenig.de

Historische Senfmühle
黃芥末博物館

重現傳統風味，還有香腸

使用1810年製造的石臼和15世紀左右流傳下來的食譜製作，黃芥末的專賣店。甚至還有咖哩口味及果醬。前方為商店，後頭有小博物館（僅限導覽行程參觀）。

map p.255
●U1、5、7、9 Heumarkt步行７分
■地址 Holzmarkt 79-83
■TEL 20532340
■營業 10:00～18:00；週六日、假日11:00～19:00
■公休 12/25～26、1/1、嘉年華期間
HP www.senfmuehle.net
※小博物館的導覽行程費用為€2.50

Farina-Haus
Farina-Haus（香水博物館）

1709年創業，現代香水的起源

創業於1709年，最初發明古龍水的元祖商家＆博物館。原本專售貴族使用的高級製品。博物館為每小時1梯次的附導覽行程。

map p.255
●大教堂步行５分
■地址 Obenmarspforten 21
■TEL 3998994
■費用 博物館導覽行程€５（所需時間45分）
■營業 10:00～19:00（週日11:00～17:00）
■公休 無休
■信用卡 VISA、MC、AMEX、DC、JCB
HP farina.org，商店為HP farina1709.com

郊外的主要景點

適合喜歡廢墟、工廠、藝術的人——產業遺產

工業大國德國才有的聯合國教科文組織世界遺產——礦業同盟工業區。1847年起開始營運，最後的挖掘是在1986年，目前在這片廣大的腹地內開放參觀1993年時關閉的煤礦立坑區及焦炭工廠遺跡。

其中最有名的是位於第12座立坑（Shaft12）旁的魯爾博物館，以及紅點設計博物館等，這裡還有餐廳、游泳池、活動空間等，有點像是小型的主題樂園。

成為標誌的第12立坑。博物館及主要設施都齊聚在這附近

MAP p.247　●科隆中央車站→埃森Essen中央車站（搭RE約1小時）→Zollverein站（搭市電107路15分）

住 Fritz-Schupp-Allee 14

營 遊客中心10:00～18:00（※視設施而異）

HP www.zollverein.de

★★★★ Hotel im Wasserturm

以餐廳自豪的高級飯店

建造於100年前的水塔在摩登的飯店裡復活了。室內裝潢是由法國籍的設計師普特曼所負責。費用雖然有點貴（其實已經降過價了），但是有他的價值。

map p.255

● U3、4、16、18 Poststr.步行2分

■地址　Kaygasse 2

■TEL　20080　■FAX　2008144

■費用　S-€107～T-€124～、浮動制

■房間數　共88間

■信用卡　VISA、MC、AMEX、DC、JCB

HP www.hotel-im-wasserturm.de

★★★★ Excelsior Hotel Ernst

就在中央車站隔壁的高級飯店

座落在中央車站和大教堂之間，是家交通非常方便的飯店。擁有超過150年的歷史，服務態度也好到沒話說，完全聽不到外面的噪音。

map p.255

●中央車站步行1分

■地址　Domplatz/Trankgasse 1 - 5

■TEL　2701

■FAX　2703333

■費用　S-€169～、T-€198～、浮動制

■房間數　共140間

■信用卡　VISA、MC、AMEX、DC、JCB

HP www.excelsiorhotelernst.com

★★★ Aparthotel Adagio Köln City

為公寓型式的飯店，也可長住。最大的特點在於有廚房設備，可自行開伙。

map p.255

● U16、18等 Poststr.步行約5分　■地址　Blaubach 3　■TEL　170520　■FAX　17052333　■費用　S,T-€99～、會員有折扣　■房間數　共116間　■信用卡　VISA、MC、AMEX　HP www.adagio-city.com

★★ ibis Budget Köln Messe

離展覽會場近，要說的話算是商務型旅館，但就觀光來說地點也十分方便。費用也很便宜。

map p.255外

● S6 他KölnMesse步行約7分　■地址　Brügelmannstr. 7　■TEL　88745620　■FAX 88745625　■費用　S-€49～、T-€54～　■房間數　共167間　■信用卡　VISA、MC、AMEX　HP www.accorhotels.com

Die Wohngemeinschaft Köln ★★ map p.255外

● U1、7、12、15 Rudolfplatz步行8分　■地址　Richard-Wagner-Str.39　☎98593091　費S-€52～、多人房-€20～　HP www.hostel-wohngemeinschaft.de

Black Sheep Hostel ★ map p.255

● U12、15、16、18 Barbarossaplatz步行5分　■地址　Barbarossaplatz 1　☎30290960　費S-€50.57～、多人房-€19.91～　HP www.blacksheephostel.de

HOSTEL KÖLN ★ map p.255

● U1、3、4、7、9、16、18 Neumarkt步行7分　■地址　Marsilstein 29　☎9987760　費S-€69～、多人房-€32.50～　HP www.hostel.ag

Station Hostel for Backpackers ★ map p.255

●中央車站步行5分　■地址　Marzellenstr.44-56　☎9125301　FAX 9125303　費S-€35～、多人房€18～

Y.H.Pathpoint ★ map p.255

●中央車站步行5分　■地址　Allerheiligenstr. 15　☎13056860　費多人房-€19.90　HP www.pathpoint-cologne.de

Brandenburger Hof ★ map p.255

●中央車站步行4分　■地址　Brandenburgerstr.2-4　☎122889　FAX 135304　費S-€55～、T-€70～

★經濟型　★★休閒型　★★★標準型　★★★★豪華型

科隆的區域號碼☎0221

BONN

波昂

p.11-G ■人口=32.2萬人 ■都市規模=Ⓤ和巴士需1天

從昔日西德的首都企圖轉型成歐洲統一後的綜合情報發信基地。

 ★★ 萊茵河河畔的美術館、博物館群

 ★★ 海涅也學習過的大學校舍

 ★ 在貝多芬音樂廳度過優雅的片刻時光

 ★★★ 樂聖貝多芬的出生地

Access

●火車：法蘭克福→ICE、IC（約1小時45分～2小時）→波昂［包含轉乘班次1小時3～4班／€45.50～80.50］、杜塞道夫→IC、RE（約45分～1小時）→波昂［1小時2～3班／€18.50～］、科隆→IC、RE（約30分）→波昂［1時間4～5班／€7.90～］

※也有行駛在萊茵河對岸的地區火車。

●市內交通：有U-Bahn及巴士，是遊覽美術館時不可或缺的好幫手。1日票（€8.60）或波昂歡迎卡都很方便。

Information

ℹ遊客服務中心：MAP p.261-A 住Windeckstr.1/Am Münsterplatz ☎775000 FAX775077 營10:00～18:00（週六為～16:00；週日、假日為～14:00） HP www.bonn.de

●波昂歡迎卡:24小時有效。僅市內有效的歡迎卡為€10（家庭票€19）。除了可在ℹ購買之外，巴士、U-Bahn的售票處及飯店等處購買。市內的大眾交通工具、主要的博物館和美術館皆免費。

●青年旅館：MAP p.261-C外 住Haager Weg 42 ☎289970 FAX2899714

Route Advice

波昂大教堂→（Bonnga.）→貝多芬的故居→（U66、67）→波昂大學、展望台→（U16、63、66～68）→國立繪畫館→（U16、63、66～68）→中央車站→（巴士604～607路→Alfred-Bucher-str.）→舒曼紀念館［全程約1小時］

沿著萊茵河發展的古都 不妨花一整天慢慢地悠遊

一走出波昂的中央車站，會發現一個小小的站前廣場和右手邊的巴士總站。穿過去之後，就會看到商店鱗次櫛比的**郵政街**Poststr.，這也是波昂的主要幹道。一邊欣賞著兩旁朝氣蓬勃的商店一面往前走，不久就會走到街名由來的中央郵局。中央郵局前的**大教堂廣場**Münsterplatz上有貝多芬的立像和**波昂大教堂**。ℹ位於郵局西側的建築內。

一提到波昂就想到這個人──貝多芬。

從波昂大教堂前沿著雷米吉爾斯街Remigiusstr.往北走是一個有花市的小廣場雷米吉爾斯廣場Remigiuspl.。再過去就是有著食品市場的大型廣場，也就是**市集廣場**Markt，可以說是波昂市民的廚房。位於廣場右手邊的舊市政廳是一棟非常可愛的建築物。

從貝多芬故居到優質美術館群的文化之旅

從市集廣場左轉，沿著**波昂小路**Bonnga.往前走，左邊就是貝多芬的故居。附近還有他接受洗禮、小時候曾經彈過風琴的**雷米吉爾斯教堂**St. Remigius Kirche。

舒曼曾待過的療養院，現為紀念館。

散步完之後，也可以爬上位於波昂大學旁邊的展望公園。公園裡還原封不動地留著以前的大砲，無論是眼前萊茵河悠久的洪流，還是遠處美麗的群山（統稱7座山），相信都能為您洗去一路上的疲憊。

搭乘巴士前往成為植物園的**泊波爾斯多夫宮**（MAP p.261-C 住Meckenheimer Allee 169 ☎735523）及**舒曼紀念館**Schumannhaus（MAP p.261-C外 住Sebastianstr.182 ☎773656 營11:00～13:30、15:00～18:00 休週二、六、日 費免費）會比較方便。

波昂的區域號碼☎0228

貝多芬的故居 ★★★
Beethoven-Haus

map p.261-A

●市集廣場步行４分

1770年誕生於閣樓，22歲之前都住在這裡。展示著其愛用的鋼琴和樂譜等等。在旁邊新蓋好的新館裡，以3D虛擬實境的方式上映著『費黛里奧21世紀』，約20分，是貝多芬唯一的歌劇作品，還設有能透過影音設備任意欣賞其所有作品的數位典藏單元。

營10:00～18:00（11～3月為～17:00；週日、假日為11:00～17:00）

休1/1、12/24～26及31等　費€６、學生€4.50

HP www.beethoven.de

波昂大教堂 ★★★
Bonner Münster

map p.261-A

●中央車站步行７分

這座教堂被譽為是羅馬後期風格過渡到哥德式建築風格的最偉大作品。11世紀打下了基礎，之後陸續增建，其中尤以建築於12世紀中葉的八角形尖塔，被譽為是阿爾卑斯以北最美麗的塔。1314年，腓特烈『俊美王』、1346年，卡爾四世的神聖羅馬帝國皇帝的加冕典儀都是在這裡舉行。

營10:00～12:00、12:45～16:00（週日為14:00～17:00）　休無休　費免費　☎985880　※目前（2019年）仍在整修中，僅部分開放

漫走遊賞報導

波昂的美術館巡禮 ★★★

map p.261-D

同時學習歷史與美術！

在萊茵河沿岸林立的美術館群，最裡面的是**國立繪畫館**Bundeskunsthalle(費約€15、根據展覽內容），屋頂上的3根三角錐形狀的塔令人印象深刻。在這不僅可以欣賞到繪畫，還展示著從建築到技術、室內設計等各個領域的企劃展。

建築物本身就是藝術。

隔壁的**市立美術館**Kunstmuseum(費€7、以上2館共通券€18.70、特別展的時候費用也會跟著變動)的設計也很新穎，收集了馬克思·艾倫斯特及克爾赫納等20世紀的繪畫，非常有名。

可以了解近現代史的國立歷史博物館。

再往前走是**國立歷史博物館**Haus der Geschicte(費免費），以豐富的影像和資料介紹近、現代德國的歷史，像是希特勒或美國甘迺迪總統在東西冷戰下的柏林演說、或者是柏林圍牆的倒塌及東西德統一等等。包含負面的遺產在內，展示著這段動盪不安的歷史。另外還展示著實體的第一代VW金龜車、BMW以前的摩托車及汽車等等，令車迷為之瘋狂。各大美術館都會在週一以及12/31等期間休館。

波昂大學 ★
Universität

map p.261-B

●U16、63、66～68 Universität/Markt下車即到

建於1705年的壯麗宮殿，原本是科隆選帝侯的府邸，現在則作為波昂大學的校舍之用。鵝黃色的外牆非常美麗，令人印象深刻。1777年因為火災、1944年因為戰爭曾經兩度焚毀，後來又再重建。位於宮殿正門的柯布林茲門上的天使像也很漂亮。

萊茵州立博物館 ★★
Rheinishes LandesMuseum Bonn

map p.261-A

●中央車站步行5分

以9個主題分別介紹萊茵地區從石器時代到現代的歷史。不單單只是把遺跡陳列出來，還按照生活方式的變遷、繪畫等美術相關的展示等主題分門別類地放好。重頭戲是尼安德塔人的遺跡。

營11:00～18:00（週六為13:00～） 休週一
費€8、學生€6 HP www.rlmb.lvr.de

Brauhaus Bönnsch

請務必一試只有在這裡才喝得到的自家釀造啤酒

波昂唯一有自家釀造的啤酒西餐廳。在店內的酒槽所製作的啤酒口味道地，十分清爽，裝在杯身上有手指凹陷的獨特玻璃杯裡享用（1杯€1.80～）。

map p.261-A
●大教堂廣場步行10分
■地址 Sterntorbrücke 4
■TEL 650610
■營業 11:00～翌1:00（週五、六為～翌3:00；週日、假日為12:00～翌1:00）
■公休 無休
■信用卡 VISA、MC
HP www.boennsch.de

Steigenberger Grandhotel Petersberg ★★★★

雖是聯邦政府為VIP而建的迎賓飯店，但一般人也能入住。位於「7座山」中，是波昂最高級的飯店。

map p.261-B外
●中央車站車程約30分
■地址 53639 Königswinter ■TEL 02223-740
■FAX 02223-74443 ■費用 S,T-€135～ 浮動制
■房間數 共99間 ■信用卡 VISA、MC、AMEX、DC、JCB
HP www.steigenberger.com/hotels/alle-hotels/deutschland/koenigswinterbonn

Stern Hotel ★★★

面對著市集廣場而建，是家外觀美麗、歷史悠久的飯店。週末有特別折扣。

map p.261-B
●中央車站步行10分
■地址 Markt 8 ■TEL 72670 ■FAX 7267125
■費用 S-€110～（週末€95～）、T-€155（週末€145～）
■房間數 共80間 ■信用卡 VISA、MC、DC、JCB
HP www.sternhotel-bonn.de

AACHEN

阿亨

p.11-G ■人口＝24.5萬人 ■都市規模=步行需半天

帶著杯子、毛巾和泳裝前來這個與荷蘭、比利時接壤的邊境小城。

★★★ 世界文化遺產的大教堂

★ 科文博物館等等

★★★ 卡爾大帝也很喜歡的溫泉

Access

●火車：杜塞道夫→RE（約1小時30分）→阿亨［1小時2～3班／€23］、科隆→RE（約1小時）→阿亨［1小時2班／€17.50］

●市內交通：市巴士€1.60～。中央車站及舊城區稍微有點距離（步行20分左右）。如果要搭巴士，可從中央車站搭14路於Elisenburunnen下車，離❶近很好找。

Information

❶遊客服務中心：<腓特烈·威廉廣場>
MAP p.263 住Friedrich-Wilhelm-Pl.
☎1802950 FAX 1802969 營10:00～18:00（週六日、假日為～15:00；12/26～3/31的週六～14:00） 休12/25～3/31的週日、假日
HP www.aachen-tourismus.de

●青年旅館：MAP p.263外 住Maria-Theresia-Allee 260 ☎711010 FAX 7110120

城市概要 玩樂重點

盡情地享受溫泉和賭場

這個城市的歷史很悠久，早在西元前3世紀，當時北征的羅馬人發現了溫泉，便開始有人移民過來。之後在8世紀後半的時候，日耳曼系的法蘭克族國王卡爾大帝將首都建在這個城市，奠定了繁榮至今的基礎。阿亨的觀光重心都集中在舊城區，與中央車站之間有巴士，但是慢慢地散步下來也只要不到20分鐘（從舊城區回去時因為是上坡路段，搭巴士會較輕鬆）。

❶就在舊城區的入口**腓特烈·威廉廣場** Friedrich-Wilhelm-Platz裡。這裡也是連結舊城區與新市鎮的巴士轉運中心。

緊鄰在❶隔壁的是希臘神殿式的圓形建築物，那是噴泉的噴水口。由於牆壁中央附有出水口，請記得要看。另外，其後方的廣場，也展出羅馬時代留存下來的小亭子。像這樣的噴水口在舊城區裡還有好幾個，也可以看到市民很平常地拿來飲用的樣子。

大教堂是這個城市的象徵。

再往❶的後面走，便會來到大教堂廣場Münsterplatz。這裡有觀光名勝**大教堂**和寶物殿、可以在哥德式的氣派建築物裡欣賞到卡爾大帝肖像畫等作品的**市政廳**（營10:00～18:00 費€6）及重現大富豪宅邸的**科文博物館**等等。從❶往東筆直地前進，就會看到**蘇爾蒙特·路德維希博物館** Suermondt Ludwig Museum（營10:00～17:00〔最終入館16:30〕 休週一 費€6、學生€3）。外觀莊嚴，走進去更是令人大吃一驚，採用大量自然光線的室內設計令人印象深刻，收藏品也五花八門。從美術館沿著環狀線南下，在閘道前右轉就是中央車站。

穹頂為暗喻復活象徵「8」的八角形。

大教堂 ★★★
Dom

map p.263

●中央車站步行20分

全球首批登錄為聯合國教科文組織的12處遺產之一，是786年卡爾大帝所建的宮殿教堂。由於隨著時代增建，建築混合了羅曼式及歌德式等的風格。尤其是教堂內部受到極大的拜占庭式風格影響，雄偉華麗的模樣令人目不轉睛。

此處為歷代神聖羅馬帝國皇帝的加冕儀式舉辦地點，也是卡爾大帝的陵墓所在，因此也被稱作皇帝大教堂（Kaiser Dom）。面對入口左手邊的別棟建築（稍微遠一點的地方）還有寶物館。

住Domhof 1　營7:00～19:00（1～3月為～18:00）；寶物館為10:00～18:00（週一為～13:00、1～3月為～17:00）　休無休（禮拜時等場合則不可入場）　費免費（寶物館為€5）　☎47709145　HP www.aachendom.de

科文博物館 ★
Couven Museum

map p.263

●中央車站步行20分

展示著出生於此的大富豪——科文兄弟收集而來的洛可可風傢俱的小博物館。除了傢俱以外，磁磚及當時的壁飾等日常用品也都美不勝收。還可以見識到18～20世紀初之前的富豪在那個富庶豐饒的時代裡的富裕生活，對室內設計有興趣的人一定不能錯過。

由於是座小型的博物館，一不小心就會錯過。

營10:00～17:00　休週一　費€6、學生€3　☎4324421　HP www.couven-museum.de

★★★ Hotel 3 Koenige

由可愛的家族所經營的小型飯店，就位在市集廣場旁。早餐為自助式，並且還有免費網路可用。

map p.263　●大教堂步行3分
■地址　Buechel 5　■TEL　48393/4　■FAX　36152
■費用　S-€105、T-€129　■房間數　共10間
■信用卡　VISA、MC、AMEX
HP www.h3k-aachen.de

在德式溫泉設施好好放鬆

這個城市原本在西元前的古羅馬帝國時代，就被發掘為溫泉療養地而繁盛。至今到處仍有飲泉處，也以溫泉城市聞名。而且對旅客來說這裡的門檻也較低，走現代休閒娛樂風的溫泉設施「Carolus Thermen」也很受歡迎。「Carolus Thermen」位在市民公園的部分區域內，是有溫泉區（有室內外溫泉泳池，須穿泳裝）、三溫暖區（男女皆不用穿著泳衣）、餐廳、美容院等的複合設施，收費規則為視停留使用的時間而異（有使用三溫暖時收費較高）。當然，因為是溫泉，所以據說對風濕、肌肉痛、痛風等疾患有效，且泉水內含豐富的碳酸氫鈉，也可期待泉水帶來的美肌功效。不過，溫泉的溫度為34～38度，稍微偏低。

鄂圖曼式的三溫暖。設施內為男女混浴

主要的室內溫泉空間。夜晚時會點燈照亮

◆Carolus Thermen Bad Aachen
MAP p.263外　●市集廣場步行約20分
住Passstr.79（市民公園Stadtgarten內）
營9:00～23:00（入場為～21:30、泡湯為～22:30）　費2小時30分€12～、同時間含三溫暖€26～（週日、假日€13～；同時間含三溫暖€28～）　休無休　☎182740　HP www.carolus-thermen.de

★經濟型　★★休閒型　★★★標準型　★★★★豪華型

MÜNSTER

明斯特

p.10-D ■人口=31.2萬人 ■都市規模=巴士需1天

歷史與文化織就而成的大學城，美麗的自然與郊外的水城很吸引人。

★★ 舊城區　★★★ 大教堂等等

★ 主教的城堡及水城　★★ 自家釀造的店

★ 明斯特大學

Access

●火車：科隆→IC、RE（約2小時）→明斯特［1小時3班／€37～42］、漢堡→IC、ICE（約2小時15分）→明斯特［每1小時／€60］、法蘭克福→IC、ICE、RE（約3～4小時）→明斯特［含轉乘班次1小時2～4班／€78～106］

●市內交通：市巴士很發達。從中央車站到舊城區及郊外時十分方便。1日票（平日為9:00後）€5.20、4次票€10.80，在巴士上購買較貴。

Information

❶遊客服務中心：MAP p.265 住Heinrich-Brüning-Str.9 ☎4922710 FAX 4927743 營10:00～18:00（週六為～13:00） 休週日、假日 HP www.stadt-muenster.de/en/tourismus ●青年旅館：MAP p.265外 住Bismarck-allee 31 ☎530280 FAX 5302850

以當地人的心情在這個站上世界舞台的街道散步

明斯特的歷史非常悠久，8世紀後半的時候，卡爾大帝為了以基督教教化薩克森人，特別派遣傳教士盧德格過來。805年盧德格在此建立了修道院，成為明斯特發展的基礎。之後便以修道院為中心進行神學方面的研究，再加上靠近荷蘭國境也有關係，商業貿易鼎盛，一路順利地發展至今。

1648年，為造成整個德國元氣大傷的三十年戰爭畫下句點的威斯特伐利亞（威斯伐倫）合約就是在這個地方簽訂的。目前，**市政廳**裡仍保留著當時簽訂和平條約時的大廳。1780年創立了明斯特大學，目前在尖端醫療的領域特別有名。

明斯特的區域號碼☎0251

舊城區的小廣場氣氛沉靜。

明斯特可分為四個區域，分別是以中央車站為中心的新市鎮、以**大教堂**為中心的舊城區、大學地區、以及以郊外的**阿湖**Aasee為代表的田園地帶。各個地區都有市公車連結，可以輕鬆地移動。舊城區裡有大教堂及市政廳、州立美術館等，用走的就可以充分地逛完。面對靠近車站的**薩爾斯街**Salzstr.附近則有許多18世紀活躍於當地的建築師約翰．孔拉特．史勞所設計的**克萊門教堂**等傑出的巴洛克建築，所以又稱為「巴洛克之島」。

逛完舊城區後，就稍微走遠一些到郊外的**米倫霍夫天然博物館**或**動物園**吧。夏季也可從阿湖的Goldene橋搭船（4～10月10～17時的每個整點出發，周遊券€9.50）前往。此外，舊城區的另一側——中央車站的東北處有稱為**Hafenweg**的夜間景點，河畔林立著時尚的咖啡廳、餐廳及酒吧，每到夜晚這一區都會有很多學生，十分熱鬧。

雄偉的大教堂。

大教堂 Dom ★★★

map p.265

●中央車站步行20分

最早可以追溯到805年，起源於卡爾大帝的時代，但是目前看到的教堂是在13世紀，花了大約40年的歲月所蓋成的。之後又增、改建過無數次，被譽為是德國哥德式建築中的代表作。內部有巨大的聖克里斯多福像，還有每天12點就會有人偶出來打招呼的天文鐘。

營6:30～19:00（週日、假日為～19:30） 休無休 費免費 ＜寶物殿＞營11:00～16:00 休週一 費€3、學生€2 ☎4956700

市政廳 Rathaus ★★

map p.265

●大教堂步行5分

1648年，荷蘭和西班牙在這個地方簽訂威斯特伐利亞合約，結束了三十年戰爭。建造於14世紀的建築物本身雖然在第二次世界大戰中毀於一旦，戰後又如實地修復了。目前締結條約的大廳，被作為和平廳Friedenssaal對外開放。

＜和平廳＞營10:00～17:00（週六日、假日為～16:00） 休週一 費€2、學生€1.50 ☎4922724

LWL文化美術博物館 LWL-Museun fuer Kunst und Kurtur ★★

map p.265

●大教堂步行1分

收集並展示關於西發里亞地區長達1000年的文化及美術之收藏品。值得一見的有中世紀宗教藝術的收藏品及奧古斯特・馬克之作品等。

住Domplatz 10 營10:00～18:00（每月第2個週五為～22:00） 休週一 ☎590701 費€8、學生€4（※企劃展另計） HP www.lwl.org/LWL/Kultur/museumkunstkultur/

宗教藝術相關的展覽館藏十分豐富。

畢卡索美術館 Kunstmuseum Pablo Picasso Münster ★★

map p.265

●大教堂步行5分

德國最早設立的畢卡索美術館，更是收藏了石板印刷為主、練習作品等800件以上的作品。除常設展外，也隨時舉辦從世界各地聚集而來的畢卡索作品特展，請粉絲特別注意。

住Picassoplatz 1
營10:00～18:00 休週一
費€10、學生€8
HP www.kunstmuseum-picasso-muenster.de

米倫霍夫天然博物館 Mühlenhof-Freilichtmuseum ★

map p.265外

● 巴士14路 Mühlenhof下車步行10分

將17～18世紀的風車及農家移建過來，重現當時農村生活的博物館。展示品全部都是當時的東西，可以遙想昔日的農民及工匠們的生活。園內還放養著孔雀。搭巴士在Mühlenhof下車，照著指示方向直直前進一段路之後左轉。動物園在下一站。

營10:00～18:00（最晚入館17:00）
休12/24～26；31、1/1 費€5 ☎981200
HP www.muehlenhof-muenster.org

時間靜靜地流逝。

探訪中世紀貴族的華麗水城

明斯特地區最有名的一點，就是有很多的「水城」Wasserburg，指的是城堡周圍有一大片的水域，因為這裡多半是平疇野闊的地區，在戰亂時為了防止敵人的侵略，在興建要塞的時自然而然就衍生出這樣的東西。據說過去曾有超過3000座的城和館，目前還剩下100多座保存狀態良好的水城，被稱為『明斯特的珍珠』。觀光局也會組團參觀（夏天20人以上成行），並推廣騎腳踏車的活性，吸引了不少觀光客。

建築師約翰·孔拉特·史勞為自己蓋的避暑山莊魯修之家Rüschhaus，距離市內7公里，搭乘5號巴士可達。這裡後來因為有女詩人安內特·馮·德羅斯特·徽爾斯霍夫（舊20元德國馬克鈔票上的人物，是深受德國人愛戴的女性）住過，也很有名，目前館內還有她的小型展示室。花園可自由進出，所以一定要欣賞美麗的庭園風光。

魯修之家。

徽爾斯霍夫城全景。

上述的安內特於1797年誕生的徽爾斯霍夫城Burg Hülshof，座落於市區以西的郊外，搭巴士T64（在Roxel Bahnhof搭車），從池畔看到的城堡真的美不勝收。這裡也有安內特的紀念館。

其他還有諾特基興水城Nordkirchen、菲舍林水城Vischering等都很有名。只可惜巴士的班次很不密集。

■魯修之家　Haus Rüschhaus　MAP p.265外
營11:00～16:00（4、10月12:00～15:00；週六日、假日11:00～15:00）※僅開放導覽行程參觀（13:00除外的每小時整點開放）　休週一、11～3月　費€5、與徽爾斯霍夫城的套票€8
■徽爾斯霍夫城　Barg Hülshoff　MAP p.265外
營11:00～18:30（3月下旬、11月為11:30～17:00）休12月～3月上旬、3月下旬；3月下旬及11月的週一、二　費€5、學生C3.50　☎02534-1052（與魯修之家共用）　HP www.burg-huelshoff.de

Brauerei Pinkus Müller

200年來受到當地人喜愛的美味廚房

擁有創業於1816年歷史的啤酒釀造廠兼餐廳。最推薦的是混合小麥及大麥所釀的老啤酒。美食菜單也很豐富。

map p.265
●市政廳步行15分，或巴士站Rosenpl.步行２分
■地址　Kreuzstr.4-10
■TEL　45151
■FAX　57136
■營業　12:00～24:00
■公休　週日、假日
■信用卡　不可
HP www.pinkus.de

★★★ Parkhotel Schloss Hohenfeld Münster

位於綠意豐茂之間的長住型飯店

位於郊外動物園後面的廣大綠地上。改建貴族別墅而成的飯店，也有公寓式的房型。有游泳池、日光浴室，附近也有高爾夫球場。

map p.265外
●中央車站搭巴士１路Ackermann下車步行約10分
■地址　Dingbängerweg 400
■TEL　02534-8080
■FAX　02534-7114
■費用　S-€69～、T-€89～
■房間數　共96間
■信用卡　VISA、AMEX、MC、DC
HP www.hotel-muenster-hohenfeld.de

★ Hotel Horstmann

此住宿吸引人的地方在於離車站超近又便宜。位於出了西口的Conti Hotel後方。1F是藥局。

map p.265　●中央車站步行２分
■地址　Windthorststr. 12　■TEL　417040
■FAX　4170415　■費用　S-€62～、T-€82～
■房間數　共25間　■信用卡　VISA、MC、AMEX、DC
HP www.hotel-horstmann.de

★ SLEEP-STATION

2004年開幕，將大樓一角改建而成的廉價旅館。請注意入住時間。

map p.265外　●中央車站步行５分
■地址　Wolbecker Str. 1　■TEL　4828155　■FAX　無
■費用　S-€35～、多人房-€17～　■房間數　共59床　■信用卡　不可　HP www.sleep-station.de
※入住時間8:00～12:30、16:00～21:30

萊茵河之旅最精彩部分

前往浪漫萊茵(麥茲～柯布林茲)

發源自瑞士山中，在荷蘭注入北海的萊茵河，全長將近1320公里，是歐洲最長的河川。相傳西元前，日爾曼民族曾經隔著這條河跟羅馬軍隊打仗。對於德國人來說，萊茵河就像父親一樣。一路上有許多充滿傳說的古堡和岩山，附近還有一大片的葡萄園，是非常有名的白葡萄酒主要產地。

↖往科隆

柯布林茲
Koblenz
→參照p.274

莫色耳河
Mosel

⬇原型建造於13世紀，19世紀由辛克爾重新改建成新哥德式的風格。

⬅在這裡與莫色耳河匯流，城市的對岸是埃倫布賴特施坦要塞。

布洛巴赫
Braubach

史特臣岩城堡

馬克斯堡

⬆14世紀築城，名字的由來是因為旁邊貓堡的家臣帶有輕蔑之意，所以才故意叫成鼠堡。

⬆建於13世紀初期，由於難攻不落，因此至今仍留有中世紀建築當時的氛圍。

波龐
Boppard

⬇原本是為了徵收關稅而興建的古堡，如今一部分已改建成古堡飯店。

鼠堡

聖高爾郝善
St.Goarshausen

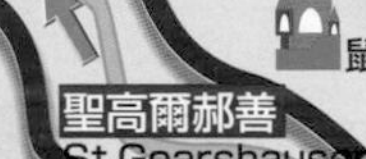

貓堡

羅蕾萊

⬅通過時似乎會聽到澄澈的歌聲，不知道能不能聽到妖精美妙的歌聲呢？

H 萊茵巖城堡

聖高爾 St.Goar

奧伯威塞爾
Oberwesel

考布 Kaub

H 仙堡

普法爾姿城堡

➡為了徵收關稅而於14世紀築城，位於萊茵河的沙洲上。

史塔雷克城

巴哈拉
Bacharach

阿斯曼斯好森
Assmannshausen

呂德斯海姆
Rüdesheim
→參照p.272

⬆位於巴哈拉的山丘上，原型建造於12世紀，現在有一部分作為青年旅館。

⬇於13世紀築城曾經是特里爾大主教的城堡，矗立於陡峭的懸岸上。

萊菲修坦城堡

阿斯曼斯好森城堡

萊茵河／Rhein

鼠塔

賓根
Bingen

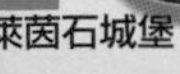

萊茵石城堡

萊茵河之旅

0 5km

➡浪漫萊茵最熱鬧的地方，在這裡可以品嘗到堪稱是人間美味的葡萄酒。

●萊茵河之旅

萊茵河之旅通常從麥茲出發，以科隆為終點（約185公里）。只不過，真正能看到萊茵河風光的區間是從呂德斯海姆到柯布林茲之間一帶，約70公里，稱之為『浪漫萊茵』。除此之外的區間有些是工業地帶，所以如果想要節省時間的話，請從呂德斯海姆搭船到柯布林茲，或者是在其前幾站的聖高爾郝善下船也可以。事實上，由旅行社所規劃的行程，大部分也都是走這樣的路線。

●定期觀光船就要搭KD公司

雖然有好幾家公司都有提供萊茵河之旅的觀光船，但是其中最廣為人知的莫於過KD公司的觀光船。

船上會販賣葡萄酒等飲料、三明治等輕食，在甲板上放置桌子和椅子，可以放鬆心情地欣賞左右兩旁陸續出現的古堡及葡萄園的景觀等等。也有提供介紹古堡的語音導覽（英語、德語等等）。通過『羅蕾萊』岩的時候，會播放音樂炒熱氣氛，這些細心的安排讓人大呼過癮。

航程基本上從3月下旬～10月下旬出發，班次會根據時期和星期幾而有所增減。麥茲～柯布林茲之間沒有直航，即使是在增班的7～8月，也必須在中途的呂德斯海姆或波龐轉乘。主要景點最多的呂德斯海姆～波龐之間為1天5～6班。冬天只有部分行駛，需預約。

費用為呂德斯海姆～柯布林茲單程€42.2、來回€49.2等等。壽星免費。

資訊

KD社（Köln-Düsseldorfer Deutsche Rhein-schiffahrt AG）：住Frankenwerft 35,50667 Köln ☎0221-2088318 FAX0221-2088345 HP www.k-d.com

注意事項

可以使用德國火車通行證和歐洲火車聯票，但是要在上船前先在車站蓋好開始使用日期的戳章，不能在渡船頭辦理相關手續。船的時刻表可以向法蘭克福的車站或河岸沿線城市的ℹ、渡船頭索取。

↑由卡茲奈倫博根伯爵興建，由於「卡茲」在德文裡是貓的意思，故又稱貓堡。

●KD公司萊茵河觀光船的時刻表（2019年4月19日～10月13日的資料）

※部分省略。時刻和班次會隨季節變動，因此請在當地收集最新的情報。
※表中有★記號的班次是製造於1913年的蒸汽船「歌德號」。

↓	↓	↓	↓	↓	站名	↑	↑	↑	↑	↑
	09:00			14:00	Koblenz（柯布林茲）	13:10			18:10	20:10
	10:05			15:05	Braubach（布洛巴赫）	12:20			17:20	19:20
09:00	11:00	13:00	14:00	16:00	Boppard（波龐）	11:50	12:50	13:50	16:50	18:50
10:10	12:10	14:10	15:10	17:10	St.Goarshausen（聖高爾郝善）	11:05	12:05	13:05	16:05	18:05
10:20	12:20	14:20	15:20	17:20	St.Goar（聖高爾）	10:55	11:55	12:55	15:55	17:55
10:50	12:50	14:50	15:50	17:50	Oberwesel（奧伯威塞爾）	10:35	11:35	12:35	15:35	17:35
11:05	13:05	15:05	16:05	18:05	Kaub（考布）	10:25	11:25	12:25	15:25	17:25
11:30	13:30	15:30	16:30	18:30	Bacharach（巴哈拉）	10:15	11:15	12:15	15:15	17:15
12:30	14:30	16:30	17:30	19:30	Assmannshausen（阿斯曼斯好森）	09:45	10:45	11:45	14:45	16:45
13:00	15:00	17:00	18:00	20:00	Bingen（賓根）	09:30	10:30	11:30	14:30	16:30
13:15	15:15	17:15	18:15	20:15	Rüdesheim（呂德斯海姆）	09:15	10:15	11:15	14:15	16:15
	★	19:00	20:00		Wiesbaden-Bieb.（威斯巴登）		08:45	09:45		★
		19:30	20:30		Mainz（麥茲）		08:30	09:30		

↑紅字為7、8月及9～10/13的週五～一。藍字為7、8月及9～10/13的週四～日。

威斯巴登
Wiesbaden
→參照p.110

麥茲
Mainz
→參照p.270

往曼罕↓

←萊茵河之旅的起點。由於一大早就要出發，如果要觀光的話，最好在這住一晚。

MAINZ
麥茲

p.11-G ■人口=21萬人 ■都市規模=巴士加步行需1天

歷史悠久，至今仍保留著大主教的威嚴，因為是萊茵河之旅的起點，非常有名。

★ 櫻桃花園的一角還保留著木造房屋
★★ 排名德國前三名的大教堂及聖史提芬大教堂等等
★★ 嘉年華會、葡萄酒節
★★ 葡萄酒交易的中心
★ 活字版印刷術之父──古騰堡
★ 約翰內斯．古騰堡大學

Access

●火車：法蘭克福→S8、ICE、RE（約40分）→麥茲［1小時4～5班／€8.50～17］、柯布林茲→ICE、IC、RE（約1小時）→麥茲［1小時2～3班／€21.70～25］
●KD公司萊茵河觀光船：柯布林茲→（10小時30分）→麥茲［透過轉乘1天1班／€58.80］、呂德斯海姆→（2小時15分）→麥茲［1天2班／€20.20］ ※視季節、天候變動，可使用火車通票
●市內交通：巴士、市電有短程票（3站內）€1.70。1日票€5.35～

Information

❶遊客服務中心：<市政廳廣場對面> MAP p.271
住Brückenturm Rheinstr.55 ☎242888
FAX 242889 營9:00～17:00（週六10:00～16:00）
休週日、假日
HP www.mainz-tourismus.com
●青年旅館：MAP p.271外 住Otto-Brunfels-Schneise 4 ☎85332

城市概要 只逛舊城區的話步行即可 葡萄酒館也很吸引人

德國第一次把大主教設在這個城市是在742年，之後就發展成帝國的中心，如今更以德國最大的葡萄酒集散中心打開知名度。搭巴士（Höfchen下車）從車站到觀光的中心──**大教堂**Dom附近會比較方便。到❶及萊茵河之旅的渡船頭（Rheingoldhalle／Rathaus下車）共通的巴士路線為55、57、60、61號。

⬆Favorite Parkhotel。

➡Hof Ehrenfels的葡萄酒館很有名。

威風凜凜的大教堂外觀，入口旁的咖啡廳也是老字號。

由於是一座歷史悠久的城市，所以有很多博物館，除了**羅馬德意志中央博物館**（住Kurfürstliches Schloss ※2021年前閉館中預定遷移新館）以外都在大教堂附近。

玩樂重點 還殘留木造建築的古老街道，以及萊茵地方最大的葡萄酒節

路德維希大道Ludwigs-Str.上有百貨公司等大型商店，十分熱鬧。如果想要逛個性十足的商店、咖啡廳的話，則大力推薦**櫻桃花園**Kirschgarten、**奧格斯丁內街**Augstiner-Str.一帶。保留著木造房屋的古老街道也很值得一看。

舊城區的木造房屋。

慶典在每年8月和9月上旬的週末舉辦的葡萄酒市集，是萊茵河周邊規模最大的葡萄酒節。在**玫瑰星期一**Rosenmontag（2019年為3月4日）所舉行的遊行也很有名。

如果要在這裡過夜的話，大教堂後面的**Hof Ehrenfels**（住Grebenstr.5-7 S-€68～、T-€90～ ☎9712340）是內行人才知道的地方。正對著羊腸小徑，據說600年前是尼僧院，也有充滿鄉土氣息的葡葡酒吧，總是擠滿了當地人。

雖是郊外，但如果想要住好一點的話，可前往**Favorite Parkhotel**（住Karl-Weiser-Str.1 S-€145～175、T-€175～205 ☎80150／Mainz Römisches Theater站從南站步行10分）。座落於俯瞰著萊茵河的高台上，游泳池、三溫暖一應俱全，還有植物園。

麥茲的區域號碼☎06131

展示著各國的印刷機及介紹印刷的歷史。

古騰堡博物館 ★★
Gutenberg Museum

map p.271

●大教堂步行１分

發明活版印刷術（1440年）的古騰堡出生於麥茲。館內展示著他所印刷的世上第一本活版印刷書，也有以和他當時所使用的機器同一種機械從事印刷的表演單元。

住Kleine Liebfrauenpl.5 營9:00～17:00（週日11:00～） 休週一、假日 費€5、學生€3、兒童€2 ☎122640

也想當古騰堡？

大教堂 ★★★
Dom

map p.271

●巴士54～57、60～65、70・71路等Höfchen/Listmann步行３分

德國三大教堂之一。於975年動工，擁有1000年以上傲人的歷史。裝飾著教堂內支柱的是歷代大主教們珍貴的墓碑雕刻。裡頭的迴廊為博物館(營10:00～17:00〔週六、日11:00～18:00〕、 休週一 費€5)。

住Markt 10 營9:00～18:30(11～2月為～17:00)；週六9:00～16:00；週日、假日12:45～15:00、16:00～18:30(11～2月為～17:00)

大教堂花了200年以上才完成。

聖史提芬大教堂 ★★
St. Stephanskirche

map p.271

●電車50～52路 Gautor步行３分

建立於14世紀的哥德式教堂，被戰火破壞後又重新修復。1978年，夏卡爾設計了以藍色為基調的彩繪玻璃，作為猶太教與基督教共存的象徵。

住Weissgasse 12 營10:00～17:00（週日12:00～）、11～２月10:00～16:30（週日12:00～） 休週日上午 ※自由參觀

教堂內部被藍色光芒所籠罩。

街角剪影

大教堂前的廣場為早市的舞台，是接觸到真實德國的好機會

不妨到大教堂前的廣場走走。每週二、五、六會有早市（7:00～14:00），充滿了在百貨公司等地比較沒有機會看到的自製產品，像是用蜜蜂窩做成的蠟燭等等。

花店。廣場上聚滿了當地人。

RÜDESHEIM

呂德斯海姆

p.11-G ■人口＝9892人 ■都市規模＝步行需半天

「浪漫萊茵」的起點，以生產充滿果香的白葡萄酒出名。

 ★ 葡萄酒節、萊茵的煙火大會等等

 ★★ 萊茵高地區的主要葡萄酒生產地

★★ 葡萄園及自然公園

 ★ 萊茵高地區的地方美食

Access

●火車：法蘭克福→RB（約1小時10分）→呂德斯海姆［1小時1班／€12.20］、柯布林茲→RB（約1小時）→呂德斯海姆［1小時1班／€15.10］
●KD公司萊茵河觀光船：麥茲→（1小時30分）→呂德斯海姆［1天2班／€20.20（來回€23.20）］

Information

❶遊客服務中心：＜萊茵大道＞MAP p.272-B
住Rheinstr.29a ☎906150 FAX 9061599
營9:00～18:00（週六、日10:00～16:00）
休無休 HP www.ruedesheim.de
●青年旅館：MAP p.272-B外
住Jugendherberge 1 ☎2711

葡萄園的景觀和聚集了葡萄酒館的鳥巷

萊茵河之旅的重頭戲「浪漫萊茵」就是指從這個城市到**柯布林茲**（p.274）的區間。充滿了果香的白葡萄酒（麗絲玲品種）的生產也很有名，市內到處都是葡萄酒館與葡萄酒吧。

俗稱「**鳥巷**Drosselgasse」的德羅塞爾巷長達144公尺，是這個城市的招牌。狹窄巷道的兩旁聚集了許多的酒館，一到了晚上，在樂團的現場演奏下，客人們不是跳舞就是玩遊戲，熱鬧非凡。如果不喜歡太吵雜，也可以在附近的葡萄酒吧點一杯葡萄酒。也有像**Jakob Christ**（住Grabenstr.17 營16:00～23:00 休週一、二 ☎2572）般用自製葡萄酒（1杯約€2左右～）佐輕食享用的酒廠。想

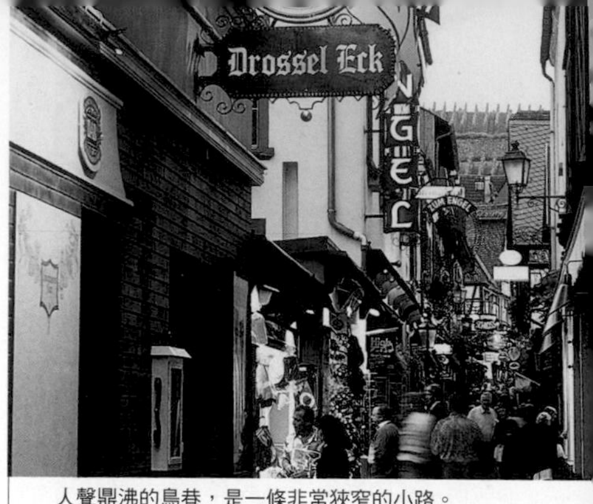

人聲鼎沸的鳥巷，是一條非常狹窄的小路。

Jakob Christ，也有黑皮諾品種的紅葡萄酒。

Zur Lindenau，也有中庭座位，還經營飯店。

到山頂上的距離約1.4公里，需時約10分。

乘坐包廂式小纜車前往櫻桃花園！葡萄園和萊茵河的景觀令人心曠神怡

市區後面有一片平緩的丘陵地，丘陵的斜坡上是一片宛如綠色地毯一般的葡萄園。山頂上有展望台，對面就是櫻桃花園（森林公園）。可以搭乘**兩人座包廂纜車**Seilbahn（單程€5.50、來回€8）前往。

眺望萊茵河風光

途中，在經過葡萄園上空的時候風景最美！山頂上還豎立著為了慶祝德意志帝國重建（1871年）的日耳曼尼勝利女神像。也可以從西側的狩獵宮Jagdschloss前搭乘滑雪纜車到阿斯曼斯好森Assmannshausen（鄰鎮）。

遠離喧囂，走在不知名的小巷裡也別有一番樂趣。

以美食為出發點但又不想拘泥於鄉土料理的話，也很推薦受歡迎的義大利餐廳Riotrant Da Toni（住Marktstr.27 營11:00～23:00 ☎4522 休無休），店內裝潢雖然時尚，但不走高級路線，可好好享用良心價格的披薩和義大利麵。

另外，雖周邊沒有大規模的博物館，但有高齡1000年的古堡**布羅姆斯堡**Brömserburg，內部則已改建成**葡萄酒博物館**（住Rheinstr.2 營10:00～18:00〈入館～17:15〉 休11月～2月 費€5、學生€3）。

自動演奏樂器博物館(布羅姆斯堡) ★★
Siegfried's Mechanisches Musikkabinett

map p.272-A

●車站步行7分

過去曾是貴族的府邸，Brömserhof的內部如今成了收藏有050台以上10世紀以後的珍奇自動演奏樂器的博物館。有很多珍貴的收藏，如1908年製的管風琴等等，號稱擁有德國最偉大的館藏。實際聽那聲音，就算沒有專業知識也能樂在其中。

住Oberstr.29 營10:00～16:00（事先預約可到22:00） 休1～2月 費4人以上需預約。僅開放約45分的導覽行程可入內參觀。€7.50、學生€4 ※於ℹ洽詢

各種珍品齊聚一堂

★★★

Breuer's Rüdesheimer Schloss

葡萄酒釀造所、餐廳也很有名

摒除華美，而以摩登的概念統一，每個房間的設計都不一樣。餐廳正對著鳥巷，提供300多種葡萄酒。

map p.272-A
●車站步行7分
■地址 Steingasse 10
■TEL 90500
■FAX 905050
■費用 S-€89～、T-€129～
■房間數 共26間
■信用卡 VISA、MC、AMEX、DC
HP www.ruedesheimer-schloss.com
※12月中旬～2月中旬暫停營業

★★

Pension Post

也附設伴手禮店，可跟老闆娘Megumi女士討論觀光事宜。想以民宿方式下塌需事先預約。

map p.272-A
●車站步行5分
■地址 Rheinstr. 12 ■TEL 40600（至18:00）
■FAX 無 ■費用 S-€60～、T-€82～
■房間數 共13間 ■信用卡 VISA、MC、AMEX、JCB
HP www.pensionpostlauter.de

★★

Hotel Lindenwirt

正對著鳥巷，附設有餐廳。特色是用巨大的葡萄酒桶所作成的雙床房（只有6間）。

map p.272-A
●車站步行5分
■地址 Drosselgasse/Amselstr.4 ■TEL 9130
■FAX 913294 ■費用 S-€69～、T-€89～
■房間數 共79間 ■信用卡 VISA、MC、AMEX、DC、JCB HP www.lindenwirt.com

★經濟型 ★★休閒型 ★★★標準型 ★★★★豪華型

KOBLENZ 柯布林茲

p.11-G ■人口=11.3萬人 ■都市規模=步行需1天

從羅馬時代就以要塞都市的方式發展，「父河萊茵與母河莫色耳」在此匯流。

★★ 敏茲廣場附近的舊城區與萊茵公園

★★ 埃倫布賴特施坦要塞、愛爾茲堡等等

★★ 萊茵河沿岸林立的小酒館

★ 萊茵河的煙火大會

Access

●火車:法蘭克福→IC、ICE、RE、VIA(約1小時30分～2小時15分)→柯布林茲[1小時1～3班／€28.40～34]、柯隆→IC、ICE、RE(約55分～1小時40分)→柯布林茲[1小時3班／€21.90～26]、特里爾→RE、RB(約1小時25分～2小時)→柯布林茲[1小時2本／€25.20]
●KD公司萊茵河觀光船:麥茲→(11小時25分)→柯布林茲[透過轉乘1天1班／€58.80]
※會因季節、天候等原因變動。可使用火車通票

Information

ℹ遊客服務中心:<Forum Confluentes>
MAP p.275 住Zentralplatz 1 ☎19433
FAX 1291620 營10:00～18:00 休部分的假日
<中央車站> MAP p.275
住Bahnhofplatz 7 ☎8921348
營9:00～17:00（週五為～16:00） 休週六日、假日 HP www.koblenz-tourism.com
●青年旅館:MAP p.275 住Festung Ehrenbreitstein ☎972870

城市概要 從對岸欣賞街景，感受萊茵河、莫色耳河的壯觀

萊茵河沿岸的主要觀光景點在這個城市畫下句點，因此，常常被利用來作為萊茵河之旅的終點（起點）。

渡船頭一帶的河畔有好幾間小酒館（wein stube），一面喝酒一面望著萊茵河的景色，可以在這裡洗去旅途上的疲憊風霜。從渡船頭走到**德意志角**Deutsche Eck只要2～3分鐘。就算直接走到舊城區也只要10分鐘左右。只不過，如果要到中央車站還是搭巴士（1號，€1.90）比較快，走路要花30分鐘。

特色餐廳Weindorf。

重新裝修過的Hohenstaufen。

從埃倫布賴特施坦要塞看到的景色。

從中央車站通往舊城區的**雷亞街**Löhrstr.從一半開始就是行人徒步區，是擁有很多名牌的商店街。走到底的**計畫廣場**Am Plan以及**敏茲廣場**Münzpl.附近曾經是古羅馬人居住的地方。有羅馬式建築的**聖母教堂**Liebfrauenkirche2根尖塔等等，令人印象深刻。

玩樂重點 從對岸欣賞街道的景色，晚上則前往『Weindorf』

順著渡船頭前的馬路往南走5分鐘左右，就會接到綠意盎然的林蔭大道**萊茵公園**Rheinanlagen。這一帶曾經是**選帝侯城堡**Kurfürstl. Schloss的內院，非常有情調，是很適合情侶的散步路線。

傍晚16：00以後，在**Weindorf**餐廳（住Julius-Wegler-Str. 2 ☎1337190 營12:00～24:00〔週日11:00～〕 休週二）裡每天晚上都可以一面欣賞舞蹈、一面用餐。原本是1926年葡萄酒評鑑會的會場，現在是餐廳。葡萄酒1杯€3.90起。飯店則有**Hohenstaufen**（住Emil-Schüller-Str.41-43 ☎30140 費S-€75～、T-€85～）等等，多半都在站前附近。

舊城區，過去也曾經是法國的領土。

柯布林茲的區域號碼☎0261

山丘上的要塞，也有渡輪可以到對岸。

埃倫布賴特施坦要塞 ★★
Festung Ehrenbreitstein

map p.275

●巴士10、460路Ehrenbreitstein Bahnhof步行15分。從德意志角搭空中纜車（3月底～10月底營運）10分

位於小山丘上的要塞，建於10世紀末前後，保留至今的是修復於19世紀的部分，可以將整個城市盡收於眼底。建築物的一部分現已改建為青年旅館及州立博物館。

營10:00～18:00（11～3月為～17:00） 休無休 費€7、含纜車來回票的套票€13.80。空中纜車來回€9.90 HP seilbahn-koblenz.de

德意志角 ★★
Deutsches Eck

map p.275

●KD萊茵河渡船頭步行3分

萊茵河與莫色耳河匯合的地方。在大約有4層樓高（23公尺）的台階（107階）上，矗立著巨大的威廉一世騎馬像。騎馬像在第二次世界大戰受到破壞，1990又再重建。

近看更覺得魄力十足。

「德意志角」指的就是德國的一角。

郊外的主要景點

固若金湯的愛爾茲堡Burg Eltz，是德國非常有名的城堡

德國最具代表性的名城之一，話雖如此，並沒有華美的裝飾，而是堅持實用性的中世紀城堡。於12世紀左右開始築城，一直到16世紀末為止增建過好幾次。由於易守難攻，因此還保留著當時的室內設計，配合增建的年代，可以欣賞到不同風格的房間。參觀的時候必須由導遊（英語需事前申請）帶隊。5～10月的週六日、假日可從Treiskarden站前搭巴士330路到愛爾茲堡停車場（到城堡前有接駁車運行）。平日從Moselkern站搭計程車或步行不超過2小時。MAP p.247 營9:30～17:30 休11～3月 費€10、學生€6.50（含寶物庫參觀費） ☎02672-950500 HP www.burg-eltz.de

內部設有餐廳和販賣部。

周圍的景觀也很迷人。

TRIER

特里爾

p.11-G ■人口=11.5萬人 ■都市規模=步行需1天

素有「第二個羅馬」之稱，擁有2000年以上的歷史，是德國最古老的城市。

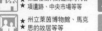

 ★★ 保留在街角的羅馬時代各項遺跡、中央市場等等

 ★★ 大教堂、聖母教堂等等

 ★★ 州立萊茵博物館、馬克思的故居等等

 ★★ 莫色耳葡萄酒、德國最古老的葡萄酒窖等等

Access

●火車：柯隆→IC、RE（約2小時40分～3小時10分）→特里爾［含轉乘班次1小時2班／€36.70～46］、柯布林茲→RE、RB（約1小時25分～2小時）→特里爾［1小時2班／€25.20］※從法蘭克福出發€45.10～

Information

❶遊客服務中心：<尼格拉城門旁>
MAP p.276 住 Ander der Porta Nigra
☎978080 FAX 9780876 營9:00～18:00（週日及1～2月為10:00～17:00）
休 1～2月的週日、12/25～26、1/1
HP www.trier-info.de
●特里爾卡：除了市內巴士免費之外，主要觀光景點等有優惠。3日內有效€9.90，可在遊客服務中心等處購買。
●青年旅館：MAP p.276外
住 An der Jugendherberge 4 ☎146620

華燈初上的尼格拉城門。

中央市場附近用走的，要有效率亦可搭觀光巴士

西元前16年，羅馬皇帝奧古斯都在此建都。作為羅馬帝國西部的中心，甚至被譽為「第二個羅馬」，盛極一時。街道上還保留著許多當時的遺跡、以及歷史建物。

想要用走的逛完所有的羅馬時代遺跡是會很累人的，途中不妨在**凱撒溫泉**一帶小憩片刻。附近還有**選帝侯的宮殿**Kurfurstl. Palais，及美麗的庭園。如果想要有效率地在市內觀光，可搭乘稱之為**羅馬快車**（營10:00～18:00〔11、12、3月；1、2月週六、日為～17:00〕 費€9，需時35分）的巴士，大約每隔30分～1小時從**尼格拉城門**前開出一班。

德國屈指的古都，羅馬遺跡與中世建築的寶箱

市中心的**中央市場**Hauptmarkt是德國最古老的廣場之一。位於中央的**十字架**Marktkreuz是958年為了紀念特里爾獲得市場開設權所建立的（18世紀修復，本尊保存在市立博物館裡）。廣場四周還有木造的房屋、咖啡廳及商店等等，也有許多歷史悠久的教堂，**大教堂**Dom主要是走羅馬式風格（11世紀以後），旁邊的**聖母教**

位於選帝侯宮殿前面的花園。

堂Liebfrauenkirche（營10:00～18:00、〔週六10:00～16:30、週日、一部分假日12:30～、11～3月為11:00～17:00〕）則是德國第一座哥德式教堂（13世紀）。據說這個地方從4世紀（羅馬時代）就已經有教堂存在了。大教堂東側有附屬博物館Museum am Dom（營10:00～18:00〔11～3月9:00～17:00、冬期的週日、假日13:00～〕休週一 費€7、學生€5.50）。從3萬片以上的碎片復原成的君士坦丁大帝天花板壁畫是最大亮點。

這裡也是哲學家馬克思的故鄉，**卡爾·馬克思的故居**Museum Karl-Marx-Haus（住Brückenstr.10 營9:00～18:00、11～3月為10:00～17:00〔週一13:00～〕休12/23～26、31、1/1等 費€5、學生€3.50）裡展示著他的信件等等。

羅馬時代的遺跡群 ★★★
Römische Ruinen

map p.276

建於2世紀後半的**尼格拉城門**Porta Nigra指的是長達6.4公里的羅馬市城牆的北門。代表黑城門的意思，原埋是用鐵鉤將砂岩的石塊固定的構造，也可以爬上去。**凱撒溫泉**Kaiserthermen是4世紀後半由君士坦丁大帝建造的大浴場遺跡。長250公尺，寬145公尺，堪稱是同類設施裡規模最大的。**圓形劇場**Amphitheater是建造於1世紀後半的劇場，有2萬個座位。營9:00～18:00（視季節變動） 休無休（冬季時會關閉） 費各€4、學生€3（有與萊茵州立博物館的套票Antiken Card€12～）
HP www.zentrum-der-antike.de

聽說實際上一次也沒有使用過的凱撒溫泉。

德國葡萄酒的發祥地？也有德國最古老的葡萄酒窖

建於莫色耳河流域的**特里爾慈善協會** Vereinigte Hospitien（MAP p.276 住Krahnenufer 19 營8:00～12:30、13:30～17:00〈週五～16:00〉 休週六、日 ☎9451210）裡頭有德國最古老的葡萄酒窖。起源於330年前後，是由君士坦丁大帝所建造的葡萄酒貯藏室。招牌的葡萄酒上有著顯眼的朝聖者（聖雅各）的酒標。其風味據說就連拿破崙也相當喜愛並加以保護。個人雖然很難進到裡面去參觀，但是可以試喝或買，請務必要繞過去看看。

圓形劇場。人生在世不過黃梁一夢……

萊茵州立博物館 ★★
Rheinisches Landesmuseum Trier

map p.276

●中央市場廣場步行15分

德國最重要的考古學博物館之一。古羅馬的單元十分精彩，有馬賽克作的地板、葡萄酒運輸船的石像等等。

住Weimarer Allee 1 營10:00～17:00 休週一 費€8、學生€6 ☎97740
HP www.landesmuseum-trier.de

★★ Altstadt Hotel

就在尼格拉城門旁邊，貴族豪宅風的外觀引人注目。和隔壁的Römischer Kaiser（☎9770110）是同一個老闆。

map p.276 ●中央廣場步行5分
■地址 Porta-Nigra-pl.
■TEL 9770200 ■FAX 97702999
■費用 S-€84～、T-€105～、浮動制
■房間數 共56間 ■信用卡 VISA、MC、AMEX、DC、JCB

★ Warsberger Hof

原本是像Kolpinghaus那樣，專門給參拜者用的住宿設施，一般人也可以使用。

map p.276 ●中央廣場步行2分
■地址 Dietrichstr.42
■TEL 975250 ■FAX 9752540
■費用 S-€39～、T-€69～、多人房-€22.50
■房間數 共65間 ■信用卡 VISA、MC

特里爾的區域號碼☎0651

★經濟型 ★★休閒型 ★★★標準型 ★★★★豪華型

坐車到法國只要10分鐘左右，也有輕軌電車。

SAARBRÜCKEN 薩爾布呂肯

p.11-G ■人口=18萬人 ■都市規模=步行需半天

只要來到這裡，法國也就近在咫尺了。在咖啡廳裡和當地居民談天說地。

薩爾州的首府，第二次世界大戰之後曾經有一段時間歸法國的保護，1957年歸還德國，在文化上受到法國很深的影響。位於市中心的**聖約翰市集**St. Johanner Markt附近有許多風氣十分開放的咖啡廳和小餐館，薩爾河右岸的購物區也非常熱鬧。路德維希教堂Ludwigskirche位於左岸，洋溢著沈靜的氣氛，被譽為德國最美麗的巴洛克式建築。其他的主要景點還有收藏著德國印象派等作品的**近代美術館**Moderne Galeire等等。另外，郊外的弗爾克林根Völklingen裡有著被登錄為聯合國教科文組織世界遺產的**弗爾克林根鐵工廠**Völklinger Hütte（營10:00～19:00、冬天～18:00 費€17、學生€15、週二16:00以後免費）。

市集廣場。

Bernkastel-Kues 伯恩卡斯特/庫斯

p.11-G ■人口=7千人 ■都市規模=步行需半天

首屈一指的葡萄酒生產地，美麗的景觀和街道都很有名。

位於莫色耳河中段，河床轉一個大彎的地方，隔著河流以東是伯恩卡斯特、以西是庫斯。自古以來就以高品質的葡萄園及葡萄酒的產地而廣為人知，中世紀的街道及景觀皆美不勝收，也是很有名的觀光勝地。巴士停在庫斯那一邊，但是ℹ則在穿過河的對岸上。主要景點是位於庫斯的**聖尼古拉斯療養院**，療養院內有一個稱之為**VinoThek**葡萄酒博物館的試喝地方（營10:00～18:00、11～3月為11:00～17:00 費入場免費，試飲€12～18）。另外，從市集廣場往南走的山丘上有一座古堡蘭斯弗里特城，過去曾經是大主教的避暑山莊，如今則是葡萄酒餐廳。

Check-Check! 萊茵河沿岸的古堡飯店

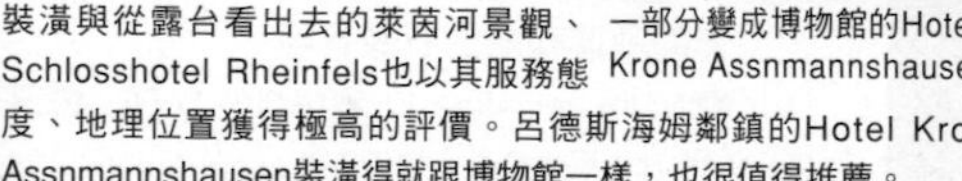

一部分變成博物館的Hotel Krone Assnmannshausen。

在萊茵河流域旅行的時候，請務必要住在古堡飯店。其中又以奧伯威塞爾的Burghotel Auf Schonburg擁有骨董級的裝潢與從露台看出去的萊茵河景觀、Schlosshotel Rheinfels也以其服務態度、地理位置獲得極高的評價。呂德斯海姆鄰鎮的Hotel Krone Assnmannshausen裝潢得就跟博物館一樣，也很值得推薦。

◆Burghotel Auf Schönburg（Oberwesel站搭計程車10分） MAP p.268 ☎06744-93930 費S-€120～、T-€220～ 休1～3月 ◆Schloss Rheinfels（St.Goar站搭計程車5分） MAP p.268 ☎06741-8020 費S-€95～、T-€130～ ◆Hotel Krone Assmannshausen（車站步行5分） ☎06722-4030 MAP p.268 費S-€95～、T-€150～

Check-Check! 艾菲爾山地

莫色耳河北側是一片叫作艾菲爾山地Eifel（MAP p.247）的區域。最高的地方也不過747公尺而已，小火山遍布，富有起伏的地形是其特徵。噴火口積了水之後，形成一個叫作低平火山口Maar的火口湖，風景十分秀麗。還有道恩Daun（ℹ：☎06592-95130 HP www.daun.de）及曼蕭Monschau（ℹ：☎02472-80480 HP www.monschau.de）等城市。

薩爾布呂肯的區域號碼☎0681

■薩爾布呂肯

●法蘭克福→ICE、RE(約2～3小時)→薩爾布呂肯[1小時1～2班／€42.70～54.50] ℹ：住Bahnhofstr. 31 ☎0681-95909200 營9:00～18:00(週六10:00～16:30) 休週日、假日 HP www.saarbruecken.de

■伯恩卡斯特/庫斯

●法蘭克福→IC、ICE等(約1小時30分)→柯布林茲→RB(約1小時)→Bullay→巴士(約1小時20分)／€38.20～ ℹ：住Mozel-Gäste-Zentrum Gestade6 ☎06531-500190 營9:00～17:00(週六10:00～、週日10:00～13:00、11～3月9:30～16:00、11～2月為週六、日11:00～14:00) 休1～3月為週六、日

蘭斯弗里特城。

薩巴堡是『睡美人』的舞台。

童話大道

哈瑙
許坦瑙
阿爾斯費爾
馬堡
卡塞爾
哥廷根
漢明登
波登偉德
哈美爾
不萊梅
戈斯拉爾
韋爾尼格羅德
奎德林堡

漢堡
IC,EC,ICE 0:55
不萊梅
ICE,IC 0:59～1:08
ICE,IC 1:15～34
漢諾威
Ⓢ 0:39～45
哈美爾
巴士0:41
波登偉德
ERX 1:05～08
ICE,IC 0:33～46
哥廷根
RB 0:34～46
巴士0:48～59
漢明登
ICE,IC 0:18～26
RT,RB 0:16～19
卡塞爾（威廉高地車站）
IC,RE 1:02～36
ICE,IC,RE 1:06～32
馬堡
阿爾斯費爾
RB 0:38～59
富爾達
RE+巴士，RE+ALT 1:05～37
RE 0:26～28
IC,RE 0:58～1:14
許坦瑙
RE 0:32～41
哈瑙
ICE 0:14～16
法蘭克福
戈斯拉爾
HEX 0:34～37
韋爾尼格羅德
HEX+HEX 0:38～1:31,
巴士 1:08
奎德林堡
塔雷
巴士 0:25～34
HEX 0:10～12

童話大道

以格林兄弟出生的哈瑙為起點，到以樂隊而聞名的不萊梅之間大約600公里的童話大道上，可以一面尋訪格林兄弟的足跡，一面參觀各式各樣的童話故事的舞台。

格林兄弟在許坦瑙度過了少年時代、在馬堡度過了大學生活、在卡塞爾收集童話故事的靈感、在哥廷根擔任大學教授……此外，還有『睡美人』的薩巴堡、『捕鼠人哈美爾』的哈美爾等等，這些流傳著傳說與童話的城市，和故事完成當時的模樣幾乎都沒有什麼太大的改變。

哈次山脈在東西德統一之前是東西德的國境地帶，是很難靠近的地區。因此仍完整地保存著美麗的木造房屋和『華爾普吉斯之夜』等傳說的舞台。

KEYWORD 關鍵字

華爾普吉斯之夜〔哈次山脈〕

『華爾普吉斯之夜』指的是在4月30日的深夜，騎著掃帚的魔女會聚集在布羅肯山和惡魔大開宴會。布羅肯山的山頂上和塔雷的山上還保留著在歌德的《浮士德》裡也有描寫到的作為魔女集會場所的巨石遺跡。相傳4月30日歐洲各地的魔女都會在戈斯拉爾等山腳下的城市裡集合，舉辦有名的慶典。哈次山脈還流傳著許多其他的傳說，像是傳說中的英雄——紅鬍子王腓特烈1世巴爾巴羅薩在哈次山脈中得到了永恆的生命，守護著德國、或者是流傳於塔雷山上的白馬傳說『馬蹄印』等等。此外，傳說在濃霧裡會有巨大的人影出現在七彩光暈中的『布羅肯妖怪』則只是自己的影子倒映在濃霧中的一種自然界的光學現象而已。

布羅肯山頂。

木造房屋

在這個地區可以看到許多美麗的木造房屋（Fachwerk），尤其是在童話大道上的阿爾斯費爾、漢明登、哥廷根、哈次山脈的韋爾尼格羅德等城市特別有名，也有像戈斯拉爾和奎德林堡那樣被指定為聯合國教科文組織世界遺產的城市，哈美爾和霍斯特附近則還保留著許多雕樑畫棟、美輪美奐的威澤文藝復興式的木造房屋。

德國浪漫派的人們〔馬堡等等〕

19世紀初期是整個德國都還在拿破崙統治下的時代，馬堡大學的教授薩維尼及其友人，同時也是詩人的布倫坦諾、小說家阿爾尼姆等浪漫派的人們一面摸索著屬於德國的東西，一面追求一個屬於德語圈的人民統一且獨立的國家。格林兄弟也是薩

哈瑙市政廳前的格林兄弟像

『不萊梅樂隊』銅像

維尼的學生，他們之所以收集並出版童話故事，其實也是這個活動的一環。

聖女伊莉莎白〔馬堡〕

伊莉莎白是匈牙利的公主，出生於1207年，1231年死於馬堡，年僅24歲。在其短短一生的最後幾年，為了窮人與生病的人奉獻了她的一生，死後被恭奉為聖女。伊莉莎白教堂就蓋在她的墓地上頭，裡面安置著伊莉莎白的黃金棺木及銅像。

馬堡看出去的伊莉莎白教堂。

注意事項

左側格林兄弟像腳下的銘板。

交通方式 童話大道上交通比較方便的地方只有和法蘭克福或漢堡，漢諾威等大都市之間有直達的ICE或IC連接的哈瑙、馬堡、卡塞爾、哥廷根、不萊梅等地，如欲前往其他都市，則必須以上述的城市為起點，轉乘地區火車或巴士等等。

哈次山脈過去曾是東西德冷戰時期的國境地帶，至今連結東西德的交通仍不太好。要去戈斯拉爾、韋爾尼格羅德、奎德林堡的話從漢諾威出發會比較快。從柏林出發的話則以經由伯倫瑞克或馬德堡比較方便。兩地之間轉乘地區路線雖然很花時間，但是每隔一個小時就有一班。

Märchen Strasse

童話大道

Germany

●童話故事的舞台●

很遺憾的，在『糖果屋』等童話裡所描寫，從大白天就很幽暗深邃的「森林」，由於附近開發的關係，幾乎已經不存在了。儘管如此，在薩巴堡（p.295）附近的提爾花園或萊茵哈次的森林、卡塞爾的威廉高地宮殿公園的深處、或者是位於卡塞爾以東，作為『荷勒太太』故事舞台的邁斯納山地周邊等等，都還聳立著樹齡已經有好幾百年的橡樹或櫟樹等巨木，彷彿是一座「童話的森林」。

在『星星的金幣』裡出現過帶刺薔薇盛開的「荒野」現在也看不到了，最貼近那個形象的大概是在位於寧堡東方的呂內堡（參照p.325）等地稱之為「石楠花草原」的原野。

在素有『小紅帽』的故鄉之稱的修瓦姆城附近，還留有村民自古以來共同烤麵包的窯、用水車磨麵粉的小屋，另外，在明登附近的運河沿岸，則還保留著為數眾多的風車。

●旅行旺季●

5～9月是去德國旅行最好的季節，尤其是童話大道，只有在這段期間會表演『鐵鬍子醫生』、『捕鼠人哈美爾』、『不萊梅樂隊』等野台戲，所以請盡量在這段時間前來。另外，由於上述的戲劇幾乎都是在週日的中午前後上演，請慎重地擬訂旅行計劃、安排好這段時間的交通方式、事先訂好人滿為患的週末住宿等。

聯合國教科文組織的世界遺產

不萊梅的市政廳與羅蘭特雕像於2004年、卡塞爾的威廉高地宮殿公園於2013年、赫克斯特爾近郊的科威爾修道院都被登錄為世界遺產。

德國7大街道

德國全圖

漢堡

柏林

童話大道

法蘭克福

慕尼黑

格林兄弟度過大學生活的馬堡，現今仍是德國數一數二的大學城十分有名。

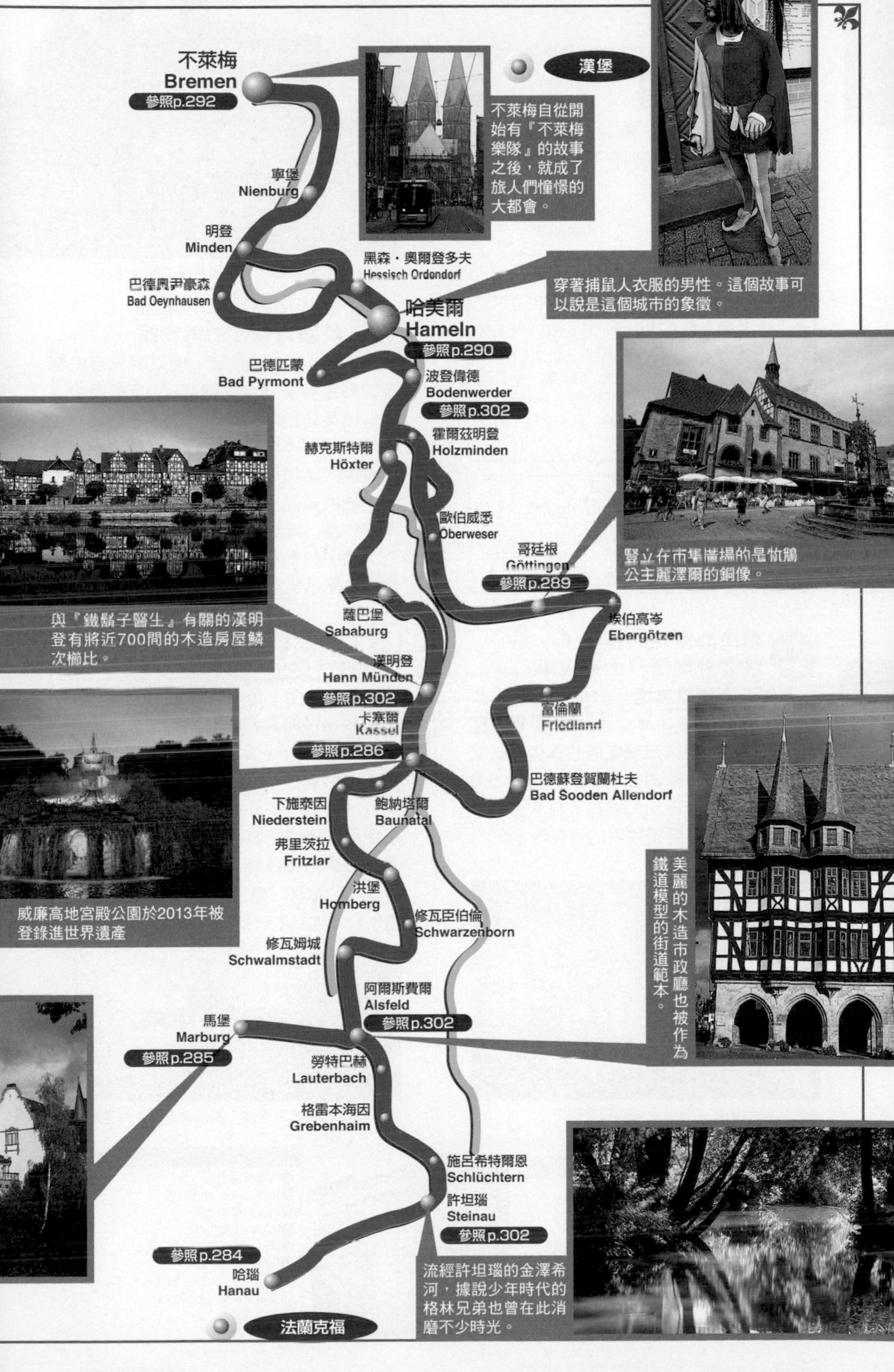
不萊梅
Bremen
參照p.292
漢堡
不萊梅自從開始有『不萊梅樂隊』的故事之後，就成了旅人們憧憬的大都會。
寧堡
Nienburg
明登
Minden
黑森・奧爾登多夫
Hessisch Oldendorf
巴德奧尹豪森
Bad Oeynhausen
穿著捕鼠人衣服的男性。這個故事可以說是這個城市的象徵。
哈美爾
Hameln
參照p.290
巴德匹蒙
Bad Pyrmont
波登偉德
Bodenwerder
參照p.302
霍爾茲明登
Holzminden
赫克斯特爾
Höxter
歐伯威瑟
Oberweser
哥廷根
Göttingen
參照p.289
豎立在市集廣場的是牧鵝公主麗澤爾的銅像。
埃伯高岑
Ebergötzen
薩巴堡
Sababurg
與『鐵鬍子醫生』有關的漢明登有將近700間的木造房屋鱗次櫛比。
漢明登
Hann Münden
參照p.302
富倫蘭
Friedland
卡塞爾
Kassel
參照p.286
巴德蘇登賀蘭杜夫
Bad Sooden Allendorf
下施泰因
Niederstein
鮑納塔爾
Baunatal
弗里茨拉
Fritzlar
洪堡
Homberg
威廉高地宮殿公園於2013年被登錄進世界遺產
修瓦臣伯倫
Schwarzenborn
修瓦姆城
Schwalmstadt
美麗的木造市政廳也被作為鐵道模型的街道範本。
阿爾斯費爾
Alsfeld
參照p.302
馬堡
Marburg
參照p.285
勞特巴赫
Lauterbach
格雷本海因
Grebenhaim
施呂希特爾恩
Schlüchtern
許坦瑙
Steinau
參照p.302
參照p.284
哈瑙
Hanau
流經許坦瑙的金澤希河，據說少年時代的格林兄弟也曾在此消磨不少時光。
法蘭克福

HANAU 哈瑙

p.11-H ■人口＝9.5萬人 ■都市規模＝步行需半天

在格林兄弟像的迎接下，展開邁向童話大道的旅程。

 ★哈瑙博物館、金飾工藝博物館等等

 ★哈瑙伯爵的菲力浦斯 ★魯爾皇宮

 ★格林兄弟出生的地方

Access

●火車:法蘭克福→ S8、9 RE、RB、ICE等(約15～30分)→哈瑙中央車站→巴士1、2、5路(約10分)→市中心[班次密集／€8.50～]、法蘭克福→RB、RE(約25分)→哈瑙西站→巴士10路(約2分)市中心[1小時1班／€8.50]

Information

❶遊客服務中心：Tourist-Information
住Am Freiheitsplatz3 ☎427798
FAX4277915 營9:30～18:00(週六為～15:00)
休週日 HP www.hanau.de

城市概要 市中心用走的就夠了 往郊外則搭巴士或火車

市中心為**市集廣場**，廣場北側是市政廳，市政廳前豎立著建造於1896年的格林兄弟銅像，而市政廳北側的長街則以紀念碑標示出格林家的住宅遺跡。再往北邊的自由廣場則有巴士轉運站，更北邊的舊市集則是金飾工藝博物館的所在地。

金飾工藝博物館以北還有城跡和庭園。

左邊是哥哥雅各格林、右邊是弟弟威廉格林。

玩樂重點 尋訪格林兄弟的足跡 參觀有個性的博物館

哈瑙從1303年開始，便以帝國自由都市的形態發展至今，擁有850年的歷史。有些建築物諸如市政廳，過去曾在戰爭中毀於一旦，後來又再重建，其中之一就是由美麗的木造房屋所構成的**金飾工藝博物館**，館內充滿了金銀手工藝及現代工藝作家的作品。哈瑙的西北方還有溫泉水療設施，其中也有展示著日本人偶的**人偶博物館**，在威廉史巴德站下車，步行約10分。

菲力浦斯魯爾皇宮 Schloss Philippsruhe ★★

●市集廣場搭5、10路巴士10分

位於市區西南方的巴洛克式風格宮殿。館內改建為哈瑙博物館，對外開放，可以藉此了解過去哈瑙伯爵的宮廷生活、哈瑙附近的歷史等等。也有與格林兄弟有關的展示品和優雅的咖啡廳，5～7月還會舉行童話故事嘉年華會。

營11:00～18:00 休週一
費€4、學生€3、兒童€1 ☎2951799

城堡南部有緬因河流過，西側則是一大片庭園。

★★★ Zum Riesen

歷史悠久的旅館

過去拿破崙也曾經在此下榻過的飯店，歷史悠久。

●市集廣場步行3分
■地址 Heumarkt 8
■TEL 250250
■FAX 250259
■費用 S-€70～、T-€96～
■房間數 共56間
■信用卡 VISA、MC、JCB
HP www.hanauhotel.de

★經濟型 ★★休閒型 ★★★標準型 ★★★★豪華型

MARBURG

馬堡

p.11-H ■人口=7.5萬人 ■都市規模=步行需1天

有許多學者及文化人才輩出，是德國首屈一指的大學城。

★★ 舊城區的木造房屋、石板路的坡道及巷弄

★★ 伊莉莎白教堂、聖母教堂等等

★ 大學文化歷史博物館（城內）等等

★★ 黑森伯爵的城堡

★★ 格林兄弟、薩維尼、海德格爾等數人

★★ 馬堡大學與大學城

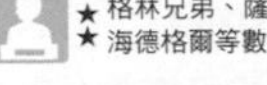

Access

●火車：法蘭克福→IC、RE、HLB（55分～1小時15分）→馬堡［1小時1～2班／€15.80］

Information

❶遊客服務中心：
住Erwin-Piscator-Haus Biegenstr. 15
☎99120 FAX991212
營9:00～18:00（週六為10:00～14:00）
休週日、假日
HP www.marburug-tourismus.de
●青年旅館：住Jahnstr.1 ☎23461

城市概要 可以從車站步行經由教堂 若要直達舊城區可搭巴士

伯爵的城堡就位在蘭河西岸的山上，舊城區圍繞著山腳下展開。車站在蘭河的對岸。沿著火車站大道（Bohnhofstr.）走到底，左轉就是**伊莉莎白教堂**，走到這裡約10分，再走10分鐘左右就會抵達舊城區。如果想要直達**舊城區**，搭4路巴士在Erwin-Piscator Haus下車也可以。文化中心位在大學附近，❶也在同棟建築中。

切勿錯過依莉莎白教堂的靈廟和彩繪玻璃。

從河畔眺望舊城區的街道和伯爵的城堡。

玩樂重點 都是石階的街道上 可在學生酒吧或咖啡廳休息

參觀完城堡和德國最古老的哥德式教堂伊莉莎白教堂之後，可前往還保留著濃濃的大學城色彩的舊城區散步。位於市政廳前的**市集廣場**是其心臟地帶，從這裡向西延伸的Barfusserstr.、向東延伸的Marktgasse以及從兩者交會處向北延伸的Wettergasse附近有著各式各樣的商店和時髦的咖啡廳，分布著熱鬧的學生酒吧，過去看看也挺有趣的。

伯爵城（大學文化歷史博物館）★★
Landgrafenschloss
(Universitätsmuseum für Kulturgeschichte)

●市集廣場步行約10分

從13世紀蓋到16世紀的城堡，因為路德等人曾在此進行宗教問答而聲名大噪。城內有美術館和歷史博物館，展示從史前時代到近代間的出土文物及美術工藝品。

營10:00～18:00（11～3月為～16:00） 休週一
費€5、學生€3 ☎2825871

從陽台上可以看到往北、東、南三個方向的街道。

★★★ Welcome Hotel Marburg

市中心首屈一指的飯店

座落於朝舊城區的電梯前面的高級飯店。飯店的建築物裡有著購物商城，裡頭還有中華料理店和網咖等等。

●中央車站步行15分
■地址 Pilgrimstein 29
■TEL 9180
■FAX 918444
■費用 S-€126～、T-€156～
■房間數 共150間
■信用卡 VISA、MC、AMEX、DC
HP www.welcome-hotel-marburg.de

馬堡的區域號碼☎06421

★經濟型 ★★休閒型 ★★★標準型 ★★★★豪華型

KASSEL

卡塞爾

p.10-E ■人口=19.9萬人 ■都市規模=步行、市電需2天

不管是交通位置還是格林兄弟的事蹟，都是童話大道的中心都市。

 ★★★ 菲德烈西阿諾美術館、格林兄弟博物館等許多

 ★★★ 威廉高地宮殿、雷威堡

 ★ 是黑森州北部的核心都市，有很多各種商店

★★ 格林兄弟等人

★ 庫爾黑森溫泉

卡塞爾的區域號碼☎0561

Access

●火車：法蘭克福→IC、ICE、RE等(約2～3小時)→卡塞爾·威廉高地車站[1小時2班／€39.40～56.50]、漢堡→IC、ICE(約2小時30分)→卡塞爾·威廉高地車站[1小時2班／€86.50]

*卡塞爾·威廉高地車站到市內搭市電約20分

Information

❶遊客服務中心:Kassel-Marketing GmbH
<卡塞爾·威廉高地車站內> MAP p.286-A
住Bahnhof Wilhelmshöhe ☎34054
FAX 315216 營10:00～13:00、14:00～18:00 (週六10:00～14:00) 休週日、假日
<市內> MAP p.287
住Wilhelmsstr.23 ☎707707 FAX 7077169
營9:00～18:00 休週日、假日
HP www.kassel.de
●卡塞爾卡：市內交通(市電、巴士)自由搭乘，且博物館等門票有打折。2人24小時€9、2人72小時有效€12。❶購買
●青年旅館：MAP p.286-B
住Schenkendorfstr.18 ☎776455

黑森州北部的核心都市 在市內的移動可搭乘市電

卡塞爾觀光的重點在於市區的心臟地帶和位於市區以西丘陵地上的威廉高地宮殿公園等兩個地方。卡塞爾·威廉高地車站是介於其間的交通據點，❶也在車站內。

從威廉高地宮殿公園山腰往下俯瞰宮殿。

從卡塞爾·威廉高地站到宮殿可搭乘1路、往市區可搭乘1、3、7路市電。在市中心用走的就夠了。

預留充分的時間參觀博物館並享受溫泉及購物的樂趣

卡塞爾是很有名的國際美術展卡塞爾文獻展的舉辦地點，除了p.287所介紹的博物館以外，還有許多博物館，例如展示著近現代美術的**新繪畫館**及**自然科學博物館**、**市立博物館**等等，擁有琳瑯滿目的館藏。逛完這些博物館需要一整天，參觀廣闊的**威廉高地宮殿公園**的周邊也需要一整天，所以至少要在這裡停留兩天。

國王廣場是市區的中心。

卡塞爾中央車站目前正致力於轉型成綜合文化設施。

威廉高地宮殿公園 ★★★
Schlosspark Wilhelmshöhe

map p.286-A

●卡塞爾·威廉高地車站到海克力斯像，搭市電3路往Druseltal，終點下車，轉乘巴士22路，海克力斯Herkules下車，所需時間約30分(停靠的巴士站須向司機確認)。要往宮殿搭市電1路約5分Wilhelmshoehe(Park)下車後步行約10分

1年僅舉辦4次的夜間「水之藝術」

於2013年獲登為世界遺產，是市內觀光的最佳景點。位在郊外的丘陵地區，總面積達240公頃，寬闊的空間是17世紀起開始建造的英國風景式庭園。在丘陵地區最高處的高70m底座上佇立著海克力斯像，其下方周圍有被稱為水幕公園（Kaskaden）的梯狀噴泉水路。往下流過此處的流水在中途會流經許多巧妙的設計（橋或人工瀑布），最後抵達宮殿前的噴泉處，而其的高低落差最大有50m以上，是會讓水噴起飛濺的設計。

在此噴泉水路放水順流的活動被稱為「水之藝術Wasserspiele」，尤其在夜間點燈時，直至很晚這裡都會因為順著水流往下遊覽的遊客而變得十分壅擠。

要採步行的方式走到最高處的話，會有點辛苦。因此想要近距離觀賞海克力斯像時，就搭市電或巴士到海克力斯像的底座所在處吧。底座附近還有遊客服務中心。下方宮殿的裡面有博物館及美術館，從古代收藏品，以及林布蘭、魯本斯、范戴克等古典巨匠的作品，甚至到馬克斯·恩斯特、路易士·柯林斯等藝術家的現代畫，館藏十分廣泛。

意外地有不少古典時期的傑作

住Schlosspark 1　營水之藝術：5/1～10/3的週三、日、假日14:30～15:40左右(夜間僅在6～9月的每月第1個週六22:00或21:00左右)。宮殿美術館：10:00～17:00(週三為～20:00)　休週一　費€6、學生€4　※水之藝術為免費

黑森州立博物館 ★★
Hessisches Landesmuseum in Kassel

map p.287

●國王廣場步行10分

1樓展示著史前～古代的遺跡及出土文物。2樓則是珍貴的壁紙博物館，以歐洲為中心，收集了中國及伊斯蘭教文化圈等世界各地的壁紙。2016年進行了翻修。

營10:00～17:00(週四為～20:00)　休週一、12/24～25、過年期間　費€6、學生€4　☎316800

還有與他館的套票

菲德烈西阿諾美術館 ★★
Museum Fridericianum

map p.287

●國王廣場步行5分

是歐洲最古老的美術館，也是每5年舉辦1次的卡塞爾文獻展Documenta等國際美術展的主要會場。下次的展覽預計在2022年舉辦。

營11:00～17:00(週四為～20:00)　休週一　費視企劃而定。大多是與黑森州立博物館一起的套票€10

菲德烈西阿諾美術館。

卡塞爾的區域號碼☎0561

卡塞爾市中心 Kassel

0　200m
卡塞爾中央車站 Hbf.
走在空中的人像
Werner-Hilpert-Str.
Regenbogen
Best Western Plus Kassel City
Podium
Kurfürstenstr.
Treppenstr.
Mauerstr.
國王廣場 Königsplatz
Kurt-Schumacher-Str.
馬丁教堂 Martins Kirche
市立博物館 Städt Kulturhs Stadtmuseum
Opernplatz
Alex im Paulus
Tokyo Running Sushi Restaurant
Fünffensterstr.
Neue Fahrt
上國王大街 Obere Königsstr.
Oberste Gasse
Steinweg
菲德烈西阿諾美術館 Museum Fridericianum
自然科學博物館 Naturkundemuseum
腓特烈廣場 Friedrichsplatz
市立劇場 Staatstheater
Frankfurter Str.
市政廳 Rathaus
格林兄弟像
達庫蒙大展覽館 Documentahalle
Eckstein
B3
Restaurant Schloss Orangerie Kassel
Kl. Fulda
Fulda
黑森競技場 Hessen-Kampfbahn
黑森州立博物館 Hess. Landesmuseum
橘園 Orangerie
新繪畫館 Neue Galerie
卡爾斯河谷低地公園 Karlsaue
格林世界 Grimmwelt Kassel

格林兄弟的足跡 ★★★

其生平與綠色城市，接著誕生了格林世界

格林兄弟的哥哥雅各出生於1785年1月4日，弟弟威廉出生於1786年2月24日，兩人皆誕生於哈瑙（p.284），並於1791年因父親的工作關係而搬至父親出生的故鄉——許坦瑙（p.302）。

然而在1796年父親突然去世後，一家的經濟頓時陷入困境。兄弟倆被在卡塞爾（p.286）宮廷擔任女官長的姨媽收留，進入本地的中學和高中就讀。

1802年雅各進入馬堡大學（p.285）就讀，弟弟也在第二年入學就讀。

黑森州立博物館前的格林兄弟像

大學畢業後2人回到卡塞爾，一面在威廉高地宮殿的圖書館工作，一面開始收集童話故事。1812年的聖誕節發行了第一集的《格林童話》。之後經過多次修改作業，終於在第7版塵埃落定。

其後，建立起屹立不搖的文學家地位，並如大家所知的一般聞名世界。而眾所皆知活躍的2人與卡塞爾有相當深的淵源。

獲登錄為世界遺產的《兒童與家庭故事集（格林童話）》
(C)Kassel Marketing GmbH | Fotograf Paavo Blåfield

2015年在卡塞爾，誕生了名為格林世界的體驗型博物館（格林博物館已閉館）。總面積1600m²，而據說總共耗資2000萬歐元打造完成，這裡不單只有靜態的展示而已，還有具現代藝術感的展覽——盡可能地以互動裝置讓人實際感受格林世界，此外還會企劃舉辦各種活動。

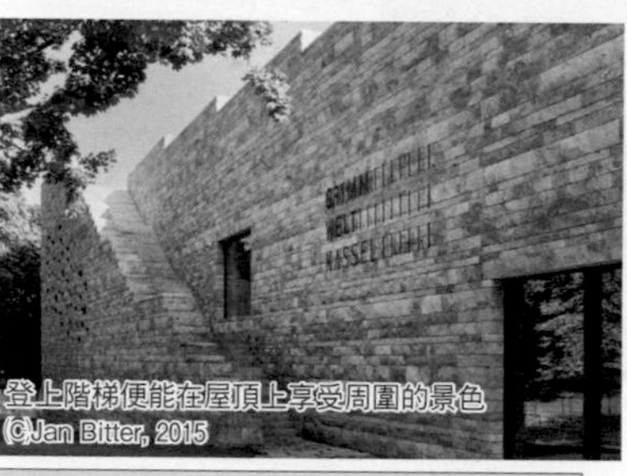

登上階梯便能在屋頂上享受周圍的景色
(C)Jan Bitter, 2015

◆格林世界 Grimmwelt Kassel MAP p.287 ●市電1、3、5路、巴士500路等在Rathaus（市政廳）步行約10分 住Weinbergstrasse 21 營10:00～18:00（週五為～20:00） 休週一 費€8、學生€6 HP www.grimmwelt.de

★★★ Schlosshotel Bad Wilhelmshöhe

宮殿公園旁，想找度假村飯店就選這裡

度假村型的高級飯店。外觀雖然有點復古，但客房的設備十分完善。裡面當然有餐廳，特別是飯店對SPA設施投入了不少心力。地點就在宮殿公園旁。

map p.286-A
●市電1號 Wilhelmshöhe(park)步行5分
■地址　Schlosspark 8
■TEL　30880
■費用　S-€100～、T-€120～
■房間數　共130間
■信用卡　VISA、MC、AMEX、DC
■www.schlosshotel-kassel.de

★★★ Kurfürst Wilhelm I.

各種設施一應俱全的飯店

座落於卡塞爾．威廉高地站前的飯店，還提供市內大眾運輸工具的免費車票作為給住房客的優惠，在住房期間內都有效。

map p.286-A
●卡塞爾．威廉高地車站前
■地址　Wilhelmshöher Allee 257
■TEL　31870
■FAX　318777
■費用　S-€90～、T-€98、浮動制
■房間數　共42間
■信用卡　VISA、MC、AMEX、DC
■www.kurfuerst.bestwestern.de

Best Western Plus Kassel City ★★★★ map p.287
●國王廣場步行3分
住Spohrstr.4　☎72850　費S-€85～、T-€105～（早餐另計）
※費用會隨展覽會等變動　■房間數　共128間

Hotel Schweizer Hof ★★★ map p.286-A
●市電1路 Kunoldstrasse步行1分
住Wilhelmshöher Allee 288　☎93690
費S-€90～、T-€110～　■房間數　共98間

卡塞爾的區域號碼☎0561

★經濟型　★★休閒型　★★★標準型　★★★★豪華型

GÖTTINGEN
哥廷根

p.10-E ■人口=11.9萬人 ■都市規模=步行需半天

德國四大大學都市之一，格林兄弟也在此執過教鞭。

★舊市政廳、市集廣場、木造房屋
★樂器博物館、市立博物館等等
★韓德爾音樂節、國際風琴音樂節等等
★天鵝公主麗澤爾
★哥廷根大學，學生監獄
★詩人海涅也讚不絕口的德國香腸
★40位以上的諾貝爾獎得主、格林兄弟等人

Access

●火車：法蘭克福→IC、ICE（約1小時45分）→哥廷根［1小時2班／€53～］、漢堡→IC、ICE（約2小時）→哥廷根［1小時2班／€65～］

Information

●遊客服務中心：＜舊市政廳內＞
住Markt 9 ☎0551-499800 營9:30～18:00（週六10:00～；週日、假日10:00～14:00）
休11～3月的週日、假日
HP www.goettingen-tourismus.de
●青年旅館：
住Habichtsweg 2 ☎0551-57622

城市概要 觀光景點集中在市集廣場半徑300～400公尺內

哥廷根是ICE的停靠站，和卡塞爾、不萊梅都是童話大道上交通比較方便的都市。

市區的心臟地帶為舊市政廳前的**市集廣場**，從中央車站走路約6～7分。市內主要的觀光景點也全都在從市集廣場走路可以到達的範圍內，除此之外，有很多街道都是行人徒步區，對於喜歡散步的人來說，是非常具有吸引力的城市。

大宴會廳內還裝飾著格林兄弟的胸像。

市中心的市集廣場，舊市政廳內的壁畫十分壯觀。

玩樂重點 內容充實的大學相關博物館 在酒吧裡品嘗德國香腸

與海德堡、杜賓根、馬堡並列為德國四大大學都市的其中之一。豎立於市集廣場上的牧鵝公主麗澤爾像是學生們永遠的偶像。街上有許多與大學有關的觀光景點和學生們用來打發時間的咖啡廳及學生酒吧、書店、唱片行、文具店等等，充滿了只有在大學城才體會得到的樂趣。

除了**市立博物館**Stadtisches Museum以外，也可參觀收藏有布勒哲爾的作品的**大學美術博物館**Kunstsammlung der Universität Göttingen、展示著古樂器的**大學樂器博物館**Musikinstrumentensammlung der Universität Göttingen（大學這兩間僅週日10:00～16:00、費各€3）。想參觀位在大講堂的學生監獄Studentenkarzer必須在ℹ申請辦理（※時間約45分，收費）。

在市區裡還保留著許多建於15～16世紀美麗的木造房屋，例如現在是餐廳的**Junkernschänke**等等。另外，在建築物的牆壁上，也鑲嵌著包括格林兄弟在內，過去曾經在這棟房子裡住過的名人姓名的牌子，所以不妨邊逛邊找找有沒有自己認識的名字。

麗澤爾號稱是全世界被親吻過最多次的女孩。

學生監獄裡的塗鴉比海德堡的還要來得有藝術。

HAMELN

哈美爾

p.10-E ■人口=5.7萬人 ■都市規模=步行需1天

以『捕鼠人哈美爾』的傳說而聞名，充滿了美麗建築與中世紀氣息的城市。

★★ 威澤文藝復興式的木造房屋

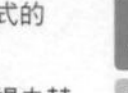
★ 大教堂、聖尼古拉教堂

★★ 萊斯特宅、史提夫赫茲倫館

★★ 赫默爾申堡宮

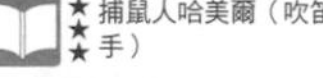
★★★ 捕鼠人哈美爾（吹笛手）

★ 老鼠尾巴、老鼠麵包

Access

●火車：漢諾威→ S5 （約45分）→哈美爾［1小時2班／€12.80］

Information

❶遊客服務中心：Touristinformation Hameln
MAP p.290 住 Deisterallee 1 ☎957823
FAX 957840 營9:00～18:00（週六9:30～15:00、週日為～13:00、11月～聖週四的平日為～17:00、同期間的週六為～13:00） 休11月～聖週四（4月左右）的週日、假日 HP www.hameln.de
●青年旅館：MAP p.290外
住 Fischbeckerstr. 33 ☎3425

橢圓形的舊城區 步行就可以逛完一圈

舊城區為直徑約500公尺的橢圓形，中央是**婚禮之家**前的**市集廣場**，在這裡交會的奧斯特街Osterstr.和貝克街Bäckerstr.是這個城市的主要幹道。上述馬路兩旁及其與威澤河間的舊城區東南方的區域裡，還保留著濃厚的中世紀以來的城市氛圍。威澤河的河畔還有條令人心曠神怡的步道，保留著中世紀以來的古老麵粉廠。

走在木造的街道上 徜徉在傳說與浪漫的世界裡

哈美爾最有名的傳說『**捕鼠人哈美爾**（吹笛手）』是描述為了報復不遵守約定提供驅退老鼠報酬的市民，帶走130個城裡小孩的故事。在這裡最有趣的玩法之一，便是欣賞野台戲或博物館，藉以一窺傳說的世界與藏在傳說世界下的史實。另一個玩樂重點是參觀建於14～17世紀的美麗街道，房子上的屋樑和角窗上刻著大量的花紋和文字作裝飾，稱之為威澤文藝復興風格。5月中旬～9月中旬的週日中午開始上演的**野台戲**（約30分，免費）也很受歡迎，因此請提早訂好週末的旅館。週三16:30～會有音樂劇（免費）上演。

建造於12世紀的大教堂，八角形的塔十分特別。

市集廣場上的婚禮之家（右）和聖尼可拉教堂。

哈美爾的老鼠周邊商品

中世紀的哈美爾有許多麵粉工廠，因此深受老鼠為患的困擾，像這樣的地方會產生『捕鼠人哈美爾』的傳說便一點也不足為奇。過去為這個城市帶來災害的老鼠，如今搖身一變，成了各式各樣討人喜歡的商品，也成為哈美爾最有名的特產。在當地特產店或❶的商店裡可以買到老鼠玩偶或老鼠形狀的硬麵包。

老鼠形狀的硬麵包是特產，到底可不可以吃呢？

婚禮之家／捕鼠人哈美爾的野台戲 ★★★
Hochzeitshaus/Rattenfänger-Festspiele

map p.290

●市集廣場前

建於1610～17年，ℹ就在建築物的一角。市民會在正對著市集廣場的舞台上表演捕鼠人哈美爾的野台戲。牆上還掛著一般的時鐘和捕鼠人哈美爾的機關式大鐘，會發出悠揚的音色。

早些到場才能找到野台戲的好位置。

＜機關式大鐘＞13:05、15:35、17:35（僅音樂9:35、11:35）＜野台戲＞5月中旬～9月中旬的每週日～、音樂劇為每週三16:30～

哈美爾博物館 ★★
Museum Hameln

map p.290

●市集廣場步行3分

由萊斯特宅與史提夫赫茲倫館兩棟建築所組成的博物館。前者為1589年建的富商館邸，為威澤文藝復興的傑作。內部有收藏捕鼠人之家的相關資料與繪畫的展示室。後者為1558年建的木造宅邸，1樓為咖啡館。

營11:00～18:00 休週一、聖週五、12/24及31、1/1 費€5、學生€4 ☎2021215

史提夫赫茲倫館的2樓是資料館。

捕鼠人之家 ★
Rattenfängerhaus

map p.290

●市集廣場步行5分

建於1603年的文藝復興風格建築物，目前是餐廳。招牌菜色是「老鼠尾巴Flambierte Rattenschwaenze」（薄切豬肉，僅晚上供應，需事先預約），建物旁邊的布根羅森街Bungelosen-Str.是傳說中孩子們被帶走的街道，所以至今仍禁止唱歌和跳舞。

營11:00～15:00、18:00～22:00（週五～日下午無休。供餐至休息前30分為止） 休無休 ☎3888

郊外的主要景點

赫默爾申堡宮
Schloss Hämelschenburg

●市站搭40路巴士00分 Hämelschenburg下車

建造於1437年的威澤文藝復興式城堡，豪華的暖爐和圖書館不容錯過。

MAP p.281 營導覽行程10:00～17:00；4、10月11:00～16:00（13:00以外的每個整點）

休11～3月。4～10月僅休週一

費€7.50 ☎05155-951690

在壕溝包圍下的城堡，轉著水車的庭園美不勝收。

Hotel Zur Krone ★★★

木造外觀美輪美奐的飯店

建造於1645年，位於靠近舊城區的中心。身為飯店，開業至今已超過1世紀。直接把木頭的樑柱運用在室內設計上的閣樓非常搶手。

map p.290
●市集廣場步行3分
■地址 Osterstr. 30
■TEL 9070
■FAX 907217
■費用 S-€76、T-€102
■房間數 共32間
■信用卡 VISA、MC、AMEX、DC
HP www.hotelzurkrone.de

Zur Börse ★★

蓋在從古城東街稍微往裡面走一段路的地方，雖然靠近市中心，但房間卻很安靜。

map p.290 ●市集廣場步行3分
■地址 Osterstr. 41a ■TEL 94940 ■FAX 25485
■費用 S-€54.40～、T-€76.50～
■房間數 共31間 ■信用卡 VISA、MC、AMEX、DC、JCB
HP www.hotel-zur-boerse.de

Christinenhof ★★

蓋在舊城區的木造建築物，館內既現代又明亮，游泳池及三溫暖等設施也很完善。

map p.290 ●市集廣場步行4分
■地址 Alte Marktstr. 18 ■TEL 95080 ■FAX 43611
■費用 S-€93～、T-€130～
■房間數 共43間 ■信用卡 VISA、MC
HP www.christinenhof.de/

哈美爾的區域號碼☎05151

★經濟型 ★★休閒型 ★★★標準型 ★★★★豪華型

BREMEN

不萊梅

p.10-E ■人口=56.6萬人 ■都市規模=步行需1天

就像樂隊以此為目標，自古至今都是德國北部令人嚮往的都市。

★★★ 市集廣場、貝特西街、戎諾爾區等等

★★ 聖佩特利大教堂、聖母教堂等等

★★ 海外博物館、羅塞理物思之家等等

★ 威澤河、北海、石楠花園等等

★ 戎諾爾區等地的手工藝品、首飾等等

★★ 不萊梅樂隊、野台戲

Access

●空路:法蘭克福→(約1小時)→不萊梅
*機場→市電6號(約20分)→市內
●火車:漢堡→IC、ME(55分～1小時15分)→不萊梅[1小時2班／€25.80～]、漢諾威→IC、RE(約1小時5～20分)→不萊梅[1小時1～2班／€26.60～]

Information

❶遊客服務中心:Tourist-Information<電話支援服務>☎3080010 營8:30～18:00(週六9:30～13:00) 休週日 <中央車站內>MAPp.292 住In Bahnhofplatz 營9:00～18:30(週六、日9:30～17:00)<貝特西街>MAP p.292 住Böttcherstr.4 營9:30～18:30(週六為～17:00、週日10:00～17:00) 營10:00～18:30(11～3月的週六、日為～16:00) 休12/24及31 HP www.bremen-tourismus.de
●體驗卡(ErlebnisCARD):市內交通免費，博物館等處的門票折扣。1日票／大人1名+兒童2名€9.50、5名以內€20.50。可在❶購買
●青年旅館：MAPp.292 住Kalkstr. 6 ☎163820

市區的範圍雖然廣大 主要景點集中在舊城區

舊城區是指被威澤河及壕溝所包圍的地區，也是觀光的中心，可以從中央車站搭乘市電過來，但是步行也只要10分左右，在舊城區內的觀光用走的就行了。其中心為**市集廣場**，廣場上有羅蘭特雕像，四周圍則有**市政廳**及**聖佩特利大教堂**等歷史性的建築物。

舊城區入口的澤格大街。

廣場的西南方有**貝特西街**Böttcherstr，而**戎諾爾區**則位於舊城區南部。從廣場往西北方延伸的**奧伯街**Obernstr.和位於其北部的**羅意德巷**Lloydpassage一帶則是商店街。

不萊梅的區域號碼☎0421

市政廳和聖佩特利大教堂是不萊梅的象徵。

參觀博物館和在舊城區散步 到處都有咖啡廳和啤酒屋

特區不萊梅就和柏林、漢堡一樣，身為一個都市，卻擁有跟州同等的機能與權限，各式各樣的文化設施皆十分齊全，並完整地保存著傳承了1200年歷史的街道。在不萊梅的基本玩樂重點，是一面在市集廣場～貝特西街～戎諾爾區等街道上散步，一面參觀途中的博物館，順便逛街購物。

如果還有時間的話，亦可前往擁有**船舶博物館**和**海岸動物園**的**不萊梅港**市、北海的海灘型度假村**庫克斯港**、保留著昔日港都風情的**菲格薩克港**等地走走看看。

市政廳西北方的「樂隊」。傳說觸摸驢子的腳可以帶來好運。

Route Advice

中央車站→澤格大街→市政廳／市集廣場→貝特西街→戎諾爾區〔全程約30分〕

有德、英語的導覽行程可參觀市政廳內部。

市集廣場 ★★★
Marktplatz

map p.292

●中央車站步行10分

豎立於市政廳前的羅蘭特雕像（p.282）是自由與市民權利的象徵。**市政廳**建造於1410年，在1612年改建的時候，設計了文藝復興風格的華麗外牆，目前已成為世界遺產。地下室的**Ratskeller**是間餐廳，提供來自德國各地的葡萄酒，多達600種。**聖佩特利大教堂**有2根直入雲霄的尖塔，在789年奠定了建築的基礎，於1042年完工。內部有收藏著中世紀的文化財產及雕刻的**巨蛋型博物館**，爬到塔上可以將市區盡收於眼底。廣場以南的旭庭建造於1537年，過去曾經是不萊梅工商總會。

海外博物館 ★★
Übersee Museum

map p.292

●中央車站步行1分

座落於中央車站西側的巨大博物館。以過去在大海上航行的不萊梅船員們或商人們從世界各地帶回來的東西為基礎，展示著世界上的自然、文化、美術工藝品等物品。1樓是亞洲及大洋洲專區、2樓是南北美及非洲的專區、3樓則重現了20世紀前半的不萊梅港口及倉庫、商店的風貌，非常有意思。

圖9:00～17:00（週六、日10:00～） 休週一、12/24～25、1/1、復活節的假日 費€7.50

1樓的中央還設置有日本的茶室及庭園造景。

街道本身就像個童話！

貝特西街與戌諾爾區 ★★★
Böttcherstrasse / Schnoorviertel

貝特西街是由因為咖啡貿易而發了大財的商人羅塞理物思於1902～34年投入私人財產所打造的街道。雖然只有短短的100公尺左右，卻使用了特別訂作的大片紅磚，呈現出中世紀的街道，非常地美麗。從市集廣場進來的入口處，上面有金色的浮雕，一走進去，左手邊是陳列著玻璃製品等手工藝品的區域與收集了沃普斯韋德畫派的女作家寶拉貝克Paula Becker Modersohn作品的美術館，右手邊則是販賣不萊梅樂隊等相關商品的當地特產店，而位於靠近街道中段東側的羅塞理物思之家Roselius Haus則展示著羅塞理物思的美術收藏品，在其旁邊還有邁森製的鐘（Glockenspiel）。鐘就位於屋頂和屋頂之間，中午以後（18點前的每個整點，冬天為12、15、18點）響起的時候，左下方的機關式大鐘就會出現齊柏林和林德伯格等人的肖像。其他還有電影院、餐廳、賭場等設施，簡直就像是座主題式遊樂園。

位於市區的東南方，由石板路的羊腸小徑所構成的戌諾爾區，以舊城區來說，是很難得從戰火中逃過一劫的地區，還保留著建於15～16世紀的中世紀街道，並散布著時髦的咖啡廳、餐廳、骨董店及飾品店等等，營造出一股非日常的氣氛，很適合散步。

貝特西街的入口處，右邊是飾品工房。

上圖為羅塞理物思之家的外牆，右手邊是機關式大鐘。⬆鋪設著石板路的戌諾爾區。➡貝特西街上的糖藝工房，也可以實際體驗試作。

MAP p.292

■Roselius-Haus / Paula-Becker-Modersohn-Haus ●市集廣場步行約2分 圖11:00～18:00 休週一、12/24及31 費€8（2館共通）

■Schnoorviertel ●貝西特街步行3分

郊外的主要景點

沃普斯韋德★★

Worpswede MAP p.281

●中央車站搭670路巴士約50分（單程€4.45）

沃普斯韋德指的是位於不萊梅以北的惡魔沼澤濕原上，四周圍都是森林的藝術村。

一提到德國的村落，一般是指以廣場為中心，由民宅聚集起來所形成的村落，但是這裡的房子與房子之間卻充滿了森林、田地和濕原，整個就像自然公園一樣，趣味十足。

自從19世紀末開始，就有弗里茨．馬肯森、海因里希．沃格勒、寶拉．貝克．莫德松等畫家或雕刻家、詩人、工藝作家們為了追求這片綠意盎然的環境，集結在這個村子裡，從事創作活動。

目前仍有好幾位作家住在這裡，充滿了許多美術館及工房、工藝品的商店等等。

海因里希．沃格勒的工作室——白樺館。

被森林環繞的Haus im Schluh。

街角剪影

不萊梅樂隊的野台戲

在觀光旺季時，『不萊梅樂隊』的野台戲會在市政廳以北的聖母教堂前廣場上演，吸引了許多觀光客的眼光。以音樂劇方式表演的野台戲，就算聽不懂德語也覺得很有趣。

5～9月上旬的週日12：00會表演1次。

Katzen-Café

各國VIP均前來造訪的名店，可品嘗地中海風的佳餚。週四、五中午還有供應壽司。

map p.292

●市集廣場步行13分
■地址 Schnoor 38 ■TEL 326621
■營業 12:00～17:00、18:00～24:00 ■休日 12/24及31
■信用卡 VISA、AMEX、DC HP www.katzen-cafe.de

Schüttinger

店內備有釀酒槽，是一家釀酒廠兼營的餐廳。15:00～19:00的啤酒有打折，餐點為輕食風。

map p.292 ●市集廣場步行3分

■地址 Hinter dem Schütting 12-13 ■TEL 3376633
■營業 12:00～翌1:00；週六、日11:00～22:00 ■休日 無休 ■信用卡 AMEX、DC HP www.Schuettinger.de
※夏季的打烊時間視天候而定。

★★★★ Dorint Park Hotel Bremen

宛如白堊宮殿一般的豪華飯店

從中央車站北口步行5分，面對著公園內的池塘，是市內最好的飯店。客房充滿了各式各樣的巧思，從古典款式到摩登款式，甚至還有走日本風室內設計的房間。

map p.292外

●中央車站步行5分
■地址 Im Bürgerpark
■TEL 34080
■FAX 3408602
■費用 S-€102～、T-€159～、浮動制（早餐另計）
■房間數 共175間
■信用卡 VISA、MC、AMEX
HP hotel-bremen.dorint.com

★ GastHaus Bremer Backpacker Hostel

雖然是旅館但房間乾淨、設備也很齊全。也附設飯店（S-€49～、T-€79～，早餐€8.50）

map p.292 ●中央車站步行7分

■地址 Emil-Waldmann-Strasse 5-6 ■TEL 2238057
■FAX 2238102 ■費用 S-€31、T-€46、多人房€18（夏季會加價） ■房間數 18間 ■信用卡 VISA、MC、AMEX
HP www.bremer-backpacker-hostel.de

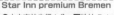

Star Inn premium Bremen ★★★ map p.292

●中央車站步行1分 ■地址 Bahnhofsplatz 5-7
☎FAX 30120 費S-€69～、T-€92～（早餐€16）

Townside Hostel Bremen ★ map p.292外

●市電1、E、10等 Humboldtstr.步行約3分 ■地址 Am Dobben61-62 ☎78015 費S-€32～、多人房€15～ HP townside.de

Best Western Hotel Bremen City ★★ map p.292

●中央車站步行5分 ■地址 Bahnhofstr. 8 ☎30870
費S-€48～、T-€68～、浮動制 HP www.bestwestern.de

●～€15 ●●€15～25 ●●●€25～50 ●●●●€50～
★經濟型 ★★休閒型 ★★★標準型 ★★★★豪華型

不萊梅的區域號碼☎0421

童話大道的古堡飯店

收錄在格林童話裡的故事，總共有200則（改訂第7版）之多。其中較廣為人知的有『睡美人』和『長髮姑娘』，與這些童話有關的城堡現已改建成古堡飯店對外營業。

在令人嚮往的童話大道古堡裡，睡在附有帳幔的床上，雖然只有一個晚上，但感覺上就像公主一樣。

覆蓋在外牆上的不是薔薇，而是長春藤。

★★★★

Dörnröschenschloss Sababurg

以動物為名的客房，每一間的構造都不一樣。

卡塞爾的北方是一大片**萊茵哈次森林**，森林裡聳立著樹齡超過100年的巨大橡樹，在森林環抱下的古堡飯店，就是傳說中『睡美人』故事的舞台——**薩巴堡**。

建造於1334年，原來是用來作為黑森公爵的狩獵城館，在19世紀曾經變成一座廢城。改建成飯店與餐廳開始營業是在1959年的時候，城堡內也會舉辦音樂會。在德國多如繁星的古堡飯店中，可以說是最受歡迎的飯店，因此週末經常會客滿，另外，暑假也一定要及早預約方為上策。圍繞在城堡四周的提爾花園建於1571年，是歐洲最古老的自然動物園。

城堡內羅曼蒂克的餐廳也擁有極高的評價。

map p.281
●卡塞爾搭RE約20分至霍夫根斯馬爾，或者在漢明登搭巴士或計程車約20分
■地址　Hofgeismar (Sababurg 12)
■TEL　05671-8080
■FAX　05671-808200
■費用　S-€110～、T-€140～(連住有折扣)、早餐€15
■房間數　共18間
■信用卡　VISA、MC、AMEX、DC
HP www.sababurg.de

從提爾花園看出去的薩巴堡。

周圍是綠意盎然的萊茵哈次森林地帶。

★★★

Burg Trendelburg

長髮姑娘的塔高約38公尺。

有一座圓塔，矗立在正對著第美爾河的小山丘上。**格林童話裡的**『長髮姑娘』的插圖就是以特倫德堡為藍本繪製的，因此在童話大道上的古堡中算是十分熱門的古堡飯店。古堡的歷史可以追溯到13世紀，頭頂上有著粗壯樑柱的客房和骨董傢俱等等，在在都原封不動地保留著童話裡的世界。

城堡內羅曼蒂克的餐廳也擁有極高的評價。

map p.281
●卡塞爾搭RE約20分至霍夫根斯馬爾，再搭巴士或計程車約20分
■地址　Steinweg 1, Trendelburg　■TEL　05675-9090
■FAX　05675-9362
■費用　S-€110～、T-€155～
■房間數　共22間　■信用卡　VISA、MC、AMEX　HP www.burg-hotel-trendelburg.com

GOSLAR

戈斯拉爾

p.10-E ■人口＝5.1萬人 ■都市規模＝步行需半天

木造房屋十分美麗的皇帝都市，哈次山脈有礦山、木工、魔女傳說。

★★ 中世紀保留至今的木造房屋街道、城牆及塔

★★ 皇帝城堡

★★ 礦山博物館、戈斯拉爾博物館、茲溫葛博物館等等

★★ 華爾普吉斯之夜、魔女的集會（每年4／30晚上）

★ 木雕工藝品、魔女洋娃娃等等

★★ 哈次山脈

Access

●火車：漢諾威→ERX（約１小時５分）→戈斯拉爾［１小時１班／€20.60］

Information

ⓘ遊客服務中心：Tourist-Information
MAP p.296 住Markt 7 ☎78060
FAX 780644 營9:15～18:00（週六9:30～16:00、週日為～14:00）、11～3月9:15～17:00（週六9:30～14:00） 休11～3月的週日、假日
HP www.goslar.de
●青年旅館：MAP p.296外
住Rammelsberger Str. 25 ☎22240

城市概要 市集廣場和戈澤河附近是保留許多古老建築物的地區

從中央車站沿著人聲鼎沸的商店街Rosentorstr.走10分鐘左右，會抵達舊城區的**市集廣場**。主要的觀光景點全都集中在以市集廣場為中心，走路約10～15分鐘的範圍內。

戈斯拉爾擁有1000年以上的歷史，保留在舊城區的建築物，有3分之2是建於19世紀中葉以前，其中有170間是建於16世紀中葉以前的建築物。像這樣的建築物大多分布在市集廣場的南側，從**皇帝城堡**到**聖安寧教堂**一帶，因此不妨一面確認刻在樑柱上的建築年代，一面探索這一帶的巷弄，也別有一番樂趣。

從車站沿著舊城區的外圍，順著Maurstr.～Breite Str.～Kornstr.～Glockengiesserstr.往前走，到處都可以看到過去的城牆遺跡和城門、塔等等。

在皇帝城堡的停車場裡遇到打扮成衛兵的大叔。

戈斯拉爾的街道呈現出洗練且成熟的淡淡灰色。

玩樂重點 在中世紀的街道上散步 參觀與眾不同的博物館

最大的觀光重點，就在於一面走在石板路上，一面欣賞從14～15世紀保留至今、年代久遠的建築物。參觀麻雀雖小，但是五臟俱全的博物館也別有一番樂趣。**戈斯拉爾博物館**裡展示著**哈次山脈**的自然與城市以前的樣子。**茲溫葛博物館**位於城塔內。還有**樂器及洋娃娃博物館**。而**修士之家**（近代美術館）則位在建造於1528年的木造房屋內。

名物 pick up 哈次山脈的木雕產品與魔女洋娃娃

在建於樂器及洋娃娃博物館以南的舊修道院醫院裡，林立著玻璃及陶瓷器等工藝品的工房與商店，其中又以使用哈次山脈的木材所雕成的木工，為戈斯拉爾的傳統工藝之一，買玩具或首飾當伴手禮一定大受歡迎。

另一種當地特產是和華爾普吉斯之夜有關的魔女洋娃娃，只要是市內的當地特產店，一定有在賣。

木工坊Holz Studio
營11:00～17:00
休週一、１～３月不定休

皇帝城堡 ★★
Kaiserpfalz

map p.296

●戈斯拉爾站步行15分

仿照11世紀由海因里希3世所興建的城堡重建於1879年。壯麗的帝國大廳和地下室的禮拜堂不容錯過。

城堡前面的巨蛋形入口大廳是11世紀的建築物。

營10:00～17:00(11～3月為～16:00)、12/25～26及31日11:00～15:00 休12/24、1/1 費€7.50

市集廣場 ★★
Marktplatz

map p.296

●戈斯拉爾站步行10分

位於中央的噴水池建造於1230年前後，上頭的金色老鷹是戈斯拉爾的象徵。廣場以西的市政廳是方正的哥德式建築。2樓宣誓廳裡描繪的壁畫十分壯觀。市政廳的對面還有會出現礦工人偶的機關式大鐘。

週二、五的上午會舉行市集。

郊外的主要景點

拉孟爾斯山礦博物館
Rammelsberger Bergbaumuseum

MAP p.296外

●戈斯拉爾站搭巴士803路約10分

970年發現這座礦山，生產銀、銅、錫等等，帶動這座城市在中世紀的繁榮。現在雖已成為廢礦，卻登錄在聯合國教科文組織的世界遺產上，是歐洲最古老的礦山。部分的坑道改建成博物館，可在導遊的帶領下以步行或搭乘軌道推車的方式參觀。

營9:00～18:00（冬季為～17:00，最後一梯的導覽行程為15:30） 休12/24、31 費€9、博物館加導覽行程€16～ ☎7500

參觀礦坑需頭戴安全帽，約1小時左右。

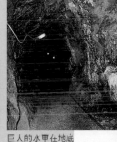

巨人的水車在地底下辛勤地運轉。

★★★★ **Kaiserworth**

將街上的知名建築改成飯店

面對著市集廣場的厚實風格飯店，是建於約500年前的哥德式建築，也是市區內最美的建築物之一。最近改裝後成為4星級飯店。

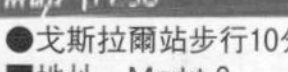

map p.296
●戈斯拉爾站步行10分
■地址 Markt 3
■TEL 7090
■FAX 709345
■費用 S-€69.50～、T-€82、浮動制
■房間數 共65間
■信用卡 VISA、MC、AMEX
HP www.kaiserworth.de

★★ **Goldene Krone**

城門塔附近的木造房屋

離市中心有一小段距離，但環境也因此而非常安靜。建築物是建造於1733年的木造房屋，將牆壁描繪成昔日居酒屋風情的地方美食餐廳也頗受好評。

map p.296
●戈斯拉爾站步行12分
■地址 Breite Str. 46
■TEL 34490
■FAX 344950
■費用 S-€55～70、T-€75～120
■房間數 共17間
■信用卡 VISA、MC
HP www.goldene-krone-goslar.de

★★★★ **Der Achtermann**

靠近車站的高級飯店，設備十分完善。建築物的一部分是利用過去的城牆蓋成的。

map p.296 ●戈斯拉爾站步行2分
■地址 Rosentorstr. 20
■TEL 70000 ■FAX 7000999
■費用 S-€73～、T-€103～
■房間數 共154間 ■信用卡 VISA、MC、AMEX、DC、JCB

★★★ **Hotel Alte Münze**

位於舊城區中心。具有時代感的部分是17世紀的石牆等處頗具風情，不過裡面卻是完全嶄新的。服務也非常好。

map p.296 ●戈斯拉爾站步行10分
■地址 Münzstr.10-11
■TEL 22546 ■FAX 18416
■費用 S-€69～、T-€89～ ■房間數 共28間
■信用卡 VISA、MC、AMEX、DC HP www.hotel-muenze.de

WERNIGERODE

韋爾尼格羅德

p.10-E　■人口=3.3萬人　■都市規模=步行需半天

老街上的木造房屋十分美麗，前往布羅肯山的SL從這裡出發。

★★ 木造房屋的街道、市政廳

★★ 韋爾尼格羅德城堡

★★ 哈次山脈（布羅肯山）、布羅肯現象

★★ 布羅肯山的魔女傳說及巴爾巴羅薩

Access

●火車：柏林→RE（約1小時40分）→馬德堡轉車→HEX（1小時10分）→韋爾尼格羅德［1天5班／€43.60～］、漢諾威→ERX（約1小時10分）→戈斯拉爾→RE、HEX（約35分）→韋爾尼格羅德［1小時1班／€29～］

Information

ℹ遊客服務中心：Wernigerode Tourismus GmbH　MAP p.298　住Marktplatz 10
☎5537835　FAX5537899　營9:00～19:00（週六10:00～16:00、週日10:00～15:00、11～4月的平日為～18:00）　休12/25、1/1
HP www.wernigerode-tourismus.de
●青年旅館：MAP p.298外
住Am Eichberg 5　☎606176

車站在市郊，觀光景點和飯店集中在市集廣場附近

市中心是市政廳前的**市集廣場**，舊城區的主要景點集中在以廣場為中心步行10分的範圍內。韋爾尼格羅德車站位於市區以北的地方，從Rudolf Breitscheidstr.走到布萊特街Breite Str.約15分。城堡在市區東南方的山上，從廣場走路約20分鐘左右可達，但也有附市內觀光導遊的Bimmelbahn輕軌電車和稱之為城堡電車的SL型巴士（€4、來回€6）。如欲搭乘**哈次鐵路**的火車，從舊城區上車或利用西門站Westerntor會比較方便。

市政廳是木造建築物的最佳傑作，也是本市的象徵。

在城堡和市內觀光需1天到布羅肯山觀光再需1天

最好在中午之前前往可以將舊城區盡收眼底的城堡。下山時可以搭乘巴士，從森林中穿過也只要10分鐘左右。在咖啡廳或餐廳裡吃過午飯並休息之後，下午再去參觀舊城區的木造房屋及博物館。以上是在韋爾尼格羅德觀光最基本的一日行程。

不妨搭乘SL型巴士前往城堡。

韋爾尼格羅德城堡 ★★
Schloss Wernigerode

map　p.298

●從市集廣場搭巴士10分，或者是步行20分

聳立在海拔350公尺高的艾格妮絲山上，可以將哈次山脈一覽無遺。12世紀初期以哥德式建造而成，1671～76年改建成巴洛克的風格，19世紀又改建成新哥德式的樣子，終於成了現在的模樣。城堡內為封建博物館，擁有雄偉的大廳及禮拜堂、豪華的傢俱及暖爐等等，將韋爾尼格羅德伯爵家在19世紀使用的城堡完完整整地保存了下來。

營10:00～18:00（11～4月10:00～17:00、週六日、假日～18:00）　休11～4月的週一　費€7、學生€6　☎553040

不妨也細細地品味建築物外面的雕樑畫棟。

參觀木造的房屋 ★★★
Fachwerkhäuser

map p.298

●市集廣場步行10分

市政廳後面的花鐘旁邊是建於1680年的**西菲斯之家**Schiefes Haus（意即斜屋）原本是水車小屋。柯赫街Kochstr.上的**克萊茵斯特之家**Kleinstes Haus，門口只有1.7公尺，是市內最小的房子。Breite Str.的4號是建造於1529年的**維也納咖啡廳**，裝飾得美輪美奐。95號是裝飾著馬頭的**Krellsche Schmiede**，裡頭是博物館。而街上最古老的房子則在Heinterstr.上的48號，建造於1400年前後。

克萊茵斯特之家。

★★★★ Ringhotel Weisser Hirsch

市集廣場上的木造飯店

建於1539～44年的木造房屋。洗練的室內設計和友善的工作人員頗獲好評。新館內還有十分時髦的大套房。

map p.296
●市集廣場前
■地址　Marktplatz 5
■TEL　267110
■FAX　26711199
■費用　S-€92～、T-€128～、浮動制
■房間數　共49間
■信用卡　VISA、MC、AMEX、JCB
HP www.hotel-weisser-hirsch.de

★★★ Am Anger

騎在掃把上的魔女是這家飯店的標誌。開業於1996年，是家洋溢著清潔感的木造房屋飯店。

map p.298　●市集廣場步行15分
■地址　Breite Str. 92-94
■TEL　92320　■FAX　923250
■費用　S-€50～、T-€90～　■房間數　共40間
■信用卡　VISA、MC　HP www.hotel-am-anger.de

★★★ Travelcharme Hotel Gothisches Haus

木造的外觀和中庭花園風的明亮館內。是家各種設施都很完善的高級飯店。

map p.298　●市集廣場步行1分
■地址　Marktplatz 2
■TEL　6750　■FAX　675555
■費用　S-€100～、T-€128～、浮動制
■房間數　共116間　■信用卡　VISA、MC、AMEX

★經濟型　★★休閒型　★★★標準型　★★★★豪華型

漫走遊賞報導

布羅肯山 ★★★
Brocken

map p.281

搭SL列車前往傳說中的山脈

布羅肯山是哈次山脈的最高峰，話雖如此，但是海拔只有1142公尺，只是從這裡到北邊的海洋之間沒有更高的山，從山頂上看出去的風景美不勝收。

這座山自古以來就以被稱為「布羅肯妖怪」的光學現象以及在歌德的《浮士德》中所描寫到的華爾普吉斯之夜而聲名大噪，山頂上還有布羅肯博物館及高山植物園等。

也行駛著附有自助餐車的列車。

從韋爾尼格羅德可搭乘SL列車前往這座山，深受觀光客喜愛。所需時間為單程1小時40分～2小時，單程的費用為€28、來回為€43。一面欣賞森林與溪谷，一面悠閒地享受開往哈次山脈的SL之旅，就算不是鐵道迷也可以樂在其中（HP www.hsb-wr.de）。

從中途站Drei Annen Hohne縱斷哈次山脈前往Nordhausen Nord之後，也可以繼續前往卡塞爾或萊比錫的方向。

布羅肯博物館為圖9:30～17:00
休無休　費€4

周遊山頂的登山健行路線。

QUEDLINBURG

奎德林堡

p.10-E ■人口=2.5萬人 ■都市規模=步行需半天

被指定為世界文化遺產的街道上還保留著美麗的木造房屋。

 ★★★ 木造房屋的街道

 ★★ 城堡博物館、木造房屋博物館等等

 ★ 奎德林堡城

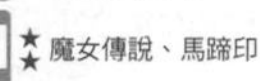 ★★ 魔女傳說、馬蹄印

Access

●火車：柏林→RE（約1小時40分）→馬德堡（轉車）→HEX（約1小時15分）→奎德林堡［1小時1班／€42.80］、漢諾威→IC（約1小時20分）→馬德堡（轉車）→HEX（約1小時15分）→奎德林堡［1小時1班/€45］

Information

ℹ遊客服務中心：Quedlinburg-Information
住Markt 4 ☎905624 FAX905629 營9:00～18:00（週日10:00～15:00）、11～4月9:00～17:00（週五、六為～18:00）
休11～4月的週日
HP www.quedlinburg.de

城市概要 在城牆與綠地的簇擁下整個舊城區都在徒步圈內

奎德林堡是座擁有1000年以上歷史的古都，在幾乎沒有受到戰火波及的**舊城區**裡，從巴洛克、文藝復興以後，各時代的建築物都被妥善地保存下來，1994年被指定為聯合國教科文組織的世界文化遺產。

首先不妨前往舊城區的中心。出了車站後穿越小溪，往Bahnhofstr. 直走不久就會接到Turnstr.。從這裡右轉的話，走沒幾步路就會接到Heiligegeiststr.，再從這裡往左轉繼續前進的話，途中穿過一條小溪，大約10分鐘左右就會看到一整片扇狀且非常寬敞的市集廣場。再裡面有一棟爬滿了常春藤的建築物，就是**市政廳**。正面的左手邊豎立著象徵自由的**羅蘭特雕像**，造形比不萊梅的羅蘭特雕像還要樸素可愛。ℹ在面向雕像的右手邊。

廣場的東北方是一片還保存著古老街道的地區，據說整個城市裡還留有1200間的木造房屋，四周的道路也都變成石板路了。其

從高台上的城堡望向哈次山脈的視野十分開闊。

市集廣場北部的市政廳（左側）建於1310年。

中又以位於廣場南部的Word-gasse還保留著建於14世紀初期的**德國最古老的木造房屋Standerbau**，內部現已成為**木造房屋博物館Fachwerk Museum**（營10:00～17:00、降臨期前三週的週六、日10:00～16:00 休週四、11～3月（降臨期除外） 費€3）。

 玩樂重點 漫步在德國數一數二的美麗街道，山丘上的城堡也不容錯過

最有看頭的景點當屬矗立於西南方山丘上的**城堡Schlossberg**（營10:00～18:00〔11～3月為～16:00〕 休週一、12/24～25及31、1/1 費€3.50），以及旁邊的**聖瓦提亞斯教堂Stifskirche St. Servatius**（營10:00～18:00〔11～3月為～16:00〕 休週一、12/24～25及31、1/1 費€4.50）。前者曾是薩克森王朝第一代國王海因里希1世的城堡，建於919年；後者是海因里希1世死後，用來作為女子修道院使用的城堡，以後來附加上去的方式新蓋的建築物，是赫赫有名的羅馬式建築的傑作。內部還設有海因里希1世及其妻子的墓室及寶物館（城堡與教堂的共通券€7）。

在市集廣場與城堡的半路上有家餐廳：在Blasiistr. 14的**Lüdde**（營11:00～24:00〔週日～22:00、1～3月為週二～週五17:00～〕 休1～3月為週一 ☎705206）的啤酒屋，店內有大型的製酒槽，可以品嘗到當地美食及自家釀造的啤酒。

店內的製酒槽，紅啤的味道非常甜。

Romantik Hotel am Brühl ★★★
●從車站搭計程車5分 住Billungstr.11 ☎96180 費S-€115、T-€130～、浮動制 HP www.hotelambruehl.de

Ringhotel Theophano ★★★
●市集廣場步行1分 住Markt 13-14 ☎96300 費S-€75～、T-€95～、浮動制 HP www.hotel-theophano.de

奎德林堡的區域號碼☎03946

★經濟型 ★★休閒型 ★★★標準型 ★★★★豪華型

Check-Check! 「華爾普吉斯之夜」是熱鬧非凡的魔女祭典！

每年4月30日，在哈次山脈一帶，各地都會舉行一種叫作「華爾普吉斯之夜（※1）」的魔女祭典（※2）。在這個祭典上，魔女和惡魔都會進行遊行，圍繞著營火開完宴會之後，再騎著掃帚往布羅肯山的方向飛去（※3）。塔雷會場就設在群魔亂舞廣場Hexentanzplatz（※4）上。當然，不可能出現真正的魔女，但是搞不好會有哈利．波特出現（也說不定）。

由此可知，在這場祭典的期間內，參加活動的當地居民們會各自打扮成魔女或惡魔的樣子出現在會場上，就連❶的職員也會換上魔女的衣服。每個城市每年都會改變活動的內容，唯一不變的是，必須要打扮成魔女或惡魔的樣子，以及要在夜裡燒一堆營火，還要圍繞著營火跳舞。通常都會舉行遊行，也會出現賣德國香腸等等的攤販。有些地方還會舉辦魔女的選拔賽，或者是召集一群音樂人來舉辦演唱會等等。這項祭典的原型原本是繼承古代的傳統，在布羅肯山舉行迎接春天的儀式，是會一直狂歡到深夜（正確地說應該是黎明）的祭典，所以請一定要注意回程的交通是不是都安排好了。

這麼可愛的小女孩將來也會成為稱職的魔女嗎……

令觀光客大吃一驚的職員。

各自打扮成不同的魔女。

塔雷的❶；Bahnhofstr. 1　☎03947-7768000
營8:00～18:00（週六日、假日9:00～15:00）　休無休
URL www.bodetal.de

※1　華爾普吉斯指的是死於779年，後來被尊為聖人的修女之名。是守護人家免於受到魔女的魔法及疾病威脅的聖人，5月1日是她的紀念日。
※2　除了塔雷之外，據說還在戈斯拉爾、Schierke等地，總共20個地方以上舉行。
※3　在歌德的《浮士德》中有介紹到。
※4　Hexen是魔女、tanz是跳舞的意思。

郊外的主要景點

前往魔女傳說的山脈塔雷

Thale MAP p.281

從奎德林堡搭乘地方線的火車，接到哈次山脈停下來的地方有一個小小的村落，那便是塔雷。

即使在瀰漫著神祕氣息的哈次山區，充斥於塔雷的傳說也比其他地方多。隔著柏德河的溪谷，村落南方山上有著魔女傳說，而西邊山上則保留著馬蹄印的傳說。

從塔雷車站走路約10分鐘左右可以抵達市郊的森林裡，這裡有開往南邊山上的包廂式小纜車搭乘處，以及開往西邊山上的滑雪纜車搭乘處。下了包廂式小纜車往右手邊前進，在森林展開的地方有個魔女的聚會場所，排列著環狀的石頭，亦即所謂的群魔亂舞廣場。往左手邊前進，則是展示著魔女的儀式、集會的樣子的博物館、華爾普吉斯大廳以及會上演野台戲及演唱會的城堡劇院等等。

從山上可以將塔雷及奎德林堡一覽無遺。

下了滑雪纜車之後，往山上走20分鐘左右，便可以抵達馬蹄印的舞台，那裡有一個為了拯救公主而飛越斷崖的馬蹄痕跡。

當地特產店前陳列著魔女洋娃娃。

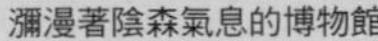

瀰漫著陰森氣息的博物館。

市政廳的塔有著六角形的可愛窗台。

ALSFELD

阿爾斯費爾

p.11-H ■人口=1.6萬人 ■都市規模=步行需半天

簡直就像是座玩具城一樣
舊城區林立著美麗的木造房屋

包括建於1512年的市政廳在內，舊城區林立著美麗的木造房屋，被指定為歐洲文化財產保護都市，還常被用來作為鐵道模型及玩具的模型。從車站往東走，在Mainzergasse左轉，約5分左右就是**舊城區**。主要景點都集中在**市集廣場**的附近，例如**市政廳**、**葡萄酒之家**、**婚禮之家**、**玩具博物館**等等。廣場西南方的Rittergasse上還有鄉土博物館及❶。

穿著小紅帽風的民族服裝的女子雕像。

STEINAU AN DER STRASSE

許坦瑙

p.11-H ■人口=1萬人 ■都市規模=步行需半天

和格林兄弟的童年時代
幾乎沒什麼改變的小鎮

從車站往東約15分鐘處是格林兄弟街，這條狹窄而又蜿蜒曲折的道路左邊是**格林兄弟紀念館**（圖10:00～17:00 休無休 費€6〔許坦瑙博物館通用〕），右手邊隔著有噴水池的廣場，東側是**市政廳**和❶，西側則是週末會上演童話劇的**人偶劇場**，廣場後面還有文藝復興風格的城堡。

童話故事『青蛙王子』像。

從富爾達河西岸的展望台上所看到的美麗街道。

HANN-MÜNDEN

漢明登

p.10-E ■人口=2.4萬人 ■都市規模=步行需半天

木造房屋和鐵鬍子醫生的城市
威澤河之旅的出發點

綠意盎然的木造房屋小鎮，位於富爾達河及威拉河匯流處，也是威澤河的起點。其歷史可以回溯到12世紀，舊城區裡有將近700間的木造房屋鱗次櫛比。從車站向西北方走10分鐘左右是市政廳，以及有❶的**市集廣場**。夏天在這裡會上演**鐵鬍子醫生**（Dr. Eisenbart：雖是蒙古大夫的代名詞，其實是非常認真地在嘗試新的治療方法）的野台戲。威澤河上的觀光船也很值得一坐。

街上還有打著鐵鬍子醫生名號的藥局。

BODENWERDER

波登偉德

p.10-E ■人口=5500人 ■都市規模=步行需半天

吹牛男爵的故鄉
沿著威澤河展開的美麗街道

位於威澤河畔的小鎮，市政廳及博物館等地都集中在市中心。Grosse-str.大街上還有木造房屋及**男爵的噴水池**、紀念碑。

在波登偉德附近的**赫克斯特爾**Höxter、**霍茲明登**Holzminden、**伍斯勒**Uslarer等城市都還保留著許多木造房屋，上頭有威澤文藝復興式的華麗裝飾。

■許坦瑙
●法蘭克福→RE54分（1小時1班）／€15.80 ❶：住Brüder-Grimm-Str. 70 ☎06663-96310 營8:30～12:00、13:30～16:00（週五8:30～13:00；週六、日13:30～15:30） 休假日；11～3月的週六、日

■阿爾斯費斯
●法蘭克福→IC、ICE等約55分→Fulda→HLB約45分（1小時1班）／€15.80～41 ❶：住Markt 3 ☎06631-182165 營9:30～18:00（週六、冬季的平日為10:00～15:30；冬季的週六為～13:00） 休週日

■漢明登
●卡塞爾・威廉高地→RE16分（1小時1班）／€7.10 ❶：住Lotzestr.2 ☎05541-75313 營9:30～17:00（週二、五為～15:00；週六為10:00～15:00）、11～4月9:30～16:00（週五為～13:00） 休週日、假日、冬季的週六

■波登偉德
●漢諾威→S5約45分→哈美爾→巴士520路約40分（1小時1班）／約€14.30
❶：住Münchhausenplatz1 ☎05533-40541 營9:00～12:00、14:00～17:00（週六為10:00～12:30、11～3月的平日9:00～12:00） 休週日、假日、冬季的週六

豪斯登門是呂北克的象徵。

區域 10

漢堡&德國北部

漢堡
呂北克
呂內堡
采勒
漢諾威
史塔德
梅倫
施威林
羅斯托克
史特拉爾松德
福斯汽車城

漢堡&德國北部

漢堡是德國的第二大都市，不但是歐洲數一數二的港都，同時也是美術及歌劇、音樂劇等文化活動十分鼎盛的娛樂大城。尤其是現代音樂及流行服飾更是走在德國的最尖端，成為歐洲年輕人嚮往的都市。

「石楠花大道」指的是從普隆到漢諾威，連結了北德充滿魅力的10個都市，約300公里長的街道。漢堡和漢諾威以外的城市都在戰火中逃過一劫，舊城區還保留著美麗的木造房屋。街道名稱的由來是從盛開著石楠花花朵的呂內堡石楠花草原而來，而這也是這條大道上的觀光重點。

從西端的不萊梅到東端的史特拉爾松德為止的沿海地區過去曾是一連串漢撒同盟的加盟都市。美麗的街道另一方面也是波羅的海的北海航路，見證了商人及市民們以出類拔萃的經濟實力君臨整個歐洲北部的榮景。再加上由北歐風的森林和湖泊等交織而成的風景、產自波羅的海的新鮮魚貝類等等，都是在德國北部旅行時最令人期待的樂趣。

在河流圍繞之下的呂北克舊城區。

漢諾威市政廳，圓形的屋頂上是展望台。

注意事項

交通方式 以漢堡為中心的鐵路網十分發達，可以順利無礙地抵達石楠花大道上及德國北部幾乎所有的城市。即使是史塔德或梅倫等這些地區列車沿線的城市，1小時也有1～2班，相較之下班次算是比較多的，對於搭火車旅行的人來說，是很方便的區域。從柏林也有直達的火車開往東部的施威林及羅斯托克、史特拉爾松德、呂根島等地。

由於全都是平坦的地形，除了冬天以外，皆可享受租車兜風的樂趣，但在前東德圈裡，至今仍有許多馬路在進行整修的工程，所以可能會在意想不到的地方陷進車陣裡。

氣候、服裝 夏天的空氣很乾燥，一直都是舒爽的晴天，所以是最適合旅行的季節。白天的氣溫雖然很高，但是天黑之後可能會變得很冷，所以即使是夏天也最好還是要準備長袖的襯衫或較薄的外套比較好。

大家可能都會以為這裡的冬天很冷，其實在流入北海的暖流（墨西哥灣流）的影響下，這裡有很多時候是比位於阿爾卑斯山麓的德國南部還要溫暖。漢堡1月的單日平均氣溫為2度，夜間也只有負3度左右。話雖如此，還是要做好一定程度的禦寒措施，尤其是腳下，為了因應積雪或結冰的地面，最好選擇防滑的鞋子。

關鍵字

漢撒都市同盟

漢撒（Hanse）原本指的是「商人同伴」的意思，是為了保護通商、交易上的利益而締結的組織，不受王公貴族的統治，為直屬於皇帝的自由都市同盟組織。從13世紀後半到15世紀是其最興盛的時期，以德國北部為中心，一共有100個以上的同盟都市。大部分車子的車牌號碼如果前面是以「H」為開頭的都市（漢堡＝HH，呂北克＝HL等等），過去都是漢撒同盟的都市。

建築物的尖塔是漢撒同盟都市的特徵。

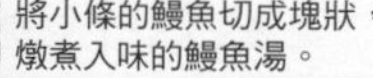

海鮮〔各地〕

這個地方正對著北海和波羅的海，餐桌上理所當然會常出現新鮮的海鮮。鰻魚湯Aalsuppe、醋漬鯡魚Matjesfilet、鰈魚、比目魚、鮭魚等做成烤魚和法式奶油煎魚都是其代表菜色。也有很多專賣海鮮的餐廳，像是瓦爾內明德等，靠近港都的漁港一帶，還有販賣炸魚或煎魚三明治的路邊攤。

將小條的鰻魚切成塊狀，燉煮入味的鰻魚湯。

石楠花草原〔呂內堡石楠花草原等地〕

石楠花草原指的是由冰河帶來的大量砂礫或泥沙在風雨的侵蝕下所造成的地形，土壤非常貧瘠，只能生長出高度矮小的灌木及石楠花的原野。這在片荒涼的原野上，只有夏天這段期間會變成一片紫紅色的地毯，石楠花（英文為heather）在8～9月會開出粉紅色、紅色、紫色等楚楚可憐的花朵，最近有很多人特地跑去欣賞這片花海。

石勒蘇益格－荷爾斯泰因音樂節

每年從6月底開始將近2個月的時間，在漢堡或呂北克等德國北部的都市都會舉行盛大的音樂會，從世界各地邀請一流的交響樂團或鋼琴家、歌手前來共襄盛舉。期間內有超過100場以上的演奏會，除了古堡及教堂、戶外劇場之外，就連農家的牛舍或倉庫等地都會舉行。內容也五花八門，從古典音樂到現代音樂，涵蓋了所有的領域。日期等詳情請向各ℹ洽詢。

HAMBURG

漢堡

p.10-B

■人口＝182.2萬人　■都市規模＝步行、Ⓢ、Ⓤ需3天

漢堡給人的印象一直是現代化的大都會。然而，這個城市的歷史其實可以回溯到8～9世紀左右，中世紀曾經以漢撒同盟的一員繁榮一時，在歷史上寫下了燦爛的一頁。

★★ 舊城區、港口及倉庫街

★★ 聖米歇爾大教堂、聖尼古拉教堂、聖佩特利教堂等等

★★★ 漢堡市立美術館、美術工藝博物館、阿爾托納博物館等等

★ 亞倫斯堡

★★★ 音樂劇、歌劇、現場演唱、披頭四等等

★★★ 漢堡名牌（JIL SANDER、Joop）等等

★ 漢堡大學（尤其是日文系）

★★ 鰻魚湯等波羅的海的海鮮、牛肉餐等地方美食

阿爾斯特運河對岸的市政廳。

漢堡的車站

漢堡市內的中央車站Hauptbahnhof、內城車站Dammtor、阿爾托納車站Altona和郊外的哈爾堡車站Harburg等4站，各站都有Ⓢ和Ⓤ互相連結。幾乎所有的ICE和IC都是以阿爾托納車站為終點站，因此要在中央車站下車的時候請注意不要坐過頭。

●市內交通

HP www.hvv.de

中央車站矗立著鐘塔，車站內有許多餐廳和商店，在週日也有營業。

漢堡富爾斯比特機場 Flughafen Hamburg

連結著德國、歐洲的主要都市，從台灣可以在法蘭克福轉機十分方便，包含轉機的時間在內，大約14個小時。從柏林起飛約50分。德國漢莎航空等主要的航空公司皆在第4航廈起降。

從機場到市內

■S-Bahn：S1已經延伸至機場，所以不需轉車即可抵達市中心。從漢堡機場到中央車站為止，每隔10分發車，所需24分、€3.30。

■計程車：到市中心約30分、約€25。

搭乘火車的交通方式

以ICE等連結德國各都市、以EC等連結歐洲的主要都市。法蘭克福→ICE等（約4小時30分）→漢堡〔1小時1～2班／€104～〕、柏林→ICE（約1小時45分）→漢堡〔1小時1班／€81〕

市內交通

市內交通有**U-Bahn**、**S-Bahn**、**A-Bahn**（郊外火車）、**巴士**、**定期交通船**等等，所有加盟漢堡交通連盟（HVV）的運輸工具都可以共通費用互相轉乘，票價雖有區域制的€2.20、€3.30、€5.30、€7.20、€8.80，但幾乎的範圍都是€3.30以內。9-Uhr-Tageskarte（€6.40～）只能在平日9:00～翌日6:00使用，同行14歲以下兒童3人以下免費（6歲以下免

POINT 漢堡的危險地帶漢堡的治安基本上還不錯，夜晚的中央車站內和東口飯店街的暗巷一帶、以及雷佩爾大道的暗巷是比較需要注意的地方。雖然不太會有兇惡的犯罪，但是有很多的吸毒者和流浪漢、醉鬼，可能會留下不愉快的回憶。

費）。車票可以在車站的自動售票機購買。只要持有漢堡悠遊卡，就可以任意搭乘所有的HVV。無需剪票，而是三不五時就會在車上查票，所以請隨身攜帶車票和悠遊卡。

U/S/A 市內的火車有Ⓤ的1、2、3、4等4路線、Ⓢ的1、2、3、11、21、31等6條路線、Ⓐ的1、2、3等3條路線。Ⓢ和Ⓤ的全部路線都會連接到中央車站，運行期間為4:30～24:00左右。

巴士 巴士總站ZOB在中央車站的東南方，路線數和班次都很多，但是路線十分複雜，所以最好隨身攜帶路線圖。在Ⓤ、Ⓢ、一般巴士收班之後的深夜到清晨之間，從市政廳廣場發車的600號深夜巴士會開向各個區域。

計程車 基本上要在計程車招呼站等車，但是只要在路上舉手還是可以攔到車。基本車資€3.20，之後到4km為止每1km€2.35，從5km到9km為止每1km€2.10，10km以後每1km加收€1.45。☎211211、666666。

●漢堡悠遊卡

自由乘坐市內交通工具（HVV），11個地方的市立美術館、博物館的入場券、市內觀光、參觀港口等都可以打折。可在飯店或市內3個地方的ℹ買到。

1日券：大人€10.50（可以有3名15歲以下的小孩同行）、團體票大人€18.50(5人)

3日券：大人€25.90（可以有3名15歲以下的小孩同行）、團體票大人€44.90(5人)

5日券：大人€41.90（可同行未滿15歲的兒童3名），團體用大人€74.50(5人)

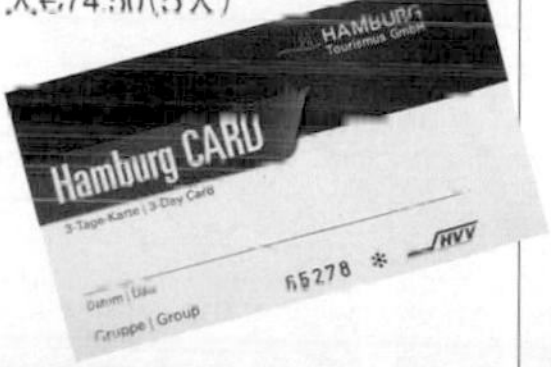

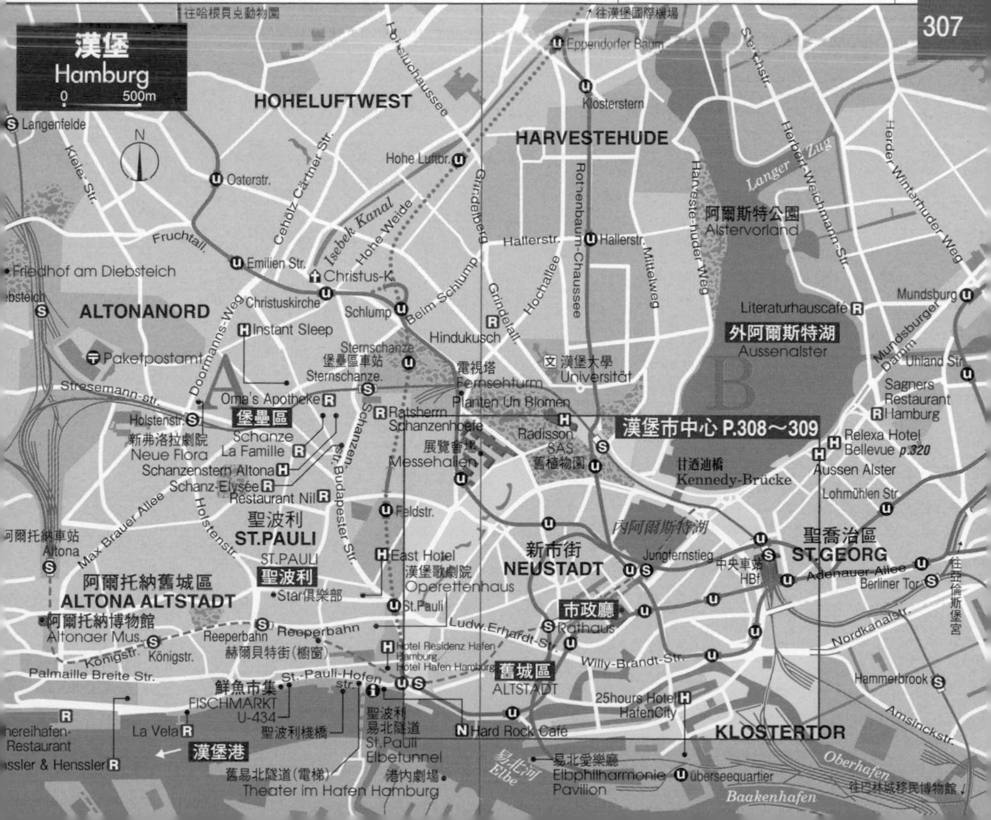

Hamburg CARD

漢堡 Hamburg 0 500m

HOHELUFTWEST　HARVESTEHUDE　ALTONANORD　聖波利 ST.PAULI　新市街 NEUSTADT　聖喬治區 ST.GEORG　阿爾托納舊城區 ALTONA ALTSTADT　KLOSTERTOR

阿爾斯特公園 Alstervorland　外阿爾斯特湖 Aussenalster　內阿爾斯特湖　甘迺迪橋 Kennedy-Brücke

堡壘區 Schanze　聖波利　市政廳 Rathaus　舊城區 ALTSTADT　漢堡港　易北河 Elbe

漢堡市中心 P.308～309

往哈根貝克動物園　往漢堡國際機場　往亞倫斯堡宮　往巴林城移民博物館

中央車站 HBf　Jungfernstieg　阿爾托納車站 Altona　堡壘區車站 Sternschanze　電視塔 Fernsehturm　展覽會場 Messehallen　舊植物園　漢堡大學 Universität　漢堡歌劇院 Operettenhaus　阿爾托納博物館 Altonaer Mus.　赫爾貝特街(櫥窗)　鮮魚市集 FISCHMARKT　聖波利棧橋　聖波利易北隧道 St.Pauli Elbtunnel　舊易北隧道(電梯)　港內劇場 Theater im Hafen Hamburg　易北愛樂廳 Elbphilharmonie Pavilion　新弗洛拉劇院 Neue Flora

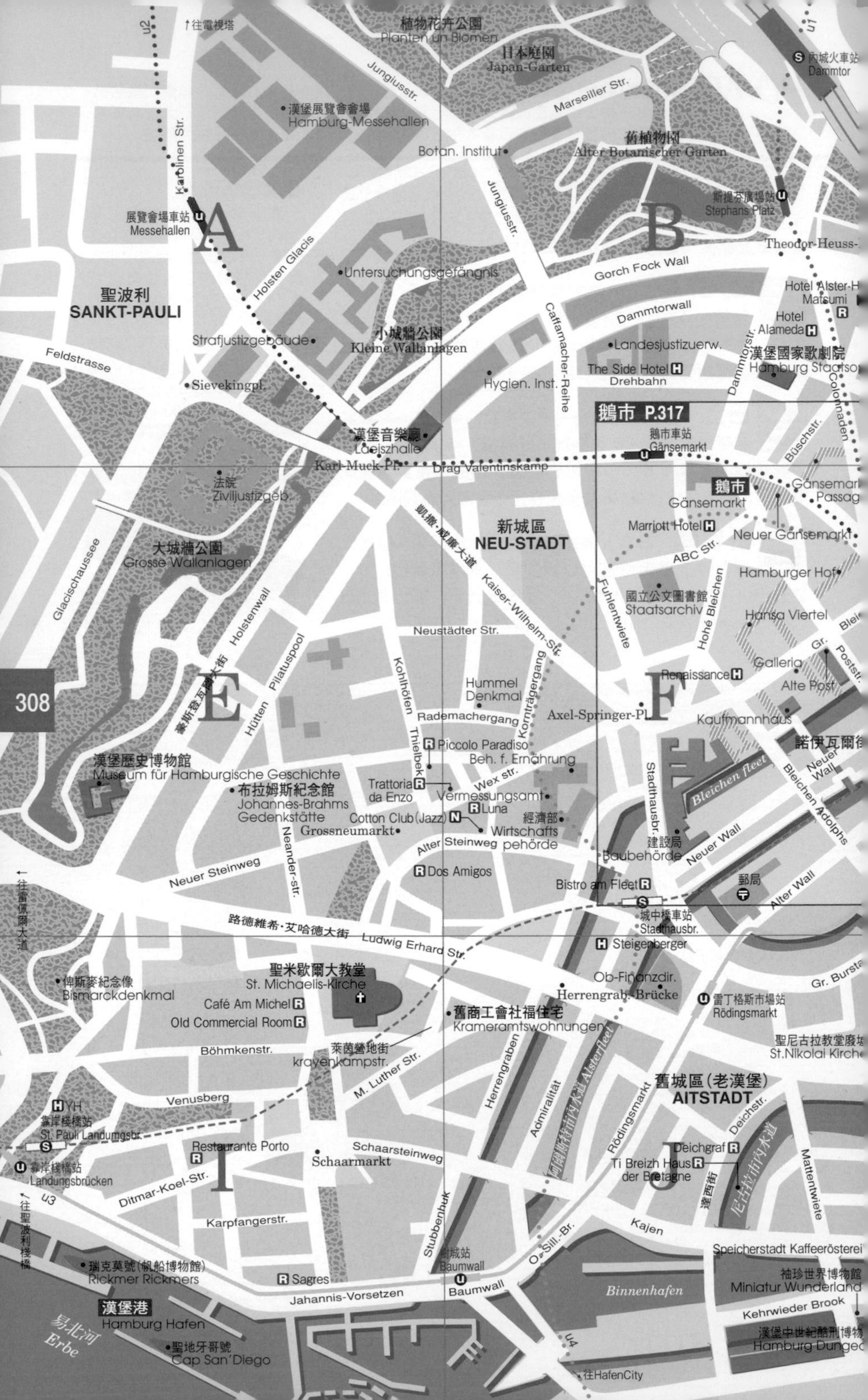

植物花卉公園
Planten un Blomen
日本庭園
Japan-Garten
往電視塔
漢堡展覽會會場
Hamburg-Messehallen
Jungiusstr.
Marseiller Str.
舊植物園
Alter Botanischer Garten
Botan. Institut
內城火車站
Dammtor
Karolinen Str.
展覽會場車站
Messehallen
A
B
斯提芬廣場站
Stephans Platz
Theodor-Heuss-
Holsten Glacis
Untersuchungsgefängnis
Gorch Fock Wall
Hotel Alster-Hof
Matsumi
聖波利
SANKT-PAULI
Dammtorwall
Hotel
Alameda
小城牆公園
Kleine Wallanlagen
Strafjustizgebäude
Caffamacher-Reihe
Landesjustizuerw.
漢堡國家歌劇院
Hamburg Staatsop
Feldstrasse
Sievekingpl.
Hygien. Inst.
The Side Hotel
Drehbahn
Dammtorstr.
Colonnaden
鵝市 P.317
漢堡音樂廳
Laeiszhalle
鵝市車站
Gänsemarkt
Büschstr.
Karl-Muck-Pl.
Drag Valentinskamp
法院
Ziviljustizgeb.
鵝市
Gänsemarkt
Gänsemarkt Passage
凱撒·威廉大道
新城區
NEU-STADT
Marriott Hotel
Neuer Gänsemarkt
大城牆公園
Grosse Wallanlagen
ABC Str.
Glacischaussee
Kaiser-Wilhelm-St.
Hamburger Hof
國立公文圖書館
Staatsarchiv
Holstenwall
Fuhlentwiete
Hohe Bleichen
Hansa Viertel
Neustädter Str.
Pilatuspool
Kohlhöfen
Kornträgergang
Poststr.
Galleria
豪斯登瓦爾大街
Hummel
Denkmal
Renaissance
Alte Post
E
F
Hütten
Rademachergang
Axel-Springer-Pl.
Kaufmannhaus
Thielbek
Piccolo Paradiso
Beh. f. Ernährung
諾伊瓦爾街
漢堡歷史博物館
Museum für Hamburgische Geschichte
Wex str.
Neuer Wall
布拉姆斯紀念館
Johannes-Brahms
Gedenkstätte
Trattoria
da Enzo
Vermessungsamt
Stadthausbr.
Bleichen fleet
Bleichen Adolphs
Luna
經濟部
Cotton Club (Jazz)
Wirtschafts
Grossneumarkt
Neander-str.
Alter Steinweg
pehörde
建設局
Baubehörde
Neuer Wall
Neuer Steinweg
Dos Amigos
郵局
Bistro am Fleet
Alter Wall
往雷佩爾大道
城中橋車站
Stadthausbr.
路德維希·艾哈德大街
Ludwig Erhard Str.
Steigenberger
聖米歇爾大教堂
St. Michaelis-Kirche
Ob-Finanzdir.
Gr. Burstah
俾斯麥紀念像
Bismarckdenkmal
Herrengrab.-Brücke
雷丁格斯市場站
Rödingsmarkt
Café Am Michel
舊商工會社福住宅
Krameramtswohnungen
Old Commercial Room
聖尼古拉教堂廢墟
St.Nikolai Kirche
Böhmkenstr.
萊茵蘭地街
krayenkampstr.
M. Luther Str.
Herrengraben
Admiralität
阿爾斯特市內水道 Alsterfleet
Rödingsmarkt
舊城區(老漢堡)
AITSTADT
Deichstr.
Venusberg
YH
靠岸棧橋站
St. Pauli Landungsbr.
Restaurante Porto
Schaarsteinweg
Deichgraf
尼古拉市內水道
Schaarmarkt
Ti Breizh Haus
der Bretagne
達西街
Mattentwiete
靠岸棧橋站
Landungsbrücken
Ditmar-Koel-Str.
I
J
往聖波利棧橋
u3
Karpfangerstr.
Stubbenhuk
O.-Sill.-Br.
Kajen
Speicherstadt Kaffeeröstere
瑞克莫號(帆船博物館)
Rickmer Rickmers
城站
Baumwall
袖珍世界博物館
Miniatur Wunderland
Sagres
Jahannis-Vorsetzen
Baumwall
Binnenhafen
Kehrwieder Brook
漢堡港
Hamburg Hafen
易北河
Erbe
漢堡中世紀酷刑博物
Hamburg Dungeon
聖地牙哥號
Cap San Diego
u4
往HafenCity
u1
u2

ROTHERBAUM
(外)阿爾斯特湖
Aussenalster
Café Prüsse
An der Alster
聖喬治區
SANKTGEORG
甘迺迪橋
Kennedy-Brücke
Baseler Hof
Kempinski Hotel Atlantic Hamburg
倫巴德橋
Lombardsbrücke
Ibis Alster Hamburg
當代美術館
Galerie der Gegenwart
Hotel Lilienhof
漢堡美術館
Hamburg Kunsthalle
Fairmont Hotel Vier Jahreszeiten Hamburg
(內)阿爾斯特湖
Binnenalster
國立劇場
Deuches Schauspielhaus
觀光船碼頭
處女步道區車站
Jungfernstieg
Sakura Sushi
Nachtasyl
Schifferbörse
漢撒劇場
Hansa-Theater
Mei Moon
City Partner Hotel Fürst Bismarck
中央車站
Hauptbahnhof
塔莉亞劇院
Thalia-Theater
ESPRIT
州立銀行畫廊
Landesbank Galerie
Benetton
Europa Passage
葛哈特中央市場
Gerhart Hauptmarktpl.
明克貝爾格街站
Mönckebergstr.
美術工藝博物館
Museum für Kunst und Gewerbe
309
市政廳廣場
Rathausmarkt
市政廳
Rathaus
市政廳車站
Rathaus
Café Paris
聖佩特利教堂
St.Petrikirche
聖雅各教堂
St.Jakobi Kirche
Finanzamt
阿特曼橋
Altmannbr.
史汀大道站
Steinstr.
中央郵局
Restaurante Español Picasso
史汀大道
Steinstr.
Burchardstr.
Alstädter Str.
施普林肯霍夫
Sprinkenhof
Finnegans Wake
Burchardpl.
Schooenstehl
Antik Center
智利辦公大樓
(世界遺產)
Manufactum Warenhaus
Deichtorpl.
梅斯堡站
Messberg
北廳
Nord-halle
Gröninger
達西門音樂廳
Deichtorhallen
卓爾運河
Zollkanal
奧伯包恩橋
Oberbaumbrück
南廳
Süd-halle
聖凱瑟琳教堂
St. Katharinenkirchhof
玉米倉橋
海關博物館
Zollmuseum
Schönes Leben
歐伯霍芬
Oberhafen
Daruma
HafenCity
(世界遺產／倉庫城)
倉庫博物館
Speicherstadtmuseum
Brooktorhafen
Ericusbr.
Oberhafenkantine
商店街
國際海事博物館
Internastionales Maritimes Museum Hamburg
漢堡
Hamburg
0
200m

INFORMATION

❶遊客服務中心

<中央車站內>

MAP p.309-H　☎30051300　營9:00～19:00（週日、假日為10:00～18:00、12/24為10:00～16:00、1/1為11:00～18:00）　休無休

<漢堡港>

MAP p.307-A（4號、5號棧橋之間）　☎30051300　營9:00～19:00（日～週三～18:00，12/24～14:00、12/26及31為10:00～18:00）　休1/1

<漢堡機場內>

住 第1、2航廈的入境大廳　☎50751010　營6:00～23:00　休無休　＊第4航廈的入境大廳可查到飯店的空房資訊。

HP www.hamburg.de

●青年旅館：

MAP p.308-I　住Alfred Wegener Weg 5　☎5701590

●遊覽行程資訊（除了以下所列還有各種行程，詳情請洽❶）

■市內觀光（雙層巴士）：中央車站～阿爾斯特湖～市政廳～舊城區～雷佩爾大道～港口～倉庫城　所需時間約90分　費€18.50

HP www.top-tour-hamburg.de

■阿爾斯特湖觀光：處女步道區出發　10:00～18:00（10/5～11/1為～17:00；11:00～16:00之間為每30分1梯次）　所需時間約1小時　費€16

■運河遊覽：處女步道區出發　9:45～15:45（夏季為～17:45），1天3班（夏季增班）　所需時間約2小時　費€20

HP alstertouristik.de

■漢堡啤酒遊覽行程Hamburg Beer Tour：最少會遊覽6處釀造廠或酒吧的暢飲遊覽行程。最特別的是此行程以近年人氣持續高漲的手工精釀啤酒為重點，還能聽見實際釀製者的故事。可遇見其他地方喝不到的獨特啤酒。營週六16:00～（所需時間3小時半，英語）　費€35

HP alternativehamburg.com

漢堡的城市概要&玩樂重點

漢堡是僅次於柏林的德國第二大都會區，由於規模大，觀光景點也分布在各個地區，想要仔細參觀勢必得花上幾天。另外，漢堡也是德國首屈一指的娛樂之都。

城市概要 玩樂重點 歐洲數一數二的港都！

●中央車站附近

中央車站有北口和南口，都會通往東西兩側的站前廣場。❶在北口東側，而北口西側則有漢堡美術館，再往前走是阿爾斯特湖畔。南口東側是美術工藝博物館和中央郵局、巴士總站。東側的站前一帶是飯店街。從西側廣場通往市政廳方向的**明克貝爾格街**Mönckebergstr.是條百貨公司及專賣店林立的商店街。

●舊城區

市區以南的港口周圍一帶是稱之為**「老漢堡」**（MAP p.308-J）的**舊城區**。**達西街**Deichstr.是漢堡最美麗的街道之一，運河沿岸林立著17～18世紀左右的倉庫。在聖米歇爾大教堂東邊的**克萊茵營地街**Krayenkamp-str.上的舊商工會社福住宅（p.320參看）是直接把17世紀時的漢堡典型住宅樣式原封不動地保留下來，其中一間改建為博物館，對外開放。

●堡壘區

堡壘區車站Sternschanze（MAP p.307-A）的附近統稱為**堡壘區**，是學生、藝術家們聚集，以年輕人為主的地區。有很多異國風味的餐廳和雜貨店、前衛的酒吧等等，雖然

漢堡的區域號碼☎040

熱鬧非凡的堡壘區。

有一點猥瑣的氣氛，卻也是很有名的嶄新文化發信地。也有好幾間像是Schanzenstern Gasthaus（p.320）之類的便宜旅館。

●聖波利

雷佩爾大道。

以被譽為「世上罪孽最深重的1公里」的**雷佩爾大道**Reeperbahn（MAP p.307-A）為中心的不夜城。餐廳與夜總會、情趣用品店等商家鱗次櫛比，閃爍著五彩繽紛的霓虹燈，整晚人潮絡繹不絕。雖也有很多健康的店，但最好避開在巷子裡或是會拉客的店比較好。位在大馬路上，而且有「OK標誌」的商店基本上都是安全的。以「櫥窗」聞名的**赫爾貝特街**Herberstr.禁止女性和未成年的人進入。

●郊外的主要景點

座落於郊外的亞倫斯堡宮（S4 在Ahrensburger下車步行15分）是建於1595年的文藝復興風格的華麗皇宮。由於石楠花大道上的史塔德（p.336）、梅倫（p.336）的住宿設施比較少，因此以漢堡為據點來回會比較方便。前往呂內堡石楠花草原（p.326）也有從漢堡出發的巴士和馬車路線。

漢堡鐵道路線圖
U-Bahn／S-Bahn／A-Bahn

dodenhof
Bad Bramstedt Kurhaus
往Richtung Neumünster
Boostedt
A1
A2
Kaltenkirchen
Kaltenkirchen Süd
Henstedt-Ulzburg
Ulzburg Süd
A3
A2
Haslohfurth
Quickborner Strasse
Friedrichsgabe
Moorbekhalle
U1
Norderstedt Mitte
A2
Kiwittsmoor
U2
Niendorf Nord
Schippelsweg
Joachim-Mähl Str.
Niendorf Markt
Hagendeel
Hagenbecks Tierpark
哈根貝克動物園
Hamburg Airport (Flughafen)
S1
Fuhlsbüttel
Hoheneichen
Ohlsdorf
奧爾斯道夫
Rübenkamp (city Nord)
S11
S1
Poppenbüttel
Wellingsbüttel
U1
Ohlstedt
Hoisbüttel
Volksdorf
Meiendorfer Weg
Berne
Farmsen
Trabrennbahn
U3
Wandsbek-Gartenstadt
Strassburger Str.
Wandsbek Markt
RB82
RE8
RE80
Bad Oldesloe
Ahrensburg
亞倫斯堡
Schmalenbeck
U1
Grosshans-dorf
Rahlstedt
Tonndorf
Wandsbek
RE83
Ratzeburg
Möllin 梅倫
Alsterdorf
Lattenkamp
Kellinghusen-strasse
Saarlandstr.
U3
Barmbek
Eppendorfer Baum
Schlump
Borgweg(Stadtpark)
Klosterstern
阿爾斯特湖
Dammtor 內城火車站
S11
S21
S31
Mundsburg
Wandsbeker Chaussee
Hasselbrook
Feldstr. (Heiligen-geistfeld)
Stephans-platz
Lohmühlen-Strasse
Lübecker Strasse
Nord 北站
Mümmelmannsberg
U2
Jungfernstieg
處女步道區
U2
U4
S1
S2
S3
Berliner Tor
U4
Billstedt
Horner Rennbahn
Rothenburgsort
Mönckeberg-strasse
Hauptbahnhof
中央車站
Tiefstack
Süd 南站
Steinstrasse
Hammerbrook
HafenCity Universität
U4
Billwerder-Moorfleet
Mittlerer Landweg
Messberg
Übersee-quartier
Veddel
Nettelnburg
Aumühle
S21
Rathaus 市政廳站
Wilhelms-burg
Harburg
哈堡
Bergedorf
Büchen
RE1
Rödingsmarkt
易北河
S2
Neugraben
Harburg Rathaus
Hittfeld
Maschen
Lüneburg
呂內堡
S31
S31
RE4
RB41
Buchholz
RB38
Ashausen
RE3
RB31
RB32
RE83
RB32

市政廳 ★★
Rathaus

map p.309-G

● U3 Rathaus步行1分

建造於1886～97年的新文藝復興風格的建築，112公尺的高塔是漢堡的象徵。館內共有647間房間，如宏偉的梯廳及裝飾著華麗牆面的大廳等等，可在導遊（每30分一次）的帶領下參觀館內的部分區域。

營11:00～16:00(週六為～17:00、週日為～16:00)
休無休(導覽行程為不定休)　費€5　☎42831-2064

地下室還有餐廳Ratsweinkeller。

聖雅各教堂 ★★
St. Jakobi Kirche

map p.309-G

● U3 Mönckebergstr.步行1分

建於14世紀的市立教堂，有很多的可看之處，例如聖路卡（1499）、聖彼得（1508）的祭壇、大理石的傳道講台（1610）等等。其中又以由阿爾普·施尼特格爾製作，巴哈曾演奏過的管風琴(1693)最有看頭。

塔的現代化外觀是在戰後重建的。

營10:00～17:00（10～3月11:00～、週日僅在10:00～12:00舉行彌撒）　休無休　費免費

聖米歇爾大教堂 ★★
St. Michaelis Kirche

map p.308-I

● S、1、2、3 Stadthausbrücke步行8分

矗立於舊城區，創建於1762年的巴洛克式教堂。塔高132公尺，在82公尺處設有展望台，可將市內及阿爾斯特湖、易北河、漢堡港等一覽無遺。

〈塔〉營9:00～20:00（11～4月為10:00～18:00）　休無休
費入塔費€5　☎376780

12：00會有管風琴的演奏。

漢堡的區域號碼☎040

在西岸的阿爾斯特公園裡也可以看到日本的櫻花。

阿爾斯特湖 ★★
Alster See

map p.309-C・D・G

水都漢堡有10%的市內面積都是水域，橋的數量也比威尼斯還要多，為歐洲第一。阿爾斯特湖是建於13世紀初的人工湖，面積為184公頃，為大都會帶來了潤澤的風景。夏天有帆船等水上活動、冬天則成了巨大的溜冰場，變成市民休閒的場所。

從處女步道區搭乘觀光船進行湖泊及運河的巡禮。

植物花卉公園 ★★
Planten un Blomen

map p.308-A・B

● S11、21、31 Dammtor步行1分

擁有湖光山色的美麗公園，除了有歐洲最大規模的日式庭園之外，晚上還會舉行由水舞和光影交織而成的燈光秀（5～8月的22：00、9月為21：00）。植物園旁就是展覽會場、及280公尺高的電視塔等等。

公園內還設置有茶室和日式庭園。

營7:00～23:00（4月為～22:00、10～3月為～20:00）　休無休
費免費

哈根貝克動物園 ★★
Hagenbeck Tierpark

map p.307-A外

● U2 Hagenbecks Tierpark步行7分

以不使用柵欄飼養的方式，成為世界知名的動物園。有約210種、1860隻的動物，只有用深深的壕溝和草叢將其與人類行走的通路隔開，可以說是放牛吃草。

營9:00～18:00（7～8月為～19:00、10/15～3/4為～16:30、12/24及31～13:00）　休無休　費€20、水族館€14、套票€30

可以和動物們做超近距離接觸的動物園。

Check-Check! 遊覽港灣與 Hafen City

漢堡港 ★★★

Hamburg Hafen (Hafen City)

漢堡港雖位在距離北海還要再往上游100km左右的內陸，卻是可讓1萬噸級巨輪來往的德國第一大港。每個月有1000艘以上的船隻造訪此港，年間的貨櫃量達800萬TEU以上。港的觀光中心是位在有ℹ與觀光船乘船處的聖波利棧橋St.Pauli Landungsbrückon（S1·S3、U3 從Landungsbrücken步行2分）。面向建築物的右側是前往深24m、長427m的**舊易北隧道**Alter Elbtunnel的大型電梯（步行者免費），可經由地下到中間的沙洲。

每週日開市的**鮮魚市場**離這裡朝西徒步8分鐘，除了魚以外還有花卉、水果和雜貨，隔壁建築物內的**Fischauktionshalle**不知為何從早到晚都有樂團現場演出而熱鬧非凡。另外前方就是被稱為**U-434**的舊蘇聯潛水艇，內部目前被改裝成博物館對外開放。反之若往棧橋的東側走，約5分鐘就會到達1896年建造、名為**Rickmer-Rickmers**擁有三根桅桿的帆船，船的內部也已被改建為博物館和餐廳。再往前走5分左右是名為**聖地牙哥號**的南美航線貨船，內部也已改建為博物館。

剛好在距今100年前完工的隧道。

總面積達87㎢的寬闊海港。

在稍遠的東側沙洲處是紅磚倉庫林立的倉庫城。2015年時漢堡的倉庫城獲登為世界遺產，而這附近155公頃的區域則是目前正在開發中的「HafenCity」──歐洲規模最大的都市再生計畫。這裡目前落成的有國際海事博物館，以及終於在2017年蓋好的新演奏廳「**易北愛樂廳**」。而包含住宅區等在內的最終計畫則預定於2020年左右完成，此區域還有**倉庫博物館**、**海關博物館**等，已算是十分有魅力的觀光區域（也請見p.315）。

如果還有時間，位於郊外西方的**歡迎海角**Willkomm-Höft也很有趣，是會以國旗及國歌對進出超過500噸的船隻表示歡迎（僅白天）的設施。這裡也有餐廳。

通稱U-Boot的U-434。內部雖然狹窄，但對愛好者而言其複雜的構造絕對不能錯過。

DATA

◆鮮魚市場FISCHMARKT
擁有300年歷史的早市。每週日舉辦
MAP p.307-A 營5:00～9:30（11～3月為7:00～）

◆UBoot U-434
MAP p.307-A 營9:00～20:00（週日11:00～） 費€9、學生€6

◆帆船博物館Rickmer Rickmers
MAP p.308-I 營10:00～18:00（窗口到17:30為止） 費€5、學生€4

◆聖地牙哥號Cap San Diego
MAP p.308-I 營10:00～18:00 費€7、學生€4

◆國際海事博物館Internationales Maritimes Museum MAP p.309-K
● U1 Messberg步行10分 營10:00～18:00 休無休 費€13、學生€9.50

◆易北愛樂廳Elbphilharmonie
MAP p.307-B ● 巴士111路或S3 Landungsbrücken搭 巴士72路 Elbphipharmonie等
營9:00～24:00（Plaza） 費免費
※需抽號碼牌，預約要€2
HP elbphilpharmonie.de

◆Zollmuseum（海關博物館）
MAP p.309-K 營10:00～17:00 休週一 費€2

◆Willkomm-Höft
MAP p.307-A外 ● S1 Wede搭 巴士189路 Elbstrasse下車

終於完工的易北愛樂廳Elbphiharmonie。中央處為觀景區──Plaza

用真的黃金所作成的帆船模型。

在1893年的處女航時曾經遠達香港。

11層樓的國際海事博物館，展示船隻模型約37000件，是世界最大規模。

展示在2樓的孟克及克利的作品。

漢堡美術館／當代美術館 ★★★
Hamburger Kunsthalle/Galerie der Gegenwart

map p.309-D・H

●中央車站步行1分

數量龐大的收藏品從哥德式囊括到現代美術的美術館。其中又以從19世紀到德國表現主義之間的作品及銅版藝術最為豐富。以中世紀的繪畫來說，切勿錯過麥仕特・柏特萊姆畫的『格拉波的祭壇』。

位於北側的當代美術館於1997年開幕，展示著沃荷等60年代以後的現代美術作品。

兩座美術館的地下室是相通的，費用也共通。

＜兩館通用＞營10:00～18:00（假日前一日除外的週四為～21:00） 休週一 費€14、學生€8（週四17:30以降€8、學生€5） ☎428131200

美術工藝博物館 ★★
Museum für Kunst und Gewerbe

map p.309-H

●中央車站步行2分

展示從古代到現代的雕刻、陶瓷器、傢俱等工藝品，豐富的館藏傲視群倫。也會舉行演奏會或在日本茶室舉辦茶會等等，還會利用影音設備介紹作品及製作過程。

營10:00～18:00（週四為～21:00） 休5/1、12/24及31 費€12（週四17:00以後€8）、學生€8（可用漢堡卡） ☎428134880

與青年風格有關的展示堪稱舉世聞名。

漢堡的區域號碼☎040

切勿錯過從1650年代至今的街道模型，巧奪天工。

漢堡歷史博物館 ★★
Museum für Hamburgische Geschichte

map p.308-E

● U3 St.Pauli步行5分

展示著重現昔日街道風情的模型等作品的博物館，有助於了解漢堡的歷史與文化。尤其是航海展示室從帆船到豪華客輪應有盡有，有助於了解港口的發展史。

營10:00～17:00（週六、日為～18:00） 休週二、12/24及31、1/1、5/1 費€9.50、學生€6（可用漢堡卡） ☎428132100

阿爾托納博物館 ★★
Altonaer Museum

map p.307-A

●阿爾托納車站步行5分

阿爾托納過去曾經是漢堡郊外的港都，博物館以各式各樣的型態重現過去身為漁港的那一面，跟身為貿易港口的漢堡港有些不同。除了街道及船隻的模型之外，還展示著漁夫的工具及民宅、19世紀末前後的商店等等，饒富趣味。數量龐大的船頭收藏品、描繪著18～19世紀村落的繪畫等展示品也十分充實。

以餐廳的型態重現了用茅草蓋的居酒屋。

營10:00～17:00（週六、日為～18:00） 休週一、5/1、12/24及31、1/1 費€8.50、學生€5（可用漢堡卡） ☎4281350

布拉姆斯紀念館 ★★
Johannes-Brahms-Museum

map p.308-E

● U3 St.Pauli步行7分

展示出生於漢堡的作曲家布拉姆斯所使用過的桌子及鋼琴等相關資料的博物館。其故居已於空襲中消失，只留下紀念碑。

營10:00～17:00 休週一、12/24～25及31、1/1 費€5、學生€3 ☎41913086

紀念館的所在地彼得街重現了18世紀的街景。

耶尼氏花園 ★★
Jenisch-Park

map p.307-A外

● S1、11 Klein Flottbek步行10分

位於漢堡屈指可數的高級住宅區內的一角，站在俯瞰著易北河的山丘上，由許多的樹木和一整片的草地交織而已，是個綠意盎然的環境。

公園內的耶尼氏故居是建於18世紀前後的白堊貴族豪宅，館內對外開放，透過傢俱和生活用品，可以一窺當時貴族的生活方式。而在**巴拉赫故居**裡則展示著當地作家恩斯特．巴拉赫的雕刻、版畫及素描等作品，總數超過100件。視障者也可以透過直接觸摸作品的方式鑑賞。

參觀耶尼氏故居的時候需換上拖鞋。

［耶尼氏故居］營11:00～18:00　休週二、12/24及31、1/1　費€5.50、學生€3.70（可用漢堡卡）／［巴拉赫故居］　營11:00～18:00　休週一（逢假日則開館）　費€7、學生€5

Check-Check! 漢堡的娛樂活動

漢堡是布拉姆斯出生、也是披頭四出道的地方，放眼歐洲，也算是數一數二的娛樂之都。古典音樂當然不用說，還充滿了各式各樣的休閒娛樂，例如歌劇、芭蕾舞、音樂劇、現場演唱等等。每年8月底~6月底都會在創立於1678年的**漢堡國家歌劇院**（MAP p.308-B）裡舉行歌劇或芭蕾舞的公演。歌劇每一季都會發表新作品。由天才編舞家約翰．紐麥爾所率領的漢堡芭蕾舞團也非常有名。音樂廳則有100年以上歷史的萊伊斯音樂廳（MAP p.308-A），以及2017年完成後成為北德廣播交響樂團根據地的易北愛樂廳（p.313）。

漢堡也是歐洲第一個表演音樂劇的地方。在**港內劇場**（MAP p.307-A）可以看到『獅子王』的表演、在**漢堡歌劇院**（MAP p.307-A）可以欣賞到『修女也瘋狂 Sister Act』、而在**新弗洛拉劇院**（MAP p.307-A）則會演出『太陽馬戲團（paramour）』等等。

如果不是劇迷，想欣賞輕鬆的娛樂表演，特別推薦週日上午在**鮮魚市集**（MAP p.307-A）的現場演唱會（p.313），由當地的樂團表演令人懷念的搖滾音樂，十分熱鬧。

終於完成的易北愛樂廳，提供世界最頂級的音響空間。建築物本身也值得玩味，推薦可以來欣賞外觀

約翰．紐麥爾的『天鵝湖』。

從早上就開始跳舞的鮮魚市集。

倉庫街是超有名的遊樂設施！

倉庫街上有幾個熱門的遊樂設施。**漢堡中世紀酷刑博物館**是個非常特別的設施，以鬼屋的方式來介紹漢堡走過大火及維京人來襲的黑暗歷史。雖然隔著語言的問題，但還是可以逛得很開心。另外，在同一棟建築物裡的**袖珍世界博物館**，則有世界最大的鐵道模型，面積約3500平方公尺，光軌道就有9公里！規模大到令人嘆為觀止，而且還在增加中。精巧的構造和日夜交替，每隔15分鐘就有一次的表演等等，即使對鐵道模型沒有興趣的大人，也能夠大大的滿足！

●漢堡中世紀酷刑博物館Hamburg Dungeon
MAP p.308-J U3 Baurmwall步行８分
住Kehrwieder2　營10:00～17:00，入館至閉館前1小時為止
休12/24　費€25.50 ※網路購票打七折
●袖珍世界博物館Miniatur Wunderland
MAP p.308-J　營9:30～18:00（週二為～21:00；週五為～19:00；週六為8:00～21:00；週日、假日為8:30～20:00）　休無休
費€15、兒童€7.50　HP www.miniatur-wunderland.de
◆娛樂活動相關
●國家歌劇院　HP www.hamburgische-staatsoper.de
●漢堡芭蕾舞團　HP www.hamburgballett.de
●易北愛樂廳　HP www.elbphilharmonie.de/en/how-to-book ※預約購票的說明頁面
●音樂劇相關　HP www.stage-entertainment.de

聽說光是鐵軌就有9公里。

漢堡的餐廳、商店、飯店

如果要買東西的話，名牌精品店集中在從市政廳到鵝市一帶，十分便利。舊城區和港口周邊則有許多當地美食的餐廳。而夜生活要在聖波利度過。中央車站附近和阿爾斯特湖畔則是飯店集中的地方。

Jil Sander

德國頂尖設計師的中心

簡單、新穎兼具機能性，材質和款式都獲得很高的評價。發源自這座城市，亦即旗艦店。

map p.317
●市政廳步行3分
■地址　Neuer Wall 43
■TEL　3741290
■營業　10:00～19:00（週六～18:00）
■公休　週日
■信用卡　VISA、MC、AMEX、DC、JCB

NIVEA Haus

體驗型的新形式店家

NIVEA的化妝品相關商品很豐富，讓人訝異。這是一家可使用該店產品體驗護膚的新風格店家。化妝、按摩、腳部護理等均可輕鬆體驗（建議事先預約）。還附設咖啡館。

map p.317
●S1、2、3 U1 Jungfernstieg步行5分
■地址　Jungfernstieg 51
■TEL　82224740
■營業　10:00～20:00
■公休　週日
■信用卡　VISA、MC
HP www.nivea.de/nivea-haus/nivea-haus

Europa Passage

市內最新、最大的購物中心

地下1樓、地上4樓，一共有120家店左右，投入了4億3千萬歐元的巨大購物中心。有很多平民化的店鋪，可以毫無負擔地走進去。也有自助式的簡餐店。

map p.309-G
●市政廳步行3分
■地址　Ballindamm 40
■TEL　30092640
■營業　10:00～20:00、餐廳10:00～23:00（週六為8:00～、週日為～20:00）
■公休　商店週日休，商店街本身為深夜1:00～5:00關閉
HP www.europa-passage.de
※營業時間、公休日視店鋪而異

Manufactum Warenhaus

希望能將古老年代的手工藝精神流傳後世，販售品質優良的小道具和雜貨的復刻版等商品。

map p.309-K　●U1 Messberg步行2分
■地址　Fischertwiete 2（im Chilehaus）
■TEL　30087743　■營業　10:00～19:00
■公休　週日　■信用卡 VISA、MC
HP www.manufactum.de

Oschätzchen

有來自世界各地的高級食材、高品質＆設計性的餐具雜貨，以及最適合買來送人的巧克力等商品。

map p.317　●S1～3、U1、2 Jungfernstieg步行1分　■地址　Jungfernstieg 16-20（Alsterhaus內4G）
■TEL　34107790　■營業　10:00～20:00
■公休　週日　■信用卡　VISA、MC、AMEX
HP www.oschaetzchen.com

Fischereihafen-Restaurant

要吃海鮮美食，本店的味道與人氣皆是市內No.1

雖然有許多以觀光客為主的海鮮美食名店，但若從口味及人氣來選，就選這家。面向易北河的景觀也很出色，還設有酒吧，能在這裡享受夜晚的氛圍。

map p.307-A
● S1、2、3 Hamburg Königstr.步行約10分
■地址　Grosse Elbstr. 143
■TEL　381816
■營業　11:30～22:00（週五、六為～22:30）
■公休　無休
■信用卡　ISA、MC、AMEX
HP fischereihafenrestaurant.de

Oberhafenkantine

離港口很近，場所較為不便但味道很棒

一家1920年代建築物的小店，原本是港灣工人的食堂。不知為何房子有些許的傾斜，亦是焦點所在。漢堡和德國肉丸子的價格稍貴，但風味佳。

map p.309-L
● U1 Steinstrasse步行10分
■地址　Stockmeyerstrasse 39（鐵道橋下）
■TEL　32809984
■營業　12:00～22:00（週二為17:00～、週日為～17:30）
■公休　無休
■信用卡　不可
HP www.oberhafenkantine-hamburg.de

鵝市附近的購物商店街

漢堡出了許多傑出的設計師，例如Jil Sander、JOOP、拉格菲爾等人。無論是店的種類及其內容、原創品牌等等，要享受逛街血拼之樂的話，漢堡無疑是德國第一。即使放眼整個歐洲，漢堡的地位也僅次於巴黎、米蘭、倫敦而已。

Louis Vuitton等高級名牌店並排。

其中又以阿爾斯特運河北側的諾伊瓦爾街Neuer Wall為中心的地區聚集了最多的名牌精品店。除了時尚風格的LV、愛馬仕、Gucci等品牌之外，還有實用風格的萬寶龍和勞力士等品牌，範圍極廣，但觀光客和其他都市相比偏少，反而較容易買到稀有的款式。

另外，在這個周邊的購物區總計有26處，光購物商店街就有13處，為歐洲最大規模。尤其是在已經與街景渾然合為一體的購物商店街內，只是隨意閒逛就很有樂趣。有以厚重紅磚搭建、充滿懷舊風情的Hanse-Viertel，個性風精品店居多的Galleria，走沉穩、成熟大人風路線的Hamburger

Hanse-Viertel的玻璃帷幕十分明亮。

鵝市購物街，現代感十足又很大眾化。

Hof等，每一條購物街都很有特色。較特殊的店如販售Louis Vuitton骨董品的Otten von Emmerich就位於Galleria內，德國最大的Sanrio店設於鵝市購物街Gänsemarkt Passage內，Henckels則在出了同一條購物街後的北側。

●Otten von Emmerich　住Galleria Passage Grosse Bleichen 21　營10:00～19:00（週六為～18:00）　休週日　HP www.ottenvonemmerich.de
●Sanrio　住Gänsemarkt passage　營10:00～20:00　休週日　☎35019833

Deichgraf

在1769年的火災中唯一倖免於難的建築物內，是一家海鮮餐廳

達西街上的運河沿岸留有最完整的舊城區風情。店內以骨董的傢俱和船具裝飾，充滿了港都的情趣。週末或窗邊的位置要事先預訂。

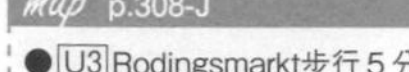

map p.308-J
● U3 Rodingsmarkt步行５分
■地址　Deichstrasse 23
■TEL　364208　■FAX　364268
■營業　12:00～15:00、17:30～22:00（週六17:00～22:00）
■公休　週日、一
■信用卡　VISA、MC、AMEX、DC
HP www.deichgraf-hamburg.de

Old Commercial Room

創業於1795年，傳承著漢堡傳統風味的餐廳

座落於聖米歇爾大教堂對面的餐廳。店內將船具用在室內設計上，很有港都風格。招牌菜牛肉馬鈴薯泥為€16.90。

map p.308-I
● S1、2、3 U3 Landungs-brücken步行10分
■地址　Englische Planke 10
■TEL　366319
■FAX　366814
■營業　12:00～23:00
■公休　無休
■信用卡　VISA、MC、AMEX、DC、JCB
HP www.oldcommercialroom.de

Gröninger

自家釀造的啤酒被譽為是市內最好喝的

磚牆打造的店內陳列著釀造用的巨大啤酒槽，可以品嘗到剛釀好的啤酒。餐點採便宜的自助式。「Brauhaus Hanseat」也是同一個老闆開的。

map p.309-K
● U1 Messberg步行７分
■地址　Willy-Brandt-Str.47
■TEL　570105100
■營業　11:00～深夜（週六、祝日17:00～、週日15:00～22:00）
■公休　無休
■信用卡　VISA、MC
HP www.groeninger-hamburg.de

Schönes Leben

HafenCity的新型態，咖啡廳＆商店＆餐廳三者合一

位於正在建設大型博物館等設施的HafenCity。可能因為有許多觀光客的關係，所以也設有商店。作為咖啡廳的氣氛也很好。早餐時段有自助餐。

map p.309-K
● U1 Messberg步行10分
■地址　Alter Wandrahm 15
■TEL　180482680
■營業　11:00～23:30（週六、週日10:00～）
■公休　無休
■信用卡　VISA、MC
HP www.schoenes-leben.com

Oma's Apotheke

店名不知為何是「奶奶的藥局」，居酒屋感的餐廳很受歡迎

這裡過去並非藥局，店名可能是在100年前左右，奶奶製作的美食是會讓人恢復精神的佳餚而來之類的。現在提供的是一般的菜單。內部裝潢稍微帶點藥局風格，十分獨特。

map p.307-A
● S3、21；U3 Sternschanze步行２分
■地址　Schanzenstrasse 87
■TEL　436620
■營業　9:00～翌1:00（週五、六為～翌2:00）
■公休　無休
■信用卡　不可
HP www.omas-apotheke.com

Schanz-Elysée

堡壘區（p.319）的親民餐酒館。各種吐司很受歡迎。還會播映足球比賽。

map p.307-A　● S11、21、31 Sternschanze步行約８分　■地址　Schanzenstr.３　■TEL　436424　■營業　11:00～23:00（週五為～翌1:00、週六12:00～24:00、週日15:00～）　■公休　無休　■信用卡　不可　HP schanz-elysee.de

Ratsherrn Schanzenhoefe

餐廳、釀造工廠等的複合設施。商店裡總是備有來自各國350種以上的手工精釀啤酒。

map p.307-A　● S21、31 Sternschanze步行２分　■地址　Lagerstrasse 28b　■TEL　800077750　■營業　12:00～翌1:00（週五、六為～翌2:00；週日10:00～、※供餐為～22:00左右）　■公休　無休（商店週日休）　■信用卡　VISA、MC、AMEX　HP www.schanzenhoefe.com

●～€15　●●€15～25　●●●€25～50　●●●●€50～

Check-Check! 漢堡的咖啡廳

從市政廳到鵝市的這一整個購物區裡有許多時髦的咖啡廳。Godiva是比利時最有名的巧克力直營店，從這裡的露天座位（只有夏天）可以遠眺到位於運河對岸的市政廳，推薦附有巧克力的飲料組合。位於阿爾斯特湖涼亭內的Alex也是家正對著內阿爾斯特湖的咖啡廳，視野非常好，很適合休息。

建議可到堡壘區探險

從S-Bahn的堡壘區Sternschanze車站下車往西走，被堡壘區大街Schanzenstr.和肩胛骨街Schulterblatt圍起來的那個區域就是堡壘區（p.310），有許多的雜貨店和酒吧等集中在此，充滿了非主流的氛圍。特別推薦麻雀雖小，但是卻十分時髦的法國小餐館La Famille，可麗餅和庫克先生三明治都很好吃，飲料則推薦漢堡當地的可樂fritz。

La Famille。彷彿是電影裡的場景。

◆Godiva MAP p.317
住 Alsterarkaden12
☎343709 營10:00～19:00
休 週日
◆ALEX MAP p.317
住 Jungfernstieg54 ☎3501870
營8:00～翌1:00（週五、六為～翌2:00、週日9:00～） 休 無休
◆La Famille MAP p.307-A
住 Schulterblatt 62 ☎435384
營12:00～23:30（週五六、假日為～24:30、週日～22:30） 休 無休

fritz是當地產的可樂。

Hindukusch

罕見的阿富汗菜。也因為是學生街所以價格實惠。像肉包感覺的MANTI €12.50等值得一嘗。

map p.007-B
● S21、S31 Dammtor步行10分
■地址 Grindelhof 15 ■TEL 418164
■營業 12:00～24:00 ■公休 無休 ■信用卡 不可
HP www.hindukushi-hamburg.jimdo.com

Daruma

住在漢堡的日本人的集會場所，烤雞肉、鍋貼、麵類、小菜、下酒菜等皆為€10～45左右。

map p.309-L
● U1 Steinstrasse步行7分
■地址 Stadtdeich 1 ■TEL 326632
■營業 18:00～23:00 ■公休 週日
■信用卡 VISA、MC HP daruma.foodpearl.com

Hotel Residenz Hafen Hamburg/Hotel Hafen Hamburg

★★★

面向港口的羅曼蒂克飯店

建於易北河的山丘上，正如其名、可居高臨下俯瞰漢堡港。兩棟飯店鄰接，餐廳與酒吧等9樣設施均可互用。

map p.307-B
● U1～3、U3 Landungsbrücken步行5分
■地址 Seewarten Str. 9
■TEL 311130 ■FAX 3111370601
■費用 S,T-€80～、浮動制（早餐€20）
■房間數 共125間；Hafen 230間
■信用卡 VISA、MC、AMEX、DC、JCB
HP www.hotel-hafen-hamburg.de

Fairmont Hotel Vier Jahreszeiten Hamburg

★★★★

漢堡最具有代表性的飯店

在1997年迎接了創立100週年的紀念，位於內阿爾斯特湖畔的超高級飯店。從服務到設施為止，全都是超高規格，讓人沉醉在低調奢華的氣氛裡。

map p.309-C
●市政廳步行6分
■地址 Neuer Jungfernstieg 9-14
■TEL 34940
■FAX 34942600
■費用 S-€250～、T-€285～、浮動制（早餐€39～）
■房間數 共156間
■信用卡 VISA、MC、AMEX、DC、JCB
HP www.fairmont.com/vier-jahreszeiten-hamburg

Louis C. Jacob

★★★★

景色和氣氛都是一流的

創業於1791年的老字號飯店，目前整修過重新開幕。位於市區西郊的高級住宅區布蘭肯內澤，正對著易北河而建，是一家充滿了私密感覺的高級飯店。

map p.307-A外
● S1、11 Blankenese搭巴士36路，Sieberling Str.下車步行1分
■地址 Elbchaussee401-403
■TEL 82255405 ■FAX 82255444
■費用 S-€185～、T-€225～（早餐€35）
■房間數 共85間
■信用卡 VISA、MC、AMEX、DC、JCB
HP www.hotel-jacob.de

Check-Check! 大都會的一隅，仍留有古老美好時代的風貌

說到漢堡，是在德國數一數二的大都會，也是年輕人最想居住的夢想之城。在這樣子的國際都市一隅，靜靜地藏著留有古早風情的角落——舊商工會社福住宅。17世紀時這裡本是為了商工會遺族而建的福祉住宅，現在這裡保留著原來的木造建築，變成了兩側林立著伴手禮店的觀光聖地。而當時為了未亡人而造的房間模樣保存在小型的博物館內，不妨前往一探。此外，小巷裡有餐廳，可在此品嘗到鄉土佳餚與鮮魚美食。入口不太好找，請多留意。

與世隔絕、恍如另一個世界的角落，是漢堡市內最古老的建築之一

骨董風格的伴手禮店。其他還有咖啡廳及雜貨風格的商店

博物館內只有幾間房間，卻能讓人追憶起當時清冷的生活

Data

MAP p.308-J

◆舊商工會社福住宅 Krameramtswohnungen ●U3 Rödingsmarkt步行８分 住Krayenkamp 10 ■博物館 營10:00～17:00（11～3月的週六、日為18:00） 休週二、11～3月的平日 費€2.50、學生€1.70 ■餐廳 Krameramtsstuben 營12:00～24:00（供餐為～22:00） 休無休 ☎365800

★★★★ East Hotel

以帶有暖意的曲線勾勒出有機的設計輪廓，服務周到及設計是吸引人的要素之一。餐廳的亞洲美食也很受歡迎。

map p.307-A ●U3 St.Pauli步行７分 ■地址 Simon von Utrecht Str.31 ■TEL 309930 ■FAX 30993200 ■費用 S,T-€110～、浮動制 ■房間數 共127間 ■信用卡 VISA、MC、AMEX HP www.east-hamburg.de

★★★★ The Side Hotel

2018年翻新的時尚設計酒店，深受商務人士的歡迎。有一家複合式餐廳和酒吧。

map p.308-B ●U2 Gänsemarkt步行５分 ■地址 Drehbahn 49 ■TEL 309990 ■FAX 30999399 ■費用 S、T-€145～ ■房間數 共178間 ■信用卡 VISA、MC、AMEX、DC、JCB HP www.side-hamburg.de

★★ Baseler Hof

位在阿爾斯特湖的附近，無論是費用、氣氛、地理位置都很合理的中級飯店。

map p.309-C ●U1 Stephansplatz步行３分 ■地址 Esplanade 11 ■TEL 359060 ■FAX 35906918 ■費用 S-€81～、T-€121～ ■房間數 共167間 ■信用卡 VISA、MC、AMEX、DC、JCB HP www.baselerhof.de

★★★★ 25h Hotel HafenCity

以水手之家為概念打造的設計飯店。優點為擁有爽朗友善的待客態度，實用好住且風格休閒。

map p.307-B ●U4 Überseequartier步行５分 ■地址 Überseeallee 5 ■TEL 257777255 ■費用 S-€155～、T-€165～（浮動制，有早鳥預約折扣） ■房間數 共170間 ■信用卡 VISA、MC、AMEX、DC、JCB HP www.25hours-hotels.com/en/hotels/hamburg/hafencity

★★★ Aussen Alster

靠近阿爾斯特湖畔，是家時髦的小型飯店。中庭的創意美食餐廳也頗受好評。

map p.307-B ●U1 Lohmühlenstrasse步行５分 ■地址 Schmilinsky Str.11 ■TEL 284078570 ■FAX 284078577 ■費用 S-€110～150、T-€145～195 ■房間數 共27間 ■信用卡 VISA、MC、AMEX、DC、JCB

★★★★ Kempinski Hotel Atlantic Hamburg

於1909年創業，座落在阿爾斯特湖畔，常被各國的大人物使用，是家白牆的高級飯店。

map p.309-D ●中央車站步行５分 ■地址 An der Alster 72-79 ■TEL 28880 ■FAX 247129 ■費用 S-€169～、T-€199～（早餐€35）（週末有折扣） ■房間數 共252間 ■信用卡 VISA、MC、AMEX、DC、JCB

Hotel Alameda ★★ map p.308-B
●S1等 Altona步行７分 ■地址 Kleine Rainstr.24-26 ☎39919191 費S-€50～、多人房-€24～

Relaxa Hotel Bellevue ★★★ map p.307-B
●U1 Lohmühlenstr.步行７分 ■地址 An Der Alster 14 ☎284440 FAX 28444222 費S-€67～、T-€91～、浮動制

Hotel Lilienhof ★ map p.309-D
●中央車站步行３分 ■地址 Ernst-Merck-Str.4 ☎241087 FAX 2801815 費S-€35～、多人房-€45～

City Partner Hotel Fürst Bismarck ★★ map p.309-H
●中央車站步行１分 ■地址 Kirchenallee 49 ☎790251640 FAX 790251645 費S-€72～、T-€95～（早餐€14）

Schanzenstern Altona ★ map p.307-A
●S1、2等 Altona步行７分 ■地址 Kleine Rainstr.24-26 ☎39919191 費S-€50～、多人房-€24～

Instant Sleep ★ map p.307-A
●U3 Sternschanze步行８分 ■地址 Max. Brauer. Allee 277 ☎43180180 FAX 43180801 費多人房-€12～

漢堡的區域號碼☎040

★經濟型 ★★休閒型 ★★★標準型 ★★★★豪華型

LÜBECK 呂北克

p.10-B ■人口＝21.7萬人 ■都市規模＝步行需２天

素有「漢撒同盟女王」的美譽，被指定為世界文化遺產的美麗街道。

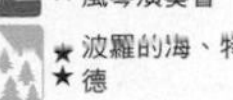
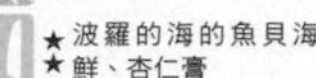

- ★★ 被指定為聯合國教科文組織世界文化遺產的街道
- ★★ 聖母瑪麗亞教堂、大教堂、凱瑟琳教堂等等
- ★★ 豪斯登門、布登布魯克之家等等
- ★★ 聖母瑪麗亞教堂的管風琴演奏會
- ★ 羅茨朋紅酒
- ★★ 波羅的海、特拉沃孟德
- ★★ 托馬斯．曼
- ★★ 波羅的海的魚貝海鮮、杏仁膏

Access

●火車：漢堡→RE（約40分）→呂北克［1小時1～2班／€14.50～］

Information

❶遊客服務中心：Lübeck Tourist Board MAP p.322 <豪斯登門旁Welcome Center> 住Holstentorplatz 1 營9:00～19:00（週六10:00～16:00；週日、假日10:00～15:00）；1～3月及9月～10月的平日為～18:00；11月的平日為～17:00（9～11月的週六10:00～15:00）；12月則是降臨期1週為止和夏季相同規則 休1～3月及11月的週日（12月除外）、12/24～25、1/1 ☎8899700 HP www.luebeck-tourismus.de

●快樂日卡：可自由搭乘呂北克的市內交通工具，以及往特拉沃孟德的巴士、DB，市內博物館、市內及運河等的遊覽行程有優惠。24小時票€12、48小時票€14、72小時票€17，可在❶或飯店購買。

●青年旅館：MAP p.322 住Mengstr.33 ☎7020399／MAP p.322外 住Am Gertrudenkirchhof 4 ☎33433

Route Advice

豪斯登門→聖佩特利大教堂→市政廳→聖母瑪麗亞教堂→布登布魯克之家→凱瑟琳教堂→聖安娜博物館→大教堂〔全程１小時30分〕

城市概要 只要爬上將市內一覽無遺的聖佩特利大教堂，就等於抓到了重點

呂北克的舊城區是夾在特拉沃河與特拉沃運河之間的沙洲小島，南北約2公里，東西約1公里左右，市集廣場為其中心。市內的主要街道是市政廳前縱貫南北的布萊特街與向東延伸的國王大街。從中央車站要到**市集廣場**，必須先往東走，穿過菩提樹廣場和豪斯登門，步行約10分。從站前也有開往舊城區內的巴士，但這是個很適合散步的城市，所以幾乎沒有用武之地。

聖母瑪麗亞教堂是在13～14世紀時由市民合力打造的。

從舊城區的外側越過河面看到的風景非常美。

玩樂重點 觀光景點都集中在舊城區 值得花點時間慢慢地參觀

舊城區的面積並不大，以市政廳為首，教堂及博物館等各式各樣的觀光景點多半都集中在這裡。光是在p.324將會介紹到的餐廳裡用餐，就可以欣賞到其歷史悠久的建築物本身，總之，值得一看的東西非常多。像是**聖佩特利大教堂**以西的Gr.Petersgrube Str.街道本身就美不勝收。如果只有參觀重點，其實走個半天就可

舊城區的北側入口為照片右邊的城塔。

聖佩特利大教堂9:00～20:00（1～2月10:00～18:00、10～12月10:00～19:00） 費€4

以逛完一圈，但那實在是太可惜了。最好待上個2天左右，從食物到大街小巷，好好地了解這位「**漢撒的女王**」。

豪斯登門（歷史博物館） ★★★
Holstentor (Museum)

map p.322

●市集廣場步行5分

這座城門是呂北克的象徵，擁有2座優雅的塔。建於1464～78年，是由石頭構成的堅固城門，目前內部改建為市立**歷史博物館**。林立於門前南側的倉庫群在中世紀被稱為「白金」，建造於1579～1745年，用來貯藏為呂北克帶來繁榮的呂內堡所產的鹽。

營10:00～18:00（1～3月為11:00～17:00）
休1～3月的週一、1/1、12/24～25及31
費€7、學生€3.50 ☎1224129

展示以前市場的模型和波羅的海的交易資料。

從外觀可以看出豪斯登門是被自己的重量壓至傾斜的。

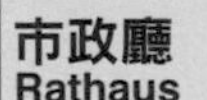

市政廳 ★★★
Rathaus

map p.322

●市集廣場前

呂北克曾經是漢撒都市同盟的盟主，君臨整個波羅的海，而市政廳就是財富與權力的象徵，黑瓦建築與綠色尖塔相當知名。於1226年開始建造，於16世紀時改建成文藝復興的風格，而開了2個大風洞的北側牆壁從13世紀保存至今，是市政廳最古老的部分。內部也有謁見廳Audienzsaal等許多值得一看的地方。在市政廳北部的聖母瑪麗亞教堂裡，有著世界上最大的管風琴，同時也還保留著被空襲破壞的鐘。

圖導覽行程／11:00、12:00、15:00(週六13:30) 費€4

呂北克的區域號碼☎0451

名物 Pick up 羅茨朋紅酒與杏仁膏

德北城市呂北克的特產是一種叫作羅茨朋紅酒的紅葡萄酒。當然，這附近並沒有種植葡萄，追根究底，這款葡萄酒原本是法國產的紅酒。然而，這裡的氣候非常適合葡萄酒的熟成，因此大受好評，被譽為比法國生產的還好喝。另外，大家可能不知道用杏仁粉做成的杏仁膏（Marzipan）是誕生於呂北克的點心嗎？在市政廳對面的老店Niederegger等地可以買到。

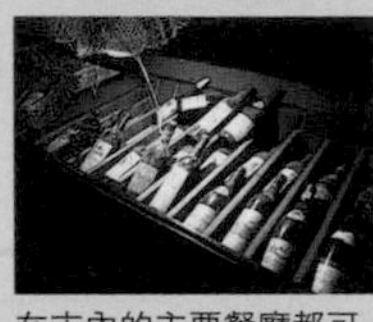
在市內的主要餐廳都可以喝到羅茨朋紅酒。

也有在賣羅茨朋紅酒的霜淇淋。

市政廳靠近布萊特街的那一側有著文藝復興風格的美麗階梯。

布登布魯克之家（曼兄弟紀念館）★★★
Buddenbrookhaus (Heinrich und Thomas Mann-Zentrum)

map p.322

●市集廣場步行1分

諾貝爾文學獎作家托馬斯．曼以《魔山》等作品廣為人知。雖然國內比較少介紹到他的作品，但是其兄長海因里希也留下了許多的文學作品。這對曼兄弟就是在呂北克出生長大的，布登布魯克之家是近代成了富商的曼家族豪宅，《布登布魯克家族》便是以這棟房子為舞台，描寫家族的盛衰。現在改建成曼兄弟紀念館，展示著其生平與作品。

營10:00～18:00（1～3月為11:00～17:00）
休1月～2月中旬的週一　費€7、學生€3.50
☎1224190　HP www.buddenbrookhaus.de

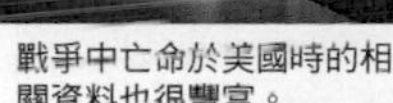

戰爭中亡命於美國時的相關資料也很豐富。

位於聖母瑪麗亞教堂以北，建築為白色的文藝復興風格。

舊修道院大廳的拱門十分美麗。

博物館巡禮 ★★★
Museums

map p.322

●市集廣場步行3～10分

呂北克有許多利用城門或教堂、從前的貴族府邸等改建成的博物館。位於城門西側的**城堡修道院**（營10:00～18:00 休12/24　費€12.50、學生€11）在2015以漢撒美術館之名開幕。而在19世紀由葡萄酒商人興建的宮殿風博物館**貝恩／德勒格博物館**（營10:00～17:00〈1～3月11:00～〉　休週一、1/1、12/24～25及31）裡則可以欣賞到孟克等人的繪畫。**凱瑟琳教堂**（營12:00～16:00〈週六11:30～〉　休週三、10～2月　費€2）為宗教藝術的博物館，在2018年完成整修。聖佩特利大教堂以西有**玩偶博物館**（營10:00～18:00〈11～3月～17:00〉※該劇院於2019年初完成整修重新開放）和**玩偶劇劇場**。舊城區南部的**聖安娜博物館**（營10:00～17:00〈1～3月11:00～〉　休週一　費€12、學生€10）於近年重新翻修，也附設美術廳。美術廳除了中世紀的宗教祭壇、當地畫展外，也會有現代美術的特展。

郊外的主要景點

波羅的海的休閒度假村 特拉沃孟德 Travemünde

呂北克過去曾經是大型貿易都市，其外港特拉沃孟德（MAP p.304-A）是波羅的海的休閒度假村，也是德國北部的門戶，航向北歐的渡輪和波羅的海的觀光船皆以此地為據點。從呂北克市內搭火車約20分，或者是搭30、40號的雙層巴士約40分，也有行駛於特拉沃河上的船隻，需時1小時30分左右。

因夏天的眾多海水浴遊客而人聲鼎沸

波羅的海沿岸有一片長達2.5公里的美麗沙灘，市內也有許多鎖定前來度假遊客的海鮮餐廳。搭乘渡輪到對岸，還可以看到擁有4根桅桿的小型帆船「Passat」號。

■特拉沃孟德　ℹ：＜Strand車站內＞住Bertlingstr. 21
☎8899700　營9:30～18:00（6～8月的週六、日為10:00～16:00。復活節～5月、9～10月的週六10:00～15:00，同期間的週六、假日11:00～）　休11月～復活節為止的週六、日；12/24～25、1/1

夏天可以上船參觀。

Historischer Weinkeller

聖靈養老院內的3間餐廳，可以比較菜色和價錢

位在建造於13世紀的養老院地下室，其他還有Hospiz Schoppen Weinstube和專賣馬鈴薯大餐的Kartoffel Keller。

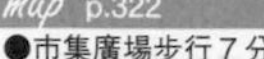

map p.322
●市集廣場步行７分
■地址 Koberg 6-8
■TEL 76234
■FAX 75344
■營業 11:30～23:00（週五、六為～23:30、週日為～22:00，LO為21:30）
■公休 無休
■信用卡 VISA、MC、DC
HP www.kartoffel-keller.de

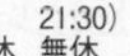

Haus der Schiffergesellschaft

直接把建於1535年的海員工會之家改建成餐廳

從中世紀傳承至今的傢俱和用甲板做成的桌子上，裝飾著帆船的模型和船具，店內充滿了大海的氣息。餐點是以當時的船員和市民的食物及魚大餐為中心。

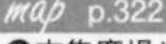

map p.322
●市集廣場步行５分
■地址 Breite Str. 2
■TEL 76776
■FAX 73279
■營業 10:00～24:00（供餐為11:30～22:00）
■公休 無休
■信用卡 MC、VISA
HP www.schiffergesellschaft.de

Ristorante Roberto Rossi im Schabbelhaus

利用在波羅的海交易而發了大財的富商行館改建而成的餐廳

使用了雄偉的豪宅客廳與中庭，當時的傢俱也原封不動地留在餐廳裡繼續使用。餐點是道地的義大利菜，義大利麵和新鮮的海鮮美食大獲好評。

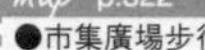

map p.322
●市集廣場步行３分
■地址 Mengstr.48-52
■TEL 72011
■FAX 75051
■營業 12:00～14:30、18:00～23:00
■公休 週日、一
■信用卡 VISA、MC、AMEX、DC
HP www.schabbelhaus.de

★★★★ Radisson Blu Senator Hotel

呂北克的高級旅館

飯店正對著豪斯登門北側的特拉沃河。客房十分寬敞，游泳池等設備也十分完善。跨越河川可以看見市集教堂和舊城區，明亮的咖啡廳很受歡迎。

map p.322
●市集廣場步行５分
■地址 Willy-Brandt-Allee 6
■TEL 1420
■FAX 1422222
■費用 S、T-€133～（早餐另計€20）、浮動制
■房間數 共224間
■信用卡 VISA、MC、AMEX、DC、JCB
HP www.senatorhotel.de

★★ Ringhotel Jensen

座落於舊城區的一角，隔著特拉沃河與鹽倉庫遙遙相望。附設有海鮮餐廳。

map p.322 ●市集廣場步行５分
■地址 An der Obertrave 4-5 ■TEL 702490 ■FAX 73386
■費用 S-€65～、T-€93～ ■房間數 共42間
■信用卡 VISA、MC、DC、AMEX、JCB
HP www.hotel-jensen.de

★★ Baltic hotel Lübeck

雖是離中央車站很近的商務用途，但前往舊市街觀光也很方便。請留意櫃台受理時間。

map p.322 ●中央車站步行約５分
■地址 Hansestr.11 ■TEL 85575 ※無法於6:30～22:00辦理住房時，一定要事先聯絡
■費用 S-40～、T-€80～ ■房間數 共20間
■信用卡 VISA、MC HP baltic-hotel.de

★★ Hotel Excelsior

在中央車站附近的中級飯店，雖然不是很豪華，優雅的氣氛令人感覺放鬆。

map p.322 ●市集廣場步行10分
■地址 Hansestr. 3 ■TEL 88090 ■FAX 880999
■費用 S-€65～、T-€79～ ■房間數 共81間
■信用卡 VISA、MC、DC、AMEX、JCB
HP www.hotel-excelsior-luebeck.de

★ Hotel zur Alten Stadtmauer

蓋在舊城區南部的聖安娜博物館附近，白色的外觀令人印象深刻，是一家家庭式的小型飯店。

map p.322 ●市集廣場步行10分
■地址 An der Mauer 57
■TEL 73702 ■FAX 73239
■費用 S-€52～、T-€72.50～ ■房間數 共25間
■信用卡 VISA、MC HP www.hotelstadtmauer.de

●～€15 ●●€15～25 ●●●€25～50 ●●●●€50～
★經濟型 ★★休閒型 ★★★標準型 ★★★★豪華型

LÜNEBURG

呂內堡

p.10-B ■人口＝7.4萬人 ■都市規模＝步行需半天

因為鹽所帶來的財富與光榮，舊城區與博物館讓人緬懷當時的繁華。

★★ 舊城區、市集廣場、河流沿岸的風景

★ 聖約翰尼斯教堂等等

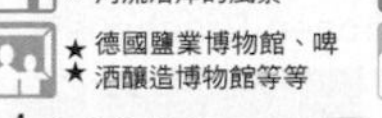
★★ 德國鹽業博物館、啤酒釀造博物館等等

★★★ 呂內堡石楠花草原

Access

●火車：漢堡→ICE、IC、ME、MER（約30～50分）→呂內堡站［1小時3～5班／€8.80～］

Information

❶遊客服務中心：Tourist-Information
MAP p.325 住 Am Markt ☎0800-2205005
FAX 2076644 營9:30～18:00（5～10月及12月的週六為～16:00、週日10:00～16:00。1～4月及11月的週六為～14:00、4月及11月的週日10:00～14:00。復活節前一日、12/24及31為～13:00） 休1～3月的週日、12/25～26、1/1 HP www.lueneburg.info
●青年旅館：MAP p.325外 住 Soltauerstr.133
☎41864 FAX 45747

舊城區的羊腸小徑蜿蜒曲折 攻略的第一步是先拿到地圖

舊城區在直徑600公尺左右的範圍內，逛街的起點是❶所在地的市政廳前的**市集廣場**。從呂內堡東站向西跨過2條河，步行約10分鐘。市集廣場並不是市中心，而是位於比較偏北的位置上。市內的主要觀光景點分散在各個地方，像**海涅之家**就在上述的市集廣場附近，伊爾默瑙河附近有古老的起重機等等、市區東南方的**阿姆桑迪廣場**有**聖約翰尼斯教堂**、市區西南方則有**德國鹽業博物館**。用走的就可以了，但是別忘了先在❶拿一份記載有市內觀光路線的地圖。

河流沿岸依序建有倉庫及水塔、水車等等。

在導遊的帶領下參觀市政廳內部，壁畫十分壯觀。

玩樂重點 參觀完博物館和在街上散步後前往盛開著石楠花的草原觀光

製鹽業在中世紀到近代的這段期間為呂內堡帶來了財富與光榮。工廠本身雖然在1980年關閉了，但是至今仍為這個城市的觀光做出非常大的貢獻。鹽商們的行館見證了呂內堡在最繁榮的時期甚至凌駕過漢堡的事實。豪華的市政廳、聖約翰尼斯教堂及其收藏品也可以說是鹽商們財力的證明。參觀特別的鹽業博物館與舊城區的街道都是在這裡觀光的樂趣之一。

另一個觀光重點為尋訪石楠花盛開綻放的石楠花草原（Heide）。巴士與馬車組成的遊覽行程（請於❶報名）非常方便。市政廳前12:00出發，17:30回到原地，出發期間為8～9月底的週六。所需時間約5小時30分。費用為€41.90。最少20人成行，少於20人則會取消行程。

阿姆桑迪廣場上林立著各種不同風格的建築物。

德國鹽業博物館 ★★
Deutsches Salzmuseum

map p.325

●市集廣場步行10分

利用部分過去的製鹽工廠，網羅各式各樣與呂內堡的「鹽業」有關事跡的博物館。展示中世紀的鹽礦及其製鹽、工具類，以及從當時的街道型態到1980年為止，所使用的現代化製鹽機械及其產品等等。

大型超級市場左手邊的搬運鹽用的貨車就是博物館的入口。

住Sülfmeisterstr. 1
營9:00～17:00
休12/24～26及31、1/1 費€7、學生€6
HP salzmuseum.de

啤酒釀造博物館 ★★
Brauereimuseum

map p.325

●市集廣場步行7分

水質良好的呂內堡在啤酒釀造上也頗負盛名，17世紀就有84個釀造業者之多。這裡是位於從1485年就持續釀造啤酒至今的柯洛聶釀酒廠Kronen-Brauhaus裡的博物館，展示著釀造啤酒的技術與工具。

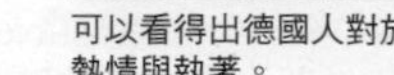
可以看得出德國人對於啤酒的熱情與執著。

住Heiligengeiststr.39-41 營12:00～17:00
休週一 費€3
☎759950

★★★ Hotel Bargenturm

鄰近德國鹽業博物館附近的飯店。外觀和室內設計都走普普藝術風，就像是美術館一樣。

map p.325 ●市集廣場步行7分
■地址 Vor der Sülze 2 ■TEL 7290
■FAX 729499 ■費用 S-€99～、T-€135～
■房間數 共40間 ■信用卡 VISA、MC、DC
HP www.hotel-bargenturm.de

★★★ Hotel Bergström

正對著伊爾默瑙河的高級飯店，位於西站和舊城區中間，地理位置相當便利。

map p.325 ●市集廣場步行6分
■地址 Bei der Lüner Mühle ■TEL 3080
■FAX 308499 ■費用 S-€90～、T-€105～（早餐€19）
■房間數 共125間 ■信用卡 VISA、AMEX、DC、MC、JCB HP www.bergstroem.de

呂內堡的區域號碼☎04131

★經濟型 ★★休閒型 ★★★標準型 ★★★★豪華型

資訊補給站

不只是花開的季節，石楠花草原一年四季都是觀光旺季

開滿一整片紫紅色的石楠花，是石楠花街道最美麗的光景，但這片土地的真正魅力其實是在於體驗農村，所以即便沒有花景的季節仍然樂趣十足。例如茶褐色的原野就如同格林童話『星星的金幣』中的夢幻世界般，可享受獨特氛圍的美麗景色。搭乘馬車走在街上，周圍是飼養著羊、馬的牧場，改建自民宅的咖啡館和餐廳也到處可見，光欣賞這片牧歌般的風景，就讓人心滿意足。若能在此地投宿，搭乘馬車或租輛腳踏車慢慢遊逛是最好的方式。特產可選擇用石楠花製成的花束、布偶、蜂蜜等，羊肉餐也很出名。

馬車的行程分為與人共乘或自己包租等兩種。

MAP p.304-A

●呂內堡中央車站搭Radbus5777路（夏季僅週六日、假日，8:20左右開始1天4班左右，免費）約1小時 ※石楠花草原（Heide）是漢堡和漢諾威之間約1100km²的自然公園，園內有Ring1～4——四班的循環巴士（夏季每天行駛，免費 ※單方向循環），可由Radbus轉乘。推薦的景點有奧柏哈瓦貝克村（Radbus→搭Ring2，Oberhaverbeck下車）、翁德洛村（Radbus→搭Ring3，Undeloh下車）等。
◆相關網頁 HP www.lueneburger-heide.de
◆循環巴士 HP www.naturpark-lueneburger-heide.de
◆翁德洛 HP undeloh.de

Radbus，後方可放置腳踏車。

花季結束之後的石楠花草原也很漂亮。

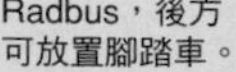
還有花束、綿羊布偶等可愛的商品，蜂蜜糖也很推薦。

CELLE

采勒

p.10-E　■人口＝7萬人　■都市規模＝步行需半天

色彩鮮艷的木造房屋鱗次櫛比，彷彿是從童話書裡跑出來的街道。

★★★ 木造房屋鱗次櫛比的舊城區

★ 鮑曼博物館

★★ 采勒城

★ 索菲亞．桃樂西亞等公爵家的人們、巴哈等等

Access

●火車：漢堡→IC等（1小時7分）→采勒［2小時1班／€33］、漢諾威→IC（18分）或S6、S7、ME（約25～45分）→采勒［1小時3班／€10～］

Information

❶遊客服務中心：Tourismus Region Celle MAP p.327 住Markt 14-16 ☎909080 營9:00～18:00(週六10:00～16:00、週日和聖靈降臨節11:00～14:00)、10～4月為9:00～17:00(週六、12/25～26、1/1為10:00～13:00) 休10～4月的週日 HP www.celle-tourismus.de
●青年旅館：MAP p.327外 住Weg-hausstr.2 ☎53208

城市概要 玩樂重點　被河所包圍的舊城區街道幾乎全是行人徒步區

在阿勒爾河及其支流包圍下的舊城區大約只有300平方公尺。裡頭卻有高達500間以上的木造房屋鱗次櫛比。無論是哪一棟房子都呈現出紅色、綠色、粉紅色等鮮艷的色彩，而且樑柱上還會雕刻著這戶人家的主人所信奉的座右銘等等。德國有很多城市都以其木造房屋的街道為傲，但是在密度與美觀的程度上，采勒絕對是數一數二的城市。從車站沿著Bahnhof Str.往東走就會接到舊城區，走路大約15分鐘左右，也有巴士行駛於其間。市政廳、❶、市立教堂都集中在市中心。舊城區以西是**采勒城**，以南則是一大片法式花園。

左邊是鮑曼博物館。市立教堂的塔為72.5公尺高。

從城堡往東延伸的施特希跑道上的街景。

采勒城（公爵城堡）★★
Herzogschloss

map p.327

●市集廣場步行3分

一開始，這座城堡是蓋在阿勒爾河上游3公里處的老采勒區，在1292年遷移到現在的位置。目前的城堡是在17世紀，於當時身為領主的采勒公爵命令下改建成文藝復興風格的建築物，不久後又改建成巴洛克風格。就在恢復原狀的工程開始後不久就因故中斷，所以現在就一直維持著兩種風格並存的狀態。城堡內還保留著歷代公爵及其夫人們的房間和陶瓷器的收藏品等等，可以在導遊的帶領下參觀。

營10:00～17:00（11～4月為11:00～16:00） 休週一 費€8、學生€5 ☎12373

右邊的塔是文藝復興風格、左邊的塔是巴洛克風格。

舊城區與木造房屋 ★★★
Altstadt und Fachwerk

map p.327

采勒城對面的建築物2樓是**鮑曼博物館**Bomann Museum，包羅萬象地展示著包括農業在內，從手工業、軍事乃至於玩具為止的下薩克森附近的文化。創建於1308年的**市立教堂**Stadtkirche位於其東側，從塔上可以將城堡和市區一覽無遺。博物館和教堂之間的街道為**伽蘭哆小路**Kalandgasse，是采勒的舊城區最古老的街道，而且也是被保存得最為完整的一角。教堂旁邊的施特希跑道Stechbahn底下埋著馬蹄鐵，用來追悼1471年因為落馬而死的奧圖公爵。

❶就在市政廳的對面。

無論走在舊城區的哪裡，到處都是像這樣的房屋。

舊市政廳地下室的餐館已經有600年以上的歷史了，是這個地方最古老的居酒屋。市政廳南側的**霍彭宅邸**Hoppenerhaus建造於1532年，被譽為是采勒最大也最美麗的木造房屋。舊城區以東的Am Heiligen Kreuz 26上的建築物有刻於1526年的字，是市內最古老的木造房屋。

<鮑曼博物館>營11:00～17:00（1/1 13:00～16:00） 休週一、12/24～25及31 費€8 ☎124555<市立教堂塔樓>營11:00～16:00 休週日、一 費€1 ※16:45（週六、日9:45也有）時會有小喇叭演奏讚美歌

霍彭宅邸前有獅子形狀的噴水池。

Tiroler Stub'n

出生於德國南部的廚師和出生於采勒的老闆娘

由出生於德國南、北部的老闆夫婦合力打理，木雕的室內設計營造出賓至如歸的氣氛。如其店名對南德料理相當自豪，最近也傾注心力在住宿業，T-€99。

map p.327
●市集廣場步行6分
■地址 Alten Cellertor str.9
■TEL 6793 ■FAX 909927
■營業 17:30～20:30（週五、六）、11:30～14:30（週日）
■公休 週一～四
■信用卡 VISA、MC、AMEX、DC
HP www.tiroler-stubn.de

Fürstenhof Celle ★★★★

享受王公貴族的生活

將采勒公爵威廉建造於1670年的巴洛克式宮殿改建成飯店，館內裝飾著細緻的雕刻和壁畫，讓人感覺宛如變成了貴族一樣。餐廳是米其林的星級餐廳。

map p.327
●市集廣場步行7分
■地址 Hannoversche Str.55/56
■TEL 2010
■FAX 201120
■費用 S-€110～、T-€140～
■房間數 共73間
■信用卡 VISA、MC、AMEX、DC
HP www.fuerstenhof-celle.com

Hotel Am Hehlentor ★★

位於舊城區北側。由紅磚與古木打造的可愛飯店。客房寬敞，有後庭院，頗具民宅風情。

map p.327
●火車站搭巴士9、12、13路等Celle Schlosspl.下車步行5分 ■地址 Nordwall 62-63 ■TEL 8856900 ■FAX 88569013 ■費用 S-€73～、T-€99～ ■房間數 共16間 ■信用卡 VISA、MC、AMEX HP www.hotel-am-hehlentor.de

Hotel Borchers ★★

位於舊城區中心的❶正後方。以木頭和磚塊建於1572年，是家非常別緻的飯店。

map p.327
●市集廣場步行1分
■地址 Schuhstr.52 ■TEL 911920 ■FAX 9119244 ■費用 S-€75～、T-€90～ ■房間數 共19間 ■信用卡 VISA、MC、AMEX、DC
HP www.hotelborchers.com

●～€15 ●●€15～25 ●●●€25～50 ●●●●€50～
★經濟型 ★★休閒型 ★★★標準型 ★★★★豪華型

HANNOVER

漢諾威

p.10-E ■人口＝53.3萬人 ■都市規模＝步行及市電需２天

漢諾威王朝光榮的證明，海恩豪森皇家花園及博覽會之都。

 ★恢復原貌的舊城區

 ★市集教堂、阿吉迪恩教堂等等

 ★歷史博物館、威廉·★布施博物館等等

 ★海恩豪森皇家花園、★瑪麗恩堡

★歌劇院、爵士樂等等的現場演唱空間

★眾多名牌精品店、路易斯畫廊等等

Access

●火車：漢堡→ICE（約１小時15～30分）→漢諾威［１小時２班／€48］、法蘭克福→ICE、IC（２小時20～40分）→漢諾威［１小時１班／€76～］

●飛機：法蘭克福出發飛往漢諾威蘭根哈根國際機場約１小時，從慕尼黑出發１小時５～15分。

●機場到市內：S5 約17分［每30分１班／€3.50～］

白天參觀花園或博物館 晚上前往用餐或觀賞歌劇

為下薩克森州的首府，德國北部的經濟及文化的心臟地帶。街上的絕大部分都在第二次世界大戰的時候付之一炬，然而在市中心的舊城區已經有一部分恢復原貌，周邊也重生為德國首屈一指的現代化都市。在德國的**十大博覽會**（Messe）之中，就有5個的會場是設置在這裡。

格奧爾格花園。

市區相當大，也有很多博物館等，因此搭乘市內電車和使用漢諾威悠遊卡會比較方便，可以享受逛街購物或觀賞歌劇的樂趣。

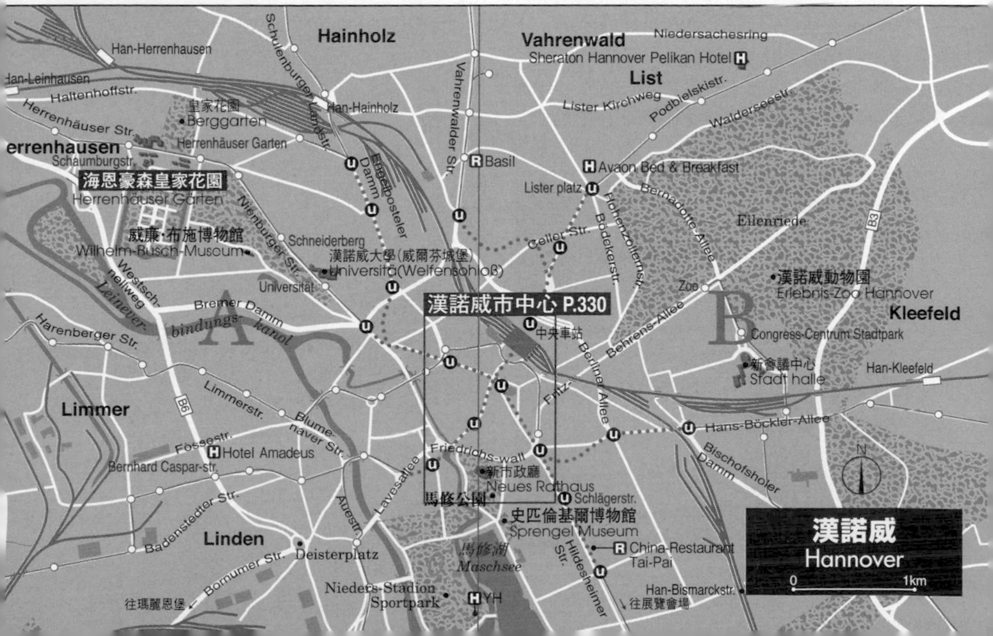

從市政廳的圓形屋頂上眺望已經被修復的市中心。

Information

❶遊客服務中心：Hannover Tourismus GmbH MAP p.330 住Ernst-August-Platz 8 ☎12345-111 FAX 12345-112 營9:00～18:00（週六10:00～17:00、週日及11～3月的週六10:00～15:00） 休11～3月的週日
HP www.hannover.de

●漢諾威卡：可自由搭乘市電與巴士，且博物館、美術館等有打折。1日票€9.5、2日票€15、3日票€1。可於❶購買。

●青年旅館：MAP p.329-B 住Ferdinand-Wilhelm-Frick-Weg 1 ☎1317674

●市內交通：市內電車在中央車站周邊行駛於地底下（入口標示為U），郊外有路面電車（停靠站標示為H）。

漢諾威 Hannover

Hainholz
Vahrenwald
List
Herrenhausen
Limmer
Linden
Kleefeld
海恩豪森皇家花園 Herrenhäuser Gärten
皇家花園 Berggarten
威廉·布施博物館 Wilhelm-Busch-Museum
漢諾威大學(威爾芬城堡) Universität(Welfenschloß)
漢諾威市中心 P.330
中央車站
新市政廳 Neues Rathaus
馬修公園
史匹倫基爾博物館 Sprengel Museum
馬修湖 Maschsee
Eilenriede
漢諾威動物園 Erlebnis-Zoo Hannover
Congress-Centrum Stadtpark
新會議中心 Stadt halle
Sheraton Hannover Pelikan Hotel
Avaon Bed & Breakfast
Hotel Amadeus
China-Restaurant Tai-Pai
Niedersachsen-Stadion Sportpark
往瑪麗恩堡
往展覽會場

海恩豪森皇家花園 ★★★
Herrenhäuser Gärten

map p.329-A

● U4、5 Herrenhäuser Gärten步行１分

從1666年蓋到1714年的「巴洛克寶石」，以大公園為中心，有種植著羅曼蒂克的樹木和池塘的格奧爾格花園、收集了2500種蘭花的城堡花園、位於大學北部的威爾芬花園等4座相連的花園。其中又以幾何學的方式配置著樹叢和花壇的大公園最為美麗。

營9:00～20:00（4月和9月為～19:00、3月和10月為～18:00、2月～17:30、11～1月16:30） 休無休 費€8、學生€5(冬季€6、學生€4.50)

園內還有繪畫館及橘園等設施。

大花園的花園劇院也會表演野台劇。

威廉・布施博物館 ★★
Wilhelm-Busch-Museum

map p.329-A

● U4、5 Schneiderberg/W.Busch Museum步行５分

展示著因出版了《麥克斯和毛里斯》而聲名大噪的19世紀童話書作家威廉・布施的作品，其他還有隨時舉辦的漫畫作家或插畫作家的企劃展。位於庭園中，可享受漫步其間的愜意。還附設有咖啡館。

營11:00～18:00
休週一、12/24及31
費€６、學生€４

以格奧爾格花園的宮殿改建而成的博物館。

文藝復興風格的雄偉大廳裡還展示著市區的模型。

新市政廳 ★★
Neues Rathaus

map p.330

● U3、7、9 Markthalle-Landtag步行５分

於1913年落成，是漢諾威的象徵，從圓形屋頂上可將市區及馬修湖盡收眼底。

營9:00～18:00(週六日、假日10:00～16:30；冬季的平日11:00～16:30) 休12/24～26及31、1/1 費免費、<觀景台>9:30～18:00（週六、日10:00～） 休10月～3月中旬 費€3.50、學生€２ ☎1680

史匹倫基爾博物館 ★★
Sprengel Museum

map p.329-B

● U1、2、8 Schlägerstr.步行５分

從德國表現主義到超現實主義為中心的20世紀美術為止，擁有非常豐富的收藏品。1F展出畢卡索、艾倫斯特、柯克西卡等的作品，地下室則展出克利、米羅、孟克等的作品。

營10:00～18:00（週二為～20:00、1/1為13:00～） 導覽行程／週二18:30、週四12:00 休週一、聖週五、5/1、12/24～25及31 費€７、學生€４。1/1免費 ☎16843875

郊外的主要景點

世界遺產之都—希德斯漢和皇室的別館—瑪麗恩堡

希德斯漢（MAP p.304-A）是漢諾威以南，搭RE或RB大約30分鐘的城市。有許多**大教堂**及**聖米歇爾大教堂**等教會建築和宗教藝術被指定為世界文化遺產。瑪麗恩堡（MAP p.304-A）則是漢諾威王朝的避暑山莊，位於希德斯漢以西10公里處，是蓋在山上的新哥德式美麗城堡，其中一部分為博物館。

展示著王朝的傢俱和武器。

其他景點

▼**漢諾威動物園**　一年有100萬名以上參觀者紀錄的人氣動物園。MAP p.329-B 住Adenauerallee 3 營10:00～18:00 休無休 費€26.50（冬季€15.50、有網路折扣） ☎280740

▼**歷史博物館**　以歷時400年的漢諾威歷史與民俗為主，直到現代為止，範圍相當廣泛。MAP p.330 住Pferdestrasse 6 營11:00～18:00（週二為～20:00） 休週一、聖週五、1/1、5/1、10/3、12/24～25及31、1/1 費€5、學生€4（週五為免費） ☎16843945

▼**奧古斯特克斯特納博物館**　以曾為外交官的克斯特納之收藏為主，展出從古埃及到現代歐洲，歷經5000年的文化財產與美術品。MAP p.330 住Trammpl. 3 營11:00～18:00（週三為～20:00） 休週一、聖週五、5/1、7月的第1個週日、升天節、12/24～25及31、1/1 費€5、學生€4（週五為免費） ☎16842730

Broyhan Haus

由中世紀的知名啤酒專家的民宅改建而成的餐廳

建造於1537年，原本是市內最古老的民宅，也是最有名的啤酒專家的住家。餐點為典型的德國菜。2樓是餐廳，地下室則有酒窖。

map p.330
● U3、7、9、10 Markthalle-Landtag步行５分
■地址　Kramerstr.24
■TEL　323919
■營業　11:00～翌1:00左右（供餐為～22:00）
■公休　無休
■信用卡　VISA、MC、AMEX、DC
HP www.broyhanhaus.de

Ständige Vertretung

可以喝到科隆啤酒的超有名餐廳

建築物雖然很摩登，裡頭提供的卻是平民化且分量十足的典型德國菜，可以喝到科隆啤酒。前首相施洛德也很喜歡這家店。可以喝到Kölsch啤酒。

map p.330
● U1、2、8等 Aegidientorplatz步行5分
■地址　Friedrichswall 10
■TEL　2138690
■營業　11:00～23:30左右（供餐為～23:00）
■公休　無休
■信用卡　VISA、MC、AMEX
HP www.staev-hannover.de

Kastens hotel Luisenhof ★★★★

座落歌劇院邊、市內最熱鬧地區，擁有150年以上的高級飯店。內部既莊嚴古典又時尚，餐廳的評價也很高。

map p.330 ● U1、2等 Kröpcke步行５分 ■地址　Luisen Str. 1-3 ■TEL　30440 ■FAX　3044807 ■費用　S-€125～、T-€147～ ■房間數　共146間 ■信用卡　VISA、MC、AMEX、DC、JCB HP www.kastens-luisenhof.de

Sheraton Hannover Pelikan Hotel ★★★★

由歷史悠久的百利金鋼筆工廠改建的飯店，還有紐約風格的時尚酒吧。

map p.329-B ● U3、7、9 Pelikanstr.步行１分 ■地址　Pelikanplatz 31 ■TEL　90930 ■FAX　9093555 ■費用　S、T-€104～（早餐€25） ■房間數　共147間 ■信用卡　VISA、MC、AMEX、DC、JCB HP www.sheratonpelikanhannover.com

Avalon Bed & Breakfast ★★★

稍帶點新藝術風格的洋館。每間客房的裝飾都有不同主題。備有公寓型房間，還提供租借腳踏車的服務。

map p.329-B ● U3、7、9 Lister Platz步行５分 ■地址　Ferdinand-Wallbrecht-Strasse 10 ■TEL　62626338 ■FAX　62626339 ■費用　S-€70～、T-€90～ ■房間數　共15間 ■信用卡　VISA、MC、AMEX HP www.avalon-hannover.de

Hotel Amadeus ★★★

位在離市區稍遠的河對岸，簡練裝潢的設備良好、價格又便宜，CP值讓人很滿意。

map p.329-A ● 市電9 Bernhard-Caspar-Str.步行５分 ■地址　Fössestr. 83a ■TEL　219760 ■FAX　無 ■費用　S-€76、T-€85～（週末有折扣） ■房間數　共129間 ■信用卡　VISA、MC、AMEX、DC HP www.hotelamadeus.de

●～€15　●●€15～25　●●●€25～50　●●●●€50～
★經濟型　★★休閒型　★★★標準型　★★★★豪華型

SCHWERIN 施威林

p.10-B ■人口＝9.6萬人 ■都市規模＝步行需半天

梅克倫堡的文化中心，擁有7座湖泊的漢撒古都。

 ★舊城區

 ★大教堂等等

 ★★州立博物館、歷史博物館、野外博物館等等

 ★★★施威林城堡

 ★★施威林湖等眾多的湖泊與森林

Access

●火車：漢堡→IC（約50分）、RE（約1小時20分）→施威林［1小時1班／€27.70～］

Information

❶遊客服務中心：Schwerin-Information
住Am Markt 14 ☎5925212 FAX555094
營9:00～18:00（週六、日10:00～17:00）；10～3月為10:00～17:00（週六、日為～14:00）
休10～3月的週日、12/24～26、1/1
HP www.schwerin.com
●青年旅館：住Waldschulweg 3 ☎3260006

城市概要 舊城區與城堡的觀光請走路到城堡花園或野外博物館搭巴士

在眾多湖泊包圍下的舊城區中心為市政廳、大教堂、以及有❶的**市集廣場**。城堡位於廣場的東南方，走路6～7分鐘。前面是**州立博物館**Staatliches Museum和**州立劇場**Staatstheater，還有觀光船碼頭。

搭6號巴士前往有17世紀左右的農家林立的野外博物館。

從市集廣場的大教堂的塔上將市區一覽無遺。

玩樂重點 充實的城內展示及博物館也可以在古都散步、湖上攬勝

觀光的基本行程為在保留著11～12世紀左右的建築物的**舊城區**散步和參觀**城堡**、**大教堂**、**博物館**。不過，東西德統一後才開始的舊城區修復工程，還要再幾年才會完成。有時間的話，不妨搭乘湖上巡禮的觀光船，前往還保留著豐富大自然的**卡尼新自然保護區島**Kaninchenwerder。

施威林城 ★★★
Museum Schloss Schwerin

●市集廣場步行7分

城堡蓋在位於兩座湖泊之間的島上，19世紀前後成為現在的樣子。以新文藝復興為基調，再加入各式各樣風格，保有獨特的美感和調和之美。城內為博物館，對外開放，可以參觀梅克倫堡親王的玉座之廳與畫廊。

營10:00～18:00（10月中旬～4月中旬10:00～17:00）
休週一 費€8.50、學生€6.50 ☎5252920

巴洛克風格的城堡花園為約瑟夫·彼得的作品。

★★★★ AMEDIA Plaza Schwerin

湖畔的新高級飯店

面對奧斯爾湖，是市內最高級的飯店。擁有健身房等完善的設施，餐廳「Marco Polo」也廣受好評。距離市集廣場步行約10分。

●中央車站搭巴士11路，Brunnenstr.下車
■地址 BleicherUfer 23
■TEL 57550
■FAX 5755777
■費用 S-€66～、T-€70～（早餐€15）
■房間數 共99間
■信用卡 VISA、MC、AMEX、JCB、DC
HP plazahotels.de/schwerin.html

施威林的區域號碼☎0385

★經濟型 ★★休閒型 ★★★標準型 ★★★★豪華型

ROSTOCK
羅斯托克

p.10-B ■人口＝20.7萬人 ■都市規模＝步行需１天

因波羅的海貿易而繁榮的漢撒都市，舊城區刻畫著800年的歷史。

- ★舊城區的街道、城★牆、塔等等
- ★聖母瑪麗亞教堂、佩特利★教堂、尼古拉教堂等等
- ★海運博物館、文化歷史博★物館、克羅佩林門等等
- ★波羅的海、菲施蘭特★～青斯特等等
- ★威廉・皮克（羅斯托克）大學
- ★波羅的海的海鮮

Access

●火車：漢堡→IC（約１小時50分）、RE（約２小時20分）→羅斯托克［１小時１班／€39.80～］、柏林→RE（約２小時40分）→羅斯托克［２小時１班／€44.70～］

Information

❶遊客服務中心：Information-Rostock
MAP p.333 住Universitätsplatz 6(Barock saal) ☎3812222 FAX3812601 營10:00～18:00(週六、日為～15:00)、11～4月10:00～17:00(週六為～15:00) 休11～4月的週日
HP www.rostock.de
●羅斯托克卡：期效內可自由搭乘市電。各種門票優惠。24小時€12、48小時€16。

Route Advice

石門→市政廳→聖母瑪麗亞教堂→克羅佩林街→大學廣場→克羅佩林門→港口→佩特利教堂→尼古拉教堂→南門→城牆
〔全程約１小時〕

城市概要 新市集和克羅佩林街 舊城區的中心

舊城區是東西約1.5公里、南北約1公里的橢圓形。到處可見**城門**和**塔**，過去圍繞在四周的**城牆**目前還有三分之一保留著。北側是瓦爾諾的河港。而舊城區西南的城牆外則是一大片的公園。

羅斯托克的區域號碼☎0381

建造於1250年前後的市政廳擁有漢撒都市特有的7座塔。

三角形的大學廣場和創立於1419年的大學。

從中央車站到舊城區走路約15分鐘左右，亦可搭乘**市電**。舊城區內用走的就夠了。到瓦爾內明德除了可以搭大約30分鐘的S-Bahn之外，也可以搭船去。

玩樂重點 教堂及博物館、舊城區散步累了的話，可轉戰海鮮餐廳

有豐富且與眾不同內容的教堂及博物館，或沿著很有特色的山形牆和色彩鮮豔、洋溢著北歐氣息的街道以及港口，倉庫街，城牆散步。透過以上2種路線，可以了解漢撒都市長達800年的歷史。

另外，和都市規模比起來，這裡的餐廳很多，可盡情地享用產自波羅的海的魚、貝類。

聖十字架修道院內目前已是文化歷史博物館。

克羅佩林街 ★★★
Kröpeliner Strasse

map p.333

是連結新市集和**克羅佩林門**的主要街道。一整天都是行人徒步區，從新市集到大學廣場之間，每到了節日就會有好幾個攤販林立。面對著大馬路的建築物多半都擁有具備各時代特色的山形牆，擁有五層山形牆屋頂的房子和舊牧師館格外美麗。大學廣場的東南方是親王宮殿的巴洛克式大廳，在其隔壁則蓋了新穎的購物商城。克羅佩林門過去曾是城門和武器庫，如今則是文化歷史博物館的分館。

階梯狀或三角形等顏色和形狀五花八門的山形牆。

羅斯托克的教堂 ★★
Kirchen

聖母瑪麗亞教堂Marienkirche是建於14世紀末的十字形古羅馬長方形大教堂。有許多可看之處，包括1472年製的天文鐘、青銅製的洗禮盤及巴洛克的風琴等等。這條街上最古老的**尼古拉教堂**Nikolaikirche的祭壇底下有個洞，屋頂上的閣樓還能住人。**佩特利教堂**Petrikirche的巨大尖塔是在市民的捐贈下，於1994年蓋上去的。

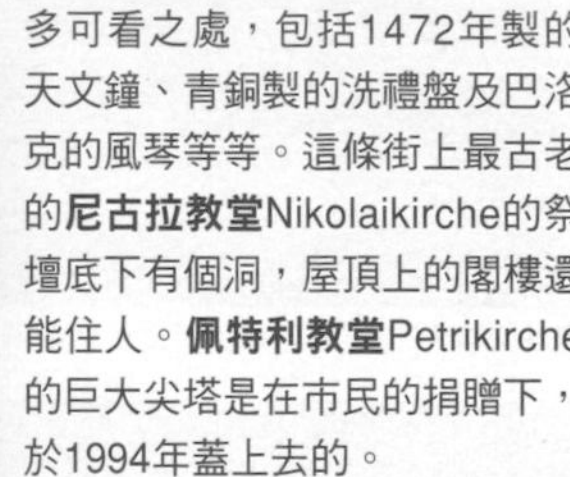

從佩特利教堂的塔上可以將市區一覽無遺。

羅斯托克的博物館 ★★
Museums

羅斯托克是因為貿易、航運才繁榮的，因此有許多跟海有關的博物館。將以前在Schmarl的船隻博物館和海運博物館合併之後，搖身一變成為**造船・海運博物館**Schiffibau-und Schifffahrtsmuseum（營10:00～18:00〔11～3月～16:00〕 休週一 費€4 ☎12831364），展示著航海及造船、漢撒同盟的歷史。在**鄉土博物館**Heimatmuseum Warnemünde（營10:00～18:00〔10～4月、復活節的週六、日～17:00〕 休週一、聖週五、12/24及31 費€3 ☎52667）裡，可看到漁業及漁夫的生活等展示。**聖十字架修道院**內的**文化歷史博物館**Kurtur-Historisches Museum Rostock（營10:00～18:00 休週一 費免費 ☎2035910）則有16～19世紀的荷蘭繪畫、**克羅佩林門**Kröpeliner Tor（營10:00～18:00 休假日 費€3 ☎1216415）則介紹城市的歷史。

在海運博物館裡也有罕見的海運貨幣的展示。

郊外的主要景點
瓦爾內明德 Warnemünde

是北歐航線的據點，也是海灘型度假村。港口沿岸的老河街上，有一整排古老的漁夫住宅及魚貝類的餐廳、船員居酒屋等等，充滿了港都的風情。前端有建於1898年的燈塔和500公尺的防波堤。MAP p.304-B

港口沿岸有一整排魚店的攤販，非常熱鬧。

★★★★ Pentahotel Rostoch

建於舊城區中心的高級飯店

於2009年整修後煥然一新。如設計飯店般的內部裝潢，由櫃檯、酒吧＆餐廳＆會客室合而為一的大廳也很漂亮。

map p.333
- ●新市集步行6分
- ■地址　Schwaansche Str.6
- ■TEL　4970700
- ■FAX　4970902
- ■費用　S,T-€79～（早餐另計€17）、浮動制
- ■房間數　共151間
- ■信用卡　VISA、MC、AMEX、DC、JCB
- HP www.pentahotels.com/destinations/europe/germany/rostock

Steigenberger Hotel Sonne ★★★ map p.333
●新市集步行1分 住Neuer Markt 2
☎49730 費S,T-€85～（早餐另計€19）、浮動制

Jellyfish Hostel ★ map p.333
●市電1～6等 Steintor IHK步行2分 住Beginenberg 25
☎4443858 費多人房-€15～、S-€30～ HP www.jellyfish-hostel.com

羅斯托克的區域號碼☎0381

★經濟型 ★★休閒型 ★★★標準型 ★★★★豪華型

STRALSUND

史特拉爾松德

p.10-C ■人口＝5.9萬人 ■都市規模＝步行需半天

還留有古老港都風情的漢撒都市，波羅的海、呂根島的觀光據點。

★★ 古老的港都風情、市政廳等等
★ 尼古拉教堂、聖瑪麗亞教堂等等
★ 海洋博物館、文化歷史博物館等等
★★ 波羅的海、呂根島

Access

●火車：漢堡→IC（約2小時50分）→史特拉爾松德［2小時1班／€58］、柏林→IC（約2小時50分）、RE（約3小時10分）→史特拉爾松德［1小時1～2班／€45.90～］

Information

遊客服務中心：Stralsund-Information
住Alter Markt 9 ☎24690 FAX246922
營10:00～18:00（週六日、假日為～15:00）；11～4月為10:00～17:00（週六為～14:00）
休11～4月的週日
URL www.stralsundtourismus.de

一面享受港都風情 一面參觀舊城區和教堂

舊城區就像是一座被海和運河及好幾個池塘所包圍起來的島。從**中央車站**到Tribseer Damm～Tribseer Str.往東走7～8分鐘，就會到**聖瑪麗亞教堂**Marien Kirche前的新市集Neuer Markt。這個廣場和**市政廳**、**尼古拉教堂**Nikolaikirche前的**舊市集**Alter Markt構成了舊城區的中心。將兩者連結起來的奧森賴爾街Ossenreyer Str.是市內首屈一指的購物街。**尚峰街**Mönch Str.上則有**文化歷史博物館**Kulturhistorisches Museum和**海洋博物館**Deutsches Meeresmuseum。

市政廳上豎立著漢撒都市特有的7根尖塔。

走進史特拉爾松德水族館，就會看到懸掛著的鯨魚骨骼標本

而在港口東邊，則有白色外觀為特徵的**史特拉爾松德水族館**Ozeaneum（住Hafenstrasse 11 營9:30～20:00、10～5月為～18:00 費€17、學生€12 ※也有與海洋博物館的套票）是一個水族館與博物館合一的新型態設施，一直都很大眾喜愛。而在仍留有城牆與城門的舊城區裡，石板路的兩側林立著過去的富商宅邸及漁夫之家，瀰漫著濃濃的昔日港都風情。

市區東邊是港口，並列著觀光船碼頭，魚市場、倉庫等，是很有朝氣的一區。

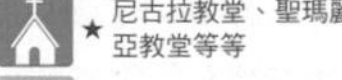

郊外的主要景點

呂根島是國內最大的島，擁有豐沛的自然與海灘型度假村

在波羅的海上的呂根島（MAP p.304-B）是德國最大的島。海岸構造非常複雜，因此有非常豐沛的大自然，其大部分都被指定為國家公園。

對德國人來說，呂根島是非常珍貴的海灘型度假村，但是對於四面環海的台灣人來說，比起海水浴，更有樂趣的其實應該是欣賞北方島嶼荒涼卻又富有美感的自然，或者是在波羅的海的古老港都內散步。島上的觀光重點在於北端的卡帕安寇那Kap. Arkona及東海岸由白色岩壁所構成的「國王椅」Königstuhl一帶、南邊的城堡或狩獵小屋等等。

在這附近最受歡迎的賓茨。往周邊區域的交通方式及住宿設施都很完善

在呂根島觀光的時候，以波羅的海航線的港都薩斯尼茨Sassnitz或水療設施十分完善的海灘型度假村賓茨Binz為據點會比較方便。

史特拉爾松德的區域號碼☎03831

舊港口的附近也有很多海鮮餐廳。

STADE 史塔德

p.10-B ■人口＝4.7萬人 ■都市規模＝步行需半天

易北河上的古老港都，過去是比漢堡還要繁榮的漢撒都市。

過去是鹽的貿易港口，據說曾經擁有比漢堡還要繁榮的歷史。由於並未受到戰火波及，舊城區和舊港口附近都還留有文藝復興風格的市政廳及磚造的房屋，讓人緬懷當時的盛況。舊城區本身的大小用走的只要2個小時。

市中心是位於小山丘上的阿姆桑迪廣場，火車站再往南走10分鐘左右。舊港口在最北邊，❶也在舊城區的北邊。阿姆桑迪廣場和舊港口之間有著非常古老而美麗的街道。

殘留在Hoker Str.等地的古老街道。

阿特斯地區是水果的產地。

在市集廣場的市政廳內也有鄉土博物館。

MÖLLN 梅倫

p.10-B ■人口＝1.9萬人 ■都市規模＝步行需半天

被湖泊和森林環抱的自然公園內，與『提爾愉快的惡作劇』有關的城市。

梅倫位於勞恩堡湖沼自然公園內，是由藍色的湖泊和綠色的森林、紅色屋頂的街道所構成的美麗度假村。從車站沿著豪浦特街Haupt Str.往北走大約5分鐘就是木造房屋林立的舊城區。❶在從包霍夫廣場爬上右手邊的坡道的療養公園Kurpark內。靠北邊稍微突出一塊的市集廣場是舊城區的心臟地帶。傳說中的交響詩『提爾愉快的惡作劇』就是以這裡為舞台，市集廣場的聖尼古拉教堂裡還有他的墓碑，廣場對面則有提爾博物館。

相傳提爾於1350年死於這個城市。

Check-Check! 汽車的城市！福斯汽車城

福斯汽車公司在緊鄰著自家工廠的地方設置了介紹自家集團旗下的車和經營理念等等的獨特設施，由可以依品牌別親身感受旗下的藍寶堅尼和奧迪等名車的展示場和客服中心、Ritz Carlton Hotel所構成，就連觀光客也可以樂在其中，在稱之為「時間屋Zeithaus」的博物館裡，展示著歷史性的名車和稀少的車款。

MAP p.304-A

Autostadt（Wolfsburg市內）
●漢諾威→IC・RE（32～58分）［每30分1班］／€16.50～
住Stadt Brücke（Wolfsburg站步行5分） 營9:00～18:00
休12/24及31 費€15、學生€12
☎0800-288678238
HP www.autostadt.de

■史塔德
●漢堡→ME（48分）、S（59分）（1小時1班）／€8.80 ❶：住Hansestr. 16 ☎04141-776980 營10:00～18:00（週六日、假日為～15:00）；11～3月為10:00～17:00（週六為～15:00）
休10～3月的週日、假日
HP www.stade-tourismus.de

■梅倫
●呂北克→RE約30分（每小時）／€8.55 ❶：住Am Markt 12 ☎04542-7090 營10:00～18:00（週六日為～17:00）、9～4月為10:00～17:00（週六、日10:00～15:00）
休12/24～26及31、1/1 HP www.moelln-tourismus.de

旅遊資訊

出發三天前的確認事項

■持攜帶物品清單核對行李內容

■備妥若護照丟失時能證明身份的文件

■去銀行將新台幣兌換成歐元

■將即將入住的飯店資訊、旅行團資訊告知家人及親友

■確認前往機場的火車、巴士時刻表

出發日參考用行程曆

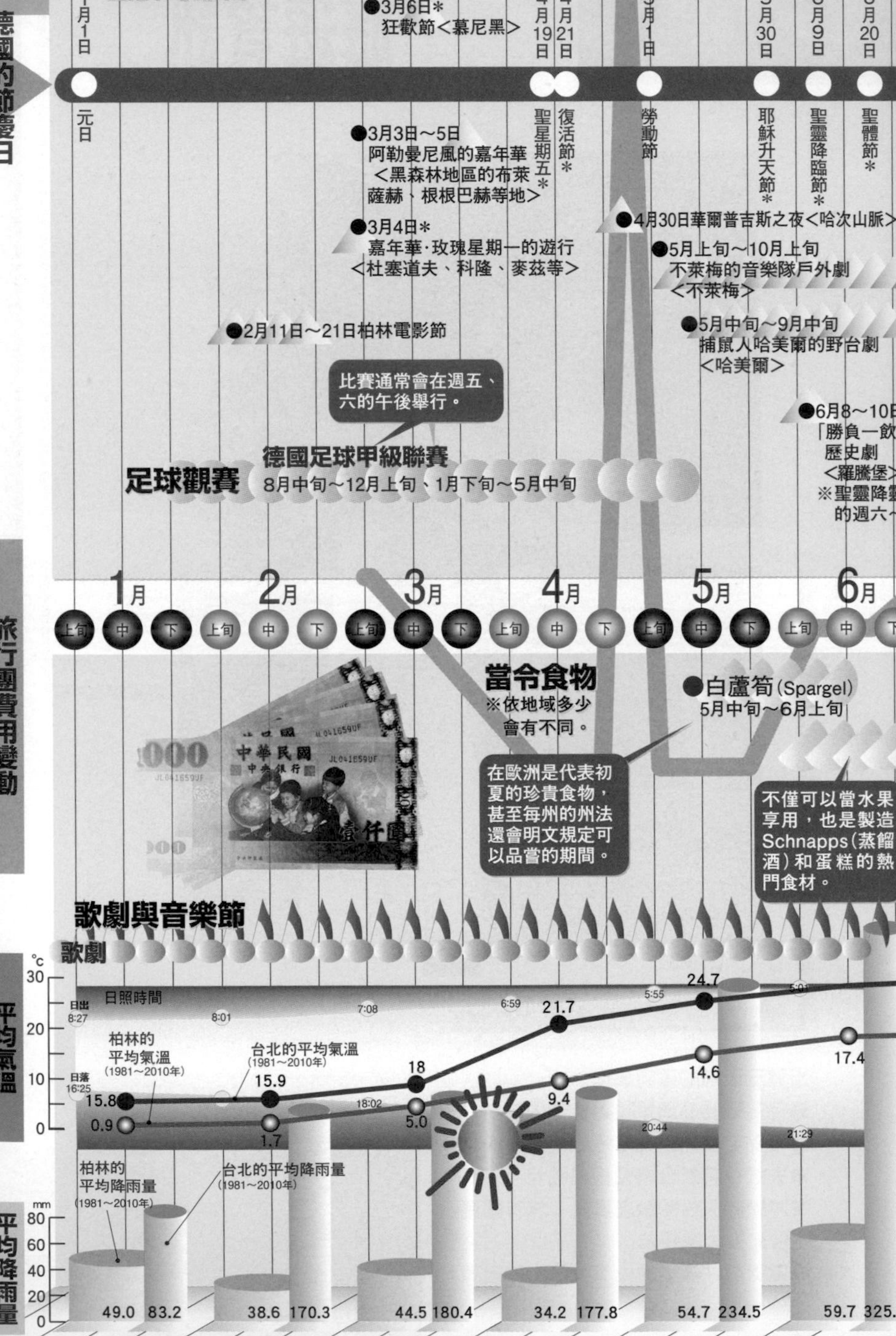

主要的節日
德國的節慶日
1月1日 元日
●3月6日＊ 狂歡節<慕尼黑>
4月19日 聖星期五＊
4月21日 復活節＊
5月1日 勞動節
5月30日 耶穌升天節＊
6月9日 聖靈降臨節＊
6月20日 聖體節＊
●3月3日～5日 阿勒曼尼風的嘉年華 <黑森林地區的布萊薩赫、根根巴赫等地>
●3月4日＊ 嘉年華·玫瑰星期一的遊行 <杜塞道夫、科隆、麥茲等>
●4月30日華爾普吉斯之夜<哈次山脈>
●5月上旬～10月上旬 不萊梅的音樂隊戶外劇 <不萊梅>
●5月中旬～9月中旬 捕鼠人哈美爾的野台劇 <哈美爾>
●2月11日～21日柏林電影節
●6月8～10日 「勝負一飲」歷史劇 <羅騰堡> ※聖靈降靈的週六～
比賽通常會在週五、六的午後舉行。
足球觀賽
德國足球甲級聯賽
8月中旬～12月上旬、1月下旬～5月中旬
1月 2月 3月 4月 5月 6月
上旬 中 下
旅行團費用變動
當令食物
※依地域多少會有不同。
●白蘆筍(Spargel) 5月中旬～6月上旬
在歐洲是代表初夏的珍貴食物，甚至每州的州法還會明文規定可以品嘗的期間。
不僅可以當水果享用，也是製造Schnapps(蒸餾酒)和蛋糕的熱門食材。
歌劇與音樂節
歌劇
平均氣溫
℃ 30 20 10 0
日照時間
日出 8:27 8:01 7:08 6:59 5:55 5:01
日落 16:25 18:02 20:44 21:29
柏林的平均氣溫 (1981～2010年)
台北的平均氣溫 (1981～2010年)
15.8 15.9 18 21.7 24.7
0.9 1.7 5.0 9.4 14.6 17.4
平均降雨量
mm 80 60 40 20 0
柏林的平均降雨量 (1981～2010年)
台北的平均降雨量 (1981～2010年)
49.0 83.2 38.6 170.3 44.5 180.4 34.2 177.8 54.7 234.5 59.7 325.9

＊每年的日期都會變動（以2019年為例），
詳情請上德國觀光局查詢。

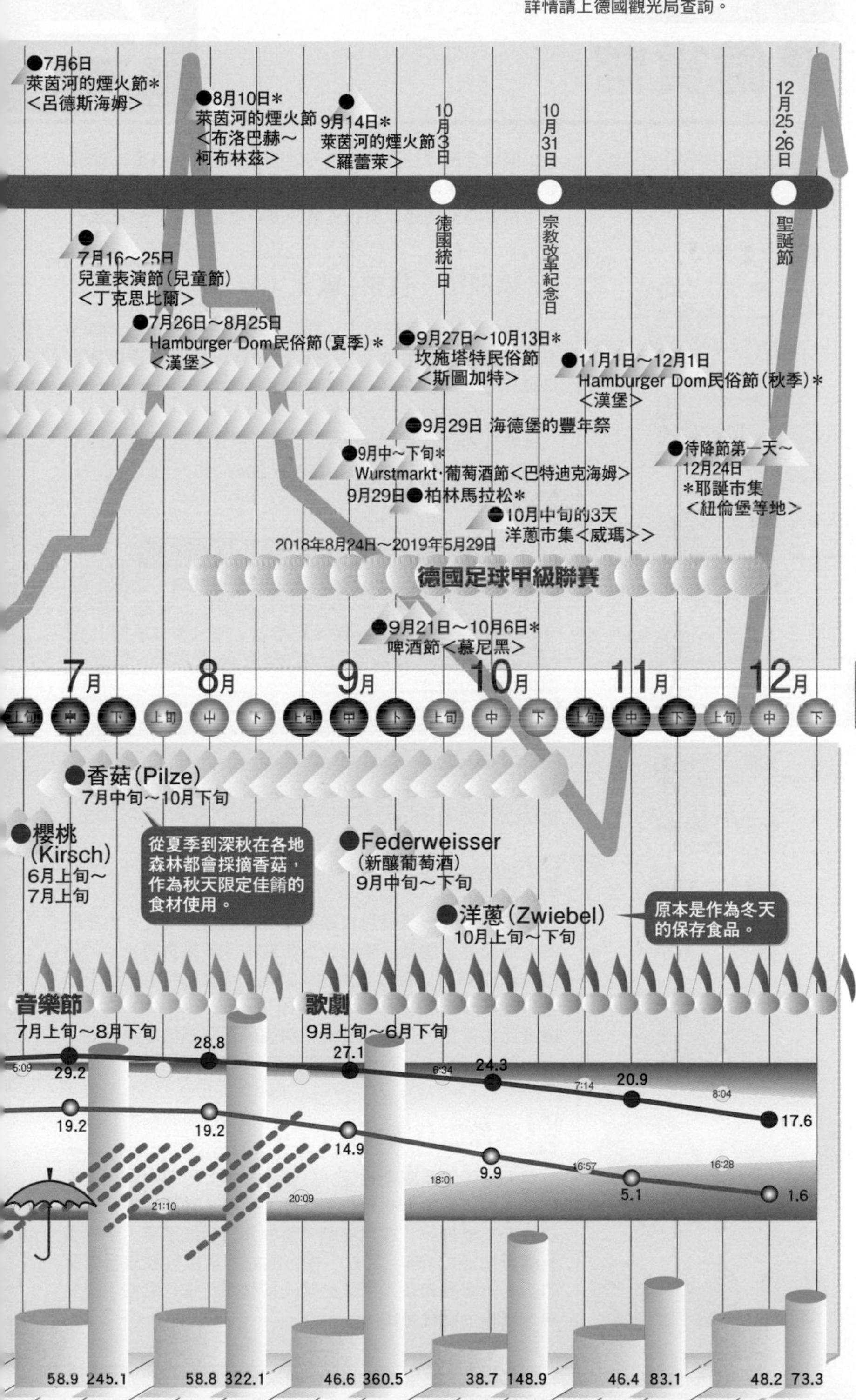
●7月6日
萊茵河的煙火節＊
<呂德斯海姆>
●8月10日＊
萊茵河的煙火節
<布洛巴赫～
柯布林茲>
●9月14日＊
萊茵河的煙火節
<羅蕾萊>
10月3日
德國統一日
10月31日
宗教改革紀念日
12月25·26日
聖誕節
●7月16～25日
兒童表演節(兒童節)
<丁克思比爾>
●7月26日～8月25日
Hamburger Dom民俗節(夏季)＊
<漢堡>
●9月27日～10月13日＊
坎施塔特民俗節
<斯圖加特>
●11月1日～12月1日
Hamburger Dom民俗節(秋季)＊
<漢堡>
●9月29日 海德堡的豐年祭
●9月中～下旬＊
Wurstmarkt·葡萄酒節<巴特迪克海姆>
●待降節第一天～
12月24日
＊耶誕市集
<紐倫堡等地>
9月29日●柏林馬拉松＊
●10月中旬的3天
洋蔥市集<威瑪>
2018年8月24日～2019年5月29日
德國足球甲級聯賽
●9月21日～10月6日＊
啤酒節<慕尼黑>
7月 8月 9月 10月 11月 12月
上旬 中 下 上旬 中 下 上旬 中 下 上旬 中 下 上旬 中 下 上旬 中 下
●香菇(Pilze)
7月中旬～10月下旬
從夏季到深秋在各地森林都會採摘香菇，作為秋天限定佳餚的食材使用。
●櫻桃
(Kirsch)
6月上旬～
7月上旬
●Federweisser
(新釀葡萄酒)
9月中旬～下旬
●洋蔥(Zwiebel)
10月上旬～下旬
原本是作為冬天的保存食品。
音樂節
7月上旬～8月下旬
歌劇
9月上旬～6月下旬
5:09 29.2 19.2 21:10
28.8 19.2
27.1 14.9 20:09
6:34 24.3 9.9 18:01
7:14 20.9 5.1 16:57
8:04 17.6 1.6 16:28
58.9 245.1
58.8 322.1
46.6 360.5
38.7 148.9
46.4 83.1
48.2 73.3

準備貨幣

換算匯率
€1≒NT$ 33.8（2020年1月）

歐元（EURO）

€5

€10

€20

€50

€100

€200

€500

€1 €2

10c 20c 50c

少帶現金是現在海外旅遊的趨勢，信用卡無論是在旅館登記或是租車時都能成為身分證明，所以是必備之物。要使用現金時則建議以旅行支票或國際現金卡會比較安全。

歐洲單一貨幣 歐元（EURO）

直至2020年1月底為止，含歐盟國家在內共有27個國家導入或是正在使用歐元。不僅是在德國、全部27個國家均可使用的共通貨幣，貨幣單位由元€（EURO）與分c（Cent）所組成。

紙幣分為€5、€10、€20、€50、€100、€200、€500等7種，硬幣則有€2、€1、50c、20c、10c、5c、2c、1c等8種，€1=100c。

CHECK POINT

●歐盟加盟國中，使用歐元的國家有比利時、德國、西班牙、法國、愛爾蘭、義大利、盧森堡、荷蘭、奧地利、葡萄牙、芬蘭、希臘、斯洛維尼亞、賽普勒斯、斯洛伐、馬爾他、愛沙尼亞、拉脫維亞、立陶宛，以上19個國家。

●瑞士、丹麥、瑞典、英國、保加利亞、捷克、匈牙利、波蘭、羅馬尼亞、克羅埃西亞，以上國家因未使用歐元，請特別注意。

●各國歐元的紙鈔和硬幣之正面雖然都採用相同設計，但背面卻是各加盟國各有獨自的設計，請多留意。

準備現金

雖然付小費或是使用自動販賣機時都需要現金，但基於安全考量還是盡量少帶現金上街為宜。如果是觀光地的話應該都有ATM（自動提款機p.354），善加利用信用卡或旅行支票較為合適。

●歐元或美金……除非美元特別強，否則應該準備好到達後立刻可以使用，而且不需要花費手續費的歐元。

準備旅行支票（T / C）

最大的優點是安全性佳，只要沒有本人的簽名就無法使用，遺失或被偷時也可以要求再次核發。當然以歐元面額的旅行支票最好，在可申購外匯的銀行皆能購買，手續費為購買面額的1%。另外，在德國能夠直接收取旅行支票的飯店與餐廳較少，所以必須先前往銀行進行兌換，每兌換一次的手續費是€2。

※因為改使用歐元而無法繼續使用的德國馬克，可以在各主要城市的德國聯邦銀行兌換成歐元。
沒有期限限制。詳情請參照HP www.bundesbank.de。

POINT 雖然不建議帶大量現金在街上行走，但在移動或購買小東西時仍需要一些現金。在兌換時要注意手續費和兌換匯率，習慣當地幣值後使用會更為上手。

●使用方式……購買時在Signature of holder欄先簽名，等到要兌換現金時才當場在Countersign here in the presence of person cashing的欄位簽名。

準備信用卡

信用卡可以說是現代海外旅行不可或缺的必需品之一，無論是VISA、Master、美國運通或是大來卡基本上都OK（在歐洲主流的歐元卡都是和Master合作）。既不需要付兌換的手續費，也可作為是社會信用的指標。在租車時也是不可缺少的證件之一，入住飯店時也可用來代替訂金，只要有合作的ATM（自動提款機）都可以提領當地的貨幣。另外當卡片遺失時，只要辦妥遺失手續，卡片就會立即失效也比較令人安心。還可以享受當地服務中心的旅遊支援。

準備旅遊現金卡

除了信用卡之外，在這邊也想針對其他在國外也能夠領取現金或是付款的卡片做些研究。另外在使用ATM時，即使是相同的ATM也會發生有時能使用、有時不能使用的情形。密碼若輸入錯誤3次以上為安全考量，卡片就會被吃掉，且在旅行中很難要求再核發，請特別小心。

●國際現金卡

可以在海外的ATM（有「PLUS」或是「Cirrus」標誌）從自己本國內的戶頭中領出當地貨幣的卡片，目前有發行國際現金卡的銀行如下：

●VISA金融卡

與信用卡不同，為刷卡的同時馬上會從戶頭將金額扣除的VISA金融卡。只要在戶頭內存款金額的範圍內都可以像信用卡般的使用，而在海外就等同於國際現金卡，需要現金時只要找有「PLUS」標誌的ATM即可領取。

●預付卡

預付卡形式的旅遊現金卡同時擁有國際現金卡和旅行支票的特點，出發前在國內先存入現金，到當地的ATM再把錢領出來。不需要開設銀行戶頭，與銀行戶頭間沒有連結關係也比較安全。另外，在消費時也可以當成Debit Card使用。

・Cash Passport：可在MasterCard的ATM使用，也能當成MasterCard的Debit Card使用。

・VISA Travel Prepaid Card：除了能在PLUS與VISA的ATM使用外，也可當作VISA的Debit Card使用。

信用卡的服務專線

●JCB HP www.jcb.tw
●VISA Card
HP www.visa-asia.com/ap/tw
●MasterCard
HP www.mastercard.com/tw/gateway.html
●美國運通卡
HP www.americanexpress.com/taiwan
●大來卡 HP www.diners.com

聯絡處

●駐柏林代表處
Taipeh Vertretung in der Bundesrepublik Deutschland
館址：Markgrafenstrasse 35, 10117 Berlin, Germany
電話：(002-49)30-203-610
緊急電話：
行動電話：+49-171 3898257
德國境內直撥：0171-3898257
傳真：(002-49)30-203-611-01
EMAIL：deu@mofa.gov.tw

●駐法蘭克福辦事處
Taipeh Vertretung in der Bundesrepublik Deutschland, Büro Frankfurt am Main
館址：Friedrichstraße 2-6, 60323 Frankfurt am Main
電話：(002-49)69-745-734
緊急電話：境外撥打0049-69-745734／境內直撥069-745734
傳真：(002-49)69-745-745
EMAIL：frankfurt@mofa.gov.tw

●駐漢堡辦事處
Taipeh Vertretung in der Bundesrepublik Deutschland, Büro Hamburg
館址：Mittelweg 144 / 2.O.G., 20148 Hamburg, Federal Republic of Germany
電話：(002-49)40-447-788
緊急電話：(002-49)171-521-7081
傳真：(002-49)40-447-187
EMAIL：ham@mofa.gov.tw，Taipehvertretung@taipei-hamburg.de

●駐慕尼黑辦事處
Taipeh Vertretung in der Bundesrepublik Deutschland, Büro München
館址：Leopoldstraße 28a/V, 80802 München, Germany
電話：002-49-89-5126 790
急難救助：行動電話（境外撥打）002-49-174 632 6739
德國境內直撥：0174 632 6739
EMAIL：muc@mofa.gov.tw

旅行前的準備

英文健康資料（英文病歷摘要）

萬一在國外發病或需接受治療時，如有先準備好英文健康資料（或可向各大醫院申請英文病歷摘要），可協助當地醫生透過英文資料預先了解病患的疾病史、藥物過敏史、血型等資訊，適時獲得適當的診斷及治療。

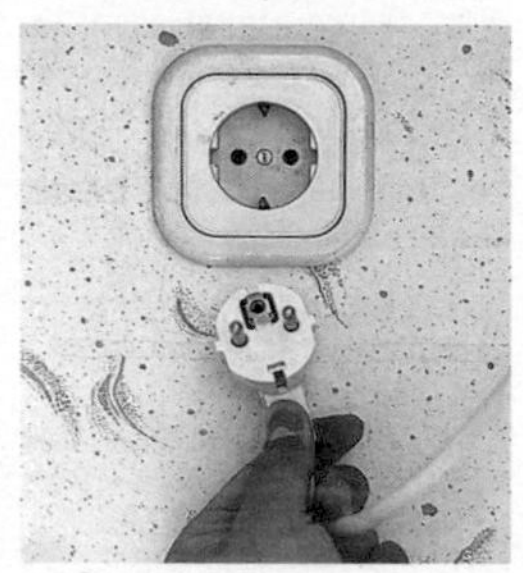
插頭的形狀為C型

考量季節與停留時間，盡可能輕便地打包吧。檢視行李的訣竅也可依是否能在當地取得為考量要點。

檢視需攜帶的物品

- ●要先考慮到回國時要放伴手禮的行李空間。
- ●由於德國週日幾乎很多店都會公休，所以最好要先確認一下抵達時的日程。

有帶有方便的物品

- ●變壓器：德國的電壓為220V50Hz。若有自行攜帶的電器只支援到110V的電壓就一定要使用變壓器才行。
- ●插頭：C或SE型（若有萬國轉接插頭的話就很方便。也可帶有支援到220V的充電用三叉插座等）
- ●洗髮精、洗潔劑等：不是要長期停留的話，就分裝成小袋吧。

當地較難取得的物品

- ●藥品：在當地有時需要處方箋才能取得所需藥品，因此平常會用到的藥要記得帶。
- ●正式場合穿著的服裝：前往歌劇院觀賞歌劇或到高級度假村時會派上用場。
- ●棉質內衣、生理用品等：出發前先準備好比較方便。

手提隨身行李與託運行李

關於手提隨身行李及託運行李的重量與大小皆有規範。而易碎物品、精密器材、貴重物品等一定要放在隨身行李內自行帶上飛機（放託運行李內有可能會被摔到）。攜帶大型樂器等物品時，最好事先就與航空公司洽詢。

此外，從2007年起，超過100ml的液狀物（含膠狀物、噴霧）是禁止隨身攜帶的。如果一定要隨身帶上飛機的話，就一定要照下方所述的方式處理，請多留意。

●將液狀物裝入100ml以下的容器，然後裝入1公升以下的透明塑膠夾鏈袋中。
※醫藥品及嬰兒牛奶等除外。
注意：不符規定的液狀物（化妝品等），就算是在免稅店等處購買的，也會在轉機等情況遭到丟棄，敬請多加留意。

搭乘華航時

	客艙手提行李	免費託運行李（計重制）
商務艙	不論任何艙等，手提行李之體積包括輪子、把手及側袋，長×寬×高 不可超過 56×36×23公分（22 ×14×9 英吋），重量不可超過7公斤。商務艙可攜帶2件。其他艙等則限1件。	40kg
豪華經濟艙		35kg
經濟艙		30kg

手機與上網

要在德國使用手機通話或上網時

最簡單的方式是向電信公司申請國際漫遊，在當地就能免換卡、免租機，直接使用手機了，不過要特別注意漫遊資費的計算方式，以免回國時收到鉅額帳單。或是可在抵達德國後，於當地購買可通話及上網的預付SIM卡使用，費用依各家電信公司不同。

如果只想單純上網就好，可在出國前先租借WIFI機，帶至德國使用。費用依各家公司不同，大多有提供宅配到府、自行於門市領取和桃園機場領取等服務。或是在台灣先買好上網用的SIM卡，於抵達德國時更換手機SIM卡並依說明設定手機，就能上網了。

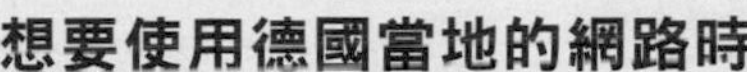

想要使用德國當地的網路時

德國最近的飯店，包含青年旅館在內，基本上都有提供無線網路服務。可在櫃檯詢問密碼等資訊，也可使用自備的筆電、手機連接上網。一般都是免費提供的，但有部分的住宿設施可能會收取費用。在市區的車站前之類的地方，也會有通訊商店——設置電腦的電話咖啡廳等，而在市區內的咖啡廳有的也會提供無線網路，可向觀光局等處洽詢。

此外雖然這個是要收費的，但如果信用卡或PayPal的話，可以購買T-Mobile的收費熱點（1天€4.95、1週€19.95、30天€29.95※連接後輸入卡片上的號碼等資訊）來用。擁有麥當勞咖啡廳及KFC等許多合作店家，在部分的ICE車內等處也能使用。

◆德國電信 HP www.hotspot.de
◆熱點搜尋 HP www.hotspot-locations.com

攜帶物品確認清單

□護照……先確認有效期間吧
□現金（歐元）……總之先準備好現金
□現金（台幣）…也別忘了回國後的交通費用
□信用卡……現今的必需品
□電子機票……事先確認出發日期時間及路線
□申根英文投保證明……隨身攜帶以備通關查驗或需要緊急協助時使用
□護照影本及備用照片…保險起見，先準備好
□手機上網服務……保險起見，先準備好
□常用藥品……使用熟悉的藥品也較安心
□貼身內衣……2～3套就很足夠
□衣物…換洗衣物及能隨溫度調整穿搭的外套
□盥洗用品…別忘了要帶洗髮精、牙刷等物品
□地圖及旅遊書……請別忘了攜帶本書
□國際駕照……要在當地開車的人一定要帶
□國際學生證……是學生的話，帶著很方便
□數位相機……還能用來拍時刻表等代替筆記
□手機……方便緊急聯絡

入境指南

進入德國的第一步，其實德國的入境檢查還滿簡單的

從機場入境

坐了好久的飛機之後，終於抵達德國。入境德國只要出示護照給海關人員看就行了。不需要填寫入境表格，就連在護照上加蓋入境章的情況也很少見，所以可以很輕鬆地搞定入境手續。只要護照上的有效期限在回國的當天6個月以上都是有效的就沒有問題。

一招走天下的德、英會話

入境檢查

●此行的目的是什麼？

英 What is the purpose of your trip？

德 Was ist der Zweck Ihrer Reise？

●來觀光的。

英 Sightseeing.

德 Sightseeing.

入境德國時的免稅範圍

※超過以下的範圍就要申報。

香菸（紙菸）……………200根
或者是雪茄菸…………… 50根
或者是細雪茄菸…………100根
或者是煙斗用菸草………250克
（如果種類不止一種的話總重量要在250克以下）

酒：
含酒精成份22%以上之酒類1公升或酒精成份80%以上之烈酒1公升或其他氣泡酒、甜酒等酒類2公升和非氣泡酒2公升。

咖啡：
500公克咖啡或200公克咖啡粹取物或濃縮或咖啡濃縮粹取物製品。

香精及香水：
50公克香精和0.25升香水。

入境的程序

1 排隊接受入境檢查 Immigration

請前往機場的入境管理櫃台Passkontrolle前排隊，等輪到自己的時候再往前走，只要出示護照給海關人員看就行了。在法蘭克福等國際線專用的航廈會分為「持有歐盟會員國護照者」與「非歐盟會員國（Non-EU Nationals）」的櫃台，所以請張大眼睛確認好標示，特別小心不要排錯地方了。

2 提領行李 Baggage Claim

通過證照查驗後，接下來請前往提領行李大廳領取您的託運行李。在提領行李大廳Gepäckausgabe之前，如果帶上飛機的手提行李有需要報稅等物品，可能就會有必要在海關那裡提出申報。找到顯示自己所搭乘飛機班次的行李轉盤，拿回自己的行李。如果行李遲遲不出現的話，請把託運行李的證明（Baggage Claim Tag）拿給機場人員看，請求協助處理。

3 過海關 Customs

在行李轉盤上拿回自己的行李之後，出口通常就是海關（Zoll）了。如果不需要申報的話，請往綠色指示的方向前進；如果超過免稅範圍，必須申報的話，請往紅色指示的方向前進。另外，請特別記得，進入歐盟會員國的時候，如果隨身攜帶的現金及其他同等價值的貨幣或有價證券等超過€10000以上，就必須向海關申報。

●通關時的注意事項●

通常海關不太會刁難台灣旅客，但是就算您聽得懂對方用德語問的問題，最好也不要用德語回答。因為如果被海關知道您聽得懂德文，可能會被認為是假短期旅行之名，行非法打工或非法居留之實，反而會讓事情變得很複雜。像這樣的情況只要用英文回答，或者是讓對方看「Ich bin Tourist.我是觀光客。Ich habe nichts zu verzollen.我沒有需要申報的東西。」之類的字句，就可以順利地通關了。

POINT 入境檢查 入境德國不需要填寫入境表格，只要出示護照就行了。以目前這個時間點來說，國內直飛德國（飛往法蘭克福）的班機只有中華航空一家，每天都有航班。

搭火車入境

有9個國家和德國接壤（p.352），大部分的國際列車都會直接開進德國，所以歐盟會員國彼此之間的入境檢查是愈來愈簡單了。從非歐盟會員國入境的審查辦法分為在國境車站停車，接受檢查；或者是海關人員從靠近國境車站的地方上車，在車上進行檢查。在這個時候，只要準備好護照，乖乖地坐在位子上等就可以了。

開車入境

搭乘巴士入境的時候，只要照著站務員或導遊的指示去做即可。在大型的檢查站裡會依照車輛的類別分成巴士、自用車、卡車的專用車道，所以如果是租車的話，只要進入自用車的專用車道即可。如果沒有海關人員在場的話，只要直接開過去就行了；就算有海關人員在場，也只要在海關人員面前減速通過即可，不需要出示護照就可以入境。

Reconfirm

再確認指的是再度確認班機的訂位狀況，必須在出發的3天前（72小時前）和預定搭乘的航空公司取得連繫，如果忘了這道手續，最糟的情況可能是機位會被取消，即使是回國的班機，還是有可能會被取消訂位。如果是參加旅行團的話，會由旅行社代為再確認，但如果是個人籌畫的行程，可得千萬記得要再確認。各航空公司的洽詢專線請洽購買機票的旅行社。最近幾乎所有的航空公司都不需要再確認，像是德國漢莎航空和日本航空就不需要，但是做了也沒有什麼損失，所以如果不放心的話，還是建議您再做一次確認。

⬆在機場內請按照指示（藍底白字）行動。

以轉機的方式入境的時候，入境手續跟通關檢查是分開的！

以在德國境內轉機的方式入境德國的話，基本上是在前往德國第一個抵達的機場辦理入境手續，行李的通關檢查則是在最終目的地的機場內進行，請千萬不要弄錯了。只不過，根據帶進飛機上的手提行李的內容，有時候也要先在海關提出申報。

一招走天下的德、英會話

Reconfirm

●我想要再確認……

英 May I reconfirm (my flight)?

德 Können Sie meinen Flug bestätigen?

※中華航空不需要再確認。

關於在EU之間的移動

即使已為歐盟會員國，如果又是申根條約加盟國的話，基於彼此等同於一個國家的先決條件，因此在移動的時候會被視為是在國內的移動，而不是國際間的移動。由此可知，只要能夠順利地入境德國，之後再移動到其他加盟國的時候，幾乎都不會遇到什麼太嚴格的審查。

台灣雖不需簽證即可進入申根國家，2021年1月後，必須事前申請ETIAS（歐盟旅行資訊及許可系統），申請通過後有效期限為三年，期間內可無限制次數入境申根地區，惟仍需遵守免簽停留上限90天等相關規定。詳情及最新資訊請於http://etias-euvisa.com/ 確認。

從機場到市內

注意！
請不要以為機場裡只有旅客，也有扒手和順手牽羊的人混在其中。

德國幅員遼闊，目的地雖然各自分散於各個角落，但是搭飛機的話卻很方便。以法蘭克福、柏林、慕尼黑等大都市為中心，每家航空公司都有從歐洲的主要機場如蜘蛛網一般地連結著德國國內的主要機場。請參考下表，找出最靠近自己要去旅行的地方的機場。

從機場到市內的交通方式

下表顯示從各個機場到市內之間的距離跟所需時間，只要妥善地利用各地的大眾運輸系統，不管從哪個機場出發，都可以在50分鐘內到達市內。如果沒有預算限制的話，通常搭計程車是最快的辦法，但是像杜塞道夫或法蘭克福這樣的大都市，搭乘S-Bahn可能還反而會比較快。

德國的主要國際機場

都市名	機場名	與市內的距離	計程車	市內交通	所需時間	費用
柏林	泰格爾機場	14 km	20分／約€20	市內巴士	20分	€2.80
漢堡	富爾斯比特機場	10 km	30分／約€25	S1	25分	€3.30
漢諾瓦	漢諾瓦機場	12 km	20分／約€28	S5	17分	€3.50
杜塞道夫	杜塞道夫機場	9km	20分／約€28	S11	12分	€2.80
科隆	科隆・波昂機場	15km	20分／約€30	S13.19	15分	€2.90
波昂	科隆・波昂機場	16km	30分／約€40	機場巴士	26分	€8.20
法蘭克福	法蘭克福機場	13km	20分／約€33	SB60	12分	€4.90
斯圖加特	埃希特丁根機場	14km	30分／約€35	S2,3	27分	€4.20
慕尼黑	慕尼黑機場	28km	45分／約€60	S1,8	42-46分	€11.60
德勒斯登	德勒斯登機場	12km	20分／約€33	S2	21分	€2.40
萊比錫	萊比錫機場	22km	35分／約€40	S2.3	14分	€4.90

※每隔1～2個小時就會有1班德國漢莎航空的直達巴士從法蘭克福機場開往海德堡。€25，來回€460（詳情請洽德國漢莎航空）。

從台灣直飛法蘭克福的班次起降時刻表（中華航空）

班機號碼	去程日期	起飛地點	到達時間
CI061	每天	台北發 23：50	06：25

本時刻表為 2020 年 2 月資料，實際時間請洽航空公司。出發前請務必與航空公司確認。

其他的地方機場

德國還有好幾個小飛機專用、與主要機場連結的地方機場，例如在基爾、明斯特、多特蒙德、愛爾福特、霍夫、拜羅伊特、腓特烈港等地都有，也有定期的航班飛行其間。如果要以在主要機場轉機的方式直接飛往地方機場的話，可以請國內的旅行社代為預訂機票，或者是透過從國內飛往德國的航空公司幫忙處理訂票事宜。

火車

搭火車是在德國境內最舒適也最方便的移動方式。德國鐵路股份公司（俗稱DB＝ Deutsche Bahn）幾乎涵蓋了所有的路線，主要路線請參考p12～13。

德國鐵路的收費系統

德國鐵道的普通席座位稱為Flexpreis，即不指定任何條件的票券。另有1等車廂Erste Klasse與2等車廂Zweite Klasse，兒童5歲以下免費，6～14歲半票，14歲以下有保護者隨行的話則免費。另外，未滿100km的車票僅限當日有效，100km以上的長途則2日有效（可中途下車住宿1晚），即使是100km以內也可以在使用日當天搭乘來回。另外，2018年8月起長途車票還可以使用目的地的所有市內交通（以前只能搭S-Bahn）。除外，週末票券（P.350）、適用於州內短程列車的Länder Ticket（幾乎所有州的週一～五9:00～翌03:00，週六日00:00～翌03:00都有效）等等，都有很多優惠措施。

德國火車的種類

●德國高速列車（高鐵）＝ICE

德國鐵路的主角是時速330公里的高速列車ICE。200輛以上分成13條路線，以1～2小時的間隔行駛，將主要都市連結起來。不僅在主要車站換車非常方便，而且從清晨到深夜，每個停靠站都會在每個小時的同一時間發車，8點10分、9點10分……不用背時刻表，可愜意的享受旅程。

●國內城際特快列車＝IC

特急IC和ICE一樣，都是構成德國鐵路特急網絡的一員。其所扮演的角色是彌補ICE的不足，在中型都市也會停車，也行駛在一部分的地方路線上。

車資折扣系統

●Sparpreis

事先預約指定列車可享優惠（但不能搭乘指定列車以外的班次）。另外在特定的區間（如法蘭克福～慕尼黑之間）在早晨和傍晚會有較多的優惠。可以從下列的網址，然後依據畫面中間的Timetable&booking欄的「Saver fare finder」點擊檢索。HP www.bahn.com/en/view/index.shtml

●Länder-Ticket

有僅限各州內，最多可5人乘車的1日券車票（不是一家人也沒關係，當然也有1人用票券。雖然乘車系統根據各州稍有不同，但拜楊邦票Bayern-Ticket很有名）。※適用於S-Bahn、RB等短程列車的2等車

不可不知便利情報

在德國鐵道（DB）的官網輸入起始站和終點站，可查詢到最短的路徑、車種和費用等等資訊，也可在官網購票。HP www.bahn.de/en/view/index.shtml

在主要車站的旅行社或車票的售票口也放著以目的地分類的小本時刻表。另IC等車內座位也會放著顯示該車路線的時刻表。2等車廂的指定座位需要另行付費（1等車廂不用）。

德國鐵路的火車種類

種類	簡稱	名稱	其他費用（車資以外要支出的費用）
高速列車	ICE	城際快車	依區間收費的系統
	ICE Sprinter	城際通勤列車	柏林～法蘭克福、漢堡～科隆、漢堡～法蘭克福等3個區間的商業高速列車，需另外付費
特快	EC	歐洲城際特快列車	國際特快，比普通車資要貴
	IC	國內城際特快列車	國際特快，比普通車資要貴
	CNL	都市夜行快車	國際夜行夜車，需支付額外費用
	EN	歐洲城際特快夜車	國際寢台列車，需支付額外費用
快車	IRE	區間轉接快車	地區性快車，只有車資
快速	RE	地區快速列車	連結都市和周邊地區，只有車資
	ALX	地區快速列車	僅慕尼黑周邊，只有車資
普通	S	S-Bahn	相當於以前的國鐵的短程電車
	RB	地區性火車	各站停車

搭乘方式・購票方式

2等車廂與高鐵的商務車廂差不多。

鐵路用語

●列車
英 train　德 Zug
●月台
英 platform　德 Bahnsteig
※如果要說幾號月台時用Gleis
●車資
英 fare　德 Fahrpreis
●單程車票
英 one-way ticket
德 einfache Fahrkarte
●來回車票
英 round-trip ticket
德 Rückfahrkarte
●出發
英 departure　德 Abfahrt
●抵達
英 arrival　德 Ankunft

可以先確認月台的停車位置。

黃色是出發時間，白色是抵達時間

火車的搭乘方式

德國的鐵道系統非常完備，但與台灣有很多不一樣的地方，像是發車時不會有發車鈴響等。先仔細確認前往目的地的路線後，按照使用的順序搭乘。帶著行李上下月台需要花很多時間，所以至少預留15分鐘左右比較保險。可以到車站內的Service Point確認月台和發車時間，購買車票請到Reise Zentrum。

使用火車的順序

1 確認路線

德國的車站並沒有貼出鐵路路線圖，不過能免費拿到目的地別的火車時刻表。想確認搭乘資訊時可以向站內的Service Point洽詢，購買車票雖然得到Reise Zentrum，但在這裡可以查詢並列印轉乘時的最短路線。在窗口排隊時，請排在寫上Fahrscheine的行列（Expressverkauf只有販賣車票）。

2 車票的種類・購買

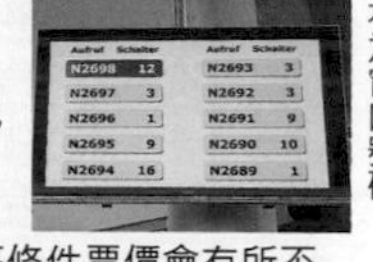
左為叫號號碼，右為窗口號碼。

短程車票可以在自動售票機購買，也能購買1日券、來回車票、團體票等。長途車票則依1等、2等車廂、單程、來回、轉車點、搭乘ICE、預約座位等條件票價會有所不同，在洽詢時要詳細確認。另外，在窗口購買長途車票時，在入口處要先抽取像在台灣銀行辦理業務時的號碼券才行（Aufrufsystem ※只有主要城市）。

3 確認月台

與台灣不同，並沒有剪票口、發車時也不會響鈴。月台（Gleis）以ABC來區分，搭乘ICE時車廂的停靠位置也是固定的，可以看顯示板上的資訊或是到Service Point確認。

4 上車與下車

即使列車已進站停靠，車門也不會自動打開。上下車時乘客必須自己打開車門，有分為按車門旁邊的按鈕以及手動將把手左右壓開等兩種形式。

★所謂BahnCard是指DB的搭乘車資可以獲得25～50%折扣的會員卡，入會時需準備照片、護照和手續費。

POINT 絕對不可搭霸王車！ 無論是哪一種交通工具，常常都會有便衣的驗票人員臨時上車突擊檢查車票。如果被發現是無票搭乘除了高額的罰金€60外，還會被帶到特定的場所去辦理各種手續。

購票方式

短程車票（50km以內）或是市內交通網的車票可以在自動售票機購買，長途車票有的也可以在自動售票機購買。

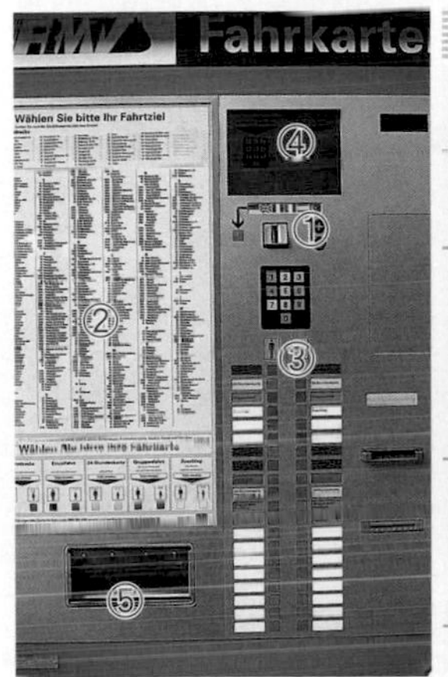

短程車票

①選擇語言 依國旗標誌選擇語言別

②選擇目的地 從站名一覽表中確認目的地區域的代號

③輸入區間 車票種類（單程：Einzelfahrt Karte、1日券：Tages Karte等）在下一排的按鈕（左邊是大人、右邊是小孩的車資）選擇

④放入金額 依顯示金額投入現金（Kein Wechselgeld表示無零錢可找要特別注意。取消是上方的C按鈕）

⑤取票 彈出車票

長途車票

① 選擇語言 輕觸畫面後會出現國旗畫面（以下是選擇使用英語時的順序）

② 選擇使用內容 如果要買車票，選擇畫面左上的Point of departure-destination。All offers指的是週末車票（p.350）等，選擇右下方的Transport association也可購買短程車票（市內交通）。如果只是想查詢列車資訊時請選擇Timetable information

③ 選擇出發車站 選擇車站時先按other station，再按想選擇車站的首字母就會出現篩選後的車站清單

④ 選擇到達車站 （同上）※到達車站=Destination

⑤ 選擇車票種類 選擇單程（Single）或是來回等車票種類

⑥ 選擇人數 選擇大人（adult）或是小孩、1人或是複數

⑦ Bahn Card 選擇no Bahn Card（參照左下頁說明）

⑧ 選擇車廂等級與火車的種類 1等車廂=1st class，無特別指定時請選擇All train

⑨ 選擇出發日期 馬上出發的話選擇immediately，其他日期則從畫面上的日曆選擇日期、時間

⑩ 選擇列車 從符合條件的清單中選擇想搭乘的列車。列車的詳細資訊請按左邊的「＞」、按上方的connection按鍵

⑪ 預約 若不需預約座位直接按No reservation跳到下一個畫面

⑫ 確認與付費 按上方的按鍵Overview會顯示預約的所有資訊，若沒問題就按右下方的「Pay」，在下一個畫面確認可使用的紙幣後支付車資

★在自動售票機中使用信用卡支付時不需填入密碼。另外，想要查詢發車時間與接駁資訊時可以按「print connection」列印出來。

新型長途車票用的自動售票機，只要觸碰螢幕即可。大都市的車站都有站務員可以洽詢。另外也可以購買短程車票。

❷在一開始的畫面選擇下方的英國國旗，從這裡開始選擇使用內容。

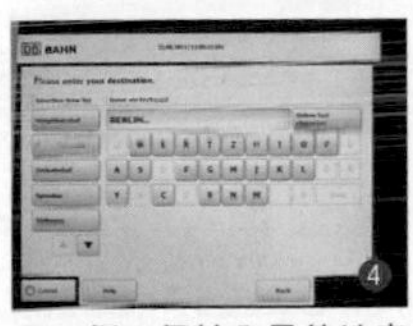

❹一個一個輸入目的地車站名稱的字母。輸入都市名稱的話，左邊就會出現中央車站、東站等清單。

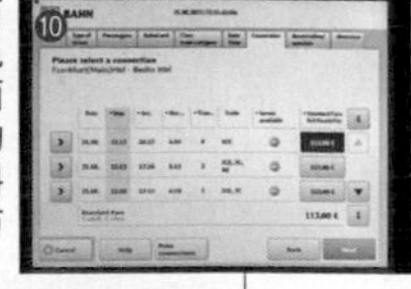

❿右下方有「NEXT」的綠色按鍵，請按照畫面的指示輸入必要的資料。需要的資料內容會顯示在上方的視窗。

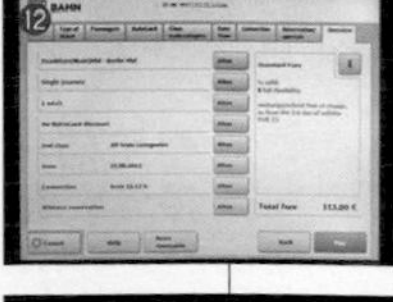

⓬全部輸入完成後的畫面。如果有需要修正的資料，按下Alter或是用上方的按鍵移動。完畢後按右下方Pay的按鍵。

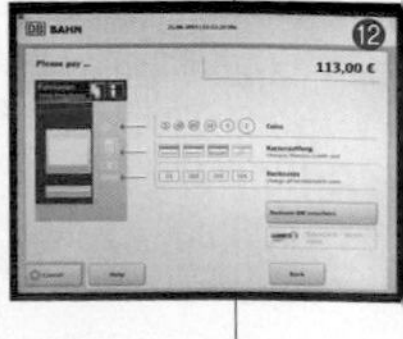

⓬支付車資的畫面。右方顯示金額與可以使用的信用卡、紙幣的種類。信用卡不必輸入卡號，插入後會馬上出現請取出卡片的指示。

周遊券&優惠票

German Railpass 票價

	4天	7天	10天
1等車	€280	€365	€435
1等車（雙人）	€420	€545	€650
2等車	€210	€270	€320
2等車（雙人）	€310	€405	€485
2等車（青年）	€165	€215	€260

Eurail Global Pass 票價

連續15天	€597
連續22天	€768
連續1個月	€942
連續2個月	€1327
連續3個月	€1635

Eurail Global Pass Flexi票價

	1等車	2等車(青年)
10天	€702	€459
15天	€919	€600

Eurail Select Pass 票價／德國＋法國＋瑞士＋奧地利時

	1等車	2等車
5天	€427	€344
6天	€466	€436
8天	€542	€436
10天	€619	€497

歐洲任選４國：德國+法國+瑞士+奧地利為例
※以上資料以DB(德鐵)
HP www.bahn.de，2018年7月資料
※青年票適用於12～25歲。

使用前一定要先在車站接受驗證

所有的鐵路票券都相同，在第1天使用時一定要在搭乘前到車站進行驗證。如果疏忽沒有進行驗證會被課違約金，請特別注意。當然驗證之後就不需要再一一買票，也不需要在搭乘時給站務員檢查。

各種周遊券

●German Railpass德國火車周遊券

為德國全部鐵路（薩爾斯堡、巴塞爾也可以使用）、全線列車不限次數搭乘（指定席和臥舖要另加費用）的票券。從開始日到1個月內的有效期間內，可選擇3～10天搭乘（共5種），有使用日期不需連續的Flexi Type與可連續5天、10天、15天內使用這兩種。分1等車廂與2等車廂，使用2等車廂時又分為以12～25歲為使用對象的青年券以及2位成人一同搭乘、第2人半價的雙人票等種類。還有各種優惠方案。

★優惠例
■Europe pass羅曼蒂克大道路線的車資20%OFF！
■免費搭乘KD公司、Germanline公司的遊覽船！
※優惠內容隨使用時間與利用區間會有所不同，請事先確認。

●Eurail Global Pass

為歐洲33國家的國營鐵道或與其地位相當之鐵道的1等車廂不限次數搭乘的票券，分15天、21天、1個月、2個月、3個月等5種，從使用日期開始計算的連續天數內有效。也有從使用開始的2個月內自由選擇10天或15天、不需連續使用的Eurail Global Pass Flexi。以這兩種票券為基礎，另外還發行以12～25歲為對象、使用2等車廂的青年券以及2～5人的團體或家族利用時非常划算的Saver Pass。還有楚格峰登山鐵路折扣等多種優惠。

●Eurail Select Pass

從歐洲31個國家中選擇鄰近4國的國營鐵路，或與之相當的鐵道1等車廂不限次數搭乘的票券。是可從使用開始日的2個月內自由選擇5天、6天、8天、10天等希望搭乘的日期（不需要連續）的Flexi Type。根據組合國家不同，票價也不同。

火熱情報導覽

在德國境內也能購買
短期旅行的話使用優惠票券也很便利

德國火車周遊券（在德國購買的話可以選擇3～10天用，青年票使用2等車廂、10天用的場合要€276）或是Eurail Global Pass都可在德國當地購買（條件是必須持有與德國陸地沒有相連之國家的護照），但是購買地點僅限於大城市的主要車站。

★活用各州的優惠票券和週末票券

僅能在州內使用的Länder Ticket(P.347)在鄰州甚至接續的站皆可使用的例子也很多。團體客想在週六日移動的話也可使用週末票券Schönes-Wochenende-Ticket，最多可5位成人無限搭乘，售票機賣€42（售票窗口賣€44）。不過不論哪種票搭乘RE、RB、S-Bahn等慢速車的2等車廂都只到凌晨03:00。

市內交通 U-Bahn／S-Bahn／市電／巴士／計程車

德國市內交通的使用方式和台灣有很大的不同，最大的不同是無論哪一個城市，公共交通網的車票均可共通使用。到目的地的車票無論是直接乘坐U-Bahn或是在途中轉乘S-Bahn、公車都可自由選擇，月台也不像台灣一樣有剪票口。另外，除了S-Bahn以外，其他都與德國鐵路（DB）是分別隸屬於不同的組織，所以German Railpass之類的周遊券不可混合使用。

市內的公共交通

●U-Bahn

即所謂的地下鐵，市中心以外的地區也會行駛出地面。依系統分別標示為U1、U2、U3與路線號碼，辨識的標誌是U。

●S-Bahn

連結都市與郊外的鐵路。依系統標示為S1、S2、S3與路線號碼，辨識的標誌是S（German Railpass等可以使用）。

●市電（Straßenbahn）＝Tram

即路面電車，中型以上的城市大都可以看見。通常是由2～4個車廂所組成，和巴士一樣廣為大眾所利用。車票在停靠站的自動售票機販售。停靠站的標誌是H。

●巴士

從火車站往市中心移動、或是往郊外的觀光景點時非常便利。車票可在巴士站的自動售票機或直接向司機購買。

●計程車

除了大都市外路邊很少有隨招隨停的計程車。但只要是空車大多數會停下來載客。基本上是要到計程車招呼站才能搭車，如果招呼站裡沒有計程車停靠的話，可以利用站裡的電話叫車。在餐廳、飯店只要向服務生或櫃台要求就會幫忙叫計程車。給司機的小費大約是10～15%左右。

出到地面上的U-Bahn。

CHECK POINT

★U-Bahn、S-Bahn（含RE、RB）、市電、巴士的車票均可通用。幾乎都會有發行名為Tages Karte的1日券，只要購買就可以一整天不限次數搭乘所有的市內大眾運輸工具。

★沒有剪票口，但在巴士和市電的車內、U-Bahn和S-Bahn的月台上都有記入乘車時間的刻印機（依都市不同，有的地方不需要打印）。

★計程車車門不是自動門，需要乘客自行開關。禁止將車門上鎖。若只有1人搭乘有時會請乘客坐在助手席，此為德國的做法，請記得繫好安全帶。

★幾乎所有交通工具車內都是禁止吸煙「Nichtraucher」，搭乘計程車時可向司機確認。

到市內的ℹ購買旅遊卡！

在主要都市都有針對觀光客所發行的旅遊卡，在有效期限內均可免費搭乘市內的大眾交通工具。優惠很多，也依各地有所不同，有的旅遊卡還會包含各地名勝、美術館、博物館等觀光景點入場券的折扣優惠。只要持有旅遊卡就不需要在搭車時麻煩地找尋零錢、只需拿出卡片即可。市內的ℹ都可以購買。

印上乘車時間的刻印機。

實用德語・英語會話

計程車內

●請到這個住址

英 Please take me to this address.

德 Fahren sie bitte zur dieser Adresse.

●請在這裡停車

英 Stop here,please.

德 Halten Sie hier bitte.

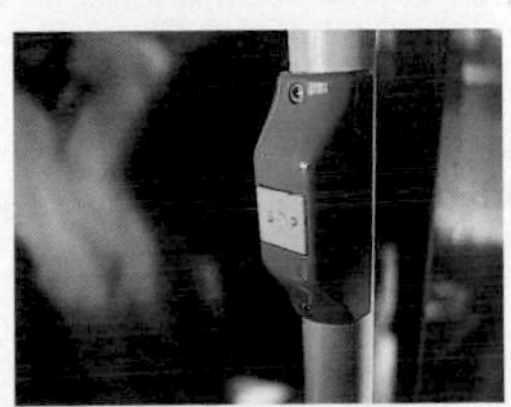
巴士的下車鈴。

前往鄰國的鐵道路線

德國是歐洲的中心！

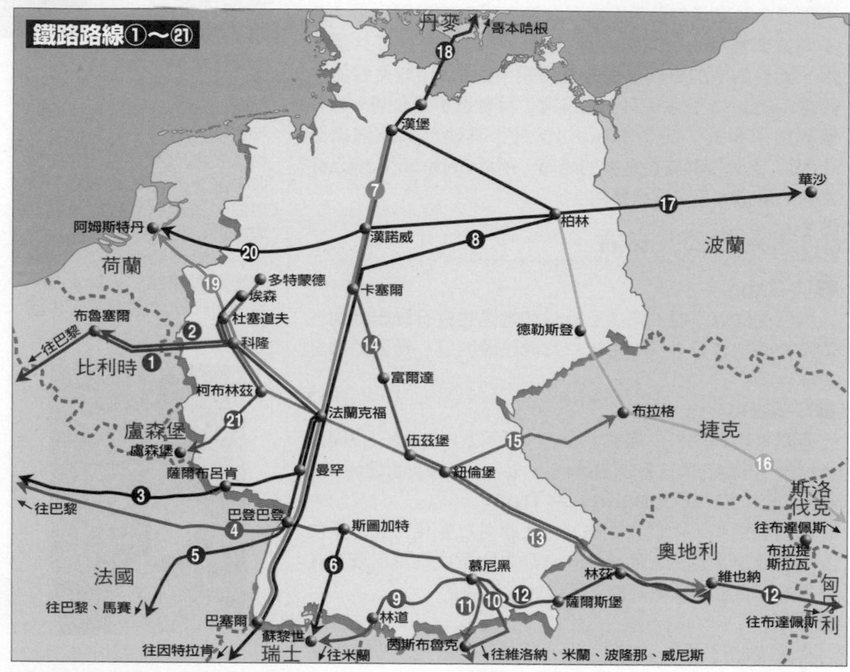

◆前往法國、比利時

路線①　埃森→科隆→布魯塞爾→巴黎北站〔Thalys：從埃森4小時35分、從科隆3小時15分〕

路線②　法蘭克福→科隆→布魯塞爾〔ICE：全程所需時間約3小時6分〕

路線③　法蘭克福→曼罕→巴黎〔ICE或TGV：全程所需時間約4小時19分〕

路線④　慕尼黑→斯圖加特→巴黎〔ICE、TGV（斯圖加特轉乘）：從慕尼黑約6小時7分、從斯圖加特約3小時40分〕

路線⑤　法蘭克福→曼罕→巴黎→馬賽〔TGV：全程所需時間8小時57分〕

◆前往瑞士

路線⑥　斯圖加特→蘇黎世〔IC ：到蘇黎世約2小時57分〕

路線⑦　漢堡→法蘭克福→巴塞爾→蘇黎世〔ICE：全程所需時間6小時30分〕

路線⑧　柏林→法蘭克福→巴塞爾→因特拉肯〔ICE、IC（巴塞爾轉乘）：全程所需時間9小時25分〕

路線⑨　慕尼黑→林道→蘇黎世〔EC：全程所需時間約4小時26分

◆前往奧地利、義大利、捷克

路線⑩　慕尼黑→茵斯布魯克→維洛納〔EC：全程所需時間5小時18分〕、或米蘭〔EC：全程所需時間7小時14分〕、或波隆那〔EC：全程所需時間7小時30分〕、或威尼斯〔EC：全程所需時間6小時32分〕

路線⑪　慕尼黑→茵斯布魯克〔EC：全程所需時間約1小時45分〕

路線⑫　慕尼黑→薩爾斯堡→維也納→布達佩斯〔RJ：到維也納約4小時41分、到布達佩斯約7小時18分〕

路線⑬　多特蒙德→紐倫堡→林茲→維也納〔ICE：從多特蒙德約9小時30分〕

路線⑭　漢堡→紐倫堡→林茲→維也納〔ICE：從漢堡約9小時9分〕

◆前往捷克、匈牙利

路線⑮　紐倫堡→布拉格〔IC Bus：全程所需時間約3小時38分〕

路線⑯　柏林→布拉格→布達佩斯〔EC：到布拉格約5小時56分、到布達佩斯約11小時49分〕

◆前往波蘭

路線⑰　柏林→華沙〔EC：約5小時30分〕

◆前往丹麥

路線⑱　柏林→漢堡→哥本哈根〔ICE：從柏林約6小時48分、從漢堡約4小時42分〕

◆前往荷蘭

路線⑲　法蘭克福→科隆→阿姆斯特丹〔ICE：全程所需時間約4小時35分〕

路線⑳　柏林→漢諾瓦→阿姆斯特丹〔IC：全程所需時間約6小時24分〕

◆前往盧森堡

路線㉑　杜塞道夫→柯布林茲→盧森堡〔RE：全程所需時間約4小時36分〕

在德國旅行時的禮儀須知

各式各樣的習慣與禮儀

●小費

餐廳的話約在5～10%左右，如果是學生或年輕人沒有必要超出自己的能力給高額小費。使用信用卡付帳時，另外用零錢給小費或是告訴對方加算小費後的總金額都可以。如果是自助式的餐廳就不需要支付小費。

●在商店

進入商店時要說「Guten Tag！」或是「Hallo」打聲招呼，什麼都不說會給人不好的印象。在店內如果沒有打算買東西，請盡量不要出手觸碰，拿起來看過後要把商品放回原位。

●觀賞戲劇時

德國人對於晚上的服裝非常嚴格。到啤酒屋等場所以輕鬆的裝扮沒有問題，可是如果是要去吃法國菜或是觀賞歌劇，男性的話就要襯衫配上領帶，女性則要著小禮服等，記得要以正式的服裝出席。

●使用計程車

向計程車公司叫車時記得事先確認計程車號碼，如果同時有很多人在等車時，就能馬上知道來的是不是自己叫的車。如果是請餐廳或是飯店叫車，只要事先吩咐，計程車到達時櫃檯或是服務生就會告知，一般而言必須支付小費。移動距離較短（2～5km）時，需事先告知「Kurz Streck」（短程），依城市會有不同的收費。

●沒有便利商店

商店在週日休息，平日也大多開到晚上20：00。沒有24小時營業的便利商店，深夜還在營業的只有加油站和城市車站內的商店。

●飯店的浴室

有浴缸的旅館很少，即使是高級飯店也不一定會有。如果是對泡澡有特別偏好的人最好事先確認。

●德國的廁所

基本上公共廁所都要收費，大約在50c左右。美術館、博物館、餐廳則免費，但是麥當勞等速食店多要收費。

共乘制度

在德國，汽車共乘制度即所謂的Mitfahrgelegenheit非常發達，這是一個只要將想要去的目的地與日期時間登上雜誌或大學的BBS等，就可以募集共乘者的系統，共乘者得負擔一半的油錢。在比較大的城市有所謂的Mitfahrzentrale，到那裡提出申請亦可。但是，並不是每次都能夠順利募集到共乘者。另外，女生單獨一人旅行時，與提供共乘的對方並非買賣的對價關係，所以言詞上請特別注意。 HP www.mitfahren.de

HP www.blablacar.de（最近在歐洲流行中的共乘服務）

維持街道清潔

在德國常常會看到設計新潮的垃圾桶。為了維護街道的整潔，每一位觀光客也應該付出心力。

紙、玻璃等依垃圾種類投入口會有所不同，請注意！

與德國人當朋友吧！

德國人常常被認為是在歐洲國家中與日本民族性最接近的國家，有著沉穩、認真、講道義的個性，即使是用生硬的語言交談，對方也會熱情的回覆。德國人一直以來被教育成要清楚的陳述自己的意見，所以與對方交談彷彿就是一場討論會般、非常有趣。所以在那樣的場景下，若只是沉默不語常會被認為是不敢說出自己的意見，請留意。與德國人變成朋友後，不太需要去注意文法等細節，無論是用英語或是德語積極地參與對話，盡量讓自己的心意傳達給對方即可。

另外，在德國有很多土耳其移民，很多已是第二代或第三代了，他們大多可以說流暢的德語並擁有德國國籍。從他們比較隨意的個性中，又可以有不一樣的文化體驗。

兌換錢幣

換算匯率
€1 ≒NT$ 33.8
(2020年1月)

實用德語・英語會話

匯兌

●我要換錢。
英 I would like to change some money.
德 Bitte Geld Wechseln.

兌換錢幣的方法

●可以兌換錢幣的場所

能換錢的地方有郵局、匯兌所、飯店等地，但並不是隨時隨地都有，所以只要有機會就事先換好會比較安心。請找匯率、手續費都有清楚標示的地方換錢。一般來說，匯兌所會提供比較好的匯率，但手續費也會依當時的匯率高低而有變化，最終會換得多少金額要多方比較才行。

●ATM（自動提款機）的使用方式

最近在大都市的市中心設置24小時ATM和自動匯兌機的地方也越來越多，夜晚也可以使用，所以當銀行、匯兌所關門卻又需要現金時非常方便。ATM可以使用國際現金卡或是信用卡，使用方式是只要將卡片放入、再遵循畫面上的指示操作即可，畫面可選德語或是英語。銀行一般的營業時間是9:00～13:00、14:00～16:00（週二、四～18:00），週六、日與例假日休息。不過中央火車站和機場內的銀行營業時間很長，特別是機場通常從清晨營業到深夜。郵局的營業時間一般為週一～五9:00～19:00、週六～14:00，但依各地郵局會有些不同，週日及例假日休息。

選擇使用語言

選擇預定領取的金額

從這裡放入卡片
表示畫面
輸入按鍵
現金出口
密碼輸入鍵盤

再次兌換

從德國造訪其他國家（非歐元國家），如果還有多餘的歐元，趁還在德國時兌換成目的地國家的貨幣較佳。原則上每個國家都會給自己國家的貨幣最好的價錢，這點請銘記在心。因為零錢不能兌換，所以請有計畫地使用吧。

匯率大研究

錢幣要在國內先換好還是到德國後再換，是可以討論的問題。從匯率比較表可了解手續費很高。一般而言，在當地飯店匯兌是最不划算的方式。

●從手續費、匯率及方便性來想想在德國要用到的歐元現金該怎麼換才好

Case 1 在台灣就先準備好歐元——匯率比較透明。只是帶太多現金出門會有點不放心。

Case 2 在當地銀行兌換——因為當地銀行不一定能接受新台幣兌換歐元，所以要以美金兌換，而且要花一筆上手續費。法蘭克福機場的AirportCenter（Sheraton Hotel旁）有德意志銀行。

Case 3 使用當地車站等處的換匯所（大多是ReiseBank）——匯率很差且手續費也蠻高的。只是比較方便。

Case 4 用有跨國提款功能的金融卡在當地ATM提現——雖然每次提領都會收手續費，但使用上較方便。

電話與郵務

©2015 Deutsche Telekom AG

電話

德國的公共電話有投幣式與電話卡式兩種，使用投幣式公共電話撥打市內電話最低費用是₵10起（不會找零）。電話卡則有€15、€20、€25三種，可在郵局、書店、販售亭等處購得（透過電信公司Telecom接通）。飯店客房的電話通話費相當高，請多留意。此外最近有出一種只能在德國境內使用、使用期效1個月的預付SIM卡。在手機店、大型家電店（Saturn等）有賣，只要有帶可用一般SIM卡的智慧型手機，就能比以往更方便使用電話通話及上網。

撥打國際電話回台灣的方式
<電話直撥>

直接撥打對方電話的方法。從飯店房間撥打電話時，要先輸入規定的外線號碼後，才能使用，撥打方式的順序基本上各國都一樣。

例）要撥打02-1234-5678時

飯店撥打外線時的號碼（使用公共電話時就不需要）

☆ - 00 - 886 2 1234 - 5678

- 00：國際電話識別碼（或是電信公司的冠碼）
- 886：台灣的國碼
- 2：去掉區域號碼前的0
- 1234 - 5678：對方的電話號碼

只能使用電話卡的機種

從台灣撥打電話至德國

國際電話的直撥方式為002（台灣國際冠碼）+49（德國國碼）+區碼（去掉開頭的0）+對方的電話號碼即可。

郵務

●要寄信或明信片時

寄回台灣的航空信件，姓名與地址可寫中文，不過為了方便辨認，在上面寫上「Taiwan」，還有「LUFTPOST」或「Air Mail」特別註明為航空郵件。投遞時要投入寄往市外的黃色郵筒（Andere Orte）。寄到台灣大概要7～10天。此外，郵票除了可在郵局購買之外，也能在各處設置的自動販賣機（兼郵筒）購買。

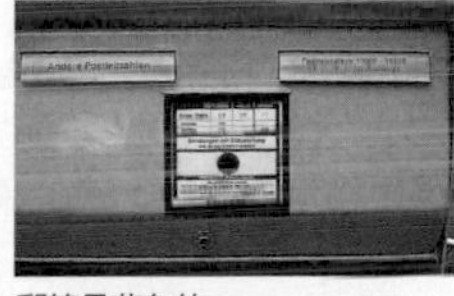
郵筒是黃色的

●寄送包裹（寄往台灣時）

包裹分為Päckchen（M號小包：最重2公斤／€16）與Postpaket（包裹：最重31.5kg／最重5kg為€46.99、最重10kg為€62.99、最重20kg為€101.99、最重31.5kg為€131.99）兩種。海運預估要1個月。可換成空運Luftpost。但會追加如下的費用。重量最重5kg＋€22、最重10kg＋€46、最重20kg＋€85、最重31.5kg＋€120。Päckchen則總金額會變為€38、Postpaket 最重5kg時則會變為68.99。

有各種大小的包裹尺寸

●郵局的營業時間

一般的營業時間為週一～週五9:00～19:00，週六為9:00～14:00。週日、假日則休息。大城市的車站內及機場內的郵局則是每天都會營業到很晚。

郵局的標誌

郵務費用

●國際（歐洲圈外）郵件

明信片	€0.90
信件（～20g）	€0.90
（～50g）	€0.90
大型空運郵件 1kg～2kg	€17

●歐洲圈內（德國境內）郵件

明信片	€0.45
信件（～20g）	€0.70

神聖羅馬帝國

東法蘭克的奧圖一世擊退了馬扎爾民族的侵襲，於962年加冕為神聖羅馬帝國（第1帝國）皇帝，身兼日耳曼國王及羅馬國王，成為當時世間擁有最高權力的人。雖然在鼎盛時期他建立了橫跨至荷比盧、伊比利半島、義大利北部的廣大帝國，但在1806年為拿破崙征服，因而不復存在。

皇都與皇宮

初期的神聖羅馬帝國沒有明定的首都，並在各地建造皇帝行宮，因為皇帝為了管理帝國會在各個城市間輾轉遷徙。皇宮所在的城市——皇都，會使用象徵帝國的鷲紋章。帝國內大多是貴族及騎士的領地，而直屬於皇帝並擁有自治權及收稅權的都市便是帝國自由城市。

紐倫堡的皇帝行宮

德意志騎士團與漢撒同盟

12世紀時，德意志騎士團對波蘭及波羅的海三國的斯拉夫人進行軍事侵略。而帝國自由城市——呂北克的市民也沿著波羅的海建設起羅斯托克等殖民城市。以如此生成的各個城市為基礎，為了維護貿易權益，於1241年結成漢薩同盟。

呂北克的市政廳

宗教改革至30年戰爭

馬丁路德的宗教改革將基督教社會引領至一個動盪的時代。在德國的領主之間，因新舊教信仰不同而使得領地糾紛變得更加嚴重，1618年時周邊諸國也捲入其中，爆發了30年戰爭。在這個戰爭中，德國失去三分之一的人口，城市與農田都變得極度荒廢。1648年戰火雖然因為西發里亞和約簽訂而停息，可是德國也因此分裂成300多個小諸侯國，走入封建統治。

德國歷史年表

西　元	發生事件（藍色文字表示與文化相關事件）
羅馬帝國	
B.C.1世紀～	羅馬人進入萊茵河流域
16	特里爾建都
15	奧格斯堡建都
A.D.100左右	巴登·巴登發現溫泉，建設羅馬浴場
1～2世紀	特里爾建設羅馬式圓形劇院、尼格拉城門等
376	西哥德人入侵，日耳曼民族大遷徙開始
法蘭克王國～東法蘭克王國	
481	梅羅文加王朝建立
7世紀	建設梅爾斯堡古城（德國現存的最古老城堡）
800	查理曼大帝即位西羅馬皇帝
843	簽訂凡爾登條約，法蘭克王國一分為三
870	簽訂墨爾森條約，王國再次分割
10世紀	馬扎爾民族入侵，定居匈牙利
955	萊希菲爾德之戰，擊退馬扎爾民族
神聖羅馬帝國／奧圖王朝～薩里爾王朝～霍亨斯陶芬王朝	
962	神聖羅馬帝國成立，奧圖一世加冕
1054	東西教會大分裂
1075～1122	敘任權鬥爭
1077	卡諾莎之辱
1096～99	第一次十字軍東征
1147～49	第二次十字軍東征
1152	巴巴羅薩・腓特烈一世即位
1189～92	第三次十字軍東征
1199	德意志騎士團成立
1200左右	《尼伯龍根之歌》完成
13世紀初期	瓦特堡戀歌詩人歌唱大賽
1202～04	第四次十字軍東征
1230～83	德意志騎士團征服普魯士
1241	漢撒同盟成立
1248	科隆大教堂動工
1254	萊茵城市同盟成立
神聖羅馬帝國／空位期、諸王統治時代	
1256～73	空位期、皇權式微
1291	瑞士獨立之始
神聖羅馬帝國／盧森堡王朝～哈布斯王朝	
1347～49	黑死病流行
1356	金印詔書、七位選帝侯選定
1386	海德堡大學創立
1414～18	康斯坦茨大公會議，揚・胡斯遭火刑處死（1415）
1415	霍亨索倫家族王朝獲任為布蘭登堡藩侯
1438	哈布斯王朝上位
1456	古騰堡活版印刷術發明
1517	馬丁路德提出「95條論綱」，宗教改革開始
1522～23	騎士戰爭
1524～25	德意志農民戰爭
15～16世紀	富格家族興盛
1555	奧格斯堡宗教和諧
1618	布蘭登堡＝普魯士共主邦聯成立
1618～48	30年戰爭
布蘭登堡＝普魯士～普魯士／霍亨索倫王朝	
1648	簽訂西發里亞和約
1687	腓特烈·威廉大選帝侯積極招募胡格諾派人士
1701	普魯士王國建立
1714	漢諾威選帝侯——格奧爾格一世（後來的喬治一世）繼任為英國國王（漢諾威王朝～1901）
1729	J.S巴哈「馬太受難曲」
1740～48	奧地利王位繼承戰爭

1740	腓特烈大王即位（～86）
1745	無憂城堡建設開始
1749	腓特烈法典
1772	第一次瓜分波蘭
1775	歌德就任威瑪公國樞密顧問
1778～79	巴伐利亞王位繼承戰爭
1795	第三次瓜分波蘭，波蘭覆亡
1797～1840	解放農奴
1805	第三次反法同盟
1806	反法戰爭、拿破崙大陸封鎖令、萊茵聯盟、神聖羅馬帝國滅亡
1809	洪堡大學創立
1812	《格林童話》初版發行
1814～15	維也納會議
1815	四國同盟、德意志聯邦成立、神聖同盟
1824	貝多芬《第9號交響曲》
1835	德國首條鐵路開通——紐倫堡～菲爾特之間
1848	馬克思與恩格斯《共產黨宣言》、柏林3月革命
1848～49	法蘭克福國民議會
1850	制定欽定憲法
1862～90	俾斯麥執政
1864	普丹戰爭
1866	普奧戰爭、布拉格和約
1867	北德意志聯邦成立。奧匈帝國成立
1870～71	普法戰爭
德意志帝國／霍亨索倫王朝	
1871	德意志帝國建立，威廉一世就任皇帝，俾斯麥擔任宰相
1876	拜羅伊特節日劇院落成，華格納《尼伯龍根之歌》首次演出
19世紀末	佔領南太平洋諸島
1889	Daimler-Benz發明汽車
1895	發現X光線
1905	第一次摩洛哥危機，愛因斯坦發表《特殊相對論》
1906	赫爾曼・赫賽《車輪下》
1910	佛洛伊德《精神分析引論》完成
1911	第二次摩洛哥危機
1914～18	第一次世界大戰
1918	皇帝退位逃亡，德國投降
德意志共和國	
1919	巴黎和會、簽訂凡爾賽條約、制定威瑪憲法、包浩斯學校設立
1924	湯瑪斯・曼《魔山》
1926	加入國際聯盟
1929	世界經濟大恐慌、齊柏林飛船繞世界一周
1933	希特勒就任總理，退出國際聯盟
1935	重整軍備宣言
1939	德蘇互不侵犯條約、德國進攻波蘭，第二次世界大戰開始
1940	結約德義日三國同盟
1945	德國無條件投降，由四國分割統治，波茨坦會談
德意志聯邦共和國／德意志民主共和國	
1946	紐倫堡軍事審判
1949	德意志聯邦共和國（西德）、德意志民主共和國（東德）成立
1954	西德加入NATO
1955	華沙公約組織簽訂
1957	歐洲經濟共同體（EEC）
1961	東德於西柏林邊界修築圍牆
1967	歐洲共同體（EC）開始活動
1973	東西德同時加入聯合國
1989	柏林圍牆倒塌
德意志聯邦共和國	
1990	東西德統一
1992	簽訂馬斯垂克條約
1997	EU首腦會議，簽訂阿姆斯特丹條約
1999	柏林的德國國會大廈落成。聯邦議會由波昂遷入
2002	採用歐元為通用貨幣

普魯士王國與腓特烈大帝

30年戰爭後，在小國分立狀態中興起的是霍亨索倫王朝的腓特烈・威廉。他於1640年成為大選帝侯，其子腓特烈一世在1701年坐上普魯士王國的王位。之後在代表18世紀啟蒙絕對君主的腓特烈大帝時代，經過奧地利王位繼承戰爭、七年戰爭，成長為與周邊大國比肩的國家。

波茨坦的無憂城堡

維也納會議與德國統一

19世紀初因拿破崙大軍侵略，而有了探求歐洲新秩序的維也納會議，德國邁向統一的機會也因此大大提升。1862年「鐵血首相」俾斯麥就任普魯士首相起，其手段與軍事能力也推動了德國境內的統一。同時在普奧、普法戰爭中獲得勝利。1871年威廉一世藉普法戰爭進駐法國，並於凡爾賽宮鏡廳進行加冕為德意志皇帝，建立德意志帝國（第2帝國）。

威瑪共和國

1914年，奧地利皇太子遭到暗殺，進而爆發第一次世界大戰。此戰為長達4年的長期戰，導致德意志的國力疲弊，國內充斥著反戰情緒。1918年威廉二世皇帝逃亡荷蘭，德國投降。經過1919年的凡爾賽條約，威瑪共和國誕生。在據說是當時最民主的威瑪憲法的影響下，電影、戲劇、等大眾文化開始流行，以包浩斯為中心的新藝術活動也變繁盛。

納粹興起

因鉅額的戰爭賠償金、1929年開始的世界經濟大恐慌，使得德國經濟持續惡化，納粹巧妙地操控大眾的情緒，拓展納粹勢力。1933年希特勒登上總理之位，主張日耳曼民族的優越性，將政權獨裁化，同時迫害猶太人、侵略周邊諸國，引發第二次世界大戰。

東西德的分裂與統一

1945年希特勒自殺，德國無條件投降。分別由英美法蘇四國統治，而於1949年分裂成東西德。1961年東德為避免人民逃亡至首都柏林，而築起「圍牆」。不過在蘇聯解體及東西冷戰結束後，圍牆便於1989年倒塌。隔年1990年東西德統一。

德國文化用語解說

建築 美術 Architecture & Art

●羅馬風格

11～12世紀以法國、德國為中心盛行的建築風格，主要用於教堂建築。特徵是半圓柱式的拱門和3廊式雙重內殿，營造出渾厚的感覺。希德斯漢、麥茲、班堡等地的大教堂便是大家所熟知的典型羅馬式建築。

希德斯漢的聖米歇爾教堂

●哥德式風格

12世紀於法國北部，由羅馬式風格衍生出的建築風格。以教堂建築為中心，其裝飾之雕刻也風靡一時。此建築風格的特色是擁有挑高扶上的穹頂天花板、由石頭組成的尖肋拱門，並且使用飛扶壁的設計，而也因為誕生了此建築風格，便能打造更為巨大的教堂。此外，除了建築可蓋得更大之外，還能嵌入色彩豐富的彩繪玻璃。代表建築有科隆、烏爾姆的2座大教堂，以及特里爾聖母教堂、馬堡的聖伊莉莎白教堂等。

●文藝復興

特色為重新發現古希臘、羅馬文化，以及對世間的人類社會擁有強烈的感動，其影響不單只表現在建築及美術風格上，也為思想及哲學帶來偌大的改變。起源於15世紀義大利的佛羅倫斯，並蔓延至整個歐洲，不過那時德國正值宗教改革～30戰爭期間，因此在德國沒有很大的發展。為人所知的代表性建築有海德堡、奧格斯堡的市政廳等，而在繪畫、版畫上的代表人物則有杜勒、拉納赫、霍爾拜因、格呂內瓦爾德。

海德堡城堡

●融合各種風格

古代～中世紀的巨大建築要完成得花上很長的一段歲月。因此常常在一個建築裡會發現具有幾種不同的風格。海德堡和弗萊堡的大教堂則是基礎部分為羅馬式風格，塔樓卻是哥德式風格。此外，不萊梅和呂北克的市政廳則是主體建築為哥德式，外牆及樓梯則走文藝復興風格。

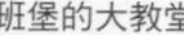
班堡的大教堂

●法蘭德斯畫派

在文藝復興～巴洛克時期，以低地國（現在的荷蘭、比利時）為中心活躍的畫家們便被稱為法蘭德斯畫派。具代表性的作家有范・艾克兄弟——將哥德式以來的寫實感發揮得更加深切、布勒哲爾——將愛情與諷刺細緻描繪進農民及其生活之中、魯本斯——將滿溢文藝復興鮮明風格的人物融入巴洛克風格的雄偉構圖之中。

●巴洛克式風格

起源於17世紀初的義大利，指到18世紀中期為止的建築、美術等的風格，同時也可用來表示時代的概念。刻意擺脫文藝復興時期的端正，加入誇張華麗的形態與色彩，擁有豐富的裝飾性，喜歡展現出變化豐富的空間。在德國則是從17世紀後半起，以王宮建築為中心盛行，特徵是形態上大量使用曲線、歪斜，再加上紙灰粉刷裝飾及濕壁畫，呈現出壯麗的夢幻之景觀。此時期廣為人知的代表人物以珀佩爾曼——設計德勒斯登的茨溫格宮，與巴爾塔薩・諾伊曼——設計伍茲堡的主教宮為首，還有雕刻家佩爾莫塞、畫家艾爾斯海姆等。

伍茲堡的主教宮

●洛可可式風格

特徵是顏色以淡彩與金色為基調，使用複雜的螺旋紋、唐草花紋及花朵紋飾打造出華麗纖細的裝飾。也有很許多像波茨坦的無憂城堡等，融合了巴洛克風格的建築。眾所皆知的洛可可代表建築有齊默爾曼兄弟打造的威斯教堂

威斯教堂

及美瑙教堂等，而邁森瓷器也可說是這個洛可可時代的美麗成果。

●新古典主義

18世紀後半～19世紀前半的建築及美術風格。批評巴洛克與洛可可風格的過度裝飾，並隨著古希臘及羅馬建築的研究進展、啟蒙思想的普及，以合理思潮為背景，重新將古代建築所擁有的簡樸之美視為至高的藝術。設計了國立劇院及舊博物館，改變柏林風貌的申克爾，則是當時獲得極高評價的頂尖建築師。其他還有柏林的布萊登堡門、雷根斯堡郊外的瓦爾哈拉神殿等具代表性的建築物。

●印象派

19世紀中期～後半，以法國畫家們為代表的繪畫派別。特徵有依仔細觀察的自然與光線，運用清亮的色彩、斷續的筆觸、不透明的厚塗方式等，展現出自然主義的一面。代表畫家有馬奈、庫爾貝、莫內、雷諾瓦、塞尚等。

●青年藝術風格

19世紀末～20世紀初，與以比利時和法國為中心興起的新藝術運動為相同系列的風格。特徵模仿植物形態、有如籐蔓般的曲線，以及擁有豐富的裝飾性，使用鐵、玻璃、磁磚等新的素材媒介，也有受到當時在歐洲流行的日本主義之影響。代表作家有以比利時建築師維克多・奧塔，以及維也納畫家克林姆為主的分離派等最為出名。

●表現主義

從20世紀初到納粹掌權時代為止，以德國、奧地利為主的藝術活動。起自對印象派的反彈，最終演變為表現畫家個人精神與信念的繪畫風格。作品的特徵為不拘小節，僅由簡單的線與面完成作品。以1905年克爾希納、海克爾等人在德勒斯登組成的橋社，還有1911年馬克、克利等人在慕尼黑組成的青騎士Blaue Reiter為主。其中尤以1912年畫出世界第一幅抽象畫的畫家康丁斯基，為人所熟知。

●包浩斯

格羅佩斯於1919年設立在威瑪的美術學校。以激進的建築師為主，還有畫家、工藝創作家、攝影師等，拓創新的理論。師資陣容有康丁斯基、克利、莫侯利－納吉、費寧格等前衛的傑出作家參與。1925年遷至德紹，1932年又遷至柏林，卻於1933年遭納粹解散。其後，格羅佩斯成為哈佛大學的建築學教授，莫侯利－納吉於芝加哥成立新包浩斯學院。對現代建築、美術、工藝，各個領域都持續帶來影響。

Music 音樂

●戀歌詩人

12～15世紀，以各地宮廷為主要舞台，活躍的戀歌詩人。全部都是男性，他們身兼詩人、作曲及演奏家。代表人物——福格爾魏德被譽為歌德之前最偉大的詩人。13世紀初在愛森納赫的瓦特堡城還展開了戀歌詩人歌唱大賽（請見p.91）。

瓦特堡城的歌唱大賽大廳

●工匠歌手

繼承戀歌詩人，為15～16世紀負責音樂、文藝活動的歌手。以平民為中心推展開來，內容有戀愛、聖書、社會諷刺等範圍很廣。基本的特徵是清唱、單旋律、節奏自由。

●巴洛克音樂

17～18世紀中期始於義大利的音樂風格。將器樂與聲樂分開，奏鳴曲、組曲、協奏曲等新器樂類別誕生，J.S巴哈完成了清唱曲。將教堂、宮廷、劇院的音樂普及至市民階級，這也是巴洛克時代的特色。代表作曲家除了巴哈之外，還有韓德爾及韋瓦第。

●古典派音樂

延續巴洛克的時代音樂風格。以絕對音樂的器樂為優勢，特徵是以擁有一貫性的樂章配置，創作交響樂曲。此風格是由在維也納將義大利、法國、德國等各音樂集大成的海頓、莫札特、貝多芬3人所完成，有時也會將他們特別稱作維也納古典派。

●浪漫主義音樂

始於19世紀初，隨著歐洲社會的發展，音樂的可能性也變得寬廣。否定古典派的制式感，強調更進一步地表現個人的情感。有被稱為幻想曲、即興曲、夜想曲的樂器小品，許多作品都十分出色。前期的浪漫主義音樂，廣為人知的音樂家有韋伯、舒伯特、孟德爾頌、蕭邦、舒曼等。後期的浪漫主義音樂則有完成標題交響曲的白遼士、孕育出交響詩風格的李斯特、創造綜合藝術音樂劇的華格納。

國家圖書館出版品預行編目（CIP）資料

德國 / 實業之日本社旅遊書海外版編輯部著；
賴惠鈴、李詩涵譯. -- 第三版.
-- 新北市 : 人人, 2020.03
面；　公分. --（MAP.人人遊世界；18）

ISBN 978-986-461-207-9（平裝）
1.旅遊　2.德國

743.9　　109001560

德國

MAP一人人遊世界（18）修訂三版
作者／實業之日本社旅遊書海外版編輯部
翻譯／賴惠鈴、李詩涵
編輯／甘雅芳、林庭安
發行人／周元白
排版製作／長城製版印刷股份有限公司
出版者／人人出版股份有限公司
地址／23145 新北市新店區寶橋路235巷6弄6號7樓
電話／（02）2918-3366（代表號）
傳真／（02）2914-0000
網址／http://www.jjp.com.tw
郵政劃撥帳號／16402311 人人出版股份有限公司
製版印刷／長城製版印刷股份有限公司
電話／（02）2918-3366（代表號）
經銷商／聯合發行股份有限公司
電話／（02）2917-8022
第一版第一刷／2009年9月
修訂第三版第一刷／2020年03月
定價／新台幣550元
　　　港幣183元

MAP 系列・人人遊日本

1 北海道
2 京都
3 札幌・小樽・函館・旭川・富良野
4 長崎・豪斯登堡・博多
5 大阪・神戶
6 東京
7 東京・橫濱 親子同遊版
8 箱根
9 伊豆
10 名古屋
11 九州
12 日光・戰場之原・奧鬼怒
13 東北
14 倉敷・廣島・西瀨戶內海
15 鎌倉
16 東日本　鐵道旅行
17 西日本　鐵道旅行
18 沖繩
19 金澤・能登
20 熊本・阿蘇・湯布院
21 四國
22 石垣・竹富・西表島

MM 哈日情報誌系列

1 京都・大阪・神戶
2 沖繩Best Spot
3 北海道Best Plan
4 東京觀光
5 東北
6 親子遊關西
7 親子遊關東
8 富士山・富士五湖・富士宮
9 岡山・倉敷・蒜山高原
10 城崎・天橋立・竹田城跡
11 滋賀・琵琶湖・長濱・彥根・大津
12 青森・弘前・津輕・十和田
13 親子遊九州
14 仙台・松島・宮城
15 上高地・乘鞍・奧飛驒溫泉鄉
16 日光・那須・鬼怒川・鹽原
17 函館・大沼・松前・江差
18 輕井澤
19 廣島・宮島・尾道・吳・島波海道
20 四國
21 伊豆・箱根
22 山陰・鳥取・松江・萩
23 岐阜・飛驒高山・白川鄉
24 北海道自駕遊
25 沖繩・美麗海自駕遊
26 山形・鶴岡・酒田・藏王・米澤
27 中國・四國自駕遊
28 東北自駕遊
29 秋田・角館・乳頭溫泉鄉
30 北陸・金澤
31 京都・大阪・神戶（二版）
32 富山・立山黑部・五箇山・白川鄉
33 新潟・佐渡
34 岩手・盛岡・花卷・平泉
35 九州自駕遊
36 河口湖・山中湖
37 伊勢・志摩
38 東京 即將上市
39 知床・阿寒 即將上市